呂思勉全集

16

醫籍知津

群經概要

經子解題

國學概論

理學綱要

中國政治思想史十講

本册總目

醫籍知津 …… 1

群經概要 …… 63

經子解題 …… 87

國學概論 …… 201

理學綱要 …… 251

中國政治思想史十講 …… 387

醫籍知津

前　　言

《醫籍知津》寫於一九一九年夏，是年吕先生經謝利恒（觀）先生介紹進上海商務印書館任編輯，協助謝先生編纂《中國醫學詞典》，撰《中國醫籍源流論》一篇，系統的敍述中國古代醫籍典籍及其源流派别。《中國醫籍源流論》後未收入《中國醫學詞典》，由謝先生私人木刻印行，分送同行友人。吕先生尚存《醫籍知津》手稿一册，五萬餘字，即成於是時的《中國醫籍源流論》的手抄底稿。上世紀八十年代中期，《醫籍知津》經吕翼仁先生抄録、並與楊寬先生一同校對、補正、分節並加標題（原稿不分節）；又請胡道静先生審閲，並寫有《吕誠之先生〈醫籍知津〉稿本題記》一篇。二〇〇九年四月，《醫籍知津》收入上海古籍出版社“吕思勉文集”《中國文化思想史九種》，胡道静先生的《題記》用作附録。此次將《醫籍知津》收入《吕思勉全集》重印出版，我們按原手稿重新做了一遍校對，沿用了吕翼仁、楊寬先生整理時的補正、分節和標題，胡道静先生的《題記》仍用作附録，以供讀者閲讀參考。

李永圻　張耕華

二〇一四年七月

目　錄

一、緒論 …… 6
二、最古醫經:《素問》、《難經》、《靈樞經》 …… 8
三、本草之學源流 …… 10
四、《傷寒雜病論》與《金匱要略》 …… 12
五、脈經與脈學 …… 14
六、晉以後鍼灸學 …… 15
七、隋唐輯存之古醫書 …… 17
八、宋以後醫方之蒐輯傳播 …… 19
九、宋代醫學新説之興起 …… 21
十、明代醫家之成就 …… 24
十一、宋以後對古醫書之注釋訂補與發揮 …… 26
十二、明清本草之學與方書 …… 32
十三、宋以後鍼灸學派 …… 34
十四、解剖學 …… 35
十五、宋以後脈訣、舌法與辨證 …… 36
十六、明清間諸醫學名家 …… 38
十七、女科與幼科 …… 40
十八、推拿 …… 43
十九、瘍科 …… 44
二十、咽喉科 …… 46
二十一、眼科 …… 48
二十二、傷科 …… 49
二十三、脚氣 …… 50
二十四、霍亂與痧脹 …… 51

二十五、鼠疫 …… 52
二十六、虚勞 …… 53
二十七、導引與調攝 …… 54
二十八、江湖方技與《串雅》 …… 55
二十九、呪由科 …… 56
三十、醫史醫案醫話與醫書 …… 57
附　吕誠之先生《醫籍知津》稿本題記(胡道静) …… 60

一、緒　　論

中國醫學，可分數期：自西周以前，爲萌芽之期，春秋戰國爲成熟之期，兩漢之世爲專門傳授之期，魏晉至唐爲蒐葺殘缺之期，兩宋至明爲新説代興之期，起自明末，盛於有清，爲主張復古之期；此一切學術皆然，而醫學亦莫能外也。

諸學之中，儒學最顯，今試借以爲喻。仲尼祖述堯舜，憲章文武，《詩》、《書》、《禮》、《樂》、《易》、《春秋》，皆西周以前古籍，孔子因之，以成删定之功。六經皆史之説，雖亦不免武斷，要非前無所承決矣，所謂西周以前爲萌芽之期也。及孔子出而集其大成，七十子後學之徒，傳播其説遂臻極盛，所謂春秋戰國爲成熟之期也。遭秦焚書，六籍殘闕，然老師宿儒，猶各抱專門，以相授受。其時承學之士守家法皆極嚴，雖復不能相通，而亦不爲臆論，所謂兩漢之世，爲專家授受之期也。漢末喪亂，傳緒載絶，後之學者，不復能親承口説，而徒求之於簡編，於是有南北朝隋唐義疏之學，所謂蒐葺闕佚之期也。至於宋儒，乃排棄舊説，以意推求，自謂淵源直接洙泗，元明二代，其説大行，所謂新説代興之期也。明末諸儒厭其末流之空疏，而復求之於古，至於清代，漢學乃代宋學而興，所謂主張復古之期也。中國治漢宋二學者，每互相訾謷，其於自漢迄唐諸儒，遂各以意爲好惡。平心論之，中國一切學術，規模皆大定於戰國以前，自秦以降，不過就古人之成説，引伸推衍之耳，未有能自創一説，卓然與古人並立者也。近之論者，謂中國學術，自秦以降，即停滯不進，誠不爲過。夫既已不能自創一學，而徒襲古人之學以爲學矣，則其於古人之成説，焉得不視同拱璧？漢唐諸儒之抱殘守闕，自不能謂爲無功，然其物既已殘闕矣，徒能抱之守之，而不復能觀其會通，勢必至於扞格而不可通，齟齬而不相入，宋儒之起而以意推求勢也。然學術之真，必存於事物，古人之發明學術者，蓋靡不即事物而求其所以然，其在宋儒，雖亦曰即物窮理，實則徒託空言而不免仍爲古人之成説所囿，其必不能盡當於事物之理之真，且必不能盡得古人立説之意，蓋可知也。清儒之起而主張復古亦勢也，勢之所必至，即爲理之所固然。《易》曰："窮則變，變則通。"相變也而實相因，亦即所以相成。明於進化之理者，固不必更存主奴之見矣。

惟醫亦然。吾國醫學之興，遐哉尚矣。《曲禮》：醫不三世，不服其藥。孔《疏》引舊説云：三世者：一曰黄帝鍼灸，二曰神農本草，三曰素女脈訣，又云，夫子脈訣。此蓋中國醫學最古之派别也。其書之傳於後世者，若《靈樞經》，則黄帝鍼灸一派也，若《本經》，則神農本草一派也，若《難經》，則素女脈訣一派也；其筆之於書，蓋亦在周秦之際，皆專門學者所爲也。鍼灸之有黄帝，本草之有神農，脈訣之有素女，猶之仲尼所祖述之堯舜，憲章之文武也；其筆之於書之人，則祖述憲章之仲尼也；其傳承派别可以推見者，華元化爲黄帝鍼灸一派，華佗，字元化，漢末沛國譙人。張仲景爲神農本草一派，張機，字仲景，東漢南陽人。秦越人爲素女脈訣一派。秦越人，即扁鵲，戰國時齊國勃海鄚人。仲景之師，元化之弟子，皆著見載籍。《史記·扁鵲列傳》載其所治諸人，多非同時，或疑史公好奇，不衷於實，不知"扁鵲"二字，乃治此派醫學者之通稱也，秦越人則其中之一人耳；此其專家授受，各有師承，猶兩漢之有經師也，特醫學之顯，不及儒術，故其傳授世次，不可得而考耳；其中絶不知何時，然亦必當漢魏之際，故後此治醫學者，若皇甫士安，皇甫謐，字士安，晉安定朝那人。若陶弘景，陶弘景，字通明，南朝丹陽秣陵人。皆無復口説可承，而徒求之於簡編也。其蒐討掇拾之功最巨者，於隋則有巢元方，巢元方，隋大業中太醫博士。於唐則有孫思邈、孫思邈，唐華原人。王燾。王燾，唐郿人。此醫家義疏之學也。南北朝隋唐諸儒，綴輯漢儒之説，孫、王等蓋亦綴輯漢後醫家所傳也。北宋以後，新説漸興，《四庫提要》云：儒家之門户分於宋，醫家之門户分於金元，此以其顯著者言也，實則其機亦肇自北宋，見後。至金、元而大盛，張、劉、朱、李之各創一説，競排古方，猶儒家之有程、朱、陸、王，異於漢而又自相歧也。至明末而復古之風漸啓，清代醫家多承之，則猶儒家之有漢學矣。均見後。人不能無爲時勢所限，而時勢之遷變，又率由一二人造之，還相爲因，莫知其朕，欲明於學術之升降者，知人論世，二者固不容闕一矣。

二、最古醫經：《素問》、《難經》、《靈樞經》

鍼灸相傳始於黄帝，本草肇自神農，脈訣傳之素女，此以言乎其託始之時耳。至按其學術之性質而爲之分類，則爲醫經、經方二家。醫經，猶今言醫學；經方，猶今言藥學也。神農本草當屬經方家，鍼灸、脈訣則同屬醫經。其書之傳最古者，在醫經，當推《黄帝内經》，《漢志》作十八篇，皇甫謐以《素問》、《鍼經》各九卷當之。所謂《鍼經》，當與今《靈樞》相出入，《素問》則即今本也。何以知之？案《素問》之名，昉見仲景《傷寒雜病論集》，言論所以集此書之意，宋本如此。後世刻本改爲自序，非。或疑仲景所撰用者，未必即今《素問》，然《北齊書・馬嗣昭傳》，有博綜經方、《甲乙》、《素問》之言；《北史・崔彧傳》又有以《甲乙》、《素問》善醫術之語；《南史・王僧孺傳》亦云侍郎金元起欲注《素問》，訪以砭石。金元起即世所稱全元起，字以形近而譌也。則其書自漢以來，醫家傳習，未嘗失墜可知矣。至唐王冰注之，乃大明於世。惟《刺法》、《本病》二篇，冰本亦闕。宋劉温舒作《素問入式運氣論奥》，始以此二篇附刊於後，爲一卷，稱爲《黄帝内經素問遺篇》。嘉祐中，遂以此二篇附刊於王本之後，頗不可信。《宋史・藝文志》載《素問遺篇》四卷，其卷數亦不符也。《明史・藝文志》載趙簡王補刊《素問》一卷，謂世傳王冰注本有闕，簡王得全本補之。案簡王所刊，即世所傳趙府居敬堂本，其所刊者，亦即此二篇也。

《素問》之素，王冰釋之爲本，不過望文生訓耳。案《雲笈七籤》引《真仙通鑑》云：天降素女，以治人病，黄帝問之而作《素問》。與孔《疏》所引之説相符，當係古義。可見今《素問》實爲古代素女脈訣一派之學，扁鵲傳之，故繼之而作《難經》也。

八十一難之名，亦見仲景《傷寒雜病論集》。皇甫謐《帝王世紀》云：黄帝命雷公、岐伯論經脈，旁通問難八十一，爲《難經》。隋蕭吉《五行大義》：唐李善《文選・七發》注引此書文，並稱《黄帝八十一難》。《隋書・經籍志》亦載《黄帝八十一難》二卷。其以爲秦越人作者，實始唐楊玄操，其言云，黄帝有

《内經》二帙，帙各九卷，而其義幽賾，殆難窮覽，越人乃採摘英華，鈔撮精要，二部經内，凡八十一章，勒成卷軸，既弘暢聖言，故首稱黄帝。見《史記·扁鵲列傳》正義。案《史記·扁鵲列傳》，稱天下至今言脈者由扁鵲，則素女脈訣之學，扁鵲實傳之。玄操所言，必非無據；惟史公此傳，所包甚廣，玄操云云，似亦誤以"扁鵲"二字，爲越人一人之稱號也。又案《文苑英華》載王勃《難經序》云：《黄帝八十一難》，是醫經之祕録也。昔者岐伯以授黄帝，黄帝歷九師以授伊尹，伊尹以授湯，湯歷六師以授太公，太公授文王，文王歷九師以授醫和，醫和歷六師以授秦越人，越人始定章句，歷九師以授華佗，佗歷六師以授黄公，黄公以授曹夫子。曹夫子諱元，字真道，自云京兆人也。其説自不可信，然亦可見此書自唐以前，確有授受源流。

其鍼灸一派，最古之書當推《靈樞經》。然或以當皇甫謐所稱之《鍼經》，謂即《漢志》《内經》十八篇之九則非也。案謐之言云：《七略》、《藝文志》：《黄帝内經》十八卷，今有《鍼經》九卷、《素問》九卷，二九十八卷，即《内經》也。又有《明堂孔穴鍼灸治要》，皆黄帝、岐伯選事也。三部同歸，文多重複，錯互非一。見《甲乙經》。後人以今《靈樞經》與謐所稱之《鍼經》，卷帙適相當，且其文與《甲乙經》多相複緟，斷二者即一書，且云《靈樞》之名，《隋志》不載，而有《黄帝鍼經》九卷，《九靈》十二卷。至《唐志》則并無《鍼經》之名，但有《九經》十二卷。宋紹興中，史崧乃以家藏舊本《靈樞》獻之。蓋《隋志》之《九靈》即《唐志》之《九經》，其《鍼經》即史崧所獻之《靈樞》，當唐暫晦，至宋乃出也。然《宋史·哲宗紀》：元祐八年正月庚子，嘗頒高麗所獻《黄帝鍼經》於天下。元祐、紹興相距幾何時？雖遭喪亂，豈有即亡之理？繼云已亡，校理者豈皆不及見，而誤謂崧家藏孤本，久晦復出邪？則宋時實不以此書爲《鍼經》可知。吕復《群經古方論》謂王冰以《九靈》更名爲《靈樞》，與《唐志》所載卷數不合，晁公武《郡齋讀書志》，謂好事者從《内經·倉公論》中鈔出，名爲古書，亦羌無實據。予謂此等專門家之書，昔時傳者頗多，皇甫謐所見已有三種，實尚不止此數也；《靈樞》亦此類書之一耳，必欲以配《素問》爲《内經》十八篇之九固非，然其確爲古籍則斷斷無可疑矣。《鍼經》等書，當皇甫謐時，必已極難讀，所謂錯互非一也，故謐重定之爲《甲乙經》，《甲乙經》既成，當時必推爲善本，《鍼經》等書，遂罕傳習，觀《馬嗣昭》與《崔彧傳》皆以《甲乙》與《素問》並舉可知，其書遂在若存若亡之間，隋時僅存，迄唐而亡，至宋乃復得諸高麗，固理之可信者也。

三、本草之學源流

本草之名，始見於《漢書·平帝紀》元始五年，徵天下通知逸經、古記、天文、曆算、鍾律、小學、史篇、方藥、本草及以五經、《論語》、《孝經》、《爾雅》教授者，所在爲駕一封軺，傳遣詣京師。至者數十人。及《樓護傳》，傳云：護少隨父爲醫長安，誦醫經、本草、方術數十萬言。乃學科之名，非書名也。故《漢志》經方十一家二百七十四卷，無以本草名者。至梁《七録》，乃有《神農本草經》之名，而《隋志》因之，則猶今人言藥物學書耳。"神農本草"四字爲學科之名，經字爲書名。蓋鍼灸之術，必深明於人之臟腑經脈，非若藥劑之易施，其爲用較廣，故其書亦較通行也。其著之簡策，蓋亦在晚周之時，陶弘景所謂與《素問》同類者也。其書專家相傳，頗多竄亂，至弘景，始從事於校理，其言云："世傳《神農本草》，祇此三卷。"所出郡縣，多後漢時制，疑仲景、元化等所記。案仲景、元化爲當時醫家兩大師，故舉以概其餘，言若仲景、元化一流人，非實指仲景、元化也。下吴普、李當之徒同。又有《桐君採藥録》，説其花葉形色，《藥對》四卷，論其佐使相須。魏晉以來，吴普、李當之徒，更復損益，或五百九十五，或四百四十一，或三百一十九，或三品混雜，冷熱舛錯，草石不分，蟲獸無辨；且所主治，互有得失，醫家不能備見，則知識有淺深，今輒苞綜諸經，研括繁省，以《神農本經》三品，合三百六十五爲主。又進名醫别品三百六十五，合七百三十種，精粗皆取，無復遺落，合爲七卷云。蓋合諸專家所傳而折衷於一是也。自是以後，歷代相因，屢加修輯。其在唐顯慶中，蘇恭、長孫無忌等奉敕所修者，世謂之《唐本草》，亦曰《唐新修本草》。孟蜀時，韓保昇又奉命重修，稍增注釋，世稱《蜀本草》。宋太祖開國，命劉翰、馬士等修輯，士又爲之注。先是唐開元中，有陳藏器者，撰《本草拾遺》十卷，以補《名醫别録》之闕，及是亦採入焉，是爲《開寶新詳定本草》。後以或有未允，又命翰等重加詳定，爲《開寶重定本草》。嘉祐時，掌禹錫奉勅加注，爲《嘉祐補注本草》。大觀中，蜀人唐慎微彙合諸家，唐慎微，字審元，成都華陽人。兼採經史中言醫事者，隨類附入，名曰《證類本草》，於諸本中稱最善焉。蓋自李時珍《綱目》以前，官修者凡五，私修者凡二，實皆以隱居所修爲藍本,陶弘景,字通明,自號華陽隱居。而輾轉附益者也。

古代所傳之《神農本草經》,至陶弘景時,既多竄亂,弘景始爲之分别,於舊所傳者,書之以朱,後來所附益者,書之以墨。其所分别,固未必盡當,然終當去之不遠。嗣後輾轉相傳,淆亂又甚,《開寶新詳定序》所謂:朱字、墨字,無本得同,舊注、新注,其文互異者也。然淆亂雖甚,其區别卒未嘗廢,至《證類本草》猶然。後世考古之士,斤斤焉欲求《神農本經》之真面目於百一者,其所據猶《證類本草》之黑白文也。《證類本草》,清代所傳凡有二本:一爲明萬曆丁丑翻刻元大德壬寅宗文書院本,前有大觀二年仁和縣尉艾晟序,《書録解題》稱爲《大觀本草》蓋以此。一爲成化戊子翻刻金泰和甲子晦明軒本,前有政和六年提舉醫學曹孝忠序,故此本亦稱《政和本草》。二本相較,《大觀本》朱書墨蓋,較爲分明,而《四庫》轉以《政和本》著録,非知言也。厥後孫星衍及從子馮翼字鳳卿。校輯《神農本草經》,所據者即《大觀本》之黑白文。又就《御覽》所引,云生山、谷、川、澤者,定爲《本經》,其有郡縣名者,定爲後人羼入,刻入《平津館叢書》中。然《神農本經》,李時珍《本草綱目》亦載其目,與孫氏所輯大異。其後顧觀光字尚之。又别輯一本,刻入《武陵山人遺書》中,則皆以李氏所載爲據者也。平心而論,時珍網羅雖富,辨别古籍,初非專長,其所釐定,豈能勝於唐慎微?然《開寶新詳定序》已云朱字、墨字,無本得同,舊注、新注,其文互異,則慎微所定,又豈必其近古乎?又況泰和中所刻《政和本》,有大定己酉麻革《序》及劉祁《跋》,並云中陽張存惠將寇宗奭《本草衍義》增入,而《大德本》亦然,蓋元人復刻時,又從《金本》轉録也。則今所傳《證類本草》,又非唐氏之舊矣。日本望三英有刻本,云係家藏舊本,未爲張存惠所竄亂,不知可信否。如是而欲引爲古據,不亦謬乎!要之古書之傳播愈廣者,其竄亂亦愈甚,今日醫家各種古籍,皆尚可從事校理,獨《本經》則竟無良策也。《漢志》所謂經方家,當兼方藥二者言之,然後世方書傳者極多,而本草則祇此一種,且不必後世,即《漢志》所載十一家,其九家固爲方書,《湯液大法》三十二卷,不知爲方書抑藥書。《神農黄帝食禁》七卷,《周禮》賈《疏》引作《食藥》,孫星衍謂"禁"字當訛。《食藥》,即本草之類。又《周禮》鄭《注》:五藥:草、木、蟲、石、穀也。其治合之劑,則存乎神農、子儀之術。賈《疏》引《中經簿》,有子儀《本草經》一卷,或出陶氏所傳之外,然亦僅此耳。蓋古代格物之學不明,祇知用藥以療疾,而不復知考求藥性之本原,今人所謂知有術而未足與於學也。

四、《傷寒雜病論》與《金匱要略》

《内》、《難》、《本經》而外，醫家古籍無過仲景之《傷寒雜病論》。案史載仲景書目甚多，梁《七録》有《黄素方》二十卷，《傷寒身驗方》一卷，《平病要方》二卷。《隋志》有《療婦人方》二卷，《張仲景方》十五卷。新舊《唐志》亦載《仲景方》十五卷。《宋志》又載《脈經》、《五藏榮衛論》、《五藏論》、《療黄經》、《口齒論》各一卷。陳自明云：男子、婦人傷寒，仲景治法，别無異議。比見民間有婦人傷寒方書，稱仲景所撰，而王叔和爲之序，以法考之，間有可取，疑非古方，特借聖人之名，以信其説於天下也。《婦人良方》。則諸史所載，蓋亦不免依託。孫真人稱江南諸師秘仲景要方不傳。其所祕者，豈果盡出於仲景哉？蓋自漢而後，明於鍼灸者，惟元化獨傳，長於方藥者，則仲景最著，實爲當時兩大師，故依託之者衆也。觀魏晉而後，論列醫家者，恒以元化、仲景並舉可知。然書雖不必果出仲景，其中亦必多存古方，而今竟無一傳者可惜也。范、陳二史皆不爲仲景立傳，論者多疑之，予謂此無足異也，古之視醫，不過執伎事上之流，越人、元化蓋亦後世草澤鈴醫之類耳。仲景嘗爲太守，則史家不復廁之方伎之列矣，然醫家則固奉爲大師也。

《傷寒雜病論》論集自言凡十六卷。《隋志》不載此書，而注引梁《七録》：有張仲景《辨傷寒》十卷。《唐書・藝文志》載《傷寒卒病論》十卷。案"卒病"爲"雜病"之訛。見郭雍《傷寒補亡論》。今諸篇皆冠以"辨"字，則《唐志》所謂《傷寒卒病論》者，實即梁《七録》所謂《辨傷寒》，其卷帙與論集所言不符者，蓋全書論傷寒者十卷，雜病者六卷，後人析而爲二。《七録》、《唐志》所載，皆其論傷寒之十卷，而《唐志》又以冒全書之名也。此書嘗改題曰《金匱玉函方》，《證類本草》所引悉然。觀《周禮》賈《疏》《疾醫》。已有張仲景《金匱》之名，則其由來已久。《晉書・葛洪傳》：洪著《藥方》百卷。《肘後方》及《抱朴子》皆云所撰名《玉函方》，則玉函蓋古時方藥書之通名。然《外臺》所引，仍均稱《傷寒論》，蓋從其朔也。宋時析行之《傷寒論》十卷猶存，而論雜病之六卷久亡，惟有一本，將全書十六卷删節爲三卷者，名《金匱玉函要略》，尚存於館閣中，其書上卷論傷寒，中論雜病，下載其方，并療婦人。王洙於蠹簡中得之，以其論傷寒者文多簡略，但取雜病以下至服食禁忌二十五篇二百六十五方，而仍其舊名。見《書録解題》。林億等校理，又取此二卷分爲三卷，以符原題之數，而改名曰《金匱方論》，即今《金匱要略》也。蓋自鍼灸之術失傳，中國醫家治病，惟籍方藥一科，然古書或有方而無論，或有論而無方，求其方論兼全而其傳又最古者，後世於醫學無所發明，皆固襲古人而已。因襲既久，不免傳訛，故醫書愈古愈可貴。蓋莫《傷寒雜病論》若，而其闕佚不完又如此。蓋醫學之有待於張皇補苴者多矣，學者其可專己以自封哉！《傷寒論》刻本，精者頗少，《武陵山人遺書》中翻宋本較善。

五、脈經與脈學

脈學原起亦甚古。近人多詆其術之不足恃，然古言四診，切本居末，後世醫論，遇有證脈相違者，亦多主舍脈從證，間有主舍證從脈者，則必逆知此證將有變動，不當徒泥目前之證以施治，而此證究竟將有變動與否，則藉脈象以參之，非徒恃切脈遂可治病也。故切脈者，診察之一術而未足語於診察之全也。然世之知醫者少，皆視醫爲神妙不測之事，以證爲人人所共見，脈爲醫家所獨知，遂謂醫之於脈，別有不可言傳之妙，而醫家亦藉此自炫，以欺愚昧，其流失幾謂專憑脈象，便可治病，此流俗人之言，非學人之論也。夫診察之術，望、聞、問、切四者，豈足盡之？然今之醫家於望、聞、問三者，講求尚罕，皇論其他！此誠中醫之過，然謂脈不足盡診察之術則可，謂其并非診察之一術則不可。中醫數千年來他種診察之術均不講求，乃獨致力於脈，其憑虛臆度、謬妄可笑之論誠極多，亦間有辨析精微，足資參證者，固未可一筆抹殺也。

古代脈學，蒐輯之功，首推王叔和，王叔和，名熙，魏晉間高平人，任太醫令。《脈經》一書包孕弘富，後世言脈學者，卒莫能越其範圍，且所引古籍多與今本不同，《内》、《難》、《傷寒》，皆資參證，誠醫家之瓌寶矣。此書《隋》、《唐志》皆箸録。五代時，僅有傳本，且訛奪特甚。宋熙寧中，出内府藏本，命林億等校讎，刊板行世。然其傳不廣。嘉定間，陳孔碩以所得福建本刊之廣西漕司。元泰定四年，柳贇、謝縉翁復刻陳本於江西宗濂書院。明吴勉學《古今醫統》亦有刻本，頗多謬誤。萬曆三年，福建參政徐中行屬袁表校刻，校讎少精而又有以意删改處，清《四庫》未著録。道光時，嘉定王鋐始以所藏舊鈔本與元泰定本、明童文舉重刻袁表本及趙府居敬堂本互校刊行。同時金山錢熙祚亦得是書，刻入《守山閣叢書》中。光緒辛卯，建德周學海又合校錢、黄二本，刻入所刊《醫學叢書》中。蓋此書若存若亡者二千年，幾亡而幸存者數矣。中國醫家皆好言脈，而卒莫肯研討是書，而俗陋之脈學紛紛而起，亦可見醫家真能治學問、讀古書者之少也。傷寒中之平脈、辨脈，亦當出於叔和。

六、晉以後鍼灸學

鍼灸家之書爲晉以後人所輯者，當以《甲乙經》爲最古。此書自言本於《鍼經》及《明堂孔穴鍼灸治要》，則《内經》十八卷中《鍼經》九卷之遺，實當於此書見之。且鍼灸之術，通者校少，故其傳書，訛奪尤甚，當謐時，此三書者既已錯互非一，而謐實爲之校正，則讀古代鍼灸之書者，尤當以此書爲據也。此外《隋》、《唐志》所載諸書悉亡佚，其存於今者，惟宋王惟德《銅人腧穴鍼灸圖經》三卷，暨不著撰人名氏之《銅人鍼灸經》七卷，西方子《明堂灸經》八卷。《銅人腧穴鍼灸圖經》爲仁宗時惟德奉敕所撰，與其所鑄銅人相輔而行。見《讀書志》及《玉海》。周密《齊東野語》記宋時所鑄銅人，極爲奇巧。原文云："嘗聞舅氏章叔恭云：昔倅襄州日，嘗獲試鍼銅人。全像以精銅爲之，腑臟無一不具。其外腧穴，則錯金書穴名於旁。凡背面二器相合，則渾然全身。蓋舊都用此以試醫者。其法外塗黄蠟，中實以水，俾醫工以分折寸。案穴試鍼，中穴則鍼入而水出，稍差則鍼不可入矣，亦奇巧之器也。後趙南仲歸之内府。叔恭嘗寫二圖，刻梓以傳焉。"則此書當然專門授受之遺，然傳本極少。《四庫書目》因誤以《銅人鍼灸經》爲惟德書，後慈谿馮一梅乃得三書互校，則惟德所載腧穴，半爲《銅人鍼灸經》所無，而《銅人鍼灸經》第二、三、四、六卷所載諸穴，亦有爲惟德《經》所無，并爲王冰《素問注》、《甲乙》、《千金》、《外臺》、《聖濟》諸書所未載，馮氏謂其别有師承，信然。蓋此類專家授受之書，固不過存十一於千百耳。觀歷代書目可見。《明堂灸經》則依據惟德書删其鍼法而成。蓋鍼之誤人較易，後世鮮能工其術者，遂有此專言灸法之一派，《外臺》其先河也。然此書分别部居，實取用《千金方·明堂三人圖》，主治各病，亦兼採《外臺》諸家，故與惟德書仍互有同異。按《千金明堂三人圖序》云：舊明堂圖年代久遠，傳寫錯誤，不足指南，今一依甄權等新撰爲定。則《千金》所本《明堂》，實爲甄權所撰，與《甲乙經》所本《黄帝明堂》不同。蓋一爲舊傳之本，一爲新定之本。今甄權所撰《明堂》已佚，《千金》所載《明堂三人圖》亦不存，猶賴此書見之。又《銅人鍼灸經》於惟德書所載腧穴不全録，而此書視惟德書有增無删，尤可寶也。以上略本馮氏校識之語。案馮氏所校，即當歸草堂叢書本，其所改字，仍彙記於後，檢閲即仍可見原本之舊，至爲矜慎。又案“明堂”二字，爲古人稱人體生理之名，其義未聞。錢曾《讀書敏求記》曰：“昔黄帝問岐伯以人之經絡，盡書其言，藏於靈蘭之室。洎雷公請問，乃坐明堂授之，後世言明堂者本此。”其説當有所本，然恐非古義。《隋志》有《明堂孔穴》五卷、《明堂孔穴圖》三卷，又《明堂孔穴圖》三卷。《唐志》有《内經明堂》十三卷、《黄帝十二經脈明堂五藏圖》一卷、《黄帝十二經明堂偃側人圖》十二卷、《黄帝明堂》三卷、楊上善《黄帝内經明堂類成》十三卷、楊玄孫《黄帝明堂》三卷，今並佚。

《黄帝蝦蟆經》一卷，日人所刻，論月中逐日蝦蟆兔之生省，而人氣所在，與之相應，不可鍼灸。原有識語，謂《隋志》有《黄帝蝦蟆忌》一卷，當即此書。又《太平御覽》引《抱朴子》：《黄帝經》有《蝦蟆圖》，言月生始二日，蝦蟆始生，人亦不可鍼灸其處。《隋志》又有《明堂蝦蟆圖》一卷、徐悦《孔穴蝦蟆圖》三卷，則似晉宋間其説已行於世。《史記・龜策列傳》有月見食於蝦蟆之語，則其書似出於漢人云云。案日本人所云中國古籍，亦有不盡可信者，然此書則似非僞造也。

七、隋唐輯存之古醫書

古代醫家之書，爲隋唐人所輯存者，當推巢元方《諸病源候總論》、孫思邈《千金方》、王燾《外臺祕要方》三書。《病源》六十七門，千七百二十論，爲古代醫論之淵藪。其書爲隋時諸醫奉敕所撰，而巢元方總其成。見《四庫提要》。以儒家之書譬之，猶孔穎達之義疏也。《千金》、《外臺》皆以方爲主，所收既博而又多出古來專家之傳授，迥非後世憑虛臆度，自製一方者可比，亦醫家之鴻寶也。《千金》、《外臺》卷帙浩博，後世能羽翼之者極寡，惟清張璐有《千金方衍義》三十卷。又《千金寶要》十七卷，附論及《千金須知》爲十八卷，宋宣和中，郭學士思刪節《千金方》而作，刻石華州公署。明正統、景泰間，俱有木、石刻本。隆慶六年，秦王守中復刻石耀州孫真人祠，清《四庫》未著録。孫星衍得明刻拓本，刻入平津館叢書。

其託名古書而實不可信者，則有《肘後備急方》、《中藏經》、《褚氏遺書》三種。《肘後方》，本名《肘後卒救方》，爲晉葛洪所撰，陶弘景補其遺闕，都百有一首。改名爲《肘後百一方》。隋時陶書已亡，而葛書迄趙宋猶存。見《隋書・經籍志》及《宋史・藝文志》。金楊用道取《證類本草》所載諸方，隨證附入，名爲《附廣肘後方》。元至元間，有烏某者，得其本于平鄉郭氏，始刻而傳之。段成己爲之序，稱葛、陶二君共成此書，而不及楊。明嘉靖中，知襄陽府吕容又刻之，並列葛、陶、楊三序於卷首，書中凡楊氏所增者，别題“附方”二字，列之於後，而於葛、陶二家之方，則不加分别。案陶書當隋已亡，烏氏焉得而刊之？烏氏且未得楊氏附廣之本，吕氏又孰從而得之？其爲僞託顯然矣。《中藏經》託之華佗，前有鄧處中一序，稱佗得是書於公宜山老人，已爲佗外孫，因佗歿後示夢，得之石函中。《褚氏遺書》則託之南齊褚澄，謂黄巢時群盜發冢，得其石刻。有蕭淵者，其父見之載歸，遺命即以爲槨，而淵叙其事，亦刻諸石，僧人義堪復得之蕭氏冢中云。立説詭誕，辭尤鄙淺，其爲僞託更不俟論，然二書立論處方，皆頗合古誼，且叔和《脈經》已引華氏《内照法》中語，周密《癸辛雜識》，亦引褚書“非男非女之身”一条，則亦有古書爲據。二書均至《宋史》始著於録，蓋唐末五代人所僞造也。《中藏經》、《通志·藝文略》及《書録解題》均著録。《宋史》作《黄氏中藏經》。"黄"字蓋"華"字聲誤。其書宋元間傳鈔頗廣。明吴勉學始刻入《古今醫統》中。清孫星衍兩得元人寫本，均稱趙文敏書，以校吴本，每篇奪誤各數百字，方藥份量亦均被删，乃校定爲三卷，刻入《平津館叢書》中，然此書别有坊本，訛奪難讀，而後别附《方》一卷、《内照法》一卷。周學海刻《醫學叢書》，又取其《方》及《内照法》，刻諸孫氏三卷本之後，然錢塘胡氏《百名家叢書》及《格致叢書》亦刻此書，又有《内照法》一卷，周氏又未之見也。

八、宋以後醫方之蒐輯傳播

中國經籍之傳世，至宋而始多，蓋鋟板之術盛於是時使然。然醫家之書，經宋人蒐輯傳世者，醫經類甚少，同一經方也，本草類亦甚少，而方書獨多。蓋醫理深邃，非盡人所能知，方藥則事足便民，好蒐輯之者較衆；又格物之學不明，徒知蒐輯成方以治病，而不復能研求藥性，所謂知有術而未足語於學也。職是故，醫經及經方中本草一類之書，傳者遂少，雖欲蒐輯之亦有無所取材之歎。歷代政府重視醫學者，無過於宋，當時官纂之書，《本草》而外，亦不過《局方》及《聖濟總録》二書，卒不能如隋代之採輯衆論一以成病源，則醫家專門授受之學，至宋而日以亡失，概可見矣。此以輯舊説成書者言，宋人自創新説者不在此限。

《太平惠民和劑局方》凡十卷，按紹興十八年改熟藥所爲太平惠民局。成於元豐中。時詔天下高手醫各以得效祕方進，下太醫局試驗，依方製藥鬻之，仍摹本傳於世。見《讀書志》。政和中，徽宗御撰《聖濟經》十卷，又集海内名醫，出御府禁方，共相討論，成《聖濟總録》二百卷。二書雖駁雜不純，然前此專家之遺，多在於是，終可寶也。岳珂《桯史》嘗譏《和劑局方》用藥差訛，以補虚門中山芋丸誤寫牛黄清心丸之後，蓋官修之書，往往不免如此。《局方》尚有完本，《聖濟總録》久而佚脱。清程雲來購求殘闕，程雲來，名林，休寧人。用力至勤，尚闕百七十三至七十七五卷，就其所得，删録爲《纂要》二十六卷，後震澤汪鳴珂又展轉蒐補重刻之，中祇三卷漫漶者百有三行，餘皆完好矣。其私家所輯傳於今者，則有王衮之《博濟方》五卷、王衮，太原人。此書傳本久佚，清開四庫館，從《永樂大典》中輯出，其中方藥，多爲他書所未載。沈括之《蘇沈良方》八卷、此書本沈括所輯方書，後人以蘇軾《醫論》附入，改名爲《蘇沈良方》，實未安。陳直之《養老奉親書》一卷、元鄒鉉續撰三卷，改名《壽親養老新書》。洪遵《洪氏集驗方》五卷、遵字景嚴。此書久佚，李時珍《本草綱目》徵引宋代方書，亦未及。嘉慶中，吴縣黄丕烈得宋本重刻之。董汲《旅舍備要方》一卷、汲，字及之，東平人。王貺《全生指迷方》四卷、貺，字子亨，考城人，宋《藝文志》作三卷，久佚，清四庫館從《大典》中輯出，改爲四卷。許叔微《普濟本事方》十卷、許叔微，字知可，或曰揚州人，或曰毘陵人。

夏德《衛生十全方》三卷、《奇疾方》一卷、夏德，字子益，清四庫館從《大典》輯出。吴彦夔《傳信適用方》二卷、東軒居士《衛濟寶書》二卷、袁永之影宋刻本。嚴用和《濟生方》八卷、清四庫館從《大典》輯出。史堪《史載之方》一卷、堪字載之，周學海《醫學叢書》中有之。張鋭《鷄峰普濟方》三十卷、此書第一卷爲諸論，蓋鋭所自撰，以下二十九卷皆裒輯成方，各分門目，《宋志》作張鋭《雞峰備急方》一卷，馬氏《經籍考》同，今爲全書中之第三十卷，蓋别有單行本也。《本草綱目》引亦稱《鷄峰備急方》，則亦未見他卷。道光八年，長洲汪士鐘得南宋槧本覆刻之，目録闕一至九葉，第十卷五葉，二十卷十五、十六頁，二十二卷四、五頁，二十五卷半葉以下，二十三卷一至十一葉亦皆闕，餘均完好。王璆《是齋百一選方》二十卷、寬政己未，日本醫官千田子敬，假荻元凱所藏元本重刻。璆字孟玉，山陰人，是齋其號，仕爲漢陽史，其人非醫，而前有章璆序，謂其生長名家，畜良方甚富。千田氏亦謂試之刀圭，屢獲奇效云。陳造《江湖長翁集》謂是書撰集凡十九年而成，蓋亦非苟焉而已。全書凡三十一門，爲方千餘，《曝書亭集》有此書跋，謂《書録解題》載此書三十卷，《宋志》作二十八卷，而其所藏本止二十卷，與千田氏所刻同。王碩《易簡方》一卷、此書中國亦佚，予所見者爲日本文化十三年和氣惟亨校刻本。碩字德膚，書中往往引用《局方》，又引用《三因玄兔煎》，則在此二書之後。《自序》謂取常用之方，可以外候用者，詳著大義於篇，以治倉卒之病，易療之疾，輕者自愈，重者亦可藉此以待招醫云云，蓋爲不知醫者而設。施發《續易簡方論》六卷，發字政卿，永嘉人，以攻王碩《易簡方》不待識脈明證之非，《自序》謂與德膚早歲有半面之好，以人命所關，不容緘默云云，則與碩同時人。其今已亡佚者，尚不在此數。迄於元代，此風未沫，其書之傳於今者，有薩理彌實《瑞竹堂經驗方》五卷、四庫館從《大典》輯出，《四庫提要》謂，薩理彌實當作沙圖穆蘇。危亦林《世醫得效方》二十卷，危亦林，字達齋，南豐人，積其高祖以下五代所藏醫方而成，所載古方甚多。而明周定王朱橚之《普濟方》起而集其大成。《普濟方》四百二十六卷，凡千九百六十論，二千一百七十五類，七百七十八法，六萬一千七百三十九方，二百三十九圖，自古經方無更該備於是者，惜除《四庫》所存外，未見刻本也。惟第三十一卷眼科五百八十八方有單行刻本，見《冷廬醫話》。明藩王多好方書者。又有《醫方選要》十卷，爲蜀獻王侍醫周文采所輯，《魯府祕方》四卷爲魯王府侍醫劉應泰所輯；周定王又有《救荒本草》四卷。蓋蒐輯醫方之風起於唐而盛於北宋，其流風餘韵，迄明清猶未艾也。

九、宋代醫學新説之興起

中國醫學，至宋而新説肇興，非得已也。天下之物莫不有理，必得其理，然後可以應用於無窮。古代專門授受之醫學，魏晉而後既已寖失其傳，其爲後人所輯存者，皆不免於殘闕不具。夫古代之醫學即使書存於今，其理亦未必可據，况其所存者又皆殘闕不具之説乎?!然學術之真必存於事物，後世解剖之學既已絶跡，偶有其事，不得云學，見後。形下之學又日湮晦，欲明醫理，果何所據以資推求哉?於是冥心探索，而其説轉遁入於虚無，而五運六氣之説興矣。

五運六氣之説非後世醫家所臆造也，而繆仲淳名希雍。極攻之。其言曰："五運六氣之説，其起於漢魏之後乎。張仲景漢末人，其書不載也;華元化三國人，其書亦不載也。前之則越人無其文，後之則叔和鮮其説。今之醫者，學無原本，侈口而談，動云五運六氣，將以施之治病，譬猶指算法之精微，謂事物之實，豈有不誤哉!"其言卓然不惑，可謂豪傑之士。然以五行配五藏，今、古文家皆有之。今文家説同《素問》，古文家則曰：脾木也，肺火也，心土也，肝金也，腎水也。六氣之説，亦明見《左氏》，安得盡指爲虚誣?蓋中國自西周以前，本爲陰陽五行之世界，東周以後，其説漸破，至漢遂成强弩之末。魏晉而降，玄學大興，其説摧陷廓清殆盡矣。夫在古代，禮樂兵刑，政教之形質也，陰陽五行，政教之魂神也，然後世儒者，多言禮樂兵刑而罕談陰陽五行者何也?以人心變動，恒先乎事物，歐人新婚之後，夫婦相偕出游，乃野蠻之世，掠奪得婦，以備女黨之反攻。今掠奪得婦之風俗久變，而新婚後夫婦相偕出游之風仍在，其一例也。陰陽五行之説不復足以範圍後世之人心故也。醫家則何以異此?張仲景之《傷寒》，自言撰用五行大論。見《論集》。而《素問》一書，魏晉後醫家亦皆誦習勿替，然卒不言五運六氣之説者，明堂之圖，鍼灸之法，本草之經，脈學之訣，猶儒家之有禮樂兵刑;五運六氣之論，猶儒家之有陰陽五行也，然當解剖之學既已廢絶，形下之學又日湮晦之時，而欲求一説焉，足以包括一切，則舍五運六氣之論固莫屬矣。

醫家新説，盛於金、元而實起於北宋。有劉温舒者，始撰《素問入式運氣論奥》

三卷，而以《内經素問遺篇》附刊其後，是爲言運氣者之始。沈括之徒深信之。又有寇宗奭者，撰《本草衍義》二十卷，始論及運氣，前此所未有也。及劉河間出，劉完素，字守真，河間人，事蹟具《金史·方技傳》。而新説大盛。河間撰《素問玄機原病式》一卷，闡明六氣皆從火化之理；又撰《宣明論方》三卷，其用藥多主寒涼，始與《局方》立異。案今本《河間六書》，乃明吴勉學所輯，凡《原病式》一卷、《宣明論方》十五卷、《病機氣宜保命集》三卷、《傷寒醫鑑》一卷、《傷寒直格方》三卷、《傷寒標本心法類萃》二卷、《傷寒心要》一卷、《傷寒心鏡》一卷。去《保命集》爲張元素所撰，《醫鑑》馬宗素撰，《心要》鎦洪撰，《心鏡》常德撰，實止四種，而《宣明論方》自序云三卷，今乃得十五卷，《標本》、《直格》亦多竄亂，《四庫書目》謂其竟出依托，勉學謬不至此。疑後來坊賈所爲。又《三消論》一卷，相傳爲河間書，周澂之有評注本。自是以後，《宣明論方》行於北，《局方》行於南，儼然成對峙之勢焉。河間之學再傳而爲羅知悌，由知悌傳諸丹溪，朱震亨，字彦修，元婺州義烏丹溪人，人稱丹溪翁。大倡古方不可治今病之論，謂欲起度量，立規矩，稱權衡，必於素、難諸經。見戴良《九靈山房集丹溪翁傳》。其所撰《局方發揮》，力闢温燥之弊，始明目張膽以與《局方》爲難。其論治以補陰爲宗，雖曰自創一家，實則承河間而漸變者也。丹溪之書，凡《格致餘論》一卷，《局方發揮》一卷，《金匱鉤玄》三卷，皆有通行本。其《治法心要》八卷，《醫要》一卷，《脈因證治》四卷，傳本較少，周澂之與《金匱鉤玄》同刻入《醫學叢書》中。又《脈訣指掌病式圖説》一卷，《醫學發明》一卷，《活法機要》一卷，惟《古今醫統》中有之。與丹溪同宗河間者，有張子和，張子和，名從正，號戴人，金睢州考城人。所著《儒門事親》，多以攻伐爲宗。傳丹溪之學者，有明戴原禮，嘗著《推求師意》二卷，以闡丹溪之學。原禮之學傳諸祁門汪機，所著《石山醫案》，亦皆以丹溪爲宗。機，字省之。此書凡三卷，實機弟子陳桷所編。桷字惟宜，亦祁門人，坊刻石山八種，於此書外，又有《素門鈔》三卷、《運氣易覽》三卷、《外科理例》六卷、《痘治理辨》一卷、《鍼灸問對》三卷，皆機作。其《脈訣刊誤》二卷，實戴啟宗之書，《推求師意》二卷，則機所輯戴原禮之書也。而浙中之同時景從者，又有虞摶，有王綸，亦丹溪一派之學也。綸所撰《明醫雜著》，主寒涼最甚。

少後於河間而崛起於北方者有張潔古，張元素，字潔古，金易州人。李濂《醫史》載潔古嘗爲河間療傷寒，然其學非出自河間者也。所著《珍珠囊》三卷，始創引經報使之説，而用藥之法一變。又有《藏府標本藥式》一卷，在醫學指歸及周澂之《醫學叢書》中。其學傳諸東垣，李杲，字明之，自號東垣老人，金真定人。倡土爲萬物母之説，獨重脾胃，著《内外傷辨惑論》、《脾胃論》、《蘭室祕藏》各三卷，俗傳《東垣十書》，又此三書外，又增入崔真人《脈訣》一卷，云杲所評。崔真人即道士崔嘉彦，號紫虚真人。此外則爲朱震亨《格致餘論》、《局方發揮》、王履之《醫經溯洄集》、齊德之之《外科精義》、王好古之《湯液本草》、《此事難知》。王好古，字進之，號海藏，元趙州人。極論寒涼峻利之害，實於河間、丹溪外别樹一幟。其所著用藥法象，亦主陰陽升降浮沈之説，與潔古同。自製諸方，動至一二十味，而古來經方之面目亦大變矣。東垣入室弟子曰王海藏，亦嘗受業潔古。

著《湯液本草》三卷，大倡東垣、潔古之緒論，又著《醫壘元戎》十二卷，《此事難知》三卷、《陰證略例》一卷。東垣治傷寒之書已不可見，書名《傷寒會要》，《元遺山集》中有其序。其法實當於此書求之。其晚年高弟爲羅天益，嘗承師命作《内經類編》一書，書不傳，序見劉因《静修集》中。實居張景岳《類經》之先，蓋舉一切治病用藥之法，而悉歸本於《内經》，實至東垣而大成其説也。

繼東垣而起者爲景岳。張介賓，字會卿，號景岳，明山陰人。景岳之學，既攻河間、丹溪，亦攻東垣。東垣曰：相火爲元氣之賊，景岳則云相火爲元氣之本，一以補陽爲主。後來醫家不分内傷外感，動云補正即所以去邪，實景岳有以開之。又時引《易》理以言醫，校之但言運氣者尤爲誕謾，然所著《景岳全書》，網羅各科，僭稱謨典，幾有包括一切之概，醫家之崇奉其説者頗多。《景岳全書》曰《傳忠録》，曰《脈神章》，曰《傷寒典》，曰《雜證謨》，曰《婦人規》，曰《小兒則》，曰《痘證詮》，曰《外科鈐》，曰《本草正》，曰《新方八陣》，曰《古方八陣》，曰《婦人小兒痘疹外科方》，凡六十四卷。

十、明代醫家之成就

明代醫家有網羅各科之概者，無如薛立齋。薛立齋，名己，吴縣人。立齋本世爲太醫，其治法不免貌似中庸而實流於鄉願，徐靈胎以其用藥偏於剛燥，遂與景岳連類而同譏，其實非也。觀其十三科一理貫之之論，外感遵仲景、内傷宗東垣、熱病用河間、雜病主丹溪之説，則原欲奄有衆長，特志有餘而才識俱不足，遂不免流爲鄉願耳。世所行《薛氏醫案》，於十三科之學，幾於靡所不包，正骨一科，前此傳書極少，薛氏書中獨有之，清修《醫宗金鑑》，傷科之書，即取於是，其功亦不可没也。《薛氏醫案》凡七十八卷，其自著者爲《外科樞要》四卷、《原機啟微》三卷、《内科摘要》二卷、《女科撮要》二卷、《癘瘍機要》三卷、《正體類要》二卷、《保嬰粹要》一卷、《口齒類要》一卷、《保嬰金鏡録》一卷，訂正前人之書爲陳自明《婦人良方》二十四卷、不著撰人《外科精要》三卷、王綸《明醫雜著》六卷、錢乙《小兒真訣》四卷、陳文中《小兒痘疹方》一卷、杜本《傷寒金鏡録》一卷、立齋父鎧《保嬰撮要》二十卷。

薛氏之流失爲趙獻可一脈。《醫貫》一書，幾欲以八味六味二丸統治天下之病。徐靈胎著《醫貫砭》，痛斥之。宗趙氏之學者，在清有高鼓峰、董廢翁、吕晚村。高氏《醫宗己任編》中，《四明心法》一篇，於八味、六味二方，論列最詳，讀之可見此派宗旨之所在。晚村《東莊醫案》一卷，凡五十八案，無一案不用人參、地黄者，可謂奇談。廢翁有《西塘感證》三卷，其治法亦宗高、吕二家。此三書有光緒十七年旌德王汝謙補注合刻本。

明末諸家中，雖無特見而大體平正不頗者，當推李士材。《松江府志》列士材所著書，凡數十種。《江南通志》則惟載《傷寒括要》、《内經知要》、《本草通玄》、《醫宗必讀》、《頤生微論》五種。今行世者，此五種外，亦惟士材三書中之《診家正眼》、《病機沙篆》兩種而已。其一爲《本草通玄》。疑《松江志》之言，不盡實也。諸書中，《醫宗必讀》通行尤廣，頗平易，有裨初學。惟以諸血證盡入虚癆門，詒誤亦頗巨。凡士材書原非盡出自撰也。士材之學，一傳爲沈朗仲，再傳爲馬元儀，三傳爲尤在涇。《病機彙論》十八卷，本朗仲所輯，而元儀晚年與在涇參訂成之。凡分六十門，首脈、次因、次證、次治，輯前賢方論，皆終於士材，實士材一派之學最完全之書也。元儀印《機草》一卷，附此書後。

有明諸家中，體大思精者，當推王肯堂。王肯堂，字宇泰，金壇人。肯堂著《證治準繩》百二十卷，採摭繁富，而條理分明，《四庫提要》稱其博而不雜，良不誣也。清初張石頑著《醫通》十六卷，門類先後，一本此書，其方藥則多採立齋、景岳兩家。《醫通》無傷寒門，以別有《纘論》、《緒論》二書也。

十一、宋以後對古醫書之注釋訂補與發揮

宋學末流之弊，在於偏重理想，遂致憑臆見以進退古人，所謂六經皆我注脚，實其致誤之原也。夫爲學之道，一本散爲萬殊，萬殊歸於一本，孔子所謂一以貫之，孟子所謂博學而詳説之，將以反説約也。名家歸内演繹二法，實即此理。宋學之興，原因漢唐儒者，過於泥古而不復能推求其所以然，以致窮而思變，故其爲學之法，莫不偏重於演繹。夫推論事物，必有其所憑之理，猶幾何學之有公理也，本公理以釋題，義其所據之理不誤，而後其所釋之題不誤。語不云乎，差之毫釐，繆以千里，宋學之始，雖或偏重空想，然其所執之理，固猶從推求事物而得，雖有差繆，不至甚大也。及其後來，乃不復推求事物，而惟執宋儒所説之理以爲理，即就此理推衍之，以得其所謂理者，更執此推衍所得之理，以爲推衍之資，而其差繆有不可勝窮者矣。宋學末流之横決，弊實由此。我國古代專門授受之醫學，魏晉而後，統緒久亡。自宋以後之醫學，實由醫家以意推闡得之，其人多本治儒學，即非儒家，亦不能無囿於風氣，遂移儒者治經談道之説以施之於醫，而其紛紜不可究詰矣。

唐以前之醫家，所重者術而已。雖亦言理，理實非其所重也。宋以後之醫家，乃以術爲不足恃，而必推求其理，此自宋以後醫家之長，然其所謂理者，則五運六氣之空理而已，非能於事物之理，有所真知灼見也。惟重術，故其所依託者，爲專門授受之大師，而不必謬託於神靈首出之人以爲重。如孫真人時，江南諸師所祕要方，皆云出自仲景是也。又如前所載王勃《難經序》，雖亦溯其源於黄帝、湯、文，然其意在自詡其授受之有本，與宋儒之所謂道統，自謂遥接二帝、三王及周、孔之心傳者不同。惟重理，乃以儒家所謂道統者，移而用之於醫家，於是神農、黄帝，猶儒家之有二帝、三王，元化、仲景，猶儒家之有周公、孔子矣，於是言醫者必高語黄、農，侈談《靈》、《素》，舍是幾不足與於知醫之列矣，率是道而行之，其第一步必以己意注釋古書而蔑棄前此專家相傳之説，其第二步必且以己意竄改古書，或刪其

衍，或補其亡，或移易其篇第矣。此風也，其在儒家開於宋而横決於金、元，醫家亦然。

《素問》非古代醫家之金科玉律也。仲景《傷寒》自言撰用《素問》，而書中曾未引及《素問》一語，可見知證脈方藥，醫家自有真傳，如《素問》之馳騖玄談者，不過藉資參證耳。自宋以後，言《素問》者始漸多，明以來，乃更奉爲天經地義，而又益之以《靈樞》。元吕復著《群經古方論》尚不信《靈樞》爲古書。其從事於注釋者，則有馬蒔之《素問證注發微》、張志聰之《素問集注》、高士宗之《素問直解》。其分類纂輯者，則有滑伯仁之《素問鈔》、此書採王《注》甚略。明丁瓚有《素問鈔補正》十二卷、汪機有《續素問鈔》九卷，皆多採王《注》以補之。張景岳之《類經》。清虞庠有《類經纂要》三卷，王廷俊爲之注。廷俊弟子陳滋和刻之浙江。庠字西齋，歸安人；廷俊字壽芝，成都人。滋和，繁江人，爲浙江連市巡檢。而其言錯簡者，則始於黄坤載。坤載著《素問懸解》，謂本病論實在玉機真藏論中，刺法論誤入診要經中論，刺法論誤入通評虚實論，又謂經絡論乃脾部論之後半篇。脾部論乃十二正經經絡論之正文，悉取以補闕，仍還八十一篇之舊。其注《靈樞》，亦動以錯簡爲言，可謂勇於自信者矣。然《素》、《靈》二書實皆有訛亂，《靈樞》尤難讀。諸家之言《素問》者孔多，而能治《靈樞》者卒無其人也。《素》、《靈》二書互相複重，又有自相矛盾者。汪昂《素靈類纂約注》，以《素問》爲主。沈又彭《醫經讀》分平病診治四門，就二書去其矛盾，而存其可信者，頗合蓋闕之義。自明以來，《素》、《靈》二書，成爲醫家之聖經賢傳，凡著書者，幾無不節鈔二書，以冠其首，單行之節本尤多，皆不足語於著述也。

黄坤載可謂醫家中言錯簡之一大家也。前世治難經者，吴有太醫令吕廣、歙縣尉楊玄操，宋有丁德用、虞庶、周與權、字仲立。王宗正，字誠叔。金有紀天錫、字齊仲。張元素，元有袁坤厚、字淳甫。謝縉孫、字堅白。陳瑞孫，字廷芝。皆僅散見於滑伯仁《難經本義》中。周學海又有增輯本，仍以滑氏書爲主，名《增輯難經本義》。伯仁而後，注釋者亦有數家，如張世賢之《圖注難經》等。皆因襲舊文，無所心得，等諸市鄶。今言《難經》，當以滑氏書爲古義之淵藪矣。坤載著《難經懸解》，始亦謂舊本有訛，多所更定，仍其治《内經》之故智也。其後徐靈胎著《難經經解》，又援《内經》以攻《内經》，其實《内》、《難》同爲專家相傳之書，未必《内經》果出岐、黄爲天經地義而不可變，徐氏必是彼而非此，亦未免依傍門户之見也。又有丁錦者，字履中，號適廬老人。乾隆間松江人，嘗著《古本難經闡注》二卷，《自序》謂游於武昌，客參政朱公所，得讀古本《難經》，以校今本，誤者有三十餘條，因而爲之闡注云云。丁氏所見之本豈能古於滑伯仁？則亦明人之意爲竄亂者耳。

諸古書中，諸家言錯簡最甚者，尤莫如《傷寒》。案“傷寒”二字，古有二義，一爲外感之總稱，一則專指外感中之傷於寒者。《難經》五十八難。云：傷寒有五,有中風,有傷寒,有濕温,有熱病,有温病。傷寒有五之傷寒,指總稱外感之傷寒,有傷寒之傷寒,指外感中之傷於寒者言也。《外臺》許仁則論天行病,謂此病方家呼爲傷寒,亦指總稱外感之傷寒言之。《外臺》所集論傷寒者凡八家:仲景、叔和、華佗、陳廩丘、范汪、《小品》、《千金》、《經心録》,惟仲景有專書傳世。仲景之書十六卷,論傷寒者居其十,此十卷之盛行,又遠非《論雜病》之六卷所及,蓋天行之病,傳染廣而死亡多,其危險遠非雜病比也。夫天行之病變化萬端,原無從執古方以治今病,況古代諸家存者惟一仲景,而其書又竄亂訛奪不盡可據乎?! 其有待於後人之張皇補苴固不待論矣。故自宋而後,論傷寒之書亦獨多。成氏《明理論》成無已,著《傷寒明理論》三卷。而外,其著稱者,有若龐安時之《傷寒總病論》,許叔微之《傷寒發微論》、《百證歌》,朱肱之《南陽活人書》,韓祇和之《傷寒微旨》,楊士瀛之《傷寒活人總括》,郭雍之《傷寒補亡論》,或闡其義,或補其方,於仲景書原不盡主墨守,即明代支離滅裂如陶節庵,《節庵六書》,曰《明理續論》,曰《截江網》,曰《一提金》,曰《殺車槌法》,曰《家祕的本》,曰《瑣言》,皆偭規越矩,毫無師法。又有《傷寒全生集》四卷,乃其晚年作以教子者,時爲正統十年,節庵年七十七矣。亦未嘗以錯簡爲言,乃自方仲行著《傷寒論條辨》八卷後,方仲行,名有執,歙縣人,而喻嘉言之《尚論篇》八卷繼之,喻嘉言,名昌,南昌人。始謂叔和編次,於原書次第已改移,無已作注,又多竄亂,遂各以己意更定。方氏爲言傷寒論錯簡者之首。而自喻氏書成,而方氏之書漸微。康熙甲寅,順天林起龍爲重刻之,并痛詆喻氏之攘善,然喻書實未嘗全襲方氏,其書中亦未嘗不及方氏,初未嘗掠爲己有也。後鄭重光又有《傷寒論條辨續注》之作,據方氏書參以喻氏及黄坤載、程郊倩二家,仍題仲行之名。喻氏書有論無方,其徒徐忠可爲補之。徐氏之學傳諸南昌羅子尚,羅以傳進賢舒馳遠。成再重訂《傷寒論集注》十卷,一以喻書爲主,而以徐《方》附之。自是以後,此風大扇。張路玉則有《傷寒纘論》及《緒論》,黄坤載則有《傷寒懸解》,吴儀洛則有《傷寒分經》,言傷寒錯簡者,當以黄氏爲最有心得,張、吴二書多以喻氏爲據。周禹載則有《傷寒論》三注,兼採方、喻。程郊倩則有《傷寒論後條辨》,攻叔和序例最烈,其文字支離蔓衍,幾於游騎無歸。昔人譏其學金聖歎未得,爲醫中魔道,誠不誣也。章虚谷則有《傷寒論本旨》,依喻氏分篇。無不以錯簡爲言,其説亦不爲無見,然以此論醫理,則可謂各抒所得,以此治古書,則未免憑虚臆斷,此皆由中國學者崇古之念過深,凡立一説,必欲託之於古人,於古書之不盡可通者,遂不惜曲爲穿鑿也。徐靈胎云:叔和所次,誠不敢謂其必合於仲景,諸家所定,謂必能復仲景之舊,又有何證乎?! 誠持平之論也。徐靈胎,名大椿,號迴溪,吴江人。靈胎有《傷寒類方》一卷,謂《傷寒論》原非依經立方,乃救誤之書,當時隨證立方,本無定序,削除陰陽六經門目,但使方以類從,症隨方證,使人可案證以求方,而不必循經以求證。亦爲通達之論。

傷寒與温熱、温疫之别,尤爲醫家所聚訟。蓋"傷寒"二字,古人既以爲天行病之總名，則其所包者廣，原不僅指《難經》所列五種中之第二種，乃自後世醫者，泥於字面，一遇天行之病，輒以辛温之劑治之，於是陽明成温之證，見殺於桂麻等方者多矣，此一誤也。疫字之義，指病之傳染者而言，故《説文》云：疫，民皆病也。至其證，則有寒有熱，苟或傳染，熱者爲疫，寒者亦爲疫，至後世之所謂瘟，其字爲温之俗，其義則與疫相同，皆指病之傳染者言，非指病之不寒者言也，乃世醫又泥於字面，偶遇不寒之疫，遂謂凡疫皆温。本慮醫者以辛温之劑誤施之温熱，轉致末流泥温疫之論不敢復言傷寒，執一定之方以馭萬變之病，聖散子之殺人，正由於此，此二誤也。有此二誤，而傷寒、温熱、温疫三者之争，遂如長夜不旦矣。而推其始，則實由"傷寒"、"温疫"等字字義之混淆有以致之。立名之不可不審也如是夫！

温熱治法始自河間。世所傳《直格》、《標本》二書，見前。雖未必真出河間手，然實爲河間緒論；自是之後，馬宗素有《傷寒醫鑑》、《傷寒鈐法》，錙洪有《傷寒心要》，常德有《傷寒心鏡》，今皆在《河間六書》中，亦見前。皆此一派之學，世遂有外感宗仲景，熱病用河間之論，岐温熱於傷寒之外矣；至吴又可出而其説又一變。吴又可，名有性，震澤人。又可於崇禎辛巳，躬遇南北直隸及山東、浙江大疫，以傷寒法治之不效，乃殫精研究，著《瘟疫論》二卷、《補遺》一卷，謂世所稱温病，即屬瘟疫，古無瘟字，後世以温去水加疒爲之。又謂數有温證之中，乃偶有一陰寒，數百傷寒之中，乃偶有一陰證，其説未免矯枉過直，雖其指摘俗醫之誤治，不無可取，然誤以瘟、温爲同義，遂使世之醫者，并温熱與瘟疫爲一談，則又可爲之也。至清代江浙諸名家出而其説又一變。天行之病，變態萬端，斷不能僅執俗醫治外感之法治之，此義至瘟疫論出始大明，故又可書雖不免有誤，而其功究不小。清孔毓禮有評注本，洪天錫又有補注。毓禮字以立，黎水人，天錫字吉人，嘉興人。

有清中葉，醫家於温熱治法，最所殫心。其論實起自吴中而託之於天士及生白。以江南病温熱者最多也。葉天士，名桂，字香嚴，吴縣人，薛生白，名雪，號一瓢，蘇州人，與葉天士齊名。世所傳《温證論治》，首刻於唐笠三《吴醫彙講》中，見後。原序謂葉氏弟子顧景文，侍葉氏游洞庭山，舟中記葉氏所説，未暇修飾，今更爲之條達字句，移綴前後云云。華岫雲《續臨證指南》，亦首列是編，名爲《温熱論》。二書辭句雖異，而用意大同，以"温邪上受，首先犯肺，逆傳心胞"十二字爲主。吴鞠通撰《温病條辨》，爲論温熱證有專書之始，其旨實本於此。又有所謂《濕熱條辨》者，首刊於舒松摩《醫師祕笈》中，凡三十五條，謂爲薛生白作。江白仙刻陳平伯論疫之語，亦取其二十五條附列於後，而又别增出十五條，其編次亦與舒氏所刻互異。吴子音刻《醫效祕傳》，又取江氏所刻陳薛二人之作附後，名爲《温熱贅言》，概題爲平湖陸增字秋山者所撰。江刻陳氏之作，皆自稱名曰祖恭，吴刻皆改作予。王孟英《温熱經緯》所刻，云得之友人顧聽泉，聽泉得之吴人陳竹垞，則凡四十六條，與吴氏所刻又異。《臨證指南》之不足信，人人知之。薛生白曾孫啟字東來。自述其先世事蹟，亦謂生白不屑以醫見，故無成書，見《吴醫彙講》。則所謂《濕熱條辨》者，必非出於生白，更無疑義。然此兩種議論，當時頗爲風行。章虚谷作《傷寒論本旨》，謂仲景論伏氣温熱，而不及外感。葉氏之論足以補仲景之殘闕，示後學以津梁。至暑邪由火濕合化，客於膜原，葉氏亦未論及，乃取所謂《温證論治》、《濕熱條辨》附於《傷寒論》之後，以爲施治之準。迨王孟英出，乃盡取《温證論治》及《臨證指南》之《幼科》一卷，暨《濕熱條辨》及陳平伯、余師愚諸家之論，附諸《内經》及仲景書之後，以成《温熱經緯》，蓋當時江浙醫家治感證之法，至此而集其大成矣。周楊俊《温熱暑疫全書》四卷，與章、王二氏之論相出入。余師愚書名《疫疹一得》，專用大劑石膏爲治熱疫之法。《閲微草堂筆記》載治京師大疫之桐城醫士，即師愚也。

方此等議論盛行時，葉派可謂光焰萬丈，而反對之論亦即起於是時，則王樸莊其先河也。樸莊名丙，吴人，與顧景文同時，嘗撰《傷寒論注》，一依《千金翼方》，謂例中諸條，多採入《千金方》第三十卷中。當時江南諸師，祕仲景要方不傳。孫真人蓋未見《傷寒》全論，迨作《翼方》時，乃得全論編次，以例已見於《千金方》中，故不復載也。又撰《傷寒論附餘》、《傷寒例新注》、《讀傷寒論心法》、《迴瀾説》等書，皆在《世補齋醫書》中。以伸叔和，辟方、喻，然其説未盛也；至樸莊外孫陸九芝乃大暢其説，謂温熱、傷寒方論，實皆在《傷寒論》中。病之中於太陽者爲傷寒，治用辛温，入於陽明者爲温熱，治用辛涼。太陽證之失於温散，内傳而成温熱者治同。仲景書中本以桂、麻治風寒，葛根、芩、蓮治温熱也。至疫則有熱有寒，各當隨證施治，又不當與温熱混，《世補齋醫書》反覆此旨，不啻至再至三；又以陽明爲温熱之藪，特著《傷寒論陽明病釋》一卷，以發揮之，蓋"傷寒"二字，義有廣狹及其與温熱、温疫之辨，實至九芝而後瞭然，亦可謂卓然不惑於流俗者矣。

九芝之學近承王樸莊，遠實導源於尤在涇。尤氏《傷寒論貫珠集》謂少、厥二經，實有温、清兩法，九芝乃本此推之六經也。戴北山《廣温疫論》，就吴又可書增删改削以成之，於温熱治法頗精。陸氏謂"温熱"、"温疫"二名，不容混淆，重訂其書，改名曰《廣温熱論》，以爲治温熱之式。戴氏書初僅鈔本流傳，歙縣有鄭奠一者，亦知醫，其後人誤以此書爲奠一作，刻之，名《温疫明辨》，題奠一之名，至戴氏之孫乃正之，然《温疫明辨》至今仍有傳本。

辨傷寒、温熱不容誤治者，又有陳錫三名良佐，山陰人。之《二分晰義》、楊栗山名璿，成都人。之《寒温條辨》、吕心齋之《瘟疫條辨摘要》乃合此二書而成。心齋名田，河南新安人。秦皇士名之楨，松江人。之《傷寒大白》、吴坤安名貞，湖州人。之《傷寒指掌》。楊氏之書實以陳素中名堯道，陝西人。之《傷寒辨證》爲藍本。陳氏書成於康熙戊午，至嘉慶十一年，有劉鏡浦者，乃爲刻之。楊氏書成於乾隆甲辰時，陳書當未有刻本也。陸九芝以楊氏所定十五方無一不暗用傷寒方，而又切戒人“勿用傷寒方”爲可怪；又譏秦氏謂仲景桂、麻方乃治河北、長沙北方冬月之病，幾於不辨南北，覆勘誠然，然二書亦自有可採處，不容一筆抹殺也。吴氏書條理亦頗清晰。明皇甫中有《傷寒指掌》四卷，乃陶節庵一派之學，與吴書名同而實大異。

羽翼仲景書者，又有清張隱菴之《傷寒論集注》，與成氏立異處甚多。長洲汪苓友名琥，康熙時人。有《傷寒論辨證廣注》十卷、《張仲景中寒論辨證廣注》三卷，於仲景書外兼採後賢方論，皆爲之注，云辨證者，辨其原文所言之證，使各以類相從，廣者，於仲景書外廣其方論，注則不分仲景書及所廣，皆爲之注。雖不甚合注釋體裁而採摭甚博。涇縣包興言名誠。有《傷寒審證表》一卷，頗清晰可覽。興言少游山左，受學於張宛鄰，宜其著述之有體例也。柯韻伯《傷寒論翼》謂傷寒論中，雜病未去者尚多，六經爲百病主治，傷寒爲百病之首，故借此以立法，其實傷寒、雜病治無二法也。尤爲卓見。論辨證者，又有張飛疇之《傷寒兼證析義》，亦宜一覽。

《金匱》一書，治者遠較《傷寒》爲少。宋元人皆無注釋。明初趙以德乃有《衍義》之作。其書傳本甚少，故《四庫》著録，惟得徐忠可所注。然徐書實敷衍無精義，不及趙書之尚有發明；後周楊俊得趙氏書，補其所未備，成二注二十二卷，較徐書遠勝矣。黄坤載有《金匱懸解》，程雲來有《金匱要略直解》，魏念庭名荔彤。有《金匱要略方論本義》，亦均可讀，尤在涇《金匱心典》，條理尤精。

十二、明清本草之學與方書

自陶隱居迄唐慎微，凡修輯本草者，皆以古代所傳《本草經》爲藍本，已見前，其毅然網羅今古，自成一書者，實始於明李時珍之《本草綱目》。李時珍，字東璧，蘄州人。《綱目》凡十六部，六十二類，千八百八十二種，諸家所有者，千五百十八種，其三百六十四種爲時珍所補。與周定王朱橚之《普濟方》實卓然兩巨著也，自此書出而《證類本草》遂微。

此外明清人論本草之書，可分爲二派：一宗宋以來潔古、海藏、東垣、丹溪諸家之説，在當時可稱舊派，若劉若金之《本草述》、楊時泰《本草述鈎玄》係就此書删節。倪純宇之《本草彙言》，其選也；一以復古爲主，唾棄宋後諸家之論，在當時可稱新派，若繆仲淳之《神農本草經疏》、此書凡三十卷，其次序一依《證類本草》。清吴懷祖節爲八卷，名《神農本草經疏輯要》，然亦有繆氏所無而吴氏補之者，吴氏名世鎧，亦常熟人。仲淳又有《先醒齋廣筆記》四卷，亦論方藥之作。盧之頤之《本草乘雅半偈》、張路玉名璐。之《本經逢原》、張隱庵名志聰。之《本草崇原》、徐靈胎名大椿。之《神農本草經百種録》、鄒潤安之《本經疏證》，此書與繆氏書最精博。其選也。其主於簡易，備初學之用者，以汪訒庵之《本草備要》通行爲最廣，吴遵程之《本草從新》又以汪書爲藍本。

李氏《綱目》之後，能蒐遺補闕以匡其所不逮者，莫如趙恕軒名學敏。之《本草綱目拾遺》十卷。此書之意以完備爲主，故凡《綱目》所已載而治療未備、根實未詳者，仍爲補入。其《綱目》所未載者，雖珍貴罕見之物，亦無所遺。《綱目》之僅列其名而無主治者，亦悉録入。《綱目》分部之誤者，並爲訂正，惟人部無所增。例言謂苟欲求遺，必至於隱怪殘賊中蒐羅也。案恕軒《利濟十二種序》，此書之外，又有《百草鏡》八卷、專詳草藥。凡草藥之曾經試驗者入《拾遺》，其未經試驗者入此書。《救生苦海》百卷、《醫林集腋》十六卷、《養素園傳信方》六卷、以上兩種爲驗方。《呪由録驗》四卷、《囊露集》四卷、眼科方。《串雅》八卷、見後。《升降祕要》二卷、《藥性玄解》四卷、藥性之奇制者。《奇藥備考》四卷、《本草話》三十二卷、《花藥小名録》四卷、《攝生閒覽》四卷。《拾遺》例言謂他日擬作待用本草，將宇宙間可入藥之物，未經前人收採者，合爲一書。可謂洋洋大觀。今除《拾遺》及《串雅》外，均未見傳本，或疑其書本未成，然要爲晚近一大家也。

以本草作爲韻語以便誦讀者，有黄鈺之《本經便讀》。又吴縣朱東樵、名鑰。錢塘陸典三名文謨。皆有《本草詩》，而陸較勝。見《冷廬醫話》。南匯徐玉臺名鏞。有《儒門游藝》三卷，上詳脈病，中詳方，下詳藥，皆作七言絶句，亦頗簡要，惜無註，不易曉。

明清間人方書不及前人之浩博，而立意求精則過之。其推求古人製方之意者，始於吴鶴皋名崑。之《醫方考》六卷，而汪仞庵名昂。之《醫方集解》二十一卷繼之。吴遵程名儀洛。之《成方切用》二十六卷，則又繼汪書而起者也。二書皆以切用爲主，故所輯多常用之方。武進費晉卿名伯雄。有《醫方論》四卷，以鄉曲醫家多奉《醫方集解》爲枕中祕，而不復深求其所以然，乃爲之逐一論列其可用不可用，實市醫之當頭棒喝也。王晉三名子接，長洲人。《絳雪園古方選註》三卷，論列亦精。許宏《金鏡内臺方議》專發明長沙之方，亦爲别開生面。便於檢用之書則有祝補齋《衛生鴻寶》、毛達可名世洪，杭州人。《養生經驗合集》、《濟世養生》、《便易經驗》二集之合。王孟英《潛齋簡效方》、簡易外治之法。《四科簡效方》、邱式金《集驗良方拔萃》，此書詳於外科，内科較略。皆有名。鮑相璈《驗方新編》通行頗廣而選擇不精。

《本草綱目》一書包藴宏富，且多存今日已亡之書，至爲可寶，即專輯其中之一類，亦足拔戟自成一隊也。以予所見，專輯其中之醫方者，則有蔡列先《本草萬方鍼綫》、曹鞠庵名繩彦，新建人。《萬方類編》、宋枳田名穆，山陰人。《萬方類纂》三書。蔡氏僅就《綱目》所載諸方爲編一目録，註明某病用某方，見某卷某篇；曹氏則將《本草》諸方分類編輯，二書分部互異。蔡書分七部，百有四門，凡載千五百餘方；曹書分百有七門，四千三百七十九證，凡載萬一千七百一十三方。曹氏自謂因蔡氏書删複補遺，宋氏則謂其所分門類，不及蔡氏之清晰，乃照鍼綫門類，將本草各方全行録出云。又有《解素編》一卷，題海陽竹林人編，專就李氏《綱目》中摘出其解毒之法，間亦附以聞見所得，亦頗便省覽。

十三、宋以後鍼灸學派

後世鍼灸之書亦當分爲二派：一爲專家所傳，其人皆草澤鈴醫之流，此以其學派言，其人雖爲醫官，其學仍屬此派。如宋竇漢卿之《鍼經指南》，元王國瑞之《扁鵲神應鍼灸玉龍經》，明陳會、劉瑾之《神應經》，《四庫書目》不知會、瑾爲何許人，以其前載宗派圖，並著其始傳者席弘達誓詞，指爲道家野談，然據他書所載，會與瑾皆江西人，會先著《廣愛書》十二卷，廣其浩瀚，乃獨取一百一十九穴以成此書，爲學者守約之規，而瑾爲之校正，蓋皆鍼灸專家也。楊繼洲之《玄機祕要》是也；一爲世所稱爲儒醫者所輯，若元滑伯仁之《十四經發揮》，明高梅孤名武。之《鍼灸節要》、《鍼灸聚英》，汪石山人即汪機。之《鍼灸問對》是也。滑氏傳鍼法於東平高洞陽，其學當有所受。《節要》專取《難經》及《靈》、《素》，《聚英》則取《千金》、《外臺》以後，皆據故書纂輯耳。《鍼灸問對》辭旨極明暢，而其學亦無所受，周澂之所謂强不知以爲知者也。大抵專家所傳者，其辭旨多不雅馴，其説考諸古書，或不能盡合，然其受授具有源流，雖亦不免傳訛，要爲一字皆實。儒醫所輯者，其書多明白易曉，具有條理，然其學既無所受之，試問古書之異同，憑何折證，恐不免意爲去取矣。《鍼灸擇日編集》一卷，前有正統十二年金禮蒙序，謂内醫院醫官護軍臣金循義、司直臣金義孫共成是書以進，命臣序之云云。光緒庚寅，上杭羅家傑得之日本，重刻之。

十四、解剖學

解剖之學，或謂我國無之，非也。人身之臟腑經絡，苟非解剖，試問何由知之？至其不盡密合者，非由古書歲久傳訛，則由古人文義粗略耳。古人言語，於數目方位，往往不甚精密，如《詩》三百五篇，舉其大要而言三百篇，即其一證。人之心非在正中，而古書以爲在中，亦是當時言語粗略，非必古人不知人心之所位也。凡古書言臟、腑、經絡之誤皆類此。然則施之於用何以不誤？曰，古者圖書相輔而行，圖之外，且有器，以與圖書相證，書雖但存其粗，圖與器未嘗不精，正因精者必求之於圖與器，書遂不妨但舉其大要也，觀前引《齊東野語》所載宋時銅人可知。人死則可解剖而視之，見於《靈樞·經水篇》。《漢書·王莽傳》載莽誅翟義，捕得其黨，使太醫尚方與巧屠共刳剥之，量度五藏，以竹筳導其脈，知所終始，可以治病。莽最泥古，其所爲必有所據。《讀書志》載楊介《五藏存真圖》，謂崇寧間泗州刑賊於市，郡守李夷行遣醫並畫工往，親決膜，摘膏肓曲折圖之，盡得纖悉，介以校古書，無少異者。《寅退録》亦載廣西戮歐希範及其黨，凡二日，剖五十有六腹。宜州推官靈簡皆詳視之，爲圖以傳於世。又《聞見後録》載無爲軍醫張濟善用鍼，得訣於異人，能親解人而視其經絡，因歲饑疫，人相食，凡視一百七十人，以行鍼，無不立驗。又程式嘗解剖倭人，見《醫彀》。何一陽從軍南征，亦嘗解剖賊腹，見《赤水玄珠》。清時王清任乘兵亂之際，輾轉就積屍考視臟腑，用力尤勤，具見所著《醫林改錯》中。王氏所製《補陽還五一方》，滅裂無理，陸九芝攻之是也，至並詆其考驗死人之臟腑則大非。可見解剖一事，數千年來，原未嘗絶迹，特必乘兵荒刑戮之際，而不能公然行之於平時，故能與於其事者太少，遂不能互相考求，日臻精密耳。然古者鍼灸之術必託始於解剖，斷不容疑。今者欲蒐求古人之遺緒，亦斷不容不致力於此，必不能但求之於故紙堆中也。

十五、宋以後脈訣、舌法與辨證

言脈之書，宋以來盛行者，爲高陽生《脈訣》。吕復《群經古方論》以高陽生爲六朝時人，元謝縉孫《脈經序》謂在熙寧以後，馬貴輿《文獻通考》則謂在熙寧以前，雖亦臆度之辭，然玩其辭義，當以出於北宋時之説爲近。其書大旨隱括脈經而成，而又自立七表、八裏、九道之名，與脈經不盡合。宋以來傳習者，多誤以爲王叔和作，以故攻之者極多，然書中並無僞託之據，則誤謂出於叔和者，乃習者之傳訛，非作者之僞託也。其書自不如《脈經》之古，然亦必自有師承，必視爲淫辭邪説之流，亦未免攻之太過。蓋自宋元以來，攻此書者甚多，然醫家傳習，卒莫能廢。自李時珍之《瀕湖脈學》出而此書之傳習始微。《瀕湖脈學》所取以弁首者，爲宋道士崔嘉彦所撰之《脈訣》，稱崔紫虛《脈訣》，亦曰崔真人《脈訣》。紫虛者，嘉彦之號也。實當不如高陽生之書也，醫家所以群趨之者，亦不過樂其簡易而已。

攻高陽生《脈訣》之書，始於元戴同父名啓宗，金陵人。之《脈訣刊誤》，明汪機爲刻之，附以自著之《矯世惑脈論》一卷，吴鶴皋有《脈診》二卷，亦以攻脈訣而作，而清李期叔名延昰，真定人。之《脈訣彙辨》十卷最詳，其就其書而訂正之者，則有沈鏡之《删註脈訣規正》四卷；信其書而爲之作註者，則有明張天成之《圖註脈訣》四卷。

宋元以來言脈者當推滑伯仁爲一家，其所著《診家樞要》，立説甚精；又著《十四經發揮》一書，於十二經外，益以督任二脈，亦於診家極有裨益。伯仁嘗傳鍼法於高洞陽，其學固有所受之也。李時珍《瀕湖脈學》雖無甚深義，而簡明易曉，與所著《奇經八脈考》，均足便初學循覽。二十八脈之説，始於李士材，名中梓。診家亦多宗之，清代醫家之於脈，實不過知此兩家耳。周夢覺《三指禪》以緩字爲平脈，餘脈乃分陰陽對待，亦頗有見。夢覺號小顛，邵陽人，以多病，棄儒業醫，好言修鍊，其書中亦多雜道家之説，頗傷駁雜。清末周澂之於脈學用力至深，既評註滑伯仁之《診家樞要》，又自著《脈義簡摩》、首部位，次診法，次形象，次主病，次名論彙編，次婦科診略，次兒科診略，皆集前人之説，而以己意闡發之。《脈簡補義》、《簡摩》推演前人，《補義》則出自撰。《診家直訣》、抉前二種之精要而簡其詞。《辨脈平脈章句》四書，又撮此四書之精要而成《重訂診家直訣》。又著《外診簡摩》一種，以備四診，蒐討之博，研索之勤，宋以後一人而已。林慎庵《四診抉微》八卷，先列經文，次彙舊説，而以己意附其後，別爲一卷，曰《管窺附餘》，其書於望、聞、問頗略而於脈較詳，亦足以資參考。慎庵名之翰，烏程人。

舌法爲古人所不詳，僅《傷寒論》有舌白苔滑之説。元杜清碧《金鏡録》，始推至三十六圖，後又有所謂《觀舌心法》者，則推至百三十七圖。張誕先名登、路玉子。《傷寒舌鑑》，就《心法》删減之，爲圖凡百二十，然究未免穿鑿也。又有所謂《舌鑑辨正》者，乃茂名梁特巖名玉瑜。所傳，而秀水陶拙存名葆廉。爲之筆録，以蜀中所刊《舌鑑》爲藍本，故名。據陶氏序，謂光緒癸巳，宦新疆，患熱證，醫家誤投滋陰降火之劑，益劇；明年，以友人言，求治於梁氏，梁氏觀其舌，決爲實熱，投以苦寒多劑乃愈。叩其學，則出於家傳，以觀舌色、舌苔爲主。今是書首冠全舌分經圖，云得之明李良醫祕授，以察五臟病機，遵之數世，確有徵驗云。其或醫家之別傳歟。

醫家多好言脈舌，其實言脈舌尚不如辨證之切。脈舌有游移，證象無假借也。脈舌者，醫家所獨知，證象者，人人所共見也。故病家之當略知證象，實較醫家爲尤切，然從來言脈舌者有成書，而言證象者無專著，豈以其爲人人所共見而忽之歟？抑以爲但知證象，不足以言治歟？以予所見，惟鎮海蔣金鏞有《臨病考證》一卷，分列病證，本之六經，其自序，謂治病首在辨證，辨證既明，服藥可無虛虛實實之禍；欲使病家先明表裏虛實寒熱之大綱，亦得以考醫之良否，莫若摘述醫籍，使可按證而稽云云。書雖淺近，實於病家大有裨益。

十六、明清間諸醫學名家

明清間諸醫卓然自成一家者，當首推黄坤載。坤載所著各書雖亦不免偏激，且自許太過，然其中精闢之論實極多，非貌爲中庸者所可及也。坤載所著書，曰《素問懸解》、《靈樞懸解》、《難經懸解》、《傷寒懸解》、《傷寒説意》、《金匱懸解》、《長沙藥解》、《四聖心源》、《四聖懸樞》、《玉楸藥解》凡十種。其最博大者當推王肯堂。《證治準繩》。而蒐討勤而用力深者，則有張路玉《醫通》及《傷寒纘論》、《緒論》。及隱庵。隱庵於《内》、《難》、《傷寒》、《金匱》、《本經》皆有集註，皆集諸及門之力，參訂而成，高士宗其弟子也。其崛起於江西者，則爲喻嘉言。嘉言之《尚論篇》雖不免臆斷專輒，然所著寓意草及醫門法律，持論皆極謹嚴，能示醫家以一定之軌範，且使庸醫無所逃其罪，實前此所未有也。其負盛名於吴中者，則爲葉天士，天士於感證及幼科多有心得，自亦不失爲名家，然傳書多僞，今世所行《臨證指南》已多不可信，其他更無論矣。天士在當時最負盛名，故依託之者甚衆。陳修園早年著書，多託名於天士，後乃改正，見《修園醫書例言》中。今世所傳各書，稱爲天士所著者，《景岳全書發揮》爲無錫姚球頤真所撰，坊賈因其滯銷，乃改刊天士名，見《冷廬醫話》；《醫效祕傳》及葉、薛、繆三家《醫案》爲吴子音名金壽者所刻。《祕傳》已極無謂，《醫案》尤三家如出一手。又有《本草經注》、《本事方釋義》及光緒甲午常熟所刻之《醫衡》，皆鄙陋至甚，不知誰所僞爲。《臨證指南》爲無錫華南昌岫雲所輯，岫雲實不知醫，雖不敢謂其有意作僞，而其書錯雜殊甚，纘編刻未成而岫雲卒，其友岳廷璋勸徽蘇商人共成之。又有《葉案存真》者，爲天士玄孫萬青所刻，云爲《臨證指南》所遺，亦無甚可取。葉、薛、繆三家《醫案》者，謂天士、生白及繆方彦也。方彦字遵義，亦當時吴中名醫。生白無著述，已見前。陸九芝云：繆氏我之所自出，初不聞其有此方案。其不足信概可見矣。坊刻又有《醫經原旨》六卷，亦題薛生白名，紕繆尤甚。《葉氏眼科方》一卷，在《荔墻叢刻》中，乃當時眼科醫傳受之書，亦託名天士，可見僞託者之多。其卓然可稱大家者，實無過徐靈胎。靈胎於各科古書，靡不攻究，實足當博大精深之目。其所著《醫學源流論》一書，持論既極通達，《蘭臺軌範》一編，體例尤爲謹嚴。此書方論多取諸《内》、《難》、《傷寒》、《金匱》、《千金》、《外臺》，宋以來書所取者甚鮮。其評隲攻砭及開示流俗諸書，亦皆博深切明。所評隲者，如《外科正宗》及《臨證指南》等是；所攻砭者，如《醫貫砭》等是。開示流俗之書，如《慎疾芻言》是。《慎疾芻言》，王孟英嘗重刻之，改名《醫砭》。靈胎所批閲之書，凡千餘種，見王孟英《醫砭序》述秀水吕慎庵之語，然傳者不多。今坊間所行徐評《瘍科選粹》，舛誤頗甚，決非靈胎作也。《洄溪醫案》一卷，亦王孟英所刻。又《洄溪祕方》一卷，在余嘯松《白嶽庵雜綴》中。嘯松得之吕慎庵，慎庵得之王孟英，孟英得之金復邦，復邦乃洄溪弟子也。所謂學識俱深，明清以來醫家，殆無其匹也。與靈胎同時研究古書足稱精到者，有柯韻伯，見前。而後起諸家中之博大者，莫如魏玉横。見後。此外一時前後，南北之以醫名者尚多，然多以感證知名，如秦皇士、周禹載、程郊倩、吴鞠通、吴坤安、章虚谷、劉松峰、余師愚等，均見前。其奄有衆長者，當推王孟英。孟英所著書，有《温熱經緯》、《霍亂論》、《俞氏古今醫案案語》、《潜齋簡效方》、《四科簡效方》、《蓬窗録驗方》、《聖濟方選》、《隨息居飲食譜》、《潜齋醫話》、《歸硯録》等，其中惟《聖濟方選》一卷，未見刊本。其醫案，初刊曰《回春録》，爲周鐸所輯，續刊曰《仁術志》，爲趙夢齡等所輯。《回春録》多雜證，《仁術志》則感證爲詳。道光三十年，楊照藜合爲一編，易其名曰《王氏醫案》，加評點刻之。又《重慶堂隨筆》爲孟英曾祖學權所撰，今坊間亦與孟英諸書合刻。學權字秉衡，子國祥，字永嘉，國祥子升，字大昌，世以醫名。而陳修園之明白曉暢，足以啓悟初學，亦自有獨到處。修園所著書凡十五種，曰《神農本草經讀》。曰《靈素集註節要》，曰《傷寒論淺註》，曰《長沙方歌括》，曰《金匱要略淺註》，曰《金匱方歌括》，曰《傷寒醫訣串解》，曰《傷寒真方歌括》，曰《景岳新方砭》，曰《時方歌括》，曰《時方妙用》，曰《醫學從衆録》，曰《醫學實在易》，曰《醫學三字經》，曰《女科要旨》。今坊刻《修園醫書》，乃至三四十種，甚至以元明人之作，羼入其間，繆已。其餘有所著述，爲醫家所宗仰者，若沈芊緑、《沈氏尊生書》。景嵩崖、《嵩崖尊生書》。程鐘齡、《醫學心悟》。羅澹生《名醫彙粹》及《方論》。之流，則指不勝屈已。

十七、女科與幼科

今世所傳女科書，始於唐昝殷之《產寶》。然《史記》稱扁鵲過邯鄲，爲“帶下醫”。仲景《傷寒》自言撰用《胎臚藥録》，釋之者曰：胎，女科書，臚，兒科書也。證以古傳幼科之書名《顱顖經》，其說良是。則女科之由來舊矣。《產寶》久佚，近人乃得諸日本，重刻之。書凡三卷，分四十一門，每門皆前有短論，後列方藥，其體例與《千金》略相似，真古書也。宋代書之存者，有李師聖之《產育寶慶集》、朱端章之《產科備要》、此書凡八卷，四庫未收，然採摭宋以前方論頗廣。薛仲軒名昂。之《坤元是保》四庫亦未收。及無名氏之《產寶諸方》等，然均流傳甚尠；惟陳自明《婦人大全良方》陳自明，字良父，臨川人。以薛立齋曾加刪訂，刻入薛氏《醫案》中，通行較廣，然陳氏書用藥多主古義，薛氏矯之，專以理氣血調脾胃爲主，未免流於鄉願，雖以陳氏書爲原本，實則貌合神離矣。清武之望、汪淇嘗取《證治準繩》中之女科，評註刻之，名《濟陰綱目》，幼科亦有評註，名《慈幼綱目》。一時亦頗通行。清代人所著書以蕭慎齋名壎。之《女科經綸》、沈堯峰名又彭。之《女科輯要》爲最佳。蕭氏全書本名《醫學經綸》，其女科摘出别行，通行較全書爲廣。周卓人亦有《女科輯要》，與沈書同名。卓人名紀常，山陰人，其書係兼採張景岳《婦人規》及《竹林寺女科方》而成。倪鳳賓《女科要略》立論稍偏而亦有見地。其專論胎產者，有閻誠齋名純璽，宣化人。之《胎產心法》、此書採輯頗備。汪樸齋名喆，休寧人。之《產科心法》、單養賢之《胎產全書》等，而張曜孫翰風先生子。之《產孕集體例》最爲高雅。《達生篇》、《大生要旨》等治法不甚完備，僅備平人查檢，何杏園所刻《胎產金針》較此二書少詳。

傅青主名山。《女科》書山西鈔本甚多。道光丁亥，張鳳翔始校刻之，《海山仙館叢書》又有刻本，陸九芝有重訂本，在《世補齋醫書》中。其書多與陳遠公《石室祕籙》相同，不知陳、傅二君所本同出一源邪？抑好事者襲陳書而託諸傅也？坊間又有傅青主《男科》，則僞不俟論。《竹林寺女科方》者，蕭山竹林寺僧人託諸明李異人所傳，嘗爲人治病，頗有效，浙人尊之若神；久之，僧人之技日以陋劣，診察之術，皆無所知，僅大略按證處方而已，後遂爲縣令所禁。其書刻本有數種，名目亦各不同,考其方論,大略以清滋爲主,蓋醫家尊信丹溪者之所爲,僧人欲炫流俗,遂妄云異人也。

《太平御覽》卷七百二十二引張仲景《方序》有云:"衛汎好醫術,少師仲景,有才識,撰《四逆三部厥經》及《婦人胎藏經》、《小兒顱顖方》三卷。"今世所傳《顱顖經》前有序文,託諸黄帝時師巫,論者多斥爲荒誕,然《宋志》著録即如是。《千金方》云:古有巫妨者,始立《小兒顱顖經》,《病源》作巫妨。則其説初昨無因。《宋志》、《錢乙傳》言乙始以《顱顖經》顯,則此書蓋自古專家相傳,至宋而始顯於世也。

宋時幼科書,晁陳所著録者,有《嬰童寶鏡》、《小兒靈祕方》、《小兒至訣》、《小兒醫方妙選》等,今皆不傳;其存者,惟錢仲陽名乙。《藥證直訣》、閻孝忠《小兒方》、董及之名汲。《班疹方》。周澂之《醫學叢書》本,閻、董方各一卷,即附錢書之後,係據宋本重刻。案此書傳本甚少,清四庫館曾從《永樂大典》輯出,然與宋本不甚合。陳文中《小兒痘疹方》《薛氏醫案》及《痘疹大全》本。案《痘疹大全》係明吴勉學所校刻。此書外又有明蔡維藩《小兒痘疹方論》一卷、《陳蔡二先生合併痘疹方》一卷、明郭子章《博集稀痘方論》二卷、《痘疹寶鑑》二卷、《萬全痘疹全書》二卷、聞人氏《痘疹論》二卷。《痘疹全書》實萬全所撰,楚人黄廉竊爲己有,見全自書《痘疹碎金賦》後。勉學此刻,前亦列陸穩一序,誤爲廉作。及無名氏《小兒衛生總微論方》數種。《小兒衛生總微論方》係嘉定丙午何大任出其家藏本所刻,方論頗爲完備,欲窺宋以前幼科治法者,莫善於此書已。《活幼新書》二卷,元衡州曾德顯撰,名世榮。據自序,其書出於宋太醫戴克臣,名堯道。克臣傳諸劉茂先,而曾氏得之茂先五世孫直甫,名思道。則亦宋以前書也。此書中國久佚而日本尚有刻本。又明徐用宣《袖珍小兒方》十卷,存古方論亦頗多。

痘疹之名,古代醫籍中所不見,並無"痘"字。其病究始何時,不可確考,要之古即有之,亦必至宋以後始盛也。當時治法,率宗錢仲陽、陳文中兩家。錢近凉解,陳偏温補,朱丹溪出,乃折衷其間,解毒、發表、和中三者兼用,一時醫家翕然從之,然治法究未完備;迨聶久吾之《活幼心法》、此書有清歐陽調律刻本,改名《痘疹慈航》。魏桂巖之《博愛心鑑》出,始有途轍可循。朱純嘏之《痘疹定論》、朱惠明之《痘疹傳心録》實原本二書,更求完備者也。開示後學最切者,無過萬密齋。故《世醫心法》一書,迄今醫家誦習不廢。翁仲仁《痘疹金鏡賦》十一篇,亦便誦習,清俞天池有註釋本,名《痘疹金鏡賦集解》。天池名茂鯤,句容人。翟玉華名良,青州人。之《痘科類編》,長於治鬱。清唐威原名維德,益都人。之《痘科温故集》宗之。費建中《救偏瑣言》專爲偏於温補者説法,亦一時名家也。清代人所著書以葉大椿《痘學真傳》爲最佳。《摘星樓治痘全書》,明朱一麟撰。一麟字應我,涇川人,其書於古來治痘疹之書,網羅最爲完備。一麟從孫遵先爲之編訂,成十八卷。道光六年,遵先姪琦始刊行之。

疹者,幼科中之一證也,而其後於幼科中蔚爲大國。痘者,亦疹科中之一證也,而其後於疹科中蔚爲大國,無他,其爲害烈也。惟疹之爲害降而愈烈,故治疹之法亦降而益詳。其初各家之書,皆痘疹不分,且多痘詳而疹略。至明吕坤始著《疹科》一卷,專言治疹之法。清洪謙鳴之《瘄疹心法》、謝樸垒之《痳科活人全書》繼之,蒐輯更爲完全。其名家專著,則有鄭卜年名啓壽,鄞人,以治瘄名鄞、奉、象三邑及台郡者數十年。之《鄭氏瘄略》、一卷。夏雲穎之《麻疹祕録》、雲穎名子俊,黄巖人,有《醫理信述》六卷,乃其邑人柯琳所輯。此書與《痘疹祕録》各一卷後刻,總名《醫理信述補遺》。孫安四名能遷,昌陽人。之《闕待新編》,二卷,上卷爲方論,下卷爲治案;書名取闕疑待問之意。亦均足資參考。晚近以來,痳疹多與喉證並發,故言治疹之書又多與喉科諸書相出入。

種人痘之法始見於朱純嘏《痘疹定論》中。種牛痘之法則始於邱浩川之《牛痘新書》,西洋牛痘之法始入中國時,邱氏在廣東施種者數十年。此書又有金陵善後總局刻本,經丹徒王惇甫增删,非復邱氏之舊。邱氏之學六傳而至蔣致遠,著有《牛痘要法》,在《白嶽庵雜綴》中。種痘之在今日,自當採用西醫最新之法,前此種痘之書,不過藉以考見源流而已。然中國今日,種痘不能普徧,患天痘者仍隨在有之,且中醫諸疹治法,皆與治痘相出入,故醫家於前此治痘之書仍不可不究。

小兒之有驚風,即古書所謂痙也。俗醫妄立"驚風"之名,謬施治療,詒誤孔多。方中行著《痙書》一卷,始歷引《素問》、《傷寒》、《金匱》以發明之。喻嘉言、《生民切要》。程鳳雛《慈幼筏》。咸闡斯義;而其治法則至程霞飛《幼幼集成》。而始詳。

清初幼科最著名者爲馮楚瞻。所著《錦囊祕録》,凡分《内經纂要》、《雜證大小合參》、《痘疹全集》、《雜證痘疹藥性合參》四種。馮氏謂前此幼科治法多偏重先天,大人治法多偏重後天,而痘疹、雜證二家,論藥性之言,亦不能相合,往往此宜彼忌,意欲觀其會通而溝合之。雖所論未必盡當,要不愧體大思精之目。此後幼科中能自樹立者,當推程鳳雛、陳霞飛兩家。武進莊在田名一夔。《遂生》、《福幼》兩編,雖卷帙寥寥,而論痘疹痙證治法,至爲精當,醫家病家均不可不一覽。

十八、推　　拿

推拿之術，世所傳者有歷陽駱潛庵名如龍。《推拿祕書》五卷。一卷論診法，二卷穴道，三卷手法，四卷病證，五卷良方及呪由。據其子民新叙文，述其父之言曰：予得此良法祕書已久，不忍私藏。則實非駱氏所自著，蓋亦專家相傳之書也。其書文理頗劣，余嘯松謂其有誤處，删爲《推拿述略》，在《白嶽庵雜綴》中；然余氏所删似嫌太略。

十九、瘍　科

瘍科之書以《劉涓子鬼遺方》爲最古。南齊龔慶宣著,此書用藥多於《傷寒》、《金匱》,少於《千金》、《外臺》。宋李迅《集驗背疽方》、無名氏《急救仙方》、竇漢卿《瘡瘍經驗全書》,《四庫提要》云實漢卿裔孫夢麟所託。亦多存古法。然瘍醫往往惟知攻毒,於全體證治,不甚了了,惟宋陳自明《外科精要》、明薛立齋《癘瘍機要》、《外科樞要辨析》較精。及汪機之《外科理例》出,發明治外必本諸内之旨,外科治法始一變。清代徐靈胎以明醫博綜衆科,於外科尤爲精造,所評《外科正宗》,明陳實功撰。此書於病名、治法、方藥,頗爲完全。辨析精微,一洗瘍科專家之陋。又有洞庭王維德,出其祖傳祕術,著《外科證治全生集》,此書以述其家傳之學爲宗旨,凡治法與世醫無異同者不具。發明癰疽之治當别陰陽,著濫用刀鍼之戒,以消爲貴,以托爲畏,而外科治法始臻於安全。惟王氏徒以色之紅白别陰陽,其法仍未盡善,而戒用刀鍼太過,亦不免有流弊,至謂不諳脈理,亦可救人,則仍不脱前此瘍醫之陋習。武進孟河馬氏,以瘍科名者數世,同光間,有名文植字培之者,名尤著,嘗著《醫略存真》一卷,辨析刀鍼之當用與否。又嘗評《全生集》,分别其治法及方藥之短長,極爲精當。蓋晚近瘍醫之術,實能融貫衆科以自輔,迥非前此暖暖姝姝但守專家之傳者所敢望也。治外必本諸内,爲千古名言,中國瘍醫治法方藥,誠有不如西醫處,然近世有名瘍醫,無不兼通内科,其辨證論治之言,亦有極精當者,仍不可不參究。近今目論之士幾謂中醫外科一無可取,非通論也。

清代瘍科名著又有顧練江《瘍醫大全》、高錦庭《瘍科心得集》兩書。顧書網羅浩博,不愧"大全"之稱;高書於辨證最精,論述諸證,多不循瘍科舊例,每以兩證互相發明,用藥尤能融合内科治法,洵無愧心得之譽也。

治瘵向無專書。宋無名氏《救急仙方》,命名最多,不過十餘種。《醫宗金鑑》中亦衹二十餘條。慈谿唐氏藏有《刺瘵捷法》,名目較繁,然詳辨證而略用藥,至有僅列其名,並無治法者。無錫過鑄少習内科,後以手指患瘵,爲庸醫所誤,乃發憤研究外科,於瘵尤爲留意。晚乃裒輯諸家,成《治瘵彙要》一書。

黴瘡古無治法，近世瘍科書亦不甚詳。明季海寧陳九韶名司成。嘗著《黴瘡祕録》一書，書成於崇禎壬申。在中國久佚。光緒乙酉，蘇州浦氏得之日本，重刻之，並有日本和氣惟亨評語，皆瘍科中之專論一證，足資參考者也。

二十、咽喉科

咽喉一科，古書傳者甚鮮。惟明薛立齋《醫案》中有《口齒類要》一卷，此外明醫更無論著，蓋自宋以後，醫家之著書者，多以讀書人而改業醫，或好研究醫道，其草澤鈴醫之流，仍抱專家之傳者，則多不甚能著書，世之所謂儒醫者，亦不屑師其人，然專科之術，非有師授不能通，此現今醫書所以内科汗牛充棟，而他科則寥寥也。喉科專家之書傳者，曰《重樓玉鑰》，凡四卷。第一卷總論證治，第二卷論方藥，第三、四卷論鍼法。原叙此叙亦不著名字。云：吾鄉鄭梅澗先生性好岐黄家言，其先世得喉科祕授，故於此尤精，遠近無不知之，救危起死，不可勝數，予嘗見有垂斃者，先生刺其頸，出血如墨，豁然大愈，其妙如此，而未嘗受人絲粟之報云云。今第二卷中附論喉間發白證一條，特標之曰附録梅澗論證一則，則此書蓋非梅澗所自撰。觀此書所論，實以鍼法爲詳，方藥爲略，原叙述鄭氏治療，亦以鍼刺收效，其確爲專家傳授可知，而世無能通其術者，徒能取其養陰清肺一方，託之神怪，可慨也已。

《咽喉脈證通論》一卷，道光七年刻本，前有仁和許乃濟一序，謂浙西有世業喉科者，應手立愈，顧祕其書不肯授人，吾家珊林孝廉購得之，參校付梓，題曰《咽喉脈證通論》。相傳宋有異僧，寓杭之千佛寺，遺一囊去，中即是書云云，則此書之名，蓋亦許氏所命。光緒間，武進費晉卿得寫本四五，校定同異，謂棉花瘡一證，元時始入中國，而書中言之鑿鑿，則宋時異僧之説，出於僞託可知，然其書於虚實緩急，辨析造微，當係元明間一巨手，其論甘桔湯爲喉證所忌，尤爲獨創，乃校而刻之。費氏命名與許氏相同，當仍以許書爲主，然漏許序未列，讀者遂莫知其原始矣。

《喉科祕鑰》二卷爲歙縣許樂泉名佐廷。所刻，其序云：道光庚子，見鄉先輩鄭西園專業是科，回生起死，咸目爲仙，留心訪之，蓋有祕傳善本。輾轉覓得，凡三晝夜鈔成，後遇此證，按方施治，無不應效。同治二年春，于役下蔡，遇賊奔避，行李書簏，捐棄一空。明年春，監修泗州試院，見舟人携竹簏求售，識爲故物，遂購得之，餘物皆失，而是書獨存。秋，晤句容楊春華，方以重價購得《喉科紫珍集》，因並刻之云云。按《重樓玉鑰》道光十八年許氏初刻，序中亦謂不知鄭梅澗爲何許人，此鄭西園者，或與梅澗有關歟？《紫珍集》分載七十二證，亦專家相傳之書。

白喉一證，蓋盛於嘉道之際，其治法惟散見於《吴醫彙講》、《瘍科心得集》中，然皆語焉不詳。世醫多執傷寒之法，以辛温升散治之，詒禍頗烈，後乃有《白喉治法忌表抉微》者出，託之洞主仙師乩語，纂録者自署曰耐修子。風行頗廣，實即取諸《重樓玉鑰》中也。然白喉實亦分寒、熱兩途，偏執養陰，亦未嘗不足詒誤。嘉慶六年，常熟陳耕道著《疫痧草》一書，立疏達、清散、清化、下奪、救液諸法，而白喉治法始立。光緒九年，揚州夏春農復著《喉疫淺論》一書，大體祖述陳氏，而方法尤備。衡山李倫青名紀方。得其外祖尹慎徽之傳，著《白喉全生集》一卷，書成於光緒八年。以寒熱爲綱領，寒熱中又分輕重虚實，審證既的，而用藥隨之，即吹藥亦分三種。可謂治白喉最善之書，宣統元年江寧嘗有刻本，惜經癸丑之亂，求之已不可多得矣。《白喉證治訂誤》一卷，曲阿韓善徵止軒撰，就《重樓玉鑰》、《忌表抉微》兩書，增其未備，訂其錯雜，亦可看。《痧喉經驗闡解》不著撰人名氏，祝補齋《衛生鴻寶》嘗採之，别有單行本，元和金德鑑以己意增删，易名爲《爛喉丹痧輯要》，然所增皆咽喉通治之方，與丹痧不涉；又增委中、少商二穴刺法，藿香正氣一方，則併混丹痧與痧脹爲一談，大可噴飯矣。醫家誤不至此，殆坊賈所爲也。

二十一、眼　科

眼科最古之書爲《銀海精微》。此書題爲孫思邈撰。然唐宋《藝文志》皆不著録，蓋亦專家所託也。其書辨析諸證，頗爲清晰，手法方藥亦多可用。此外明清二代所傳者，又有《金鎞祕鑰》、題梁溪流寓李藥師撰，不知何許人。《眼科龍木論》、李氏《綱目》已引之。《眼科捷徑》、一卷，不著撰人名字，論眼病有五輪、八廓、七十二證之分，詞甚簡略，惟所附方藥頗多。《眼科祕旨》、在謝甘澍《醫學集要》中，亦不知傳自何人，其用藥頗與《本草》不同。《啓矇真諦》上卷曰《一草亭目科全書》，清清江鄧苑博望撰，下卷曰《異授眼科全書》，不著撰人名氏。諸書，而傅氏之《審視瑶函》條理最稱明晰。薛立齋《醫案》中，亦有《原機啓微》二卷。

二十二、傷　　科

傷科書傳者更少。《醫宗金鑑》所載，即本薛氏《正體類要》二卷。而擴充之。此外所見，惟上海錢松溪名秀昌，其師曰楊雨蒼。《傷科補要》、四卷。紹興俞星階名應泰。《傷科捷徑》二種。

二十三、脚　　氣

脚氣一病，蓋始於晉之東渡。趙宋以後，此病頗衰息，近數十年乃復有之，蓋復自海外傳入也。古人治此之方論，散見於《千金》、《外臺》等書，專書存者，惟宋董及之名汲。之《脚氣治要》。《宋史·藝文志》一卷，《四庫》從《大典》輯出，分爲二卷。近人所著書，則有南海曾心壺名超然。之《脚氣芻言》。一卷。其治法主用陳修園鷄鳴散，參以朱丹溪四物湯加減。此病中西治法均不甚效，所望今日醫家於古代方論更加研究也。

二十四、霍亂與痧脹

霍亂之名，《傷寒論》中即有之，《病源》、《千金》、《外臺》亦皆有其方論；然古之所謂霍亂，實非今之所謂霍亂，不若今之劇。不可因好古而反受泥古之害也。近世醫家論此病之書甚多，以王孟英名士雄。之《霍亂論》二卷爲最備。姚梓欽名訓恭，丹徒人。《霍亂新論》一卷成於光緒廿八年，謂此病中西治法，均不神效。其父名成鼐，字燮和。行醫數十年，嘗本紫雪丹之意，推廣用之，收效已逾千人。梓欽於己未、丙申療過數百，戊戌、壬寅又驗過多人，末又甚誇白痧藥之功效。其方用生半夏去黄皮四兩、貝母二兩、麝香四錢二分、大梅片四錢二分、白硼砂二兩、西牛黄二錢、杜蟾酥九錢研末。姚氏謂凡患霍亂者，誤嗅紅靈丹及他種痧藥，則脈愈伏，肢愈冷，且致冷汗淋漓，惟嗅此藥，則脈伏者起，肢冷者温，俄頃之間，即著此效。謂得此方後，治霍亂皆令先嗅此藥少許，隨進左金丸一二錢，病輕者已可望愈，重證則接服解毒湯二三劑，紫雪丹二三分，無不愈者，不知信否。

痧脹之名蓋亦起於近世。清初尚稱爲番痧或滿洲痧，殆自關東傳入内地也。郭又陶名志邃。始著專書論之，名《痧脹玉衡書》。三卷。有林森者亦福建人。竊其書，易名曰《痧證全書》，三卷。其通行轉較郭書爲廣。巴郡歐陽調律嘗約《玉衡書》爲《治痧要略》，詳於方論，而砭法僅存大綱。又有《痧證指微》一卷，不著撰人名氏，列雜證五十、大證十六，各詳經穴，以施刺灸，而方藥少簡。二書有合刻本，名《痧法備旨》。

二十五、鼠　疫

中醫治鼠疫之書，有廣東羅芝園名汝蘭。之《鼠疫約編》，其書積歷年經驗，屢加增補，頗病淩雜。光緒二十七年，楊仙卿屬鄭肖巖名奮揚。訂正，刻之福州，凡分八篇：一探原、二避疫、三病情、四辨脈、五提綱、六治法、七醫案、八驗方。原序謂屢經試驗。閩督陳寶琛一序，謂用其法，雖極危證，尠不及者；其受病太深，療救不及，不過十之一二。然予問諸寓在福州之醫家，則謂其治法亦未必竟有把握，不知究竟若何。要之此病今日中西皆無必治之法，凡有方論皆存之，以備參考可也。

二十六、虚　勞

虚勞之證後世亦多專書，其爲醫家所宗者，爲元葛可久之《十藥神書》、明僧慎柔之《慎柔五書》及綺石先生之《理虚玄鑑》。慎柔毘陵人，胡姓，本儒家子，爲僧後患瘵幾殆，求治於涇縣查了吾，獲愈，因從學焉。了吾者，太平周慎齋之弟子也。慎齋名之幹，所著有《慎齋遺書》，清王琦校刻，未竟。其外孫趙樹年卒成之。慎柔因之，又從學於慎齋，故慎柔之學，實慎齋一派也。其法分虚勞爲兩證，治以保護脾胃爲主。綺石先生者，蓋亦明季遺民，書成而身没。見其弟子趙何序。清雍正三年，慈溪柯德修名懷祖，亦當時名醫。購得鈔本。乾隆三十六年刻之。陸九芝謂其治法於陽虚主建中，陰虚主清金，遠出桂附補陽、知蘗滋陰之上，重訂之，改爲五卷。在《世補齋醫書》中。

二十七、導引與調攝

導引之術,後世道家多言之,醫家則研究者甚鮮,然觀《三國志·華佗傳》,載佗嘗教人以五禽之戲,又巢氏《病源》,於諸證之末,多附導引之法,則古代醫家固未嘗不通其術也。《隋志》有《導引圖》三卷,註曰立一、坐一、卧一。明曹元白名士珩。嘗著《保生祕要》一書,論導引治病之法。清沈芊緑《尊生書》悉採之。又有《尊生導養編》一卷,序云:山右穀遠張君雲衢,素多羸病,遊江淮,遇異人,授以導引、按摩之術,行之十年,宿疾盡除,體益壯,以術告少宗伯蘭臯康公,公爲之按奇經之脈,考銅人之圖,列其條目,而詳其節次,緣督以爲經,而一身之竅會無不備列焉云云。此書傳本甚少,而所列之法,頗有爲通行諸書所無者。

調攝之法,醫家專言之者亦甚少,惟《壽親養老新書》見前。於寢興飲膳之方,無不備及。明高濂《尊生八牋》中《四時調攝牋》所録,大抵本之。韓氏《醫通》明韓柔撰,與張路玉書同名。自謂賴方藥以生,故於補養諸方尤備。黄闇齋之《折肱漫録》,分養神、養氣、醫藥三門。《四庫提要》譏其專主補益,未免一偏,然黄氏自言幼而多病,爲藥所誤,嘗私自矢曰:吾病得愈,吾年得老,必揭此以告同患者,使毋蹈予之覆轍,有所苦;隨筆記之,久而成帙。至六十餘,乃成此書。則其意原以供病者之鑑戒,非以醫家自居也。此書《六醴齋叢書》本無《養神篇》。清王孟英《隨息居飲食譜》分水飲、穀食、調和、蔬食、果食、毛羽、鱗介七類。亦爲此類書中之佳作。

二十八、江湖方技與《串雅》

中國醫術當以唐宋爲一大界。自唐以前醫者多守專門授受之學，其人皆今草澤鈴醫之流，《史記》所載扁鵲，正是鈴醫中之有名者，即華佗亦此類人，後乃倨傲，欲自比於士大夫而又不改鈴醫好利之習，故爲魏武一怒所殺。其有以士大夫而好研方術，若張仲景、皇甫士安、葛稚川、陶隱居、孫真人、王燾者，代不數人耳。自宋以後，醫乃一變爲士夫之業，非儒醫不足見重於世，所謂草澤鈴醫者，其格日卑，其技亦日劣，蓋此輩大都不通文義，罕能著書，僅恃師授，無復發明。趙恕軒所謂專恃祖方爲長技。而師説傳之歲久，必不免於訛謬亡失，其技愈劣，則世之視之也愈卑，則其人益不自重，而技以日劣。二者實相因也。又此等人大抵專守一科，不能會合各科，互相考校，故其術亦難於精通。然古代專家之術，實有存於是者，就其精者，往往非士大夫徒憑載籍，據理推求所能得，徒以鄙夷其人，不肯更加研究，遂令古代專門之術，日以失亡，良可慨也。近世惟趙恕軒，性本好奇，於江湖方技，蒐輯至多，其時又適有宗柏雲者，挾是術徧遊南北，遠近震其名，恕軒遂從問其術，參以前此所得，以成《串雅》一編，其治法雖不盡純，而實於古義爲近。治外以刺灸勝，治内以頂串禁截勝。頂者，上行，故多吐，串者下行，故多瀉，截，絶也，使其病截然而止。此即汗、吐、下三法，鈴醫以配三才。不惟足資國醫之攻錯，亦且足爲考古者參證之資，實可寶也。

二十九、呪由科

呪由一科，其傳最古，雖《素問》載岐伯之言，已謂今世之疾，非呪由所能已，然《後漢書·方術傳》載趙丙善越方，註云：善禁呪。則其術尚盛行於南方，蓋南人重巫鬼，醫術之明，不及北方邪？張角等所操亦必是術。今世所傳，有《呪由十三科》二卷。案呪由爲元醫學十三科之一，作此書者蓋不之知，乃誤以呪由爲有十三科。文辭至爲鄙陋，其術亦未必可信。蓋呪由一科，最無實效，世莫之信，其術遂亡也。惟《千金翼方》中之《禁經》，當必傳之自古。趙恕軒《利濟十二種》中，有《呪由録驗》，係據湖南汪子師之説，將舊藏張氏本删存，惜未見傳本。

三十、醫史醫案醫話與醫書

醫史之作，實始於宋張季明之《醫説》，季明嘗欲集古來醫案，勒爲一書，初期滿一千事，猝不易足，乃先採綴諸書，據其見聞所及，以成是編。見羅頊《叙》。其書雜採説部，頗傷蕪雜。明余弁《續醫説》亦僅隨筆札記，李濂始有《醫史》之作，然其體例亦未盡善，後此遂無繼者。

醫案之作，始於宋之許叔微，其彙輯諸家者則始於明江民瑩之《名醫類案》，清魏玉横續之，陸以湉又有再續，然未見刊本。見《冷廬醫話》龐元澂序。嘉善俞東扶《古今醫案》則主精而不主博。醫書或苦空言無實，醫案則不然，且彙合衆家，尤可考見今古病情之遷變，雖謂其兼有醫史之用可也。

醫書所最忌者爲空言無實，又其甚者採綴群書，絶無心得，陳陳相因，尤爲可厭。然凡作一書，必求其病證、治法、方藥無一不全者，鮮有不蹈此弊，惟醫話則不然，以無門面可拘也，惜作者不多。以予所見，有計楠之《客塵醫話》、柳寶詒之《惜餘醫話》、史典之《願體醫話》、王孟英之《潛齋醫話》、陸以湉之《冷廬醫話》、毛祥麟之《對山醫話》、費凱鈞之《友漁齋醫話》，均稱佳著。尤怡之《醫學讀書記》專記讀書所得，在醫話中別爲一體。周學海之《讀醫隨筆》，體例亦略同。固始王燕昌字漢皋。有《王氏醫存》十七卷，除末一卷爲醫案外，餘皆用筆記體，在醫話中可謂最浩博者矣。

醫書之多病空談，固由形下之學之不昌，亦由醫家之真能讀書者甚鮮，雖復侈語《本》、《經》，高談《靈》、《素》，實則望文生義，隨意曲解而已。求其能真知讀書之例者無有也。予嘗謂自宋以後，醫之爲業既移於士大夫，故其風氣亦恒視儒學爲轉移，而其變遷，又必視儒學爲少後。儒之門户分於宋，醫之門户分於金元；《四庫》醫家類總叙語。職是故也，有清二百餘年，漢學可謂極盛，然醫家能用其法以治古書者絶少，蓋尚未脱宋學風氣也；然欲求古代醫學之真面目，捨用漢學家治經之法以求之，其道莫由。以予所見，惟沈彤《釋骨》一書，原本群籍，以釋《内經》，所載人身諸骨，確爲漢學者之法。胡澍《素問校義》，雖未卒業，亦差足語於校勘。然二人本皆經生，非醫家也。劉壽曾《素問校義序》致憾於醫家之有《内經》，猶儒家之有五經而無義疏之學，固適如吾意之所欲云矣。侯官林楓芾庭《樂素齋醫學匯參》四卷，一、二、三卷爲釋體，四卷爲辨脈，皆仿《爾雅》之例，五卷至十卷爲釋方，未成而卒，亦頗足當醫家訓詁之學。

醫家著書每喜侈談神怪，如竇材《扁鵲心書》，則以爲上天所畀。《張景岳全書》則以爲游東藩之野而遇異人，陳遠公《石室祕録》乃竟託之雷公、岐伯，前人已言之矣。以予所見，此類書尚屬甚多，而其最甚者，要莫如車宗輅、字質中，會稽人。胡憲豐字駿寧，山陰人。之《傷寒第一書》，其序言謂仲景《傷寒論》本一十六卷，治分九州，此書乃其治揚州之法，自兵劫後，原書散失，證治不全，雍正初，德清沈日光，學道深山，乃獨得仲景真傳，而有九州之全書云云，可謂敢於語怪矣。又如齊秉慧字有堂，叙州人。之《齊氏醫書》四種，本非一無足取，而必謂學醫之始，出於衡山仙鵝洞道士之命，十八日内種痘方，亦必託之黄進士得之仙傳，誠不知其是何用意也。夫如此等説而亦足惑人，此巫風之所以盛行歟。乃近日京師及江南士大夫，方且争好扶乩之術，流俗以士大夫之言之也，亦遂翕然信之，遂有假借其術，爲人治瘍以牟利者，青天白日，鬼魅横行，誠可歎詫。

醫家叢刻，網羅最博者當推明吴肖愚之《古今醫統正脈全書》。清代則程瘦樵名永培，吴門人。之《六醴齋醫書》、王琢崖之《醫林指月》、丁松生之《當歸草堂叢書》、周澂之《醫學叢書》，所刻亦均精本。若能備此五書，則所費不及百元而醫家要書善本略具，其餘購求易易矣。程觀瀾名文囿，歙人。之《醫述》專輯古書，不參己見，凡分七門，曰溯源、曰傷寒、曰雜證、曰女科、曰幼科、曰痘疹、曰方藥。所收者三百餘家，則醫家中之類書也。清乾隆中，吴中唐烈三等嘗輯《吴醫彙講》一書，其例實仿諸過繹之之《吴中醫案》，見唐氏原叙。集吴中諸醫方論，隨得隨刻，終於十一卷。此則如今日之雜誌矣。

中西匯通自爲今後醫家之大業，然其人必深通西洋醫術而又真能讀中國之古書，詳考脈證，確知中國古所謂某病者，即西洋所謂某病，或某病與某病確有相同之處，而又能精研藥物之學，本諸格物之理，以探求古代驗方之所以然，而斷定何種方藥，確爲無效，方足以語於此。其事固非一手一足之烈，亦非一朝一夕之功。凡事創始最難，今日醫家有能引此端緒者，蓽路藍縷之功，固足以没世不忘矣。若如近日中醫奉爲枕中祕之《中西醫經匯通精義》等，一味牽强附會，及近今治西國醫學者，動以今日之學術繩古人，一味深閉固拒，均無當也。

中國醫學今雖衰敝，然自古東洋諸國，如朝鮮日本等，靡不奉爲圭臬，其流傳亦不可謂不廣矣。予所見朝鮮醫書，僅許浚之《東醫寶鑑》、康命吉之《濟衆新編》二種。許書多採宋以來方論，康書則就許書删繁補闕，皆李朝官纂之書。至日本醫書則所見者頗多，而其最佳者要莫如楊惺庵所編之《聿修堂醫學叢書》，此書爲日本丹波元簡及其子元胤、元堅所撰，楊氏游日本時，有以原板求售者，傾囊購之以歸，而編次爲是書，計元簡《素問識》八卷，元胤《難經疏證》二卷，元簡《傷寒論輯義》七卷，元堅《傷寒論述義》五卷、《傷寒廣要》十二卷，元簡《金匱玉函要略輯義》六卷，元堅《金匱要略述義》十二卷、《藥治通義》十二卷，元簡《脈學輯要》三卷、《救急選方》二卷、《醫賸》三卷，元簡之祖雅忠《醫略抄》一卷，元簡父之弟子小阪元祐《經穴纂要》五卷。元簡《靈樞識》六卷、元堅《雜病廣要》四十卷原以活字印行，故無存板。元簡又有《類抄》八十卷，體例略如鄭方坤之《經稗》，皆刺取説部中經驗良方，不專爲醫家作者。元堅别有《醫籍考》一百卷，仿朱竹垞之《經義考》而精核或過之。元胤别有《名醫彙論》八十卷，凡古人病論異同，條分縷析，可謂集證治之大成。三書皆以卷帙浩繁未刊。元堅又有《名醫公案》、《病雅》、《藥雅》、《體雅》等書，皆少作，亦精核，有家法，並見楊氏識語。諸書皆博贍精核，予謂治醫家之書，當用漢學者治經之術，此其庶幾。且中國醫家好談《靈》、《素》，喜言運氣，遂病其空言無施也；日本漢醫則多遠宗《傷寒》、《金匱》，近師《千金》、《外臺》，盡心於研求證狀，肆力於鈎稽藥性，其切於實用，尤非中國醫家所及。楊氏謂自元以來，診察之士殆罕其匹，誠非過言。蓋中國士夫之治醫術，與專家之篤守傳授者截然兩途，而日本則醫有專官，能世其業，既能收新説之妙，又不失固有之長，故其卓越如是也，然而中國之醫家可以知所愧矣。《診病奇侅》二卷亦丹波元堅撰，論診腹之術，其原出於《内經・刺禁論》及《難經》，中土早已失傳，日本尚存祕授。有沈梅使者，供職使署，屬元堅再傳弟子松井操譯以漢文，光緒戊子慈谿王仁乾刻之。

附　吕誠之先生《醫籍知津》稿本題記

胡道静

常州吕誠之先生（思勉，一八八四——一九五七）是現代著名的中國史專家，在通史與斷代史兩個領域的研究、教學和著述等各方面以畢生之力作出了巨大的貢獻，在文化學術史的領域裏也開啓了創造性的蹊徑。夫子門墻，桃李芬芳，大江南北許多有成就的歷史學者，多曾執卷問業，得到悉心指導，陶冶成材。尤其是先生的史學著作，影響深遠，在人民群衆中廣泛傳播了祖國的歷史知識，培養起深厚的愛國熱情，爲中華民族的振興自强賦予了精神上的準備。凡此皆昭然在人耳目。但是，人們很少瞭解到先生還是一位精通祖國傳統醫學的學者。先生讀過的古典醫籍之多，鑽研之深，是罕有倫比的。夫子的外家，世業儒醫，外祖父程柚谷先生爲常州名醫，舅氏均甫先生，從舅少農先生，皆精研儒學而兼知醫。夫子耳濡目染，因此對於祖國醫學的源流派别，主要醫籍的内容和價值，概能瞭然於胸。一九一九年，夫子三十六歲時，受上海商務印書館編譯所的邀請，助謝利恒（觀）大夫編輯《中國醫學大辭典》。由於這一機緣，夫子對於傳統醫學作了進一步的研究，同時博讀古典醫書，利用涵芬樓的豐富藏書，廣泛習覽，究其流變，明其得失，並較比各書的版刻異同和傳播源委，心得愈加宏富。其後，夫子就條理梳比，作出系統的評述，寫成《醫籍知津》一帙。

祖國傳統醫學，非常發達。有它自己的理論體系，並在臨牀實踐上取得了豐功偉績。無數的經驗和概括，自古以來不斷地被寫成書面記載。中國古典醫籍留存之多，舉世莫與倫比，這是中華民族的驕傲之一。所以，瞭解古典醫籍，不僅是杏林專業之所必需，也是每一個關心中國文化學術發展的人士所蘄求。夫子這部著作，對前者能收啓蒙之效益，對後者足稱智慧之武庫。全稿卷帙不多，但論述精要，至爲全面。從時間上説，起自遠古醫籍、藥書，下逮漢、唐、宋、元、近世，原原本本，如數家珍。從分科論，對於解剖學、女科與幼科、推拿術、瘍科、咽喉科、眼科、傷骨科、脚氣病、霍亂與痧脹、鼠疫、虚勞、導引與調攝、呪由科等等，均有專章論述。

本書是以古典醫籍爲綱來論述祖國醫藥學發生、發展、演變和問題争議的全過程的。所以，它是一部醫籍史綱要，而貫穿在醫籍中的，正是醫學本身的發生、發展和演變，因而本書也是一部中國醫學史的縮影。盡醫學史之能事來寫醫籍史，就使它跳出醫書目録學的範疇而具有醫書歷史學的性質。

祖國醫籍之浩富,促使了專業書目的產生和發達。明代殷仲春著《醫藏目録》,開始了這項工作。清乾隆時修《四庫全書總目提要》,卷一百零三至一百零五子部醫家類三卷,號爲提要鈎玄之典範。近世日本漢醫學者丹波元胤撰《醫籍考》、岡西爲人撰《宋以前醫籍考》,用力皆甚深諶。建國以來,商務印書館首將丁福保遺著《四部書録・醫藥編》刊行(一九五五年十一月),繼有《全國中醫圖書聯合目録》(中醫研究院,一九六一年)問世。近年賈維誠著《三百種醫籍録》(黑龍江科學技術出版社,一九八二年)、孫繼芬等著《中國醫籍提要》(吉林人民出版社,一九八四年)、郭靄春等著《中國分省醫籍考》(天津科學技術出版社,一九八四年)紛紛出版。其專題書目則有龍伯堅的《本草書録》(一九五七年人民衛生出版社出版),張贊臣的《中國外科醫籍存佚考》(將於一九八七年由人民衛生出版社出版)這些都是按照目録學的規範來編著的,具有文獻資料的性質和作用。夫子此著則是按照歷史學的規範撰寫,體制與作用皆異於前者,而能殊途同歸,相得益彰。特别是它對於醫史專業和學術文化史的學習者都能起到益智廣慧、開拓思路的作用。

非常重要的一點,是夫子撰寫此著時,乃憑藉整個祖國文化形成和發展趨向的高度來觀察醫學和醫籍的歷程,因此得到許多特立獨行的見解。例如對於祖國醫學的分期,是納入儒學產生和發展的軌道來論述。這是基於夫子對於中國文化整體的探索,深究社會政治經濟的興衰利弊,文化學術的隆替衍變,以其淹貫博通之識力,成此洞察執要之建論。也許這不易爲專業學者所能接受,但若加以沉思,便能悟出其中一定的道理。用廣角鏡來觀察專業史,應當是治專業史特别是科學技術專業史者所應採取的方法。夫子此著,給了我們一個典範。

治史者首須掌握豐富的資料,夫子對此,游刃有餘。他在大半個世紀以前撰寫此著,已博覽了許多爲當時十分稀見的古典醫籍。例如一部鍼灸古籍《黄帝蝦蟆經》,在國内久已失傳,只是在日本有傳刻本,然而在一九八四年中醫古籍出版社影印日本刊本流布以前,國人是絶少見到這書的。《神農本草經》,輯者多家;《政和經史證類備用本草》,版本複雜,夫子校閲多本,故能作出近似的結論。讀夫子書,於治史技能,誠多啓益。

一九八六年長夏,宿痾初愈,就夫子大人女公子翼仁大姐處盥手恭讀遺著原稿,謹作題識。及門弟子胡道静記。

(原刊於《社會科學戰綫》一九八七.二)

群經概要

前　　言

《群經概要》是吕先生於一九二三年十二月在蘇州省立第一師範學校專修科授課講稿，學生湯焕文君記録，由學校印成油印本講義供學生學習之用。講義原題名爲《群經筆記》，先生改名爲《群經概要》。此書與一九二六年初版的《經子解題》相互發明，有關聯而不相同。吕先生以歷史發展的眼光研究群經，故《群經概要》一書，更像是一部簡明的經學史、學術史，其中不乏吕先生獨具的見解。《群經概要》現僅存油印稿一册，初刊於上海古籍出版社出版的"吕思勉文集"《中國文化思想史九種》（二〇〇九年四月出版）。此次收入《吕思勉全集》重印出版，我們按油印稿重新做了整理校對，除了改正刊誤、錯字外，其他均按油印稿付印。

李永圻　張耕華

二〇一四年七月

目　　録

一、研究經書之目的 …… 67
二、詩經 …… 68
三、書經 …… 71
四、禮記　儀禮　周禮 …… 74
五、易經 …… 76
六、春秋 …… 79
　附　三傳源流考 …… 81
七、四書 …… 83
八、孝經 …… 84
九、爾雅 …… 85

一、研究經書之目的

研究經書之目的有三：

（一）專治經學　即視經爲一種學問，就其内容全體而研究之。惟經之中容所涉範圍極廣，而人之性情各有所近，欲瞭解經之全體，則各方面所涉必多，如清閻百詩因欲攻擊僞古文《尚書》，遂從事研究天文，天文乃艱深之科學，非盡人可得而研究者，古人治經之精神固極可佩，惟揆諸經濟原理，終屬事倍而功半也。近人章太炎氏謂研究經子方法各異，治經重名物制度，治子則當重理，惟故馬融、鄭玄不能注子，郭象、張湛不能治經，其説極是。蓋人之個性有别，興味各異也。

（二）整理國故　"整理國故"一語，本爲時下所流行，惟"國故"一名詞，詞義極籠統，吾人祇能各各整理其一方面，而不能兼及其全體，猶之治西學者，不能精通其各種科學也。

至整理特所趨之途徑，則自視各人個性而不同。吾人於普通知識全備後，自能向一定之方向而前進焉。

（三）明白文學源流　後世極繁複之文學變遷，其根源往往在極簡單之古書中，故研究經書，可視爲達到文學進步之手段。

上述三種目的：（一）短時期内精力所能及，且爲吾人所不取。（三）研究文學，以欣賞爲主，無從講演。兹姑以（二）整理國故之眼光略述之。

於此可附帶説明前人，關於經書次序之排列。前人關於經之排列法，有新、舊二種。

舊法：今文家。《詩》、《書》、《禮》、《樂》、《易》、《春秋》。稱此爲"孔門六藝"，以内容淺深爲序。

新法：古文家。《易》、《書》、《詩》、《禮》、《樂》、《春秋》。以六經爲周公之舊典，孔子不過加以修改耳。其排列法，以時代先後爲序。

今依今文家排列次序，自《詩》講。

二、詩　　經

研究《詩經》可分三派，即

（一）今文：魯、齊、韓

（二）古文毛：鄭——五經正義；王

（三）宋

今文有魯、齊、韓三家，亦總稱三家《詩》，此派即不論《詩》之作義，惟論其頌義如何——作義、頌義兩名詞，係清陳喬樅所創——此其重要關鍵不可不知。講《詩》本有名物訓詁及義理兩方面，名物訓詁亦甚重要，三家自無不講之理，此而不明，即頌義亦無從説起矣。

但今三家中，魯、齊均全佚，《韓詩》分内外傳，亦惟《外傳》存。《外傳》係韓嬰所記，皆推論義理，而名物訓詁，則均在《内傳》，故今三家所講名物訓詁，可見者極少也。

古文派即所謂《毛詩》是也，據傳授源流，此書第一老師爲子夏，其後有大毛公、小毛公——出《經典釋文》叙録——此説殊不可靠。《漢志》謂“……尚有毛諸自謂出於子夏”，“自謂”二字明爲不信之口吻。一切經書傳授源流，其姓名頗多僞造，不能取信於人，此古文家所以受人攻擊，而不及今文家之處也。《毛詩》衹講名物訓詁，不講義理，故亦稱詁訓傳。傳本應講經之義理，此傳獨在例外。然專講詁訓不成學問，故講《毛詩》必連帶及於小序，小序必説明一詩之作意焉。

漢末鄭康成兼通今古文，初研究《韓詩》，後復治《毛詩》，後就《毛詩》作《箋》，頗採韓説。鄭係不守家法者也。《箋》既釋，復釋《傳》，實即後世之疏體。

漢祚漸衰，而今古文之傳授統緒亦絶斷，時惟鄭説盛行耳。有王肅者，亦兼通今古文，此人好與鄭玄爲難，指斥鄭注《毛詩》之誤謬，不遺餘力。於是今古文之争息，而鄭王之争起矣。當時學者申鄭難王者有之，申王難鄭者亦有之。此等著作存古者，均在《經解彙函》中，可以翻閲。如欲知關於經學著述之目録，則可閲朱彝尊《經義考》。古《經解彙函》所搜集者，截止宋代止。宋以後書，須閲《通志堂經解》，至清代則有正續《皇清經解》。直至唐代定《五經正義》，用毛《傳》鄭《箋》本，其争乃息。

經學至唐代爲一段落，唐代講經學者絶少，爲應試計，而讀者則但讀《五經正義》耳。

宋人研究經學風氣一變，如歐陽修、蘇轍、劉敞、王安石、邵雍、程顥、程頤、司馬光等各各有其新説。司馬光反對孟子，其説不傳。劉敞著有《七經小傳》，建設極少，衹存殘本。王安石著《三經新義》，曾立於學官，但僅爲應科舉，在所宗奉，今亦殘缺。歐、蘇等説，亦並不盛行。最盛者爲二程派，後傳與朱熹。《七經小傳》、《三經新義》中，均有關於《詩》之學説，歐陽修有《詩本義》，蘇轍有《詩傳》，二人均致疑於《詩序》。宋人眼光均注在義理方面。《毛傳》本傳本無可攻擊，因《毛傳》必與《詩序》相依爲命，此《詩序》之所以受攻擊也。惟歐、蘇僅致懷疑耳。迨南宋鄭樵著《詩辨妄》始大肆攻擊，朱熹之《詩集傳》亦宗鄭説，自此《詩序》不復能取信於人矣。朱熹爲講宋學者所宗奉，以宋人義理爲標準，攻擊《詩序》中不合此標準者，勢自頗盛也。懷疑至於極端，遂及《詩》之本身，如王柏之《詩疑》是也。《詩疑》自鄭衛起，以前相傳有鄭衛淫聲一語，但鄭聲淫，不必鄭詩亦淫。如今之皮簧聲調淫靡，而其詞白則不必隨之而淫也。即鄭聲與鄭詩均淫靡矣，而所謂淫詩是否即現存於今《詩經》中者，仍爲一問題也。

清人講漢學而反對宋學，其學問初講東漢，進而講西漢，講《詩》則宗毛、鄭，其關於《詩》之著述，有馬瑞辰《傳箋通釋》、陳奂《毛詩傳疏》、陳喬樅《三家詩遺説考》、魏源《詩古微》等，前二人爲古文派，餘爲今文派。《傳箋通釋》經傳並解，關於毛鄭之説，可閲馬、陳二書。魏源《詩古微》則從理論上斥古文家之不可靠，《三家詩遺説考》係陳喬樅父子所輯，極爲精密。輯三家詩，起自宋之王應麟，僅成一薄本，陳氏父子之成績，則倍蓰王氏矣。

《詩經》可以研究方面極多，或以博物家眼光研究之，如陸璣《詩草木鳥獸蟲魚疏》是也。或以文學家眼光研究之，或考其地理，如朱右曾《詩地理徵》，或摘其古韻，而尤以古韻之關係爲大，最初講究古韻者，乃明之陳第所著之《詩古韻考》，全以詩爲出發點，後又有顧炎武之《詩本音》，則更精審矣。近人研究《詩經》有二派，余意頗不謂然。其一以文學觀念讀《詩經》，結果與宋人之自定義理標準以觀書相類，《詩》宜以文學眼光觀之，意固甚是，但《詩》之爲詩，實太古奥，假一不慎，即攙己意，故未可取也。漢景帝謂食肉不食馬肝未爲不知味，其意頗可採也。其又一則根據《詩》以研究歷史，《詩》爲古書之一，藉以研究歷史，固無不可，惟決無以基礎立於《詩經》之理，蓋中國古書之可以爲史材者有：

- 史材
  - 史
    - 《尚書》
    - 《春秋》
    - 《左氏》《國語》
    - 《帝繫》
  - 傳説
  - 文學書

此三種中自以第一種爲最可靠。《尚書》等固不可全假，如《誥》、《堯典》……，祇可與清之《東華録》、雍正之硃批……同價觀之。《春秋》又經孔之改削，《左傳》、《國語》爲記事，本可靠性頗大，喜言神怪且尚徵驗，又用筆勢利，對於將封被滅之國家，尚預加貶詞，蓋已有作用存乎其間矣。至傳説又分二種，其一帶小説性質，如《吴越春秋》載伍子胥過昭關，一夜而髮白，此種荒誕之言不必論。其一爲寓言，不問事實真相，隨意記述，亦未足盡信。近人劉掞藜與顧頡剛論古史，顧以三數部書爲根據，餘皆不信，劉則雜引古書，以觀之多而無去取，所謂楚固失，齊亦未爲得也。文學書則較傳説又遜一籌，其不確實性更大。

三、書　　經

《書》於各經中乃特殊之典，各經對於"經説"有問題，於經文則無問題——經文本身衹漢今古文略異數字耳——《書經》則不然，其經説固有問題，即經之本文，亦有真僞之别。僞者稱之爲僞古文可也。今文家謂《尚書》二十八篇外，皆僞經。經於二十八篇中，是否爲今文，抑爲古文，則難以知悉。群經中惟《儀禮》一書，最易别其爲今文或古文，因鄭《注》分别甚明也。孫星衍著《尚書今古文注疏》，各本字句異同，均行搜採，蓋鄭注《儀禮》之例。

今之談新文學者，每謂司馬遷嘗抄襲《尚書》，而改易數字，足徵言語隨時代而變遷，凡古語當改爲今語。其實不然，安知《史記》上所用非今文，《尚書》原本乎今，始終衹見枚頤本耳。今人每以今古文對舉，殊不知信今文家言者，雖以古文爲僞，然與僞古文之僞中之僞，仍自有别。不能但以古今文對舉也，而以古文與僞古文爲一也。

今文《尚書》又有二説：一説爲二八篇，一説爲二九篇；關於二九篇一問題，又有二説，一謂二八篇外，更加《書序》一篇，合成二九。古書之序，列於卷末，作爲一篇，自爲通例。此所謂《書序》，並非孔子所作，孔子不過叙其書之次序而已。此係今古文家不能分清之説。一謂將漢人所得之《泰誓》篇——見王充《論衡》，謂漢河内女子發屋得古書，使博士讀之，謂爲《泰誓》篇——併入二八篇中成二九篇，此説頗確，隋之《經籍志》亦宗此説，《泰誓》篇今已佚，蓋當時並未附入二八篇中也。

又古文十六篇東漢時有之，今亦佚去，僅有目録存於書疏中，今文家謂此十六篇爲劉歆所僞，此語信否，無從論斷也。——漢馬融、鄭玄注古文《尚書》二八篇，而不注此十六篇，以無師説傳授故也。

東晉時枚頤，忽出孔安國所得之古文《尚書》，較今之通行本，僅少《舜典》開首二八字。

晉有王肅者，曾注《書經》，其説與僞孔安國相似，故頗有疑肅竊安國之説，據爲己有者。或謂孔安國所傳之《尚書》，肅曾見過，故意隱藏不爲人知耳。然未嘗有疑爲王肅所僞造者也。至宋之胡棫、朱熹，始疑古文《尚書》爲僞書，數十篇中，文體之難易相差甚大，決不能無疑也。

朱子頗有注疏群經之氣概，但《尚書》未注，其弟子蔡沈注之，作《尚書集注》，雖經朱子發凡啓例，其實學究不若朱子遠甚。

宋學至理宗時而大盛，與科舉關係極深，可分爲下之三時期：一元之延祐科舉，一明初，一五經大全。

唐有明經一科，不過背誦古經，謂之墨義應試，類皆不能爲文人者也。宋王安石改墨義爲大義，一改昔時之背誦法而發表己意。

宋人治《尚書》者，有蘇轍、歐陽修、王安石、程頤……歐、蘇之學不傳，惟王、程之學獨盛。

宋之黨争與科舉亦有關係，新黨執政，則崇王安石本，舊黨執政，則廢王本而用程頤注本，新舊黨勢力之消長，與士人關係極鉅也。宋理宗信程朱之學，大爲表彰，於是朱學大盛，而王學衰。元延祐年間開科舉，所用各經，均沿襲宋人注本。明初開科舉，所用各經，亦與元同，至永樂年間編成《五經大全》，專備應科舉者用爲課本，自此書出而當時應試之士，不復攻其他各家注本矣。惟此書極鄙陋，明代學者共趨於陋，學殖之荒落也，宜矣。雖然當時考究實學者，亦未始無人，如焦竑、梅鷟等皆非死守《五經大全》之人，梅鷟致疑《僞古文尚書》，從客觀方面考證之，雖不甚精密，實開此案之先河。清之閻若璩作《古文尚書疏證》，而證據乃大備。此外清人之注《書經》者，有惠棟《古文尚書考》、丁晏《尚書餘論》、孫星衍《尚書今古文注疏》、王鳴盛《尚書後案》、段玉裁《古文尚書撰異》、陳壽祺《今文尚書經説考》、魏源《書古微》。

閻若璩之《古文尚書疏證》祇證明《古文尚書》爲僞造，尚未證明出於何人手筆，丁晏之《尚書餘論》出，《僞古文尚書》之作者，乃屬於晉之王肅矣。

清人之疏《尚書》可分兩種，一爲江聲之《尚書集注音疏》，不甚精確；一爲孫星衍之《尚書今古文注疏》。

依今文家言，謂《尚書》本不止二八篇，不過孔子所傳訖此數耳，所謂《逸尚書》者，即未經孔子之傳授，而散見於各書者也。古文家則並爲篇而信之。

王鳴盛《尚書後案》一書專輯鄭玄之説——王篤信鄭説。段玉裁意見，亦偏於古文方面，故王、段所著二書結論，皆不甚信，惟材料尚可取耳。

關於漢學今古文之别，考究者清人有莊方耕、劉逢禄，莊、劉對於《春秋》有所建設，餘則絶無。自魏源出，對於《尚書》之研究，更精深矣。

近人朱希祖在《北大月刊》發表一文，謂整理國故不難，祇須解決漢以前各經今古文之争——國故中最生問題者,即此争論。——即易下手解決之道,衹須去其今古文家所争論者,而採取其所同者斯可矣。此説殊荒謬,猶今人往西洋,從羅素學,歸而各述其師説,而意見或異,因而各是其是,争持難決,或欲取羅素原書爲之解紛,其不徒勞而無功也幾希,蓋羅素之書,非恃其弟子本不可解釋,强爲釋之,是以一己之私見爲人解紛,非惟徒勞而無功,且將糾紛愈甚矣。

今人欲治經學,須先知門徑,門徑之最重要者,爲各經之派别,研究各經之派别,當從漢學入手,非左袒漢學也。實因宋學專重主觀,對於客觀並不清楚,讀宋學而不讀漢學,猶讀史者不觀歷代史事而專讀史論也。

欲治漢學,須讀下列各書。陳立《白虎通義疏證》、《周禮》、《禮記·王制》注疏,陳壽祺《五經異義疏證》,讀以上數書,對於漢學今古文之大要可知矣。

陳壽祺《五經異義疏證》係先將許慎《五經異義》輯出而加以考訂者。

《白虎通》漢十四博士在白虎觀所講,而班固筆録者也,書中全爲今文,後世輯辭遂雜古文,此書條例最清晰,爲治漢學者所必讀。

又僞書雖係後人僞造,然必有其根據,非可憑空假造者,故於相當條件之下,盡可引用。蓋"知僞書"爲一事,"用僞書"又爲一事,必知之,而後相當條件下用之,非謂既僞即棄不可用也。整理國故與經之真僞問題,無甚關係,蓋以歷史的眼光觀察之故也。如《周禮》一書謂爲周公所作固僞,爲戰國時之作品,則真確矣。

四、禮記　儀禮　周禮

《禮記》、《儀禮》、《周禮》，後世稱之曰“三禮”。但今文家言禮僅承認《儀禮》爲孔子所傳之書，故單稱曰《禮》，或稱《禮經》，以别於傳，對於《周禮》則稱之曰《周官》。古文家之説則不然，以六經皆爲先王舊典，禮則係周公所制，孔子修之而已。故謂禮有《禮經》、今之《周禮》。《曲禮》今之《儀禮》。二種，且譏今文家惟有士禮，大夫公侯天子之禮，皆以士禮推致之。今文家則辯曰：公侯大夫聘禮之類皆非士禮，是以十七篇盡爲士禮之説，誣也。要之三禮之傳，古今文家各有家法，絶不相混，爰詳述之。

（一）《禮記》　《禮記》非經也。凡孔手定者曰經。相傳出漢戴德，其姪戴聖删而簡之，是稱《小戴禮》，即傳於今日之《禮記》也，而别戴德原本，曰《大戴禮》。《大戴禮》今猶存在，然師承之系統不明，故人多不之信。據丁晏之説，則謂今《小戴禮》一篇中多包數篇，分析之適合於《大戴禮》篇，是知戴聖未嘗删《大戴禮》也。又據康有爲之説，今之《禮記》實儒家之《傳》及諸子混合而成，而如《王制》出於《尚書大傳》，《樂記》出於《荀子》，《中庸》可名爲《子思子》，《緇衣》可名爲《公孫尼子》之類是。

（二）《儀禮》　前漢説禮祇有今文家言，迨後漢古文家與今文家乃多方反對，然《儀禮》不全之説，今文家終難掩護，且不得不承認之也。鄭玄説禮，兼採今古，對於三禮悉爲之注。自魏晉以迄於隋，學涉玄理，與兩漢大異。然禮制不能憑空虚説，故此時治禮者，仍宗鄭説，無有異議。唐定《五經正義》專引鄭學，更不待言矣。然《周禮》缺《冬官》，《儀禮》又不完全，《禮記》又極無系統，故朱子起，即欲著《儀禮經傳通解》，參酌己意，尋其條理系統，爲大規模之傳述，然未成而卒，其弟子黄榦繼續爲之，又成其一部分，至清秦蕙田《五禮通考》出，始告成功。

《五禮通考》等書二種優點：（一）有條理系統，（二）昔時偏於一方面者，今則甚爲完全。

處今日而行三禮所定之制，固絶對不可能，然以之爲史料，頗有價值。如吉凶軍賓嘉等禮，可徵古時之風俗制度，讀喪服禮可明親緣之關係，故研究社會歷史者，不可不讀禮也。

（三）《周禮》　《周禮》向有真僞問題，漢時古文家謂《周禮》係周公所手定，然漢武帝謂爲“瀆亂不驗”，今文家尤非難，惟朱子謂《周禮》“曲折入微，盛水不漏”，鄭樵則謂《周禮》確係周公所爲，但未實行耳。此外議論尚多。至清代排《周禮》爲僞書者，始方氏望溪也。方固迂儒，然研究禮學頗精深，其最大之疑點，即在王莽以前，未聞有制度若《周禮》者，是以知《周禮》决非王莽以前之書，當爲王莽時劉歆所作，否則何以此種制度，獨王莽時有之也。觀《周官辯》。

康有爲謂漢武帝所云“瀆亂不驗”之説頗確，謂如《周禮・祭禮》，將終歲疲於祭祀，勢難實行，可見係雜凑而成，即可知其瀆亂。又如封建制度之禮數等，與其他各書所載多不合，即可知其爲不驗，與《周禮》制度合者，僅一《管子》耳。然則《周禮》當如何休所云，必爲六國之陰謀，至早亦當與《管子》爲同時代之作品。康有爲之《新學僞經考》確定一切古文，皆係劉歆所僞造。

雖然古今文家之所争者，欲各認爲孔子手定之經耳，吾人爲史料而整理國故，則真僞問題，亦可毋庸多辨也。

三禮之注釋，漢以後，鄭學專行，即有别家之注，終不背鄭説。宋朱子有遍注群經氣魄，禮雖未注，而門人陳淳黄幹弟子，陳大猷之子。所著《禮記集説》，悉宗於朱。元時科舉所用，兼用《禮記集説》，於是鄭學不興，而三禮亦隨之以衰。蓋陳之《集説》，僅於字句上爲空疏之解釋，殊爲荒謬。其後《儀禮》幾至不可讀，迨清顧炎武校十三經，《禮記》始可讀焉。

《周禮》尚有一問題，即《周官》中少《冬官》一篇，昔河間獻王懸千金徵之不得，乃以《考工記》補入之，元時吴澄謂《冬官》雜見於五官中，但未另列耳。然反對者又各有其辭，即所謂《冬官》補亡問題也。其實《冬官》確已散亡，不必嘵嘵争辯也。

吾人整理國故，須用總算帳之書，胡適語。故治《禮》當注意下列各書。

宋衛湜《禮記集説》　　唐李鼎祚《周易集解》

胡培翬《儀禮正義》　　孫詒讓《周禮正義》

康有爲《新學僞經考》

五、易　　經

- 《易》
  - 漢
    - 今文
    - 古文——數
  - 魏晉——理
  - 宋
    - 程頤（理）
    - 邵雍、劉牧——數

《易》在漢時本分今古文兩派，今文《易》出於施讎、孟喜、梁丘賀三家，今已全佚，不能知其真相。虞氏出，孟喜爲疑問。古文《易》出於費直，其書無經説。夫古人傳經，所貴在"説"，如一部教科書不足貴，所貴者在乎教師之講解與補充焉。漢之古文經嘗有無説者，費氏古文《易》，其一種也。其書既無經説，乃以彖辭象辭文言充之，以解釋《易》之經文，卦辭與爻辭，其學無師傳授，蓋可見矣。

費氏《易》内容如何？今亦不知，其後傳爲兩派，一爲東漢之古文家，一爲魏晉之王弼。弼亦用費氏本而講法則大異，漢主講數——中國前所謂數，非純粹之數學，乃術數也。凡天文、曆律及一切迷信之事，均涉及也。——其著名人物北方爲鄭玄，南方則虞翻也。魏晉既興，而講法一變，魏晉時哲學盛行，以易老或老莊並稱，爲哲學之根本思想，漢則尚以黄老相連舉焉。東漢之《易》，今雖無全書，其爲清人輯出者，則頗有可觀。開山之第一功人，當推惠棟，所著有《周易述》、《易微言》、《易漢學》等，而未脱稿者尚多，《周易述》亦未完全著成，其弟子江藩因有《周易述補》之作。諸著係初步功夫，自難求全責備。其第二人則爲張惠言，張氏途徑與惠氏絶似，所著有《虞氏學》、《鄭氏學》、《荀氏學》等著，較惠氏爲精密。第三人爲焦循，據惠、張所得作，進之研究成《易通釋》一書。

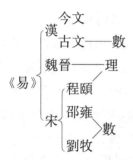

漢今文家《易》失傳後，魏晉派即盛行，當時思想趨重哲學，以哲理談《易》，普通人類能發揮幾句，衹有深淺之不同耳。至數術則爲專門學問，非普通人所能瞭解者，此亦魏晉派《易》盛行之原因也。

關於《易經》本自體例如何？可閱《易漢學》。關於《易經》上各名詞之定義，如"一"、"元"……可閱《易微言》。《周易述》爲自注自疏之注疏體，各方面包舉，魄力甚大。《尚書明堂大道録》一書亦惠先生所著，與數術之學互相關連。張著除前述諸種外，並會集衆意，成《易義别録》。惠收輯於前，張校訂於後，古文已亡，得復窺其内容者，惠、張、焦諸先生之功也。

魏晉派《易經》，現存《十三經注疏》中，係王弼輯，韓康伯所注，完全講哲理者也。此派直傳至唐代，唐定《五經正義》，亦採用之，古人之易學大概如此。

凡學問必涉及哲學方能穩固，宋學有哲學上之根據，其哲學上之立足點，即爲《易經》。宋學之真正根源爲華山道士陳摶所傳之二圖，一爲太極圖，一爲先後天圖，即後人所稱"河圖洛書"者是也。後人講《易》，乃分兩派，邵雍以十爲河圖，九爲洛書，劉牧則反是。邵未直接注《易》，而著有《皇極經世》，劉著《易義鈎隱》，二人各發揮其主張，至程頤著《易傳》，亦稱程傳。不以邵説爲正當，乃稱之爲"易外别傳"。佛家有教下三家，禪宗不著書立説，全賴直覺參悟，故稱教外别傳，以其本身未可非，但不認其爲正當耳，程意亦猶是也。朱熹學問出自閩派，閩派則出於洛派，故朱著《周易本義》，大概與程傳相彷彿，且較遜焉。程本談易理者，朱自當與之同轍，惟朱書即首忽列入陳摶之先後天圖是，矛盾甚矣。然在元明之世，人咸奉朱子若神明，棄程而從朱，於是所謂先後天圖者，亦連帶被取矣。其有發不信先後天圖之論者，則謂此圖並非朱子所列入，就書之本身既不能證明爲朱子所親置，即在他處亦頗多與此圖相反之論焉。

宋學中雖有此争辯，惟事實上終不能推翻此圖。自元明以來，凡講《易》者，蓋無不連帶講圖也。直至明末而反動起，首從考據方面而攻擊易圖者爲黄梨洲先生。胡渭繼之著《易圖明辨》，考據益精，結果證明此圖出於道家陳摶，非儒學之物，自此遂被推翻。

總之，《易經》一書，歸納前人所研究，一爲數，一爲理，數爲專門學問，惟講理者，亦不可不稍通於數也。

關於《易經》，余個人尚有一意見。余以爲中國古代學問，無論何家，其根源蓋無不相同，至少亦極接近，世無憑空創造之學説，必有淵源可尋。古代學術，蓋皆以《易經》等書爲根據，故胡渭並不駁易圖之誤，衹能證其爲道家所出耳。方東樹所著《漢學商兑》，反對漢學，頗有偏見，但自謂河圖洛書，衹能證明非出儒家，不能謂其與不合，其言甚是，故吾意儒實不能分也。根據此理，可知古時各家學説，蓋完全相通。漢之今文《易》，今雖全佚，依此道，亦又輯出其一部分，余曾思得一著手處，即《淮南子》有《原道訓》一篇，據《漢書》注，此爲淮南子易九師所著成，頗似漢之今文《易》，因其與《易緯》多相同也。《易緯》誠係假書，惟必有所本，造《易緯》時，古文尚未出世，故除荒誕處不足信外，殆全與今文《易》相合，《易緯》既似今文《易》，而《原道訓》似《易緯》，是即《原道訓》爲今文《易》矣。若假定《原道訓》爲今文《易》之經説，自此出發，合此者輯出之，則今日《易》或有重觀之望，亦未可知，惜事實上無力從事於此耳。

六、春　　秋

《公羊》、《穀梁》、《左氏》之三傳，三傳之説，各有異同，信之疑之，代有其人。三傳《公羊》、《穀梁》爲今文，《左氏》爲古文，自清末崔適之《春秋復始》，考證《穀梁》亦爲古文，然《公》、《穀》解經，《左氏》紀事，世所公認也。《春秋》一書，自來無以歷史目之者，觀《孟子》："其事則齊桓晉文，其文則史，孔子曰其義則丘竊取之矣。"可以知之矣。

《公羊》

考《春秋》一書，乃孔子據魯史作成者，於其原文，或仍之或改之，例如《公羊》"上夜中星隕而雨"一語，即孔子改後之條文也。又如《禮記·坊記》中所舉之魯《春秋》與今之《春秋》同，此即孔子未修之條文也。故鄭樵氏曰："《春秋》者，魯史記之名也。有未經夫子筆削之《春秋》，有已經夫子筆削之《春秋》。"太史公謂："文成數萬，其指數千。"蓋《春秋》之作，各條皆有用意，但其意隱而不顯，故非親炙孔子者，不易解索其本意，而究其所以然，緣當時欲譏刺國君，不得不隱其辭也。故曰"定哀之間多微辭"，又曰："主人習其讀而問其傳，則未知己之有罪焉爾。"

《公羊傳》中無後世之所謂例，例者何？即同一文法而其義相同也。例如"罷國務總理段祺瑞"，是乃不當罷而罷之，罪總統者也。"國務院總理段祺瑞罷"，是乃罷者與被罷者皆無罪也。若被罷者有罪當罷，則書"段祺瑞罷"，此即後世之所謂例也。但此理不適用於《公羊》，故講《公羊》者不講例，全書一例之説，起自晉杜預之疏《左傳》，至於《公羊》則同一字句，若見於不同之處，其義往往大異。《春秋》美惡不嫌同辭，此之謂也。董仲舒曰："《詩》無達詁，《易》無達占，《春秋》無達辭。"亦此之謂也。

《穀梁》之體例與《公羊》相近，但無甚道理。

《左氏傳》

《左氏傳》中記事多而講義理者少，且其中有經無傳者有之，有傳無經者有之，信之者謂《左氏》一書，係孔子之友，左丘明所作。左丘明恐孔氏弟子聽夫子之言，退而各按其意，以失其真，故論本事而爲三傳，明夫子不以空言説經也。不信《左氏》者，謂《左氏傳》與《春秋》無關，所以與《春秋》有關係者，皆漢劉歆治《左氏》，引"傳文以解經"之所致也。此漢今文家謂"《左氏》不傳《春秋》"説也。至近代之今文家，並謂《左傳》無此書，左丘明亦無此人，左丘明三字祇見於古文家所傳之《論語》。即左氏有此人，亦未嘗作《左傳》，觀太史公與任少卿書内"左丘失明，厥有《國語》"之句可知矣。《左氏傳》實爲劉歆據《國語》而彙編之書，並加以《春秋》之説耳。此爲清末康有爲之主張。

孔子作《春秋》，專重書法，以歷史之眼光觀之，書法似可置之不論。然有時不通書法，則不能得其事之真者。例如："正月衛人伐齊，楚殺其大夫，三月晉人伐衛。"以文字之表面觀之，則正月中有兩件事，二月中無事，三月中有一件事也。其實不然，年月之表明與否，不以時爲標準，乃以事爲標準者也。蓋何事須表明日月，何事毋庸表明日月，皆有定例焉。有蒙月與不蒙月之别。如前楚之殺其大夫之事，亦可在二月中也。而《公羊》上又有"所傳聞世"、隔代傳聞之事，最略。"所聞世"、所聞之事，稍詳。"所見世"最詳。三種。《春秋》所記諸侯會盟，初年國數少，末年國數多。據《左氏傳》，則謂初年會盟，國數實少，末年何故會盟國數較多也。但據《公羊》之説，則有"據亂世"、"升平世"、"太平世"三種。春秋初年爲據亂世所治之，國少，故少書之。其後爲升平世，最後爲太平世，所治之國之多少，依此而增，故所書者多也。此《左氏傳》與《公羊》書法不同之點也。

附　三傳源流考

《公羊》　漢傳《公羊》者爲胡毋生、董仲舒及十四博士中嚴彭祖、顔安樂二人。董傳爲《春秋繁露》。自此以後，無人過問，幾成絶學，直至清代之劉逢禄、莊存與始繼起研究。二人皆有著作，劉逢禄有《劉禮部集》。清人疏《公羊》者，有陳立之《公羊義疏》，頗有價值，近人研究《公羊》者，有康有爲之《春秋董氏學》，崔適之《春秋復始》。《春秋董氏學》係根據《春秋繁露》而編纂者，《春秋復始》内謂《左傳》、《穀梁》皆劉歆所僞造。劉歆先造《穀梁》，後造《左氏傳》。以余觀之亦未必然也。崔氏又謂漢時無所謂三傳，以漢時衹有一《公羊春秋》而已，並無所謂經與傳之别也。以余觀之，漢時經傳本分不清楚，非獨《公羊》然也。

《穀梁》　注《穀梁》者，爲晉之范寧，但范不守家法，雖注而仍駁之，故此書不可爲傳；《穀梁》之正宗，如欲觀其條例，當閲清柳興宗之《穀梁大義述》。

《左氏傳》　三傳中治《左氏》之學者最多，約可分爲兩派，杜預以前有一派，自杜預以後爲一派。杜以前治《左氏》之最著者爲服虔。《左氏傳》無師説，故東漢人治《左氏傳》仍遵《公》、《穀》之條理，實則《左氏傳》十之七八可脱離《公》、《穀》而獨立，故脱離《公》、《穀》，自定條例實爲研究《左氏傳》之改進。晉杜預一變陳法，另立新説，誠《左氏》之大功臣也。杜研究《左氏》定凡例，凡者如“凡雨自三日以往爲霖，平地尺爲大水”，是其凡也。例則《左氏》所未明書者，杜氏乃著《春秋釋例》此書已逸。以明之。自杜以後治《左氏》者，又分兩派，自南北朝始。一主杜説，一主杜以前之説。如劉炫之《規過》，即反杜説者也。劉文淇考今疏中，駁斥劉炫之説，即剽竊炫説作《左傳舊疏考證》。洪亮吉之《春秋左傳詁》係採取杜以前諸家治《左氏》之學説，而集其大成者也。

又有一派，對於三傳均加懷疑，謂欲治《春秋》，與其研究三傳，不若直接研究《春秋》經之爲愈也。此派學説起于啖助與趙匡，其弟子陸湻曾有著作行世。昔韓退之贈趙、啖二人詩曰：“春秋三傳束高閣，獨搶遺經究終始。”宋人治《春秋》亦主啖、趙之説，其最重要之書有兩種：(一) 孫復之《尊王攘夷發微》，(二)胡安國之

《春秋傳》。宋人之講"尊王攘夷"與漢人所講不同,宋人持論冷酷,完全爲偏狹之"種族思想"、"排外主義"所釀成,故戴東原駡之曰:"專講名義,不講情面。"講尊王不過因爲當時天下紛擾,非王不足以鎮懾,故重尊王。其講攘夷亦具偏狹之種族思想雜其間。

胡安國所著《春秋》,自稱爲《傳》,因之《公》、《穀》、《左》、《胡》謂之四傳,後皆立於學官,《春秋》一書不可以歷史目之,然其中史料,實有足取者,觀清顧棟高之《春秋大事表》可得其要也。

七、四　書

四書者，《大學》、《中庸》、《論語》、《孟子》是也。朱子於《大學》、《中庸》有章句，於《論語》、《孟子》有集注。《大學》次序，頗有顛倒，《中庸》次序雖不甚顛倒，然章句大異，故稱章句。《論》、《孟》則無問題，以合前人之説，謂之集注。朱子注《四書》稿屢屢改易，觀其《四書或問》可以知其所以改之之理。朱子文集中，與人問答之語，嘗輯爲《語類》，而《四書注》之所以改易，亦有散見於文集語類中，講程朱之學，多以文集語類爲根據，今非研究程朱，不贅論。

《四書》古有何晏集注，十三經所輯者是也。至清在日本得一書，名《論語皇侃疏》，是書作於南北朝時，不知何時流於日本，從大體觀之，尚非僞書，反對此書者，乃以一節而概全體也。

《孟子》古注有後漢趙歧邠卿。之《注》，昔人對於是書不生真僞問題，以予觀之，頗有可疑。《趙注》一書在昔固存，今傳趙注是否真本，實尚問題，即以今注"摩頂放踵"一句觀之，與《文選》曾引趙注比較，已不合《文選》所注，至爲通達，而今注則不通矣。此在《校勘記》亦見之。是書在童時讀之，覺無甚價值。予凡讀二遍，讀後曾將其訛誤處摘出數十條。趙注頗費一番苦心，而今所傳者，則似非有精見者之著作，即章旨亦多屬敷衍之詞，在南北朝以前未之見，果屬僞書，亦當爲隋唐時物矣。《孟子疏》標題爲孫奭，實爲邵武士人所作。朱子語甚確，其友曾識其人，此《疏》最屬無謂，注中精要處，均未疏出也。趙注在最切實處，亦未能暢達，其所引事實，頗類小説。對於漢以前之人，又未嘗加注，故予謂其頗有疑處也。至書中之疏，則更係敷衍之作，不能爲注，更張諸經之疏，實以此爲最不切實矣。清有劉寶楠《論語正義》、焦循《孟子正義》，焦書搜集極博，堪稱佳作。

八、孝　經

《孝經》可分兩派：

《孝經》{ 今文鄭玄——傳自荀昶
　　　　{ 古文孔安國——劉炫所僞造

開元御注用今文本，朱子重訂用古文本，而又有删節。《孝經》本先有一真僞問題，若認爲真，則今古文何者爲真，仍屬一問題，今傳之本是否真本，又屬一問題。此漢人稱傳不稱經，爲教(一)常人，(二)爲初學之書。以予觀之，此書真僞不必窮考，孝之義，儒家言之者多。《孝經》之説孝，亦粗淺無謂也。惟漢確有是書，及後分爲兩派，今文家鄭玄，傳自晉荀昶，諸書皆有傳授源流，獨《孝經》則無之。雖諸經中亦有引《孝經》之句，但不能考其淵源。今文然，古文亦然。今古文之别，字句略異，本不成大問題。而古文多"閨門"一章，比今文多四百餘字。迄唐玄宗忽有注意《孝經》，是時復分二派，主古文者譏今之略，主今文者譏古文言太鄙陋，結果御注用今文。因御注用今文，古文遂亡。至宋朱子復用古文本，然亦有删節。至清《孝經》鄭注有八輯，至於孔注，在日本得一書，屬於僞造，鄭注有湖南皮錫瑞《孝經鄭注疏》。

九、爾　　雅

《爾雅》爲何人所作，此問題頗爲麻煩，一説首篇作自周公，甚荒謬。一説出自孔門，一説漢儒集訓詁之説而成。大約第三説較可信。

《爾雅》爲郭璞所注，郭璞曾注《山海經》，故深信《山海經》之説，惟著此類書者有一病，不知《山海經》多爲前人所竄改，一部分確爲漢以前人所作。郭璞信是書，於是注古書亦以之爲根據。如《爾雅》釋魚，即以遼東之魚釋之，即動植物亦以外國之名釋之。是時中國無此疆土，是其謬也。李巡注九夷，牽入高句麗之類，高句麗在漢時始見。孔子之所謂九夷，則在淮水一帶，魏晉人注書大抵有是病。此講注之本身已屬謬誤，他則非所論也。迄清有二疏，一爲邵晉涵《爾雅正義》，一爲郝懿行《爾雅義疏》，二書互有佳處。

經子解題

前　　言

《經子解題》成書於二十世紀二十年代中期，一九二六年四月由上海商務印書館收入"國學小叢書"初版，一九二七年七月再版，一九二九年十月收入商務印書館"萬有文庫"第一版，一九三三年三月國難後第一版。先生自評此書"論讀古書方法，及考證古籍，推論古代學術派别源流處，可供參考"。[①]

自二十世紀八十年代以來，《經子解題》在大陸、港臺的翻印、重印本甚多：[②]如臺灣臺北市商務印書館"國學小叢書"版（一九五七年十月出版）、香港太平書局"國學小叢書"版（一九六三年十一月出版）、臺灣商務印書館"萬有文庫薈要"版（一九六五年二月出版）等；又收入上海教育出版社吕思勉《論學集林》（一九八七年十二月出版，稍有删改）、華東師範大學出版社"二十世紀國學"叢書（一九九五年十二月出版）、中國書籍出版社"國學名家選粹"叢書（二〇〇六年六月出版）、上海古籍出版社"吕思勉文集"《中國文化思想史九種》（二〇〇九年四月出版）、吉林人民出版社"中國學術文化名著文庫"（二〇一三年三月出版）和北京聯合出版公司"民國大師文庫"（二〇一四年一月出版）等。此次我們將《經子解題》收入《吕思勉全集》重印出版，按一九二六年初版本重新整理校對，原書的直排雙横夾注，現改爲横排等行夾注，編者的按語，均作頁下注。此外，除了改正勘誤、錯字、補全删改外，其他均未作改動。

李永圻　張耕華

二〇一四年七月

---

① 吕思勉：《三反及思想改造學習總結》，參見《吕思勉全集》之《吕思勉論學叢稿》下。

② 有關《經子解題》再版、重印的情況，詳見《吕思勉全集》之《吕思勉先生編年事輯》附録二《吕思勉先生著述繫年》的記録。

目　　録

自序 …… 92
論讀經之法 …… 93
詩 …… 100
書 …… 105
　附　論《逸周書》 …… 111
儀禮　禮記　大戴禮記　周禮 …… 115
易 …… 126
春秋 …… 130
論語　孟子　孝經　爾雅 …… 135
論讀子之法 …… 138
老子 …… 148
莊子 …… 151
列子 …… 155
荀子 …… 157
晏子春秋 …… 162
墨子 …… 163
公孫龍子 …… 167
管子 …… 169
韓非子 …… 174
商君書 …… 178
尹文子 …… 180
慎子 …… 182
鄧析子 …… 183
吕氏春秋 …… 184

尸子 …… 192
鶡冠子 …… 194
淮南子 …… 197

自　　序

本書皆予講學時所論，及門或筆録之，予亦稍加補正。群經及先秦諸子之真者，略具於是矣。所積既多，或謂其有益初學，乃加以編次，裒爲一帙，印以問世焉。此書有益初學之處凡三：切實舉出應讀之書，及其讀之之先後，與泛論大要失之膚廓及廣羅參考之書失之浩博令人無從下手者不同，一也。從前書籍解題，多僅論全書大概，此多分篇論列，二也。論治學方法及書籍之作，亦頗浩繁；初學讀之，苦不知孰爲可據，此所舉皆最後最確之說，且皆持平之論，三也。然學問之道，貴自得之，欲求自得，必先有悟入處。而悟入之處，恒在單詞隻義人所不經意之處，此則會心各有不同，父師不能以喻之子弟者也。昔人讀書之弊，在於不甚講門徑，今人則又失之太講門徑，而不甚下切實工夫：二者皆弊也。願與承學之士共勉之。駑牛自識。民國十三年七月。

論讀經之法

吾國舊籍，分爲經、史、子、集四部，由來已久。而四者之中，集爲後起。蓋人類之學問，必有其研究之對象。書籍之以記載現象爲主者，是爲史。就現象加以研求，發明公理者，則爲經、子。固無所謂集也。然古代學術，皆專門名家，各不相通。後世則漸不能然。一書也，視爲記載現象之史一類固可，視爲研求現象，發明公理之經、子一類，亦無不可。論其學術流別，亦往往兼搜並採，不名一家。此等書，在經、史、子三部中，無類可歸；乃不得不別立一名，而稱之曰"集"。此猶編新書目録者，政治可云政治，法律可云法律，至不專一學之雜志，則無類可歸；編舊書目録者，經可曰經，史可曰史，至兼包四部之叢書，則不得不別立叢部云爾。

經、子本相同之物，自漢以後，特尊儒學，乃自諸子書中，提出儒家之書，而稱之曰經。此等見解，在今日原不必存。然經之與子，亦自有其不同之處。孔子稱"述而不作"，其書雖亦發揮己見，顧皆以舊書爲藍本。故在諸家中，儒家之六經，與前此之古書，關係最大。古文家以六經皆周公舊典，孔子特補苴綴拾，固非；今文家之偏者，至謂六經皆孔子手著，前無所承，亦爲未是。六經果皆孔子手著，何不明白曉暢，自作一書；而必僞造生民，虚張帝典乎？治之之法，亦遂不能不因之而殊。章太炎所謂"經多陳事實，諸子多明義理；賈、馬不能理諸子，郭象、張湛不能治經"是也。《與章行嚴論墨學》第二書，見《華國月刊》第四期。按此以大較言之，勿泥。又學問之光大，不徒視前人之唱導，亦視後人之發揮。儒學專行二千年，治之者多，自然日益光大；又其傳書既衆，疏注亦詳；後學鑽研，自較治諸子之書爲易。天下本無截然不同之理；訓詁名物，尤爲百家所同。先明一家之書，其餘皆可取證。然則先經後子，固研求古籍之良法矣。

欲治經，必先知歷代經學變遷之大勢。今案吾國經學，可大別爲漢、宋二流。而細別之，則二者之中，又各可分數派。秦火之後、西漢之初，學問皆由口耳相傳，其後乃用當時通行文字，著之竹帛，此後人所稱爲"今文學"者也。

末造乃有自謂得古書爲據，而訾今文家所傳爲闕誤者，於是有“古文之學”焉。今文學之初祖，《史記·儒林傳》所列，凡有八家：所謂“言《詩》，於齊則轅固生，於燕則韓太傅。言《書》，自濟南伏生。言《禮》，自魯高堂生。言《易》，自菑川田生。言《春秋》，於齊、魯自胡毋生，於趙自董仲舒”是也。東京立十四博士：《詩》，魯、齊、韓；《書》，歐陽、大小夏侯；《禮》，大、小戴；《易》，施、孟、梁丘、京；《春秋》，嚴、顔；皆今文學。古文之學：《詩》有毛氏，《書》有古文《尚書》，《禮》有《周禮》，《易》有費氏，《春秋》有左氏，皆未得立。然東漢末造，古文大盛，而今文之學遂微。盛極必衰，乃又有所謂僞古文者出。僞古文之案，起於王肅。肅蓋欲與鄭玄争名，乃僞造古書，以爲證據。即清儒所力攻之僞古文《尚書》一案是也。參看後文論《尚書》處。漢代今古文之學，本各守專門，不相通假。鄭玄出，乃以意去取牽合，盡破其界限。王肅好攻鄭，而其不守家法，亦與鄭同。二人皆糅雜今古，而皆偏於古。鄭學盛行於漢末；王肅爲晉武帝外祖，其學亦頗行於晉初；而兩漢專門之學遂亡。此後經學，乃分二派：一以當時之僞書玄學，羼入其中，如王弼之《易》，僞孔安國之《書》是。一仍篤守漢人所傳。如治《禮》之宗鄭氏是。其時經師傳授之緒既絶，乃相率致力於箋疏。是爲南北朝義疏之學。至唐代纂《五經正義》，而集其大成。南北朝經學不同。《北史·儒林傳》：“其在江左：《周易》則王輔嗣，《尚書》則孔安國，《左傳》則杜元凱。其在河洛：《左傳》則服子慎，《尚書》、《周易》則鄭康成。《詩》則並主於毛公，《禮》則同遵於鄭氏。”是除《詩》、《禮》外，南方所行者，爲魏、晉人之學；北方所守者，則東漢之古文學也。然逮南北統一，南學盛而北學微，唐人修《五經正義》，《易》取王，《書》取僞孔，《左》取杜，而服鄭之學又亡。以上所述，雖派别不同，而同導源於漢，可括之於漢學一流者也。

北宋之世，乃異軍蒼頭特起。宋人之治經也，不墨守前人傳注，而兼憑一己所主張之義理。其長處，在能廓清摧陷，一掃前人之障翳，而直湊單微。其短處，則妄以今人之意見，測度古人；據後世之情形，議論古事；遂至不合事實。自南宋理宗以後，程、朱之學大行。元延祐科舉法，諸經皆採用宋人之書。明初因之。永樂時，又命胡廣等修《四書五經大全》。悉取宋、元人成著，抄襲成書。自《大全》出，士不知有漢、唐人之學，並不復讀宋、元人之書；而明代士子之空疏，遂於歷代爲最甚。蓋一種學問之末流，恒不免於流蕩而忘反。宋學雖未嘗教人以空疏，然率其偏重義理之習而行之，其弊必至於此也。物窮則變，而清代之漢學又起。

清儒之講漢學也，始之以參稽博考，擇善而從，尚只可稱爲漢、宋兼採。其後知憑臆去取，雖極矜慎，終不免於有失，不如專重客觀之爲當也。其理見下。

於是屏宋而專宗漢，乃成純粹之漢學。最後漢學之中，又分出宗尚今文一派，與前此崇信賈、馬、許、鄭者立别。蓋清儒意主復古，剥蕉抽繭之勢，非至於此不止也。

經學之歷史，欲詳陳之，數十萬言不能盡。以上所云，不過因論讀經之法，先提挈其綱領而已。今請進言讀經之法。

治學之法，忌偏重主觀。偏重主觀者，一時似愜心貴當，而終不免於差繆。能注重客觀則反是。今試設一譬：東門失火，西門聞之，甲、乙、丙、丁，言人人殊。擇其最近於情理者信之，則偏重主觀之法也。不以己意定其然否，但考其人孰爲親見，孰爲傳聞。同傳聞也：孰親聞諸失火之家，孰但得諸道路傳述。以是定其言之信否。則注重客觀之法也。用前法者，説每近情，而其究多誤；用後法者，説或遠理，而其究多真。累試不爽。大抵時代相近，則思想相同。故前人之言，即與後人同出揣度，亦恒較後人爲確。況於師友傳述，或出親聞；遺物未湮，可資目驗者乎。此讀書之所以重"古據"也。宋人之經學，原亦有其所長；然憑臆相争，是非難定。自此入手，不免失之汗漫。故治經當從漢人之書入。此則治學之法如是，非有所偏好惡也。

治漢學者，於今古文家數，必須分清。漢人學問最重師法。各守專門，絲毫不容假借。如《公羊》宣十五年何注，述井田之制，與《漢書·食貨志》略同。然《漢志》用《周官》處，《解詁》即一語不採。凡古事傳至今日者，率多東鱗西爪之談。掇拾叢殘，往往苦其亂絲無緒；然苟能深知其學術派别，殆無不可整理之成兩組者。夫能整理之成兩組，則紛然淆亂之説，不啻皆有綫索可尋。今試舉一實例。如三皇五帝，向來異説紛如，苟以此法馭之，即可分爲今古文兩説。三皇之説：以爲天皇十二頭，地皇十一頭，立各一萬八千歲；人皇九頭，分長九州者，《河圖》、《三五曆》也。以爲燧人、伏羲、神農者，《尚書大傳》也。以爲伏羲、神農、燧人，或曰伏羲、神農、祝融者，《白虎通》也。以爲伏羲、女媧、神農者，鄭玄也。以爲天皇、地皇、泰皇者，始皇議帝號時秦博士之説也。除《緯書》荒怪，别爲一説外，《尚書大傳》爲今文説，鄭玄偏重古文。伏生者，秦博士之一。《大傳》云："燧人以火紀，陽尊，故托燧皇於天；伏羲以人事紀，故托羲皇於人；神農悉地力，種穀蔬，故托農皇於地。"可見儒家所謂三皇者，義實取於天、地、人。《大傳》與秦博士之説，即一説也。《河圖》、《三五曆》之説，司馬貞《補三皇本紀》列爲或説；其正説則從鄭玄。《補三皇本紀》述女媧氏事云"諸侯有共工氏，與祝融氏戰，不勝，而怒。乃頭觸不周之山，天柱折，地維缺。女媧乃煉五色石以補天"云云。上言祝融，下言女媧，即祝融即女媧。《白虎通》正説從今文，以古文備或説；或古文説爲後人竄入也。五帝之説，《史記》、《世本》、《大戴禮》並以黄帝、顓頊、帝嚳、堯、舜當之；鄭玄説多一少昊。今案《後漢書·賈逵傳》，逵言："五經家皆言顓頊代黄帝，而堯不得爲火德。《左氏》以爲少昊代黄帝，即圖讖所謂帝宣也。如令堯不得爲火德，則漢不得爲赤。"則《左氏》家增入一少昊，以六人爲五帝之情可見矣。《史記》、《世本》、《大戴禮》，皆今文説，《左氏》古文説也。且有時一説也，主張之者只一二人；又一説也，主張之者乃有多人。似乎證多而强矣。然苟能知其派别，即可知其輾轉祖述，仍出一師。不過一造之説，傳者較多;一造之説,傳者較少耳。凡此等處,亦必能分清家數,乃不至於聽熒也。

近人指示治學門徑之書甚多,然多失之浩博。吾今舉出經學入門簡要之書如下:

皮錫瑞《經學歷史》　此書可首讀之,以知歷代經學變遷大略。

廖平《今古文考》　廖氏晚年著書,頗涉荒怪。早年則不然。分别今古文之法,至廖氏始精確。此書必須次讀之。

康有爲《新學僞經考》　吾舉此書,或疑吾偏信今文,其實不然也。讀前人之書,固可以觀其事實,而勿泥其議論。此書於重要事實,考辨頗詳。皆前列原書,後抒己見。讀之,不啻讀一詳博之兩漢經學史也,此書今頗難得;如能得之者,讀廖氏《今古文考》後,可續讀之。

《禮記·王制注疏》、《周禮注疏》、陳立《白虎通疏證》、陳壽祺《五經異義疏證》　今古文同異重要之處,皆在制度。今文家制度,以《王制》爲大宗;古文家制度,以《周禮》爲總彙。讀此二書,於今古文同異,大致已可明白。兩種皆須連疏注細看;不可但讀疏文,亦不可但看注。《白虎通義》爲東京十四博士之説,今文學之結晶也。《五經異義》爲許慎所撰,列舉今古文異説於前,下加按語,並有鄭駁,對照尤爲明了。二陳《疏證》,間有誤處。以其時今古文之别,尚未大明也。學者既讀前列各書,於今古之别,已可了然,亦但觀其採摭之博可矣。

此數書日讀一小時,速則三月,至遲半年,必可卒業。然後以讀其餘諸書,即不慮其茫無把握矣。

古代史書,傳者極少。古事之傳於後者,大抵在經、子之中。而古人主客觀不甚分明;客觀事實,往往夾雜主觀爲説;甚有全出虚構者,是爲寓言。參看後論讀子之法。而其學問,率由口耳相傳,又不能無訛誤,古書之傳於今者,又不能無闕佚。是以隨舉一事,輒異説蜂起,令人如墮五里霧中。治古史之難以此。苟知古事之茫昧,皆由主客觀夾雜使然。即可按其學術流别,將各家學説,分别部居;然後除去其主觀成分而觀之,即古事之真相可見矣。然則前述分别今古文之法,不徒可施之儒家之今古文,並可施之諸子也。此當於論讀子之方法時詳之。惟有一端,論讀經方法時,仍不得不先述及者,則"既知古代書籍,率多治其學者東鱗西爪之談,並無有條理系統之作,而又皆出於叢殘掇拾之餘;則傳之與經,信否亦無大分别"是也。世之尊經過甚者,多執經爲孔子手定,一字無訛;傳爲後學所記,不免有誤。故於經傳互異者,非執經以正傳,即棄傳而從經,幾視爲天經地義。殊不知尼山删定,實在晚年,焉能字字皆由親筆。即謂其字字皆由親筆，而孔子與其弟子，亦同時人耳，焉見孔子自執筆爲之者，即一字無訛；言出於孔子之口，而弟子記之，抑或推衍師意者，即必不免有誤哉。若謂經難私造，傳可妄爲，則二者皆漢初先師所傳，經可信，傳亦可信；傳可僞，經亦可僞也。若信今文之學，則經皆漢代先師所傳，即有訛闕，後人亦無從知之。若信古文之學，謂今文家所傳之經，以別有古經，可資覈對，所異惟在文字，是以知其可信；則今文先師，既不僞經，亦必不僞傳也。是以漢人引用，經傳初不立別。崔適《春秋復始》，論"漢儒引《公羊》者皆謂之《春秋》；可見當時所謂《春秋》者，實合今之《公羊傳》而名之"甚詳。余謂不但《春秋》如此，即他經亦如此。《太史公自序》引《易》"失之豪厘，繆以千里"，此二語漢人引者甚多，皆謂之《易》。今其文但見《易緯》。又如《孟子·梁惠王下篇》，載孟子對齊宣王好勇之問曰："《詩》云：王赫斯怒，爰整其旅，以遏徂莒，以篤周祜，以對於天下。此文王之勇也，文王一怒而安天下之民。《書》曰：天降下民，作之君，作之師；惟曰其助上帝，寵之四方，有罪無罪，惟我在，天下曷敢有越厥志。一人衡行於天下，武王耻之。此武王之勇也。而武王亦一怒而安天下之民。""此文王之勇也"，"此武王之勇也"，句法相同；自此以上，皆當爲《詩》、《書》之辭；然"一人衡行於天下，武王耻之"，實爲後人評論之語。孟子所引，蓋亦《書傳》文也。舉此兩事，餘可類推。近人過信經而疑傳者甚多。予去歲《辨梁任公陰陽五行説之來歷》一文，曾力辨之。見《東方雜志》第二十卷第二十册，可以參觀。又如《北京大學月刊》一卷三號，載朱君希祖整理中國最古書籍之方法論，謂欲"判别今古文之是非，必取立敵共許之法。古書中無明文、今古文家之傳説，一概摒除。惟《易》十二篇、《書》二十九篇、《詩》三百五篇、《禮》十七篇、《春秋》、《論語》、《孝經》七書，爲今古文家所共信。因欲取爲判别二家是非之準"。朱君之意，蓋欲棄經説而用經文，亦與梁君同蔽。姑無論經傳信否，相去不遠。即謂經可信，傳不可信，而經文有不能解釋處，勢必仍取一家傳説，是仍以此攻彼耳，何立敵共許之有。今古説之相持不決者，固各有經文爲據，觀許慎之《五經異義》及鄭駁可見也。決嫌疑者視諸聖，久爲古人之口頭禪，豈有明有經文可據，而不知援以自重者哉。大抵古今人之才智，不甚相遠。經學之所以聚訟，古事之所以茫昧，自各有其原因。此等疑難，原非必不可以袪除，然必非一朝所能驟決。若有如朱君所云直截了當之法，前此治經之人，豈皆愚騃，無一見及者邪？

治經之法，凡有數種：（一）即以經爲一種學問而治之者。此等見解，由昔日尊經過甚使然。今已不甚適合。又一經之中，所包甚廣，人之性質，各有所宜，長於此者不必長於彼。因治一經而遍及諸學，非徒力所不及；即能勉强從事，亦必不能深造。故此法在今日不甚適用。（二）則視經爲國故，加以整理者。此則各本所學，求其相關者於經，名爲治經，實仍是治此科之學，而求其材料於古書耳。此法先須於所治之學，深造有得；再加以整理古書之能，乃尅有濟。此篇所言，大概爲此發也。（三）又有因欲研究文學，而從事於讀經者。其意亦殊可取。蓋文學必資言語，而言語今古相承，不知古語，即不知後世言語之根原。故不知最古之書者，於後人文字，亦必不能真解。經固吾國最古之書也。但文學之爲物，不重在死法，而貴能領略其美。文學之美，只可直覺；非但徒講無益，抑亦無從講起。今姑定一簡明之目，以爲初學誦習參考之資。蓋凡事熟能生巧，治文學者亦不外此。後世文學，根源皆在古書。同一熟誦，誦後世書，固不如誦古書之有益。而欲精研文學，則數十百篇熟誦之文字，固亦決不能無也。

《詩》　此書近今言文學者必首及之，幾視爲第一要書，鄙意少異。韻文視無韻文，已覺專門；談韻文而及於《詩經》，則其專門更甚。何者？四言詩自漢魏後，其道已窮。非專治此一種文學者，不易領略其音節之美，一也；詩之妙處，在能動人情感，而此書距今太遠，今人讀之，實不能知其意之所在，二也；詩義之所以聚訟莫決者，其根源在此。若現在通行之歌謡，其有寓意者，固人人能知之也。故此書除專治古代韻文者外，但略事泛覽，知其體例；或擇所好熟誦之即可。

《書》　書之文學，别爲一體。後世作莊嚴典重之文字者，多仿效之。若細分之，仍有三種：（一）最難通者，如《周誥》、《殷盤》是；（二）次難通者，通常各篇皆是；（三）最易通者，如《甘誓》、《牧誓》、《金縢》諸篇是。第一種存古書原文蓋最多；第三種則十之八九，殆皆孔子以後人所爲也。此書文字雖不易解，然既爲後世莊嚴典重之文字所從出，則亦不可不熟復而求其真瞭解。《洪範》、《無逸》、《顧命》、兼今本《康王之誥》。《泰誓》四篇，文字最美，如能熟誦更妙。《禹貢》一篇，爲後世地志文字體例所自出，須細看。

《儀禮》《禮記》《周禮》　《儀禮》、《周禮》皆記典制之書。不必誦讀，但須細看，知其體例。凡記述典制之文皆然。《禮記》一書，薈萃諸經之傳及儒家諸子而成。見後。文字亦極茂美。論群經文學者，多知重《左氏》，而罕及《小戴》，此皮相之論也。《左氏》所叙之事，有與《檀弓》同者，二者相較，《左氏》恒不如《檀弓》。其餘論事説理之文，又何一能如《戴記》之深純乎？不可不擇若干篇熟誦之也。今更舉示篇名如下：《檀弓》爲記事文之極則，風韻獨絶千古，須熟讀。《王制》爲今文學之結晶，文字亦極茂美。可熟讀。既有益於學問，又有益於文學也。《文王世子》，文最流暢。《禮運》、《禮器》，文最古雅。《學記》、《樂記》，文最深純。《祭義》，文最清麗。《坊記》、《表記》、《緇衣》三篇爲一類，文極清雅。《儒行》，文極茂美。《冠義》、《昏義》、《鄉飲酒義》、《射義》、《燕義》、《聘義》六篇，爲《儀禮》之傳，文字亦極茂美。以上諸篇，皆可熟讀。然非謂《戴記》文字之美者，遂盡於此，亦非謂吾所指爲最美者，必能得當；更非敢强人之所好以同於我也。聊舉鄙意，以供讀者之參考耳。

《易》　此書《卦辭》、《爻辭》，知其體例即可。《彖辭》、《文言》、《繫辭傳》，文皆極美，可擇所好者熟誦之。《序卦》爲一種序跋文之體，可一看。

《春秋》　三傳文字，自以《左氏》爲最美。其文整齊研練，自成風格，於文學上關係極鉅。《左氏》係編年體，其文字一綫相承，無篇目，不能列舉其最美者。大抵長篇詞令叙事，最爲緊要。但短節叙事，寥寥數語，亦有極佳者，須細看。《公羊》爲《春秋》正宗，講《春秋》者，義理必宗是書。論文學則不如《左氏》之要。讀一過，知其體例可矣。《公羊》之文字爲傳體，乃所以解釋經文，與《儀禮》之傳同。後人無所釋之經，而亦或妄效其體，此大繆也。此等皆不知義例之過。故講文學，亦必須略知學問。《穀梁》文體與《公羊》同。

《論語》《孟子》　此兩書文極平正，有極簡潔處，亦有極反復排奡處。大抵《論語》簡潔者多，然亦有反復排奡者，如《季氏將伐顓臾章》是。《孟子》反復排奡者多，然亦有極簡潔者，如各短章皆是。於文學極有益。凡書之爲大多數人所習熟者，其義理，其事實，其文法，其辭句，即不期而爲大多數人所沿用，在社會即成爲常識。此等書即不佳，亦不可不一讀，況其爲佳者乎。《論語》、《孟子》，爲我國極通行之書，必不可不熟誦也。

此外《爾雅》爲訓詁書，當與《説文》等同類讀之，與文學無關。《孝經》亦《戴記》之流。但其説理並不甚精，文字亦不甚美。一覽已足，不必深求也。

六經排列之次序，今古文不同。今文之次，爲《詩》、《書》、《禮》、《樂》、《易》、《春秋》；古文之次，則爲《易》、《書》、《詩》、《禮》、《樂》、《春秋》。蓋今文家以六經爲孔子别作，其排列之次序，由淺及深。《詩》、《書》、《禮》、《樂》，乃普通教育所資；《王制》："樂正崇四術，立四教，順先王詩書禮樂以造士。"《論語》："子所雅言，詩書執禮。"蓋詩書禮樂四者，本古代學校中教科，而孔子教人，亦取之也。而《易》與《春秋》，則爲"性與天道"，"經世之志"所寄；故其次序如此也。古文家以六經皆周公舊典，孔子特修而明之。故其排列之次序，以孔子作六經所據原書時代先後爲序。愚謂今言整理國故，視凡古書悉爲史材則通；謂六經皆史則非。故今從今文家之次，分論諸經源流及其讀法如下。

詩

《詩》今文有魯、齊、韓三家。古文有毛。鄭玄初學《韓詩》;後就《毛傳》作《箋》,間用韓義。《采蘋》、《賓之初筵》兩詩皆難毛。王肅作《毛詩注》、《毛詩義駁》、《毛詩奏事》、《毛詩問難》諸書,以申毛難鄭。《齊詩》亡於曹魏;《魯詩》不過江東;《韓詩》雖存,無傳之者;於是三家與毛之争,一變而爲鄭、王之争。諸儒或申鄭難王,或申王難鄭,紛紛不定。至唐修《五經正義》,用毛《傳》鄭《箋》,而其争乃息。王肅之書,今亦已亡。然毛、鄭相違處,《正義》中申毛難鄭之言,實多用王説。

讀《詩》第一當辨明之事,即爲《詩序》。案釋《詩》之作,凡有三種:(一)釋《詩》之字句者,如今之《毛氏詁訓傳》是也。(一)釋《詩》之義者,如今之《詩序》是也。(一)推演《詩》義者,如今之《韓詩外傳》是也。三家詁訓及釋《詩》義之作,今皆已亡。三家詩亦有序,見《詩古微·齊魯韓毛異同論》。魏、晉而後,《毛詩》專行者千餘年。學者於《詩序》率皆尊信。至宋歐陽修作《詩本義》,蘇轍作《詩傳》,始有疑辭。南渡而後,鄭樵作《詩辨妄》,乃大肆攻擊。朱子作《詩集傳》,亦宗鄭説。而《集傳》與毛、鄭之争又起。《小序》之義,誠有可疑;然宋儒之疑古,多憑臆爲説,如暗中相搏,勝負卒無分曉,亦不足取也。清儒初宗毛、鄭而攻《集傳》。後漸搜採及於三家。始知毛、鄭而外,説《詩》仍有古義可徵;而《集傳》與毛、鄭之争,又漸變而爲三家與毛之争。時則有爲調停之説者,謂《詩》有"作義""誦義";三家與毛所以異同者,毛所傳者作義,三家所傳者誦義;各有所據,而亦兩不相悖也。其激烈者,則徑斥《小序》爲杜撰,毛義爲不合。二者之中,予頗左袒後説。此非偏主今文,以事理度之,固如是也。

何則?《詩》分《風》、《雅》、《頌》三體。《雅》、《頌》或有本事可指;《風》則本民間歌謡,且無作者可名,安有本義可得。而今之《詩序》,於《風詩》亦篇篇皆能得其作義,此即其不可信之處也。《詩序》究爲誰作,説極紛紜。宋以後之説,亦多憑臆測度,不足爲據。其傳之自古者,凡有四説:以爲《大序》子夏作,《小序》子夏、毛公合作者,鄭玄《詩譜》也。《正義》引沈重説。以爲子夏作者,王肅《家語注》也。以爲衛宏作者，《後漢書·儒林傳》也。以爲子夏首創，而毛公及衛宏加以潤飾增益者，《隋書·經籍志》也。肅説不足信，《隋志》亦係調停之辭。所當辨者，獨《後書》及《詩譜》兩説耳。予謂兩説之中，《後書》之説實較可信。今毛《傳》之義，固有與《小序》不合者。如《静女》。且其序文義平近，亦不似西漢以前人手筆也。毛《傳》之義，所以與《小序》無甚抵牾者，非毛先有《序》爲據，乃《序》據毛《傳》而作耳。《序》語多不可信，決非真有傳授。鄭樵謂其採掇古書而成，最爲近之。

《詩序》有大、小之别。今本《小序》分列諸詩之前，而《大序》即接第一首《小序》之下。自"風，風也"以下。據《正義》。《小序》之不足信，前已言之，《大序》亦係雜採諸書而成，故其辭頗錯亂。但其中頗有與三家之義不背者。魏源説，見《詩古微》。今姑據之，以定《風》、《雅》、《頌》之義。《大序》云："風，風也，教也。風以動之，教以化之。"又云："上以風化下，下以風刺上，主文而譎諫，言之者無罪，聞之者足以戒；故曰風。至於王道衰，禮義廢，政教失，國異政，家殊俗，而變風變雅作矣。國史明乎得失之迹，傷人倫之廢，哀刑政之苛；吟詠情性，以諷其上；達於事變，而懷其舊俗者也。故變風，發乎情，止乎禮義。發乎情，民之性也；止乎禮義，先王之澤也。"此其言風之義者也。又云："一國之事，係一人之本，謂之風。言天下之事，形四方之風，謂之雅。雅者，正也。政有小大，故有小雅焉，有大雅焉。"此其言雅之義者也。又云："頌者，美盛德之形容；以其成功，告於神明者也。"此其言頌之義者也。案：《詩序》言風與頌之義，皆極允愜，惟其言大、小雅，則似尚欠明白。《史記·司馬相如傳》："大雅言王公大人，而德逮黎庶；小雅譏小己之得失，其流及上。"分别大小之義，實較今《詩序》爲優。蓋三家義也。

今《詩》之所謂風者：周南、召南、邶、鄘、衛、王、鄭、齊、魏、唐、秦、陳、檜、曹、豳，凡十五國。周南、召南爲正風。自邶以下，皆爲變風。王亦列於風者，《鄭譜》謂"東遷以後，王室之尊，與諸侯無異；其詩不能復雅，故貶之也。"《正義》：善惡皆能正人，故幽、厲亦名雅。平王東遷，政遂微弱，其政才及境内，是以變爲風焉。十五國之次，鄭與毛異。據《正義》：《鄭譜》先檜後鄭，王在豳後，或係《韓詩》原第邪。

《雅》之篇數較多，故以十篇爲一卷。其中《小雅》自《鹿鳴》起至《菁菁者莪》止爲正，自此以下皆爲變。又分《鹿鳴》至《魚麗》，爲文王、武王之正《小雅》。《南有嘉魚》至《菁菁者莪》爲成王、周公之正《小雅》。《六月》至《無羊》，爲宣王之變《小雅》。《節南山》至《何草不黄》，申毛者皆以爲幽王之變《小雅》，鄭則以《十月之交》以下四篇爲厲王之變《小雅》。《大雅》自《文王》至《卷阿》爲正，《民勞》以下爲變。又分《文王》至《靈臺》，爲文王之正《大雅》。《下武》至《文王有聲》爲武王之正《大雅》。《生民》至《卷阿》爲成王、周公之正《大雅》。《民勞》至《桑柔》爲厲王之變《大雅》。《雲漢》至《常武》，爲宣王之變《大雅》。《瞻印》、《召旻》二篇爲幽王之變《大雅》。皆見《釋文》及《正義》。正《小雅》中，《南陔》、《白華》、《華黍》、《由庚》、《崇丘》、《由儀》六篇，惟有《小序》。《毛詩》並數此六篇，故《詩》之總數，爲三百十一篇。三家無此六篇，故《詩》之總數，爲三百五篇。小、大《雅》諸詩之義，三家與毛，有同有異，不能備舉。可以《三家詩遺説考》與毛《傳》、鄭《箋》對勘也。

《頌》則三家與毛義大異。毛、鄭之義，謂商、魯所以列於《頌》者，以其得用天子禮樂；今文家則謂《詩》之終以三《頌》，亦《春秋》"王魯新周故宋"之意，乃通三統之義也。又《魯頌》，《小序》以爲季孫行父作，三家以爲奚斯作。《商頌》，《小序》以爲戴公時正考父得之於周太師，三家即以爲正考父之作。

詩本止《風》、《雅》、《頌》三體，而《小序》增出賦、比、興，謂之六義。案此蓋以附會《周禮》太師六詩之文。然實無賦、比、興三種詩可指。故鄭《志》："張逸問何《詩》近於賦比興？鄭答謂孔子録《詩》，已合《風》、《雅》、《頌》中，難可摘別。"《正義》引。"鄭意謂風、雅、頌者，《詩》篇之異體；賦、比、興者，《詩》文之異辭也。"《正義》説。因此故，乃又謂《七月》一詩，備有風、雅、頌三體，以牽合《周禮》籥章豳詩，豳雅，豳頌之文案：賦者，敘事；比者，寄意於物；興者，觸物而動；譬如實寫美人爲賦。辭言花而意實指美女爲比。因桃花而思及人面，則爲興矣。作《詩》原有此三法。然謂此作《詩》之三法，可與《詩》之三種體制，平列而稱六義，則終屬勉强；一詩而兼三體，尤不可通矣。竊謂《周禮》之六詩，與《詩》之《風》、《雅》、《頌》，其豳詩、豳雅、豳頌，與《詩》之《豳風》，自係兩事，不必牽合。鄭君學未嘗不博，立説亦自有精到處，然此等牽合今古，勉强附會處，則實不可從也。又今文家以《關雎》、《鹿鳴》、《文王》、《清廟》爲四始，見《史記》。蓋《魯詩》説。乃以其爲《風》及大、小《雅》、《頌》之首篇；而《小序》乃即以《風》、大小《雅》、《頌》爲四始，亦殊不可解。

治《詩》之法，凡有數種：（一）以《詩》作史讀者。此當横考列國之風俗，縱考當時之政治。《漢書·地理志》末卷及鄭《詩譜》。最爲可貴。案《漢志》此節本劉歆。歆及父向皆治《魯詩》。班氏世治《齊詩》。鄭玄初治《韓詩》。今《漢志》與鄭《譜》述列國風俗，大同小異，蓋三家同有之義，至可信據也。何詩當何王時，三家與毛、鄭頗有異説。亦宜博考。以《詩》證古史，自係治史一法。然《詩》本歌謡，托諸比、興，與質言其事者有異。後儒立説，面面皆可附會，故用之須極矜慎。近人好據《詩》言古史者甚多。其弊也。於《詩》之本文，片言隻字，皆深信不疑；幾即視爲紀事之史，不復以爲文辭；而於某《詩》作於何時，係因何事，則又往往偏據毛、鄭，甚者憑臆爲説，其法實未盡善也。（一）以爲博物之學而治之者。《論語》所謂多識於鳥、獸、草、木之名也，此當精研疏注，博考子部有關動植物諸書。（一）用以證小學者。又分訓詁及音韻兩端，毛《傳》與《爾雅》訓詁多合，實爲吾國最古之訓詁書。最初言古韻者，本自《詩》入，今日言古韻，可據之書，固猶莫如《詩》也。（一）以爲文學而研究之者。當先讀疏注，明其字句。次考《詩》義，觀詩人發憤之由，司馬遷云：《詩》三百篇，大抵賢聖發憤之所由作。及其作詩之法。《詩》本文學，經學家專以義理説之，誠或不免迂腐。然《詩》之作者，距今幾三千年；作《詩》之意，斷非吾儕臆測可得。通其所可通，而闕其所不可通者，是爲善讀書，若如今人所云"月出皎兮，明明是一首情詩"之類，羌無證據，而言之斷然，甚非疑事無質之義也。

《王制》述天子巡守，命太師陳《詩》，以觀民風。何君言採《詩》之義曰：《公羊》宣十五年注。"五穀畢入，民皆居宅。男女有所怨恨，相從而歌。饑者歌其食，勞者歌其事。男年六十，女年五十無子者，官衣食之，使之民間求詩。鄉移於邑，邑移於國，國以聞於天子。故王者不出牖户，盡知天下所苦，不下堂而知四方。"其重之也如此。夫人生在世，孰能無幽約怨悱，不能自言之情？而社會之中，束縛重重，豈有言論自由之地？斯義也，穆勒《群己權界論》嚴復譯。言之詳矣。故往往公然表白之言，初非其人之真意；而其真意，轉托諸謡詠之間。古代之重詩也以此。夫如是，《詩》安得有質言其事者。而亦安可據字句測度，即自謂能得作詩之義邪？《漢書·藝文志》曰："漢興，魯申公爲《詩》訓詁。齊轅固生、燕韓生，皆爲之傳。或取《春秋》，採《雜説》，咸非其本意。與不得已，魯最爲近之。"此乃古學家攻擊三家之辭，其端已肇於班固時。其後乃採取古書，附會《詩》義，而别製今之《詩序》。謂三家皆不知《詩》之本義，而古學家獨能得之也。其實《詩》無本義。太師採《詩》而爲樂，則祇有太師採之之意；孔子删《詩》而爲經，則祇有孔子取之之意耳。猶今北京大學編輯歌謡，豈得謂編輯之人，即知作此歌謡者之意邪？三家於詩，間有一二，能指出其作之之人，及其本事者，如《芣苢》、《柏舟》之類。此必確有所據。此外則皆付闕如。蓋《詩》固只有誦義也。以只有誦義故，亦無所謂斷章取義。我以何義誦之，即爲何義耳。今日以此意誦之，明日又以彼義誦之，無所不可也。以爲我誦之之意，則任舉何義皆通；必鑿指爲詩人本義，則任舉何義皆窒。《詩》義之葛藤，實自鑿求其本義始也。

治《詩》切要之書，今約舉如下：

《毛詩注疏》　今所傳《十三經注疏》，乃宋人所集刻。其中《易》、《書》、《詩》、《三禮》、《左》、《穀》，皆唐人疏。疏《公羊》之徐彦，時代難確考，亦必在唐以前。《論語》、《孝經》、《爾雅》皆宋邢昺疏，亦多以舊疏爲本。惟《孟子疏》題宋孫奭，實爲邵武士人僞托，見《朱子語録》。其疏極淺陋，無可取耳。唐人所修《正義》，誠不能盡滿人意。然實多用舊疏，爲隋以前經説之統彙，仍不可不細讀也。特於此發其凡，以後論治諸經當讀之書，即不再舉注疏。

陳啓源《毛詩稽古編》　宋人説《詩》之書甚多，讀之不可遍。此書多駁宋人之説，讀之可以知其大略。

馬瑞辰《傳箋通釋》、陳奂《詩毛氏傳疏》　以上兩書，爲毛、鄭之學。

陳喬樅《三家詩遺説考》、魏源《詩古微》　以上兩書，爲三家之學。魏書駁毛、鄭，有極警快處。其立説亦有不可據處。魏氏之學，通而不精也。輯三家《詩》者始於宋之王應麟。僅得一小册。陳氏此書，乃十倍之而不止。清儒輯佚之精，誠足令前人俯首矣。

三家之中，《齊詩》牽涉緯説。如欲明之，可觀迮鶴壽《齊詩翼奉學》，及陳喬樅《詩緯集證》兩書。意在以《詩》作史讀者，於《詩》之地理，亦須考究。可看朱右曾《詩地理徵》。意在研究博物者，毛《傳》鄭《箋》而外，以吴陸璣《詩草木鳥獸蟲魚疏》爲最古。與《爾雅》、毛《傳》，可相參證也。

書

《尚書》真僞，最爲糾紛。他經惟經説有聚訟，經文同異，止於文字，《尚書》則經文亦有真僞之分。案伏生傳《書》二十八篇，今文家以爲無闕。劉歆《移太常博士》，所謂"以《尚書》爲備"也。然《漢志》稱大、小夏侯《經》二十九卷，歐陽《經 》三十一卷。此"三十一"，汲古閣本作"二十二"，武英殿本作"三十二"。案《志》下文歐陽《章句》三十一卷，則殿本"三十"字是，而"二"當作"一"。陳壽祺謂今文《書》亦有序，《左海經辨》。序説多與今文不合，説頗難信。王引之謂加後得《泰誓》，《經義述聞》。説較近之。大、小夏侯合爲一，歐陽析爲三。惟以《泰誓》爲伏生所固有，則未必然耳。古文家謂《書》本有百篇，魯共王壞孔子宅得之。孔安國以今文讀之，得多十六篇，獻之。遭巫蠱之事，未立於學官。《漢志》：《尚書古文經》四十六卷。除二十九篇與《今文經》同外，逸十六篇爲十六卷，又一卷蓋《序》也。《後漢書·儒林傳》：杜林傳《古文尚書》，賈逵爲之作《訓》，馬融作《傳》，鄭玄《注解》，蓋即此本。然逸十六篇，絶無師説，馬、鄭亦未嘗爲之作注也。迨東晉時，豫章内史梅頤，乃獻所謂孔安國傳者。其書凡五十八篇，爲四十六卷。其三十三篇與鄭同，二十五篇，又多於鄭。今案伏生所傳者：《堯典》一，合今《舜典》，而無篇首二十八字。《臯陶謨》二，合今本《益稷》。《禹貢》三，《甘誓》四，《湯誓》五，《盤庚》六，《高宗肜日》七，《西伯戡黎》八，《微子》九，《牧誓》十，《洪範》十一，《金縢》十二，《大誥》十三，《康誥》十四，《酒誥》十五，《梓材》十六，《召誥》十七，《洛誥》十八，《多士》十九，《無逸》二十，《君奭》二十一，《多方》二十二，《立政》二十三，《顧命》二十四，合今本《康王之誥》。《費誓》二十五，《吕刑》二十六，《文侯之命》二十七，《秦誓》二十八。加後得《泰誓》則二十九。鄭分《盤庚》爲三，析《康王之誥》於《顧命》，又分《泰誓》爲三，得多五篇，爲三十四。所謂逸十六篇者，其目見於《正義》。鄭又分其《九共》爲九篇：則《舜典》一，《汩作》二，《九共》九篇十一，《大禹謨》十二，《益稷》十三，《五子之歌》十四，《胤征》十五，《湯誥》十六，《咸有一德》十七，《典寶》十八，《伊訓》十九，《肆命》二十，《原命》二十一,《武成》二十二,《旅獒》二十三,《冏命》二十四,共爲五十八篇。晚出孔《書》,於二十九篇内無《泰誓》,而析《堯典》之下半爲《舜典》,《臯陶謨》之下半爲《益稷》,《盤庚》分三篇凡三十三。其多出之二十五篇:則《大禹謨》一,《五子之歌》二,《胤征》三,《仲虺之誥》四,《湯誥》五,《伊訓》六,《太甲三篇》九,《咸有一德》十,《説命三篇》十三,《泰誓三篇》十六,《武成》十七,《旅獒》十八,《微子之命》十九,《蔡仲之命》二十,《周官》二十一,《君陳》二十二,《畢命》二十三,《君牙》二十四,《冏命》二十五,合之三十三篇,共五十八。後又加《舜典》篇首二十八字,即今通行之《尚書》矣。鄭之逸十六篇,爲此本所無。孔《書》與鄭異,而《序》則同。《正義》:"馬、鄭之徒,百篇之序,總爲一卷。孔以各冠其篇首;亡篇之序即隨其次,居見存者之間。"案漢時僞造《尚書》者,尚有張霸之《百兩篇》。《儒林傳》謂其採《左氏傳》及《書叙》,則《書叙》亦張霸所爲矣。予案東晉晚出之《僞書》,既已不讎;張霸《百兩篇》之僞,當時即破;即博士所讀後得《泰誓》,亦僞迹顯然。馬融疑之,極爲有見;見今《泰誓》及《左》襄三十一年疏。然則博士以二十八篇爲備,説蓋不誣。安有所謂百篇之《書》? 更安有所謂百篇之《序》? 然則逸十六篇,蓋亦難信。鄭玄、馬融、王肅之徒,乃並以《書序》爲孔子作,見《正義》。豈不繆哉? 然其説亦有所本。案《璇璣鈐》謂"孔子求得黄帝玄孫㳿魁之書,迄於秦穆公,凡三千二百四十篇。定可以爲世法者百二十篇。以百二篇爲《尚書》,十八篇爲《中候》。"此蓋張霸之僞所由托,而亦古文家百篇之説所由昉。緯説荒怪,誠難盡憑。然謂孔子删《書》,衹取二十八篇,則其説可信,謂《尚書》一類之書,傳於後代者,必衹二十八篇,則未必然。何者?《逸書》散見古書者甚多,《尹吉》見《禮記·緇衣》。《高宗》見《坊記》。《夏訓》見《左》襄四年。《伯禽》、《康誥》見定四年。《相年》見《墨子·尚同》。《禹誓》見《兼愛》、《明鬼》。《武觀》、《官刑》見《非樂》。《大戰》、《揜誥》見《尚書大傳》。《大戊》見《史記·殷本紀》。《豐刑》見《漢書·律曆志》。又《書序》所有之《九共》、《帝告》、《説命》、《泰誓》、《嘉禾》、《畀命》六篇,亦見《大傳》。詳見《新書僞經考》。豈能盡指爲僞物?《史記》謂古者《詩》三千餘篇,説者亦多疑之。然今《佚詩》散見群書者亦甚多;謂孔子删《詩》爲三百五篇則可,謂《詩》止三百五篇,亦未必然也。蓋孔門所傳之《詩》、《書》爲一物,固有之《詩》、《書》,又爲一物。孔子所删,七十子後學奉爲定本者,《詩》止三百五篇,《書》衹二十八篇;原有之《詩》、《書》,則固不止此。抑此三百五篇、二十八篇者,不過孔子删定時所取之數;固未必無所取義;然必謂在此外者,即與此三百五篇、二十八篇,大相懸殊,亦屬決無之理。故删定時雖已刊落,講論之際,仍未嘗不誦説及之。門人弟子,乃各著所聞於傳。此今古籍中佚詩佚書之所以多也。然則所謂以百二篇爲《尚書》,十八篇

《中侯》者,得毋二十八篇之外,又有數十百篇,雖不及二十八篇之美善,而亦勝於其餘之三千餘篇,故孔子於删定二十八篇之後,又特表異之於其餘諸篇邪? 必因此謂《書》有百篇,而訾博士所傳爲不備,則過矣;然並謂其不足齒於傳説所引之逸書,則亦未是。經與傳之相去,本不甚遠。後得《泰誓》,誠不能遽比之於經,固不妨附益於傳。此其所以僞迹雖顯,而博士仍附之於經以爲教,非真識不如馬融也。東晉晚出之古文《書》,雖屬僞造,亦多有古書爲據。逸十六篇,未知是否此類,抑或真爲古之逸書,要其亡佚,則固可惜矣。

東晉晚出之僞《孔傳》,唐孔穎達作《正義》,原有疑詞。然此後迄無人提及。宋吴棫作《書稗傳》,乃始疑之。《朱子語録》,於此書亦嘗致疑。明梅鷟作《尚書考異》,乃明斥其僞。然所論證,尚不甚確。清閻若璩作《古文尚書疏證》,一一從客觀方面,加以證明,而此書之僞乃定。然尚未得其主名。迨丁晏作《尚書餘論》,乃證明其爲王肅所造焉。初學欲明此一重公案者,宜讀閻、丁兩家之書。(一)爲用考證方法攻擊僞書,言之成理最早之作,(一)則累經考究後之定論也。此書雖屬僞造,亦多有古書爲據,爲之一一抉其出處者,則爲惠棟之《古文尚書考》。

晚《書》之僞既明,考索漢儒書説之事斯起。其中搜輯舊説,爲之作疏者,凡有兩種:(一)江聲《尚書集注音疏》、(二)孫星衍《尚書今古文注疏》是也。江書早出,搜採未全。孫書較備。其時今古文之派别,尚未大明。誤以司馬遷爲古文,實爲巨謬。然其搜輯頗備;學者於今古文派别,自能分明,作材料看可也。段玉裁《古文尚書撰異》,左袒古學,立説頗偏。王鳴盛《尚書後案》,則專爲鄭氏一家之學。然二書鈎校搜採,俱頗詳密,亦可參稽。其後今古學之派别漸明,乃有分别古今,及搜考今文之事。攻擊古文最力者,爲魏源之《書古微》。駁詰頗爲駿快,而立説亦或不根,與其《詩古微》同。搜採今文經説者,爲陳喬樅《今文尚書遺説考》。

《尚書》中《禹貢》一篇,爲言地理最古之書。歷來注釋者獨多。蓋不徒有關經學,抑且有關史部中之地理矣。胡渭《禹貢錐指》一書,搜考最博。初學可先讀一過。因讀此一書,即可見古今衆説之崖略也。惟其書兼搜並蓄,初非專門之學。若求確守漢學門户者,則焦循《禹貢鄭注釋》、成蓉鏡《禹貢班義述》最好。

《尚書》、《春秋》,同爲古史。所謂左史記言,右史記事;言爲《尚書》,事爲《春秋》是也。然既經孔子删修,則又自成其爲經,而有孔門所傳之經義。經義史事,二者互有關係,而又各不相干。必能將其分析清楚,乃能明經義之旨,而亦可見史事之直。否則糾纏不清,二者皆病矣。今試舉堯、舜禪讓之事爲例。堯、舜禪讓之事,見於《孟子》、《大傳》、《史記》者,皆以爲廓然公天下之心。然百家之説,與此相反者,不可勝舉。究何所折衷哉?予謂九流之學,其意皆在成一家言,本非修訂古史;而春秋、戰國時所傳古事,亦實多茫昧之詞。如今村夫野老之説曹操、諸葛亮、李世民、趙匡胤,但仿佛知有此人耳,其事迹則强半附會也。事實既非真相,功罪豈有定評?百家著書,乃各就己意,取爲證佐。此猶後人謂"六經皆我注脚",原不謂經意本如此也。堯、舜禪讓之事,百家異説,姑措勿論。即就儒書考辨,如奡之不得其死,見《癸巳類稿·奡證》。及共工、驩兜、鯀,皆在四岳之列,見宋翔鳳《尚書略説》。其事亦實有可疑。然則《孟子》、《大傳》、《史記》所傳,蓋非其事之真相,特孔門之經説耳。托之空言,不如見之行事。借史事以發揮己意,後人亦時有之。如蘇軾以李斯狂悖,歸罪荀卿,謂"其父殺人報讎,其子必且行劫"。豈真好爲是深文哉,心疾夫高言異論之徒,聊借此以見意也。姚鼐駁之,謂"人臣善探其君之隱,一以委曲變化從世好者,其爲人尤可畏",意亦猶此。然則《孟子》、《大傳》、《史記》之言,當徑作經義讀,不必信爲史事。此所謂各不相干者也。然古代史籍,既已不傳。欲知其事,固不得不就百家之説,披沙揀金,除去其主觀之成份以求之。此則又所謂互有關係者矣。欲除去主觀之成份,固非通知其書之義例不可。此則讀書之所以貴方法也。今更就真書二十八篇,各示其概要如下:

《堯典》包今本《舜典》,惟須除去篇首二十八字。　此篇記堯、舜之事。首記堯所行之政。次記堯舉舜,命之攝政,及舜攝政後所行事。又次記堯之終,舜之踐位,及舜踐位後所行之政。終於舜之死。《大學》引此篇,謂之《帝典》,蓋以其兼包堯、舜之事也。逸十六篇别立《舜典》之目已非。僞孔即割此篇下半爲《舜典》,則《堯典》記堯事不終矣。此篇關涉曆法、巡守、刑法,可考古代典制。

《皋陶謨》包今本《益稷》。　此篇記禹、皋陶、伯益之事。《史記》云:"禹即位,舉皋陶,授之政,皋陶卒,又以政任益。"蓋皋陶、伯益之於禹,猶舜之於堯,禹之於舜也。

《禹貢》　此篇記禹治水之事。先分述九州,次總叙名山大川,又次記五服貢賦之制。地志書之可信者,當以此爲最古矣。近人或謂此篇必非禹作,遂目爲僞。然傳書者本未云《堯典》必堯時史官作,《禹貢》必禹自撰也。此等辨僞之法,幾於無的放矢矣。參看《論讀子之法》。

《甘誓》　此篇記啓伐有扈戰於甘之誓辭。《墨子》謂之《禹誓》。古人蒙祖父之號者甚多,不足疑也。

《湯誓》 此篇爲湯伐桀時誓辭。

《盤庚》今本分爲三篇。 此篇爲盤庚自河北徙河南時誥下之辭。《史記》謂在盤庚即位後,《序疏》引鄭注,謂在盤庚相陽甲時。此篇可考古者"詢國遷"之制。篇中屢以乃祖乃父,及我高後將降不祥,恐喝其下,可見殷人之尚鬼。

《高宗肜日》 此篇記武丁祭成湯,有"飛雉升鼎耳而呴,祖己訓王"之詞。

《西伯戡黎》 此篇記文王滅黎,祖伊恐,奔告於紂之事。可見滅黎一役,於商、周興亡,關係甚大。

《微子》 此篇記紂太師少師勸微子去紂之語。

《牧誓》 此篇爲武王與紂戰於牧野時之誓辭。篇中庸、蜀、羌、髳、微、盧、彭、濮人云云,可考武王所用之兵。

《洪範》 此篇記箕子告武王以天錫禹之《洪範》九疇,乃我國最古之宗教哲學書也。説雖近乎迷信,然講古代之哲學宗教者,不能離術數。古代之術數,實以此篇爲統彙。此篇所陳之數,與《易》數亦相通。故宋後《易》學之講《圖》、《書》者,又有"演範"一派。欲考古代哲學宗教者,不容不究心也。

《金縢》 此篇記武王有疾,周公請以身代,及雷風示變之事。案《史記》謂克殷後二年,武王病,周公請以身代。武王有瘳,後而崩。成王幼,周公攝政。二叔及武庚叛,周公東伐之,二年而畢定。初成王少時,亦嘗病。周公亦請以身代,而藏其策於府。成王親政後,人或譖周公,周公奔楚。王發府,見策,乃泣,反周公。周公卒,成王葬之不以王禮。於是有雷風之異。成王開金縢,得周公欲代武王之説,乃以王禮改葬之。今文家説皆如此,可看《今文尚書經説考》。鄭玄則謂管叔流言,周公避居東國,待罪以須君之察己。成王不悟,盡執其族黨。逮有雷風之異,乃感悟,迎周公歸,歸而攝政焉。見《詩·豳》譜及《七月》、《鴟鴞》、《東山》序疏,及《禮記·明堂位》疏。案鄭説殊不近情。蓋此篇"秋大熟"以下,與上文非記一時之事,而鄭誤合之也。孫星衍之説如此。

《大誥》 此篇爲周公東征時誥辭。篇中之"王",鄭以爲周公攝政踐王位自稱,僞孔以爲代成王立言。於古代攝政之制,頗有關係。

《康誥》 此篇爲封康叔誥辭。多涉刑法,可考古代典制。

《酒誥》 此篇亦誥康叔,可見當時沬邦酗酒之甚,及周治之刑法之嚴。

《梓材》 此篇誥康叔以爲政之道。

《召誥》 此篇記周、召二公,卒營洛邑之事。

《洛誥》 此篇爲洛邑成後,周公誥戒成王之語。

《多士》 此篇爲成周既成,遷殷民,誥之之辭。

《無逸》　此篇亦周公告戒成王之語。篇中歷舉殷代諸王及文王享國長短。共和以前，古史年代之可考者，以此爲最可據矣。《堯典》記舜之年，適足百歲，即不可信。

《君奭》　此篇爲周公攝政時告召公之語。篇中多引殷及周初賢臣，可考古代史事。

《多方》　此篇爲成王滅奄後，歸誥多方之語。

《立政》　此篇爲周公致政後告成王之語。述當時官名甚多，亦可考古代典制。

《顧命》合今本《康王之誥》。　此篇記成王歿康王立之事，可考古代大喪及即位之禮。所述陳列器物，亦可考古代重器。

《費誓》　此篇爲伯禽伐淮夷誓辭。

《吕刑》　此篇記穆王改定刑法之事。言古代刑法者，以此篇爲最完具。

《文侯之命》　此篇《史記》以爲城濮戰後，周襄王命晉文公之辭，《書序》以爲平王命晉文侯之辭。《書序》與今文説不合，即此可見。

《秦誓》　此篇爲秦穆公勝晉後誓衆之辭。秦文之可考者，當以此及《石鼓文》、《詛楚文》爲最古矣。《石鼓文》昔人多以爲周宣王作，非是。近人王國維、馬衡考定爲秦時物，説較可信。馬作見《北京大學國學季刊》第一册。

附　論《逸周書》

今之《逸周書》,《漢志》列之書家。説者因以爲孔子删《書》之餘,其實非《書》之倫也。特以此説相沿已久,後人編甲部書者,亦多收之。《清正續經解》尚然。又有入之乙部者;然古代經子而外,實無所謂史,亦未安也。故附論之於此。就鄙見,此書入子部兵家最妥。

此書《漢志》只稱《周書》。《説文》𥘅字下引之始稱逸。所引見今本典篇。然此語疑非許君原文。《隋志》繫之汲冢。後人有信之者,有辨之者,亦有調停其説,謂此書漢後久晦,得汲冢本乃復明者。《四庫提要》云:"《晉書·武帝紀》及《荀勖束晳傳》,載汲郡人不準所得《竹書》七十五篇,具有篇名,無所謂《周書》。杜預《春秋集解後序》載汲冢諸書,亦不列《周書》名。"則辨之者是也。《漢志》七十一篇。師古注:存者四十五。然《史通》言"《周書》七十一章,上自文武,下終靈景",不言有闕。則唐時所傳,蓋有兩本。故《唐志》以《汲冢周書》十卷,與孔晁注《周書》八卷並列。師古所見,蓋即孔晁注八卷本,不全。知幾所見,則蒙汲冢名之十卷本,無闕也。今本篇目,凡得七十。陳振孫《書録解題》,謂"此書凡七十篇,叙一篇,在其末"。則今本篇名,較之《漢志》,並未闕少。蓋即知幾所見之本。然篇名具存,而書則已闕十一篇矣。至孔晁注則今僅存四十二篇,較師古所見,又闕其三焉。

蔡邕《明堂月令論》,謂《周書》七十一篇,《月令》第五十三,篇數與《漢志》合,篇第亦同今本,似今本確爲《漢志》之舊。然《漢志》自注曰:"周史記。"師古引劉向曰:"周時誥誓號令也。"今本非誥誓號令者,實居其半。序固舉全書悉指爲周史記,但觀本文,則無以明之。序與書頗不合,不足信也。諸篇文體,有極類《尚書》者,如《商誓》、《祭公》兩篇是。亦有全不類《尚書》,而類周、秦諸子,且極平近者。如《官人》、《太子晉》兩篇是。又有可決爲原書已亡,而後人以他書補之者,如《殷祝》篇是。謂其不可信,則群書所徵引,今固多散見各篇之中。謂爲可信,則群書所徵引,爲今本所無者,亦復不少。朱右曾本輯之。諉爲盡在亡篇之中,似亦未安也。朱右曾曰:"此書雖未必果出文、武、周公之手,要亦非秦、漢人所能僞托。何者?莊生有言:聖人之法,以參爲驗,以稽爲決,一二三四是也。周室之初,箕子陳疇,周官分職,皆以數紀。大致與此書相似。"今此書書亡篇中有《箕子》,安知其不與《洪範》相出入。《克殷》、《度邑》兩篇,爲《史記·周本紀》所本。《世俘篇》記武王狩禽及征國、服國、俘馘、俘寶玉之數,迹似殘虐。

然與《孟子》所言:“周公相武王,滅國者五十,驅虎豹犀象而遠之”,隱相符合。孟子自述所見《武成》,固亦有“血流漂杵”之語。是此書確可稱爲《尚書》之類也。然如《武稱》、《允文》、《大武》、《大明武》、《小明武》、《武順》、《武穆》、《武紀》諸篇,則明明爲兵家言。《文傳》後半,文字極類《管子》。《開塞》爲商君之術,參看論《商君書》。亦已見本篇中。又《漢書・食貨志》:王莽下詔,謂“《樂語》有五均”。今《樂語》已亡,而五均之别,實見本書之《大聚》,五均者,抑併兼之政,亦《管子》輕重之倫也。吾國之兵家言,固多涉及治國。其記周事之篇特多者,著書托古,古人類然。亦或誠有所祖述。今《六韜》即如此,豈能附之書家乎。然則此書入之子部兵家,實最妥也。

此書隸之書家,雖擬不於倫。然全書中涉及哲理及論治道治制之處,皆與他古書相類。文字除數篇外,皆樸茂淵雅,決非漢後人所能爲。所述史迹,尤多爲他書所不見,實先秦舊籍中之瑰寶矣。

此書傳本,訛謬甚多。盧抱經始有校本。其後陳逢衡有《逸周書補注》,朱右曾有《逸周書集訓校釋》。

《度訓》第一、《命訓》第二、《常訓》第三、《文酌》第四　據《序》,自此至《文傳》,皆文王之書。《度訓》欲以弼紂,《命訓》、《常訓》、《文酌》所以化民。然序實不足信,不拘可也。此數篇之意,大約言法度原於天理,必能遵守法度,乃可以和衆而聚人。一切賞罰教化之事,皆合群所必須,而亦無不當準諸天然之理者也。理極精深,文頗難解。

《糴匡》第五　此篇述成歲、儉歲、饑歲行事之異,可見古者視歲豐耗,以制國用之規。

《武稱》第六、《允文》第七、《大武》第八、《大明武》第九、《小明武》第十　此五篇皆兵家言,甚精。

《大匡》第十一　此篇言荒政。

《程典》第十二　此篇記文王被囚,命三卿守國,誥以治國之道。

《程寤》第十三、《秦陰》第十四、《九政》第十五、《九開》第十六、《劉法》第十七、《文開》第十八、《保開》第十九、《八繁》第二十　此八篇亡。

《酆保》第二十一、《大開》第二十二、《小開》第二十三、《文儆》第二十四、《文傳》第二十五　以上五篇,爲文王受命作豐邑後事。《酆保》爲命公卿百官之語。《大小開》皆開示後人之語。《文儆》、《文傳》則文王自知將死,誥太子發之語也。

《柔武》第二十六、《大開武》第二十七、《小開武》第二十八、《寶典》第二十

九　據序，自二十六至四十六，皆武王之書。此四篇爲武王即位後，與周公講論治國之道。其以武名篇者，我國兵家言，固多涉及政治也。

《酆謀》第三十、《寤儆》第三十一　此兩篇皆謀伐商之事。

《武順》第三十二、《武穆》第三十三　前篇言軍制，後篇言軍政，亦兵家言之精者。

《和寤》第三十四、《武寤》第三十五、《克殷》第三十六、《世俘》第三十七　此四篇記武王克商之事，事迹多可與他書互證，或補其不備。《世俘》篇原第四十，朱本移前，與《克殷》相次。

《大匡》第三十八、《文政》第三十九　此兩篇記武王在管之事。上篇東隅之侯，受賜於王，王誥之。下篇管、蔡以周政開殷人。

《大聚》第四十　此篇記武王克殷後，問周公以徠民之道，述治制甚詳。

《箕子》第四十一、《耆德》第四十二　《耆德》，《序》作《考德》。此兩篇亡。

《商誓》第四十三　誓讀爲哲。此篇記武王告商諸侯之語。先稱商先哲王，次數紂之惡，終述己意，極與《書》類。

《度邑》第四十四　此篇記武王、周公圖建洛邑之事，較《史記》爲詳。

《武儆》第四十五、《五權》第四十六　此兩篇記武、成相繼之事。《武儆篇》蓋記立成王爲太子，而殘缺，衹寥寥數語。《五權》爲武王疾篤告周公之辭。

《成開》第四十七　據序，自此至五十九，爲成王、周公之書。此篇爲成王元年，周公開告成王之語。

《作雒》第四十八　此篇記周公克殷後，營建洛邑之事。

《皇門》第四十九　此篇記周公會群臣於皇門，誥誡之之語。

《大戒》第五十　此篇亦周公陳戒成王之辭。

《周月》第五十一、《時訓》第五十二、《月令》第五十三　序云："周公正三統之義，作《周月》。辨二十四氣之應，以明天時，作《時訓》。制十二月賦政之法，作《月令》。"今《月令》篇亡，《時訓》記二十四氣之應，與《戴記·月令》同。蓋《戴記·月令》實合此書之《時訓》、《月令》二篇爲一也。《周月》篇末，言"夏數得天，百王所同"。周雖改正以垂三統，"至於敬授民時，巡守祭享，猶自夏焉"。文體與前不類；且此爲儒家學説，蓋後人以儒書竄入也。《崇文總目》有《周書·月令》一卷，則《月令》在宋時有單行本。

《謚法》第五十四　此篇歷記謚法，謂周公葬武王時作。案《戴記》言"古者，生無爵，死無謚"，又言"死謚爲周道，"則謚確始於周時。然以爲周公作，則亦未必然也。

《明堂》第五十五　與《小戴記·明堂位》篇略同。

《嘗麥》第五十六　此篇記成王即政，因嘗麥求助於臣。篇中多涉黄帝、少昊、五觀之事，可以考史。又云："命大正正《刑書》九篇。"案《左》文十八年，季文子言周公制周禮，"作《誓令》曰：毁則爲賊，掩賊爲藏。竊賄爲盗，盗器爲奸。主藏之名，賴奸之用，爲大凶德，有常無赦，在九刑不忘。"昭六年叔向詔子産書，亦曰："周有亂政而作九刑"。則九刑確爲周時物。得毋即此《刑書》九篇邪？《周禮·司刑》疏引鄭《書》注，以五刑加流、宥、鞭撲、贖爲九刑。

《本典》第五十七　此篇記成王問，周公對，蓋與上篇相承。

《官人》第五十八　此篇記周公告成王以觀人之術。文極平順。

《王會》第五十九　此篇記八方會同之事。列舉四夷之名甚多，考古之瑰寶也。

《祭公》六十　此篇記祭公謀父誨穆王之語，文體亦極似《尚書》。

《史記》第六十一　此篇記穆王命戎夫主史，朔望以聞，借以自鏡。説如可信，則史官記注之事，由來已久；而人君之知讀記注，亦由來已久矣。篇中歷舉古之亡國，多他書所不詳，亦考古之資也。

《職方》第六十二　同《周官·職方》。

《芮良夫》第六十三　此篇記厲王失道，芮伯陳諫之辭。

《太子晉》第六十四　此篇記晉平公使叔譽於周。太子晉時年十五，叔譽與之言，五稱而叔譽五窮。叔譽懼，歸告平公，反周侵邑。師曠不可。請使，與子晉言，知其不壽，其後果驗。頗類小説家言。

《王佩》第六十五　此篇言王者所佩在德，故以爲名。皆告戒人君之語。

《殷祝》第六十六　此篇記湯勝桀踐天子位事。與周全無涉，與下篇亦絶不類。《御覽》八十三引《書大傳》略同。蓋原書已亡，妄人意此書爲《尚書》之類，遂取《大傳》之涉殷事者補之也。

《周祝》第六十七　此篇蓋亦陳戒之語。以哲學作成格言，極爲雋永。

《武紀》第六十八　此篇亦兵家言。

《銓法》第六十九　此篇言用人之道。

《器服》第七十　此篇言明器，可考喪禮。

儀禮　禮記　大戴禮記　周禮

《周禮》、《儀禮》、《禮記》，今日合稱《三禮》。案高堂生所傳之《禮》，本止十七篇；即今《儀禮》，是爲《禮經》。《周禮》本稱《周官》，與孔門之《禮》無涉。《禮記》亦得比於傳耳。然今竟以此三書并列；而《周禮》一書，且幾駕《儀禮》而上之；其故何耶？

案《漢書・藝文志》謂"禮自孔子時而不具。漢興，魯高堂生傳《士禮》十七篇。訖孝宣世，后倉最明。戴德、戴聖、慶普，皆其弟子。三家立於學官。《禮古經》者，出於淹中。及孔氏學七十篇當作十七篇。文相似。多三十九篇，及《明堂》、《陰陽》、《王史氏》之記。所見多天子諸侯卿大夫之制。雖不能備，猶瘉倉等推士禮而致於天子之説"。劉歆譏太常博士，"國家將有大事，若立辟雍，封禪，巡守之儀，則幽冥而莫知其原"。此爲古學家求《禮》於十七篇以外之原因，蓋譏今學家所傳爲不備也。主今學者曰：今十七篇中，惟《冠》、《昏》、《喪》、《相見》爲士禮，餘皆天子、諸侯、卿大夫之制。謂高堂生所傳獨有士禮，乃古學家訾謷之辭，不足爲今學病也。其説良是。然謂十七篇即已備一切之禮，則固有所不能。《逸禮》三十九篇，群書時見徵引，注疏中即甚多。信今學者悉指爲劉歆僞造，似亦未足服人。然謂高堂生所傳十七篇，真乃殘缺不完之物，則又似不然也。此其説又何如耶？

予謂孔門所傳之《禮經》爲一物；當時社會固有之《禮書》，又爲一物。孔門傳經，原不能盡天下之禮：亦不必盡天下之禮。以所傳之經，不能盡天下之禮，而詆博士，其説固非；然必謂博士所傳以外，悉爲僞物，則亦未是也。邵懿辰云：《周官》大宗伯，舉吉、凶、賓、軍、嘉五禮，其目三十有六。後人以此爲《周禮》之全。實僅據王朝施於邦國者言之，諸侯卿大夫所守，不及悉具，亦揭其大綱而已。古無以吉、凶、賓、軍、嘉爲五禮者，乃作《周官》者特創此目，以括王朝之禮；而非所語於天下之達禮也。天下之達禮，時曰喪、祭、射、鄉、冠、昏、朝、聘。與《大戴禮經》篇次悉合。見後。《禮運》亦兩言之，特鄉皆誤爲御耳。後世所謂《禮書》者，皆王朝邦國之禮，而民間所用無多。即有之，亦不盡用。官司所掌，民有老死不知不見者，非可舉以教人也。孔子所以獨取此十七篇者，以此八者爲天下之達禮也。邵説見《禮經通論》，此係約舉其意。案此説最通。禮原於俗，不求變俗，隨時而異，隨地而殊；欲舉天下所行之禮，概行制定，非惟勢有不能，抑亦事可不必。故治禮所貴，全在能明其義。能明其義，則"禮之所無，可以義起"，原不必盡備其篇章。漢博士於經所無有者，悉本諸義以爲推，事并不誤。古學家之訾之，乃曲説也。推斯義也，必謂十七篇之外，悉皆僞物，其誤亦不辨自明矣。然此不足爲今學家病，何也？今學家於十七篇以外之禮，固亦未嘗不參考也。

何以言之？案今之《禮記》，究爲何種書籍，習熟焉則不察，細思即極可疑。孔子删定之籍，稱之曰經；後學釋經之書，謂之爲傳；此乃儒家通稱。猶佛家以佛所説爲經，菩薩所説爲論也。其自著書而不關於經者，則可入諸儒家諸子。從未聞有稱爲記者。故廖平、康有爲皆謂今之《禮記》，實集諸經之傳及儒家諸子而成，其説是矣。然今《禮記》之前，確已有所謂《記》，喪服之《記》，子夏爲之作傳，則必在子夏以前。今《禮記》中屢稱"《記》曰"，《疏》皆以爲《舊記》。《公羊》僖二年傳亦引"《記》曰：脣亡則齒寒。"則《記》蓋社會故有之書，既非孔子所修之經，亦非弟子釋經之傳也。此項古籍，在孔門傳經，固非必備，故司馬遷謂《五帝德》、《帝繫姓》，儒者或不傳。而亦足爲參考之資。何者？孔子作經，貴在明義。至於事例，則固有所不能該。此項未盡之事，或本諸義理，以爲推致，或酌採舊禮，以資補苴，均無不可。由前之説，則即后倉等推士禮而至於天子之法，亦即所謂"禮之所無，可以義起"；由后之説，則《儀禮正義》所謂"凡記皆補經所不備"是也。諸經皆所重在義，義得則事可忘，《禮經》固亦如此；然禮須見諸施行，苟有舊禮以供採取參證，事亦甚便。此禮家先師，所以視《記》獨重也。然則所謂《禮記》者，其初蓋禮家裒集經傳以外之書之稱，其後則凡諸經之傳，及儒家諸子，爲禮家所採者，亦遂概以附之，而舉蒙記之名矣。然則經傳以外之書，博士固未嘗不蒐採；劉歆譏其"因陋就寡"，實乃厚誣君子之辭矣。今《禮記》中之《奔喪》、《投壺》，鄭皆謂與《逸禮》同，則《逸禮》一類之書，二戴固非不見也。

至於《周禮》則本爲言國家政制之書。雖亦被禮之名，而實與《儀禮》之所謂禮者有别。故至後世，二者即判然異名。《周禮》一類之書，改名曰"典"，《儀禮》一類之書，仍稱爲"禮"。如《唐六典》及《開元禮》是也。《周禮》究爲何人所作，説者最爲紛紜。漢時今學家皆不之信，故武帝謂其"瀆亂不驗"，何休以爲六國陰謀之書。惟劉歆信爲周公致太平之跡。東漢時，賈逵、馬融、鄭興、興子衆皆治之。而鄭玄崇信尤篤。漢末鄭學大行，此經遂躋《禮經》之上。後人議論，大抵不出三派：（一）稱其制度之詳密，謂非周公不能爲。（二）訾其過於煩碎，不能實行，謂非周公之書。（三）又有謂周公定之而未嘗行；或謂立法必求詳盡，行之自可分先後；《周官》特有此制，不必一時盡行；以爲調停者。今案此書事蹟，與群經所述，多相齟齬，自非孔門所傳。其制度看似精詳，實則不免矛盾。如康有爲謂實行《周官》之制，則終歲從事於祭，且猶不給是也。見所著《官制議》。故漢武謂其"瀆亂不驗"，何休指爲六國陰謀，説實極確。"瀆亂"即雜凑之謂，正指其矛盾之處；"不驗"則謂所言與群經不合也。古書中獨《管子》所述制度，與《周官》最相類。《管子》實合道、法、縱横諸家之言，固所謂陰謀之書矣。故此書與儒家《禮經》，實屬了無干涉。亦必非成周舊典。蓋係戰國時人，雜採前此典制成之。日本織田萬曰："各國法律，最初皆惟有刑法，其後乃逐漸分析。行政法典，成立尤晚。惟中國則早有之，《周禮》是也。《周禮》固未必周公所制，然亦必有此理想者所成，則中國當戰國時，已有編纂行政法典之思想矣。"見所著《清國行政法》。此書雖屬瀆亂，亦必皆以舊制爲據。劉歆竄造之説，大昌於康有爲，而實始於方苞。苞著《周官辨》十篇，始舉《漢書・王莽傳》事蹟爲證，指爲劉歆造以媚莽，説誠不爲無見。然竄亂則有之；全然僞撰，固理所必無；則固足以考見古制矣。此書雖屬虚擬之作，然孔子删定六經，垂一王之法，亦未嘗身見諸施行。當二千餘年前，而有如《周官》之書，其條貫固不可謂不詳，規模亦不可謂不大。此書之可貴，正在於此。初不必托諸周公舊典，亦不必附合孔門《禮經》。所謂合之兩傷，離之雙美矣。必如鄭玄指《周官》爲經禮，《禮經》爲曲禮；見《禮器》"經禮三百，威儀三千"注。一爲周公舊典，足該括夫顯庸創制之全；一則孔子纂修，特掇拾於煨燼叢殘之後；則合所不必合，而其説亦必不可通矣。

《儀禮》篇次，大、小戴及劉向《别録》，各有不同。今本之次，係從《别録》，然實當以大戴爲是。依大戴之次，則一至三爲冠昏，四至九爲喪祭，十至十三爲射鄉，十四至十六爲朝聘；十七喪服，通乎上下；且此篇實傳，故附於末也。

篇名	大戴	小戴	《别録》
《士冠禮》	一	一	一
《士昏禮》	二	二	二
《士相見禮》	三	三	三
《鄉飲酒禮》	十	四	四

《鄉射禮》	十一	五	五
《燕禮》	十二	十六	十六
《大射儀》	十三	七	七
《聘禮》	十四	十五	八
《公食大夫禮》	十五	十六	九
《覲禮》	十六	十七	十
《喪服經傳》	十七	九	十一
《士喪禮》	四	八	十二
《既夕禮》	五	十四	十三
《士虞禮》	六	十五	十四
《特牲饋食禮》	七	十三	十五
《少牢饋食禮》	八	十一	十六
《有司徹》	九	十二	十七

禮之節文，不可行於後世，而其原理則今古皆同。後世言禮之説，所以迂闊難行；必欲行之，即不免徒滋紛擾者，即以拘泥節文故。故今日治禮，當以言義理者爲正宗，而其言節文者，則轉視爲注脚；爲欲明其義，乃考其事耳。然以經作史讀，則又不然。禮原於俗，故讀古禮，最可考見當時社會情形。《禮經》十七篇，皆天下之達禮，尤爲可貴。如冠、昏、喪、祭之禮，可考親族關係、宗教信仰；射、鄉、朝、聘之禮，可考政治制度、外交情形是也。而宫室、舟車、衣服、飲食等，尤爲切於民生日用之事。後世史家，記載亦罕，在古代則以與禮經相關故，鈎考者衆，事轉易明。説本陳澧，見《東塾讀書記》。尤治史學者所宜究心矣。

至治《周禮》之法，則又與治《禮經》異。此書之所以可貴，乃以其爲政典故，前已言之。故治之者亦宜從此留意。《周官》六官，前五官皆體制相同；惟冬官闕，以《考工記》補之。案古代工業，大抵在官，除極簡易，及俗之所習，人人能自製者。制度與後世迥異。今可考見其情形者，以此書爲最詳，亦可寶也。《周禮》有冬官補亡一派。其説始於宋俞庭椿之《周禮復古編》。謂五官所屬，在六十以外者皆羨，乃割襲之以補冬官。其説無據，不足信也。

今《禮記》凡四十九篇。《正義》引《六藝論》曰："戴德傳《記》八十五篇，則《大戴禮》是也；戴聖傳《記》四十九篇，此《禮記》是也。"《經典釋文叙録》引劉向《别録》："《古文記》二百四篇。"又引陳邵《周禮論序》："戴德删《古禮》二百四篇爲八十五篇，謂之《大戴禮》；戴聖删《大戴禮》爲四十九，是爲《小戴禮》。

後漢馬融、盧植考諸家同異，附戴聖篇章，去其繁重，及所叙略，而行於世，即今《禮記》是也。"《隋志》則謂"戴聖删《大戴》爲四十六，馬融足《月令》、《明堂位》、《樂記》爲四十九。"今案《漢志》：禮家，《記》百三十一篇。班氏自注，"七十子後學者所記也"。案其中實有舊記，此説未盡合，見前。此爲今學。又《明堂陰陽》三十三篇，《王史氏》二十一篇。此即所謂"《禮古經》出淹中，多三十九篇，及《明堂陰陽》、《王史氏》記"者。見前。更加《古封禪群祀》二十二篇，凡二百七。如《隋志》説，《月令》、《明堂位》、《樂記》三篇，爲馬融、盧植後加，則正二百四也。此外禮家之書：《曲臺后倉》，乃漢師所撰。《中庸説》、《明堂陰陽説》皆説。《周官經》、《周官傳》别爲一書，與禮無涉。《軍禮司馬法》，爲班氏所入。《封禪議對》、《漢封禪群祀》、《議奏》皆漢時物。故惟《古封禪群祀》可以相加也。然此二百四篇中，百三十一篇實爲今學，不得概云古文記。然《樂記正義》又引劉向《别録》，謂《禮記》四十九篇。《後漢書・橋玄傳》："七世祖仁，著《禮記章句》四十九篇。"仁即班氏《儒林傳》所謂小戴授梁人橋仁季卿者。《曹褒傳》"父充，治《慶氏禮》。褒又傳《禮記》四十九篇。慶氏學遂行於世。"則《禮記》四十九篇，實小戴、慶氏之所共，抑又何耶？案陳邵言：馬融、盧植去其繁重，而不更言其篇數，明有所增亦有所去，而篇數則仍相同。今《禮記》中，《曲禮》、《檀弓》、《雜記》，皆分上下，實四十六篇。四十六加八十五，正百三十一。然則此百三十一篇者，固博士相傳之今學，無所謂删《古記》二百四篇而爲之也。或謂今之《大戴記》，《哀公問》、《投壺》皆全同《小戴》。苟去此二篇，篇數即不足八十五，安得謂小戴删取大戴乎？不知今之《大戴記》，無傳授可考，前人即不之信。《義疏》中即屢言之。雖爲古書。必非《大戴》之舊。然語其篇數，則出自舊傳，固不容疑也。

《禮記》爲七十子後學之書，又多存禮家舊籍。讀之，既可知孔門之經義，又可考古代之典章，實爲可貴。然其書編次錯雜，初學讀之，未免茫無頭緒。今更逐篇略説其大要。

《曲禮》上第一、下第二　此篇乃雜記各種禮制，明其委曲者，古稱《曲禮》。凡禮之節文，多委曲繁重。然社會情形，由此可以備睹。欲考古代風俗者，此實其好材料也。

《檀弓》上第三、下第四　此篇雖雜記諸禮，實以喪禮爲多。檀弓，疏云六國時人。以仲梁子是六國時人，此篇有仲梁子故。然"檀弓"二字，特取於首節以名篇，非謂此篇即檀弓所記。或謂檀弓即仲弓，亦無確證也。

《王制》第五　此篇鄭氏以其用"正"決獄，合於漢制；又有"古者以周尺"、"今以周尺"之言，謂其出於秦漢之際。盧植謂漢文令博士諸生所作。案《史記·封禪書》:"文帝使博士諸生剌取六經作《王制》。"今此篇中固多存諸經之傳,如説制爵禄爲《春秋》傳,巡守爲《書》傳。盧説是也。孔子作六經,損益前代之法,以成一王之制,本不專取一代。故經傳所説制度,與《周官》等書述一代之制者,不能盡符。必知孔子所定之制,與歷代舊制,判然二物,乃可以讀諸經。若如《鄭注》,凡度制與《周官》不合者,即强指爲夏、殷,以資調停。則愈善附會而愈不可通矣。細看此篇注疏便知鄭氏牽合今古文之誤。此自治學之法當然。非有門户之見也。

《月令》第六　此篇與《吕覽·十二紀》、《淮南·時則訓》大同。《逸周書》亦有《時訓》、《月令》二篇。今其《月令》篇亡,而《時訓》所載節候,與此篇不異。蓋此實合彼之兩篇爲一篇也。蔡邕、王肅以此篇爲周公作,蓋即以其出於《周書》。鄭玄則以其令多不合周法;而太尉之名,九月授朔之制,實與秦合,指爲出於《吕覽》。然秦以十月爲歲首,已在吕不韋之後,則鄭説亦未可憑。要之古代自有此等政制,各家同祖述之,而又頗以時制改易其文耳。

《曾子問》第七　此篇皆問喪禮喪服,多可補經所不備。

《文王世子》第八　此篇凡分五節。見《疏》。可考古代學制、刑法,世子事父之禮,王族與異姓之殊。此篇多古文説。

《禮運》第九、《禮器》第十　此兩篇頗錯雜,然中存古制及孔門大義甚多。如《禮運》首節,述大同之治,實孔門最高理想。"夫禮之初"一節,可考古代飲食居處進化情形。下文所論治制,亦多非春秋、戰國時所有,蓋皆古制也。《禮器》云:"因名山以升中於天,因吉土以享帝於郊。"昊天上帝與五方帝之别,明見於經者,惟此一處而已。論禮意處,尤爲純美。

《郊特牲》第十一　此篇在《禮記》中最爲錯雜。大體論祭祀,而冠昏之義,皆錯出其中。

《内則》第十二　此篇皆家庭瑣事,而篇首云"後王命冢宰,降德於衆兆民",令宰相以王命行之,可見古代之政教不分。所記各節,尤可見古代卿大夫之家生活之情況也。

《玉藻》第十三　此篇多記服飾。一篇之中,前後倒錯極多,可見《禮記》編次之雜。因其編次之雜,即可見其傳授之久也。

《明堂位》第十四　此篇記周公攝王位,以明堂之禮朝諸侯,與《周書·明堂篇》略同。篇中盛誇魯得用王禮。又曰"君臣未嘗相弑也,禮樂刑法政俗,未嘗相變也",鄭玄已譏其誣。此篇蓋魯人所傳也。

《喪服小記》第十五、《大傳》第十六　此兩篇爲記古代宗法最有條理之作。蓋圖説喪服而及之。

《少儀》第十七　鄭云:"以記相見及薦羞之小威儀,故名。"少、小二字,古通也。

《學記》第十八　此篇皆論教育之法,涉學制者甚少。篇首即云:"君子如欲化民成俗,其必由學乎。"又曰:"古之王者,建國君民,教學爲先。"下文又云:"能爲師,然後能爲長,能爲長,然後能爲君,故師也者,所以學爲君也。"此篇蓋皆爲人君説法。然其論教育之理則極精。

《樂記》第十九　此篇凡包含十一篇。見《疏》。論樂之義極精。《荀子》、《吕覽》諸書論樂者,多與之復,蓋相傳舊籍也。

《雜記》上第二十、下第二十一　此篇雜記諸侯以下至士之喪事。

《喪大記》第二十二　此篇記人君以下,始死、小斂、大斂及殯葬之禮。

《祭法》第二十三　此篇記虞、夏、商、周四代之祀典,極有條理。

《祭義》第二十四、《祭統》第二十五　此兩篇皆論祭祀。《祭義》中孔子與宰我論鬼神一段,可考古代之哲學。此外曾子論孝之語,及推論尚齒之義,皆可見古代倫理,以家族爲之本。故修身,齊家,治國,平天下,義可一貫也。

《經解》第二十六　此篇論《詩》、《書》、《樂》、《易》、《禮》、《春秋》之治,各有得失。六藝稱經,此爲最早矣。下文論禮之語,頗同《荀子》。

《哀公問》第二十七、《仲尼燕居》第二十八、《孔子閑居》第二十九此三篇文體相類,蓋一家之書也。《哀公問篇》前問政,後問禮。《仲尼燕居篇》記孔子爲子張、子貢、子游説禮樂。《孔子閑居》篇則爲子夏説《詩》。皆反復推論,詞旨極爲詳盡。

《坊記》第三十　此篇論禮以坊民,列舉多事爲證。

《中庸》第三十一　此篇爲孔門最高哲學。讀篇首云"天命之謂性,率性之謂道,修道之爲教"三語可見。惟中間論舜及文、武、周公一節,暨"凡爲天下國家有九經"一節,太涉粗跡,疑亦他篇簡錯也。

《表記》第三十二　鄭云:"此篇論君子之德,見於儀表者,故名。"

《緇衣》第三十三　以上四篇,文體相類。《釋文》引劉瓛云:"《緇衣》爲公孫尼子作。"《隋書·音樂志》謂《中庸》、《表記》、《坊記》、《緇衣》,皆取《子思子》,《樂記》取《公孫尼子》。今案《初學記》引《公孫尼子》:"樂者,審一以定和,比物以飾節。"《意林》引《公孫尼子》:"樂者,先王之所以飾喜也。"皆見今《學記》;《意林》引《子思子》十餘條,一見於《表記》,再見於《緇衣》;則《隋志》之言信矣。

《奔喪》第三十四　此篇記居於他國，聞喪奔歸之禮。鄭云：此篇與《投壺》皆爲逸禮，見疏。

《問喪》第三十五、《服問》第三十六、《閒傳》第三十七、《三年問》第三十八　此四篇皆釋喪禮之義，及喪服輕重所由，實亦《儀禮》之傳也。

《深衣》第三十九　此篇記深衣之制。深衣爲古者天子達於庶人之服，若能深明其制，則其餘服制，皆易明矣。

《投壺》第四十　此篇記投壺之禮，爲古人一種游戲。

《儒行》第四十一　此篇記孔子對哀公，列舉儒者之行。與《墨子・非儒》、《荀子・非十二子》等篇對看，可見當時所謂儒者之情形。

《大學》第四十二　此篇論學以治國之理。與《學記篇》合看，可見古代學與政相關。

《冠義》第四十三、《昏義》第四十四、《鄉飲酒義》第四十五、《射義》第四十六、《燕義》第四十七、《聘義》第四十八　此六篇皆《儀禮》之傳。但讀《禮經》諸篇，殊覺其乾燥無味。一讀其傳，則覺妙緒環生。此吾所以云今日治禮，當以言義理者爲主，言節文者爲注脚也。

《喪服四制》第四十九　此篇亦《喪服》之傳也。

今之《大戴記》，雖未必爲戴德之舊，然其中有若干篇，則確爲大戴所有。如許慎《五經異義》引《盛德記》，已謂爲今《戴禮》説是也。此書《隋志》作十三卷。司馬貞言亡四十七篇，存者三十八篇。今存者實三十九篇。蓋由《夏小正》一篇，嘗摘出别行之故。《中興書目》、《郡齋讀書志》謂存者四十篇，則因其時《盛德記》已析爲兩故也。此書《盛德篇》中論明堂之處，古書徵引，皆稱爲《盛德篇》，不知何時析出，别標"明堂"之名。宋時諸本篇題，遂或重七十二，或重七十三，或重七十四，四庫校本仍合之，篇題亦皆校正，具見《四庫書目提要》。

此書《哀公問》、《投壺》兩篇，篇名及記文，皆同《小戴》，已見前。此外尚有同《小戴》及諸書處，具見下。蓋戴德舊本闕佚，後人取諸書足成之也。《漢志》所載《曾子》十八篇、《孔子三朝記》七篇，今多存此書中。不知爲大戴之舊，抑後人所爲。記本纂次古籍，以備參稽，患其闕不患其雜。此書雖非大戴原本，然所採皆古籍，其功用亦與《禮記》無殊。史繩祖《學齋佔畢》，謂宋時嘗以此書與《小戴》并列，稱十四經，誠無愧色，非如以《周書》與《尚書》并列之擬於不倫也。舊注存者十四篇。王應麟《困學紀聞》謂出盧辯，事見《周書》，説蓋可信。

《王言》第三十九　此書今自三十八篇以上皆亡。此篇記孔子閑居，曾子侍，孔子告以王天下之道，亦頗涉治制。此篇與《家語》大同小異。

《哀公問五儀》第四十　此篇記孔子告哀公人有五等，與《荀子》、《家語》略同。

《哀公問於孔子》第四十一　此篇同《小戴·哀公問》。《家語》亦襲之，而分《大昏》、《問禮》兩篇。

《禮三本》第四十二　此篇略同《荀子·禮論》。

四十三至四十五闕。

《禮察》第四十六　此篇同《小戴·經解》及賈誼《新書》。

《夏小正》第四十七　此篇與《周書·周月篇》大同。《小戴記·禮運》："孔子曰：吾得夏時焉。"鄭注：謂夏時存者有《夏小正》。則此篇確爲古書也。《北史》：魏孝武釋奠太學。詔中書舍人盧景宣講《大戴禮·夏小正》，則南北朝時，此篇確在本書中。《隋志》：《夏小正》一卷，戴德撰，則隋時有别行本矣。

《保傅》第四十八　此篇與《漢書·賈誼傳疏》同。《新書》分爲《傅職》、《保傅》、《容經》、《胎教》四篇。案此本古制，誼蓋祖述之也。

《曾子立事》第四十九、《曾子本孝》第五十、《曾子立孝》第五十一、《曾子大孝》第五十二、《曾子事父母》第五十三、《曾子制言》上第五十四、中第五十五、下第五十六、《曾子疾病》第五十七、《曾子天圓》第五十八　《漢書·藝文志》有《曾子》十八篇。朱子曰：世稱《曾子書》，取《大戴》十篇充之。晁公武《郡齋讀書志》、陳振孫《書録解題》，皆云《曾子》二卷十篇，具《大戴》。蓋《漢志》原書之亡久矣。《立事》、《制言》、《疾病》三篇，皆恐懼修省之意，與他書載曾子之言，意旨相合。《大孝篇》同《小戴·祭義》。《立孝》、《事父母》意亦相同。《天圓篇》："單居離問於曾子曰：天圓而地方者，誠有之乎？曾子曰：如誠天圓而地方，則是四角之不掩也。"近人皆取之，爲我國早知地圓之證。然天圓地方，本以理言，猶言天動地静。然天動地静，亦以理言也。非以體言。古代天文家，無不言地圓者，亦不待此篇爲證也。下文論萬有皆成於陰陽二力，萬法皆本於陰陽。頗同《淮南子·天文訓》。《事父母篇》："若夫坐如尸，立如齊；弗訊不言，言必齊色；此成人之善者也，未得爲人子之道也。"或謂《小戴·曲禮》上篇"若夫坐如尸，立如齊"，實與此篇文同，而下文脱去。鄭注讀夫如字，乃即就脱文釋之也。

《武王踐阼》第五十九　此篇記師尚父以《丹書》詔武王，武王於各器物皆爲銘，以自儆。前半亦見《六韜》。

《衛將軍文子》第六十　此篇記衛將軍文子問子貢以孔子弟子孰賢，子貢歷舉顔淵、冉雍諸人以對。子貢見孔子，孔子又告以伯夷、叔齊諸賢人之行。略同《家語弟子行》。

《五帝德》第六十二、《帝系》第六十三　前篇略同《史記・五帝本紀》，後篇蓋同《世本》。案《五帝本紀》既謂"軒轅之時，神農氏世衰，諸侯相侵伐，弗能征"，又謂"炎帝欲侵陵諸侯"，其詞未免矛盾。黄帝與炎帝戰於阪泉，蚩尤戰於涿鹿。據《索隱》引皇甫謐，《集解》引張晏説，二者又皆在上谷。事尤可疑。今此篇只有與炎帝戰於阪泉之文，更無與蚩尤戰於涿鹿之説，炎帝姜姓，蚩尤，九黎之君。《書・吕刑》僞孔傳，《釋文》引馬融説，《戰國・秦策》高誘注。苗民亦九黎之君，《小戴記・緇衣》疏引《吕刑》鄭注。此苗民爲九黎之君之貶稱，非謂人民也。三苗亦姜姓，得毋炎帝、蚩尤實一人，阪泉、涿鹿實一役耶？此等處，古書誠只字皆至寶也。

《勸學》第六十四　此篇略同《荀子》。後半又有同《荀子・宥坐篇》處。

《子張問入官》第六十五　論官人之道，略同《家語》。

《盛德》第六十六　此篇前半論政治，後半述明堂之制。略同《家語・五刑》、《執轡》二篇。

《千乘》第六十七　此篇論治國之道，有同《王制》處。此下四篇及《小辨》、《用兵》、《少閑》，《困學紀聞》謂即《孔子三朝記》。

《四代》第六十八、《虞戴德》第六十九、《誥志》第七十　此三篇亦論政治。

《文王官人》第七十一　此篇同《逸周書》。

《諸侯遷廟》第七十二、《諸侯釁廟》第七十三　此兩篇亦《逸禮》之類。後篇在《小戴・雜記》中。

《小辨》第七十四　此篇戒"小辨破言，小言破義，小義破道"，發明"主忠信"之旨。

《用兵》第七十五　此篇言人生而有喜怒之情，兵之作，與民之有生以俱來。聖人利用而弭亂，亂人妄用以喪身。與《吕覽》、《淮南》之説相似，實儒家論兵宗旨所在也。參看論彼二書處。

《少間》第七十六　此篇論分民以職之道，與法家消息相通。

《朝事》第七十七　同《小戴・聘義》，《周官・典命》、《大行人》。

《投壺》第七十八　同《小戴》而少略。

《公冠》第七十九　此篇述諸侯冠禮，後附成王漢昭祝辭。《士冠禮》："公侯之有冠禮，夏之末造也。"可見公冠禮自古有之，特以非達禮故，孔子定禮經，不取之耳。然仍在二《戴記》中。解此，可無訾今文家所傳之不備，亦不必盡斥古文家之《逸禮》爲僞造也。

《本命》第八十、《易本命》第八十一　此兩篇爲古代哲學，推究萬物原本一切以數説之。但其中又有論及男女之義處，又有一段同《喪服四制》，蓋古代倫理，亦原本哲學，故連類及之也。

禮之爲物，最爲繁瑣。欲求易明，厥有二法：（一）宜先通其例。通其例，則有一條例爲憑。可以互相鈎考，不至茫無把握矣。看凌廷堪《禮經釋例》最好。（二）宜明其器物之制。江永《儀禮釋宫注》、任大椿《深衣釋例》二書最要。器物必參看實物，動作必目驗實事，乃更易明。古物不可得，則宜看圖。張皋文《儀禮圖》最便。動作可以身演，阮元發其議，陳澧嘗行之，見《東塾讀書記》。可法也。若喜考究治政制度者，則《周禮》重於《儀禮》。其中犖犖大端，如沈彤之《周官禄田考》、王鳴盛之《周禮軍賦説》等，皆可參閲。《考工記》關涉製造，戴震有《考工記圖》，阮元又有《車制圖考》。《考工記》於各種工業最重車。

三禮舊《疏》皆好。清儒新疏，《儀禮》有胡培翬之《正義》，《周禮》有孫詒讓之《正義》，惟《禮記》無之。然古書皆編次錯雜，任舉一事，皆散見各處，鈎稽非易，通貫自難。實當以類相從，另行編次。朱子之《儀禮經傳通解》，即准此例而作。江永之《禮書綱目》，沿用其例；而後起更精，多足訂正《通解》之失，不可不一閲也。若宋陳祥道之禮書，則該貫古今，更爲浩博。清秦蕙田《五禮通考》，蓋沿其流。卷帙太繁，非專門治禮者，但資翻檢足矣。

《禮記》之注，以宋衛湜《禮記集説》蒐採爲最多。宋以前諸儒之説《禮記》者，今日猶可考見，皆賴此書之存也。清杭世駿《續禮記集説》，蒐採逮於清初，亦稱浩博。然卷帙太巨，且中多空論，未免泛濫無歸。初學欲求簡明，讀清朱彬《禮記訓纂》卻好。此書參考博，而頗能反之於約也。《大戴記》久訛舛。清盧文弨、戴震始釐正其文字。其後汪照有《大戴禮注補》，孔廣森有《大戴禮記補注》，王聘珍有《大戴禮記解詁》。

易

言《易》之書，不外理、數兩派。漢之今文家言理者也。今文别派京氏，及東漢傳古文諸家，言數者也。晉王弼之學，亦出漢古文家，然捨數而言理，宋邵雍、劉牧之徒，則又捨理而求諸數。惟程頤言理不言數。古今《易》學之大别，如此而已。

漢今文《易》立於學官者四家，施、孟、梁丘及京氏是也。《漢書·儒林傳》謂"要言《易》者，本之田何"。據《傳》所載：田何傳王同、周王孫、丁寬、齊服生，王同傳楊何。即司馬談所從受《易》者，見《太史公自序》。丁寬傳田王孫，田王孫傳施讎、孟喜、梁丘賀。授受分明，本無異派也。然《傳》又云："丁寬至洛陽，復從周王孫受古誼。"周王孫與寬，同學於田何，安所别得古誼，而寬從受之，已不免矛盾矣。《賀傳》又云："從京房受《易》。房者，楊何弟子也。房出爲齊郡太守，賀更事田王孫。"《房傳》云："受《易》梁人焦延壽。焦延壽云：嘗從孟喜問《易》。房以爲延壽《易》即孟氏學。翟牧白生孟喜授《易》者。不肯，皆曰：非也。"則糾紛彌甚。案《喜傳》："得《易》家候陰陽災變書，詐言師田生且死時，枕喜膝獨傳喜。同門梁丘賀疏通證明之，曰：田生絶於施讎手中，時喜歸東海，安得此事。博士缺，衆人共薦喜，上聞喜改師法，遂不用喜。"則喜蓋首爲異説，以變亂師法者。然《京房傳》言："成帝時劉向校書，考《易》説，以爲諸家皆祖田何。楊叔、丁將軍，大誼略同；惟京氏爲異黨。延壽獨得隱士之説，托之孟氏，不相與同。"則又似孟氏之學，本無異説，而爲京房所依托者。今案京氏易學，專言災異，實出於中葉以後；丁寬當景帝時，安得有此。劉向謂爲僞托，説蓋可信。梁丘賀初學於京氏，丁寬更問於田王孫，蓋亦造作之詞也。漢古文《易》傳於後者爲費氏，《傳》云："《費氏易》無章句，徒以《彖》、《象》、《繫辭》十篇、《文言》解説上、下經。"則其學亦應舉大誼，不雜術數。然鄭玄、荀爽皆傳費氏《易》者，其學顧多言象數，實與京氏爲同黨。何哉？蓋古文易又有高氏。高氏亦無章句，而傳言其專言陰陽災異，正與京氏同。蓋漢初《易》家，皆僅舉大誼，不但今文如此，即初出之費氏《古文》，亦尚如此。其後術數之學寖盛，乃一切附會經義。不徒今文之京氏然，即古文之高氏亦然矣。東漢傳費氏《易》者，蓋特用其古文之經。《漢志》云：劉向以中古文《易經》校施、孟、梁丘經，或脱去"無咎"、"悔亡"，惟費氏經與古文同。當時蓋有費氏經優於施、孟、梁丘經之説。至其説，則久非費氏之舊。此所以王弼亦治費氏《易》，而其説顧與鄭、荀諸家判然不同也。孟《易》嫡傳，厥惟虞氏。然《三國志・虞翻傳注》載翻奏，謂"前人通講，多玩章句，雖有秘説，於經疏闊"。此實虞氏叛孟氏之明證。今所傳孟氏易説，蓋亦非孟氏之舊矣。

東漢《易》學，至王弼而一變。弼學亦出費氏。然與鄭、荀等大異。能舉漢人象數之説，一掃而空之。蓋還費氏以《彖》、《象》、《繫辭》説經之舊。不可謂無廓清摧陷之功也。自是以後，鄭、王之學并行，大抵河北主鄭，江南行王。至唐修《五經正義》用王氏，而鄭《易》亦亡。唐李鼎祚作《周易集解》，獨不宗王，而取漢人象數之説。所蒐輯者三十餘家。後人得以考見漢《易》者，獨賴此書之存而已。

至於宋代，則異説又興，宋儒言《易》，附會《圖》、《書》。其學實出陳摶，而又分二派：（一）爲劉牧之《易數鈎隱》，以九爲《河圖》，十爲《洛書》。（一）爲邵雍，説正相反，後邵説盛行，而劉説則宗之者頗希。程頤獨指邵説爲《易》外別傳。所著《易傳》，專於言理。朱子學出於頤。所作《易本義》，亦不涉圖學。而卷首顧附以《九圖》。王懋竑謂考諸《文集》、《語類》，多相牴牾，疑爲後人依附。然自此《圖》附於《本義》後，《圖》、《書》之學又因之盛行者數百年。至於明末，疑之者乃漸多。至清胡渭作《易圖明辨》，而圖書爲道家之物，説乃大明。疑《圖》、《書》者始於元陳應潤。應潤著《爻變義藴》，始指先天諸《圖》爲道家修煉之術。明清之際，黄宗羲著《易學象數論》，宗羲弟宗炎著《圖書辨惑》，毛奇齡亦著《圖書原舛編》，而要以胡氏書爲最詳核。以此書與惠棟之《明堂大道録》并讀，頗可考見古今術數之學之大略也。自此以後，漢《易》大興，捨宋人之象數，而言漢人之象數矣。

從來治《易》之家，言理者則詆言數者爲誣罔，言數者則詆言理者爲落空。平心論之，皆非也。漢儒《易》説，其初蓋實止傳大義；陰陽災異之説，不論今古文，皆爲後起；已述如前。宋人之圖，實出道家；在儒家并無授受。經清儒考證，亦已明白。然謂漢初本無象數之説，《圖》、《書》亦無授受之徵，則可；謂，其説皆與《易》不合，則不可。西諺云："算帳衹怕數目字。"漢宋象數之説，果皆與《易》無關，何以能推之而皆合乎？參看《論〈淮南子〉》。蓋古代哲學，導源宗教，與數、術本屬一家。其後孔門言《易》，庸或止取大義。然爲三代卜筮之書之《易》，則固未嘗不通於數術。吾儕今日，原不必執言但考孔門之《易》，而不考三代卜筮之舊《易》；且亦不能斷言孔門之《易》，決不雜象數之談；即謂孔門之《易》，不雜象數，而數顯易徵，理藏難見；今者《易》義既隱，亦或因數而易明也。然則象數之説，在《易》學雖非正傳，固亦足資參證矣。惟此爲專門之學，非深研古代哲學者，可以不必深究。

《易》爲誰作，及其分篇若何，頗有異説。《漢志》："《易經》十二篇，施、孟、梁丘三家。"師古曰："上、下經及《十翼》，故十二篇。"十翼者：《易正義》云"上、下《彖》，上、下《象》，上、下《繫》，《文言》，《説卦》，《序卦》，《雜卦》"是也。然《法言·問神》，謂"《易》損其一"；《論衡·正説》，謂孝宣時河内女子得《逸易》一篇；《隋志》亦述其事，而又云得三篇。案今《繫辭》中，屢有"繫辭"字，皆指《卦辭》、《爻辭》言之。《太史公自序》引今《繫辭》之文，謂之《易大傳》，據《釋文》，王肅本《繫辭》實有傳字。今《繫辭》中多有"子曰"字，明係後學所爲，王肅本是也。《説卦》、《序卦》、《雜卦》蓋亦非漢初所有，故《隋志》以爲三篇後得。然則今本以《卦》、《爻辭》及《彖》、《象》合爲上下二篇，蓋實漢師相傳舊本。《漢志》謂施、孟、梁丘經即十二篇，其説蓋誤。《志》載各家《易傳》皆二篇，惟丁氏八篇，亦與十二篇不合。施、孟、梁丘《章句》，亦皆二篇，亦其一證也。然自東漢以後，皆以分十二篇者爲古本。《三國志·高貴鄉公紀》博士淳于俊謂鄭氏合《彖》、《象》於經。宋吕祖謙如其説，重定之。朱子作《本義》，即用其本。明時修《五經大全》，以《本義》析入程《傳》。後士子厭程《傳》之繁，就其本刊去程《傳》，遂失《本義》原次。清修《周易折中》，用宋咸淳吴革刻本，仍分爲十二篇焉。

伏羲"畫卦"，見於《繫辭》，故無異説。至"重卦"則説者紛紛。王弼以爲伏羲自重，鄭玄以爲神農，孫盛以爲夏禹，史遷以爲文王；《卦辭》、《爻辭》：鄭學之徒，以爲文王作；馬融、陸績之徒，以《卦辭》爲文王，《爻辭》爲周公作。至《十翼》則并以爲孔子作，無異論。并見《正義八論》。今案《繫辭》爲傳，《説卦》等三篇後得，已見前。既云後得，則必不出孔子。《史記·孔子世家》云："孔子晚而喜《易》，序《彖》、《繫》、《象》、《説卦》、《文言》。"序之云者，次序之謂。猶上文所謂"序《書傳》。"初不以爲自作。《漢志》乃云：孔氏爲之《彖》、《象》、《繫辭》、《文言》、《序卦》之屬十篇。與以《卦辭》、《爻辭》爲文王周公作者，同一無確據而已。要之《易》本卜筮之書，其辭必沿之自古，縱經孔子删定，亦不必出於自爲；疑事無質，不必鑿言撰造之人可也。《周禮》："大卜三易：一曰《連山》，二曰《歸藏》，三曰《周易》。"杜子春以《連山》爲伏羲，《歸藏》爲黄帝。鄭玄則謂夏曰《連山》，殷曰《歸藏》，周曰《周易》，然鄭以《卦》、《爻辭》并爲文王作，則不以《連山》、《歸藏》爲有辭也。

讀《易》之法，可分精、粗二者言之。若求略通《易》義，可但觀王《注》、程《傳》，以《易》本文與周、秦諸子互相鉤考。可用惠氏《易微言》之法。若求深造，則象數之説，亦不可不通，説已見前。惟仍須與哲學之義不背，不可墮入魔障耳。清儒治漢《易》者，以元和惠氏爲開山，武進張氏爲後勁。江都焦氏，則爲異軍蒼頭。初學讀《易》者，即從此三家入手可也。漢儒《易》學，自唐修《五經正義》後久微。惠氏乃以李鼎祚《集解》爲主，參以他種古書，一一輯出；其書有《周易述》二十一卷、《易漢學》八卷、《易例》二卷。《九經古義》中，涉《易》者亦不少。《明堂大道録》一書，實亦爲《易》而作；《書目答問》入之禮家，非也。惠氏書多未成，《周易述》一種，其弟子江藩有《補》四卷。漢儒《易》學，各有家法。惠氏蒐輯雖勤，於此初未能分别，至張氏乃更有進。張氏之書，有《周易虞氏義》九卷、《虞氏消息》二卷、《易禮》二卷、《易事》二卷、《易言》二卷、《易候》一卷，又有《周易鄭氏義》二卷、《荀氏九家義》一卷、《易義别録》十四卷；始分别諸家，明其條貫，而於虞氏尤詳；亦以《集解》存諸家説，本有詳略之不同也。焦氏書曰《周易章句》十二卷、《易通釋》十二卷、《易圖略》八卷；焦氏不墨守漢人成説，且於漢儒説之誤者，能加以駁正；《通釋》一書，自求條例於《易》，立説亦極精密，誠精心之作也。予謂三家書中，惠氏之《明堂大道録》，及其《周易述》中所附之《易微言》，及焦氏之《易通釋》三種，尤須先讀。《明堂大道録》，舉凡古代哲學與術數有關之事，悉集爲一編；可作古代宗教哲學史讀，讀一過，則於此學與古代社會，究有何等關係，已可瞭然。《易微言》將《易經》中哲學名詞，一一逐條抄出，更附以他種古書，深得屬辭比事之法。《易通釋》則統合全書，求其條例，皆治學最善之法也。學者循其門徑，不第可以讀《易》，并可讀古代一切哲學書矣。

春　　秋

《春秋》一書，凡有三《傳》。昔以《公羊》、《穀梁》爲今文，《左氏》爲古文。自崔適《春秋復始》出，乃考定《穀梁》亦爲古文。

《春秋》之記事，固以《左氏》爲詳。然論大義，則必須取諸《公羊》。此非偏主今學之言也。孟子曰："其事則齊桓晉文，其文則史，其義則丘竊取之矣。"若如後儒之言，《春秋》僅以記事，則孟子所謂義者安在哉？太史公曰："《春秋》文成數萬，其指數千。"今《春秋》全經，僅萬七千字，安得云數萬？且若皆作記事之書讀，則其文相同者，其義亦相同。讀毛奇齡之《春秋屬辭比事表》，已盡《春秋》之能事矣。安得數千之指乎？《春秋》蓋史記舊名，韓起適魯，見《易象》與《魯春秋》，見《左》昭二年。孟子曰："晉之《乘》，楚之《檮杌》，魯之《春秋》，一也。"而《晉語》司馬侯謂羊舌肸習於《春秋》，《楚語》申叔論傳大子，曰教以《春秋》。蓋《乘》與《檮杌》爲列國異名，而《春秋》則此類書之通名也。《墨子》載周《春秋》記杜伯事，宋《春秋》記祐觀辜事，燕《春秋》記莊子儀事。亦皆謂之《春秋》。孔子修之，則實借以示義。《魯春秋》之文，明見《禮記·坊記》。孔子修之，有改其舊文者，如莊七年"星隕如雨"一條是也。有仍而不改者，如昭十二年"納北燕伯於陽"一條是也。故子女子曰："以《春秋》爲《春秋》。"閔元年。《傳》曰："定哀多微辭。主人習其讀而問其傳，則未知己之有罪焉爾。"定元年。封建之時，文網尚密，私家講學，尤爲不經見之事；況於非議朝政，譏評人物乎。聖人"義不訕上，知不危身"，托魯史之舊文，傳微言於後學，蓋實有所不得已也，曷足怪哉。

《易》與《春秋》，相爲表裏。蓋孔門治天下之道，其原理在《易》，其辦法則在《春秋》也。今試就"元年春王正月"一條，舉示其義。案《傳》曰："元年者何？君之始年也。春者何？歲之始也，王者孰謂？謂文王也。曷爲先言王而後言正月？王正月也。何言乎王正月？大一統也。公何以不言即位？成公意也。"何君《解詁》曰："《春秋》變一爲元。元者，氣也。無形以起，有形以分；造起天地，天地之始也。故上無所繫，而使春繫之也。不言公言君者，所以通其義於王者。《春秋》托新王受命於魯,故因以録即位。明王者當繼天奉元,養成萬物;春者,天地開闢之端,養生之首,法象所出,四時本名也。文王,周始受命之王。天之所命,故上繫天端。方陳受命,制正月,故假以爲王法。不言謚者,法其生,不法其死,與後王共之。人道之始也。統者,總繫之辭。王者始受命,改制,布政施教於天下,莫不一一繫於正月,故云政教之始。即位者,一國之始。政莫大於正始:故《春秋》以元之氣,正天之端;以天之端,正王之政;以王之政,正諸侯之即位;以諸侯之即位,正境内之治。諸侯不上奉王之政,則不得即位,故先言正月而後言即位。政不由王出則不得爲政,故先言王而後言正月也。王者不承天以制號令則無法,故先言春而後言王。天不深正其元,則不能成其化,故先言元而後言春。五者同日并見,相須成體;乃天人之大本,萬物之所繫,不可不察也。"案中國古代哲學,最尊崇自然力。此項自然力,道家名之曰"道",儒家謂之曰"元"。參看《論讀子之法》。《春秋》"元年春王正月"之"元",即《易》"大哉乾元,萬物資始,乃統天"之"元"。爲宇宙自然之理,莫知其然而然,祇有隨順,更無反抗。人類一切舉措,能悉與之符,斯爲今人所謂"合理"。人類一切舉措而悉能合理,則更無餘事可言,而天下太平矣。然空言一切舉措當合理甚易,實指何種舉措爲合理則難;從現在不合理之世界,蕲至於合理之世界,其間一切舉措,一一爲之擬定條例,則更難。《春秋》一書,蓋即因此而作。故有據亂、升平、太平三世之義。二百四十年之中,儒家蓋以爲自亂世至太平世之治法,皆已畢具。故曰:"《春秋》曷爲終乎哀十四年,曰備矣。"曰:"撥亂世,反之正,莫近於《春秋》。"曰"萬物之散聚,皆在《春秋》"也。物、事古通訓。《春秋》之爲書如此。其所説之義,究竟合與不合,姑措勿論。而欲考見孔子之哲學,必不能無取乎是,則正極平易之理,非怪迂之談矣。

《公羊》一書,自有古學後,乃抑之與《左》、《穀梁》同列,并稱三《傳》。其實前此所謂《春秋》者,皆合今之《經》與《公羊傳》而言之,崔適《春秋復始》,考證甚詳;其實諸經皆然,今之《儀禮》中即有傳,《易》之《繫辭傳》亦與經并列。今之所謂《春秋經》者,乃從《公羊》中摘出者耳。漢儒言《春秋》者,於齊、魯,自胡毋生,於趙,自董仲舒。今仲舒書存者有《春秋繁露》;何氏《公羊解詁》係依胡毋生條例。今學家之書傳於後者,當以此爲最完矣。伏生書傳,闕佚更甚於《繁露》。《韓詩》僅存外傳。此外今學家經説,更無完全之書。清儒之治今學,其始必自《春秋》入,蓋有由也。《繁露》凌曙有注。康有爲《春秋董氏學》條理極明,可合看。清儒疏《公羊》者,有孔廣森之《通義》,及陳立之《義疏》。陳書校勝於孔,以孔於今古文家法,實未明白也。

董子曰:"《詩》無達詁,《易》無達占,《春秋》無達辭。"蓋文字古疏今密,著書之體例亦然。孔子作《春秋》,爲欲借以示義,原不能無義例。然欲如後人之詳密,則必不能。若必一一磨勘,則三《傳》之例,皆有可疑;過泥於例,而背自古相傳之義,非所宜也。然初學治《春秋》,必先略明其例,乃覺自有把握,不至茫無頭緒,特不當過泥耳。欲明《公羊》條例者,宜讀劉逢禄《公羊何氏釋例》、崔適《春秋復始》兩書。

《穀梁》雖亦古學,然其體例,實與《公羊》爲近。《公羊》先師有子沈子,《穀梁》亦有之。其大義雖不如《公羊》之精;然今《公羊》之義,實亦闕而不完;凡有經無傳者皆是。《穀梁》既有先師之説,亦足以資參證也。范寧《集解自序》於三《傳》皆加詆諆。謂"當棄所滯,擇善而從。若擇善靡從,即并捨以求宗,據理以通經",此自晉人治經新法,已開啖、趙三《傳》束閣之先聲矣。范《注》屢有駁《傳》之處,如隱九年、莊元年、僖八年、十四年、哀二年皆是。楊《疏》亦屢有駁注之處,見僖四年及文二年。僖元年"護莒拏"一事,注既駁傳,疏又駁注。楊士勛《疏》稱寧别有《略例》百餘條,今皆不見。蓋已散入疏中?清儒治此經者,柳興宗《穀梁大義述》、許桂林《穀梁釋例》兩書最好。

至《左氏》一書,則與《公羊》大異。孔子之修《春秋》,必取其義,説已見前。今《左氏》一書,則釋《春秋》之義者甚少。或有經而無傳,或有傳而無經。莊二十六年之傳全不釋經。夫傳以解經,既不解經,何謂之傳?故漢博士謂"左氏不傳《春秋》"。杜預謂其"或先經以起事,或後經以終義,或依經以辨理,或錯經以合異"。乃曲説也。《漢書·劉歆傳》:"初《左氏傳》多古字古言,學者傳訓詁而已。及歆治《左氏》,引《傳》文以解《經》,轉相發明,由是章句義理備焉。"此語實最可疑。《傳》本釋《經》,何待歆引。曰"歆引以解",則《傳》之本不釋《經》明矣。故信今學者,以此經爲劉歆僞造。謂"太史公《報任安書》:左丘失明,厥有《國語》。云左丘不云左丘明,下文左丘明無目,明字乃後人所加。《論語》"左丘明耻之"一章,出古《論》,齊、魯《論》皆無之,見崔適《論語足徵記》。云《國語》不云《左氏傳》,則本有《國語》而無《左氏傳》,有左丘而無左丘明。今之《左傳》,蓋劉歆據《國語》所編;今之《國語》,則劉歆編《左傳》之餘也。"其説信否難定。要之《左氏》爲史,《春秋》爲經;《春秋》之義,不存於《左氏》;《左氏》之事,足以考《春秋》;則持平之論矣。《左氏》、《國語》爲一家言,人人知之,其書與《晏子春秋》亦極相似。所記之事,既多重複;且《左氏》時有君子曰,《晏子春秋》亦有之,蓋皆當時史記舊文也。《史記·十二諸侯年表》:"孔子西觀周室,論史記舊聞,興於魯,而次《春秋》。七十子之徒,口受其傳説。爲有所刺譏褒諱貶損之文辭,不可以書見也。魯君子左丘明,懼弟子人人異端,各安其意,失其真,故因孔子史記,具論其語。成《左氏春秋》。"説甚游移。具論其語,爲論孔子傳指,抑論史記舊聞?云成《左氏春秋》,則此書果爲左氏一家言?抑孔子所修《春秋》之傳乎?《漢志》曰:"仲尼思存前聖之業,以魯周公之國,禮文備物,史官有法,故與左丘明觀其史記,據行事,仍人道,因興以立功,敗以成罰,假日月以定曆數,借朝聘以正禮樂。有所褒諱貶損,不可書見,口授弟子。弟子退而異言。丘明恐弟子各安其意以失其真,故論本事而作傳,明夫子不以空言説經也。"説較明白。然褒諱貶損,果失其真,論其本事何益?今《公羊》固非全不及事,特本爲解經,故其述事但取足以説明經意而止耳。然則弟子固非不知本事,安有所謂空言説經者,而有待於左丘明之論乎?故"《左氏》不傳《春秋》",説實至確。惟《公》、《穀》述事,既僅取足以解經,語焉不詳。生當今日,而欲知《春秋》之本事,則《左氏》誠勝於二《傳》。此則不徒以經作史讀者不可不究心;即欲求《春秋》之義者,本事亦不可昧,《左氏》固仍必讀之書也。傳必釋經,儒家通義。故漢儒治此者,鄭衆、賈逵、服虔、許惠卿等,皆引《公》、《穀》之例以釋之。至杜預,乃自立體例,謂"專修丘明之《傳》以釋《經》。《經》之條貫,必出於《傳》;《傳》之義例,總歸於凡"。於是《左氏》一書,始離《公》、《穀》而獨立矣。今學説六經,皆以爲孔子之製作,古學家乃推諸周公。杜預以"凡五十爲周公垂法,史書舊章。仲尼從而明之。其書、不書、先書、故書、不言、不稱、書曰之類,乃爲孔子變例。"而六經出周公之説,益完密矣。杜預亦古學之功臣也。《釋例》一書,已散入《疏》中,仍别有單行之本。此可考見杜氏一家之學耳。不獨非《春秋》義,即漢儒治《左氏》者,亦不如此也。欲考杜以前《左氏注》,可看洪亮吉《春秋左傳詁》、李貽德《賈服注輯述》兩書。《左氏》之專用杜義,亦唐定《正義》後始然。前此主賈、服諸家者,與杜相攻頗甚。劉炫規過,尤爲有名。今之孔疏,往往襲劉規過之詞,轉以申杜。劉文淇《舊疏考證》將今疏中襲用舊疏者,一一考出,頗足考見孔疏以前之舊疏也。

《左氏》一書,本祇可作史讀。故杜氏治此,即於史事極詳。《釋例》而外,又有《世族譜》、《盟會圖》、《長曆》,以考年月事蹟世系。後儒治此,亦多注重史事,其中最便考索者,當推馬驌《左傳事緯》,顧棟高《春秋大事表》兩書。《事緯》係紀事本末體,讀左氏時參檢之,可助貫串。《大事表》一書,將全書事蹟,分門别類,悉列爲表。若網在綱,有條不紊。尤必須一讀。不獨有裨於讀《左》,兼可取其法以讀他書耳。惟以《左氏》作史讀,亦有不可不知者兩端:(一)則《左氏》記事,多不可信。前人論者已多,無待贅述。(二)則《左氏》記事,亦有須參證《公》、《穀》,乃能明白者。《公》、《穀》述事,本爲解經,故其所述,但取足説明經義而止,前已言之。《左氏》則不然。故其記事之詳,十倍《公》、《穀》,且皆校爲可信。如邲之戰:據《公羊》,楚莊王幾於堂堂之陣,正正之旗;而據《左氏》,則先以和誑晉,續乃乘夜襲之,實不免於譎詐。《公羊》之説,蓋雜以解經者之主觀矣。然《左氏》云:"晉人或以廣隊,不能進,楚人惎之脱扃少進，馬旋，又惎之拔旆投衡，乃出。顧曰：吾不如大國之數奔也。”當交戰之時，而教敵人以遁逃，以致反爲所笑，殊不近情。故有訓惎爲毒，以惎之斷句者。然如此，則晉人顧曰之語，不可解矣。必知《公羊》“還師以佚晉寇”之説，乃知莊王此役，雖蓄謀以敗晉軍，而初不主於殺戮；故其下得教敵人以遁逃。然則“晉之餘師不能軍，宵濟亦終夜有聲”之語，蓋亦見莊王之寬大。杜注謂譏晉師多而其將師不能用，殆非也。此則非兼考《公羊》，不能明史事之真，并不能明《左氏》者矣。舉此一事，餘可類推。世之不信《公羊》者，每謂其不近情理；其實言《春秋》而不知《公羊》之條例，其事乃真不近情理。即如《春秋》所記，諸侯盟會，前半皆寥寥數國，愈後而其國愈多。若撥棄《公羊》之義，即作爲史事讀，豈春秋諸國，其初皆不相往來者乎？

宋人之治《春秋》，别爲一派。其端實啓於唐之啖助、趙匡。二人始於三《傳》皆不置信，而自以意求之經文。啖、趙皆未嘗著書。其弟子陸淳，著《春秋集傳纂例》、《春秋微旨》，皆祖述啖、趙之説。宋儒之不守三《傳》，亦與啖、趙同；而其用意則又各異。宋儒所著之書，以孫復之《春秋尊王發微》、胡安國之《春秋傳》爲最著。孫書專主尊攘，蓋亦北宋時勢始然。胡傳本經筵進講之書，時直南宋高宗，故尤發揮大復仇之義，欲激其君以進取。意有所主，不專於説經也。明初頒諸經於儒學，皆取宋人之注；以胡氏學出程氏，遂取其書。學者乃并三《傳》而稱爲四《傳》焉。宋人講《春秋》者，多近空談；既未必得經之意，於史事亦鮮所裨益。非研究宋學者，可以不必措意。

論語　孟子　孝經　爾雅

《詩》、《書》、《禮》、《易》、《春秋》，乃漢人所謂“五經”。《論語》、《孝經》，漢人皆以爲傳。《孝經》雖蒙經名，亦在傳列。《孟子》在儒家諸子中，《爾雅》則漢人所輯之訓詁書也。自宋代以此諸書，與五經、三《傳》及《小戴禮記》合刻，乃有“十三經”之名；朱子取《禮記》中之《大學》、《中庸》，以配《論語》、《孟子》，乃又有“四書”之名。經與傳之别，自西漢專門之學亡後，實已不能深知；今日研究，傳且更要於經，説見前。亦不必更嚴其别也。今就此諸書，略論其讀法如下。

“四書”之名，定自朱子；懸爲令申，則始元延祐。然《漢志》、《禮記》之外，有《中庸説》二篇；《隋志》有戴顒《中庸説》二卷，梁武帝有《中庸講疏》一卷；則《禮記》外有别行之本，由來已久。《大學》唐以前無别行本，而《書録解題》有司馬光《大學》、《中庸廣義》各一卷，亦在二程之前。王安石最尊《孟子》，司馬光、晁公武卻非議之，未免意氣用事。宋《禮鄭韻略》所附條式，元祐中即以《論》、《孟》試士，則尊《孟》亦不始朱子矣。又朱子所定“四書”，以《大學》、《論語》、《孟子》、《中庸》爲次。後人移《中庸》於《大學》之後，則專以卷帙多少論耳。

朱子於四書皆有注，乃一生精力所萃。其於義理，誠有勝過漢儒處，不可不細讀也。欲窺宋學之藩者，讀此四書之注亦甚好。朱子注四書，《大學》分經傳，顛倒原次；《中庸》雖無顛倒，分章亦不從鄭氏，故皆謂之章句。《論》、《孟》則聚衆説，爲之注解，故稱“集注”。朱子注此四書之意，别著《或問》以發明之；然其後於集注又有改定，而《或問》於《大學》外未及重編。故《或問》與《四書注》，頗多牴牾；《文集》、《語類》中，有言及注四書之意者，亦不能盡合。不得據《或問》以疑四書之注也。

《論語》有魯《論》、齊《論》及古《論》之别。魯《論》篇次與今本同。齊《論》别有《問王》、《知道》二篇。二十篇中，章句亦頗多於魯《論》。古《論》云出孔壁，分《堯曰》後半“子張問”以下，别爲一篇，故有兩子張。篇次亦不與齊、魯

《論》同。張禹受魯《論》於夏侯建。又從庸生王吉受齊《論》。擇善而從，號曰“張侯《論》”。已亂齊、魯之别；鄭玄就魯《論》篇章，考之齊、古爲之注，則并齊、魯、古三者之别而泯之矣。魏何晏集諸家之説，并下己意爲《集解》，盛行於世；即今《十三經注疏》所採之本也。梁時皇侃爲之作疏。宋邢昺疏即係據皇疏删其支蔓，附以義理者。梁疏後亡佚，迄清代乃得之日本焉。古《論》云有孔安國注，今見《集解》所引，蓋亦王肅所僞，其後此注亦亡；清時，歙縣鮑氏，云得其書於日本，重刻之，則又六朝以來僞物也。《論語》一書，皆記孔子及孔門弟子言行。説頗平易可信。書係雜記，無條理。《正義》篇篇皆言其總旨及章次，殊屬不必也。清儒作新疏者，有劉寶楠《論語正義》。

《孟子》一書，存儒家大義實多。他姑勿論，民貴君輕之義，非《孟子》即幾於泯没不傳。此外道性善、明仁義，亦皆孔門大義，至可寶貴。康有爲謂孟子傳孔門大同之義，荀卿衹傳小康，合否今姑勿論，要其爲書，則遠出荀卿之上。非他儒書所得比并。真孔門之馬鳴、龍樹矣。又《孟子》書中，存古經説甚多。其言《春秋》處，今人已多知之；言《尚書》處，則知者較鮮。予案《萬章上篇》，言堯、舜禪讓事，無一不與《書大傳》合者，蓋今文書説，亦民貴君輕之大義也。若無此義，則《堯典》一篇，誠乃極無謂之物矣。古有趙岐注，頗無味。阮氏《校勘記》指其注“摩頂放踵”處，與《文選注》所引不合，疑亦有竄亂也。疏題宋孫奭，實邵武士人所僞，已見前。清儒作新疏者，有焦循《正義》，博而精。

《孝經》一書，無甚精義。姚際恆《古今僞書考》以爲僞書。然其書在漢時，實有傳授，且《吕覽》即已引之，則姚説未當。此書無甚精義，而漢儒顧頗重之者，漢時社會宗法尚嚴，視孝甚重。此書文簡義淺，人人可通，故用以教不能深造之人。如後漢令期門羽林之士通《孝經》章句是也。《緯書》云：“志在《春秋》，行在《孝經》。”《六藝論》云：“孔子以六藝題目不同，指意殊别，恐道離散，後世莫知根原，故作《孝經》以總會之。”可見漢人重此之心理。此書亦有今、古兩本。今文注出鄭玄，傳自晉荀昶；古文出於劉炫，多閨門章四百餘字。唐《開元御注》用今文，元行沖爲之作疏。宋邢昺疏即以元疏爲藍本。清儒治此者，有皮錫瑞《孝經鄭注疏》。此書無甚深義，一覽可也。孔門言孝之義，長於《孝經》者甚多。

《爾雅》乃訓詁書，後人亦附之於經。其實非也。張楫上廣雅表：謂“周公著《爾雅》一篇。《釋文》以爲釋詁。今俗所傳二篇，或言仲尼所增，或言子夏所益，或云叔孫通所補，或云沛郡梁文所考”，要之皆無確據。予案古人字書，共有三種：（一）四言或三七言韻語，自《史籀篇》以下皆然。王國維説。乃古人識字之書，與今私塾教學僮讀《三字經》、《千字文》同法。此事蓋沿之自古，予别有論。

（二）以字形分部，如今之字典，始於許慎之《説文解字》。（三）《爾雅》，今之詞典也，此本鈔撮以備查檢，後人相傳，亦必有增改，無所謂誰作。今此書訓詁，幾全同毛《傳》，《釋樂》同《周官·大司樂》，九州異《禹貢》而同《周官》，則古學既出後之物。《釋獸》中狻麑即獅子，出西域；鶨鳩出北方沙漠；翠生鬱林；鰝鰟出樂浪、潘國；魵蝦出穢邪頭國；皆非戰國前所有。明爲後人增益。正如《神農本草經》有漢郡縣名耳。此書專治小學者宜熟讀之，否但粗加涉獵，隨時查檢即可。清儒新疏，有郝懿行《義疏》、邵晉涵《正義》兩種。

論讀子之法

吾國書籍，分爲經、史、子、集四部；而集爲後起之物，古代祇有經、史、子三者。經、子爲發表見解之書，史爲記載事物之書，已見前。逮於後世，則子亡而集代興。集與子之區別：集爲一人之著述，其學術初不專於一家；子爲一家之學術，其著述亦不由於一人。勉强設譬，則子如今之科學書，一書專講一種學問；集如今之雜志，一書之中，講各種學問之作皆有也。

子書之精者，訖於西漢。東漢後人作者，即覺淺薄。然西漢子書之精者，仍多祖述先秦之説；則雖謂子書之作，訖於先秦，可也。然遠求諸西周以前，則又無所謂子。然則子者，春秋、戰國一時代之物也。其故何邪？

予謂專家之學興而子書起，專家之學亡而子書訖。春秋、戰國，專家之學興起之時也。前乎此，則渾而未分；後乎此，則又裂而將合。故前此無專家之學，後此亦無專家之學也。請略言之：

諸子之學之起原，舊説有二：（一）出《漢志》，謂其原皆出於王官。（一）出《淮南·要略》，謂皆以救時之弊。予謂二説皆是也。何則？天下無無根之物；使諸子之學，前無所承，周、秦之際，時勢雖亟，何能發生如此高深之學術。且何解於諸子之學，各明一義，而其根本仍復相同邪。見下。天下亦無無緣之事，使非周、秦間之時勢有以促成之，則古代渾而未分之哲學，何由推衍之於各方面，而成今諸子之學乎。此猶今人好言社會主義，謂其原出於歐洲之馬克思等可；謂由機械發明，生財之法大變，國民生計，受外國之侵削，而國内勞動資本階級，亦有畫分之勢，因而奮起研究者多，亦無不可也。由前則《漢志》之説，由後則《淮南》之説也。各舉一端，本不相背。胡適之撰《諸子不出於王官論》，極詆《漢志》之誣，未免一偏矣。

人群淺演之時，宗教哲學，必渾而不分；其後智識日進，哲學乃自宗教中蜕化而出。吾國古代，亦由是也。故古代未分家之哲學，則諸子之學所同本；而未成哲學前之宗教，則又古代不分家之哲學之根原也。必明乎此，然後於諸子之學,能知其源;而後讀諸子書,乃有入處。

宇果有際乎?宙果有初乎?此在今日,人人知非人智所逮,哲學家已置諸不論不議之列。然此非古人所知也。今人競言"宇宙觀"、"人生觀",其實二者本是一事。何則?我者,宇宙間之一物;以明乎宇宙之真理,然後我之所以自處者,乃皆得其道矣。故古人之所研究,全在哲學家所謂宇宙論上也。

吾國古代之宇宙論,果如何乎?曰:古之人本諸身以爲推。見夫人之生,必由男女之合也,則以爲物亦如此;而仰觀俯察,適又有蒼蒼者天,與摶摶者地相對;有日月之代明;有寒暑之迭更;在在足以堅其陰、陽二元之思想。於是以爲天地之生物,亦如是而已矣。故曰:"物本乎天,人本乎祖。"《禮記·郊特牲》。

然哲學所求之原因,必爲"最後",爲"惟一"。求萬物之原因,而得陰、陽二元,固猶非"一";非"一",則非其"最後"者也。然則陰、陽之原,又何物耶?夫謂萬物厘然各别,彼此不能相通者,乃至淺之見;不必證以科學,而亦能知其非是者也。人日食菽飲水而後生,又或豢豕爲酒以爲食。方其未飲食時,菽自菽,水自水,豕自豕,酒自酒,人自人也;及其既飲食之後,則泯然不復見其跡焉。人三日不食則憊,七日不食則死。然則人與動植礦物異乎?不異乎?且也,"衆生必死,死必歸土。骨肉斃於下,蔭爲野土;其氣發揚於上爲昭明,焄蒿淒愴"。《禮記·祭義》。然則人與天地,是一乎?是二乎?古以天爲積氣所成。故謂萬物厘然各别,彼此不能相假者,至淺之見;稍深思之,而即知其非是者也。此固不待證之以科學也;古之人亦知此也,乃推求萬物之本原;乃以爲天地萬物,皆同一原質所成,乃名此原質曰"氣"。

《易大傳》曰:"精氣爲物,游魂爲變。""精"者,凝集緊密之謂。《公羊》莊十年:"觕者曰侵,精者曰伐。"《注》:"觕,粗也,精,猶密也。"是也。魂者,人氣。蓋同一氣也,古人又以爲有陰陽之分。陽者性動,輕清而上升;陰者性静,重濁而下降。《左》昭七年疏引《孝經説》曰:"魂,芸也。"芸芸,動也。《廣雅·釋天》:三氣相接,剖判分離;輕清者上爲天,重濁者下爲地。其在於人,則陽氣成神,是曰魂;陰氣成形,是曰魄。故魂亦氣也。上言氣,下言魂,變詞耳。"游"者,游散。韓注。構成萬有之原質,循一定之律,而凝集緊密焉,則成人所知覺之物,是曰"精氣爲物"。循一定之律而分離游散焉,則更變化而成他物,是曰"游魂爲變"而已矣。此其在人,則爲生死。然非獨人也,一切物之成毁,莫不如是;即天地亦然。故古人論天地開闢,亦以氣之聚散言之。《易正義八論》引《乾鑿度》"有太易,有太初,有太始,有太素。太易者,未見氣;太初者,氣之始;太始者,形之始;太素者,質之始"是也。職是故,古人乃以萬物之原質即氣。凝集之疏密,分物質爲五類,是爲"五行"。五行之序,以微著爲漸。《尚書·洪範》疏所謂"水最微爲一,火漸著爲二,木形實爲三。金體固爲四,土質大爲五"也。益以〔一〕有形無形,〔二〕有質無質,〔三〕同是有質也,而剛柔大小不同,爲分類之準;猶今物理學分物爲氣體、液體、固體也。然則宇宙間一切現象,無所謂有無,亦無所謂生死,祇是一氣之變化而已。氣之變化,無從知其所以然,祇可歸之於一種動力。然則此種動力,乃宇宙之根原也。故曰:"易不可見,乾坤或幾乎息"也。《易·繫辭》。

故此種動力,古人視爲偉大無倫。《易》曰:"大哉乾元;萬物資始,乃統天。"《公羊》何《注》曰:"春秋以元之氣,正天之端。天不深正其元,則不能成其化。"《老子》曰:"有物混成,先天地生;寂兮寥兮,獨立而不改,周行而不殆;可以爲天下母。吾不知其名,字之曰道。"皆指此種動力言之。夫如是,則天地亦遵循自然之律而動作而已;非能貴於我也,更非能宰制我也。大而至於天地,小而至於蚊虻,其爲一種自然之質,循自然之律而變化,皆與我同也。故曰:"天地與我并生,萬物與我爲一。"《莊子》。然則中國古代之哲學,殆近於機械論者也。

此等動力,固無乎不在,是之謂"神"。《易·繫辭》曰:"神無方而易無體。"盈天地之間皆是,則不能偏指一物爲神,故無體。又曰:"陰陽不測之謂神。"盈天地之間皆是,自然無論男女雌雄牝牡皆具之,男女雄雌牝牡皆具之,則無復陰陽之可言矣。又曰:"惟神也,故不疾而速,不行而至。"又曰:"無思也,無爲也,寂然不動,感而遂通天下之故;非天下之至神,其孰能與於此?"言其充塞乎宇宙之間,故無從更識其動相。亦指此等動力言之也。此等動力,既無乎不在,則雖謂萬物皆有神可也,雖謂物即神可也。故曰:"鬼神之爲德,其盛矣乎。體物而不可遺。"《禮記·中庸》。神即物,物即神,則孰能相爲役使?故曰"吹萬不同,使其自已;咸其自取,怒者其誰"也。《莊子·齊物論》。然則中國古代之哲學,又可謂之無神論,謂之泛神論也。

此等哲學思想,爲百家所同具。至東周以後,乃推衍之於各方面,而成諸子之學焉。蓋其時世變日亟,一切現象,皆有留心研究之人。而前此一種哲學,入於人人之心者既深,自不免本之以爲推。其原既同,則其流雖異,而仍必有不離其宗者在。此周、秦諸子之學,所以相反而相成也。今試略舉數端以明之:古代哲學,最尊崇自然力。既尊崇自然力,則祇有隨順,不能抵抗。故道家最貴"無爲"。所謂"無爲"者,非無所事事之謂,謂因任自然,不參私意云耳。然則道家之所謂"無爲",即儒家"爲高必因丘陵,爲下必因川澤"之意;

亦即法家“絶聖棄智”，專任度數之意也。自然之力，無時或息。其在儒家，則因此而得“自强不息”之義焉。其在道家之莊、列一派，則謂“萬物相刃相劘，其行如馳”，“一受其成形，不亡以待盡”，因此而得委心任運之義焉。自然力之運行，古人以爲如環無端，周而復始。其在道家，則因此而得“禍福倚伏”之義；故貴“知白守黑，知雄守雌”。其在儒家，則因此而得窮變通久之義，故致謹於治制之因革損益。其在法家，則因此而得“古今異俗，新故異備”之義；而商君等以之主張變法焉。萬物雖殊，然既爲同一原質所成，則其本自一。夫若干原質凝集而成物，必有其所以然，是之謂“命”；自物言之則曰“性”。性與生本一字，故告子曰“生之謂性”，而孟子駁之以“白之爲白”也。“性命”者，物所受諸自然者也。自然力之運行，古人以爲本有秩序，不相衝突。《禮記·禮運》曰：“事大積焉而不苑，并行而不繆，細行而不失；深而通，茂而有間；連而不相及也，動而不相害也。”《中庸》曰：“萬物并育而不相害，道并行而不相悖。”皆極言天然之有秩序，所謂順也。人能常守此定律，則天下可以大治；故言治貴“反諸性命之情”，故有“反本”、“正本”之義。儒家言盡性可以盡物，道家言善義生者可以托天下，理實由此。抑《春秋》之義，正次王，王次春；言“王者欲有所爲，宜求其端於天”；而法家言形名度數，皆原於道；亦由此也。萬物既出於一，則形色雖殊，原理不異。故老貴“抱一”，孔貴“中庸”。抑宇宙現象，既變動不居，則所謂真理，祇有“變”之一字耳。執一端以爲中，將不轉瞬而已失其中矣。故貴“抱一”而戒“執一”，貴“得中”而戒“執中”。“抱一”“守中”，又即“貴虚”“貴無”之旨也。“抱一”者，抱無一可抱之一。“得中”者，得無中可得之中。然則一切現象正惟相反，然後相成。故無是非善惡之可言，而“物倫”可齊也。夫道家主因任自然，而法家主整齊畫一，似相反矣。然所謂整齊畫一者，正欲使天下皆遵守自然之律，而絶去私意；則法家之旨，與道家不相背也。儒家貴仁，而法家賤之。然其言曰：“法之爲道，前苦而長利；仁之爲道，偷樂而後窮。”則其所攻者，乃姑息之愛，非儒家之所謂仁也。儒家重文學，而法家列之五蠹。然其言曰：“糟糠不飽者，不務粱肉；短褐不完者，不待文綉。”則亦取救一時之急爾。秦有天下，遂行商君之政而不改，非法家本意也。則法家之與儒家，又不相背也。舉此數端，餘可類推。要之古代哲學之根本大義，仍貫通乎諸子之中。有時其言似相反者，則以其所論之事不同，史談所謂“所從言之者異”耳。故《漢志》謂其“譬諸水火，相滅亦相生”也。必明乎此，然後能知諸子學術之原；而亦能知諸子以前，古代哲學之真也。

諸子中惟墨家之學爲特異。諸家之言，皆似無神論、泛神論，而墨家之言“天志”、“明鬼”，則所謂“天”所謂“鬼”者，皆有喜怒欲惡如人。故諸家之説，皆近機械論，而墨子乃獨非命。予按墨子之志，蓋以救世，而其道則出於禹。《淮南·要略》云："墨子學儒者之業，受孔子之術。以爲其禮煩擾而不悦，厚葬靡財而貧民，服傷生而害事；服上蓋奪"久"字。故背周道而用夏政。"孫星衍《墨子後叙》，因此推論墨學皆原於禹，其説甚辯。予按古者生計程度甚低，通國之内，止有房屋一所，名之曰明堂。説本阮氏元，見《揅經室集·明堂論》。爲一切政令所自出。讀惠氏棟《明堂大道録》可見。《漢志》云："墨家者流，蓋出於清廟之守，茅屋采椽，是以貴儉；養三老五更，是以兼愛；選士大射，是以尚賢；宗祀嚴父，是以右鬼；順四時而行，是以非命；以孝視天下，是以尚同。"茅屋采椽，明堂之制也。養三老五更，學校與明堂合也。選士大射，後世行於泮宫；然選士本以助祭，其即在明堂宜也。宗祀嚴父，清廟明堂合一之制也。順四時而行，蓋《禮記·月令》、《吕覽·十二紀》、《淮南·時則訓》所述之制，所謂一切政令，皆出明堂也。明堂既與清廟合，以孝視天下，説自易明。《論語》："子曰：禹，吾無間然矣。菲飲食，而致孝乎鬼神；惡衣服，而致美乎黻冕，卑宫室，而盡力乎溝洫。""致孝乎鬼神"，"致美乎黻冕"，則宗祀嚴父之説也。卑宫室，則茅屋采椽之謂也。《禮記·禮運》："孔子曰：我欲觀夏道，是故之杞；而不足徵也，吾得夏時焉。"所謂夏時者，鄭《注》以《夏小正》之屬當之，而亦不能質言。竊以《月令》諸書所載，實其遺制。夏早於周千餘歲，生計程度尚低，政治制度亦簡，一切政令皆出明堂，正是其時。周之明堂，即唐、虞之五府，夏之世室，殷之重屋，乃祀五帝之所。《史記·五帝本紀》索隱引《尚書·帝命驗》。五帝者：東方青帝靈威仰，主春生；南方赤帝赤熛怒，主夏長；西方白帝白招拒，主秋成；北方黑帝汁光紀，主冬藏；而中央黄帝含樞紐，則寄王四時；以四時化育，亦須土也。蓋以天地萬物，同爲自然之力所成，乃進化以後之説。其初則誠謂有一天神焉，"申出萬物"，"陰隲下民"；繼又本"卑者親視事"之義，造爲所謂五帝，以主四時化育；而昊天上帝耀魄寶，則"居其所而衆星拱之"而已。君德之貴無爲，其遠源蓋尚在此。夫學説之變遷，必較制度爲速。以孔子之睿智，豈尚不知五行災變之不足憑；然其删定六經，仍過而存之者，則以其沿襲既久，未可驟廢故也。然則夏之遺制，猶存於周之明堂，正不足怪。墨子所取之説，雖與諸家異，又足考見未進化時之哲學矣。墨子救世之志，誠可佩仰。然其學不久即絶，亦未始不由於此。以是時哲學業已大進，而墨子顧欲逆行未進化時之説故也。

諸子派别：《史記·太史公自序》述其父談之論，分爲陰陽、儒、墨、名、法、道德六家。《漢志·諸子略》，益以縱横家、雜家、農家、小説家爲十家，其中去小説家爲九流。此外兵家、數術、方技，《漢志》各自爲略，而後世亦入子部。

案兵家及方技，其爲一家之學，與諸子十家同。數術與陰陽家，尤相爲表裏。《漢志》所以析之諸子之外者，以本劉歆《七略》，《七略》所以别之者，以校書者異其人，《七略》固書目，非論學術派别之作也。十家之中，陰陽家爲專門之學，不易曉。小説家無關宏旨。九流之學，皆出王官，惟小説家則似起民間。《漢志》所謂"街談巷語，道聽塗説者之所造，閭里小知者之所及"也。《莊子・外物篇》："飾小説以干縣令，其於大達亦難矣。"《荀子・正名篇》："故知者論道而已矣，小家珍説之所願皆衰矣。"所謂"飾小説"及"小家珍説"，似即《漢志》之小説家。蓋九流之學，源遠流長，而小説則民間有思想、習世故者之所爲；當時平民，不講學術，故雖偶有一得，初不能相與講明，逐漸改正，以蘄進於高深；亦不能同條共貫，有始有卒，以自成一統系；故其説蒙小之名，而其書乃特多。《漢志》小説家之《虞初周説》，至九百四十三篇，《百家》至百三十九卷是也。其説固未嘗不爲諸家所採，如《御覽》八百六十八引《風俗通》，謂"城門失火，殃及池魚"，本出《百家書》是。然徒能爲小説家言者，則不能如蘇秦之遍説六國，孟子之傳食諸侯；但能飾辭以干縣令，如後世求仕於郡縣者之所爲而已。墨家上説之外，更重下教。今《漢志》小説家有《宋子》十八篇，實治墨學者宋鈃所爲；蓋採小説家言特多也。古之所謂小説家者如此；後世寄情荒怪之作，已非其倫；近世乃以平話尸小説之名，則益違其本矣。農家亦專門之學，可暫緩。縱横家鬼谷子係僞書。其真者《戰國策》，今已歸入史部。所最要者，則儒、墨、名、法、道及雜家六家而已。儒家之書，最要者爲《孟子》，又《禮記》中存儒家諸子實最多，今皆已入經部。存於子部者惟一《荀子》。此書真僞，予頗疑之。然其議論，固有精者；且頗能通儒法之郵；固仍爲極要之書也。墨家除《墨子》外，更無傳書。《晏子春秋》雖略有墨家言，而無甚精義。名家《經》及《經説》見《墨子》；其餘緒論，散見《莊子》、《荀子》及法家書中。法家：《商君書》精義亦少，間有之，實不出《管》、《韓》二子之外。道家又分二派：（一）明"欲取姑與"、"知雄守雌"之術，《老子》爲之宗；而法家之《管》、《韓》承其流。（二）闡"萬物一體"、"乘化待盡"之旨，其説具於《莊子》。《列子》書晚出，較《莊子》明白易解，然其精深，實不逮《莊子》也。而雜家之《吕覽》、《淮南》，兼綜九流，實爲子部瑰寶。《淮南王書》雖出西漢，然所纂皆先秦成説，精卓不讓先秦諸子也。兵家精義，略具《荀子・議兵》、《吕覽・孟秋》《仲秋》二紀、《淮南・兵略》及《管子》中言兵法諸篇。醫經經方，亦專門之學，非急務。然則儒家之《荀》，墨家之《墨》，法家之《管》、《韓》，道家之《老》、《莊》，雜家之《吕覽》、《淮南》，實諸子書中最精要者；苟能先熟此八書，則其餘子部之書，皆可迎刃而解；而判别其是非真僞，亦昭昭然白黑分矣。讀此八書之法：宜先《老》，次《莊》，次《管》、《韓》，次《墨》，次《荀》，殿以《吕覽》、《淮南》。先《老》、《莊》者，以道家專言原理，爲諸家之學所自出也；次《管》、《韓》者，以法家直承道家之流也；次《墨》，以見哲學中之别派也；《荀子》雖隸儒家，然其書晚出，於諸家之學，皆有論難，實兼具雜家之用；以之與《吕覽》、《淮南》，相次并讀，可以綜覽衆家，考見其異同得失也。

讀諸子書者，宜留意求其大義。昔時治子者，多注意於名物訓詁，典章制度，而於大義顧罕研求。此由當時偏重治經，取以與經相證；此仍治經，非治子也。諸家固亦有知子之大義足貴，從事表章者。然讀古書，固宜先明名物制度；名物制度既通，而義乃可求。自漢以後，儒學專行，諸子之書，治之者少；非特鮮疏注可憑，抑且乏善本足據，校勘訓釋，爲力已疲。故於大義，遂罕探討。善夫章太炎之言曰："治經治子，校勘訓詁，特最初門徑然。大略言之：經多陳事實，諸子多明義理。校勘訓詁而後，不得不各有所主。故賈、馬不能理諸子，而郭象、張湛不能治經。"《與章行嚴論墨學第二書》，見《華國月刊》第四期。胡適之亦謂"治古書之法有三：（一）校勘，（二）訓詁，（三）貫通。清儒精於校勘訓詁，於貫通工夫，尚有未逮"。見所著《中國哲學史大綱》上卷第一篇。誠知言之選也。今諸子之要者，經清儒校勘訓釋之後，近人又多有集解之本，初學披覽，已可粗通。若求訓釋更精；及以其所述制度，互相比較，並與群經所述制度相比較；制度以儒家爲詳，故以諸子所述制度與經比較尤要。則非初學所能。故當先求其大義。諸家大義，有彼此相同者，亦有相異者。相同者無論矣，即相異者，亦仍相反而相成。宜深思而求其會通；然後讀諸子書，可謂能得其要。至於校勘疏解，偶有所得，亦宜隨時札記，以備他日之精研。讀書尚未終卷，即已下筆千言；詆排先儒，創立異說。此乃時人習氣，殊背大器晚成之道，深願學者勿效之也。凡人著書，有可速成者，有宜晚出者。創立新義，發前人所未發；造端宏大，欲求詳密，斷非一人之力所能；祇可姑引其端，而疏通證明，則望諸異人，或俟諸後日；此可早出者也。此等新義之發明，恒歷數百千年而後一見。乃時會爲之，非可强求；亦決非人人可得。至於校勘考證之學，正由精詳，乃能得閫。必宜隨時改訂，以求完密；苟爲未定之説，不可輕出誤人。今人好言著書，而其所談者，皆校勘考證之事，此則私心期期以爲不可者也。

讀古書固宜嚴别真僞，諸子尤甚。秦、漢以後之書，僞者較少，辨别亦較易，古書則不然。古書中之經，治者較多，真僞已大略可睹，子又不然也。然近人辨諸子真僞之術，吾實有不甚敢信者。近人所持之術，大要有二：（一）據書中事實立論，事有非本人所能言者，即斷爲僞。如胡適之摘《管子・小稱篇》記管仲之死，又言及毛嬙、西施，《立政篇》闢寢兵兼愛之言，爲難墨家子論是也。（二）則就文字立論，如梁任公以《老子》中有偏將軍、上將軍之名，謂爲戰國人語；見《學術講演集》評胡適之《中國哲學史大綱》。又或以文字體制之古近，而辨其書之真僞是。予謂二法皆有可採，而亦皆不可專恃。何則？子爲一家之學，與集爲一人之書者不同，前已言之。故讀子者，不能以其忽作春秋時人語，忽爲戰國人之言，而疑其書之出於僞造；猶之讀集者，不能以其忽祖儒家之言，忽述墨家之論，而疑其文非出於一人。先秦諸子，大抵不自著書。今其書之存者，大抵治其學者所爲；而其纂輯，則更出於後之人。書之亡佚既多；輯其書者，又未必通其學；即謂好治此學；然既無師授，即無從知其書之由來，亦無從正其書之真僞；即有可疑者，亦不得不過而存之矣。不過見講此類學術之書共有若干，即合而編之，而取此種學派中最有名之人，題之曰某子云耳。然則某子之標題，本不過表明學派之詞，不謂書即其人所著；與集部書之標題爲某某集者，大不相同。集中記及其人身後之事，及其文詞之古近錯出，固不足怪。至於諸子書所記事實，多有訛誤，此似誠有可疑；然古人學術，多由口耳相傳，無有書籍，本易訛誤。而其傳之也，又重其義而輕其事；如胡適之所摘莊子見魯哀公，自爲必無之事。然古人傳此，則但取其足以明義，往見者果爲莊子與否，所見者果爲魯哀公與否，皆在所不問。豈惟不問，蓋有因往見及所見之人，不如莊子及魯哀公之著名，而易爲莊子與魯哀公者矣。然此尚實有其事。至如孔子往見盜跖等，則可斷並其事而無之。不過作者胸中有此一段議論，乃托之孔子、盜跖耳；此則所謂"寓言"也。此等處若據之以談史實，自易繆誤；然在當時，固人人知爲"寓言"。故諸子書中所記事實，乖繆者十有七八，而後人於其書，仍皆信而傳之。胡適之概斷爲當時之人，爲求利而僞造；又譏購求者之不能別白；亦未必然也。誤之少且小者，後人或不能辨；今諸子書皆罅漏百出，繆誤顯然，豈有概不能辨之理。設事如此，行文亦然。今所傳五千言，設使果出老子，則其書中偏將軍、上將軍，或本作春秋以前官名，而傳者乃以戰國時之名易之。此則如今譯書者，於書中外國名物，易之以中國名物耳。雖不免失真，固與僞造有別也。又古人之傳一書，有但傳其意者，有兼傳其詞者。兼傳其詞者，則其學本有口訣可誦，師以是傳之徒，徒又以是傳之其徒；如今瞽人業算命者，以命理之書口授其徒然。此等可傳之千百年，詞句仍無大變。但傳其意者，則如今教師之講授，聽者但求明其意即止；迨其傳之其徒，則出以自己之言；如是三四傳後，其説雖古，其詞則新矣。故文字氣體之古近，亦不能以別其書之古近也，而況於判其真僞乎。今各家學術，據其自言，皆有所本，説誠未必可信。《淮南子·修務訓》已言之。然亦不能絶無關係。如管夷吾究但長於政事，抑兼長於學問，已難質言。即謂長於學問，亦終不似著書之人。然今《管子·戒篇》載流連荒亡之説，實與《孟子》引晏子之言同；《梁惠王下》篇。《晏子春秋》亦載之；則此派學術，固出於齊；既出於齊，固不能斷其與管仲無關也。中、小《匡篇》所述治制，即或爲管仲之遺。其他自謂其學出於神農、黄帝者視此。《孟子》"有爲神農之言者許行"，梁任公謂其足爲諸子托古之鐵證。其意謂許行造作言語，托之神農也。然此語恐非如此解法。《禮記·曲禮下》篇："醫不三世，不服其藥。"疏引又説云："三世者：一曰黄帝針灸；二曰神農本草；三曰素女脈訣，又云夫子脈訣。"然則"神農本草"四字，乃一學科之名。今世所傳《神農本草經》,非謂神農氏所作之《本草經》;乃謂神農本草學之經,猶今言藥物學書耳。世多以其有後世郡縣名,而訾其書非神農氏之舊,誤矣。《月令》:季夏之月,“毋發令以妨神農之事”。此“神農”二字,決不能作神農氏解。然則諸書所引神農之教,如“一男不耕,或受之饑;一女不織,或受之寒”云云,亦非謂神農氏之教,乃謂神農學之説矣。“有爲神農之言者”,爲當訓治,與《漢書·武紀》“丞相綰奏所舉賢良方正,或治申、商、韓非、蘇秦、張儀之言”,句法相同。《漢志》論農家者流曰:“鄙者爲之,以爲無所事聖王,欲使君臣并耕”,正許行之説;初非謂其造作言語,托之神農也。夫神農、黄帝、管仲,誠未必如托之者之言;然其爲此曹所托,亦必自有其故;此亦考古者所宜究心矣。要之古書不可輕信,亦不可抹煞。昔人之弊,在信古過甚,不敢輕疑;今人之弊,則又在一概吐棄,而不求其故。楚固失之,齊亦未爲得也。

明乎此,則知諸子之年代事蹟,雖可知其大略,而亦不容鑿求。若更據諸子中之記事以談古史,則尤易致誤矣。蓋古書之存於今,而今人據爲史料者,約有數種:(一)史家所記,又可分爲四種:《尚書》,一也。《春秋》,二也。《國語》,三也。孔子所修之《春秋》,雖爲明義而作,然其原本則爲記事之書。《左氏》真僞未定,即真,亦與《國語》同類也。世系,四也。此最可信。(二)私家紀事之作。其較翔實者,如孔門之《論語》;其務恢侈者,則如《管子》大、中、小《匡》三篇是也。前者猶可置信,後者則全不足憑矣。古代史家所記之事,誠亦未必盡信。然較諸私家傳説,則其謹嚴荒誕,相去不啻天淵。試取大、中、小《匡》三篇一讀便見。此三篇中,《大匡》前半篇及《小匡》中“宰孔賜祚”一段,蓋後人别據《左氏》一類之書補入,餘則皆治法學者傳述之辭也。(三)諸子中之記事,十之七八爲寓言;即或實有其事,人名地名及年代等,亦不可據;彼其意,固亦當作寓言用也。據此以考事實,苟非用之十分謹慎,必將治絲益棼。夫諸子記事之不可盡信如此;而今人考諸子年代事蹟,顧多即以諸子所記之事爲據;既據此假定諸子年代事蹟,乃又持以判别諸子之書之信否焉,其可信乎?一言蔽之,總由不知子與集之異,太重視用作標題之人,致有此誤也。

吾謂整治諸子之書,仍當著重於其學術。今諸子書急待整治者有二:(一)後人僞造之品,竄入其中者。(二)異家之言,誤合爲一書者。蓋諸子既不自著書;而其後學之著書者,又未嘗自立條例,成一首尾完具之作;而其書亡佚又多;故其學術之真相,甚難窺見。學術之真相難見,則僞品之竄入自易,異家之誤會亦多。夫真僞混淆,則學説湮晦;異家錯處,則流别不明;此誠足爲治諸子學之累;故皆急宜揀剔。揀剔之法,仍宜就其學術求之,即觀其同,復觀其異;即觀其同異,更求其説之所自來;而求其所以分合之由。如是,則諸子之學可明;而諸子之學之根源,及其後此之興替,亦可見矣。此法今人必譏其偏於主觀;然考校書中事實及文體之法,既皆不足恃,則仍不能不出於此也。

舊時學者，於吾國古書，往往過於尊信；謂西方學術，精者不出吾書。又或曲加附會，謂今世學術，皆昔時所已有。今之人則適相反，喜新者固視國故若土苴；即篤舊者，亦謂此中未必真有可取；不過以爲舊有之物，不得不從事整治而已。此皆一偏之見。平心論之：社會科學之理，古人皆已引其端；其言之或不如後世之詳明，而精簡則遠過之。截長補短，二者適足相償也。且古代思想，恒爲後世學術風俗之原；昧乎其原，則於其流終難深曉。諸子爲吾國最古之學；雖其傳久晦，而其義則已於無形中蒸爲習尚，深入於人人之心。不知此者，其論世事，縱或持之有故，終不免隔河觀火之談。且真理古今不異，苟能融會貫通，心知其意，古書固未必不周今用；正可以今古相證而益明也。惟自然科學，中國素不重視；即有發明，較諸今日，亦淺薄已甚，稍加疏證，不過知古代此學情形如何，當作史材看耳。若曲加附會，侈然自大，即不免夜郎之誚矣。

讀諸子者，固不爲研習文辭。然諸子之文，各有其面貌性情，彼此不能相假；亦實爲中國文學，立極於前。留心文學者，於此加以鑽研，固勝徒讀集部之書者甚遠。中國文學，根柢皆在經史子中，近人言文學者，多徒知讀集，實爲捨本而求末；故用力多而成功少；予別有論。即非專治文學者，循覽諷誦，亦足所祛除鄙俗，涵養性靈。文學者美術之一；愛美之心，人所同具；即不能謂文學之美，必專門家乃能知之，普通人不能領略也。諸子之文，既非出於一手，并非成於一時。必如世俗論文者之言，謂某子之文如何，固近於鑿；然其大較亦有可言者。大約儒家之文，最爲中和純粹。今荀子雖稱爲儒，其學實與法家近；其文亦近法家。欲求儒家諸子之文，莫如於《小戴記》中求之；前已論及。道家《管》、《老》一派，文最古質。以其學多傳之自古，其書亦非東周時人所撰也。見後。《莊子》文最詼詭，以當時言語程度尚低，而其說理頗深，欲達之也難，不得不反復曲譬也。法家文最嚴肅。名家之文，長於剖析；而法家論事刻核處，亦實能辨别豪芒。以名法二家，學本相近也。《墨子》文最冗蔓。以其上說下教，多爲愚俗人説法，故其文亦隨之而淺近也。大約《墨子》之文，最近當時口語。縱横家文最警快，而明於利害。《戰國策》中，此等文字最多；諸子中亦時有之；説術亦諸家所共習也。雜家兼名、法，合儒、墨，其學本最疏通，故其文亦如之；《吕覽》、《淮南》，實其巨擘。而《吕覽》文較質實，《淮南》尤縱横馳騁，意無不盡，則時代之先後爲之也。要之言爲心聲，諸子之學，各有專門，故其文亦隨之而異，固非有意爲之；然其五光十色，各有獨至之處，則後人雖竭力摹仿，終不能逮其十一矣。以今語言之，則諸子之文，可謂“個性”最顯著者，欲治文學者，誠不可不加之意也。

老　子

道家之書，後世爲神仙家所依托，固已全失其本真；即反諸魏、晉之初，談玄者率以《老》、《莊》并稱，實亦已非其朔。若循其本，則《漢志》所謂道家者流，其學實當分二派：一切委心任運，乘化以待盡，此一派也。現存之書，《莊》、《列》爲其代表。秉要執本，清虚以自守，卑弱以自持，此一派也。現存之書，以《老子》爲最古。此二派，其崇尚自然之力同；然一因自然力之偉大，以爲人事皆無可爲，遂一切放下；一則欲因任之以致治，善用之以求勝；其宗旨固自不同。夷考漢人之言，多以黄、老連稱，罕以老、莊并舉。案今《列子書》第一篇《天瑞》，引《黄帝書》二條，黄帝之言一條。第二篇爲《黄帝篇》，引老聃之言一條。第六篇《力命》引老聃謂關尹之言一條，《黄帝書》一條。而《天瑞篇》所引《黄帝書》，有一條與今《老子書》同。"谷神不死，是謂玄牝，玄牝之門，是謂天地之根。綿綿若存，用之不勤"。《列子》原未必可信，然十之七八，當係採古書纂輯而成，必非晉人杜撰；然則"黄老"者，乃古代學派之名；其學遠托諸黄帝；而首傳其説者，則老子也。今觀《老子書》，文體甚古。全書多作三四言韻語。乃未有散文前之韻文。間有長句及散句，蓋後來所加。又全書之義，女權皆優於男權。案今《周易》首乾，而《殷易》先坤，見《禮記・禮運》"吾得坤乾焉"鄭注，此亦吾國男女權遞嬗之遺跡。然殷時女權，實已不盛。吾别有考。《老子》全書，皆稱頌女權；可見其學必始於殷以前。托諸黄帝，固未必可信。然據《禮記・祭法》，嚴父配天，實始於禹；則夏時男權已盛，老子之學，必始五帝時矣。蓋舊有此説，口耳相傳，至老子乃誦出其文也。書中無男女字，但稱牝牡；亦可徵其時代之早。近人如梁任公，以其書中有偏將軍、上將軍之名；又謂"師之所處，荆棘生焉，大兵之後，必有凶年"等語，似係見過長平等大戰者。遂疑爲戰國時書。胡適之摘其"民之饑，以其上食税之多"，"天之道，損有餘而補不足，人之道則不然，損不足以奉有餘"等語，謂爲反對東周後之横征暴斂，引《碩鼠》等詩爲證，皆非也。偏將軍、上將軍等語，不足爲《老子書》出戰國後之證，前已辯之。"師之所處，荆棘生焉，大兵之後，必有凶年"，凡戰事皆然，何必長平等大戰？《老子》一書，皆發揮玄理之語，非對一時政治立言；又觀其文體之古，即知其書非出周代，亦不得引風詩爲證也。

《老子》全書之旨，可以兩言括之：(一) 曰治國主於無爲，(一) 曰求勝敵當以卑弱自處而已。吾國古代哲學，近於機械論，前已言之。既近機械論，則視一切社會現象，皆有自然之律，運行乎其間，毫厘不得差忒，與研究自然科學者之視自然現象同；彼其視自然之力，至大而不可抗也，故祇有隨順，斷無可違逆之，使如吾意之理。欲違逆之使如吾意，即所謂"有爲"；一切隨順天然之律，而不參以私意，則即所謂"無爲"也。凡治事者，最貴發見自然之律而遵守之；而不然者，姑無論其事不能成，即使幸成焉，其反動之力，亦必愈大；此老子所以主張治國以無爲爲尚也。至其求勝敵之術，所以主於卑弱者，則因其以自然力之運行爲循環之故。所謂"道之動曰反"也。自然力之運行，既爲循環，則盛之後必繼以衰，强之後必流於弱，乃無可逃之公例；故莫如先以卑弱自處。此皆老子應事之術也。至其空談原理之語，宗旨亦相一貫；蓋所謂治國當主無爲，勝敵必居卑弱者，不外遵守天然之律而已。古代哲學之宇宙論，以爲萬物同出一原，前文亦已言及；萬物同出一原，則現象雖殊，原理自一。此形形色色之現象，老子喻之以"器"；而未成萬物前之原質，則老子喻之以"樸"。其曰"樸散而爲器"者，猶曰原質分而爲萬物耳。夫同一原質，斷未有不循同一定律者；至其散而爲萬物，則有難言者矣。《老子》一書，反復推闡，不外謂樸散爲器之後，仍當遵守最初之原理。其曰"見素"，欲見此也；其曰"抱璞"，欲抱此也；其曰"守中"，以此爲中也；其曰"抱一"，以此爲一也。又其言曰："有無相生，難易相成，長短相較，高下相傾。"又曰："天下皆知美之爲美，斯惡矣；皆知善之爲善，斯不善矣。"欲舉天下對待之境，一掃而空之。亦以此等相對之名，皆"樸散爲器"而始有；返諸其初，則祇渾然之一境也。此其"絶聖棄智"，"聖人不死，大盜不止"之説所由來，而亦莊周"齊物"之理所由立。百家之學，其流異，其原固無不同；然其流既異，即不得因其原之同，而泯其派别也。老子全書之宗旨如此；由前總論所述，已可見之。然《老子書》解者最多，而其附會曲説亦最甚；故不憚詞費，更申言之。要之古書中語，具體者多，抽象者少。此自言語巧拙，今古不同使然。讀書固貴以意逆志，不可以詞害意；世之誤解《老子》者，多由泥其字面，誤取譬之詞，爲敷陳之論，有以致之也。又古書中"自然"字，"然"字當作成字解，不當作如此解。如《老子》"功成事遂，萬物皆謂我自然"；《淮南子・原道訓》"萬物固以自然，聖人又何事焉"是也。

《老子》書注者極多，最通行者，爲河上公注、王弼注、吴澄注三種。河上公注爲僞物，前人已言之。王弼注刻本雖晚出，然陸德明《經典釋文》，爲作音訓；又《列子》引《黄帝書》一條，與《老子》同者，張湛即引弼注注之，皆與今本相符；可證其非僞物。吴澄注多以釋理與道家言相證，雖非本旨，亦尚無金丹黄白，如塗塗附之談。予謂《老子書》并不難解，讀者苟具哲學常識，凡研究中國古哲學及佛書者，必須先有現在哲學常識。此層最爲緊要；否則研究中國哲學者，易致貌似玄妙，而實無標準。研究佛學者，更易流於迷信。即不看注，義亦可通；而一看注，則有時反至茫昧；初學讀此書，可但涵泳本文，求其義理。諸家之注，一覽已足，不必深求也。

欲求《老子》之義於本文，姚鼐《老子章義》，卻可一覽。《老子》原書，本無《道經》、《德經》之分，分章更係諸家隨意所爲；讀者但當涵泳本文，自求條理，若一拘泥前人章句，則又滋糾紛矣。姚氏此書，即以前人分章爲不然，以意重定；雖不必執其所定者爲準，然其法自可用也。

古書"經"、"傳"恒相輔而行，大抵文少而整齊有韻者爲"經"，議論縱横者爲"傳"。蓋經爲歷世相傳，簡要精當之語，"寡其辭，協其音"，所以便誦讀；而傳則習其學者發揮經意之書也。《老子》書理精詞簡，一望而可知爲經；其學之傳授既古，後學之發揮其義者自多。據《漢志》：道家有《老子鄰氏經傳》四篇、《老子傅氏經説》三十七篇、《老子徐氏經説》六篇、劉向《説老子》四篇，蓋皆《老子》之傳。惜其書皆不傳。然解釋《老子》之詞，散見於諸子中者仍不少。近人長沙楊樹達，嘗彙輯之而成《老子古義》一書中華書局出版。極可看。焦竑《老子翼》三卷，輯《韓非》以下解《老子》者六十四家，採摭可謂極博，然亦宋以後説爲多，初學可暫緩。

莊　子

《莊子》與《老子》同屬道家，而學術宗旨實異，前已言之。《莊子》之旨，主於委心任運，頗近頹廢自甘；然其説理實極精深。中國哲學，偏重應用，而輕純理；固以此免歐洲、印度哲學不周人用之誚，而亦以此乏究極玄眇之觀。先秦諸子中，善言名理，有今純理哲學之意者，則莫《莊子》若矣。《列子》宗旨與《莊子》大同。然其書似出後人纂輯，不免羼雜；精義亦不逮《莊子》之多。又據《莊子》末篇，則惠施之學，頗與莊子相近。然惠施學説，除此以外，無可考見；他書引惠子事，多無關哲理，如今《莊子》之有《説劍篇》耳。章太炎於先秦諸子中，最服膺《莊子》，良有由也。

今《莊子》書分内篇、外篇及雜篇。昔人多重内篇，然外篇實亦精絶，惟雜篇中有數篇無謂耳。分見後。

《莊子》注以郭象爲最古，《世説新語》謂其竊諸向秀，據後人所考校，誠然。可參看《四庫書目提要》。此注與《列子》張湛注，皆善言名理；似尚勝王弼之《易》注及《老子》注。兼可考見魏、晉人之哲學，實可寶也。四庫所著録者，有宋褚伯秀《南華真經義海纂微》一百六卷。纂郭象、吕惠卿、林疑獨、陳祥道、陳景元、王雱、劉概、吴儔、趙以夫、林希逸、李士表、王旦、范元應十三家之説。《提要》謂宋以前解《莊子》者，梗概略具於是。又焦竑《莊子翼》八卷，體例與其《老子翼》同。雖《提要》議其不如彼書之精，然亦多存舊説也。近人注釋，有郭慶藩《莊子集釋》、王先謙《莊子集解》。郭氏書兼載郭象注及唐成玄英疏，更集衆説，加以疏釋，頗爲詳備。王氏書較郭氏爲略，蓋其書成於郭氏之後，不取重複，故但説明大意而止也。

《逍遥游》第一　此篇借物之大小不同，以明當境各足之義。蓋世間之境，貧富貴賤，智愚勇怯，一若兩端相對者然；語其苦樂，實亦相同。然世多以彼羡此，故借大小一端，以明各當其分；大者不必有餘，小者不必不足；郭注所謂"以絶羡欲之累"也。"列子御風而行"一段，爲《莊子》所謂逍遥者，其義主於"無待"。夫世間之物，無不兩端相對待者，欲求無待，非超乎此世界之外不可,則其説更進矣。此篇文極詼詭,然須知諸子皆非有意爲文。其所以看似詼詭者,以當時言語程度尚低,抽象之詞已少;專供哲學用之語,更幾於絶無;欲説高深之理,必須取譬於實事實物;而眼前事物,欲以説明高深之理極難;故不得不如是也。此等處宜探其意而弗泥其辭;苟能心知其意,自覺其言雖詼詭,而其所説之理,實與普通哲學家所説者無殊矣。至於世俗評文之家,竟謂諸子有意於文字求奇,其説更不足論。此凡讀古書皆然。然《莊子》書爲後人穿鑿附會最甚,故於此發其凡。此篇引《齊諧》之言。所謂《齊諧》者,蓋誠古志怪之書,而作此篇者引之。不然,初不必既撰寓言,又僞造一書名,而以其寓言托之也。然則此篇中詼詭之語,尚未必撰此篇者所自造;有意於文字求奇之説,不攻自破矣。

《齊物論》第二　論與倫古字相通。倫者類也,物必各有不同,然後可分爲若干類,故倫字有不同之義。猶今人各種東西之種字耳。此篇極言世界上物,雖形形色色,各有不同,然其實仍係一物。蓋"彼出於是,是亦因彼",去彼則此之名不存,去此則彼之名亦不立;又宇宙之間,變化不已,此物可化爲彼,彼物亦可變爲此;此足見分别彼此,多立名目者,乃愚俗人之見矣。此篇宗旨,在"天地與我并生,萬物與我爲一"十二字;惠施"泛愛天地,萬物一體"之説,見《天下篇》。亦由此理而出,實仍本於古代哲學,宇宙萬物皆同一原質所成之觀念也。亦可見先秦諸子之學,同出一原矣。

《養生主》第三　此篇言作事必順天理,以庖丁解牛爲喻;天者自然,理者條理。隨順天理,即隨順自然之條理也。人能知此理,則能安時處順,使哀樂不入,而可以養生。

《人間世》第四　此篇言處世之道,貴於虚己。所謂"虚己"者,即無我之謂也;人而能無我,則物莫能害矣。物兼人爲之事,及自然之力言。

《德充符》第五　此篇舉兀者等事,見無我者之爲人所悦,是爲德充之符。

《大宗師》第六　郭《注》云:"雖天地之大,萬物之富,其所宗而師者無心也。"此篇蓋發揮哲學中之機械論,夫舉全宇宙而爲一大機械,則人處其間,祇有委心任運而已。故曰"天地大爐,造化大冶,惟所陶鑄,無乎不可"也。

《應帝王》第七以上内篇。　此篇言應世之術,貴乎無所容心。其言曰"至人之用心若鏡,不將不迎,應而不藏",乃全篇之宗旨也。蓋言無我則能因物付物,是爲應世之術。

《駢拇》第八　此篇言仁義非人性。伯夷、盜跖,雖善惡不同,而其爲失本性則均。齊是非之論也。

《馬蹄》第九　此篇言伯樂失馬之性,聖人毁道德以爲仁義,與上篇宗旨意同。

《胠篋》第十　此篇言善惡不惟其名惟其實，因欲止世之爲惡者，而分别善惡，爲惡者即能並善之名而竊之；夫善之名而爲爲惡者所竊，則世俗之所謂善者不足爲善，惡者不足爲惡，審矣。乃極徹底之論也。

《在宥》第十一　此篇言以無爲爲治，而後物各得其性命之情；戒干涉，主放任之論也。“性命”二字之義見前。

《天地》第十二　此篇爲古代哲學中之宇宙論，極要。

《天道》第十三　此篇由哲學中之宇宙論，而推論治天下之道，見道德名法，皆相一貫而歸本於無爲。

《天運》第十四　此篇言仁義等之不足尚。

《刻意》第十五　此篇言虚無無爲之貴。

《繕性》第十六　此篇言心之所欲，多非本真，故戒去“性”而從心，當反情性而復其初。

《秋水》第十七　此篇首設河伯、海若問答，亦齊物之旨。“夔憐蚿”一節，言人當任天而動。“孔子畏於匡”一節，言窮通由於時命，非人所能爲。“莊子與惠子游濠梁”一節，言名學之理頗深；惟“莊子釣於濮水”、“惠子相梁”兩節粗淺。

《至樂》第十八　此篇言“無爲爲至樂，至樂者無樂”。因極言生死之同。“種有幾”一段亦此義。郭注：有變化而無死生也。近人以牽合生物學，似非也。

《達生》第十九　此篇言生之來不能卻，其去不可止；能遺世則爲善養生；亦委心任運之論。

《山木》第二十　此篇言人之處世，材不材皆足嬰患，惟乘道德而游者不然。所謂乘道德者，虚己之謂也；虚己則無計較利害之心，無計較利害之心，則物莫之能累矣。亦《人間世》、《德充符》兩篇之旨也。

《田子方》第二十一　此篇記孔子告顔回語，亦齊物之旨。老聃告孔子語，推論生物之原，由於陰陽二力，亦古代哲學中之宇宙論也。

《知北游》第二十二以上外篇。　此篇言“道”，亦古代哲學中宇宙論也。其言“無無”之義，已頗涉認識論矣。

《庚桑楚》第二十三　此篇文頗艱深，其大意謂一切禍福，皆心所造；故心無利害之念，則物自莫之能侵。所謂“寇莫大於陰陽，猶今言自然力。無所逃於天地之間，非陰陽賊之，心自使之”；“身若槁木，心若死灰，禍亦不至，福亦不來”也。其云：“萬物出乎無有；有不能以有爲有，必出乎無有；而無有一無有。聖人藏於是。"闡無有之理尤精。此言一切萬物，彼不能爲此之原因，此亦不能爲彼之原因。乃道家虚無無爲之旨所從出也。

《徐無鬼》第二十四　此篇亦言爲仁義，則必流於不仁義，道家所以貴道德而賤仁義者由此。末段亦涉及古代哲學中之宇宙論，文頗難解。

《則陽》第二十五　此篇亦言爲仁義則必流於不仁不義，兼涉及宇宙論，與上篇同。篇末"莫爲"、"或使"之辯，即哲學中"有神"、"無神"之争也。其論犯罪者非其罪一節，尤有合於社會主義。

《外物》第二十六　此篇爲雜論。

《寓言》第二十七　此篇亦雜論，有與他篇重複處。

《讓王》第二十八　此篇雜記讓國之事，言惟輕天下重一身者，乃足以治天下；詞意似淺。然道家所謂"養生"，其意實謂必如此之人，乃足以治天下，而非徒寶愛其身，欲求全其性命，即此可見。此義道家屢及之，如《吕覽·貴生》、《淮南·精神訓》、《詮言訓》是。神仙家之竊取附會，而自托於道家者，其失不待辯而自明矣。

《盗跖》第二十九　此篇言君子小人，名異實同，莫如恣睢而求目前之樂。與《列子·楊朱篇》同義。其言富者之苦樂一節，頗可考見古代社會生計情形。

《説劍》第三十　此篇記莊子説止趙文王好劍之事，意義淺薄，與《莊子》全書，了無關涉。且此事散見他書者甚多，所屬之人亦各異。凡古代傳説之事，固多如此。蓋此事相傳，一説以屬莊子，故編《莊子》書者，遂以之輯入爲一篇也。

《漁父》第三十一　此篇亦淺薄。

《列御寇》第三十二　此篇亦淺薄，而間有精論。

《天下》第三十三　此篇蓋莊子之自叙，前總論，後分列諸家，可考見古代學術源流。論古代學術源流者，以《莊子》此篇、《淮南·要略》、《太史公自序》、《漢書·藝文志》四篇爲最有條理。而四篇又各有勝處。《漢志》推論諸家之學所自出，可見其各有所本；《莊子》此篇則言道術始合而後分，可見諸家之學，雖各有所本，而仍同出一原；同出一原，謂其同根據於古代之哲學；各有所本，則言其以一種哲學，而推衍之於各方面。其義相反而相成。《淮南》論諸子之學，皆起於救時之弊，有某種弊，即有某種學；如方藥然，各有主治，即各有用處。而《太史公自序》，則言諸家之學，各有所長，亦各有所短；其義亦相反而相成也。

列　子

此書前列張湛《序》，述得書源流，殊不可信。而云“所明往往與佛經相參，大同歸於老莊”；“屬辭引類，特與《莊子》相似。莊子、慎到、韓非、尸子、淮南子，玄示指歸，多稱其言”；則不啻自寫供招。佛經初入中國時，原有以其言與老、莊相參者；一以爲同，一以爲異，兩派頗有争論。湛蓋亦以佛與老、莊之道爲可通，乃僞造此書，以通兩者之郵也。其云莊子、慎到等多稱其言，蓋即湛造此書時所取材。汪繼培謂“後人依採諸子而稍附益之”，最得其實。然此固不獨《列子》。凡先秦諸子，大都不自著書；其書皆後人採綴而成；採綴時，豈能略無附益，特其書出有早晚耳。故此書中除思想與佛經相同，非中國所固有者外，仍可認爲古書也。篇首劉向校語，更不可信。凡古書劉向序，大都僞物。姚姬傳惟信《戰國策序》爲真，予則並此而疑之。

注《莊子》書者甚多，《列子》則惟張湛一注，孤行於世。唐殷敬順就張湛注作《釋文》，本各爲書。元、明以來刻本，皆以《釋文》入注，二者遂混淆不辨。清汪繼培得影宋鈔本，又録《釋文》單行本於《道藏》，據以參校，二者始各還其舊。此外參校之本尚多，實此書最善之本也。又有唐盧重元注，《唐・藝文志》以下，皆不著録。鄭樵《通志》始及之。書有陳景元序，謂得之徐靈府。清秦恩復得之金陵道院，重刻之。然今所傳《文子纘義》，亦出徐靈府，其書殊不可信，則此書恐亦非唐時物也。

此書大旨與《莊子》相類。精義不逮《莊子》之多，而其文較《莊子》易解，殊足與《莊子》相參證。讀《莊子》不能解者，先讀此書最好。其陳義有視前人爲有進者。如《湯問篇》：“湯問於夏革，曰：古初有物乎？夏革曰：古初無物，今惡得物？後之人將謂今無物，可乎？湯問曰：然則物無先後乎？夏革曰：物之終始，初無極已。始或爲終，終或爲始，惡知其紀？自物之外，自事之先，朕所不知也。”案古人論宇宙原始者，率以爲有氣而後有形，有形而後有質，皆宇宙論中語。此則明人能知有，不能知無；時間之起訖，空間之際限，實非人所能知；

人之所知，實以認識所及爲限；已深入認識論之堂奥矣。蓋佛學輸入後始有之義也。

《天瑞》第一　此書爲《列子》之宇宙論，與他古書所述大同，而文最明白易曉。

《黄帝》第二　此篇言氣無彼我，彼我之分由形；任氣而不牽於形，則與物爲一；與物爲一，則物莫能害。蓋承上篇，言人所以自處之道也。

《周穆王》第三　此篇言造物與人之爲"幻"無異，夢與覺無異，蓋言真幻不别也；似亦已雜佛學之理矣。莊子物化之説，雖亦已起其端，然言之不如此篇之透徹。西極化人，即西域眩人，乃漢時事。《穆天子傳》及《山海經》中涉及西域者，後人以其地理多合，信爲古書；不知其正西域地理既明後，僞造之作也。觀此篇所取材，而知其爲魏、晉間物矣。

《仲尼》第四　此篇總旨，在"忘情任理"四字。"中山公子牟"一節，述公孫龍之學，頗有條理。其説必有所本，注文亦極明了。可寶也。今《公孫龍子》殊不易讀。

《湯問》第五　此篇言空時間皆不可知。又言人所不知之事甚多，不可據其所知，以疑其所不知；乃極精之認識論也。

《力命》第六　此篇言力不勝命，今哲學中所謂定命論；又言凡事皆出於不得不然，今哲學中所謂機械論也。

《楊朱》第七　此篇爲厭世之義。楊朱之學，除《孟子》稱其爲我外，他無可考；此書何從獨有之？可知其僞。

《説符》第八　此篇言因果有必至之符，亦機械論。又言有術者或不能行，行之者不必有術；視學問事功，判然二物。又言人與物徒以智力相制，迭相食，見無所謂福善禍淫等天理，其理亦皆與機械論相通也。

荀　子

儒家孟、荀并稱,然《荀子》書予極疑之。予疑《荀子》書,自讀其非象刑之論始。蓋儒家論刑,止有二義:(一)曰五刑,是爲肉刑,見《書·吕刑篇》。(一)曰象刑,見《堯典》。今本分爲《舜典》。象刑之説,見《書大傳》,謂不殘賊人之肢體,徒僇辱之而已。漢文《廢肉刑詔》:"蓋聞有虞氏之時,畫衣冠、異章服以爲戮而民弗犯",即今文《書》説也。皆《書》説也。非象刑之論,與儒家之尚德化,根本不相容。及讀《漢書·刑法志》,荀子之論具在,乃恍然有悟。蓋漢時地方豪族,以及游俠之士,漢時去封建近,此等乃前此貴族及武士之遺也。勢力極大。上扞國法,下陵小民;獄犴不平,職是之故。仁人君子,蒿目時艱,乃欲以峻法嚴刑,裁抑一切;此自救時之論,有激而云,而實行之者則王莽也。夫莽固事事托之於古者也。然則非象刑之論,蓋亦不知何人所造,而托之荀子者矣。本此以推,則見其性惡之論、法後王之言,亦皆與儒家之義,不能并立。其論禮也,謂"人生不能無群,群而無分則争,争則亂,亂則離,離則弱,弱則不能勝物"。見《王制篇》。亦法家論法之語也。夫如後世之論,則諸經皆出荀卿。汪中《荀卿子通論》。案此篇所引諸經傳源流,多不可信。董仲舒作書美荀卿,説出今所傳《荀子》、劉向《叙》,他無徵驗。此序之僞,亦顯而易見也。今姑不必深求。但使戰國之末,儒家大師荀卿,其議論果如今《荀子》書所云,則在儒家中實爲異軍蒼頭;安得歷先漢二百年,迄無祖述之書,亦無反駁之論哉?今《荀子》書同《韓詩外傳》、《二戴記》、《説苑》、《新序》處最多,亦有同《書大傳》、《春秋繁露》、《公羊》、《穀梁》、《左氏》、《國語》、《楚辭》、《禮緯》、《詩》毛氏《傳》、《孔子家語》者;又有同《管》、《韓》、《莊》、《列》諸子、《晏子春秋》、《淮南王書》者。夫其同《説苑》、《新序》,誠可諉爲劉向校書中秘,已見是書。《大戴記》晚出,無傳授,昔人即不之信;《小戴記》亦今古文雜;《穀梁》、《左氏》、《毛詩》皆晚出,姑勿論。其同《韓詩外傳》、《書大傳》、《公羊》、《繁露》,何説之辭?謂諸儒襲《荀子》,則諸儒早見《荀子》書矣,何待劉向?謂其各不相襲,所本者同,又無解於《荀子》書中,與儒家持義根本不相容之處,他家皆無此論也。然則《荀子》者,乃較早出之《孔子家語》耳。其與諸書同處,正足證其書由抄襲而成;而較《荀子》晚出之書,則又轉襲《荀子》者也。予之臆見如此,當否誠不敢自信。至於《荀子》之書當讀,則初不因其真僞而異;因其書有甚精處,要必爲先秦之傳,固不必問其集自何人,題爲何子也。

《荀子》書多精論,然頗凌雜無條理,今爲料揀之。案《荀子》書宗旨,犖犖大者,凡有八端:曰"法後王",見《不苟》、《非相》、《儒效》、《王制》諸篇。曰主人治,見《王制》、《君道》、《致士》諸篇。曰群必有分,見《王制》、《富國》諸篇。曰階級不能無,見《榮辱》、《富國》諸篇。曰性惡,見《榮辱》、《性惡》諸篇。曰法自然,見《天論》、《解蔽》諸篇。曰正名,見《正名》篇。此外攻擊儒、墨、名、法,與權謀諸家之語,散見《非十二子》、《儒效》、《王霸》、《君道》、《議兵》、《强國》、《正論》、《樂論》諸篇。要之《荀子》書於諸家皆有詰難;語其宗旨,實與法家最近;而又蒙儒家之面目者也。全書中最精者,爲《天論》、《正論》、《解蔽》、《正名》四篇。

《荀子》書《漢志》三十二篇。今《漢志》作"三十三",乃誤字。《隋》、《唐志》皆十二卷。唐楊倞爲之注,分爲二十卷;於篇第頗有升降。今世通行者,爲嘉善謝氏刻本,其校勘實出盧文弨。又有宋台州刻本,黎庶昌得之日本,刻入《古逸叢書》中。王先謙更取王念孫、俞樾諸家校釋,又以台州本及盧氏取之未盡之虞、王合校本,與謝本相校,成《荀子集解》一書。採摭頗備,甚便觀覽。

《勸學》第一、《修身》第二、《不苟》第三　以上三篇,皆儒家通常之論。《不苟篇》"君子養心莫善於誠"一節,義與《禮記·中庸篇》通。又"君子位尊而志恭"一節,論法後王之義。

《榮辱》第四　此篇義亦主於修爲,與前數篇同。"凡人有所一同"一節,謂人之行爲,爲生理所限,而生理受制於自然律,實性惡之説所本也。

《非相》第五　此篇衹首節非相,蓋以首節之義名篇也。與《論衡·看相》等篇參看,可見古者對於相人之術,迷信頗甚。

《非十二子》第六　此篇亦見《韓詩外傳》,而止十子,無子思、孟軻。《荀子》書吾頗疑其爲西漢末人所集。然其所取資,固不能盡僞。凡古僞書皆然。墨子學於孔子,説似不誣。見後。今其書《非儒》、《公孟》、《耕柱》諸篇,攻擊儒家最烈。其中固有由宗旨不同處,然譏儒者貪於飲食,惰於作務,徒古其服及言而實無可取;頗與此篇所攻子張氏、子夏氏之賤儒合。此不得謂非儒者之病。蓋儒者固自有其真,然徒黨既多,不能無徒竊其名而無其實者。《禮記·儒行》記孔子之言曰:"今衆人之命儒也妄常,以儒相詬病。"篇末又記哀公聞孔子之言,“終没吾世,不敢以儒爲戲”。則當時耳儒之名而不知其義,以儒相詬病,以儒爲戲者甚多;皆“貪於飲食,飾其衣冠”之賤儒,有以自取之也。頗疑此篇中攻子思、孟軻之語,爲後人所造;詳見鄙著《辨梁任公陰陽五行説之來歷》。見《東方雜志》第二十卷第二十號。而其非子張、子夏氏之賤儒之語則真。但爲先秦舊説耳,不必定出荀卿其人,且不必定出儒家,此義亦前已及之矣。

《仲尼》第七　此篇言“仲尼之門,五尺之豎子,羞稱五霸”,與《春秋繁露·封膠西王篇》合。《漢書·董仲舒傳》亦同。是今文家義也。夫董子者,“正其義,不謀其利,明其道,不計其功”者也;而此篇下文論擅寵於萬乘之國,而無後患之術,幾於鄙夫之談,亦可見《荀子》書之雜矣。

《儒效》第八　此篇中有辟名家之論,亦及法後王之義。

《王制》第九　此篇中有述制度處,頗足與群經相考證。此外有論人治之語;有言法後王之義;又其言有群乃能勝物,而群不可無分;則爲法家重度數之意,可與下篇參看。

《富國》第十　此篇言群不可無分,有分爲富國之道,闢墨子之徒以不足爲患,陳義頗精。

《王霸》第十一　此篇斥權謀。“禮之所以正國也”一節,與《禮記·經解篇》同。《禮論篇》“取繩墨誠陳”云云亦然。此數語法家論法,亦恒用之;亦可見《荀子》與法家相近也。《禮記》亦漢人集諸經之傳及儒家諸子而成。見前。

《君道》第十二　此篇言人治,辟權謀。此篇楊注亡。

《臣道》第十三　此篇爲儒家通常之義。

《致士》第十四　此篇論人治數語,與《王制》篇復。得衆動天十六字,文體及意義,並與上下文不相蒙;下文論刑賞及師術,亦與致士無涉。蓋多他篇錯簡,或本篇本雜湊而成,而取其一端以名篇也。

《議兵》第十五　此篇論用兵之理極精。《韓詩外傳》、《新序》、《史記·禮書》、《漢書·刑法志》皆載之。

《强國》第十六　此篇亦通常之論。

《天論》第十七　此篇言:“吉凶由人不由天。”“事非人力所能爲者,不以措意。”“人當利用自然。”“怪異不足畏。”“合衆事乃能求得公例,徒據一偏則不能得。”乃《荀子》書中最精之論也。此篇駁老子、慎到、墨翟、宋鈃。

《正論》第十八　此篇皆詰難當時諸家之論。第一節即駁法家。然第二節論湯、武非篡,義不如《孟子》之精,而持論實與法家相近。第三節駁象刑,則彌與儒家反矣。要之此書雖駁法家,然其思想實與法家近也。篇末駁子宋子，頗可借考宋牼學説。

《禮論》第十九　此篇有精語。然大體與《大戴禮·禮三本》、《史記·禮書》同。又有同《穀梁》及《禮記·經解·三年問》處。

《樂論》第二十　此篇同《禮記·樂記》，而多增入辟墨子語。《史記·禮書》亦同。案《史記》八《書》皆亡，蓋後又取他書補之。可見《荀子》書中辟他家之語，有後來增入者。亦足爲《非十二子》中闢子思、孟軻之語，爲後人增入之一證也。又一段同《禮記·鄉飲酒義》。此篇注亦亡。

《解蔽》第二十一　此亦《荀子》書極精者，足與《天論篇》媲美。《僞古文尚書》"人心惟危，道心惟微，惟精惟一，允執厥中"十六字，原出此篇。

《正名》第二十二　此篇論名學哲學極精。

《性惡》第二十三　案荀子性惡之論，爲後人所訾。然此篇首句曰："人之性惡，其善者僞也。"楊注曰："僞，爲也，矯也，矯其本性也。凡非天性而人作爲之者，皆謂之僞。故僞字人旁爲，亦會意字也。"則僞非僞飾，其義皦然。《禮論篇》："故曰：性者，本始材樸也；僞者，文禮隆盛也。無性則僞之無所加，無僞則性不能自美。"《正名篇》："心慮而能爲之動，謂之僞；慮積焉，能習焉，而後成，謂之僞。"尤不啻自下界説。以爲真僞之僞，而妄肆詆諆，真不必復辯矣。爲之本義爲母猴，蓋動物之舉動，有出於有意者，有不待加意者；其不待加意者，則今心理學家所謂"本能"也。其必待加意者，則《荀子》書所謂"心慮而能謂之動，慮積焉能習焉而後成"；楊注所謂"非天性而人作爲之"者也。動物舉動，多出本能。惟猿猴知識最高，出乎本能以外之行動最多，故名母猴曰爲。其後遂以爲人之非本能之動作之稱。故爲字之本義，本指有意之行動言之，既不該本能之動作，亦不涵僞飾之意也。古用字但主聲，爲、僞初無區别。其後名母猴曰爲之語亡，爲爲母猴之義亦隱，乃以爲爲作爲之爲，僞爲僞飾之僞。此自用字後起之分别，及字義之遷變爾。若拘六書之例言之，則既有僞字之後，非爲僞飾，皆當作僞，其作爲者，乃傳形成聲耳。然性惡之論，究與法家相近，而非儒家尚德化之義，則亦不容曲辨也。此篇本二十六，楊升。

《君子》第二十四　此篇言人君之事，無甚精義。本第三十一，楊升。

《成相》第二十五　此篇大體以三七言成文。俞樾謂相即《禮記·曲禮》"鄰有喪，舂不相"之相，爲古人樂曲之名，蓋是也。《漢志》賦分四家，《成相雜辭》十一篇，與隱書并附於雜賦之末。此篇蓋即所謂成相。而下《賦篇》，每先云"爰有大物"，"有物於此"，極陳其物，然後舉其名，蓋即所謂隱書矣。或謂後世彈詞文體，實出《成相》。此篇本第二十八，楊升。

《賦》第二十六　此篇之體，頗類《漢志》所謂隱書，已見前。然《漢志》亦有《孫卿賦》，不知其究誰指也。"天下不治，請陳佹詩"一節，文體與前不同。然末節文體與此同，《戰國策·楚策》載之，亦謂之賦。蓋"不歌而誦"，則皆謂之賦也。此篇本第二十二，楊降。

《大略》第二十七　此篇雜，楊云："弟子雜録荀卿之語。"案以下諸篇，多與他傳記諸子同。

《宥坐》第二十八、《子道》第二十九、《法行》第三十、《哀公》第三十一、《堯問》第三十二　楊云："此以下皆荀卿及弟子所引記傳雜事，故總推之於末。"《堯問篇》末一段，爲他人論荀子之語，楊云："荀卿弟子之辭。"

晏子春秋

此書《漢志》八篇。《史記正義》引《七略》及《隋》、《唐志》皆七卷，蓋後人以篇爲卷，又合雜上下爲一篇。《崇文總目》作十四卷，則每卷又析爲二也。其書與經子文辭互異，足資參訂處極多；歷來傳注，亦多稱引；決非僞書。《玉海》因《崇文總目》卷帙之增，謂後人採嬰行事爲書，故卷帙頗多於前，實爲妄説，孫星衍已辨之矣。前代著録，皆入儒家。柳宗元始謂墨氏之徒爲之。晁公武《讀書志》、《文獻通考·經籍考》，遂皆入之墨家。今觀全書，稱引孔子之言甚多；卷一景公衣狐白裘章，卷二景公冬起大臺之役章，景公嬖妾死章，卷五晉欲攻齊，使人往觀章，晏子居喪遜答家老章，皆引孔子之言，以爲評論。卷三景公問欲善齊國之政章，則晏子對辭，稱聞諸仲尼，卷五晏子使魯，仲尼以爲知禮，卷七仲尼稱晏子行補三君而不有，亦皆稱美晏子之言。又卷四曾子問不諫上不顧民以成行義者章，卷五曾子將行，晏子送之以言章，皆引曾子之事。晏子居喪遜答家老章，亦稱曾子以聞孔子，又卷四叔向問齊德衰子若何章，卷五崔慶劫將軍大夫盟章，晏子飲景公酒章，卷七景公飲酒章，皆引《詩》。引墨子之言者僅兩條；卷三景公問聖王其行若何章，卷五景公惡故人章。詆毁孔子者，惟外篇不合經術者一至四四章耳。陳義亦多同儒家，而與墨異，以入墨家者非也。

全書皆記晏子行事。其文與《左氏》復者頗多。《左氏》之"君子曰"，究爲何人之言，舊多異説。今觀此書，引君子之言亦頗多。卷三莊公問威當世服天下章，卷五齊饑，晏子因路寢之役以振民章，景公夜從晏子飲章，晏子之晉睹齊纍越石父章，卷六景公欲更晏子宅章，下皆有"君子曰"。卷五景公使晏子予魯地章，則曰："君子於魯，而後知行廉辭地之可爲重名也。"則係當時史家記事體例如此。《左氏》與此書，所本相同，所謂"各往往捃摭春秋之文以著書"也。《史記·十二諸侯年表》。然則《左氏》之"君子曰"，與經義無涉，概可見矣。

此書以孫星衍校本爲最便。吴鼒覆刻元本，前都有凡，每篇有章次題目；外篇每章有定著之故；足以考見舊式，亦可貴也。

墨　　子

墨家宗旨：曰尚賢，曰尚同，曰兼愛，曰天志，曰非攻，曰節用，曰節葬，曰明鬼，曰非樂，曰非命，今其書除各本篇外，《法儀》則論天志；《七患》、《辭過》爲節用之説；《三辨》亦論非樂；《公輸》闡非攻之旨；《耕柱》、《貴義》、《魯問》三篇，皆雜記墨子之言。此外《經》上下、《經説》上下、大小《取》六篇爲名家言，今所謂論理學也。《備城門》以下諸篇，爲古兵家言。墨翟非攻而主守，此其守禦之術也。《非儒》、《公孟》兩篇，專詰難儒家，而《修身》、《親士》、《所染》三篇，實爲儒家言。《修身》、《親士》二篇，與《大戴禮》曾子五事相表裏。《當決》與《吕氏春秋·當染篇》同。《吕氏春秋》亦多儒家言。因有疑其非《墨子》書者。予案《淮南要略》，謂"墨子學儒者之業，受孔子之術，以爲其禮煩擾而不悦，厚葬靡財而貧民，服傷而害事，故背周道而用夏政"，其説實爲可據。見《辨梁任公陰陽五行説之來歷》。又案《墨子·七患篇》引《周書》之解，實當作《夏箴》，見孫氏《閒詁》，又《公孟篇》墨子距公孟之辭曰："子法周而未法夏也。"并墨子用夏道之證。今《墨子》書引《詩》、《書》之辭最多。予昔嘗輯之，然但及其引《詩》《書》之文，及其本文確爲佚詩佚書者，其與今文家經説同處，未能編輯，故尚未能寫定。百家中惟儒家最重法古，故孔子之作六經，雖義取創制，而仍以古書爲據。《墨子》多引《詩》、《書》既爲他家所無；而其所引，又皆與儒家之説不背。即可知其學之本出於儒。或謂墨之非儒，謂其學"累世莫殫，窮年莫究"，安得躬道之而躬自蹈之。殊不知墨之非儒，僅以與其宗旨相背者爲限，見下。此外則未嘗不同。且理固有必不能異者。《公孟篇》："子墨子與程子辯，稱於孔子。程子曰：非儒。何故稱於孔子也？子墨子曰：是亦當而不可易者也。今鳥聞熱旱之憂則高，魚聞熱旱之憂則下，當此，雖禹、湯爲之謀，必不能易矣。翟曾無稱於孔子乎？"又《貴義篇》："子墨子南游使衛，載書甚多。弦唐子見而怪之，曰：夫子教公尚過曰：揣世直而已；今夫子載書甚多，何也？子墨子曰：翟聞之：同歸之物，信有誤者，是以書多也。今若過之心者數逆於精微，同歸之物，既已知其要矣，是以不教以書也。"然則墨子之非讀書，亦非夫讀之而不知其要；

又謂已知其要者，不必更讀耳。非謂凡人皆不當讀書也。其“三表”之説，即謂上本之古聖王之事，而安得不讀書。其稱引《詩》、《書》，又何怪焉？然則墨子之學，初出於儒，後雖立異，而有其異仍有其同者存，此三篇亦未必非《墨子》書矣。墨學與他家特異之處，及其長短，已見前。

墨家之書，《漢志》著録者，除《墨子》外，又有《尹佚》二篇、《田俅子》三篇、《我子》一篇、《隨巢子》六篇、《胡非子》三篇。《隋》、《唐志》僅存《墨子》、《隨巢子》、《胡非子》。《舊唐志》無《隨巢子》。《宋志》則僅存《墨子》矣。《通志・藝文略》，《墨子》有《樂臺注》。《晉書・隱逸傳》載魯勝《墨辯注叙》，今其書皆不傳。墨子上説下教，文最淺俗，説本易通。徒以傳授久絶，治其書者亦鮮；書中既多古言古字，又包名家、兵家專門之言，遂至幾不可讀。清畢沅始爲之校注。其後治《墨子》者，亦有數家，孫詒讓乃集其成，而成《墨子閒詁》。而其書始焕然大明。然名家言，在中國久成絶學。孫氏創通其説，闕憾猶多。近人得歐洲名學，以相印證，而其説又有進。梁啓超《墨經校釋》，胡適《中國哲學史大綱》上卷中，涉墨學者，皆可讀也。予所知又有張之鋭《新考正墨經注》，刻於河南，惜未得讀。《學衡雜志》載永嘉李氏笠《定本墨子閒詁校補序》，則似僅寫定而未刊行也。

《親士》第一、《修身》第二、《所染》第三　此三篇皆儒家言，已見前。《所染篇》上半與《吕氏春秋・當染篇》同，而下半絶異。或以其所引事多出墨子之後，疑其非《墨子》書，然某子之標題，本衹以表明學派，非謂書即其人所著，則此等處正不足疑矣。

《法儀》第四　此篇爲天志之説。

《七患》第五　此篇論節用之義，兼及守禦。

《辭過》第六　孫云：“此篇與《節用篇》文意略同。《群書治要》引并入《七患篇》，此疑後人妄分，非古也。”

《三辯》第七　此篇爲非樂之説。篇中載程繁之問，與墨子之答，辭不相涉。今案此篇本有闕文，墨子答程繁之辭，蓋亦有闕也。

《尚賢上》第八、《尚賢中》第九、《尚賢下》第十　凡《尚賢》、《尚同》等篇，文字皆極累重。蓋墨子上説下教，强聒不捨，故其辭質而不文也。

《尚同上》第十一、《尚同中》第十二、《尚同下》第十三　三篇相複重，中最詳，上最略。以中、上二篇相校，顯見上篇有闕。尚同以天爲極則，説與《天志》相通。尚同之義，或有訾其近於專制者；然剗滅異論固不可，而是非太無標準亦有害。戰國時正值群言淆亂之際。所患者不在異論之不申，而在是非太無標準，令人無所適從；時勢不同，未可以今人之見，議古人也。且彼固主選賢以爲長矣，是尚同亦即同於賢者也，而又何訾焉。

《兼愛上》第十四、《兼愛中》第十五、《兼愛下》第十六　亦三篇相複重，而上篇最略。兼愛爲墨家之根本義，讀《墨子》書，當一切以是貫通之。

《非攻上》第十七、《非攻中》第十八、《非攻下》第十九　亦首篇最略，但言其不義；中、下篇則兼言其不利；且多引古事。

《節用上》第二十、《節用中》第二十一、《節用下》第二十二　上篇校略，中篇校詳。兼有及節葬之語。下篇亡。篇中欲限民昏嫁之年以求庶；以人力爲生財之本，因節用而兼及之也。

《節葬上》第二十三、《節葬中》第二十四、《節葬下》第二十五　上、中皆闕。節葬之説，亦見《節用中》篇及《非儒》，宜參看。此篇言墨子所制葬法與禹同，亦墨子用夏道之證。

《天志上》第二十六、《天志中》第二十七、《天志下》第二十八　亦三篇相複重。以兼愛爲天志而非攻；又云："無從下之政上，必從上之政下，夫爲政於天子。"則其義又與尚同通也。

《明鬼上》第二十九、《明鬼中》第三十、《明鬼下》第三十一　上、中皆闕。論理并無足取。但引古事及夏、商、周之書以實之。案《論語》言"禹致孝乎鬼神"；據《禮記・祭法》，則嚴父配天，實始於禹；《漢志》謂墨家"宗祀嚴父，是以右鬼"，鬼者人鬼，明鬼蓋亦夏教也。

《非樂上》第三十二、《非樂中》第三十三、《非樂下》第三十四　中、下皆闕。非樂之旨，太偏於實利；而其道大觳，使人不堪；故多爲諸家所難。

《非命上》第三十五、《非命中》第三十六、《非命下》第三十七　此篇謂言有三表。三表者，上本之古聖王之事，下察之百姓耳目之實，發爲刑政，中百姓人民之利。今上篇之論，大致本之古聖王，中篇大致考之耳目之實，下篇則言爲政也。然則其餘分爲三篇者，亦必有一區别；特今或偏亡，或編次混亂，遂不可見耳。非命之説，亦見《非儒》篇中，宜參看。

《非儒中》第三十八、《非儒下》第三十九　上篇亡。下篇所言，非其喪服及喪禮，以其違節葬之旨也。非其娶妻親迎，以其尊妻侔於父，違尚同之義也。非其執有命，以神非命之説也。非其貪飲食，惰作務，以明貴儉之義也。非其循而不作，以與背周用夏之旨不合也。非其勝不逐奔，掩函弗射，以其不如非攻之論之徹底也。非其徒古其服及言；非其君子若鐘，擊之則鳴，弗擊不鳴；以其無强聒不捨之風，背於貴義之旨也。蓋墨之非儒如此，皆以與其宗旨不同者爲限,原無害於其説之本出於儒矣。此外詆訾孔子之詞,多涉誣妄,則諸子書述古事者類然;因其説出於傳述,不能無誤也。此誠不必皆墨子之言,亦不必遂非墨子之説。當時傳其家之學者,或推衍師意而自立説;或祖述師言,存其意而易其辭,固不能一一分别。畢氏必辨爲非墨子之言,殊可不必矣。非儒之論,亦見《耕柱》、《公孟》二篇,宜參看。

《經上》第四十、《經下》第四十一、《經説上》第四十二、《經説下》第四十三、《大取》第四十四、《小取》第四十五　以上六篇,皆名家言。《經説》即釋《經》者。魯勝注《墨辯叙》謂"《墨辯》有上、下《經》,《經》各有説,凡四篇",蓋即指此。大、小《取》之取,孫詒讓謂即取譬之取,蓋是;六篇惟《小取》篇較易解,餘皆極難解,宜參看近人著述,已見前。

《耕柱》第四十六、《貴義》第四十七　此兩篇皆雜記墨子之言,論明鬼、貴義、非攻、兼愛等事。又有難公孟子非儒之言,疑《公孟》篇簡錯也。

《公孟》第四十八　此篇多非儒之論,皆墨子與公孟子,旗鼓相當。多與《非儒》複者。間有雜記墨子之言,與非儒無涉者。

《魯問》第四十九　此篇多非攻之論,亦及勸學、貴義、明鬼。

《公輸》第五十　此篇亦言非攻。

《□□篇》第五十一　亡。

《備城門》第五十二、《備高臨》第五十三、《□□》第五十四、《□□》第五十五、《備梯》第五十六、《□□》第五十七、《備水》第五十八、《□□》第五十九、《□□》第六十、《備突》第六十一、《備穴》第六十二、《備蛾傳》第六十三、《□□》第六十四、《□□》第六十五、《□□》第六十六、《□□》第六十七、《迎敵祠》第六十八、《旗幟》第六十九、《號令》第七十、《雜守》第七十一　自《備城門》至此,凡二十一篇。今亡五十一、五十四、五十五、五十七、五十九、六十、六十四、六十五、六十六、六十七,共十篇。諸篇皆專門家言,不易曉。讀一過,就其可考者考之可也。凡讀古書,遇不能解者,亦仍須讀一過,不得跳過;以單詞隻義,亦有用處。且絶學復明,往往自一二語悟入也。今《墨子》目録,爲畢氏所定。孫氏據明吴寬鈔本,以《備城門》爲五十四,《備高臨》爲五十五,册末吴氏《手跋》"本書七十一篇,其五十一之五十三、五十七、五十九之六十、六十四之六十七,篇目并闕"云云,是吴所據本,實如此也。

公孫龍子

正名之學，淺言之，本爲人人所共知，亦爲百家所同韙。蓋欲善其事，必求名實相符，名實不符，事未有能善者；此固至淺之理，而亦不諍之論也。然深求之，則正有難言者。何者？名實之宜正爲一事；吾之所謂名實者，果否真確，又爲一事。前説固夫人所共喻，後説或皓首所難窮。使執正名之術以爲治，而吾之所謂名實者，先自舛誤，則南轅而北其轍矣。職是故，正名之學，遂分爲二派。（一）但言正名之可以爲治，而其所謂名實者，則不越乎常識之所知。此可稱應用派，儒、法諸家是也。（一）則深求乎名實之原，以求吾之所謂名實者之不誤，是爲純理一派，則名家之學是也。天下事語其淺者，恒爲人人所共知；語其深者，則又爲人人所共駭；此亦無可如何之事，故正名之理，雖爲名家所共韙；而名家之學，又爲諸家所共非。孔穿謂"言減兩耳甚易而實是，言減三耳甚難而實非"；司馬談謂名家"專決於名而失人情"，皆以常識難學人也。夫學術至高深處，誠若不能直接應用；然真理必自此而明；真理既明，而一切措施，乃無繆誤；此固不容以常人之淺見相難矣。今名家之書，傳者極少。《墨經》及《經説》，皆極簡質，又經錯亂，難讀。此外惟見《莊子·天下》、《列子·仲尼》兩篇，亦東鱗西爪之談。此書雖亦難通，然既非若《墨經》之簡奥；又非如《莊》、《列》之零碎，實可寶也。《漢志》十四篇，《唐志》三卷，今僅存六篇，蓋已非完帙，《通志》載陳嗣古、賈士隱兩注，皆不傳。今所傳者，爲宋謝希深注。全係門外語，絶無足觀；讀者如欲深求，當先於論理學求深造；然後參以名家之説散見他書者，熟讀而深思之也。

《跡府》第一　此篇先總叙公孫龍之學術。次叙龍與孔穿辯難，與《孔叢子》略同。俞樾曰："《楚辭·惜誦》注，所履爲迹，迹與跡同。下諸篇皆其言，獨此篇是實學一事，故謂之跡。府者，聚也，言其事跡具此也。"見《俞樓雜纂》。

《白馬論》第二　此篇言白馬非馬，他書稱引者最多。

《指物論》第三　此篇言:“物莫非指,而指非指。”“指也者,天下之所無也;物也者,天下之所有也。”案《莊子》“指窮於爲。薪,火傳也,不知其盡也”。歷來注家,皆不得確釋。今案《淮南·齊俗訓》:“至是之是無非,至非之非無是,此真是非也;若夫是於此而非於彼,非於此而是於彼者,此之謂一是一非也。此一是非,隅曲也;夫一是非,宇宙也。”言限於一時一地而言之,則是非如此,通於異時異地而言之,則又不然。《氾論訓》:“今世之爲武者則非文也,爲文者則非武也;文武更相非,而不知時世之用也;此見隅曲之一指,而不知八極之廣大也。故東向而望,不見西墻;南面而視,不睹北方;惟無所嚮者,則無所不通。”以隅曲詁指,與宇宙及八極對言;則隅曲當作一地方,指字當作一方向解。莊子“指窮於爲”四字當斷句,言方向迷於變化耳。此篇之“指”字,亦當如此解。言人之認識空間,乃憑藉實物;天下祇有實物,更無所謂空間;破常人實物自實物,空間自空間之繆想耳。

《通變論》第四　此篇言“二無一”,“羊合牛非馬,牛合羊非鷄。”“青以白非黄,白以青非碧。”以同與。蓋言統類之名,均非實有。

《堅白論》第五　此篇謂“視得白無堅,拊得堅非白”,蓋辨觀念與感覺不同。

《名實論》第六　此篇述正名之旨,乃名學之用也。其言曰“天地與其所產,物也;物以物其所物而不過焉,實也;實以實其所實而不曠焉,位也。位其所位焉,正也。以其所正,正其所不正”云云,其説甚精。淺言之,則法家“綜覈名實”之治;儒家“名不正則言不順,言不順則事不成”之説;深言之,則“天地位,萬物育”之理,亦寓乎其中已。故知詆名家爲詭辯之學者,實誣詞也。

管　　子

《管子》一書，最爲難解，而亦最錯雜。此書《漢志》列道家，《隋志》列法家。今通觀全書，自以道法家言爲最多。然亦多兵家、縱横家之言，又雜儒家及陰陽家之語。此外又有農家言。《輕重》諸篇論生計學理，大率重農抑商，蓋亦農家者流也。全書凡八十六篇，與《漢志》合，而亡其十。《四庫提要》云："李善注陸機《猛虎行》曰：江邃《釋》引《管子》云：夫士懷耿介之心，不蔭惡木之枝。惡木尚能耻之，况與惡人同處。今檢《管子》，近亡數篇，恐是亡篇之内，而邃見之，則唐初已非完本矣。"又曰："今考其文，大抵後人附會，多於仲之本書；其他姑無論。即仲卒於桓公之前，而篇中處處稱桓公，其不出仲手，已無疑義矣。書中稱《經言》者九篇，稱《外言》者八篇，稱《内言》者九篇，稱《短語》者十九篇，稱《區言》者五篇，稱《雜篇》者十一篇，稱《管子解》者五篇，稱《管子輕重》者十九篇。意其中孰爲手撰，孰爲記其緒言，如語録之類；孰爲述其逸事，如家傳之類；孰爲推其義旨，如箋疏之類；當時必有分別。觀其五篇明題管子解者，可以類推。必由後人混而一之，致滋疑竇耳。"予案某子之標題，本衹取表明其爲某派學術，非謂書即其人所著。見前。《管子》之非出仲手，可以勿論。古書存者，大抵出於叢殘綴輯之餘，原有分别，爲後人所混，亦理所可有。然古代學術，多由口耳相傳。一家之學，本未必有首尾完具之書。而此書錯雜特甚，與其隸之道法，毋寧稱爲雜家；則謂其必本有條理，亦尚未必然也。今此書《戒篇》有流連荒亡之語，與孟子述晏子之言同。又其書述制度多與《周官》合；制度非可虚造；即或著書者意存改革，不盡與故事相符，亦必有所原本。此書所述制度，固不能斷爲管子之舊，亦不能决其非原本管子；然則此書蓋齊地學者之言，後人彙輯成書者耳。《法法篇》有"臣度之先王"云云，蓋治此學者奏議，而後人直録之。尹注以臣爲管子自稱，恐非。亦可見其雜也。此書多古字古言；又其述制度處頗多，不能以空言解釋；故極難治。舊傳房玄齡注，晁公武以爲尹知章所記。《四庫提要》云："《唐書·藝文志》，玄齡注《管子》不著録，而所載有尹知章注《管子》三十卷。則知章本未記名，殆後人以知章人微，玄齡名重，改題之以炫俗耳。”其注極淺陋，甚至并本書亦不相參校，以致誤其句讀，即隨誤文爲釋。前人已多議之。明劉績有《補注》。今通行趙用賢校本，亦已擇要列入。清人校釋，除王念孫《讀書雜志》、俞樾《諸子評議》外，又有洪頤煊《管子義證》、戴望《管子校正》、章炳麟《管子餘義》三書，然不可通者尚多也。

《牧民》第一、《形勢》第二　此兩篇皆道、法家言，此書以道法家言爲主。凡屬道法家言者，以後即不復出。理精深而文簡古。《形勢篇》有解。

《權修》第三　此篇言用其民以致富强之術。此術謂之權。

《立政》第四　此篇凡八目，多關涉制度之言。其中九敗有解。九敗闢兼愛寢兵之説，可知爲戰國時物。

《乘馬》第五　此篇爲《管子》書中言制度者。篇中備述度地建國，設官分職，及賦民以業之法；可見古者立國之規模。而仍歸其旨於無爲，則道、法家言也。此篇難解。

《七法》第六　此篇爲兵家言。“七法”及“四傷百匿”二目，言法爲兵之本。“爲兵之數”，言治兵之術。“遯陳”言用兵之術也。此篇但言勝一服百，而無兼併之談，蓋尚非戰國時語。此篇亦難解。

《版法》第七　此篇言賞罰之道，亦難解。此篇有解。

《幼官》第八、《幼官圖》第九以上《經言》。　此兩篇爲陰陽家言。蓋本祇有圖，後又寫爲書，故二篇相複。兩篇皆難解。

《五輔》第十　此篇言王霸在人，得人莫如利之，利之莫如政。文明白易解，然仍簡質。

《宙合》第十一　此篇先列舉若干句，下乃具釋之。案《管子書》中如此者多，蓋經傳别行之體；今其解釋有在本篇之内者，有仍别行者。其仍别行者，如有解諸篇是也。即在本篇之内者，如此篇是也。此篇篇首諸語，蓋一氣相承，而以末句名其篇。注分爲十三目，非也。此篇極精深而難解。其言“宙合有橐天地其義不傳”云云，可見古哲學中之宇宙論。

《樞言》第十二　理精而文簡質難解。

《八觀》第十三　此篇言覘國之法。文極質樸，卻不難解。

《法禁》第十四　此篇言法禁。其論法制不議，與李斯主張焚書之理頗同。種種防制大臣之術，亦必三家分晉，田氏篡齊之後，乃有是言，殆戰國時物也。以下三篇，文皆樸茂，卻不難解。

《重令》第十五　此篇言安國在尊君，尊君在行令，行令在嚴罰，説極武健嚴酷。案古言法術有别。言法者主商君,言術者宗申子。見《韓非子·定法篇》。今《商君書》頗乏精義。法術家言之精者,皆在管、韓二家書中。如此篇等者,蓋皆主商君之法家言也。

《法法》第十六　此篇頗雜。其言"鬥士食於功,小人食於力"。即壹民於農戰之意。又云"令未布而民爲之,不可賞罰"云云,則意與上篇同。又云"民未嘗可與慮始,而可與樂成功",則商君變法之意。蓋亦主商君之法家言也。篇中兩云:"故春秋之記,有臣弑其君,子弑其父者。"又云:"政者,正也;正也者,所以正定萬物之命也。是故聖人精德立中以生正,明正以治國。"又云:"巧者能生規矩,不能廢規矩而正方圓。雖聖人能生法,不能廢法而必治國。"又云:"凡民從上也,不從口之所言,從情之所好,上之所好,民必甚焉。"又云:"賢人之行其身也,忘其有名也;王主之行其道也,忘其成功也。"皆與儒家言相近。論廢兵數語,與上下皆不貫,疑下篇錯簡。篇中有"臣度之先王者"云云,疑直録後人奏議。見前。此篇蓋雜凑而成也。

《兵法》第十七以上《外言》。　此篇爲兵家言,文極簡質。

《大匡》第十八、《中匡》第十九、《小匡》第二十　此三篇皆記管子之事。其中《大匡》上半篇及《小匡》"宰孔賜胙"一段,與《左氏》大同,餘皆戰國人語,述史事多頗謬。蓋傳述管子之事者之辭。自《大匡》後半篇以下,其事大略一貫。大、中、小蓋猶言上、中、下;因篇幅繁重,分爲三篇耳。注釋《大匡》曰:"謂以大事匡君。"蓋謬。此三篇述史事不甚可據;而《中》、《小匡》中關涉制度之處頗多,足資考證。

《王言》第二十一　亡。

《霸形》第二十二　此篇記管仲隰朋説桓公之事,多與他篇複。其文則戰國時之文也。《霸言篇》説理頗精,而此篇無甚精義;疑原文已亡,而後人以雜説補之也。

《霸言》第二十三　此篇多縱横家及兵家言,其文亦戰國時之文。

《問》第二十四　此篇列舉有國者所當考問之事,可見古者政治之精密。文亦簡質。

《謀失》第二十五　亡。

《戒》第二十六以上《内言》。　此篇與儒家言相似處最多。其文亦戰國時之文也。

《地圖》第二十七、《參患》第二十八、《制分》第二十九　此三篇皆兵家言。其文則戰國時之文也。《參患篇》與晁錯《言兵事書》多同,蓋古兵家言而錯引之。

《君臣上》第三十、《君臣下》第三十一　此兩篇言君臣之道，道法家言爲多，間有似儒家言處。其文亦戰國時人之文。

《小稱》第三十二　此篇論敬畏民碞之理，文頗古質。末記管仲戒桓公勿用易牙、豎刁等事，與《戒》篇大同小異，與上文全不貫，蓋亦他篇錯簡。

《四稱》第三十三　此篇記桓公問有道無道之君及臣而管子對，文頗古質。

《正言》第三十四　亡。

《侈靡》第三十五　此篇極難解。且與侈靡有關之語少，而篇幅極長。蓋亦雜凑而成也。末段章氏《管子餘義》以爲讖。

《心術上》第三十六、《心術下》第三十七　兩篇皆言哲學，文頗簡質。

《白心》第三十八　此篇亦言哲學，文簡質難解。

《水地》第三十九　此篇文尚易解，語多荒怪；然頗有生物學家言，亦言古哲學者可寶之材料也。

《四時》第四十、《五行》第四十一　此兩篇爲陰陽家言。

《勢》第四十二　此篇爲道家言，文極簡質。

《正》第四十三　此篇言道德法政刑相一貫之理。道家之精誼也。

《九變》第四十四以上《短語》。　此篇爲兵家言，文尚易解。

《任法》第四十五、《明法》第四十六、《正世》第四十七　此三篇皆法家言，文皆明白易解。《明法》有解。

《治國》第四十八　此篇言重農貴粟之理，明白易解。

《内業》第四十九以上《區言》。　此篇蓋言治心之法，故曰内業，多道家言，偶有與儒家言類處，又似有雜神仙家言處。文簡質難解。

《封禪》第五十　注云："元篇亡，今以司馬遷《封禪書》所載管子言補之。"

《小問》第五十一　此篇首節言兵，次節言牧民；此外皆記雜事，無甚精義，而頗涉怪迂。

《七臣七主》第五十二、《禁藏》第五十三　此兩篇亦法家言，而甚雜。兩篇各有一節爲陰陽家言，與《幼官》、《四時》、《五行》相出入，蓋亦他篇簡錯也。

《入國》第五十四　此篇言九惠之政，文甚明白。

《九守》第五十五　此篇言君人所當守。文簡質，然易解。

《桓公問》第五十六　此篇言嘖室之議，頗合重視輿論之意。文亦明白。

《度地》第五十七　此篇言建國之法，於治水最詳。"冬作土功，夏多暴雨"云云，亦陰陽家言。先秦學術，雖不尚迷信；然哲學原出宗教，故各種學術，多與陰陽家言相雜也。

《地員》第五十八　此篇言地質及所宜之物，農家言也。專門之學，殊不易解。

《弟子職》第五十九　此篇記弟子事先生之禮，皆四言韻語。蓋《曲禮》、《少儀》之類，與《管子》書全無涉；亦可見《管子》書之雜也。此篇莊述祖有《集解》，别爲單行本一卷。

《言昭》第六十、《終身》第六十一、《問霸》第六十二以上《雜篇》、《牧民解》第六十三　以上四篇皆亡。

《形勢解》第六十四、《立政九敗解》第六十五、《版法解》第六十六、《明法解》第六十七以上《管子解》。　以上四篇爲解與原文别行者。文皆明白易曉。尹注疑爲韓非《解老》之類，吾謂《解老》亦未必韓非所作，蓋《老子》書本有此傳耳。

《臣乘馬》第六十八、《乘馬數》第六十九、《問乘馬》第七十、《事語》第七十一、《海王》第七十二、《國蓄》第七十三、《山國軌》第七十四、《山權數》第七十五、《山至數》第七十六、《地數》第七十七、《揆度》第七十八、《國準》第七十九、《輕重甲》第八十、《輕重乙》第八十一、《輕重丙》第八十二、《輕重丁》第八十三、《輕重戊》第八十四　以上皆《管子》中所謂《輕重》之篇。其中亡第七十及八十二兩篇。諸篇文字，大致明白，而亦間有難解處。所言皆生計學理。大致可分爲三端：（一）畜藏斂散，（二）鹽鐵山澤，（三）制民之産。蓋法者正也；正之義必有取於平；而致民之不平，莫大貧富之懸隔。故法家欲以予奪貧富之權，操之於上。其言最與近世之所謂國家社會主義者近。此義未必可行於今，然不得以此議古人。蓋今日之中國爲大國，而古者則分爲小邦；自漢以後，政治久取放任，而古代則習於干涉；國家之權力較大也。此蓋東周以後，井田之制大壞，私人所營工商之業勃興而後有之。吾國古代小國小部落并立，皆行共産之制。其後雖互相吞併，此制猶有存者。故有横征厚斂之暴君污吏，而無豪奪巧取之富人大賈。至春秋以後，其制乃大變。其説甚長，一時難遍疏舉。欲知其略，可看《史記·貨殖列傳》及《漢書·食貨志》。觀其所引之事，及於越、梁二國，即可知其爲戰國時物矣。

《輕重己》第八十五以上《管子·輕重》。　此篇以《輕重》名，而皆陰陽家言，蓋誤入《輕重》也。

韓非子

刑名法術，世每連稱，不加分別，其實非也。刑名之刑，本當作形，形者，謂事物之實狀，名則就事物之實狀，加以稱謂之謂也。凡言理者，名實相應則是，名實不相應則非；言治者名實相應則治，不相應則亂；就通常之言論，察其名實是否相應，以求知識之精確，是爲名家之學。操是術以用諸政治，以綜覈名實，則法家之學也。故"形名"二字，實爲名、法家所共審；而"名法"二字，亦可連稱。"法術"二字，自廣義言之，法蓋可以該術，故治是學者，但稱法家。若分別言之，則仍各有其義。法者，所以治民；術者，所以治治民之人。言法者宗商君，言術者祖申子。見本書《定法篇》。法家之學，世多以刻薄訾之。其實當東周之世，競争既烈，求存其國，固不得不以嚴肅之法，整齊其民。且後世政治，放任既久；君主之威權不能逮下；民俗亦日益澆漓。故往往法令滋章，則奸詐益甚；國家愈多所興作，官吏亦愈可藉以虐民。在古代國小民寡，風氣醇樸之時，固不如是。天下無政治則已，既有政治，即不能無治人者與治於人者之分；然同是人也，治於人者固須治，豈得謂治人者，即皆自善而無待於治？今世界各國，莫不以治人者别成一階級爲患。其所謂利，上不與國合，下不與民同。行政官吏然，民選立法之議會，亦未嘗不然。世界之紛擾，由於治於人者之蠢愚者，固不能免；出於治人者之狡詐昏愚，嗜利無耻者，殆有甚焉。術家之言，固猶不可不深長思也。韓非謂言法者宗商君，言術者祖申子。今《申子》書已不傳。世所傳《商君書》，雖未必僞，然偏激太甚，而精義顧少，遠不逮《管》、《韓》二書。道、法二家，關係最切。原本道德之論，《管子》最精；發揮法術之義，《韓非》尤切。二書實名、法家之大宗也。

《韓非》書《漢志》五十五篇，《隋》、新、舊《唐書》、《宋史・志》二十卷，皆與今本符。《唐志》有尹知章注，今亡。今所傳注之何犿，謂出李瓚。《太平御覽》、《事類賦》、《初學記》諸書已引之，則其人當在宋前，然其注頗不備，且有舛誤。何犿本刻於元至元三年，明趙用賢以宋本校之，知有缺脱。用賢刻本，與明周孔教大字本同。《四庫》據周本著録,而校以趙本。然趙本實多誤改。清吳鼒得朱乾道刻本,爲趙本所自出。顧廣圻爲校,而鼒刻之。顧氏《識誤》三卷,刻原書之後。顧氏而外,盧文弨、王念孫、俞樾,於是書亦有校識。長沙王先慎合諸家校釋,而成《韓非子集解》一書,實最便觀覽也。

《初見秦》第一　此篇見《戰國策》,爲張儀説秦惠王之詞,蓋編韓子者誤入之。司馬光以此譏非欲覆宋國,非也。

《存韓》第二　此篇載非説秦毋攻韓。次以李斯駁議,請身使韓。秦人許之。斯遂使韓,未得見,因上書韓王。蓋編《韓子》者,存其事以備考也。

《難言》第三　此篇即《説難》之意。

《愛臣》第四　此篇言人君防制其臣之術,術家言也。

《主道》第五　此篇言人君當虚静無爲,以事任人;可見法家言之原出於道。

《有度》第六　此篇言君當任法以御下,多同《管子·明法篇》。

《二柄》第七　此篇言刑德爲制臣之二柄,不可失。又言人君不可以情借臣,當去好惡而任法。

《楊権》第八　此篇言無爲之旨,君操其名,而使臣效其形;去智巧,勿授人以柄。可見刑名法術,皆原於道。此篇十之九爲四言韵語,蓋法家相傳誦習之詞也。

《八奸》第九　此篇言人臣所以成奸者有八術,亦術家言。

《十過》第十　此篇無甚精義。

《孤憤》第十一　此篇言智能法術之士,與權奸不兩立;智能法術之士恒難進,然權奸之利,實與人主相反,術家之精言也。

《説難》第十二　此篇先陳説之難,繼言説之術,極精。

《和氏》第十三　此篇言法術爲人臣士民所同惡,可見"法"之與"術",雖名異而理實相通。

《奸劫弑臣》第十四　此篇言君以同是非説其臣,於是臣以是欺其主,而下不得盡忠,故必參驗名實。次節言學者不知治亂之情,但言仁義惠愛,世主不察,故法術之士無由進。皆言用人之術,亦術家言也。末節"厲燐王",《國策》、《荀子》,皆作荀子答春申君書。

《亡征》第十五　此篇列舉可亡之事,而曰:"亡征者,非曰必亡,言其可亡也。"乃自下"亡征"二字之界説也。

《三守》第十六　(一)戒漏言,(二)戒假威,(三)戒不自治事而假手於人，亦術家言。

《備内》第十七　此篇言人臣之於君，非有骨肉之親。故窺覘其君無已時；而后妃太子，亦利君之死，故有因后妃太子以成其奸者。看似刻覈，然於後世權奸宫闈之禍，若燭照而數計；其見理明，故其説事切也。大抵人類惡濁之性，恒人不甚樂道出，而法術家務揭舉之，故常爲世所訾；然其説理則甚精，而於事亦多驗，固不可不措意矣。又言王良愛馬，爲其可以馳驅；勾踐愛人，乃欲用以戰鬥；則法家刻酷之論矣。建國原以爲民；欲保國者，有時原不能曲顧人民；然若全忘人民之利益，視若專供國家之用者然，則流連而忘本矣。此則法家之失也。

《南面》第十八　此篇言人君當任法以御臣，不可任甲以備乙，亦術家言也。末節言變法之理甚精。

《飾邪》第十九　此篇主明法以爲治，戒信龜策，恃外援，可考見戰國時迷信及外交情形。

《解老》第二十　此篇皆釋《老子》之言，義甚精，然非必《老子》本意。蓋治學問者，原貴推廣其意，以應百事；韓嬰之作《詩外傳》即如此；凡古書之有傳者，實皆如此也。

《喻老》第二十一　上篇釋《老子》之意，此篇則舉事以明之。

《説林上》第二十二、《説林下》第二十三　此篇列舉衆事，藉以明義。《史記索隱》謂其多若林，故曰《説林》也。此可見古人"多識前言往行以畜其德"之義。

《觀行》第二十四、《安危》第二十五、《守道》第二十六、《用人》第二十七、《功名》第二十八、《大體》第二十九　以上六篇，皆法術家言。大體篇亦及因任自然之旨，與道家言通。篇幅皆短。

《内儲説上》第三十、《内儲説下》第三十一、《外儲説左上》第三十二、《外儲説左下》第三十三、《外儲説右上》第三十四、《外儲説右下》第三十五　《内外儲説》，皆言人主御下之術，乃法術家言之有條理者。其文皆先經後説，可見古者經傳别行之體。

《難一》第三十六、《難二》第三十七、《難三》第三十八、《難四》第三十九　一至三皆述古事而難之；四則既難之後，更有難難者之語。剖析精微，可見法術家綜覈名實之道。

《難勢》第四十　難任勢爲治之論。

《問辨》第四十一　非民以學議法，李斯焚書之理如此。

《問田》第四十二　此篇言法家不憚危身以嬰暗主之禍。案戰國之時，大臣跋扈，率多世禄之家。游説之士雖盛，然多出自疏遠，能執國之柄者蓋少。故韓非發憤屢言之，術家言之所由興也。

《定法》第四十三　此篇言法與術之别。

《説疑》第四十四　此篇亦言人主御臣之術，多引古事以明之。

《詭使》第四十五　此篇言利與威與名，所以爲治，然真能用之者少。

《六反》第四十六　此篇舉奸僞無益之民六，謂其皆足以毁耕戰有益之民。又闢輕刑。《商君書》之精義，已具於此及《五蠹》、《飭令》、《制分》三篇。

《八説》第四十七　此篇舉匹夫之私譽，而爲人主之大敗者八事。又言法令必人人所能。古者人寡而物多，故輕利而易讓；後世生計窮蹙，則不能。然天下無有利無害之事，但在權其大小。治國者不可恃愛。皆法術家之精論。

《八經》第四十八　（一）凡治天下，必因人情。人情有好惡，故賞罰可用。（二）力不敵衆，智不盡物，與其用一人，不如用一國。故君當用人之智，而不自任其力。（三）言臣主異利。（四）言參伍之道。（五）言明主務周密。（六）言參聽及言必責實之道。（七）言寵必在爵，利必在禄。（八）言功名必出於官法，不貴法外難能之行。亦法術家極精之論。

《五蠹》第四十九　此篇言聖王不期修古，不法常可；論世之事，因爲之備。即商君變法之旨。又言文學非急務，取譬於糟糠不飽者不務粱肉；短褐不完者不待文綉。可見法術家言，雖刻覈而重實利；然自爲救時之論，非謂平世亦當如此也。篇末闢縱横之士，謂其徒務自利。此外大旨與上篇同。

《顯學》第五十　此篇闢儒、墨，亦精。

《忠孝》第五十一　此篇非尚賢。

《人主》第五十二　此篇戒大臣太貴，左右太威，亦術家言。

《飭令》第五十三　此篇言人君任人當以功，而不可聽其言。又主重刑厚賞，利出一孔。與《商君書·靳令》篇同。《商君書》亦有作《飭令》者。

《心度》第五十四　此篇言聖人之治民，不從其欲，期於利之而已。其説甚精，可見法家之治，雖若嚴酷，而其意實主於利民，而尤足爲民治時代之藥石。蓋求利是一事，真知利之所在，又是一事；人民自主張其利益者，往往不知利之所在，欲求利而適得害。故先覺之言，不可不察也。

《制分》第五十五　此篇言相坐之法，亦商君所以治秦也。

商　君　書

《漢志》：法家，《商君書》二十九篇。《隋》、新舊《唐志》皆五卷。《通志》謂二十九篇亡其三，《直齋書録解題》謂二十八篇亡其一。嚴萬里得元刻本，凡二十六篇，而中亡其二，實二十四篇。《史記・商君列傳》："太史公曰：余讀商君《開塞》耕戰書，與其人行事相類。"《索隱》："案《商君書》：開謂刑嚴峻則政化開，塞謂布恩惠則政化塞，其意本於嚴刑少恩。又爲田開阡陌，及言斬敵首賜爵，是耕戰書也。"所釋開塞之義，與今書《開塞》篇不合。晁公武謂司馬貞未嘗見其書，妄爲之説。今案開塞耕戰，蓋總括全書之旨，或太史公時《商君書》有此名。非專指一兩篇；《索隱》意亦如此；晁氏自誤解也；《尉繚子・兵教下》："開塞，謂分地以限，各死其職而堅守。"此"開塞"二字古義。《索隱》庸或誤釋，然謂其未見《商君書》固非。或又以與《索隱》不合而疑今書爲僞，亦非也。今《商君書》精義雖不逮《管》、《韓》之多，然要爲古書，非僞撰；全書宗旨，盡於"一民於農戰"一語。其中可考古制，及古代社會情形處頗多，亦可貴也。此書有朱師轍《解詁》，最便觀覽。

《更法》第一　此篇記孝公平晝，公孫鞅、甘龍、杜摯三大夫御於君。鞅主變法，甘龍、杜摯難之。孝公從鞅。與《史記・商君列傳》大同。

《墾令》第二　此篇主抑商廢學以重農，説多偏激。

《農戰》第三　此篇言官爵者，人主所以勸民，而國以農戰興。當使民求官爵以農戰。又論絶學及去商賈技藝。

《去强》第四　此篇主峻刑法。金粟互生死一節，亦涉及生計。

《説民》第五　此篇亦主嚴刑重農戰之論。其云："家斷有餘，官斷不足，君斷則亂"，則言人臣當各舉其職，人君不可下侵臣事，法家多重"鄉治"由此。

《算地》第六　此篇言任地之法，亦及重刑賞以"一民於農戰"之意。

《開塞》第七　此篇首爲原君之論。其言以亂而求立君，頗合歐西民權論中之一派。下爲主嚴刑之論。

《壹言》第八　此篇言尚農戰，下辯説，技藝，絶游學，杜私門。又言不法古，不修今，因勢而治，皆與他篇互見。

《錯法》第九　此篇論賞罰。

《戰法》第十、《立本》第十一、《兵守》第十二　三篇皆論兵事。多闕誤，難讀。

《靳令》第十三　此篇言任人當以功，不當以言。又言重刑輕賞，利出一孔。《去强篇》曰："虱官者六：曰歲，曰食，曰美，曰好，曰志，曰行。此篇又曰：六虱：曰禮樂，曰詩書，曰修善，曰孝弟，曰誠信，曰貞廉，曰仁義，曰非兵，曰羞戰。國有十二者，上無使農戰，必貧至削。十二者成群，此謂君之治不勝其臣，官之治不勝其民；此謂六虱勝其政也。"其詞錯亂，未知其説。此篇同《韓非子·飭令》篇。本書標題，亦有作《飭令》者。

《修權》第十四　此篇言國所以治者三：(一)曰法，(二)曰信，(三)曰權。法與信，君臣所共，權，君之所獨。又曰："堯舜之位天下也，非私天下之利也，爲天下位天下也；三王五霸，非私天下之利也，爲天下治天下。今則不然。公私之交，存亡之本也。"亦廓然大公之論。

《徠民》第十五　此篇言秦患土滿，三晉反之；當利其田宅，復其身，以徠三晉之民。頗有精論。

《刑約》第十六　亡。

《賞刑》第十七　此篇言聖人之爲國也，壹賞，壹刑，壹教。壹賞謂利禄官爵，專出於兵；壹刑謂刑無等級，壹教謂富貴之門專於戰。

《畫策》第十八　此篇言勝敵必先自勝，亦主壹民於戰。

《境内》第十九　此篇言户籍及軍爵。

《弱民》第二十　此篇言民强則國弱，民弱則國强，乃以人民爲國家機械之論。

《□□》第二十一　亡。

《外内》第二十二　此篇言重農戰之理。

《君臣》第二十三　此篇言君不可釋法，亦及重農戰之論。

《禁使》第二十四　此篇主勢治。

《慎法》第二十五　此篇言人主御下之術。"使吏非法無以守，則雖巧不得爲奸；使民非戰無以效其能，則雖險不得爲詐"二語，乃一篇主旨也。

《定法》第二十六　此篇言立法行法及司法之官吏，可以考見古制。

尹文子

此書言名法之義頗精，然文甚平近，疑經後人改竄矣，按《漢志》，《尹文子》一篇，《隋志》二卷。《四庫提要》云："前有魏黄初末山陽仲長氏序，稱條次撰定，爲上、下篇。《文獻通考》著録作二卷。此本亦題《大道上篇》、《下篇》，與序文相符，而通爲一卷。蓋後人所合併也。序中所稱熙伯，蓋繆襲之字。其山陽仲長氏，不知爲誰。李淑《邯鄲書目》以爲仲長統。然統卒於建安之末，與所云黄初末者不合。晁公武因此而疑史誤，未免附會矣。"案四庫著録之本，與今通行本同。此序恐係僞物。《群書治要》引此書，上篇題《大道》，下篇題《聖人》，與今本不合，則今本尚定於唐以後也。今本兩篇，精要之論，多在上篇中。然上篇實包含若干短章；因排列失次，其義遂不易通。蓋條次撰定者，於此學實未深造，此篇蓋《漢志》之舊。其文字平近處，則後人所改。下篇由雜集而成，蓋後人所附益，非漢時所有。故《漢志》一篇，《隋志》顧二卷也。今略料揀上篇大意於下。學者依此意分節讀之，便可見此書之意矣。

此書之旨，蓋尊崇道德，故謂道貴於儒、墨、名、法，非法術權勢之治，所得比倫。夫所貴於道者，爲其能無爲而治也；無爲而治，非不事事之謂，乃天下本無事可爲之謂；天下所以無事可爲者，以其治也，天下之所以治，以物各當其分也。蓋天下之物，固各有其分；物而各當其分，則天下固已大治矣。然此非可安坐而致，故必借法以致之。所謂"道不足以治則用法，法不足以治則用術，術不足以治則用權，權不足以治則用勢；勢用則反權，權用則反術，術用則反法，法用則反道"也。夫權與術與勢，皆所以行法；法則所以蘄致於道也。法之蘄致於道奈何？曰：使天下之物，各當其份而已。然非能舉天下之物，爲之强定其份，而使之守之也。能使之各當其固有之份而已。所謂"圓者之轉，非能轉而轉，不得不轉；方者之止，非能止而止，不得不止。故因賢者之有用，使不得不用；因愚者之無用，使不得用"也。夫如是，則"形以定名，名以定事"之術，不可不講矣。天下萬事，不可備能；責其備能於一人，賢者其猶病諸。

今也，人君以一身任天下之責，而其所操者，不過“形以定名，名以定事”之一事，不亦簡而易操乎。故曰“以簡治煩惑，以易御險難；萬事皆歸於一，百度皆准於法；歸一者簡之至，准法者易之極”也。夫任法之治，固尚未能合道。所謂“法行於世；則貧賤者不敢怨富貴，富貴者不敢陵貧賤；愚弱者不敢冀智勇，智勇者不敢鄙愚弱。道行於世，則貧賤者不怨，富貴者不驕；愚弱者不懾，智勇者不陵”是也。然必先合於法，而後可以蘄至於道；欲蘄至於道者，必先行法；則斷然矣。而欲定法則必先審形名；此形名之術，所以爲致治之要也。上篇之大旨如此。此篇雖經後人重定，失其次序；亦或有闕佚。其文字疑亦有改易。然諸書言形名之理，未有如此篇之明切者，學者宜細觀之。“形名”二字，本謂因形以定名。後世多誤爲刑名，失之。釋“形名”二字之義者，亦惟此書最顯。

又此書上篇，陳義雖精，然亦有後人竄入之語。如“見侮不辱，見推不矜；禁暴寢兵，救世之鬥”，乃莊子論尹文語，此篇襲用之，而與上下文意義，全不相涉。即其竄附之證。蓋古人之從事輯佚者，不肯如後人之逐條分列，必以己意爲之聯貫。識力不及者，遂至首尾衡決，亦非必有意作僞也。下篇則決有僞竄處。如“貧則怨人，賤則怨時”一節，斷非周、秦人語，亦全非名家之義也。

慎　　子

此書亦法家者流，而闕佚殊甚。《漢志》法家：“《慎子》四十二篇。名到。先申、韓，申、韓稱之。”《史記・孟荀列傳》：“慎到，趙人。田駢、接子，齊人。環淵，楚人。皆學黄、老道德之術。因發明序其指意。故慎到著《十二論》，環淵著《上下篇》，而田駢、接子，皆有所論焉。”《集解》：“徐廣曰：今《慎子》劉向所定，有四十一篇。”“一”係誤字，《漢志》法家篇數可證。《正義》：“《慎子》十卷，在法家，則戰國時處士。”按荀子謂“慎子蔽於法而不知賢”；又謂“慎子有見於先，無見於後”。謂其物來順應，更無他慮，即《莊子》“不師知慮，不知前後”之意，非謂其知進而不知退也。莊子以慎到與彭蒙、田駢并稱。謂其“棄知去己，而緣不得已。笑天下之尚賢，非天下之大聖。不師智慮，不知前後；推而後行，曳而後往。曰：至於若無知之物而已。豪傑相與笑之。曰：慎到非生人之行，而死人之理也”。觀荀、莊二子之論，其學實合道、法爲一家。故《史記》謂其學黄、老道德之術，《漢志》以其書隸法家也。《韓子・難勢》篇、《吕覽・慎勢》篇引慎到語，皆法家之言。其書《唐志》十卷，與《史記正義》合。《崇文總目》三十七篇，校《漢志》已損其五。王應麟謂惟有《威德》、《因循》、《民雜》、《德立》、《君人》五篇，與今本合。然今本每篇皆寥寥數行，《四庫》謂又出後人掇摭，非振孫所見之舊已。

然如《威德》篇謂“古者立天子而貴之，非以利一人也。曰：天下無一貴，則理無由通；通理以爲天下也。故立天子以爲天下，非立天下以爲天子也”。可見法家雖尊君權，實欲借以求治；非教之以天下自私。又如《因循》篇謂：“因則大，化則細。因也者，因人之情也；人莫不自爲也，化而使之爲我，則莫可得而用。”此“化”字實爲《老子》“化而欲作”之“化”字之確詁。雖闕佚，亦可寶也。

鄧析子

此書《漢志》二篇，在名家。《隋志》一卷，《四庫提要》云："今本仍分《無厚》、《轉辭》二篇，然其文節次不相屬，似亦掇拾之本也。"又云："聖人不死，大盜不止一條，其文與《莊子》同，或篇章殘缺，後人摭《莊子》以足之歟?"愚案此書有採掇先秦古書處，又有後人以己意竄入處。核其詞意，似係南北朝人所爲。如"在己爲哀，在他爲悲"、"患生於宦成，病始於少瘳，禍生於懈慢，孝衰於妻子"等，皆決非周、秦人語也。僞竄處固已淺薄；採掇古書處，亦無精論；無甚可觀。

吕氏春秋

《吕氏春秋》，爲雜家之始。畢沅所謂“書不成於一人，不能名一家者，實始於不韋，而《淮南》内、外篇次之”是也。《史記·吕不韋傳》，謂不韋使其客人人著所聞，集論以爲《八覽》、《六論》、《十二紀》，“號曰《吕氏春秋》”；而《自序》及《漢書·司馬遷傳》載遷《報任安書》，又云：“不韋遷蜀，世傳《吕覽》。”案《序意》云：“維秦八年，歲在涒灘。”是時不韋未徙，故有議史公之誤者。然史公本謂世傳《吕覽》，不謂不韋遷蜀而作《吕覽》也。據《本傳》“號曰《吕氏春秋》”之語，則四字當爲全書之名，故《漢志》亦稱《吕氏春秋》。然編次則當如梁玉繩初説，先《覽》後《論》，而終之以《紀》。世稱《吕覽》，蓋舉其居首者言之。《序意》在《十二紀》之後，尤其明證。畢氏沅《禮運注疏》，謂以《十二紀》居首，爲《春秋》之所由名；説本王應麟，見《玉海》。《四庫提要》謂唐劉知幾作《史通》，《自序》在《内篇》之末、《外篇》之前，因疑《紀》爲内篇，《覽》與《論》爲外篇雜篇；皆非也。《禮運》鄭注，本無吕氏以《春秋》名書，由首《十二紀》之意。古人著書，以“春秋”名者甚多，豈皆有《十二紀》以爲之首邪？古書《自序》，例在篇末；《吕覽》本無内、外、雜篇之名，何得援唐人著述，鑿空立説乎？此書合《八覽》、《六論》、《十二紀》，凡二十六篇。自《漢志》以下皆同。庾仲容《子鈔》、陳振孫《書録解題》、《史記索隱》作三十六，“三”蓋誤字；《文獻通考》作“二十”，則又脱“六”字也。《玉海》引王應麟，謂“《書目》，是書凡百六十篇”。與今本篇數同。盧文弨曰：“《序意》舊不入數，則尚少一篇。此書分篇，極爲整齊，《十二紀》紀各五篇，《六論》論各六篇，《八覽》當各八篇。今第一覽止七篇，正少一。考《序意》本明《十二紀》之義，乃末忽載豫讓一事，與《序意》不類。且舊校云一作‘廉孝’，與此篇更無涉，即豫讓亦難專有其名。因疑《序意》之後半篇俄空焉；别有所謂《廉孝》者，其前半篇亦簡脱，後人遂相附合，併《序意》爲一篇，以補總數之闕。然《序意》篇首無‘六曰’二字，後人於目中專輒加之，以求合其數，而不知其跡有難掩也。”案盧説是也。予謂此書篇數，實止廿六。今諸《覽》、《論》、《紀》又各分爲若干篇,亦後人所爲,非不韋書本然也。此書諸《覽》、《論》、《紀》,義皆一綫相承。說見後。固無取别加標題。《四庫提要》謂"惟夏令多言樂,秋令多言兵,似乎有義,其餘絶不可曉",繆矣。

此書雖稱雜家,然其中儒家言實最多。今人指爲道家言者,實多儒、道二家之公言,參看論《淮南子》處。《四庫提要》謂其"大抵皆儒家言",實爲卓識。案《書大傳》:"古者諸侯始受封,則有采地;其後子孫雖有罪黜,其采地不黜,使其子孫賢者守之,世世以祠其始受封之人。此之謂興滅國,繼絶世。"《史記·秦本紀》莊襄王元年:"東周君與諸侯謀秦,秦使相國吕不韋誅之。盡入其國。秦不絶其祀;以陽人地賜周君,奉其祭祀。"即興滅國、繼絶世之義也。史又稱是年"大赦罪人;修先王功臣;施德,厚骨肉,而布惠於民"。亦必不韋所爲。不韋其能行儒家之義矣。不韋進身,誠不由正,然自非孔、孟,孰能皆合禮義?伊尹負鼎,百里自鬻,王霸之佐,皆有之矣。高似孫曰:"始皇不好士,不韋則徠英茂,聚畯豪,簪履充庭,至以千計。始皇甚惡書也,不韋乃極簡册,攻筆墨,採精録異,成一家言。《春秋》之言曰:十里之間,耳不能聞;帷墻之外,目不能見;三畝之間,心不能知;而欲東至開晤,南撫多鷃,西服壽靡,北懷儋耳,何以得哉?此所以譏始皇也。"方孝孺亦稱其書"詆訾時君爲俗主,至數秦先王之過無所憚"。夫不韋著書,意在"備天地萬物古今之事",《史記》本傳語。原不爲譏切一時。然其書立論甚純,而不韋又能行之;使秦終相不韋,或能行德布化,以永其年,不至二世而亡;使天下蒼生,亦蒙其荼毒;未可知也。今此書除儒家言外,亦存道、墨、名、法、兵、農諸家之言。諸家之書,或多不傳;傳者或非其真;欲考其義,或轉賴此書之存焉;亦可謂藝林瑰寶矣。要之不韋之爲人,固善惡不相掩,而其書則卓然可傳;譏其失而忘其善,已不免一曲之見,因其人而廢其書,則更耳食之流矣。

此書注者,惟有高誘。其注誤處甚多。《史記》謂不韋書成,"布咸陽市門,縣千金其上,延諸侯游士賓客,有能增損一字者予千金"。高注多摘其書誤處,謂揚子雲恨不及其時,車載其金。見《慎人》、《適威》二篇注。殊不知古人著書,重在明義;所謂誤不誤者,但就論道術之辭言之,非斤斤計較於稱引故實之間也。高引揚雄語以詆吕氏,畢沅即摘高注誤處,轉以是語相譏,宜矣。近人孫德謙云:注此書已成,然未刊布。今通行者,仍爲畢沅校本。

《孟春紀》、《十二紀》 皆與《禮記·月令》大同。按此所述,爲古明堂行政之典。《淮南·時則訓》、《管子·幼官圖》,皆是物也。此蓋同祖述古典。參看論《墨子》處自明。或以《吕覽》載之,疑爲秦法,誤矣。

《孟春紀》　下標目凡四：曰《本生》，言養生之理。曰《重己》，言人當順性之情。使之不順者爲欲，故必節之。曰《貴公》，曰《去私》，義如其題。蓋天下之本在身；春爲生長之始，故《孟春》、《仲春》、《季春》三《紀》之下，皆論立身行己之道。而《孟春紀》先上本之於性命之精焉。諸《覽》、《論》、《紀》下之分目，雖後人所爲，亦便識别。故今皆仍之，而又説明其一綫相承之義，以見此書編次之整齊焉。

《仲春紀》　下亦標四目：曰《貴生》，義與《莊子・讓王篇》同。又云："全生爲上，虧生次之，死次之，迫生爲下。"此言生活貴有意義，尊生者非苟全其生命之謂，其説極精；後世神仙家言之自托於道家者，乃徒欲修煉服餌，以求長生，其説不攻而自破矣。曰《情欲》，言欲有情，情有節，聖人修節以止欲，故不過行其情。此情字當作誠字解，今所謂真理也。不主絶欲而務有節，實儒家精義。曰《當染》，前半與《墨子・所染篇》同，而後文議論處異。又云："古之善爲君者，勞於任人，而佚於官事。"蓋因私人交友之道，而及人君用人之方也。曰《功名》，言立功名必以其道，不可强爲。

《季春紀》　下標四目：曰《盡數》，言自然之力，莫不爲利，莫不爲害，貴能察其宜以便生，則年壽得長。又云："長也者，非短而續之也，畢其數也。"此可見求長生之謬矣。曰《先己》，亦言貴生之理。反其道而身善，治其身而天下治，是爲無爲；可見所謂無爲者，乃因任自然，而不以私意妄爲之謂，非謂無所事事也。曰《論人》，前半言無爲之理，後半言觀人之法。曰《圜道》，言天道圜，地道方，各有分職；主執圜，臣處方，貴各當其職。《仲春》、《季春》二紀，因修己之道，旁及觀人用人之術，而極之於君臣分職之理。

《孟夏紀》　下標四目：曰《勸學》，曰《尊師》，義如其題。《尊師篇》可考古者弟子事師之理。曰《誣徒》，言教學當反諸人情，即人性之本然。極精。曰《用衆》，言取人之長，以補己之短。其曰："吾未知亡國爲主，不可以爲賢主也。其所生長者不可耳。"即今教育當重環境之説也。孟夏爲長大之始；人之於學，亦所以廣大其身，《禮記・文王世子》："況于其身以善其君乎？"鄭注："于讀爲迂。迂猶廣也，大也。"故論爲學之事。

《仲夏紀》　下標四目：曰《大樂》，言樂之所由生；並駁非樂，論頗精。曰《侈樂》，言樂貴合度，不貴侈大，侈則失樂之情。此篇有同《禮記・樂記》處。曰《適音》，言大小清濁之節，蓋即所謂度量也。曰《古樂》，述樂之史。

《季夏紀》　下標四目：一曰《音律》，言十二律相生及十二月行政。曰《音初》，言東西南北之音所自始。末節同《樂記》。曰《制樂》，言治厚則樂厚，治薄則樂薄。下引湯、文、宋景公之事，無甚深義。曰《明禮》，言亂國之主不知樂，多侈陳災祥之言。“樂盈而進”，故於夏長之時論之。《仲夏紀》論樂之原理頗精。《季夏紀》所論，或爲專門之言，或雜怪迂淺薄之論。

《孟秋紀》　下標四目：曰《蕩兵》，推論兵之原理。謂有義兵而無偃兵，極精。曰《振亂》，曰《禁塞》，皆闢非攻之論，亦精。曰《懷寵》，此篇論所謂義兵者，即儒家所謂仁義之師。案儒家崇尚德化，而不言去兵。儒家經世之道，備於《春秋》；而《孟子》曰“《春秋》無義戰”，則“義戰”二字，乃儒家用兵標準也。《吕覽》多儒家言，此篇所述，蓋亦儒義。予别有論。

《仲秋紀》　下標四目：曰《論威》，言立威之道。其言曰：“死生榮辱之道一，則三軍之士，可使一心；三軍一心，則令無敵。士民未合，而威已諭，敵已服，此之謂至威。”又曰：“兵欲急疾捷先，并氣專精，心無有慮，一諸武而已。”皆兵家極精之論。曰《簡選》，言簡選不可專恃，然因此遂謂市人可勝教卒則非。曰《決勝》，言民無常勇，亦無常怯。有氣則實，實則勇；無氣則虚，虚則怯。兵有本幹；必義，必智，必勇。兵貴因，因敵之險，以爲己用；因敵之謀，以爲己事。兵貴不可勝。不可勝在己，可勝在彼。必在己，不必在彼者，亦兵家極精之論也。曰《愛士》，言行德愛人，則民親其上；民親其上，則樂爲君死。

《季秋紀》　下標四目：曰《順民》，曰《知士》，義如其題。曰《審己》，言凡物之然也必有故，不知其故，雖當，與不知同，其卒必困。此言作事當通其原理，不可恃偶合。曰《精通》，言精神相通之理。聖人所以行德乎己，而四荒咸飭其仁。秋主則殺，故論用兵之事。《順民》、《知士》乃用兵之本；《審己》則慎戰之理；《精通》亦不戰屈人之意也。

《孟冬紀》　下標四目：曰《節喪》，曰《安死》，皆言厚葬之禍。可考古代厚葬及發墓者情形。曰《異寳》，言古人非無寳也，所寳者異耳。以破世俗之惑。曰《異用》，言人之所以用物者不同，爲治亂存亡死生所由判。意承上篇。蓋人之愚，皆由爲物所惑。不爲物所惑，而且能用物，則所爲皆成矣。此亦哲學家極精之論。

《仲冬紀》　下標四目：曰《至忠》，言忠言逆耳，非明主莫能聽。曰《忠廉》，言忠廉之士難得。曰《當務》，言辯而不當論，同倫。信而不當理，勇而不當義，法而不當務；大亂天下，必此四者。即《孟子》“非禮之禮，非義之義，大人弗爲”之説，亦所以惡“執中而無權”也。曰《長見》，言知愚之異，在所見之短長。審今可以知古，審古亦可以知後；故爲後人所非之事不當作，因知而推之於行也。

《季冬紀》　下標四目：曰《士節》，言定天下國家，必由節士，不可不務求。曰《介立》，言貴富有人易，貧賤有人難。晉文公貧賤時能有介之推，而貴富時不能有，所以不王。曰《誠廉》，言誠廉之士，視誠廉重乎其身，出乎本性。曰《不侵》，言尊富貴大，不足以來士，必知之然後可。冬主閉藏，故言喪葬之理。墨家固主節葬，儒家道家亦戒厚葬。然此特道術之士然，至於習俗，蓋皆主厚葬。秦始皇等特其尤甚者耳。故戒厚葬之談，實其時當務之急也。人能多所蓄藏則必智，而智莫大於知人；故諸篇多論求智之事，及知人之方焉。

《序意》　此篇爲全書自序。《十二紀》本列《六覽》、《八論》之後；此書在《十二紀》之後，亦即在全書之末；今本升《紀》於《覽》、《論》之前，故序亦在《紀》與《覽》、《論》之間也。《序語》似專指《十二紀》者，以其已非完篇也。見前。

《有始覽》　首節言天地開闢。中與《淮南・地形訓》同。末言"天地萬物，大同衆異"。與《莊子・天下》篇引惠施之説同。可見此爲古代哲學家之公言，非莊、列、惠施等二三人之私論也。下標七目：曰《應同》，言禎祥感應之理。曰《去尤》，言心有尤則聽必悖，故必去之，然後能聽言。曰《聽言》，言聽言者必先習其心於學問。曰《謹聽》，戒人自以爲智。曰《務本》，言人臣當反身自省，不可徒取禄。曰《諭大》，言小之定必恃大，大之安必恃小；小大貴賤交相恃，然意偏於務大，則因人之蔽於小而不知大者多，故以是戒之也。古人論政，原諸天道；而一國之政，君若臣實共司之。此篇因論天地開闢之宇宙論，而及於君若臣所以自處之道，及其所當務也。此篇從天地開闢説起，亦可見《八覽》當列全書之首。

《孝行覽》　言爲天下國家必務本，本莫貴於孝，多同《孝經》及《禮記・祭義》。下標七目：曰《本味》，言功名之本在得賢。曰《首時》，言成功在於得時。曰《義賞》，言一事之成，皆有其外緣使之。賞罰之柄，上之所以使下也。賞罰所使然，久則成習，而安之若性，故賞罰之所加，不可不慎也。曰《長攻》，言治亂存亡，安危强弱，亦有外緣。湯、武非遇桀、紂不王，桀、紂非遇湯、武不亡。曰《慎人》，承上篇，言功名之成，雖由於天，然因是而不慎人事則不可。亦及不得時則不可强爲之義。曰《遇合》，言外緣之相值，由於適然。曰《必己》，承上篇，言外物不可必，故君子必其在己，不必其在人者。多同《莊子・山木》，其言修德不必獲報，無論如何，無必免患之法，可破修德獲報之説。此覽承上覽，言治國之本，及總論成敗之道。

《慎大覽》　言强大當慎，居安思危之義。下標七目：曰《下賢》，言人主當下賢。曰《報更》，舉報恩之事，言人主當博求士。曰《順説》，言説術。曰《不廣》，言智者之舉事必因時。曰《貴因》，言創者難爲功，因者易爲力之理。曰

《察今》，言先王之法不足法，當法其所以爲法；因言察己可以知人，察今可以知古，法隨時變之理。極精。曰《權勳》。此覽亦承上覽。《孝行覽》論成功之術，蓋就國家開創時立言；此覽則就國家既成立後言之，皆守成之道也。

《先識覽》　言國之興亡，有道者必先知之。故有道者之言，不可不重。下標七目：曰《觀世》，言有道之士少，不可不求。曰《知接》，言知者所接遠，愚者所接近。所接近者，告之以遠亦不喻。戒人不可自以爲智。曰《悔過》，此篇承上篇，上篇言耳目有所不接，此篇言心智亦有所不至。因引秦穆公事，遂以悔過題篇，實非本意也。此可見各《紀》各《覽》各《論》中之分篇，多後人所爲。曰《樂成》，言民可與樂成，難與慮始。洶洶之論，不可不察。曰《察微》，言治亂存亡，始於至微。能察之，則大事不過。曰《去宥》，宥同囿。曰《正名》，言名實之間，不可不察。此覽亦承前言之。《孝行》、《慎大》二覽，皆就行事立言；此覽則就知識立言也。

《審分覽》　言君臣異職，人主不可下同群臣之事。下標七目：曰《君守》，言人君所處之分，以無爲爲尚。曰《任數》，言御下之術，當修其數。耳目智巧不足恃。曰《勿躬》，言人君不可躬親事務。曰《知度》，言治要存乎除奸；除奸之要，存乎治官；治官之要，存乎治道；治道之要，存乎知性命。可見政治學與哲學一貫之旨。曰《慎勢》，言以大畜小，以重使輕，此勢不可失。曰《不二》，戒聽衆議以治國，此篇有脱文。曰《執一》，言天下之本在國，國之本在家，家之本在身；聞爲身，不聞爲國。亦道家養生之旨也。此覽言臣主之分，而仍歸本於性命之情，可見形名度數，皆原於道。

《審應覽》　言人主應物，不可不審。其道在因人之言，以責其實，而不爲先。下標七目：曰《重言》，言人主之言不可不慎。曰《精諭》，言縝密之道。曰《離謂》，言名實不副，爲亂國之道。曰《淫辭》，言名實不副者，上不可無以察之。曰《不屈》，言察士應物，其辭難窮；然不必爲福。曰《應言》，蓋即舉察士應物之辭。曰《具備》，言立功名者自有其具。説與治之務莫若誠。此覽言人君聽説之道，多難名、法家之言，以其能變亂是非也；而歸結於臣主之務，莫若以誠，可謂得爲治之要矣。

《離俗覽》　言世以高行爲貴，然以理義論，則神農、黄帝，猶有可非，微獨舜、禹。蓋極言理論與實際，不能相合，戒作極端之論也。下標七目：曰《高義》，言君子之所謂窮通與俗異，故不苟受賞逃罪；人之度量，相越甚遠，不可不熟論。言以求衆人之道馭非常之人，則必失也。曰《上德》，言用人者不可徒恃罰。曰《用民》，言用民者亦不可徒恃威，其理甚精。足箴法家過任威刑之失。曰《適威》，言立法必爲民所能行。《管子》所謂“下令於流水之原”也。曰《爲欲》，言民之可用，因其有欲。治亂强弱，由其使民之術不同，甚精。曰《貴信》，言信立則虚言可以賞，六合之内，皆爲己府，而不患賞之不繼矣。甚精。曰《舉難》，戒求全。此篇承前覽，前覽言聽言之術，此覽則言用人之術也。

《恃君覽》　言人之生恃乎群；群之所以不涣，恃乎群中之人，皆以群爲有利；群之能利其群之人，以君道立也。此等原君之論，法家常主張之。然又曰：“君道以利立，故廢其不然而立其行道者。德衰世亂，然後天子利天下。”則又儒家“湯、武革命，應天順人”之説矣。固知九流之學，流異原同也。下標七目：曰《長利》，言天下之士，必慮長利。利倍於今，而不便於後，弗爲也；安雖長久，以私其子孫，弗爲也。又謂賢者不欲其子孫恃險久存，以行無道，亦廓然大公之論。曰《知分》，言達乎生死之分，則利害存亡弗能惑。理頗近《莊》、《列》。曰《召類》，言禍福自來，衆人不知，則以爲命，其實皆有以召之。案上篇言理，偏重自然，故以此篇繼之；以見事雖有非人力所能爲者，然人事仍不可失也。曰《達鬱》，言人身精氣鬱則病，一國亦然，鬱則萬惡并起。理極精。曰《行論》，言人主之行與布衣異，勢不便，時不利，則當事仇以求存；何者？執民之命，不得以快志爲事也。可破宋以後氣矜之隆，不論利害之失。曰《驕恣》，言亡國之主之失。曰《觀表》，言人心難測，聖人過人以先知。先知必審徵表。衆人以爲神，以爲幸，而不知其爲數之所不得不然也。此覽推論國家社會所以成立之原，由於衆以爲利，因博論利害之理，及人所以知利害之術，并及立君所以利民；戒人主不可以國自私，真廓然大公之論。

《開春論》　言賢主不必苦心焦思，在能任賢。下標五目：曰《察賢》，義如其題。曰《期賢》，言世主多暗，人君有明德，則士必歸之。曰《審爲》，言身重於天下。今人多趨利而忘其身。蓋因下篇言愛類，故先及此也。曰《愛類》，言仁者必愛其類。賢人往來王公之朝，非求自利，欲以利民。故人主能務民，則天下歸之。曰《貴卒》，言智者之異於人，以其能應變於倉卒之間。此論承前論。前論言人主利民之道，此論言賢人皆以利民爲務，因及人君用人之方。

《慎行論》　言計利者未必利，惟慮義則利。下標五目：曰《無義》，極言義之利。曰《疑似》，言知必求其審，故疑似之務，不可不察。曰《壹行》，言人之行義，當昭然與天下以共見，使人信之。如陵上巨木，人以爲期，易知故也。乘船者爲其能浮而不能沈；賢士君子，爲其能行義而不能行邪僻也。曰《求人》，上篇言壹行在己，故言求人以該其義也。曰《察傳》，言得言不可不察。數傳而白爲黑，黑爲白矣。故聞言必熟論。必驗之以理。如“夔一足”、“穿井得一人”等，皆可以理决其無者也。此論實爲破除迷信之根。此論承前二論。前二論皆言利，恐人誤見小利，故此論極言以義爲利之旨。利之爲利易見，義之爲利難知。故極言知之貴審。既知義則必行之，故又極言行之貴壹也。

《貴直論》 言直臣之可貴。下標五目：曰《直諫》，言非賢人不肯犯危諫諍，故人主當容察之。曰《知化》，言惡直言者，至其後聞之則已晚。曰《過理》，言亡國之主，皆由所樂之不當。曰《雍塞》，言亡國之主，不可與直言。曰《原亂》，舉禍亂因壅塞而生者以爲戒。前論言知貴審而行貴壹，知及行必藉人以自輔，故此論承之，極言直臣之可貴也。

《不苟論》 言賢主必好賢。下標五目：曰《贊能》，言進賢之功。曰《自知》，言人主欲自知，則必得直士。曰《當賞》，言賞罰爵禄，人臣之所以知主，所加當，則人爲之用。曰《博志》，言有所務，必去其害之者。賢者之無功，不肖者害之也。曰《貴當》，言治國之本在身，治身之本在得其性。所謂性者，則自然之道也。此論亦承前論，前論言直臣之可貴，此論則言人主當用賢去不肖。人主之於賢臣，固不徒貴知之，必貴能用之也。而以用人之本，歸結君心，則《孟子》所謂“惟大人爲能格君心之非”，“一正君而國定”者也。

《似順論》 言事有貌相似而實相反者，因言循環之道。下標五目：曰《别類》，言剖析疑似之事，因推論智識有限，故聖人不恃智而因任自然。極精。曰《有度》，言必通乎性命之情，則執一而萬物治。所謂性命之情者，即今所謂真理也。曰《分職》，言君當守無爲之道，使衆爲之。曰《處分》，言物各異能，合衆異正所以爲同，故貴因材授任。然立法則必爲人之所共能。曰《慎小》，義如其題。此篇承前，前論以知人用人歸束於君，故此篇又總論君道也。

《士容論》 言誠則人應之，無待於言，言亦不足諭人。下標五目：曰《務大》，言務大則小自該。戒人臣欲貴其身，而不知貴其主於天下。與《諭大》篇有重複處。曰《上農》，言導民莫先於農。農則樸，樸則易用；農則重，重則少私義；少私義則公法立；可以戰守。義與《商君書》同。上言男女分職之理，義頗合於《孟子》。言制民之産之法，又與儒家言大同。亦可見九流之學之本無不合也。曰《任地》，曰《辨土》，曰《審時》，皆農家專門之言，不易解。與《亢倉子》同。《亢倉子》僞書蓋取諸此。此論亦承前。前五論皆言人君之道，此論則言臣民之務也。

尸　子

此書雖闕佚特甚，然確爲先秦古籍，殊爲可寶。按《漢志》雜家："《尸子》二十篇。名佼。魯人。秦相商君師之。鞅死，佼逃入蜀"。《史記·孟荀列傳》："楚有尸子。"《集解》："劉向《别録》曰：楚有尸子，疑謂其在蜀。今按《尸子》書，晉人也。名佼。秦相衛鞅客也。商君被刑，佼恐并誅，乃逃亡入蜀。自爲造此二十篇書。凡六萬餘言。"《索隱》謂："尸子名佼，晉人，事具《别録》。"按裴駰、司馬貞及見《别録》及《尸子全書》，所知較詳，説當不誤。晉、魯形近，今《漢志》作魯人，蓋訛字也。其書二十篇，《隋》、《唐志》皆同。宋時遂殘缺。王應麟《漢志考證》：李淑《邯鄲書目》存四卷。館閣書目止存二篇，合爲一卷，其本又不傳於後。清時所行，凡有三本：(一) 爲震澤任氏本，(一) 爲元和惠氏本，(一) 爲陽湖孫氏本。汪繼培以三本參校，以《群書治要》所載爲上卷，諸書稱引與之同者，分注於下。其不載《治要》，散見諸書者爲下卷，引用違錯及各本誤收者，别爲存疑附於後，實最善之本也。今所傳劉向校上《荀子》語，謂尸子著書，"非先王之法，不循孔氏之術"；劉勰謂其"兼總雜術，術通而文鈍"，據今所輯存者，十之七八皆儒家言，劉向《校序》本僞物，不足信。此書蓋亦如《吕覽》，兼總各家而偏於儒。其文極樸茂，非劉勰所解耳。今雖闕佚已甚，然單詞碎義，足以取證經子者，實屬指不勝屈。今姑舉其最要者數條。如《分篇》："天地生萬物，聖人裁之。裁物以制分，便事以立官。""君臣，父子，上下，長幼，貴賤，親疏，皆得其分曰治。愛得分曰仁，施得分曰義，慮得分曰智，動得分曰適，言得分曰信；皆得其分，而後爲成人。""明王之治民也，事少而功立，身逸而國治，言寡而令行。事少而功多，守要也。身逸而國治，用賢也。言寡而令行，正名也。""君民者苟能正名，愚智盡情。執一以静，令名自正，令事自定。賞罰隨名，民莫不敬。"《發蒙篇》："天下之可治，分成也。是非之可辨，名定也。過其實，罪也。弗及，愚也。是故情盡而不僞，質素而無巧。""故陳繩則木之枉者有罪，措凖則地之險者有罪，審名分則群臣之不審者有罪。""是故曰：審一之經，百事乃成；審一之紀，百事乃理。名實判爲兩，合爲一。是非隨名實，賞罰隨是非。是則有賞，非則有罰。人君之所獨斷也。""明君之立也正，其貌莊，其心虚，其視不躁，其聽不淫，審分應辭，以立於廷，則隱匿疏遠，雖有非焉，必不多矣。""明君不用長耳目，不行間諜，不强聞見；形至而觀，聲至而聽，事至而應。近者不過，則遠者治矣。明者不失，則微者敬矣。"實足以通儒、道、名、法四家之郵。又如《分篇》："夫弩機損若黍則不鈎，益若□則不發。言者百事之機也，聖王正言於朝，而四方治矣。"實《易·繫辭傳》"言行者君子之樞機"一節絶好注脚。又如《仁意篇》："治水潦者禹也，播五種者后稷也，聽獄折衷者皋陶，舜無爲也，而天下以爲父母，愛天下莫甚焉。"亦足與《論語》"無爲而治者其舜也歟"相補足。此外典制故實，足資考證者尚多，不及備舉也。

鶡　冠　子

　　此書歷代著録，篇數頗有異同。《漢志》道家："《鶡冠子》一篇，楚人。居深山，以鶡爲冠"。《隋》、《唐志》皆三卷。《四庫》所著録，爲宋陸佃注本，卷數同。《提要》云："此本凡十九篇。佃《序》謂韓愈讀此稱十六篇，未睹其全。佃北宋人，其時韓文初出，當得其真。今本韓文乃亦作十九篇，殆後來反據此書，以改韓集。此注則當日已不甚顯。惟陳振孫《書録解題》載其名。晁公武《讀書志》則但稱有八卷一本。前三卷全同《墨子》，後兩卷多引漢以後事。公武削去前後五卷，得十九篇。殆由未見佃注，故不知所注之本，先爲十九篇歟。"按《漢志》止一篇，韓愈時增至十六，陸佃注時，又增至十九，則後人時有增加，已決非《漢志》之舊，然今所傳十九篇，皆詞古義茂，決非漢以後人所能爲。蓋雖非《漢志》之舊，而又確爲古書也。第七、第八、第九、第十四、第十五諸篇，皆稱龐子問於鶡冠子。第十六篇稱趙卓悼之借字。襄王問於龐煖，第十九篇稱趙武靈王問於龐煖，則龐子即龐煖，鶡冠子者，龐煖之師也。全書宗旨，原本道德，以爲一切治法，皆當隨順自然。所言多明堂陰陽之遺。儒、道、名、法之書，皆資參證，實爲子部瑰寶。

　　《博選》第一　此篇言君道以得人爲本，得人以博選爲本。

　　《著希》第二　此篇言賢者處亂世必自隱，戒人君不可不察。

　　《夜行》第三　此篇言天文地理等，皆有可驗。"有所以然者，然，成也。隨而不見其後，迎而不見其首；成功遂事，莫知其狀；故聖人貴夜行"。夜者，暗昧之意。第十九篇"陰經之法，夜行之道"，同義。《管子·幼官篇》"若因夜虛守靜"之夜，亦當如此解。

　　《天則》第四　此篇言："天之不違，以不離一；天若離一，反還爲物。""人有分於處，處有分於地，地有分於天，天有分於時，時有分於數，數有分於度，度有分於一。""列地而守之，分民而部之；寒者得衣，饑者得食，冤者得理，勞者得息；聖人之所期也。""同而後可以見天，異而後可以見人，變而後可以見時,化而後可以見道。”蓋言天地萬物,同出一原;然既爲萬物,則各有其所當處之分;各當其分,斯爲至治。物所當處之分,出於自然;能知其所當處之分,而使之各當其分,斯爲聖人。合天然與人治爲一貫,乃哲學中最古之義也。

《環流》第五　此篇言:“有一而有氣,有氣而有意,有意而有圖,有圖而有名,有名而有形。”“物無非類,動静無非氣。”“物極則反,命曰環流。”蓋古哲學中宇宙論。又云:“一之法立,而萬物皆來屬。”“言者萬物之宗也;是者,法之所與親也;非者,法之所與離也。是與法親,故强;非與法離,故亡。”亦人事當遵循自然之意。又云:“命者自然者也;命無所不在,無所不施,無所不及。”“命之所立,賢不必得,不肖不必失。”則定命機械之論也。

《道耑》第六　此篇原本自然,述治世之法,與第八篇皆多明堂陰陽之言。

《近迭》第七　此篇言當恃人事,不當恃天然之福,而人道則以兵爲先。頗合生存競争之義。然云:“兵者,禮義忠信也。行枉則禁,反正則捨。是故不殺降人,王道所高。得地失信,聖王弗貴。”則仍仁義之師,異夫專以殺戮爲威者矣。

《度量》[①]第八　此篇言度量法令,皆原於道。

《王鈇》第九　“王鈇”二字,義見首篇;此篇中亦自釋之。此篇先述治道,亦法自然之意。後述治法,與《管子》大同。

《泰鴻》第十　此篇言“天地人事,三者復一”。多明堂陰陽家言。

《泰録》第十一　此篇亦言宇宙自然之道。又曰:“神聖之人,後天地生,然知天地之始;先天地亡,然知天地之終。”“知先靈,王百神者,上德,執大道,凡此者,物之長也。及至乎祖籍之世,代繼之君,身雖不賢,然南面稱寡,猶不果亡者,其能受教乎有道之士者也。不然,而能守宗廟、存國家者,未之有也。”按《學記》一篇,多言人君之學。《漢志》以道家爲君人南面之術,觀乎此篇,則可以知古代爲人君者之學矣。

《世兵》第十二　此篇大致論用兵之事。

《備知》第十三　此篇先言渾樸之可尚,有意爲之則已薄,與《老子》頗相近。繼言功名之成,出於時命,非人力所可强爲。因言:“費仲、惡來,知心而不知事;比干、子胥,知事而不知心;聖人者必兩備而後能究一世。”蓋其所謂備知者也。

《兵政》第十四　此篇言兵必合於道,而後能勝。

---

① 文淵閣《四庫全書》本作《度萬》。

《學問》第十五　此篇載龐子問:"聖人學問服師也,亦有終始乎? 抑其拾誦記辭,闔棺而止乎?"鶡冠子答以"始於初問,終於九道"。蓋學問必全體通貫,而後可謂之有成。此即《大學》"物有本末,事有終始"、《論語》"一以貫之","有始有卒,其惟聖人"之義也。

《世賢》第十六　此篇借醫爲喻,言治於未亂之旨。

《天權》第十七　此篇先論自然之道,而推之於用兵。亦多陰陽家言。

《能天》第十八　此篇言安危存亡,皆有自然之理。又曰:"道者通物者也,聖者序物者也。"又曰:"聖人取之於勢,而弗索於察。勢者,其專而在己;察者,其散而之物者也。"與第四篇義同。

《武靈王》第十九　此篇亦論兵事。

淮 南 子

《漢志》雜家:“《淮南》内二十一篇,外三十三篇”。《淮南王傳》:“招致賓客方術之士數千人,作爲内書二十一篇,外書甚衆。又有中篇八卷,言神仙黄白之術,亦二十餘萬言。”今所傳《淮南王》書,凡二十一篇。其爲内篇,似無疑義。然高誘《序》謂“與蘇飛、李尚、左吴、田由、雷被、毛被、伍被、晉昌等八人,及諸儒大山、小山之徒,共講論道德,總統仁義,而著此書。其旨近《老子》。淡泊無爲,蹈虚守静,出入經道。言其大也,則燾天載地;説其細也,則淪於無垠。及古今治亂存亡禍福、世間詭異瑰奇之事。其義也著,其文也富。物事之類,無所不載,然其大較,歸之於道。號曰鴻烈。鴻,大也;烈,明也;以爲大明道之言也。故夫學者不論《淮南》,則不知大道之深也。是以先賢通儒,述作之士,莫不援採,以驗經傳。劉向校定撰具,名之《淮南》。又有十九篇,謂之外篇。”述外篇篇數,與《漢志》不合。《漢志》天文有《淮南·雜子星》十九卷,卷數與誘所述外篇篇數卻符。然捨《漢志》“外三十三篇”不言,顧以其爲《雜子星》者當外篇,於理終有可疑。案《漢志》,《易》家有《淮南王·道訓》二篇。注曰:“淮南王安,聘明《易》者九人,號九師法。”今《淮南·要略》,爲全書自序。其言曰:“言道而不言事,則無以與世浮沉;言事而不言道,則無以與化游息。”又曰:“今專言道,則無不在焉。然而能得本知末者,其惟聖人也。今學者無聖人之才,而不爲詳説,則終身顛頓乎混溟之中,而不知覺寤乎昭明之術矣。”可見淮南此書,實以道與事相對舉。今《要略》兩稱“著二十篇”云云,蓋以本篇爲全書自叙,故不數之,若更去其首篇《道訓》,則所餘者適十九篇矣。高注久非故物,此序詞意錯亂,必爲後人竄改無疑。頗疑高《序》實以十九篇與《原道訓》分論。“言其大也,則燾天載地;説其細也,則淪於無垠”等,爲論《原道訓》之語。“及古今治亂存亡禍福、世間詭異瑰奇之事,其義也著,其文也富,物事之類,無所不載”等,爲論其餘十九篇之語。本無《外篇》之名。後人既混其論兩者之語而一之,乃妄臆“其餘十九篇”不在本書之内,遂又加入“謂之外篇”四字也。《漢志》言安聘明《易》者九人，高《序》所舉大山、小山，或亦如《書》之大、小夏侯，《詩》之大、小毛公，一家之學，可作一人論；則合諸蘇飛、李尚等適得九人矣。得毋今書首篇之《原道訓》，即《漢志》所謂《道訓》者，《漢志》雖採此篇入《易》家，而於雜家仍未省；又或《漢志》本作二十篇，而爲後人所改邪？書闕有間，更無堅證，誠未敢自信。然竊有冀焉者：九流之學，同本於古代之哲學；而古代之哲學，又本於古代之宗教。故其流雖異，其原則同。前已言之。儒家哲學，蓋備於《易》，《易》亦以古代哲學爲本。其雜有術數之談，固無足怪。然遂以此爲《易》義則非也。今所謂漢《易》者，大抵術數之談耳。西漢今文之學，長於大義。東漢古文之學，則詳於訓詁名物之間。今施、孟、梁丘之《易》皆亡，今文家所傳《易》之大義，已不可見。淮南王書引《易》之處最多，見《繆稱》、《齊俗》、《氾論》、《人間》、《泰族》諸篇。皆包舉大義，無雜術數之談者。得毋今文《易》義轉有存於此書中者邪？《淮南》雖號雜家，然道家言實最多；其意亦主於道；故有謂此書實可稱道家言者。予則謂儒、道二家哲學之説，本無大異同。自《易》之大義亡，而儒家之哲學，不可得見。魏、晉以後，神仙家又竊儒、道二家公有之説，而自附於道。於是儒家哲學之説，與道家相類者，儒家遂不敢自有，悉舉而歸諸道家；稍一援引，即指爲援儒入道矣。其實九流之學，流異原同。凡今所指爲道家言者，十九固儒家所有之義也。魏、晉間人談玄者率以《易》、《老》并稱，即其一證。其時言《易》者皆棄數而言理，果使漢人言《易》，悉皆數術之談，當時之人，豈易創通其理，與《老》相比。其時今文《易》説未亡，施、孟、梁丘之《易》，皆亡於東西兩晉間。其理固與《老子》相通也。《河圖》、《洛書》之存於道家，亦其一證。宋人好以《圖》、《書》言《易》，清儒極攻之。然所能言者，《圖》、《書》在儒家無授受之跡耳；如何與《易》説不合，不能言也。方東樹説。方氏攻漢學，多過當誤會之語，然此説則平情也。西諺云：“算賬祇怕數目字。”《圖》、《書》皆言數之物，果其與《易》無涉，何以能推之而皆合，且又可以之演範乎。然則此物亦儒家所固有，而後爲神仙家所竊者耳。明乎此，則知古代儒、道二家之哲學，存於神仙家即後世之所謂道家。書中者必甚多。果能就後世所謂道家之書，廣爲搜羅，精加别擇，或能輯出今文《易》説，使千載湮沉之學，涣然復明；即道家之説，亦必有爲今日所不知者。而古代哲學，亦因之而益彰者也。臆見所及，輒引其端，願承學之士共詳之。

此書今所傳者，凡二十一篇。《漢書》所謂外篇及中篇者，蓋久亡佚矣。《漢志》於内外篇皆僅稱《淮南》。今題作《淮南子》，“子”字蓋後人加之。今所謂“某某子”，“子”字爲後人所加者甚多。《隋書》及新、舊《唐志》皆作二十一卷。許慎、高誘兩注并列。舊《唐志》又有《淮南鴻烈音》二卷，何誘撰。新《唐志》亦題高誘。《宋志》於許注仍云二十一卷，高注則云十三卷。晁公武《讀書志》，據《崇文總目》，云亡三篇。李淑《邯鄲圖志》，則云亡二篇。而洪邁《容齋隨筆》，稱所存者二十一卷，與今本同。蓋其書自宋以後，有佚脱之本，而仍有完本。高似孫《子略》云二十篇者，以《要略》爲淮南自敍，除去計之，《四庫》亦以爲非完本，非也。《提要》又云：白居易《六帖》引烏鵲填河事，云出《淮南子》。今文無之，則尚有脱文，案此必不出内篇，《四庫》此言亦誤也。音二卷，實出何誘。新《唐志》并題高誘者誤。今本篇數仍完，而注則許、高二家，删合爲一矣。以上并據莊逵吉《叙》。向所行者爲莊逵吉校本。原出錢坫所校《道藏》本。近人劉文典，撰《淮南鴻烈集解》，用力至勤，法亦嚴密，讀胡適《序》可見。實佳者也。

《原道訓》　此篇言道之體用，皆世所謂道家言也，極精。《淮南》書中，世所謂道家言，予疑其實多與儒家言合。今從衆所稱名，仍稱爲道家言。廿一篇惟要略下無“訓”字，姚範云：疑“訓”字乃高誘自名其注解，非《淮南》篇名所有。

《俶真訓》　此篇爲古代哲學中之宇宙論，因推論及於事物變化無極，生死無異，極精。

《天文訓》　言天文、律、曆、度、量、衡等事。亦推論及於哲學。

《地形訓》　此篇頗似荒怪。然古實有此説，特今尚未能大通耳。凡古書言地理之荒怪，有可信，有不可信者。爲後人竄造最多者，爲《山海經》、《穆天子傳》等書。如此篇及《楚辭》等，則其較可信者也。

《時則訓》　前述十二月行令，與《月令》同。下多五位六合。篇末明言爲明堂之制，可見以《月令》爲秦制者非矣。

《覽冥訓》　此篇大旨言物類之相感應，非人所能知，故得失亦無從定。聖人之所以不恃智而貴無爲者以此，亦哲學中之精論。

《精神訓》　此篇大旨言我本自然之物，故當隨順自然。所以不能隨順自然者，以嗜欲害之也。故當去嗜欲。又言天下之不足欲，死生之無異，以見嗜欲之不足慕，極精。末節闢儒家之言禮樂，不能使人無欲，而徒事强制，亦有精義。

《本經訓》　此篇言仁義禮樂之不足行，世所謂道家言也。

《主術訓》　此言人主所執之術。首言無爲，道家言也。次言任人，任法，勢治，名實，法家言也。末言制民之産同《王制》，又有同《公羊》、《禮記》、《孟子》處，則儒家言也。

《繆稱訓》　此篇首言道滅而德用，德衰而仁義生，世所謂道家言也。下言治貴立誠，則世所謂儒家言也。

《齊俗訓》　此篇言禮俗皆非本性，不得執成法以非俗，亦不得以高行爲俗，頗精。

《道應訓》　此篇解故事而以老子之言結之，頗似韓非之《喻老》。又引《莊子》、《管子》、《慎子》各一條。

《氾論訓》　此篇論變法，與商君之言同，蓋法家言也。其論因迷信而設教一節，極有見。又言聖人處剛柔之間，貴權寡欲，則世所謂道家言。

《詮言訓》　此篇言無欲則無繆舉，故治天下之本在身，身之本在心，愛身者可以托天下，又言無爲之旨。又言合道術者，但能無害，不必能求利。亦養生之論也。

《兵略訓》　此篇先論兵之原理。次及用兵之利，用兵之術。兵家極精之言。

《説山訓》、《説林訓》　此兩篇以極簡之言，説明一理，與他篇之議論縱橫者，文體頗異，而味彌永。

《人間訓》　此篇極言禍福倚伏之義，多引故事以明之。

《修務訓》　此篇首言無爲非不事事，下皆勸學之語。又箴砭學者眩於名而不知真是非。論亦切至。

國學概論

前　　言

《國學概論》原是一九四二年至一九四三吕先生任教常州青雲中學（抗戰時蘇州中學常州分校）高二時的講課稿，由黄永年先生按當年隨堂記録整理而成，最初於二〇〇八年收入中華書局《吕思勉文史四講》（吕思勉述 黄永年記，二〇〇八年三月出版）。黄永年先生在書序中説："我到青雲中學是上高中二年級，而當時青雲中學最高的班級就是高二，辦學的人因爲請到吕先生，就把高二文理分科，由吕先生給我們文科班學生開設'國學概論'、'中國文化史'兩門專門課程，另外班上的'國文'、'本國史'也理所當然地請吕先生擔任。四門課合起來每週有十二小時，吕先生給我們整整講了一學年。後來才知道在大學裡也很難有機會聽名教授講那麽多鐘點。""吕先生當時所講的四門課我都作了詳細的筆記，寫在黑板上的當然一字不漏地抄下來，口述的也儘量記下來，外加[　]號以與板書區别。"①

《國學概論》曾收入《吕思勉講國學》（北京華文出版社"國學經典藏書"二〇〇九年十二月版）、②《國學知識大全》（長春吉林出版集團有限責任公司二〇一二年十二月版）③和《國學綱要》（北京金城出版社二〇一四年一月版）等書。④此次收入《吕思勉全集》重印出版，我們只訂正了個别勘誤，黄永年先生

① 吕思勉述、黄永年記：《吕思勉文史四講》，中華書局二〇〇八年三月版，《回憶我的老師吕誠之（思勉）先生》（代序）第一—二、四頁。四門課的講課記録，即國文（《〈古文觀止〉評講録》）、本國史（元至民國）、國學概論和中國文化史，其他三種現分别收入《吕思勉全集》的第十九册、二十册和第十五册。

② 即吕先生的《經子解題》、《國學概論》、《理學綱要》和《中國文化史》的合刊。

③ 即吕先生的《國學概論》、《經子解題》、《理學綱要》、《中國文化史》、《歷史研究法》、《史學與史籍》和《中國史籍讀法》合刊。

④ 即吕先生的《國學概論》、《經子解題》、《理學綱要》、《歷史研究法》、《史學與史籍》、《史籍與史學》、《中國史籍讀法》和《中國文化史》合刊。

的代序《回憶我的老師吕誠之(思勉)先生》,仍按原樣收入,其他如行文遣句、體例格式等均照黄先生的整理本付印。

李永圻　張耕華

二〇一四年七月

目　　録

回憶我的老師吕誠之(思勉)先生(代序) …………………………… 黄永年 206
一　何謂國學 …………………………………………………………………… 215
二　中國學術之分期 …………………………………………………………… 216
三　先秦諸子之淵源一——古代之宗教哲學 ………………………………… 217
四　先秦諸子之淵源二——王官之學 ………………………………………… 220
五　先秦諸子之學 ……………………………………………………………… 223
六　秦漢時代學術之新趨勢 …………………………………………………… 228
七　魏晉玄學 …………………………………………………………………… 233
八　佛學 ………………………………………………………………………… 235
九　宋明理學 …………………………………………………………………… 240
十　清代考據學 ………………………………………………………………… 245
十一　中國近代之思想家 ……………………………………………………… 249

回憶我的老師呂誠之(思勉)先生(代序)

黄永年

我聽史學大師呂誠之(思勉)先生的課,做他的學生,已是四十年前的事情了。當時正是太平洋戰争爆發的第二年,日軍進駐上海租界後光華大學停辦,呂先生回常州,應聘到離城不遠湖塘橋鎮上的私立青雲中學教書。這是一所剛開辦的"地下"學校,表面上向日僞登記,骨子裏是原蘇州中學的幾個常州籍教員弄起來的蘇州中學常州分校。辦學人以請到原光華大學歷史系主任呂思勉教授任教爲號召。我也聞風而動,轉學到這所中學做了呂先生的學生。所以嚴格地講,呂先生只是我的中學老師,不是大學老師。但確是我生平第一次遇到的好老師,是把我真正引進學問之門的導師。

我之所以聞風而動,倒也不是徒慕大學教授系主任之虚名,而是確確實實對呂先生的學問欽佩。原來在我十四歲的時候,在已淪陷的常州的書攤上買到一本呂先生的商務印書館版《經子解題》,引起了我研讀古書的極大興趣。先母對我説:"這本書的作者呂先生和我們還沾點親戚呢!"(先母姓程,是呂先生的母親程老太太同族的内侄孫女)因此當青雲中學開辦時,我雖只是個十六歲的小青年,而且先父早去世,多年來一直和教小學爲生的先母相依爲命,很少離開家,這時也下定決心,離家去做心儀已久的呂先生的學生,對此先母也給我很大的支持。

我到青雲中學是上高中二年級,而當時青雲中學最高的班級也就是高二,辦學的人因爲請到呂先生,就把高二文理分科,由呂先生給我們文科班學生開設"國學概論"、"中國文化史"兩門專門課程,另外班上的"國文"、"本國史"也理所當然地請呂先生擔任。四門課合起來每周有十二小時,呂先生給我們整整講了一學年。後來才知道在大學裏也很難有機會聽名教授講那麽多鐘點。

因爲是高二,“本國史”從元代講起,基本上是象他所著商務一九二四年版《本國史》(新學制高中教科書)那樣的講法。這本書現在已經很少有人知道了,前些日子看到湯志鈞同志所寫的《現代中國史學家・吕思勉》,附有“吕思勉先生主要著作”,其中就没有提到這本《本國史》,也許認爲這只是教材而非著作吧?其實此書從遠古講到民國,只用了十二萬字左右篇幅,而政治、經濟、文化以及典章制度各個方面無不顧及,在取舍詳略之中,體現出吕先生的史學史識,實是吕先生早期精心之作。有些青年人對我講,現在流行的通史議論太多,史實太少,而且頭緒不清,實在難讀難記。我想吕先生這本要言不煩的《本國史》是否可給現在編寫通史、講義的同志們一點啓發。

在講授上,吕先生也有其獨特的風格。他當時已是五十八歲的老先生,但課堂里從不設坐椅,老是站着先在黑板上寫一段,然後從容不迫地邊踱方步邊講説。他没有叫我們買教科書,也没有專門印發講義,但把吕先生每次寫在黑板上的抄下來就是一部好講義。而且文字不長,要言不煩,抄起來也不吃力。他講説也同樣言詞清晰,語氣和平,而内容處處引人入勝,筆記起來也很省力。所以我感到聽吕先生的課簡直是一種學問上的享受。附帶説一下,吕先生在黑板上寫的是文言文,這種文言文既不象章太炎那麽古奥艱深,又不象梁任公那麽多水分,而是簡雅潔净,這對有志文史之學的青年人學習文言文也是一個很好的典範。

“國學概論”、“中國文化史”這兩門課程,今天不僅中學生,恐怕大學歷史系的學生也不很清楚是怎麽一回事了。其實,“國學概論”者,即“中國學術思想史”之謂,這比現時的“中國哲學史”的範圍似乎還要寬廣一些。“中國文化史”則包括社會等級、經濟情況、生活習慣、政治制度,以至學術宗教等各個方面,而作綜合的歷史的講述。在此以前,吕先生寫過一部《中國通史》,一九四〇年開明書店出版,其上册就是文化史,這次給我們講的“中國文化史”、“國學概論”的基本内容都已見於這本上册里。這本上册是第一部真正的“中國文化史”,前此日本人高桑駒吉也寫過一本《中國文化史》,但實際上和《中國通史》差不了好多。最近胡喬木同志談到要編寫“中國文化史”,我建議編寫者把吕先生這册舊著找出來讀一讀,將會得到好處。

在這裏我想着重講一些吕先生教我們“國文”課的情况。因爲一般人只知道吕先生是史學家,不知道吕先生還是一位對中國古典文學以及文學史深有研究的學者。可惜吕先生在這方面的見解除在《宋代文學》這本小册子(一九三一年商務版)裏披露過一些外,從未寫成專書,不爲人所知,因此作爲當年的老學生有義務在這裏向大家介紹。

我記得上第一堂"國文"課，吕先生就宣布用《古文觀止》作教本。我當時聽了大吃一驚。《古文觀止》我在十三四歲時就選讀過，不久買到姚鼐的《古文辭類纂》，又有了點文學史的知識，早薄《古文觀止》爲村塾陋籍。何以吕先生這位大學者忽然要用這種陋籍作教本呢？可是接着吕先生就作解釋了，吕先生説：所以用這部書，正是因爲它選得壞。壞在哪裏呢？吕先生從"古文"這個名詞來申説，吕先生説：所謂"古文"是和駢體文相對而言的，可是這部《古文觀止》裏却選了六朝隋唐的若干駢體文，如《北山移文》、《爲徐敬業討武曌檄》、《滕王閣序》之類，説明編選者根本不知"古文"爲何物！既然選得如此亂七八糟，爲什麽還要用作教本呢？吕先生説：正因爲它選得雜亂，各種文章都好壞有一點，作爲教本讓大家多了解些東西還是有好處。當然，通行易得也是用它的一個理由。

《古文觀止》雖是陋籍，其中所選的文章還應該是好的，這是我過去的認識。但吕先生不這麽看，他指出：《古文觀止》這部書是爲科舉時代學做八股文的人誦讀的，做八股文要從没有話可説處硬找話説，因此《古文觀止》所選的有相當一部分是説空話發空論的文章。吕先生在選講唐宋八家的文章時還不止一次地説：八家是能寫好文章的，但選在這裏的往往不是好文章，主要原因就是此書專要選空議論文章。再有一個原因，就是此書要選短文章，有些好文章篇幅長，就不予入選。吕先生還舉《史記》爲例，説司馬遷的《史記》是有許多好文章的，但因爲長，所以此書不予入選，盡選些短而空的文章。

吕先生所講授的文章不一定是他認爲好的，不好的也講，講它不好在哪裏。我記得最清楚的，一篇是王禹偁的《黄岡竹樓記》，吕先生説它不好，不好在哪裏，在不純，開頭寫古文，中間來幾段駢文，最後又是古文，不純就不美。再一篇是蘇軾的《潮州韓文公廟碑》，這更是一篇萬口傳誦的大文章，可是吕先生認爲也寫得很不好，一上來説的"申吕自岳降，傅説爲列星"和下面所講的孟子"浩然之氣"根本是兩回事，不應硬扯到一起，最後的七言歌辭又不古，古文中不宜有此。

吕先生當時所講的四門課我都作了詳細的筆記，寫在黑板上的當然一字不漏地抄下來，口述的也盡量記下來，外加〔　〕號以與板書區別。其中尤以"國文"課的筆記更詳細。吕先生逝世後，在一九六一年我曾把它整理寫成清本，可惜被友人借閲，不在手邊，所以上面所述多憑記憶，不盡原話。但意思是不會有出入的，因爲吕先生當年講課的精采之處實在給我印象太深，雖事過四十年猶有歷歷如昨之感。不僅"國文"課,其他幾門課也無不如此,譬如"國學概論"的佛學部分,本來是最難講、最不好懂的,何况聽課者還是毫無哲學常識的高中生,可是他不慌不忙,只用三小時左右就把佛教大小乘的基本教義、中國佛教主要派别法相宗、天台宗、華嚴宗、净土宗、禪宗等在理論上的異同得失講得清清楚楚,使人聽起來很有味,一點不難懂。這不是憑口才,而是真正有批判地研讀各宗重要經、論后才能做得到。我很慚愧,《大藏經》雖摸過,經、論可迄未從頭到尾讀過一種,現在有時能對付着講幾句,還是靠當年吕先生講授之賜。

同時開講四門功課應説是很繁重的,可吕先生從未因此停止撰寫"斷代的中國通史"的工作。吕先生在早年撰寫過一部在當時影響極大的通史——《白話本國史》(一九二二年商務版,四册),但他後來認爲只是"粗淺的東西",計劃撰寫一部詳盡的斷代的中國通史,分成《先秦史》、《秦漢史》、《兩晋南北朝史》、《隋唐五代史》、《宋遼金元史》、《明清史》六部,全部完成至少有四五百萬字。《先秦史》已在一九四一年由開明出版。《秦漢史》、《兩晋南北朝史》後來在一九四七、四八年由開明出版,承吕先生各送我一部。《隋唐五代史》在解放後一九五九年由中華書局上海編輯所出版,已是吕先生身后的事,可惜出版者出於今天看來不必要的顧慮,把前言删去不印,全賴吕先生的女兒翼仁同志把被删的這部分打印出來,分贈知好,才不致失傳。我現在手頭還保存一份,將來如重印,建議能補進去。而且希望《先秦史》等三部也趕快重印,臺灣省的開明書店早已重印了,我們實在没有理由不印。至於宋以後的兩部,吕先生晚年身體不好,没有精力完成,改用札記的方式把研究成果寫出來。吕先生是一向重視寫札記的,抗戰前吕先生的部分札記就曾以《燕石札記》的名稱在一九三七年由商務出版,晚年大量的札記除一九五七年由上海人民出版社印了一册《燕石續札》外,絶大部分還未問世,聽説現在已有出版的希望,這是大好事。

我當吕先生的學生時,吕先生正在寫《兩晋南北朝史》,住在離中學不遠的一家居民樓上,單身一間房,很清静。我課余去看他,看到他寫作的實況:桌上是幾堆綫裝《二十四史》中的《宋書》、《南齊書》、《南史》之類,吕先生一邊逐卷看,一邊摘抄用得着的史料。吕先生是書法家,寫字的結構有點象顔書《多寶塔碑》,但比《多寶塔》更剛勁挺拔。摘抄的史料一筆不苟地寫在自印方格稿紙上,既清晰又好看,體現出前輩學者謹嚴的治學風度。摘抄的史料分好類,加以排比,連貫成文。這正式的文稿我也看到,字的清晰不必再説,連文句都極少改動，最後就付印出書。以《兩晉南北朝史》而言，全文一百多萬字，連抄史料恐怕至少手寫了二百萬字以上，還不算過去讀書和行文思考的功夫。我想，一個人能以畢生之力寫出百萬字的巨著，也就不容易了，而吕先生除《兩晉南北朝史》外還前有《先秦》、《秦漢》，後有《隋唐五代》，還有其他十多種著作。古人説"著作等身"，如果把吕先生的全部著作象古人那樣統統刻成木板書，堆起來恐怕幾個"等身"還不止吧！

這幾部"史"現在大圖書館里總還有，我常勸有志研究我國歷史的青年認真讀一讀。以我的淺學，當然很難對這幾部巨著作出全面的確如其分的評價，我只想談兩點。一點，這幾部巨著都分上下册（只有《先秦》合一厚册），上册政治史我認爲是一部新的《通鑒紀事本末》，下册文化部分我認爲是一部新的《文獻通考》。新於《文獻通考》者，《通考》只引用紀傳體史的志和《通典》等現成的典章制度史料，而吕先生的書則除這些史料外，更多地引用了散見於列傳中的大量有關史料。這個工作前人也做，如宋人的《兩漢會要》、清人的《三國會要》、《明會要》，近人楊樹達先生也曾沿此方法撰寫過一册《漢代婚喪禮俗考》，但都比較片段，遠不如吕先生這幾部巨著之規模大而探索深。新於《通鑒紀事本末》者，《紀事本末》只本《通鑒》剪裁，這幾部巨著則以紀傳體史爲主，兼取《通鑒》，考核異同，尋求真相，對許多重大歷史事件提出精辟的看法，絶不囿於陳説，這非司馬光等舊史家之所能及（我現在研究唐代政治史，在方法上很大成分還是受吕先生這幾部書以及陳寅恪先生《唐代政治史述論稿》的啓發）。再有一點，對史學稍有修養的人都知道，寫單篇論文容易見精采，寫通史、斷代史則很難寫好。這是因爲論文總挑自己有研究的東西來寫，没研究過的可以回避不寫，而通史、斷代史必須面面俱到，不管有没有研究都得寫，遇到没研究過的就只好敷衍剿襲，自然精采不起來。吕先生這幾部書則不然，幾乎每個問題每一小點都下過功夫鑽研，所以寫出來的可説有百分之九十五以上是自己的東西。如果把這幾部書拆散改寫成單篇論文，恐怕要數以千計。誰能一生寫出這麼多的論文呢？單就這點就足見吕先生之不易企及了。

吕先生所用的《二十四史》也值得談幾句。倒不是版本好，版本實在太普通，是當時比較價廉易得的圖書集成局扁鉛字有光紙印綫裝小本。但打開來一看，實在使我吃了一驚，原來全部從頭到尾都動過筆。過去學者動筆點校書雖是常事，能點校整部《二十四史》的便不多，即使有，也無非是用朱筆斷句，或對好的文句加圈點。可吕先生這部《二十四史》不一樣，是用紅筆加了各種符號,人名加[ ],有用的重要史料圈句,名物制度在詞旁加△,不僅紀、傳如此加,志也加,很少人讀的《天文志》、《律曆志》也加,連卷后所附殿本考證也加。後來我讀《二十四史》裏的《三國志》,借了吕先生的校本想過録一部,可是由於怕下苦功,過了兩個月還是一筆未下,把原書還給了吕先生。吕先生的斷代式中國通史所以寫得如此快,幾年就是一大部,其主要原因之一應該是他對《二十四史》下了如此扎實的基本功。吕先生究竟對《二十四史》通讀過幾遍,有人説三遍,我又聽人説是七遍,當年不便當面問吕先生,不知翼仁同志是否清楚。但我曾試算過一筆賬：寫斷代史時看一遍,之前朱筆校讀算一遍,而能如此作校讀事先只看一遍恐怕還不可能,則至少應有四遍或四遍以上。這種硬功夫即使畢生致力讀古籍的乾嘉學者中恐怕也是少見的。

説到這裹,可以順便講講吕先生的藏書。書都藏在常州十子街吕先生的私宅裹,是祖上留下的幾進老式平房,書放滿一、兩間,滿滿幾十只書箱。這種書箱是吕先生請木工定做的,不太大,木門不鑲玻璃,可上可卸,可隨房屋高底寬窄堆叠成各種不同的形式,萬一搬動也不用把書倒出來,比現在通行的書橱、書架似乎還合用些。箱里的書不僅有綫裝書,還有大量的平裝新書,是商務、中華等的出版物,除歷史外,政治、經濟、哲學各個領域的新書無不應有盡有。我曾問吕先生借過幾本馮承鈞所譯的史地考證小册子,發現每一本吕先生都看過,而且對他認爲有用的史料或好的見解象《二十四史》一樣用紅筆圈句。綫裝書,没有什麽舊刻舊抄、善本秘笈,而只是通行常用的刻本或石印、排印本,但都認真看過,不象有許多人的藏書只是隨便翻翻,甚至買回來往書架上一放永遠不翻看。至於善本書,吕先生也有他的看法。我當時曾問過他商務的百衲本《二十四史》好不好(都是影印宋,元、明舊本善本)?吕先生説：有的也不見得好,有個朋友曾用宋本《晋書》和殿本對過,發現宋本反而比殿本錯得厲害。但吕先生又説：張菊生(元濟)先生把百衲本中長於殿本的重要異文寫成一部《校史隨筆》,很可以看。可見吕先生并没有否認舊本的長處,只是不以爲"凡宋刻必好",没有某些藏書家"佞宋"之癖。

吕先生記聞之博還可舉個例子。有一天,翼仁同志問他：爸爸,元代的"知院"是什麽?這是個不常用專門名詞,吕先生可不慌不忙地馬上回答："知院"就是知樞密院(樞密院是主管軍事的機構)。我當時在旁邊聽到,後來翻過《元史·職官志》,果然如此。可是差不多同時,就有一位頗爲知名的史學家在所寫的作品裹把"知院"臆解成和尚,又不肯去查《元史》。我認爲人之高下正可從這種看似細微的地方分辨出來。吕先生盡管博學,但從不想當然,不知道就是不知道。我當時讀黄仲則的《兩當軒詩》，有一首咏歸燕的七古，典故很多，有幾處不知道出處本事，問吕先生，吕先生解釋了幾處，但對"神女釵歸錦盒空"一句也不清楚，就很和平地對我説：這是什麽典故我也想不起了。這種平易樸實的態度使我很感動。我以後也當了老師，當學生問起我不懂的問題時，我就學吕先生，老老實實對學生説：我也不懂。或者説：我記不得了，可以查查什麽書。學問如大海，而人的生命精力有局限，即使自己專攻的學問裏也必然有許多自己解决不了的問題，要留待下一代來繼續解决。硬把自己假裝成無所不知，適説明其淺薄無知。

吕先生對不同學派的人是很尊重的，只要人家確有真才實學。如顧頡剛先生編著的《古史辨》，很明顯和吕先生是不同的學派，但顧先生的高足童丕繩（書業）先生抗戰初到上海，認識了吕先生，馬上被吕先生請到光華大學歷史系任教。童先生當時繼續顧先生的工作編集《古史辨》第七册，又得到吕先生很大幫助，不僅幫童先生看文章、看校様，還允童先生之請把自己的古史論文編進去，答應和童先生共同署名作爲第七册的編著者。我過去也久知《古史辨》之名，但總認爲是史學的旁門左道，從不一看其書。這時問起吕先生，才知道吕先生和童先生合編第七册之事，從而對《古史辨》重視起來，托友人從上海買了寄來細讀。這年冬天聽説童先生有事路過常州，就請人介紹引見，以後成爲童先生的學生、女婿。又因童先生的介紹成爲顧先生的學生。使我由此在先秦古史上打了點基礎，并且懂得如何用《古史辨》的考訂方法去研究後代的歷史。這些事溯其源，還應該歸功於吕先生的不黨同伐異啊！

聽童先生説顧先生寫信給吕先生都自稱後學，但他們和吕先生畢竟只是朋友，没有師生關係，而吕先生即使對自己真正的學生也是虚懷若谷。現在魏晋南北朝隋唐史的權威唐長孺先生當年曾聽過吕先生的課，是吕先生的學生，一九四八年在《武漢大學社會科學季刊》上發表了一篇題爲《唐代軍事制度之演變》的論文，寄給吕先生，吕先生認爲講得好，在撰寫《隋唐五代史》的兵制部分時就把這篇論文的要點全部引用進去，并且説明是"近人唐君長孺"的看法，説"府兵之廢，……近人唐君長孺言之最審"。老師對學生的學術成就如此推重，真值得我們今天身爲老師者學習。

多年來在極左思潮的影響下老是批知識分子的名利思想，其實有些知識分子專心致志於學問，名利思想實在不多。我在吕先生身上就從未發現過有什麽求名逐利的東西。在抗戰前，吕先生早已是一位在史學界負有盛名的學者了，胡適想請他到北京大學去。論理當時北大文科是全國頭塊牌子，而吕先生所在的光華大學則是排不上號的私立學校。但吕先生拒絶了,理由是:光華的文學院長錢子泉(基博)先生是我多年的老朋友,我離開光華,等於拆他的臺,我不能這麼做。爲了幫助老朋友辦好學校,甘願放棄北大的優厚條件,這不能不説是一種高尚的品德。

吕先生的修養也真好,從未見他有過疾言厲色的時候。有一次我到十子街老宅去看他,他留我便飯,他家的黄猫爬上桌子,把他筷頭上的菜打下來就吃,他也不生氣,更未叱責,笑笑就算了。對猫如此,對人可知。學問如此大了,當年的老朋友(學問成就遠不如吕先生甚至并無學問的)還是老朋友,那天一起吃飯就有他的幾位同鄉老友,大家談笑風生,在他身上絲毫看不到有所謂教授學者的氣派。當然,吕先生待人也不是無原則的,他也講到壞人,但只是心平氣和地説某人如何不成話,説過就算,從不駡。

我正式聽吕先生的課只有這一九四二年下半年到四三年上半年一年功夫。四三年暑假後吕先生没有再來青雲中學,在十子街老宅埋頭撰作,由開明書店支送稿費以維持生活。這時期我還常去看他,向他借書。《太平廣記》這一大部集自古至唐五代小説大成的古籍我久知其名,多年無法看到,就是這時候向吕先生借來看了幾遍。我後來撰寫明器論文所用的史料就大部分從這部書上看來的,以後把興趣轉到研究唐史這部書也起了一定的誘導作用(這部書裏唐人小説居多)。抗戰勝利,光華大學在上海復校,吕先生回校主持歷史系。我本想跟着進光華,只因光華私立學費太貴,考進了不要學費的國立復旦大學。復旦在江灣,離在虹口的光華不算太遠,還有校車可坐,所以每學期總去光華幾次看看吕先生。當時我已開始寫學術性文章,最早一篇是《春秋末吴都江北越都江南考補》,補童丕繩先生原考之不足,寫成後請吕先生審閲,吕先生還很誠懇地給原稿親手加上一段"吴城邗"即爲遷都江北的論證:"漢初以前,長江下流之都會,實惟吴與廣陵(即今之揚州)。秦會稽郡治吴,而漢初吴王濞還都廣陵,蓋王負刍既虜之後,楚尚據江南以拒秦者一年,故秦爲深入其阻起見,置郡於江南吴之故都,漢初江南業已宴然,取與北方聲勢相接,故王濞又却居江北吴之新都耶?此雖推測之辭,然王濞之建都,必不能於荒凉偏僻之地,廣陵若前無所因,必不能於漢初救死扶傷不給之際,建成都邑,則理無可疑。以此推之,亦足見城邗之即爲建立新邑耳。"這篇文章先後發表在當時的《益世報》"史學"副刊和《文史雜志》六卷三期上,明眼人一看就會知道這般老練的文字和精卓的見解不可能出於大學一年級生的手筆。

解放後,我將畢業前還經吕先生介紹到光華附中代過幾個月歷史課,以解決點經濟上的困難。以後，組織分配我做政治工作，工作忙，和吕先生就更少見面的機會。五六年我到西安工作，第二年吕先生就以老病逝世，享年七十四歲。千里迢迢，我也無從到他靈前去哭别。

現在，我也是五十好幾的人，已接近當年吕先生給我們講課時的年齡了，也勉强在大學裏帶着幾位唐史專業研究生。可是撫心自問，在學問上固不當吕先生的萬一，在爲人處世上也深感吕先生之不易企及。吕先生當年曾爲我寫過一副對聯："夙夜强學以待問，疏通知遠而不誣。"因爲聯上寫明是"録梁任公語"，多年來懾於極左的壓力，一直深藏箱篋。現在想應該張之於壁，以促使我時常考慮怎樣真正做到這兩句話，真正不負吕先生當初對我的勖勉。

［附録］《中國史研究動態》一九八〇年第二期上刊登了湯志鈞同志所寫《現代中國史學家・吕思勉》。大概是限於體例，只作了辭書式的簡要記述，而在個别記述上也還不免有差錯。如説"除'一・二八'後一度到安徽大學任教外，在家閉户著作，恃開明書店稿費自給。直到抗戰勝利，重返光華"。其實回常州老宅閉户著作是"一・二八"即太平洋戰争爆發上海光華停辦後的事情，而且其間還在青雲中學以及性質相同的輔華中學教過一年書。到安徽大學是在"一・二八"後，但只去了三個月又回光華任教。我這篇文章當然比湯文更不全面，但因爲是回憶舊事，可以寫得比較具體，也許多少能够表達一點吕先生的治學精神和人格。表達得不够或其他失當之處，尚請吕翼仁同志批評指正。

原載《學林漫録》第四集，中華書局，一九八一年。

一　何謂國學

〔國學者,吾國已往之一種學問。包含中國學術之性質與變遷,而并非爲與外國絶對不同之學問也。吾國漢代古諺曰:“少所見,多所怪,見橐駝言馬腫背。”吾國舊時視外人來華者,不知其學。較進,則知可學其一二端。更進,則知其自有其學術,而與吾國爲截然不同。然由今之所見,則知中國之與外國,實爲大同小異者也。古代各部落,有知造舟者,有知制車者,各有所能,各有所不知。今外國自工業革命以來,文明日啓,距今亦爲時不遠。由將來觀之,東西兩洋之文化,猶古代各部落間文化之關係也。又常有以精神文明、物質文明等以區别東西洋之文化。實亦不然。今世之各社會,皆爲文明之社會,其程度相差無幾,善亦同善,惡亦同惡,固無何高下也。〕

二　中國學術之分期

一、中國學術之淵源：（一）古代之宗教哲學。（二）政治機關經驗所得，所謂王官之學。

二、合此兩者而生先秦諸子之學，諸家并立。

三、儒家之學獨盛。

四、儒家中煩瑣之考證，激起空談原理之反動，偏重《易經》，與道家之學相合，是爲魏晉玄學。

以上爲中國學術自己的發展。

五、至此而佛學輸入，爲中國所接受。萌芽於漢魏，盛於南北朝，而極於隋唐，其發達之次序，則從小乘至大乘，是爲佛學時代，而玄學仍點綴期間。

六、至唐而反動漸起。至宋而形成理學。理學之性質，可謂攝取佛學之長，而又去其不適宜於中國者。

此爲中國學術受印度影響之時代，至明亡而衰。

七、而歐洲學術，適於此時開始輸入。近百年來，對中國學術逐漸發生影響。〔前此與歐洲之接觸，僅爲技術上，而非學術上的，故未受若何之影響。〕

三　先秦諸子之淵源一——古代之宗教哲學

宗教哲學，今日爲對立之物，在宗教起源之時則不然。一種宗教之初興，必能綜合當時人之宇宙及人生觀，而爲之謀得一合理之解决。此時之宗教，亦即其時最偉大最適宜的哲學。〔凡一種大宗教，必具高深及淺顯二方面之理論，以滿足於高等與低等之人。〕但宗教之爲物，不徒重理智，而兼重意志及感情，故易於固執具體的條件，久之，遂變爲落伍之物，而哲學乃與之分離。〔宗教與理智方面，僅爲其一種手段，使人得理智上之滿足，其注重者，乃偏於意志及感情方面，使信之者得感情之安慰，秉堅强之意志以信仰其宗教。夫意志堅强之人，固不免易於固執也，故信教者，常以强烈之感情徘徊，以堅强之意志守舊，以致久而落伍。〕故宗教之與哲學對立，非其本來對立，而由於宗教之陳舊。而論古代之學術，仍必溯源於宗教。

中國之宗教思想，最早蓋係"拜物"，《周禮》分祭祀之對象爲天神、地祇、人鬼、物魅四類。物魅蓋即拜物時代之遺也。此時之思想，太覺幼稚，對於學術思想，無甚影響。

稍進，則爲"天象崇拜"，其中又分爲二期，前期蓋在女權昌盛時代，所崇拜之大神，〔神之爲物，表面視爲與人無關的，人外的，實則此種之神，已成爲人爲的神，具有人之性質。神之組織及一切，皆以人爲依據，與人相類。〕悉視爲女性。《禮記・郊特牲》曰："郊之祭也，大報天而主日。"可見古無抽象的整個的天神。後世祭天之郊祭，只是祭日，而《楚辭》、《山海經》皆以羲和爲女神。整個的地神，古代更其没有，所祭的只是自已所住所種的一塊土地，是爲社祭。地神的被視爲女性，更古今皆然。關於此問題，可參看日本田崎仁義所著《中國古代經濟思想及制度》，王學文譯，商務印書館本。

女權時代之思想，存留於後世者甚少，只有一部《老子》，是表現女性優勝思想的。《禮記・禮運》，孔子曰："我欲觀殷禮，是故之宋，而不足征也。吾得坤乾焉。"説者謂殷《易》先坤。這該是一種女性優勝的遺跡,但殷《易》之内容不傳,今所傳之《周易》,則完全表現男性優勝之思想矣。〔《周易》先乾。〕

大概中國學術思想,大部分是從周朝流傳下來的,殷以前的成分,已經很少了,周朝宗法特别發達,可見其爲男權昌盛的社會。而殷朝兄終弟及,是一個母權社會的遺跡。周在西方,殷在東方。後來齊國長女,名爲巫兒,爲家主祠,不出嫁(《漢書·地理志》),而齊太公爲出夫(《戰國策》)。燕人賓客相遇,以婦侍宿,婚嫁之夕,男女無别,反以爲榮(亦見《漢書·地理志》)。楚王妻妹(《公羊》桓公二年)。皆可見風俗與周不同。然此等文化,多已淪亡了。

古代宗教哲學之骨幹,爲陰陽五行,但二者似非一説。〔陰陽最早見於《周易》,然不及五行之説,五行最早見於《洪範》,然不及陰陽之説。且自古至今,從未有合論二者者,後世言陰陽者衆,而説五行者寡,則以陰陽能自圓其説,而五行不能也。〕五行之説,見於《書》之《洪範》,後來衍其説最詳者,爲《白虎通義》之《五行篇》,雖煞費苦心,然究屬勉强,予意水、火、木、金、土乃古代管此工事之五種官。〔水,通溝渠,建橋梁。火,未知鑽木取火,得火不易,設之以保存火種。木,伐木制物。金,冶金之事。土,營建之事。〕本非哲學上分物質爲此五類,後來哲學家就已成事實而强爲之説。〔物體之之然,氣、液、固體。印度之哲學,言地、水、風、火四大。地,固體;水,液體;風,氣體,益之以火。如此分法,尚覺可通。而五行之水、火、木、金、土,水爲液體,木、金、土爲固體占其三,無一氣體,不必哲學家,亦知爲不妥,故决非哲學家分物質爲此五類。〕其説本來不合論理,故雖煞費苦心,終不能自圓其説也。〔五行之變化,有生勝之説,亦作生克,水生木,木生火,火生土,土生金,金生水,水克火,火克金,金克木,木克土,土克水。其中火生土、土生金、金生水、木克土、土克水等,實不甚可通。〕

至於陰陽,則因人之認識,必始於兩,而現象無論如何錯雜,亦總可歸納之而成二組,即謀與非謀,此即正負,正負即陰陽也。故其説處處可通,而古人推論萬物,必自小而推諸大,於是以天地爲萬物之父母。〔此時以陰陽爲實質,尚未合哲學之原理。〕再進,知萬物之原質推一,乃名此原質曰氣。假想萬物之變化,皆由於氣之聚散,而氣之所以動蕩不已,則由於陰陽二力(陰静陽動)之更迭起伏焉。至此而哲學上之泛神論成立矣。〔泛神論者,即謂神即宇宙間一切現象之本身。〕

宗教哲學之進步,既進於泛神論,則事物變動之原因,即在事物之本身。〔古代野蠻人不知自然規律,只知人律,其視萬物爲有知,一切皆神所爲。而其所謂神，亦有實體，《墨子·天志》、《明鬼》之論，所謂天、鬼者，皆有喜怒，欲惡如人，則其證也。至此泛神論既成立，遂自有神而進爲無神矣。〕而别無一物焉，在其外而使之者，此之謂自然。〔自，始也；然，成也。古書自然之“然”字，無作如此之解者。〕自然之力，至爲偉大，只有隨順利用，而不能抵抗。而自然界之美德，如“不息”、“有秩序”、“不差忒”等，均爲人所宜效法，此之謂“法自然”。〔法家即如是，謂政治上之賞罰，當以自然界之美德爲準則也。〕自然之規律，道家稱之曰道。〔《老子》曰：“有物混成，先天地生，寂兮寥兮，獨立而不改，周行而不殆，可以爲天下母，吾不知其名，字之曰道。”〕自然現象，永遠變動不居，而其變動也，又有一定之規律，是爲“變易”，“不易”，加以永不止息，若人之任事，不覺其勞苦然，是爲“簡易”。所謂“易一名而兼三義”也，不易之現象，是爲循環，禍福倚伏之義，由此而生。〔吾國古代以農爲主，注意於不易之現象，故有禍福倚伏等義。蓋以爲自然界之現象既如是，人事亦當如是也。〕自然力既偉大，人根本絶無能爲，委心任運之義，由此而生。

自然之力，固無從從時間上指其原理，亦無從從空間上指其根源。然强爲之名，固可如此。〔蓋泛神論者，本無因果也，惟無因果之關係，則無可加以思想，故强爲之名，而爲是説者，亦明知其爲强説而已。〕此種力之原始（係人所强名的），儒家稱之曰“元”。《易》曰：“大哉乾元，萬物資始，乃統天。”（《乾卦·彖辭》）《春秋》家謂：“《春秋》以元之氣，正天之端。”（《公羊》隱公元年何注）是也。〔其他如《公羊》何注，隱公元年，曰：“天不深正其元，則不能成化。”《春秋繁露·重政》曰：“元者，萬物之本，在乎天地之前。”〕（古人以天爲萬物之原因，而元爲天之原因。）在男權優勝時代，最貴此種健行的美德，但女權優勝時代柔能克剛，静以制動等見解。〔今所存者，以《老子》爲代表。〕亦仍保有相當地位。

四　先秦諸子之淵源二
——王官之學

儒家，出於司徒之官。〔《漢書·藝文志》曰："儒家者流，蓋出於古司徒之官，助人君，順陰陽，明教化。游文於六經之中，留義於仁義之際。祖述堯舜，憲章文武。宗師孔子，以重其言，於道最爲高。"徒，衆也，司徒主教化。《周禮》謂惟戰事付司馬，獄訟付司寇，此外治民之事，皆司徒掌之也。儒家治民，最重教化，此爲其出司徒之官之本色，其欲合西周以前之法，斟酌而損益之。其處己之道，最高者爲中庸。待人之道，最高者爲絜矩。中庸者，隨時隨地，審處而求其至當；絜矩者，就所接之人，我所願於彼者，即彼之所願於我，而當以是先施之。〕

道家，出於史官。〔《漢書·藝文志》曰："道家者流，蓋出於古之史官。歷記成敗存亡禍福古今之道，然後知秉要執本，清虚以自守，卑弱以自持。此爲君人南面之術。"其宗旨：一在守柔，一在無爲，所稱頌者，爲黄帝時之説。〕

墨家，出於清廟之守。〔《漢書·藝文志》曰："墨家者流，蓋出於清廟之守。茅屋採椽，是以貴儉。養三老五更，是以兼愛。選士大射，是以尚賢。宗祀嚴父，是以右鬼。順四時而行，是以非命。以孝視天下，是以上同。"蓋古明堂、清廟、辟雍，皆一物也。蔡邕《明堂月令章句》謂："明堂者，天子大廟，所以祭祀、饗功、養老、選士，皆在其中。取正室之貌，則曰大廟；取其正室，則曰大室；取其堂，則曰明堂；取其四時之學，則曰大學；取其圓水，則曰辟雍；雖名别實同。"(詳見《續漢書·祭祀志注》)阮元《明堂説》謂："有古之明堂，而有後世之明堂。古者政教樸略，宫室未興，一切典禮，皆行於天子之居，後乃禮備而地分。禮不忘本，於近郊東南，别建明堂，以存古制。"(見所著《揅經室集》)蓋古之清廟，原極簡陋，墨家出於清廟之守，即欲以清廟之舊法，救當時之弊。其根本義曰兼愛，即所謂夏尚忠。其所欲行，蓋夏道也。由兼愛故不容剥民自奉，而節用、節葬、非樂之説出。由兼愛故不容奪人所有，而非攻之論出。〕

名家，出於禮官。〔《漢書·藝文志》曰："名家者流，蓋出於古之禮官。古者名位不同，禮亦異數。孔子曰：'必也正名乎？名不正，則言不順；言不順，則事不成。'"禮主差别，差别必有其由，深求其由，是爲名家之學，督責之術，必求名實之相符，故與法家，關係殊密也。〕

法家，出於理官。〔《漢書·藝文志》曰："法家者流，蓋出於理官。信賞必罰，以輔禮制。"爲切於東周時勢之學。東周之要務有二：一爲富國强兵，一爲裁抑貴族。前者爲法家言，後者爲術家言，説見《韓非子·定法篇》。申不害言術，公孫鞅言法，韓非蓋欲兼綜二派者。法家宗旨，在"法自然"。故戒釋法而任情。不主寬縱，亦不容失之嚴酷。〕

陰陽家，出於羲和之官。（古之歷法之官。）〔《漢書·藝文志》曰："陰陽家者流，蓋出於古羲和之官。敬順昊天，曆象日月星辰，敬授民時。"以鄒衍爲大師，本所已知，推所未知。其五德終始之説，亦猶儒家之有通三統之論也。亦欲合西周之法，斟酌而損益之。〕

縱横家，出於行人之官。〔《漢書·藝文志》曰："縱横家者流，蓋出於古行人之官。當權事制宜，受命不受辭。"又曰："及邪人爲之，則上詐諼而棄其信。"則正指蘇、張之流也。〕

農家，出於農稷之官。〔《漢書·藝文志》曰："農家者流，蓋出於古者農稷之官，播百谷，勸農桑，以足衣食。"《孟子》所載云許行，實爲農家鉅子，其言有二：一君臣并耕，一則物價但論多少，不論精粗也。此蓋皇古之俗。農家所願，即在此神農以前之世也。〕

雜家，出於議官。〔《漢書·藝文志》曰："雜家者流，出於議官。兼儒、墨，合名、法。知國體之有此，見王治之無不貫。"蓋專門之學，往往蔽於其所不知。西漢以前，學多專門，實宜有以祛其弊。故但綜合諸家，即可自成一學也。所謂議官，蓋即《管子》所謂"嘖室"（《管子·桓公問》："黄帝立明臺之議，堯有衢室之問，舜有告善之旌，禹立諫鼓於朝，湯有總街之庭，武王有靈臺之復。欲立嘖室之議，人有非上之過内焉"），而秦、漢之議郎（秦置，掌議論，漢特征賢良方正之士爲之，秩比六百石，統於光禄勛。晉以後廢），蓋即古議官之制。而齊稷下談士，四公子之養客，皆爲此類。〕

小説家，出於稗官。〔《漢書·藝文志》曰："小説家者流，蓋出於稗官，街談巷議，道聽途説者之所造也。"疑《周官》誦訓、訓方氏之所採正此類。九流之學，皆出士大夫，惟此爲人民所造。《漢志》所載，書已盡亡。《太平御覽》卷八百六十六引《風俗通》，謂宋城門失火，汲池中水以沃之，魚悉露見，但就取

之。説出《百家》。猶可略見其面目也,他如塞翁失馬、魯酒薄而邯鄲圍等,亦或此類。〕

以上爲《漢書・藝文志》諸子十家,其中去小説家,謂之九流,見《後漢書・張衡傳》注〔《劉子・九流篇》同。〕《漢書・藝文志》本於劉向、歆父子《七略》,〔《漢書・藝文志》:"成帝時,詔劉向校經傳諸子詩賦,向條其篇目,撮其旨意,録而奏之。會向卒,向子歆總群書,而奏《七略》。故有《輯略》、《六藝略》、《諸子略》、《詩賦略》、《兵書略》、《術數略》、《方技略》。"〕乃據漢時王室藏書而爲之分類,故於學術流别,最爲完全。古平民無學術,〔王官者,大國之機關也。諸子出王官説,雖爲漢人推論,然極有理,當時平民,無研究學術者。雖有學術思想,有志研究,亦無所承受,無所商討,即有所得,亦無人承繼之。而古代學術,爲貴族所專有,然貴族亦非積有根柢,不能有所成就。王官專理一業,守之以世,歲月既久,經驗自宏,其能有所成就,亦固其所。〕近人胡適據《淮南要略》作《九流不出王官論》,〔載《新青年》雜志,約當民國四、五、六年時。〕以駁《漢志》,殊不知《漢志》言其由來,《淮南》言其促進之動機(所謂救時之弊)。〔蓋王官之學,固頗有成就,然非遭世變,鄉學者不得如此其多,即其所成就,亦不得如此之大也。故《漢志》言因,《淮南》言緣也。〕二者各不相妨,且互相補足也。〔若謂出於王官之説非,而惟本《淮南》之説。則試觀諸子之内容、文辭,多今古間雜,明非一時之物,惟其源本王官,故能多本往事以立説也。〕

五　先秦諸子之學

講先秦諸子之學，有應知者數題：

一、諸子之學重在社會政治方面，不重在哲學科學方面，因諸子本身之發展及其對後來之影響皆如此(此意章炳麟曾言之)。〔諸子之於哲學方面，頗與古代希臘之哲學相近，其程度亦相仿。蓋吾國古代原有此等與宗教混合之哲學思想。諸子即上承此等哲學，而并非加以發展，故諸子之哲學思想，大致相同，不若社會政治之學經發展進步而分歧也。於科學方面，亦有稱述，而以見於《墨子》者最多。蓋亦舊時之所有，墨子承之也。惟亦不重於此，故其後迄未有何發展。〕

二、古有專門〔專門者，以如今觀之，實即一種學問之派別。〕而無通學，〔通學者，兼取各派，擇善而從，至漢方有通學。〕故諸子之學，就一方面論之則精，合各方面論之則空。其相互攻駁之語，多昧於他人之立場，不合論理，如墨子貴儉，所欲行者乃古凶荒札喪之變禮，而荀子駁以“不足非天下之公患”，〔見《荀子·富國篇》〕殊不知墨子本不謂平世亦當如是也。〔古代治學者寡，而因交通不便，得書不易，學術之傳播亦難。學者僅能就其近者習之，遠者不知或知之不詳，且人具成見，學問常以先入爲主，故當時人可與一種學問接觸，終身不知其他者。此專門之學之所以成也。〕

三、先秦諸子之學，非皆個人創造，大抵前有所承，新舊適不適不等，蓋其時間有早晚，又地域亦有開通與僻陋之别也。鄙意先秦諸子最要者六家，其新舊之别略如下：

最早者農家，沿襲簡陋(時代或地域)之農業社會之思想。次之者道家，代表簡陋之游牧社會。次之者墨家，其思想與夏代政治頗有淵源。次之者儒家及陰陽家，見多識廣，知若干種治法，應更迭使用。最新者法家，對外主張兼并，對內主張摧毁貴族，總而言之，是打倒封建勢力。(以開明專制爲手段。)

農家之書盡亡，僅存者許行之説，見《孟子·滕文公》上篇。〔農家之書，真係講樹藝之術者，爲《吕覽》之《任地》、《辨土》、《審時》諸篇。然此非所重。先秦諸子皆欲以其道移易天下，非以百畝爲己憂者也。《漢志》論農家之學云："鄙者爲之，欲使君臣并耕，悖上下之序。"可見《孟子》所載之許行，實爲農家鉅子。〕(一) 謂賢君當與民"并耕而食，饔飧而治"。此猶烏丸大人，各自畜牧管産，不相徭役(見《後漢書》本傳)。(二) 主買賣論量不論質，此由交易不重要，物品本少使然，古蓋自有此簡陋之世；亦或戰國尚有此等落伍之地。許行欲率天下而從之，則其事不可行矣。〔且復古必有其方，許行未嘗有言(如其有之，則陳相當述之，孟子當駁之，不應徒就宗旨辯難)，此則不能不令人疑其徒爲高論者也。〕

道家之代表爲《老子》，《老子》之旨在無爲。爲，化也。〔無爲，猶言無化，古"爲"、"化"實爲同字，觀"譌"、"訛"爲同字之例可知。《論語》："子曰：張而不弛，文、武弗能(耐)也。弛而不張，文、武弗爲也。"此"爲"字即"化"字義，言不能使谷物變化也。〕無化者，無使社會起變化。此猶今人慕效歐、美之文明，社會組織，因之改變。守舊者遂欲閉關絶市耳。當時落後之國，輸入先進之國之文明者，蓋(一) 由其君大夫之好者，(二) 由其自謂野蠻而欲驅其民以從當時所謂文明之俗，如商鞅謂秦初父子同室，吾今大築冀闕，營如魯、衛是也。〔古人恒以是爲戒，如由余對秦穆公之言是也。〕《老子》最反對此等，故謂"無爲而無不爲"，猶言勿以汝之道化民，則民無不化而之善也。此説認社會之惡化，〔蓋當時之效法文明，不過任其遷流所心，非有策畫，改變社會之組織，以與之相應也。則物質文明日增，而社會組織隨之壞矣。然道家不能改變社會組織，以與新文明相應，而徒欲阻遏文明，則何可得?〕皆由君大夫措施之誤。而不知社會因日日在自化，〔蓋人之趨利，如水就下。慕效文明，其利顯而易見；社會組織變壞，其患隱而難知，且亦未必及己，人又孰肯念亂? 故社會日日在自化也。〕老子特未之見也。

《莊子》歷代著録，皆在道家，《管子》或屬道或屬法，二家之論，一部分誠與《老子》同。然講個人在社會中自全之術而歸結於委心任運，此《莊子》所有，而《老子》所無。〔《列子》説亦同《莊子》。蓋其時代之晚，各個間互相之接觸已多，世事變化無方，其禍福殊不可知，故有《齊物論》之説(論同倫，類也)。物論可齊，復何所羡? 何所畏避? 故主張委心任運。〕不思徹底改造，而只想因勢利導，(如不思去民好利之心，而徒欲因其好利而利用之。)亦《管子》所有，而《老子》所無，此可見其時代之晚，其社會已不可控制，猶柏拉圖與亞里斯多德之異也。

陳舊於農家道家者，爲墨家。《淮南要略》云：“墨子學於孔子而不悦，背周道而用夏政。”〔今觀《墨子》書，《修身》、《親士》、《所染》純爲儒家言。他篇又多引《詩》《書》之文，則《淮南》之説是也。〕《吕氏春秋·當染》云：“魯惠公使宰讓請郊廟之禮於天子，天子使史角往，惠公止之，其後在魯，墨子學焉。”〔史固辨於明堂行政之典者。故墨子之學，誠爲明堂之學也。〕古大廟大學，皆與明堂同物，前已言之。墨子最講實用，而其書《經上下》、《經説上下》、《大取》、《小取》六篇，講哲學、倫理，兼及自然科學，極其精神者，古明堂爲宗教哲學之所存也。然此非墨子宗旨所在，特師授以書，則從而傳之耳。〔大學雖東周後尚不能盡廢。然未聞有一人合，學成而出仕者，則以所肄者爲宗教家言，非實用之事也。大學所教，既爲宗教家言，故爲涵養德性之地。《禮記》曰：“君子如欲化民成俗，其必由學乎？”又曰：“能爲師，然後能爲長；能爲長，然後能爲君。師也者，所以學爲君也。”又曰：“君子所不臣於其臣者二，當其爲尸，則弗臣也；當其爲師，則弗臣也。”乞言養老之禮，執醬而饋，執爵而酳(酳，虚口)，所以隆重如此者，正以其所詣師者，其初乃教中尊宿耳。又《王制》曰：“出征執有罪，反釋奠於學。”凱旋而釋奠於學。由此二端，可想見古代大學性質，爲宗教哲學之所存也。〕其宗旨所在，曰兼愛，而行之則以非攻。曰貴儉，而行之則以節用、節葬、非樂。所以動人者，曰天志(其天神爲人格神)，曰明鬼，而輔之以非命。曰上同，使下之人聽於上。〔蓋本夏道，而夏時較古，人之思慮較少，人與人對立程度淺，樂盡力以服從於其上也。〕曰上賢，蓋前代親親，不如周人之甚。參觀孫星衍《墨子後叙》，知用夏政之不虚也。

古書多以儒墨并稱，亦以儒俠并稱，俠者，後世江湖豪杰之流。蓋封建制度之壞，士失所養，〔封建制度之諸侯、大夫，多喜養士，及其國滅家亡，或習奢侈而暇養士，而士失所養。〕而不能爲農工商，乃别成爲一階級。性質近乎文者爲儒，〔游説之士，大抵從儒中出。〕近乎武者爲俠。孔子、墨子，乃就此兩社會而感化之，非此兩個階級，爲孔、墨所造成也。墨子長於守御(其書末二十篇)，蓋自俠之團體中來也(《墨子》非攻，故僅取兵法中守之一部分)。

儒爲封建制度崩潰時失養之士，性質近乎文的階級，前已言之(其性質見於《禮記》之《儒行》)。〔儒之義爲柔，若曾子之兢兢自守，言必信，行必果者，蓋其本來面目。〕孔子爲此階級中之聞人，惟孔子之道，不盡於儒。孔子之學頗博，多知前代之治法。此時前代治法之可考者，有夏、殷、周三代。孔子以爲當更迭使用，於是有《春秋》通三統之義(謂封前二代之後以大國，使保存其治法，説見《春秋繁露》)。孔子又觀治化升降，以爲最古之時最美，是謂大同，時代漸降則漸劣，謂小康，説見《禮記・禮運篇》。然則更劣於小康，必爲亂世矣。《春秋》張三世之義，以二百四十年，分爲三世，據亂而作，（表示治亂世之法。）進於升平，（小康）更進於太平，（大同）（見於《公羊》何《注》）蓋欲逆挽世運，復於郅治也。

孔子之道，具於六經，而六經之中，《易》與《春秋》爲尤要。《易》言原理，《春秋》據此原理而施諸人事。故曰："《易》本隱以至顯，《春秋》推見至隱。"（《史記》）其根據原理施諸人事，則恃君長爲之。故《易》曰："大哉乾元，萬物資始，乃統天。"（《乾卦・系辭》）而"《春秋》以元之氣，正天之端，以天之端，正王之政，以王之政，正諸侯之即位，以諸侯之即位，正四竟之治。"（《公羊》隱公元年《注》）此略近希臘柏拉圖推最高之哲人爲君之義。惟希臘人無一統思想，故只計及一國之君。孔子則不然，故又計及諸侯之上，當有一王耳。

孔子所謂大同，蓋農業共産小社會。所謂小康，則封建之初期，階級雖已成立，舊時共産社會之規模，尚未甚壞者也。自此以後，資本勢力又繼封建勢力而起，治化只有日趨於劣。不知剗除階級而欲藉政治之力，以謀革命之徹底完成，可謂南轅北轍。然自近代以前，學者之見解，固皆如此（革命常爲政治的），不足爲怪。

《易》之大義，爲"變易"、"不易"、"簡易"三者。"變易"謂宇宙間一切現象，無一息而不變；"不易"謂萬變之現象，仍有其不易之則。（如氣候時時在變，四季亘古如斯。古人只有循環之思想，無進化之思想。辯證法之變動，非其所知。）"簡易"，則言自然力出於自然，非如人之作事，倦而必須休息，故能永不間斷差忒，猶佛家之貴無爲而爲賤有爲也。此意義亦甚周匝（《易》一名而含之義，見易緯《乾鑿度》，《周易義疏・八論》之一引）。

儒家出於司徒之官，故重教化。而其教化也，必先之以養。孔子言先富後教（《論語・子路・子適衛章》），孟子言有恒産然後有恒心，首欲浚井田制度，繼之以庠序之教（《梁惠王》上、《滕文公》上），此皆思想也。此爲歷代儒家之傳統思想，將來當再言之。惟儒家在政治上之抱負，因社會組織已變，無由實施。其有於中國者，乃在社會方面：（一）重人與人相和親，而不重政治力量之控制。（二）儒家最重中庸，故凡事不趨極端，制度風俗，皆不止積重難返，而中國人無頑固之病。（三）儒家重恕，"己所勿欲，勿施於人"。〔即謂"絜矩"。〕其標準極簡單明了，而含義又極高深，所謂愚夫愚婦，與知與能，而聖人有所不能盡。恕成爲普遍的人生哲學，無意間爲社會保持公道，此儒家之大有造於中國社會者。

陰陽家之書盡亡，惟鄒衍之説，略見《史記·孟荀列傳》。其説看似荒誕，實則不過就空間（彼所謂中國）、時間（所謂黄帝以來）兩方面，據所知者，求得其公例，而推諸未知者耳。其研究結果，蓋以治國當有五種方法。更迭使用，是爲五德終始，〔《漢書·嚴安傳》載安上書引鄒子之言曰："政教文質者，所以云救也。當時則用，過則舍之，有易則易之。"即五德終始之説也。〕（衍之五德終始，始從所不勝，即水、土、木、金、火；漢末乃改從相生之次，爲木、火、土、金、水。）此正猶儒家之通三統，彼所謂一德，當有其一套治法，非如後世之陰陽家專講改正朔、易服色等空文也。〔《漢志》有《鄒奭子》十二篇，則已擬有實行之法，果難施與否，今不可知，要非如漢人之言五德者，徒以改正朔、易服色爲盡其能事也。〕故與儒家可列爲一階段。〔《太史公自序》述其父談之論，謂陰陽家言，"大祥而衆忌諱，使人拘而多所畏"，此乃陰陽家之流失，而非其道遂盡於是也。〕

以上諸家知識，均得諸歷史上，均欲效法前代，惟其所欲法者，新舊不同耳。惟法家則注重眼前的事實，〔切合於東周時勢。〕故其立説最新。法家之"法"字，又有廣狹二義，廣義包法、術二者言之，狹義則與術相對，〔申不害言術，公孫鞅爲法，韓非蓋欲兼綜二派者。〕法所以治民，術所以治治民之人也，見《韓子·定法篇》。法家之書，存者有三：（一）《管子》，〔二十四卷，原本八十六篇，今佚十篇。〕（二）《韓非子》，〔二十卷，五十五篇。〕（三）《商君書》〔五卷，原本二十九篇，今佚三篇幅。〕也。法術之論，（即治民及馭臣下之術。）三書多同。惟《管子》多官營大事業，干涉借貸，操縱商業之論。（大體見《輕重》諸篇。）《商君書》則偏重一民於農戰，（意欲遏抑商業。）蓋齊、秦經濟發達之程度不同，故其説如此。〔齊工商之業特盛，殷富殆冠海内；秦地廣而腴，且有山林之利，開辟較晚，侈靡之風未甚。〕〔《韓非子》多言原理，兼及具體之條件。〕法家之論，能訓練其民而用之；術家則能摧抑貴族，故用法家者多致富强，〔如韓申不害相韓昭侯十五年，内修政教，外應諸侯，終其身，無侵韓者。衛吴起爲魏文侯將，拔秦五城，守西河以拒秦、韓，文侯卒，事其子武侯，遭譖奔楚，相楚悼王，南平百越，北并陳、蔡，却三晉，西伐秦，諸侯皆患楚之强。〕秦且以之并天下也。〔衛鞅（商鞅）人秦，説孝公變法修刑，内務耕稼，外勸戰死之賞罰。孝公任之，遂大强。故秦并天下，原因雖有數端，以人事論，則能用法家之説，實爲其一大端。蓋惟用法家，乃能一民於農戰，其兵强而且多（見《荀子·議兵》），亦惟用法家，故能進法術之士，而汰淫靡驕悍之貴族（列國皆貴族政治，獨秦行官僚政治），政事乃克修舉也。〕

六　秦漢時代學術之新趨勢

一、交通便利，各種學術，漸相接觸，啓通學之機。〔前此列國互相猜忌，往來之間，非有節符不能通，而關之稽查尤嚴，其極，遂至藉以爲暴。漢有天下，此弊盡去，有"通關梁，一符傳"之美談，而交通變利矣。〕二、利用學術者，將抉擇或折衷於諸學之間，而求其至當。故其結果，爲不適宜於時代之學術，漸見衰息（如墨家、農家）。其適宜者亦漸與他學相混焉。〔至此自先秦之新發明的時代，變爲兩漢之整理的時代。猶西洋史上之希臘——發明——與羅馬——整理——之關係也。〕

秦有天下，仍守法家之學不變，然此時法家用整齊嚴酷之法，以訓練其民之辦法，實已用不着。〔法家宗旨，在"法自然"，故戒釋法而任情。揆其意，固不主於寬縱，亦不容失之嚴酷。然專欲富國强兵，終不免以人爲殉。《韓非子·備内篇》云："王良愛馬，爲其可以馳驅；句踐愛人，乃欲用以戰斗。"情見乎辭矣。在列國相争，急求統一之時，可以暫用，治平一統之時而猶用之，則戀蘧廬而不舍矣。秦之速亡，亦不得謂非過用法家言之咎。〕秦亡之後，衆皆以其刻薄寡恩，歸咎於法家（其實此係誤解），〔蓋專以成敗論事，歸咎法家。〕而法家之學，一時遂爲衆所忌諱。是時急於休養生息，故道家之説頗行。〔如孝惠元年，曹參相齊，尊治黄、老言者蓋公，爲言"道貴清静，而民自定"，參用之，相齊九年，齊國安集。及繼蕭何爲相，舉事無所變更，擇謹厚長者爲郡國吏，掩人細過，不事事，百姓歌之，有"載其清靖，民以定壹"之辭。孝景時，竇太后好黄、老術，皆其著者。〕然道家主無爲，爲正常之社會言之則可；社會已不正常，而猶言無爲，是有病而不治也。故其説亦不能大盛。

此時社會，（一）當改正制度，（二）當興起教化，此爲理論上當然之結果，無人能加以反對，而此二者，惟儒家爲獨優，故儒學之必興者，勢也。秦始皇坑儒時，曾言："吾前收天下書不中用者盡去之，悉召文學方術之士甚衆，欲以興太平，方士欲練奇藥。"〔見《史記·始皇本紀》。〕興太平，即指改正朔興起教化言，是始皇固嘗有意於此矣。特未及行耳。〔當時致力鎮壓諸侯之遺，北逐匈奴，築長城，南略定南越，置郡，迄無閑暇。苟天假以年，或有興太平之舉，亦未可知。〕漢興，高、惠、文、景四世，海内或未大安，又皆非右文之主，〔高祖賤儒，復值天下初定，陳豨、黥布之亂，迭興干戈。惠帝時政由吕后，公卿皆武力功臣。文帝本好刑名，復專事安撫同姓諸侯。景帝不任儒，竇太后又好黄、老，而又有七國之亂，復起兵戎。〕故隆儒之舉，必待武帝而後行，〔武帝雄略，右文之主，故能從社會趨勢，而儒學遂興。〕

儒學至漢代，去實用漸遠，專抱遺經研究，遂漸變成所謂經學。

六經中樂無經，故只有五經。經學初無分歧，至後來乃有今古文之别。今文學最初八家：《詩》齊、魯、韓，《書》伏生，《禮》高堂生，《易》田生，《春秋》胡毋生、董仲舒。〔《史記·儒林傳》曰："今上（漢武帝）即位，趙綰、王臧之屬明儒學，而上亦鄉之。於是招方正賢良文學之士。自是之後，言《詩》於魯則申培公，於齊則轅固生，於燕則韓太傅。言《尚書》，自濟南伏生。言《禮》，自高堂生。言《易》，自菑川田生。言《春秋》，於齊、魯自胡毋生，於趙自董仲舒。"〕東漢立十四博士：《詩》魯、齊、韓，《書》歐陽、大、小夏侯，〔《書》分三家：歐陽生、夏侯勝、勝從兄子建。〕《禮》大、小戴，〔《禮》分三家：戴德、戴聖、慶普，慶氏未立學官。〕《易》施、孟、梁丘、京，〔《易》分四家：施讎、孟喜、梁丘賀、京房。〕《春秋》嚴、顔。〔《公羊春秋》分二家：嚴彭祖、顔安樂。皆見《漢書·儒林傳》。〕大體仍爲今文（惟京氏《易》可疑）。

古文起於西漢之末，《詩》毛氏，〔《漢書·儒林傳》曰：毛公，趙人也。治《詩》，爲河間獻王博士。"《後漢書·儒林傳》："趙人毛萇傳《詩》，是爲《毛詩》。"《隋書·經籍志》："漢初趙人毛萇善詩，自云子夏所傳，作《詁訓傳》，是爲《毛詩》古學。"〕《書》《古文尚書》，謂魯共王壞孔子壁，得《古文尚書》百篇，孔安國以今文讀之，得多十六篇。〔見《漢書·藝文志》、《楚元王傳》、《景十三王傳》、《説文解字序》、《論衡·佚文》、《正説》。而其輾轉傳述，皆互相乖異。〕然此十六篇仍不傳，《禮》云有《逸禮》，後亦不傳（《禮記》中《奔喪》、《投壺》，鄭《注》謂皆同《逸禮》。然《逸禮》不傳）。《易》有費、高二氏，〔費友、高相，見《漢書·儒林傳》。〕《春秋》有《左氏傳》，〔《藝文志》、《楚元王傳》不言所自來，《説文解字序》謂獻自張蒼，《論衡·案書》謂得自孔壁。〕《穀梁傳》〔《史記·儒林傳》："瑕邱江生爲《穀梁春秋》，自公孫弘得用，嘗集比其義。"〕昔人以爲今文，近崔適考定其亦爲古文，其説蓋是。見所著《春秋復始》。

淺人聞今古文之名，每以爲其經之文字大有異同。其實不然，所異者多無關意義。(鄭玄注《儀禮》,備詳今古文異字,讀之可見。〔如古文"位"作"立","義"作"誼","儀"作"義"之類,皆與意指無關。〕)〔其有關係者,如《尚書・盤庚》"今予其敷心腹腎腸",今文作"今我其敷優賢揚歷"之類,然極少。〕故今古文之異,不在經文,而在經説。〔經本古書,而孔子取以立教。古書本無深義,儒家所重,乃在孔子之説。説之著於竹帛者謂之傳;其存於口耳者,仍謂之説;古書與經,或異或同,足資參證,且補經所不備者,則謂之記。今古文之經,本無甚異同,而説則互異,讀許慎之《五經異義》可見。〕今文家雖分家,然其説大體相同;〔不獨一經然,群經皆然,讀《白虎通義》可見,此書乃今文家言之總集也。〕古文則諸家之説各别。蓋由今文得諸傳授,其源同,其流不得大異;古文之説,由諸家自由研究,逐漸創立,故説各不同也。此兩點最爲緊要。

漢世今古文聚訟之端,最大者爲孔壁得書一案。此説如確,則今文家經確不完;如其不然,則所謂古文者,不過民間經學,與立於博士官者不同,與後來古文家之説,出於今文家以外,并無二致矣。孔壁得書一案,似難認真實。詳見拙撰《燕石札記・孔壁》條。但今古文之争論,其實與漢世學風變遷,無甚大之關係也。

漢初儒學,均講經世致用,而是時最大之問題,爲民生問題。西漢儒學,齊、魯不同,今文爲魯學,古文爲齊學。説見廖平《今古學考》,確不可易。但何以有此分派,至漢世何以分張更甚,廖氏初未能言。予意齊爲大國,經濟發達,魯則不然,此爲儒家分歧變化之重要原因。廖氏云:今學以《王制》(《禮記》篇名。)爲總匯,古學以《周禮》爲大宗。《王制》者,百里之國之治法,《周禮》則千里之國之規模。節制資本之法,《周禮》中可尋得根據,今學中無之。漢世儒家,只講平均地權,對於節制資本之義,初不了解,讀《鹽鐵論》可見。王莽所行之政策,兼斯二者,此莽與其徒黨所醉心於古學也,此爲古學初得政府中人垂青之故。

王莽覆敗,后漢繼興,一切政治,皆務反莽,故所立十四博士,仍皆今學,然社會上崇尚古學之風,業已不可遏止矣。此則當時風氣漸趨於自由研究,不甘爲成説所囿故然也。

自王莽變法失敗後,通經致用之風漸泯,經學乃漸流爲繁碎之考據。《漢書・藝文志》言,古之學者,耕且養,三年而通一經,三十而五經立,存其大體,玩經文而已。其後則説《堯典》篇目至十餘萬言,但説"粤若稽古"(《書經》第一句)三萬言。〔皆指秦恭言之。《藝文志注》引桓譚《新論》云:"秦近君(恭字,王先謙《漢書補注・藝文志》云:"王應麟曰:《儒林傳》作秦延君,注'近'字誤。")能記《堯典》篇目二字之説至十餘萬言,但説曰若稽古三萬言。"〕幼童而守一藝,白首而後能通。〔係引《藝文志》之大意,與原文略有出入。〕案釋經之文,漢時通爲章句,觀《後漢書》所載,一經之章句至數百萬言者不乏。蓋儒學初興時,從事焉者,率多孤寒之士;後其學流行漸盛,富貴者多從事焉,遂漸移於有閑階級之手。〔其情形皮錫瑞《經學歷史》之《經學極盛時代》一篇中詳言之。〕學問一入有閑階級之手,未有不流於繁碎者。又此輩多挂名讀書,實則束書不觀者,乃開專以意説經之風,見《後漢書・徐防傳》。此兩種風氣,歷兩晉、南北朝未改,讀《南》《北史》"儒林傳"可見也。其中講考據者,徒好繁征博引,而不衷於理,後漢之馬(融)、鄭(玄)、許(慎)諸儒,皆有此弊。王肅專與鄭玄爲難,然其方法,實與鄭同也。〔《經學歷史・經學中衰時代》:"鄭學出而漢學衰,王肅出而鄭學亦衰。肅善賈、馬之學,而不好鄭氏。賈逵、馬融皆古文學,乃鄭學所自出。肅善賈、馬而不好鄭,殆以賈、馬專主古文,而鄭又附益以今文乎?案王肅之學,亦兼通今古文。……故其駁鄭,或以今文説駁鄭之古文,或以古文説駁鄭之今文。"〕

兩漢之世,迷信之心理尚深。儒學既行,儒學所尊崇之聖人,遂漸被附會爲無所不知,無所不能,不問而知,不學而能之人物(見王充《論衡》)。簡括言之,即被造成爲神是也。〔蓋古人之史學性質少,文學性質多,易於造成與神相類的崇拜之對象。〕此等心理,與讖緯之成立,大有關係。《説文》曰:"讖,先知也。"〔劉熙《釋名・釋典藝》:"讖,纖也,其義纖微而有效驗也。"〕此即今所謂豫言,秦世之"亡秦者胡"〔《史記・秦始皇本紀》曰:"燕人盧生使入海還,以鬼神事,因奏録圖書曰:亡秦者胡也。始皇乃使將軍蒙恬發兵三十萬人北擊胡,略取河南之地。"裴駰《集解》曰:"鄭玄曰:胡,胡亥,秦二世名也。秦見圖書,不知此爲人名,反備北胡。"〕及《史記・趙世家》所載怪異事跡。更推廣言之,《左傳》所載卜筮言論之有驗於將來者,皆讖之性質也。《春秋》家説,(今文。)孔子作《春秋》,有不便明言褒貶者,弟子口受其傳旨。古文初興時,利用此説,謂孔子作六經,别有六緯,陰書於策,與之并行。(其實與經相輔而行者,古人通稱謂之傳,無緯之名。〔與經相輔行者,大略有三:傳、説、記是也。傳、説二者,實即一物;不過其出較先,久著竹帛者,則謂之傳;其出較後,猶存口耳者,則謂之説耳。古代文字用少,書策流傳,義率存於口説,其説即謂之傳。凡古書,莫不有傳與之相輔而行。凡説率至漢師始著竹帛(以前此未著竹帛,故至漢世仍謂之説也),漢世傳注,經義皆存於是。記與經爲同類之物,以補經不備者。其本義蓋謂史籍。因其爲物甚古,亦自有傳,而《禮記》又多引舊記也。傳、説、記三者之中,自以説爲最可貴,蓋爲漢世傳經,精義之所存,此漢儒所由以背師説爲大戒也。詳見《燕石札記·傳説記》條。〕而緯之名以立,利用經説造作。(緯説多同今文,以其初興時,〔西漢哀、平之間,緯書出。〕古文説尚未出也。)因以所造之讖夾雜其中,故稱讖緯。

讖緯之作,論者皆歸咎於王莽。其實光武之造讖與信讖,乃更甚於王莽。〔《後漢書·光武帝紀》:"同舍生彊華,自關中奉《赤伏符》曰:劉秀發兵捕不道,四夷雲集龍斗野,四七之際火爲主。群臣奏曰:受命之符,人應爲大;萬里合信,不議同情,符瑞之應,昭然若聞,宜答天神,以塞群望。"《桓譚傳》:"是時帝(光武)方信讖,多以决定嫌疑。"《東觀漢記》:"光武避正殿,讀讖坐廡下,淺露,中風苦咳。"〕足見此爲當時社會心力所支持也。終後漢之世,稱緯爲内學,經爲外學。

迷信及瑣碎激起有思想者之反動,而魏、晉之玄學以興。

七　魏晉玄學

今古文之外，經學中别有僞古文一派，其原起於東晉時梅賾（梅，亦作枚，賾，亦作頤。）〔晉西平人，字仲真。元帝初，官豫章内史。〕所獻《僞古文尚書》。（托名孔安國所傳，并并真者全造一部安國之《注》。）宋朱熹、吴棫，明梅鷟皆疑之。〔朱熹説見閻若璩《古文尚書疏證》卷八"朱子於古文猶爲調停之説"節。吴棫，字才老，南宋時人，正史無傳，曾著《書稗傳》十三卷，今佚。説見同卷疑"古文自吴才老始"節。梅鷟，明旌德人，字致齊。著《尚書考異》、《尚書譜》，力攻古文之僞，爲閻、惠，（惠棟，著《尚書古文考》）所本〕至清閻若璩而考定其僞。〔謂爲梅賾所僞。〕（閻所著書曰《古文尚書疏證》。）僞造之主名，丁晏指爲王肅（見所著《尚書餘論》）。近人又有疑之者（吴承仕，其《與章炳麟書》。見《華國》月刊中）。然僞造是書者，係王肅一派之學，則無可疑也。此事在經學上爲一重大公案，以學術思想論，則王肅好駁鄭玄，而其學問途轍，實與鄭同，無足深論。《孔子家語》，〔十卷。〕大約係王肅所造，《孔叢子》〔三卷。〕亦然。〔詳見《四庫全書總目提要》子部儒家類一。《家語》又有清孫志祖《家語疏證》六卷，證爲王肅所僞。〕因東漢泥古、瑣碎、迷信之學風所激起之反動，是爲玄學。〔參看梁啓超《飲冰室叢著·論中國學術思想變遷之大勢》第五章。〕其學起於魏正始（廢帝年號）時，直至南北朝之末。但至東晉中葉後，則漸與佛學相混，非復純玄學矣。〔故純玄學之歷期也極短。〕〔玄學起於中原北方，後隨晉室南遷而盛於南，北方反無玄學。亦猶其後理學起於北，隨宋室南遷而盛於南，北方反無理學也。〕純玄學以《易》、《老》二書爲主，《莊子》次之。（《列子》爲晉人僞造。〔《列子》蓋即注者張湛所僞，一部分本諸古書，一部分爲其僞作，如《楊朱篇》决非先秦思想，乃魏晉時頽廢思想也。〕）〔以《易》、《老》爲主者，蓋其空談原理，實取諸儒、老二家之學之涉及原理之部分也。論者或謂其本道家而儒家僅其表面者，乃不知儒、老之涉及原理者本相同也（先秦諸子之言原理哲學，本多相同）。〕其所研究者，爲宇宙及神鬼之有無，人之情性、運命及安身、立命等問題；在政治及社會制度上，則主張重原理而不泥事實（重道而遺跡）。其中各種人物皆有。〔見《燕石札記·清談》一、二、三、四條。〕其著述甚多，具見《隋書·經籍志》中，惜其書多已亡，只可一覽而知當時有何等著述耳。〔大抵無具有條理系統之書，多屬注、講義、講疏之類。〕存於今者，專書王弼《易注》、郭象《莊子注》最要，〔至何晏之《論語集解》，僅包含一小部分之玄學，不及二書之要也。〕《列子》之僞造部分，亦可供參考。單篇散見史傳及各家集中。（看《全上古三代秦漢三國六朝文》最便。〔清嚴可均編。〕）與佛家有關涉處（分贊、否二方面），可看《弘明集》。

此派之功績，在破壞而不在建設。自經過玄學運動後，泥古及迷信之弊皆除（指學術界之風氣）；瑣碎之考證，人亦不視爲重要矣。（考證爲求正確起見者，别是一說，此其本身雖無用，聯合之則成極有用之建設，乃學術分工之作用也。瑣碎者則并無理想，無立場，連其本身亦未必正確。）正所謂無用之用也。〔某種學術，必溯其前時期之情形，方能知其價值，玄學即是矣。〕

八　佛　　學

玄學之後，遂繼之以佛學。佛有宗教學術二方面。宗教方面，今姑措勿論。

學術方面，佛説大小二乘，舊以爲一時之説，因人而施。〔謂佛初時多與學問高深者接觸，其説極高。後佛學漸廣，其説亦漸低。及臨終時又以最高之説爲遺教。〕據近來之研究，則小乘興於佛滅後百年，大乘又後五六百年乃興起。（此項事跡，詳見唐玄奘所著《異部宗輪論》。）近人因有稱佛滅百年内之佛教爲"原始佛教"者。（日人某著有《原始佛教概論》。）

分别原始佛教與小乘佛説，其事較難。若大小乘之别，則其犖犖大者，固較易見也。〔蓋原始佛教之書不存，其説需自小乘書中分析出之，故較難也。〕據近來之研究，印度哲學，發達頗早。因其受天惠優厚，生活問題，容易解決。故其所注意者，非維持身之生存，而爲解除心之苦惱。故印度哲學，多帶宗教的色彩。佛出世時，此等哲學，派别甚多（佛教概論之爲外道），令人感無所適從之苦。佛則不爲無益的辯論，而授之以切實可行之道，故其説一出，歸向者甚多。故"佛非究竟真理之發見者，而爲時代之聖者"（《原始佛教概論》中語）。〔無論何種學術，皆逐步進化；非有一聖人出，而能發見此種真理也。〕佛滅之後，環境情形，自有變化。加之佛教傳播甚廣，與他種哲學、宗教，接觸自多，其本身自亦將隨之而生變異。此則大小乘之所以次第興也。〔佛之時代，文字之應用尚未廣。佛説在世時未有記録。入滅後，諸弟子相會，誦其昔所聞於佛者，得大衆之同意，或不得同意而能伸説者，皆録之以爲佛説，——故佛經之首必曰"如是我聞"。——謂之結集。諸弟子之中，分上座、大衆二部。佛滅百年後，二部乃分裂。〕小乘距佛時代近，又出於上座部（佛教中前輩高級信徒），故其變化少；〔因學識高深者，不易接受外界之影響也。〕大乘出大衆部，時代又後，故其變化多也。〔其後錫蘭等地多小乘，行於北方者多大乘。〕

四聖
- 佛。
- 菩薩。〔梵語，具名菩提薩埵，舊譯爲大道心衆生、道衆生等，新譯曰大覺有情、覺有情等，亦譯正士。〕
- 緣覺。〔亦作辟支佛，梵語辟支迦佛陀之略。舊譯緣覺，新譯獨覺，《智度論》二名具存，以辟支佛兼具二義也。蓋好道潛修，自然獨悟者，謂之獨覺，或因事緣而覺悟，又或觀十二因緣法而得道，謂之緣覺。〕
- 聲聞。〔弟子聞佛之聲教而得道果者。〕

六凡
- 天。〔福德大於人。——福，在中國爲外的條件，德，有得於己，故稱福德，以别於福。謂其能力、智慧等大於人。〕
- 人。
- 阿修羅。〔梵語，簡稱修羅；亦作阿素洛、阿須羅、阿須倫、阿蘇羅等。《翻譯名義集》："阿修羅舊翻無端正，男丑女端正，新翻非天。"——謂其果報似天而非天也。——神通大於人，而易生嗔怒。〕
- 畜生。
- 餓鬼。〔《大乘義章》："言餓鬼者，常饑虚，故名爲餓；恐怯多畏，故名爲鬼。"按鬼類中有如夜叉、羅刹等具大威力者，故新譯曰鬼，不曰餓；然舊譯之經論多曰餓鬼，以鬼類中餓鬼最多故也。〕
- 地獄。〔梵語那落迦、泥犁等之義譯。那落迦、泥犁等本爲不樂、可厭、苦具等之義，以其依處在地下，故謂之地獄；蓋罪惡衆生死後所生之處也。〕

〔無生者曰器世界，有生者曰有情世界。有情世界爲四聖、六凡（天臺宗依《法華經》所立），謂之十法界。密教依《理趣釋經》所立，則以實佛、權佛、菩薩、緣覺、聲聞爲五聖，天、人、畜生、餓鬼、地獄爲五凡。〕〔衆生即於六凡輪回，謂之六道，衆生各依其業因而趨向之，故又曰六趣。《法華經·序品》："六道，衆生生死所趣。"六凡之中，修佛以人最易，天以其福德過厚，不易生修佛之心；阿修羅之易嗔怒，則更列三惡之一（佛以貪、嗔、痴爲三惡）；至畜生等更不能矣。故謂"人生難得"也。畏怖生死即由此。〕

大小乘之異點，重要者：小乘説緣覺、聲聞，亦可成佛。大乘則非菩薩不能，故曰："地獄頓超，二乘聾瞽。"謂緣覺、聲聞，"畏怖生死"，根本未脱自私之見，故不能成佛也；若菩薩則念念以利他爲主，與恒人之以自己爲本位者適相反，佛不可學，〔佛則無人我之分矣。然不能學。〕學菩薩，所以馴至於佛也。

佛之三身：
- 報身。
- 法身。
- 化身。

〔天臺宗所立爲法、報、應三身。法相宗所立爲自性、受用、變化三身（見《唯識論》）。《金光明最勝王經》所説爲法、應、化三身。〕

小乘之所謂佛，即釋迦牟尼其人。大乘則不然，釋迦牟尼其人，爲佛之報身，（從前造業，此時因因果關係而成此人身。）饑則欲食，寒則求衣，不得衣食則饑寒而死，一切與恒人無異。〔所異者爲具偉大之人格，不可及之智慧。〕若夫有是而無非，威權極大，人有一言一行一念，彼必知之，必隨其量而與以適當之報應，是爲佛之法身，實即自然律之象征耳，非人也。以法爲師，即可自悟，如法修行，即可成佛，戴一人爲偶象之見，大乘全無之矣。〔自學理上論，不能不謂大乘進步於小乘。〕又信佛之人，或能見佛形象等等，人則不見，共斥爲愚，或疑其妄，此亦不必，此乃心理變態，人不能見，彼固見有之也。大乘稱此爲佛之化身。

人之崇拜偶象，不過得一時心理上之安慰，而於真理，每有所空。小乘以釋迦牟尼爲偶象者也。大乘較小乘爲進步，然不能去釋迦牟尼乃創三身之説，謂佛有三種不同之人格也。

識：
- 眼識——色
- 耳識——聲
- 鼻識——香
- 舌識——味
- 身識——觸〔心理學上之筋覺〕
- 意識——法

（以上）前六識。〔前六識爲大、小乘所共説，七、八識則爲大乘所説。〕
- 末那識——恒審思量，常執有我——七識。
- 阿賴耶識（藏識）——識種子所藏——八識。

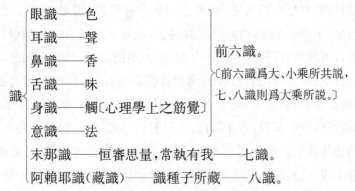

前六識爲盡人所知。〔心理學上僅前六識。〕佛教之特異者爲第七、八識。第七識之義，爲吾人常覺有一我在，此確爲認識之根本。八識則佛説爲識之種子所藏，故亦譯爲“藏識”。必將此識滅盡，然後識之根斷。〔第八識爲公共的，其他諸識均屬各個體的。〕佛説“萬法惟識”，勉强譯以今語，則爲吾人之認識世界，恒在一定的範疇中。但此所認識者，并非世界之真相，故必滅識，世界之真理乃可得見。故吾人研究之方法，一無所用。佛亦説教，止是引起人的信心而已。求知世界真相之方法，轉在超出吾人今日之心理作用也，此則惟有修證而已。〔至此修證之方法是否爲對，亦無從説起，信與不信，由各人而已。蓋終不脱其爲一宗教也。〕

識之本體，不可得滅。此即科學上質力不滅之理，亦即哲學上無者不能使之有，有者不能使之無之理也。故所謂滅識，并非將識消滅，——如有一物，而可消滅，則爲色空對立矣。犯佛説之大忌。——而系轉識成智，即轉變吾人之認識（識），而使之别成一種認識也（智）。喻如水與波，水動則生波，波静還爲水，波非於水之外别有一物，故止波非涸水也。吾人之本體，佛稱之曰"真如"。一切罪惡之根本，佛稱之曰"無明"（即真如之惡的作用）。問無明何自起（即本體何以會起惡的作用）？則不可得説，亦可曰"法爾而有"而已（猶言依定律如此而有）。然則何以知無明非本體？因無明可滅，而人又恒知其爲惡而思來之故也。

佛教之派别稱宗。中國之佛教，分宗甚多。其中最要者，爲天臺、法相、華嚴三宗。天臺亦稱性宗，從主觀方面；法相亦稱相宗，從客觀方面，證明萬法惟識之理；華嚴則示人以菩薩行相。〔故有相當的文學趣味，但仍含極深之哲理。〕是稱教下三家。禪宗不立文字（謂無依據之經論），直指心源，是爲教外别傳。〔禪，梵語禪那之略，亦云禪定。禪那之義，爲思維修、静慮等，静即定，慮即慧。非若槁木死灰之謂，乃欲不遂環境變動，此爲印度之一種修習方法，非佛教所獨有也。行久之，心理上别生一種境界（謂之參禪）。然此時有諸境界可生，不知其是非，當請諸有經驗者，此等有經驗者即能加以指點。然非普通語言可説明者，故其一問一答間，常人不能知也，彼固自知之。故禪宗不能爲一種學術，乃專講實行者。〕佛教究係宗教，説教只爲引起人之信心起見，苟其能信，則辯論研究，均屬多事，故其發達之趨勢，終必至諸宗皆衰，禪宗獨盛而後已，唐中葉後，即亦如此。〔唐初以華嚴最盛，唐高宗時密宗輸入，自後中國遂無新立之宗。〕宋儒喜辟佛；人又或譏其陽儒陰釋；又或稱其先於釋教中有工夫，故其辟之能得當。實則所辟所沾染者，多係禪宗一派，非佛教之全體也。

天臺宗，亦名法華宗，本宗由天臺智者大師成立，以《法華經》爲根本，以《智度論》爲旨趣，以《涅槃經》爲輔翼，以《大品經》爲觀法。專習止觀。

法相宗，取《解深密經一切法相品》爲名，本宗有《唯識論》，明萬法唯識之理，故亦稱唯識宗，此名取《解深密經分别瑜伽品》之意，印度名爲瑜伽宗。

華嚴宗，以華嚴論爲宗派，故名。

禪宗，又名佛心宗或心宗，以達摩爲初祖。

禪宗雖足救煩瑣〔無謂之辯論研究，謂教下三宗。〕之失。然其意義，亦甚精深，非有智識，且非有閑階級之人，不能修習。而佛教此時之情勢，已非發達至普遍於各階層不可。故復有净土宗，以普接利鈍，〔表面上無迷信之色彩，足自己辯護，而實足爲迷信之需，使佛教至於普遍發達者，净土宗是矣。〕

佛教要旨，爲止〔消極方面。〕觀〔積極方面。〕雙修。止謂心不起不正之念，〔不正之行，由不正之念而生。〕所謂"十二時中，常念於法"。觀有二義：(一) 在感情上，如人最畏死，乃時時設想被殺時之情景，以克服其畏死之情。(二) 在知識上，遇事輒探求其因果關係，而得正確之救濟方法是也。此二者皆甚難。又成佛須歷"劫"，(佛教上之一種時間。〔極長。〕)自恒人觀之，亦將望而生畏。然成佛必須如此之難，又被前此之學説固定了，不能改易。净土宗於此諸點，乃想出一巧妙適應之法。

念佛：
- 觀。〔觀佛像。較前之觀爲易。〕
- 想。〔想佛。較前之止觀爲易。〕
- 挂名。〔口誦"阿彌陀佛"不已。〕

净土宗以念佛一法，兼攝止觀兩門。

净土宗謂阿彌陀佛與此世界特別有緣。〔發誓造净土。〕一心念佛之人，至臨終，阿彌陀佛即來接引，往生净土。在净土中修至成佛，依然艱難；然净土中環境特別佳良，既生此中，可以直向前進，不虞墮落。〔稱此簡易之法爲"横超"。〕

又净土中種種境界，異常美妙，足滿求福報者之欲。

故此宗通行最廣。〔近日言佛學者，多屬此宗。〕

九　宋明理學

宋學。此學最確當之名曰理學。後人尊稱之曰道學。清代漢學興，乃以時代稱之曰宋學。

哲學之物雖空泛，然當社會起大變動時，必起響應而作根本之變動。蓋哲學無所不包，得以一理而施諸各方面。必使哲學起根本改變，使各方面趨同一目的，不致冲突背馳而後可。宋學即承佛學之後，新興之一種哲學也。

我國從前論理學并各種科學均不發達，學者對於講説學術哲理，不能清楚；而整理著作時，復缺乏條理系統，更不能注意於由淺入深諸點（不獨理學，一切學術皆然）。故研究理學，非下一番功夫，并頭腦清楚之人，不易明白。

> 關於參考書籍。近人於理學之著作，有吕師所著《理學綱要》（民國十四年時吕師於滬江大學編成講義，十五六年於光華大學編定，由商務出版），惟只述其哲學一方面，實則理學與政治、社會、道德諸方面，皆有關係也。然於近人著述中，當推最有價值，最可看。早於此書者，有謝無量（謝蒙）所著《朱子學派》、《陽明學派》、《象山學派》諸書，由中華出版，距今已三十年。謝氏讀書博，學亦謹慎。此諸書節鈔豐富之材料，不著己意，初學讀之無益。至商務所出《文化史叢書》中，有賈豐臻《理學史》。賈氏爲近代研究理學者，然其書陳舊無意味處實多，無甚價值。

此學之發達，鄙意當分爲三期：（一）周敦頤、〔世居道州營道縣濂溪上，學者稱之爲濂溪先生。〕張載、〔居陝西郿縣横渠鎮，學者稱横渠先生。〕邵雍〔謚康節，學者稱康節先生。〕爲創建一種新宇宙觀、新人生觀，亦即創建一種新哲學之人物。（二）程顥、程頤始注重於實行方法，至朱熹、陸九淵而分爲兩派。（三）依辯證法之進步，至王守仁又合兩派之長而去其短。後人以陸、王爲一派，仍視爲與程、朱相對立，實非。〔理學至王守仁，發達已趨極端。此後漸成衰落。然理學之本身，終爲一極偉大之學術也。〕

佛學之弊，在於空虛而不切於實務，專恃個人之覺悟，以拯救世界，然(一)人之天資，〔自生物學上言之，天資特優與特劣者，恒占極少數。〕非能個個人明白佛之所謂覺悟之道者。(二)社會情勢，真能接受佛之教化者，又止一小部分人，大多數人看似信奉，其實全不相干。故行之久而不見其效，且頗有流弊。在此情勢之下，自然須有一種新哲學以代之。

但佛之哲學，極爲高深，甚不易駁。佛教哲學之高深，在認識論方面。(中國舊哲學無之，蓋未發達至此程度。)創新哲學者，乃將此方面抹殺不談，而曰：談認識論即是錯。〔其實此殊爲武斷。〕故曰："釋氏本心，吾徒本天。"天即理，理即外界的真實法則。此理學之名所由立。故宋儒之反佛，乃以哲學中之惟物論反哲學中之惟心論也。〔故理學家無論其如何互不相同，必皆承認其外界的世界爲真實。苟超出此範圍，即屬佛學矣。〕

理學家中能創立一種新宇宙觀、新人生觀者爲周、張、邵三家。周子之説，見於《太極圖説》〔宇宙觀〕及《通書》〔人生觀〕。其説：以爲"無極而太極"。"太極動而生陽，静而生陰。"("一動一静，互爲其根"。)由是而生水、火、木、金、土，天地人物皆秉五行之質以生。"五行各一其性"，人物所稟五行之質各有不同，故其性亦不同。〔希臘古分人爲神經質、多血質、膽汁質、粘液質四種，亦同此思想。〕而其見之於事，則不外仁、義二者。〔以他人爲本位，舍自己而顧他人，謂仁；以自己爲本位，舍他人而顧自己，謂義。仁爲人之本性；義爲處事之辦法。〕仁、義本身皆善；過、不及則皆惡；故道在中正。〔適當。〕人何以守此中正之境？曰静。故曰："聖人定之以仁義中正而主静，立人極焉。"此中最當注意者：太極陰陽，非有實體。其相生也，非如母之生子，子與母爲二。乃就實質之世界，而名其動静之作用曰陰陽；又即世界之本體，而名之曰太極耳，故曰："五行，——陰陽也。陰陽，——太極也。"世界之由來，不可得而知，故曰"無極而太極"，言無從知之也。〔周子行文晦，説太極等實不分明，而我國古代學人哲學觀念淺薄，遂於此點引起種種誤解，造成哲學上一大公案。若以朱子作此等文，決無此弊矣。〕

張横渠之説，見於《正蒙》。其説以氣爲惟一之原質。氣之本身，運動不已。於是乎氣與氣之間有迎拒，因而有和合、冲突諸現象。〔和合者終必分散，冲突者終必和解。〕此爲人心愛惡之原。(因人亦氣之所成也。)氣，因其運動，而有輕清、重濁之不同。輕清者易變，故善；重濁者難變，故惡。人有氣質之性與義理之性。氣質之性出於重濁難變之形體者也，故當以義理之性克治之；而變化氣質，爲學問中最要之事。氣之運動，有至而伸(積極的)、反而歸

（消極的）兩種。至而伸者爲神，反而歸者爲鬼。非謂天下有鬼神其物；乃謂物之具此兩種作用者，其本身即鬼神耳。如吸是神，呼是鬼；發育爲神，衰退爲鬼。然則世間無物非鬼神也。張子之説，爲極徹底之一元論。〔周子爲略觀大意；張子則苦思力索，積數十年之力，而創此説。在哲學上，張子實高於周子也。〕

根據物質之學，中國謂之數術。中國學者研究社會現象者多，研究自然現象者少，故此派學術不甚發達。〔中國言哲學者多據社會現象，少憑自然現象者，亦因是故。〕宋學傾向惟物，故喜言術數者頗有其人。其精而有創見者，實惟康節。康節最重要之觀念，爲“數起於質”、“天之象數可得而推，其神用不可得而測”、“以物觀物，不以我觀物”、“易地而觀則無我”數語。數者，事物必至之符，其原因在於物質，故曰“數起於質”，此等可推測而知。然宇宙間何以有是物，物何以有是理，則所謂天之神用，不可説也。“以物觀物，不以我觀物”，謂絶去主觀。主觀之根原實在自私，離開利害關係，即無主觀，故曰：“易地而觀則無我。”

	陰	陽	剛	柔
太	月	日	火	水
少	辰	星	石	土

邵子之言物質，以屬於天者爲陰陽，屬於地者爲柔剛，二者又各分太少。此蓋以五行之説爲不安而改之，特不欲顯駁古説耳。其改八卦方位，亦猶是也（注）。問其何以如此？則曰：陽燧取於日而得火，方諸取於月而得水，星隕爲石，天自三光外皆辰，猶地自山水外皆土。此可見邵子之説，由觀察自然現象而得也。〔一去前人五行之觀念，雖於科學爲不合，極堪欽佩者也。〕

（注）　坎
乾　艮
兌　震
坤　巽
離

此八卦舊方位，見《易·説卦》，邵子以爲文王所爲，爲後天方位。

坤
艮　震
坎　離
巽　兌
乾

此邵子稱爲先天方位，謂伏羲所作，説殊無征。蓋亦取與舊説調和耳。山在西北，澤在西南，……亦本諸自然現象也。

邵子之言數，以日、月、星、辰四者爲基本。日之數一，月之數三十，星之數三百六十，辰之數四千三百二十(一日十二時。十二(三百六十)＝四千三百二十)，或乘或減，而成其所言各數。其言時間，以元、會、運、世爲單位，三十年爲一世，十二萬九千六百年爲一元，邵子曰："一元在天地之間，猶一年〔一單位，如是循環不已。〕也。"蓋因宇宙悠久廣大，無法經驗，乃欲截取其中之一段或一部，研究之而得其公例，以是推諸其余。此爲凡數術家公共之思想。楊雄《太玄》，欲據一年間之變化立爲公例，亦猶是也。夫既因無法經驗而欲據一部一節以推測其餘，則其所立之說，自不能謂爲必確，不過姑以是爲推測而已矣。此起凡術數家於九原而問之，必無異辭者也。迷信者流，乃云邵子之數學，可以豫知未來，不亦適得其反乎。〔至其以元、會、運、世，而言皇、帝、王、霸，復以《易》、《書》、《詩》、《春秋》配合之，而《禮》、《樂》爲實質，隨四者而高低等，亦無甚意味矣。〕

邵子之說，見於《觀物内外篇》〔言理〕及《皇極經世書》〔言數〕；其《漁樵問答》，淺薄已甚，必僞物也。

理學引入實行方面，最重要者，爲大小程、朱、陸、王五人。大程以識仁爲本，〔仁，即社會性。仁爲目的；義爲手段，爲附屬於仁者。〕曰："識得此理，以誠敬存之而已。"又形容其狀態曰："廓然而大公，物來而順應。"善矣。然未說出切實下手之方法。

小程則說出居敬、致知兩端。朱子爲暢發其理，曰："人心之靈，莫不有知；天下之物，莫不有理；惟於理有未窮，故其知有不盡也。是以大學始教，必使學者，即其已知之物而益窮之，以求至乎其極，而一旦豁然貫通焉。則衆物之表里精粗無不到，而吾心之全體大用無不明矣。"(《大學章句》釋格物、致知。)昧者或謂天下之物，不可勝格；或問豁然貫通，究在何日？此乃痴話。此所謂格物，本非如今物理學之所謂物理，乃謂吾人處事之理。處事時事事用心推求，久之，則處事之理明白。正如讀書多則文理自通。豈有駁讀書者曰"天下之書，安可勝讀；文理之通，究在何日"者邪？故此初不足難程、朱難矣也。

所難者，逐事用心，勞而寡要，不免陸子之所謂"支離"耳。故陸子欲先立乎其大者。然離開事物，而欲先用力於心，又不免失之空洞矣。若心之大本已立，又何須用功邪？

故必待王陽明出，謂知者心之體。用力於知，即是用於心。而心之本體既爲知，必有被知之客體，客體即物也。主客體不能分離，故用力於物，亦即用力於知。至此，然後朱、陸之説，可合爲一也。故曰：自朱、陸至王，實係辯證法之進化也。

朱陸　心：知識之部　道德之部

王　心(知)

宋學自朱、陸而外，又有浙學一派。此派起於吕祖謙。〔字伯恭。〕祖謙好讀史，〔重事功故。時人爲言："伯恭知古，君舉知今。"〕浙東學者承之。其後分爲永嘉、永康兩派，永嘉以陳傅良、〔字君舉。〕葉適〔字水心。在諸人中最有才德，然於理論上頗粗淺。〕爲眉目，永康則以陳亮〔字同父。〕爲巨擘。亮與朱子之辯論，乃針對貴王賤霸之意而發，其意謂英雄豪杰之心，皆有合乎天理之處，特不能純耳，就其合時，亦與聖賢無異，故不可一概排斥，反使人認爲不合天理，亦可有成：其言殊有理致。特亮之爲人，不甚軌於正耳。葉適則頗攻宋人之空談，其議論幾於從根本上攻擊宋學矣。宋代浙學，實開清代浙東史學之先路，亦爲源遠流長；但在理學中，不能稱爲正宗，以理學重内心，浙學偏重事功也。關學(張載一派。)亦重實行，但偏於冠、昏、喪、祭之禮及締約等，偏重社會事業及風俗改良。浙學則喜言禮、樂、兵、刑，偏重政治制度：此二者之異也。

理學家雖係以唯物論攻擊佛學之唯心論，然其結果墮入空虚，亦與佛學家無異。惟佛家究尚有一成佛之希冀，雖後來竭力遮撥，究竟能知此意者係屬少數，理學家譏其多著這些例子，如一點浮雲翳太虚，不是真空者也：此由佛家本係宗教故然。理學則起原便非宗教，且係因反對佛教而起，而又能吸收佛教之長，故其自修之嚴肅，與篤信力行之宗教徒無異；而其脱盡迷信及祈求福報之觀念，則非任何宗教徒所能逮也。其踐履之嚴肅，純以求本心安而已。人智日進，迷信無存在之餘地，而感情不可無以陶冶之。現存之宗教，一切崩潰後，果何以陶冶人之感情邪？此種純求本心之安之宗教作用，必大顯其價值矣。

十　清代考據學

理學至王陽明，發達已臻極點。故此後學術之發達，方向遂轉變，是爲清代考證之學。

考證之學之初興，不過厭宋學末流之空疏，務"多讀書"、"求是"而已。其風實起自明世。專務博學者如焦竑、陳第等是也。兼講經世者，如顧炎武、黄宗羲、王夫之等是也。諸人不但不排斥理學，且於理學入之甚深；但在講經學時，不肯墨守宋人之説而已。降及清代康、雍之間，尚係如此。後人稱爲"漢、宋兼採派"（見《四庫書目》）。至乾、嘉時，學者乃專務"搜輯"、"闡發"漢人之説；於宋儒之説，置之不論不議之列。至此，乃成爲純粹之漢學，爲清代學術之中堅。

漢學家之功績，在（一）通訓詁，（二）勤校勘，（三）善搜輯，（四）精疏證：故使 a. 古書之誤者可正、b. 佚者後復見、c. 古義之晦者復明，（五）而其實事求是，尊重客觀之精神，於學者裨益尤大。惟其人無甚宗旨，内而身心，外而社會，皆非所措意。故梁任公謂爲方法運動，而非主意運動也（見所著《清代學術概論》）。

考據學派之初興，只是厭宋學末流之空疏，務多讀書而已。其人并不反對宋學，且多深入宋學者，顧亭林（炎武）、黄梨洲（宗羲）、王船山（夫之）等無論矣，〔顧氏所著《郡縣論》等經世之學，多本諸宋學。黄氏著《明夷待訪録》，人多僅稱其《原君》、《原臣》篇，實乃具徹底改革整個社會之精神，亦來自宋學也。諸人於漢學僅其一端，且或并非其主要者，不過因清代漢學大行，而諸人亦遂以漢學著矣。〕即焦弱侯（竑）等亦然也。諸儒之立身及經世，仍以宋學爲歸，惟説經及考證古事，不囿於宋人之説耳。此派，後來之人，自經學之立場言之，稱爲漢宋兼採派。梁任公著《清代學術概論》稱胡渭、閻若璩爲漢學之開山人物（以胡著《易圖明辯》，攻擊宋人所謂《河圖》、《洛書》；閻著《古文尚書疏證》，就衆所共尊之經，證明其爲僞作之故），亦在此派中。必至其所言者，專於疏通證明，補苴綴拾，而不復存一合漢宋之説而評判其是非之見，乃得稱爲純正之漢學（此等人自亦非不可兼治宋學）。

漢學家人物甚多，難遍疏舉。日人某分爲皖、吴兩派，章炳麟採其説，大致是也。皖派當以戴震爲巨擘。近人多稱道其《原善》及《孟子字義疏證》之説，以余觀之，此説并無足取，此點俟後再論。皖派之偉績，在長於小學。其鉅子爲段玉裁及王念孫。段爲精治《説文》者之始（清之治《説文》者，并非專於《説文》一書；乃以《説文》爲中心，而旁及其他字書），王則精治古人文法之始也。〔王著《讀書雜志》，曾國藩稱其能含蘊語氣而得正確之解釋；以今日言之，則爲精治文法之學也。其子王引之著《經傳釋詞》。〕俞樾之《古書疑義舉例》，又爲王之支流餘裔。吴派當以惠棟爲大宗，此派之偉績，在長於搜輯及疏釋。余蕭客（《古經解鉤沉》）、王鳴盛（《尚書後案》）、陳喬樅（《三家詩遺説考》）等，皆其代表人物。至於對一問題，搜羅證據，務極其周；疏釋論斷，務極其慎，則兩派之所同也。

道、咸以後，經學又形成今文一派。此派起於常州之莊（存與、）劉（申受），衍於仁和之龔（自珍）、邵陽之魏（源），而極盛於近代之廖平及康有爲。考據之學，最重源流派别，經學尤甚。分析漢、宋之後，再分析漢人之派别，本無足怪。惟此派之有聲光，不盡在學術方面，而兼在政論方面。故如陳喬樅之專輯今文經説，不參議論者，今學派并不重之。分析今古文之精，莫如廖平，晚亦好爲怪論也。此派議論，多帶有經世色采，（一）莊、劉、（二）龔、魏至（三）康有爲，逐步加甚。此由（一）西漢經學，本重經世；（二）而時事日亟，亦有以誘之也。從純學術立場言之，康有爲新學僞經之説實非是。廖平分析今古學爲齊、魯學，則極可取。余爲補充：齊學爲治大國之規模，兼重節制資本；魯學爲治次等國之規模，但重平均地權（又極重教化）。新莽一派人，所以扶立古學者，由其所行政策，欲兼二者之故：似頗足備一解也。

清儒中，反對宋儒之理論者，著者有二派。一爲戴震，説見其所著《原善》及《孟子字義疏證》。以爲宋儒偏於言理而不顧人情，以改（一）視食色之欲，饑寒之患，爲人情所不能免者，皆若無足輕重；而徒責一般人以曠世之高節。（二）太重名分，如君父與臣子之關係，幾於不復論其是非。故主舍理而論情，情之所安，即爲義之所在。案以凡民之欲爲無足重輕，而不爲之謀滿足，宋儒并無其事，〔宋儒甚注意井田、社會、水利等。〕説近於誣。至於不得已之時，教民以輕生而重義，亦凡立教者皆如是。過重名分，宋儒誠有此弊，此由不知經傳所言，乃就當時之社會立説，亦時君父之權固重也；至宋世，社會業已較爲平等，宋儒不知此爲社會之進步，而執古人之所言爲天經地義，欲强後世之社會以就之，則人心覺其不平矣。然宋儒受病之原，戴氏并不知之；乃咎其偏於言理，而欲救之以情。不知情無客觀標準，固有行之者以爲協乎人情，而受之者以爲不能堪者矣。况宋儒所言之理，并非吾人當下推度所得之理；其所謂理者，必人欲去盡而後能見；故就實際言之，亦可謂無人能見得此理；其説用諸實際，誠不免失之空洞，然非如戴氏之所詆也。

又一派爲顔元〔習齋〕，則其所反對者，不僅限於宋學，特於宋學爲尤甚耳。其説譏中國之讀書人，大偏於紙上，而不習實務。於宋學之空談心性，屏書而不讀者，自然反對尤烈矣。謂求之於心，久之而自覺其可信者，實係一種心理變態，逮用諸實事，則全不足恃。故主恢復古人六藝之教（禮、樂、射、御、書、數），凡事皆須實習。案謂中國讀書人太疏於實務，自亦不錯。但研究發明，與實際應用，分爲兩途，（一）由人性如有所長，（二）亦分工合作之理。若如顔氏所云，勢必至降低學問之程度而後止。章炳麟譏顔氏弟子，〔李塨，字剛主。〕言數則僅通籌算之乘除，言書則粗知今隸之訛謬：即其明驗。

又有調和於漢、宋之間，而兼調和於文與學之間者，是爲桐城派義理、考據、辭章，三者不可缺一之説。此説創自姚鼐（姬傳），後來桐城派皆宗之。章學誠之議論，亦於此爲近。曾國藩本服膺姚鼐，故亦主此説，特其晚年，又間或益之以經濟（中國所謂經濟，包括極廣，非今經濟學之義），爲四門耳。此説可謂甚正。但不分别普通及專門，則欲一人兼擅三者極難。即桐城派之本身，亦偏於辭章，於漢、宋二學之間，則又側重於宋也（如方植之著《漢學商兑》，力詆漢學，即其一極端之例）。

清代有特色之學術，尚有浙東學派之史學。浙西學派，亦推其考證之功，旁及史事；但多就事實爲之補苴訂正，而通觀全局具有史識者甚少。〔如錢大昕之《廿二史考異》，王鳴盛之《十七史商榷》，趙甌北之《廿二史劄記》等皆是。〕浙東派則與之相反〔如萬季野、全謝山等〕。蓋浙西學派，乃承王應麟、黄幹等之遺緒，爲朱學中之一派。而浙東學術，則仍承宋時浙學之遺緒者也（吕祖謙一派）。〔此義《文史通義》首發之。〕以今日眼光觀之，則浙西派近於專門史家，浙東派近於通史家；惟通史乃可稱史學之正宗（專門史仍可歸入各種專門科學内），故必浙東派乃可稱爲史學之正宗也。

浙東派最重要之人物爲章學誠。其重要之著作，爲《文史通義》，〔論文之語，固頗切當，然於文學上之價值并不高。其要乃在史學。〕其大功，在發明一、史料與作成之史非一物；二、儲備史料，宜求其豐富，著作歷史，則當求其簡;三、記注、比次,各爲一事。吾國史學,有三名著:(一)劉知幾之《史通》;(二)鄭樵之《通志序》;(三)章學誠之《文史通義》。(一)爲始講史法者;(二)爲擴充史之内容者;(三)則確立史學與他學之界限,闡發史學真相者。必史籍稍多,乃想及講史法;必人須之知識漸進步,乃覺史之所載爲不備;必學問之内容,愈積愈豐富,乃感覺分種之必要。三先生之著作,恰代表史學進化之三階級,亦時勢使然也。

章氏對於漢、宋學及文學之意見,其結論頗近桐城派(義理、考據、辭章三者不可缺一),此無足深論。而其"六經皆史"之説,實由其對宋學之見解而來;此説能了解者頗少,致多誤會,請一論之。

六經皆史者,章實齋對於宋學末流空談心性之反動;固謂聖人不以空言立教,因之謂六經皆史。然在考證上,其説卒不能成立:蓋執狹義之史(史官所載往事)爲史,則六經除《書》與《春秋》之外,明明非史。若將史之義推而廣之,謂一切故事之職掌,皆關涉史官;則如釋學問,凡以文字記之者,何一不可目之爲史;將史官之外無他職,而推原古代學術出於官守者,亦除史官而外,更無原本矣,有是理乎?章氏於六經皆史之説,引證論斷,多屬支離;《易》無可説,乃至牽涉歷法,則更不足辨矣(所引者,皆後人以歷法附會《易》之辭,非作《易》時歷已發達至此程度也)。後來祖述章氏之説者,大抵不能離"學術必資記載,記載專職諸史官"一觀念,非此則六經皆史之説,不能主持也。至近世之章太炎,則因受此觀念之影響,專認史官所記者爲史(其餘即非金石證亦認爲價值大減);於是罵康有爲爲妄人。〔章氏之論謂:"……如是没丘明之勞,謂仲尼不專著録。假令生印度、波斯之墟,知己國之文化綿遠,而欲考其事,文獻無徵;然後憤發於故書,哀思於國命矣。"(《國故論衡》△△篇)〕而不知論史材、史官所記,與傳説、神話及他種著述,各有其用也。其又一反動,則爲胡適之、顧頡剛一派。胡氏專取《詩經》、《楚辭》爲史料。顧氏初亦宗之;後雖漸變其説,而仍目古史官所記者爲僞造(如世系事。於此問題,章太炎辨古史官所記與神話非同物,却不錯):皆不免固執一説,而未能觀其會通也。

十一　中國近代之思想家

顧炎武。發明有亡國(今所謂王朝)、有亡天下(今所謂國家、民族)之説，爲民族主義之先驅。

黄宗羲。《明夷待訪録》中《原君》、《原臣》兩篇，爲民權主義之先驅。

然此大體上仍不能出宋學之範圍，泛覽理學家之書多者自知之。

俞正燮。亦一考據家。但深知古今社會之異，古之并不足尚。《癸巳類稿》、《存稿》中，此類作品甚多。在思想方面，非他家可及。

但此亦不出漢學之範圍。因漢學家中，亦時有能見到真際者，但不如俞氏之多而且透澈耳。其與近代思想關係最密切者，當首推龔自珍。(自珍與魏源并稱。在學問方面，自珍遠不如源之切實；以思想論，則源不如自珍之恢奇。)梁啓超謂近代之思想家，最初無不受自珍之影響，且多好之甚深；此事實也。大抵今文經説，多有與後世普通思想異者，故思想瑰奇者多好焉。莊(存與)、劉(逢禄)已微啓其端，至龔、魏而大，至康有爲而極。若王闓運、廖平，則流於荒怪，乃走人旁門，不足道矣。但廖氏分别古書源流派别之法，確係極精；其自己所立之説雖荒怪，而此方法在古史研究上，將來必能放一異彩也(現在蒙文通頗能用之)。〔前人僅知以古書之整部，言其學問派别。而廖氏知古書之不盡純，乃就其一章一節而分别之；此其所以勝於前賢也。〕

康有爲之學問，體段頗大。康氏之思想，自成一系統。其所用其資料者，則(一) 西漢以前經學家之微言大義，(二) 佛學，(三) 理學，(四) 又雜以西洋之科學、歷史、政治制度、社會風俗等。康氏最富於六經皆我注脚之精神；其所取爲資料者，不過取爲資料，以佐吾説而已；或非其説之真相也。——康氏原非考據家。現在，有從考據方面，採取其説者，如顧頡剛、錢玄同；有從考據方面駁斥之者，如錢穆。於康氏價值，均不能爲增損。

康有爲之思想，自成一體段。彼視天下終可達於太平，而其致之必以漸；乃以《禮運》大同、小康及《春秋》三世(據亂而作，進於升平，再進於太平)之説佐之。其對於宗教感情之熱烈，及其論修察克治之精嚴，則其精神，得諸佛學及宋學。其重視物質（有爲著《物質救國論》），則其得諸近代歐化之觀感者也。有爲之爲人也，富於理想，而於眼前之事實，認識不甚清楚。觀其後來竭力反對對德宣戰，且固執民主政體，必至争端，因之牽入復辟案中可知。

其弟子梁啓超，世與其師并稱爲康、梁；實則性質與其師大異。啓超之爲人也，博學多通，而自己并無心得。但於各種學術，能（一）多所通曉；（二）且能觀其會通；（三）又能援引學理，以批評事實。故其言論，對一般之影響甚大。

與康、梁同時者，尚有一譚嗣同，著有《仁學》一書；其思想之體段，亦頗偉大。但立説太幼稚，太雜亂，蓋因早死，其思想未能成熟也。

此外近代有思想者，尚有一章炳麟（亦名絳），其人之思想，并不偉大，亦不精深，但極刻核，遇事皆能核其真相，不但就其表面立論；故不牽於感情，震於名聲，如其所作《代議然否論》，是其一例。又有嚴復，論事亦主核實，近於炳麟。要之，近代之思想家，康有爲近墨家、儒家、陰陽家。梁啓超近縱横家，章炳麟、嚴復近法家。此外徒讀故書，販譯新説，自己并無心得，皆不足稱爲學也。

西學輸入以後中國學術曾受何等影響？此當以根本改變吾人之思想者爲限。若忠實翻譯，或引伸發論，則仍是他人之學術也。以吾觀之，中國學術思想，受西洋之影響者，有下列數問題：（一）受科學之影響而知求真。（二）不責實用。（三）知分科之當務細密：此皆方法問題。在主義上，其初“中學爲體西學爲用”之説，固不足論。後來偏重政治；實則西洋政治學説，與中國并無根本異點。其最後能改變中國人之思想者，達爾文之《種源論》，馬克斯之《資本論》；此兩書本非只講一種學問，其影響，可使各種學問之觀點，皆因之而改變者也。（凡學問，必如此，乃可謂之偉大。但此等大發明，多係時代爲之，非盡個人之聰明才力也。）〔《種源論》盛於民國前十餘年至民五六年，自强之觀念，由是普遍於中國。《資本論》盛於民五六年至今日，由是而得認識社會組織（社會之組織，各有不同，皆隨環境而定，并無優劣之分）。至於其他西洋有名之學説，若“四度空間”等，則以不合中國學術之個性，未能有影響於中國（四度空間爲物理學上最有價值者，而於哲學上則平；中國哲學之發達，遠勝於物理學；故其説亦鮮有注意者矣）。學術之事，窮極則復；苟於其窮時，有一新學術輸入，而愜心貴當，則遂假而用之，不復勞自己進行新發現。故設西洋學術不於是輸入，中國學術亦自將另起一新局面。此猶玄學之後，適有高深之佛教輸入，而學者不復旁求矣。〕

理學綱要

前　　言

《理學綱要》寫於一九二五至一九二六年間，原是吕先生在上海滬江大學任教講授“中國哲學史”時編寫的講義，後經修改補充，於一九三一年三月由上海商務印書館初版發行，一九三四年四月國難後第一版。先生曾評論此書説：“近人論理學之作，語多隔膜，此書自謂能得其真。惟只及哲學，未及理學之政治社會方面爲闕點。”①《理學綱要》出版後，先生曾做過一遍訂正。上世紀八十年代，楊寬、吕翼仁先生也對此書也做過一遍校對。

二十世紀七十年代後，《理學綱要》有多種重印和翻印本：②如臺北市華世出版社版（一九七七年出版）、上海書店《民國叢書》影印版（第二編，一九九〇年十二月出版）、北京東方出版社“民國學術經典文庫”版（一九九六年三月出版）、江蘇文藝出版社“北斗叢書”版（二〇〇八年四月出版）、上海三聯書店“民國滬上初版書・複製版”（二〇一四年三月出版）等。又收入上海古籍出版社出版的“吕思勉文集”《中國文化思想史九種》（二〇〇九年四月出版）。

本次將《理學綱要》收入《吕思勉全集》重印出版，我們在以商務初版本爲基礎，參考了先生及楊寬、吕翼仁先生的校訂成果，主要訂正原書的勘誤和錯字，行文遣句、概念術語等，均未作改動。《訂戴》一篇，原刊於一九二八年《光華期刊》第三期（一九二八年五月出版），初版時附於“總論”後，現仍其舊，並在目録上注爲附録。

李永圻　張耕華

二〇一四年七月

---

① 吕思勉：《三反及思想改造學習總結》，參見《吕思勉全集》之《吕思勉論學叢稿》下。

② 有關《理學綱要》的再版、重印情況，詳見《吕思勉全集》之《吕思勉先生編年事輯》附録二《吕思勉先生著述繫年》的記録。

目　　録

序 ………………………………………………………… 255
篇一　緒論 ………………………………………………… 257
篇二　理學之原 …………………………………………… 259
篇三　理學源流派别 ……………………………………… 271
篇四　濂溪之學 …………………………………………… 277
篇五　康節之學 …………………………………………… 285
篇六　横渠之學 …………………………………………… 296
篇七　明道伊川之學 ……………………………………… 304
篇八　晦庵之學 …………………………………………… 313
篇九　象山之學 …………………………………………… 325
篇十　浙學 ………………………………………………… 332
篇十一　宋儒術數之學 …………………………………… 341
篇十二　陽明之學 ………………………………………… 348
篇十三　王門諸子 ………………………………………… 358
篇十四　有明諸儒 ………………………………………… 368
篇十五　總論 ……………………………………………… 373
附　訂戴 …………………………………………………… 382

序

本書計十五篇，乃民國十五年予在上海滬江大學講《中國哲學史》時所手編之講義也。今略加修改，以成是書。

理學行世幾千年，與國人之思想關係甚深；然其書率多零碎乏條理，又質而不文，讀者倦焉。雖有學案之作，人猶病其繁重，卒不能得其要領也。是書舉理學家重要學説，及其與前此學術思想之關聯，後此社會風俗之影響，一一挈其大要，卷帙雖少，綱領略具，讀此一編，於理學之爲如何學問，可以知其大概矣。故名之曰《理學綱要》。

自宋迄今，以理學名家者無慮千人；然其確有見地不與衆同者不過十餘家耳。兹編即以是爲主，其大同小異者即附其人之後，如慈湖附象山後是也。其無甚特見者，總爲一篇，叙其名氏傳授，以見斯學之源流派別而已。諸賢事蹟，限於篇幅未及詳叙，如欲尚論其世，固有史傳及諸家學案在也。

理學與古代哲學及佛學皆有關係，近人類能言之，然所見者似皆非其真也。兹故別爲一篇，論之雖似旁文，實爲斯學來歷，瞭此則理學中重要之説，皆迎刃而解矣。不可不細讀也。

數術非中國哲學正宗，然亦自成一派，且與社會思想關係頗深，世多目爲索隱行怪，甚或斥爲迷信，非也。數術家之所言，雖未必確，以爲迷信，則實不然。真知數術家之所言，乃知迷信之流自附於數術者，悉非其實耳。兹總爲一篇叙之。邵子雖以數術名，實於哲理發明爲多，數術非所重也。故別爲篇。

理學特色在於躬行實踐，非如尋常所謂哲學者，但厭好奇之心，馳玄遠之想而已。諸家之説，各有不同，非好爲異也。補偏救弊，立言固各以其時；殊途同歸，輸跡原無須强合。又有前人見其淺，後人見其深者，此則思想演進，次第當然；當知其易地皆然，不必存入主出奴之見也。兹編於諸家相承相矯，及其同時分争合一之故，并詳析言之，以見學術演進之跡。至於各人受用，則或因其性之所近，或矯其習之所偏，有難範以一律者，非茲編之所能言也。

民國十七年三月二十三日武進吕思勉識

篇一　緒　論

今之人有恒言曰“宇宙觀”，又曰“人生觀”，其實二者本係一事。何則？人者，宇宙間之一物。明乎宇宙之理，則人之所以自處者，自得其道矣。

哲學非絶人之事也。凡人所爲，亦皆有其所以然之故，即哲學之端也。雖然，此特隨事應付耳。若深思之，則我之所以處此，與此事之究須措置與否，乃皆有可疑。如饑而食，特應付事物耳。見在之飲食，是否相宜？食而生，不食而死，孰爲真是？凡飲食者，未有能言之者也。一一窮究之，即成哲學矣。恒人爲眼前事物所困，隨事應付且不暇，更何暇游心於高遠？然一社會中，必有處境寬閑，能游心於遠者；又必有因性之所近，遇事輒喜思索者；乃取恒人所不暇深思；及其困於智力，不能深思之端；而一一深思之，而哲學於是乎起矣。

然則哲學非隨事應付之謂也。隨事應付，恒人本自能之。所有待於哲學者，則窮究宇宙之理，以定目前應付之法耳。以非窮究到底，則目前應付之法，無從證爲真是也。然則哲學者，窮究宇宙之理，以明立身處世之法者也。故真可稱爲哲學家者，其宇宙觀及人生觀，必有以異於恒人。而不然者，則不足稱爲哲學家。有一種新哲學興，必能改變舊哲學之宇宙觀及人生觀。而不然者，則不足稱爲新哲學。

吾國哲學，有三大變：邃古之世，本有一種幽深玄遠之哲學，與神教相混，爲後來諸子百家所同本。諸子之學，非不高深；然特將古代之哲學，推衍之於各方面；其宇宙觀及人生觀，初未有所改變也。西漢、魏、晉諸儒，不過發揮先秦諸子之學，更無論矣。此一時期也。佛教東來，其宇宙觀及人生觀，實有與吾國異者。吾國人受其感化，而其宇宙觀、人生觀，亦爲之一變。此又一時期也。佛學既敝，理學以興。雖亦兼採佛學之長，然其大體，固欲恢復吾國古代之哲學，以拯佛學末流之弊。宋學之中，朱、陸不同。有明之學，陽明、甘泉諸家，亦復互異。然此僅其修爲之法，小有乖違；以言乎其宇宙觀、人生觀，則固大致相同也。此又一時期也。此等大概之遷變，今之人類能言之。然其所以然之故，及其同異之真，則能詳悉言之者甚鮮。兹編略述宋、明哲學，即所謂理學者之真相；及其與他時代之不同；并其所以然之故。千金敝帚，雖或寳燕石而不自知；然大輅椎輪，先河後海；郢書燕説，世固有其物不足貴，而其功不必薄者矣。

篇二　理學之原

理學者，佛學之反動，而亦兼採佛學之長，以調和中國之舊哲學與佛學者也。一種學術，必有其獨至之處，亦必有其流弊。流弊不可無以矯之；獨至之處，亦不容埋没；故新興之學術，必能祛舊學術之流弊，而保其所長。謂爲代興之新學術可；謂爲改良之舊學術，亦無不可也。凡百學術，新舊遞嬗之際皆然。佛學與理學，亦何獨不然。

又天下無突然而生之事物；新者之興，必有所資於舊。天下亦無真芻狗可棄之事物；一種學術，一時爲人所厭棄，往往隔若干年而又盛行焉。理學之於中國舊哲學則如是。中國舊有之哲學，蓋自神教時代，遞演遞進，至周、秦之際而極盛。兩漢、魏、晉，雖間有新思想，然其大體，固不越古代哲學之範圍。佛教興，而中國哲學一時退處於無權；然其中固不乏獨至之處。宋學興，乃即以是爲憑藉，以與佛學相抗焉。故不知佛學之大要，不可以言宋學。不知中國古代哲學之大要，亦不可以言宋學也。

哲學有其質，亦有其緣。論其質，則世界哲學，無不從同。以人之所疑者同也。論其緣，則各民族所處之境，不能無異；所處之境異，斯其所以釋其疑者，亦自異矣。此世界各國之哲學，所以畢同畢異也。明乎此，乃可據見在哲學之條理，以求中國古代之哲學。

哲學之根本云何？曰：宇宙觀、人生觀是已。人生而莫不求知；求知，則凡可知之物，莫不欲盡明其底藴。人生而莫不求善；求善，則我之所執以爲我者，必求措諸至當之地而始安。夫宇宙者，萬物之總括也。明乎宇宙，則於事物無不明。我者，宇宙中之一物也。明乎宇宙之藴，則我之所以自處者，不蘄得其道，而自無不得其道矣。此宇宙觀與人生觀，所以二而實一；而各國哲學，莫不始於宇宙論也。

宇果有際乎？宙果有初乎？此非人之所能知也。顧古之人，不知其不可知也。不知其不可知，而其事又卒不可知，古之人果何以釋此疑哉？曰：不知彼者視諸此。由近以推遠，即小以見大，此人類求知之恒蹊。哲學之初，亦若是則已矣。

物必有其所由來；欲明其物者，必先知其所由來，此不易之理也。芸芸萬物，果孰從而知其所由來哉？古之人則本諸身以爲推。見夫生物之生，必由牝牡之合也，則以爲一切物亦若是而已矣。所謂“物本乎天，人本乎祖”也。《禮記·郊特牲》。於是陰陽爲萬有之本之義立焉。是爲哲學之第一步。古代哲學，殆無不自男女構精推想而出者。《易》之一--二畫，疑即象男女陰。《老子》曰：“大國者下流，天下之交，天下之牝。牝常以静勝，牡以静爲下。故大國以下小國，則取小國；小國以下大國，則取大國。故或下以取，或下而取。大國不過欲兼畜人，小國不過欲入事人。夫兩者各得所欲，大者宜爲下。”尤皆以男女之事爲喻也。哲學之初，雜以男女生殖之説，不獨中國爲然。實由古人所欲推求，首在萬物之所由來也。

顧既求所謂原因，則必得其惟一者。求萬物之所由來，而得陰陽二元，非人智之所能甘也。則必進而求之。進而求之，而惟一之境，實非人所能知，則不得不出以假設。以爲陰陽以前，實有一爲陰陽之所自出者，是爲兩儀所從生之大極。是爲哲學之第二步。

哲學者，所以解釋一切見象者也。不能解釋一切見象，不足以爲哲學。既有哲學，則必對一切見象，力求有以解釋之。故哲學以解釋事物而興，亦以解釋事物而生變遷。有陰陽二者，足以釋天地之相對矣，足以釋日月之代明矣；然時則有四，何以釋之？於是分陰陽爲大少，而有所謂四象。人之前後左右，其方向亦爲四，以四象配之足矣。加以身之所處則爲五；更加首之所戴則爲六；四正加以四隅則爲八；八加中央爲九；九之周圍爲十二；又何以説之？於是有以四時分配四方，更加中央爲五帝，加昊天上帝爲六帝，五帝分主四時化育，而昊天上帝，則無所事事之説出焉。有上帝周行八方，而還息乎中央，所謂大一行九宫之説出焉。九宫之周圍爲十二，恰與一年十二月之數相當。於是天子之治天下，十二月各有其當行之政；謂其本乎天意也。五帝六天，説出緯候。謂東方青帝靈威仰，主春生。南方赤帝赤熛怒，主夏長。西方白帝白招拒，主秋成。北方黑帝汁光紀，主冬藏，中央黄帝含樞紐，則寄王四時。以四時化育，亦須土也。更加昊天上帝耀魄寶，則爲六帝。昊天上帝，爲最尊之天神。餘五帝則分主化育之功者也。大一行九宫，説出《乾鑿度》。鄭注曰：“大一者，北辰神名。下行八卦之宫，每四乃還於中央。中央者，北辰之所居，故謂之九宫。天數大分，以陽出，以陰入。陽起於子，陰起於午。是以大一下行九宫，從坎宫始。自此而從於坤宫。自此而從於震宫。自此而從於巽宫。所行半矣，還息於中央之宫。既又自此而從於乾宫。又自此而從於兑宫。又自此而從於艮宫。又自此而從於離宫。行則周矣，上游息於大一之星，而反紫宫。行起從坎宫始，終於離宫也。”案此所謂大一者，即昊天上帝耀魄寶也。古説天有九野，故地有九州。明堂亦有九室，王者居之，以出政令，蓋象昊天上帝也。五官之設，則所以象五方帝也。昊天上帝，無所事事，故古代君德，亦貴無爲。無爲非無所事事，乃復起之義，其初蓋正謂無所事事耳。古代神教，最尊天象，故舉四時八方等説，一一以此貫之也。天有九野，見《淮南子·天文訓》。凡此者，皆舉錯雜之見象，一一以哲學釋之，且穿貫諸説爲一説者也。此爲哲學之第三步。

自物質言之，則因天有四時，而萬物皆生於土，乃分物質爲五行。五行之生，以微著爲次，此所以説萬物之生成。《尚書·洪範》正義："萬物成形，以微著爲漸。五行先後，亦以微著爲次。水最微爲一，火漸著爲二，木形實爲三，金體固爲四，土質大爲五也。"又有相生相勝之説，則所以説萬物之迭成迭毁者也。蕭吉《五行大義》："木生火者，木性温暖，伏其中，鑽灼而出。火生土者，火熱，故能焚木，木焚而成灰，灰即土也。金居石，依山津潤而生。聯土成山，必生石，故生金。金生水者，少陰之氣，温潤流澤；銷金亦爲水。水生木者，水潤而能生。"《白虎通·五行篇》："天地之性：衆勝寡，故水勝火也。精勝堅，故火勝金。剛勝柔，故金勝木。專勝散，故木勝土。實勝虚，故土勝水也。"案此篇於萬物之成毁，無不以五行生勝釋之。其説雖不足信，然在當時，實能徧釋一切現象，且頗有條理統系也。

萬物之迭成迭毁，自淺者視之，則以爲成者自無而出有，毁者自有而之無而已。稍深思之，則知宇宙間物，祇有所謂變化，更無所謂有無。質力不滅之理，固不必待科學爲證，即據理推測，亦未嘗不可得之也。既知宇宙間祇有變化，更無有無，則不得不以萬物之原質爲一。萬物之原質，古人名之曰氣。"臭腐化爲神奇，神奇化爲臭腐"，皆此氣之變化也。《莊子·知北游》："人之生，氣之聚也。聚則爲生，生則死。臭腐復化爲神奇，神奇復化爲臭腐，通天下一氣耳。"於是萬物之原因，乃不在其何以有，而在其何以變。此時已知有無之不可知矣。《列子·湯問》："殷湯問於夏革曰：古初有物乎？夏革曰：古初無物，今安得物？後之人將謂今之無物，可乎？湯曰：然則物無先後乎？夏革曰：物之終始，初無極已，始或爲終，終或爲始，惡知其紀？然自物之外，自事之先，朕所不知也。"言此義最明。世界質力之變化，非人之所能知也。即其變而名之，則曰動而已矣。於是世界之真原因，乃成爲一種動力。《易·大傳》曰："易不可見，則乾坤或幾乎息。"《易》與《春秋》皆首元。元即動力也。《易》曰："大哉乾元！萬物資始，乃統天。"《春秋繁露·重政篇》曰："元猶原也。元者，萬物之本，在乎天地之前。"《乾鑿度》曰："有太易，有太初，有太始，有太素。太易者，未見氣也。太初者，氣之始也。太始者，形之始也。太素者，質之始也。氣形質具而未相離，謂之渾沌。渾沌者，言萬物相渾沌而未相離也。"皆以一種動力，爲宇宙之原也。《老子》曰："有物混成，先天地生。寂兮寥兮，獨立而不改，周行而不殆，可以爲天下母。"又曰："谷神不死，是謂玄牝，玄牝之門，是謂天地根。綿綿若存，用之不勤。"皆指此而言之也。谷者，空虚之義。神者，動力之謂。不死，言其不息。玄者，深遠之義。牝者，物之所由生。玄牝之門，是謂天地根，言天地由此而生也。綿綿若存，言其力之不可見。用之不勤，仍言其不息也。是爲哲學之第四步。

宇宙之間，既無所謂有無，則尋常所謂有無之見破。尋常所謂有無之見破，則所謂無者，其實皆有。其實皆有，而又明見爲無，則所謂有無者，非真有無，乃人能認識與不能認識之别耳。同一氣也，何以或爲人所能認識？或爲人所不能認識？以其氣有疏密故也。密則爲人所能識，疏則非人所能識矣。故曰："精氣爲物，游魂爲變。"精者，物質凝集緊密之謂。《公羊》莊十年："觕者曰侵，精者曰伐。"注："觕，麤也。精，猶密也。"《老子》："窈兮冥兮，其中有精，其精甚真。"真、闐同訓。《管子·内業》："凡物之精，此則爲生，下爲河岳，上爲列星。"即"精氣爲物"之説。又曰："流於天地之間，謂之鬼神。"則"游魂爲變"之説也。游訓游散，見韓康伯注。古人説死生之故，恒以是言之。人所識謂之明，所不識謂之幽，有幽明而無死生也。後來言此理者，張横渠最明。

既以宇宙萬物，爲一氣所成，陰陽二元之説，其自此遂廢乎？曰：不然。陰陽之説，與一氣之説，相成而不相破者也。自其本質言之曰一氣，自其鼓蕩言之曰陰陽。蓋變動之象，爲人所能識者，不外乎相迎相距。一迎一距，以理言，固可謂爲同體而異用；以象論，夫固見其判然而不同。既已判然不同，即可立陰陽二名以命之矣。職是故，古人即所謂一氣者，而判之爲輕清、重濁二端。"輕清者上爲天，重濁者下爲地"。見《列子·天瑞篇》。物之輕浮而上升者，皆天類也。其重濁而下降者，皆地類也。《易文言》曰："本乎天者親上，本乎地者親下，則各從其類也。"天地之氣，初非各不相涉，而且彼此相求。春融和，夏炎暑，則曰"天氣下降，地氣上騰"。秋肅殺，冬閉塞，則曰"天地不通"。《月令》。自男女雌雄牝牡之相求，以至於日月之運行，寒暑之迭代，無不可以是釋之。陰陽二元之説，與宇宙原質爲一氣之説，不惟不相背，且相得益彰，相待而成矣。是爲哲學之第五步。

宇宙一切現象，既莫非氣之所成；而其所由然，又皆一氣之自爲鼓蕩，而非有物焉以爲之主，《莊子》所謂"吹萬不同，使其自己，咸其自取，怒者其誰"也。則其説，已成今所謂泛神論。泛神論者，世界之本體即神。於其浩無邊際，而見其偉大焉。於其更無起訖，而見其不息焉。於其變化無方，而仍有其不易之則，而見其不測與有秩序焉。泛神論之所謂神，較之一神論多神論之所謂神，固覺其確實而可信；亦正因其確實可信，而彌覺其大也。故中國古籍，於神之一字，皆極其嘆美。《易大傳》曰："神無方而易無體。"又曰："陰陽不測之謂神。"言彌淪乎宇宙之間者，惟有一神，更不能偏指一物以當之也。故曰："鬼神之爲德，其盛矣乎！視之而不見，聽之而不聞，體物而不可遺。"張横渠説鬼神，亦深得古人之旨。而如"至誠無息"等之所謂至誠，亦皆所以狀世界之本體者也。

通宇宙之間，既除一氣之外，更無餘物，則人亦自爲此氣之所成，而爲宇宙之一體。宇宙之一體，何以成爲人？自宇宙言之謂之命。自人言之謂之性。《大戴禮記·本命篇》。宇宙間一切，各有其不易之則，人爲宇宙之一體，自亦有其當循之道,故人貴盡性。抑人既爲宇宙之一體,非盡明乎宇宙之理,固無從知自處之方;苟真明乎自處之方,則於宇宙之理,已無不貫矣。故曰:“盡其心者,知其性也;知其性,則知天矣。”《孟子·盡心》又曰:“窮理盡性,以至於命。”《本命篇》。我者,宇宙之一體。萬物亦宇宙之一體。萬物與我,既同爲宇宙之一體,則明乎處我之道者,亦必明乎處物之道。故曰:“能盡其性,則能盡人之性;能盡人之性,則能盡物之性;能盡物之性,則可以贊天地之化育;可以贊天地之化育,則可以與天地參。”《中庸》。《荀子·天論》:“天有其時,地有其財,人有其治,夫是之謂能參。”亦此義。所謂治,乃盡性後之辦法也。此所謂天人合一。至此,則人與自然,冥合無間,而推論之能事極,而力行之義蘊,亦盡於此矣。此爲哲學之第六步。

中國古代之道德倫理,無一不本於法自然者。以全宇宙皆一氣所成也,故我與天地萬物,可以爲一體。惠施之説,見《莊子·天下》篇。一體,即融合無間之謂。與上文所用一體字異義。上文所用一體,乃《孟子》“子夏,子游,子張,皆有聖人之一體”之一體也。以全宇宙之動蕩不已也,故有自强不息之義。夫合全宇宙而爲一動,則雖謂其動即其静可也,故動静交相資。以其變化不居,而仍有其一定之則也,故有變易、不易、易簡三義,乃盡《易》之藴。《周易正義八論》引《乾鑿度》曰:“《易》一名而含三義:所謂易也、變易也、不易也。易者其德也。光明四通,簡易立節。天以爛明。日月星辰,布設張列。通精無門,藏神無穴。不煩不擾,澹泊不失。變易者其氣也。天地不變,不能通義。易者其位也,天在上,地在下。”鄭玄依此作《易贊》及《易論》曰:“《易》一名而含三義:易簡,一也。變易,二也。不易,三也。”案此《易》之大義也。自然見象從差别中見其平等,亦從平等中見其差别。從平等中見其差别,則所謂易也。從差别中見其平等,則所謂不易也。所謂易簡者,謂極錯雜之見象,統馭於極簡單之原理;莫之爲而爲,莫之致而至;亘古如斯,從不差忒也。以時時變動不居也,故賤執一而貴中庸。以幾何學之理譬之,世界猶體,至當不易之道爲點。至當不易之道,必有一點,而亦僅有一點,此即《中庸》之所謂中庸也。使世界静止,則此點恒常,擇而執之,初非難事,惟世界變易無一息之停,故此點所在,亦無一息而不變動。擇而執之,斯爲難矣。孔子所以嘆“中庸不可能”也。以萬物之動,各有其軌道而不相亂也,故各當其位,爲治之至。《易》之道,莫貴乎當位。《禮運》曰:“物大積焉而不藴,并行而不繆,細行而不失,深而通,茂而有間,連而不相及也,動而不相害也,此順之至也。”即所謂各當其位也。大學之道,極於平天下。平天下之義,《荀子·榮辱》篇説之,曰:“農以力盡田;賈以察盡財;工以巧盡械器;士大夫以上,至於公侯,莫不以仁厚知能盡官職;夫是之謂至平。”亦不過各當其位而已。法家之明份職,義亦如此。以自古迄今,一綫相承也,故有正本、慎始、謹小、慎微之義;而“正其義不謀其利,明其道不計其功”,言道德者最重動機焉。以世界本爲一體,彼之於此,無一息不相干也,故成己可以成物,正人必先正己;而反求諸己,則一心又爲一身之本焉。宋儒治心之學,古人有先發之者。

《莊子·天道》篇曰:"萬物無足以撓其心者,故静。心静,天地之鑒也,萬物之鏡也。夫虚静恬淡,寂寞無爲者,天地之平,而道德之至,故帝王聖人休焉。休則虚,虚則實,實者倫矣。虚則静,静則動,動則得矣。"《荀子·天論》曰:"形具而神生,好惡喜怒哀樂臧焉,夫是之謂天性。耳目鼻口形能,各有接而不相能也,夫是之謂天官。心居中虚,以治五官,夫是之謂天君。"《解蔽》曰:"治之要,在於知道。人何以知道?曰心。心何以知道?曰虚壹而静。"皆與宋儒所言,無以異也。以天尊地卑,各有定位,故有君貴臣賤,重男輕女之義。以孤陽不生,獨陰不長,故雖重男抑女,而陰陽仍有平等之義焉。以春夏秋冬,周而復始,認一切現象,皆爲循環,故有禍福倚伏、持盈保泰之義;又有"天不變,道亦不變"之説焉。抑且萬事萬物,皆出陰陽二元,故有彼必有此;既貴仁,又貴義;既重禮,亦重樂;一切承認異己者之并立,而不趨極端焉。此等要義,悉數難終。蓋國人今日之思想,溯其原,無不與古代哲學相貫通者。哲學思想之初起,雖由一二哲人;而其昌大,則擴爲全社會之思想。亦可云:此種思想,在此環境中,最爲適宜,故全社會人胥具之;而哲人,則其研究之尤透澈者也。雖屢與異族接觸,而其根柢曾未摇動。甚矣,國性之入人深也。

以上所述,爲古代普通思想。又有所謂數術家者,則其思想,頗近於唯物派。案《漢志·諸子略》之陰陽家,出於羲、和之官。數術六家,亦云出於明堂羲、和史卜之職。二者蓋同出一原,而一陳其事,一言其義也。數術六家,天文、曆譜、五行、蓍龜、雜占,皆近迷信。天文、曆譜,本無所謂迷信。然古人於此,恒雜以占驗之術。《漢志》謂"天文者,序二十八宿,步五星日月,以紀吉凶之象";曆譜以"探知五星日月之會,凶阨之患,吉隆之喜"是也。天文家有《圖書》、《秘記》十七篇,蓋即讖之所本也。惟形法一家,《漢志》述其學曰:"大舉九州之執,以立城郭、室舍。形人及六畜骨法之度數,器物之形容,以求其聲氣、貴賤、吉凶。猶律有長短,而各徵其聲,非有鬼神,數自然也。"其思想最於惟物派爲近。此等思想,後世亦非無之,特不盛耳。如王仲任即其一也。細讀《論衡》自見。中國各種迷信之術,惟相法較爲通人所信。《荀子》已有《非相篇》。其後《論衡》、《潛夫論》、《申鑒》,於相學皆不全然排斥。亦以相法根據人之形體,究有所依據也。此亦據骨法之度數,以求貴賤吉凶之理。形法家之所謂數者,蓋物質自然必至之符。形法家以爲萬物之變化,皆可求諸此;而不認有官體所不能感覺之原因,故曰:"非有鬼神。"古人以萬有之原質爲氣,而氣又分輕清、重濁二者。輕清者上爲天,重濁者下爲地。人則兼備此二氣,所謂"冲和氣者爲人"也。物亦然,所謂"萬物負陰而抱陽,冲氣以爲和"也。人之死也,輕清之氣歸於天,重濁之氣歸於地。所謂"體魄則降,和氣在上";所謂"骨肉歸復於土,魂氣則無不之";所謂"骨肉斃於下,陰爲野土,其氣發揚於上爲昭明,焄蒿凄愴"也。此爲普通思想。形法家之所持,爲無鬼論。《漢志》則不以其説爲然,故駁之曰:"形與氣相首尾。亦有有其形而無其氣,有其氣而無其形者。"《漢志》之所謂形,蓋即《易大傳》"精氣爲物"之物;其所謂氣，蓋即“游魂爲變”之魂，而亦即形法家所謂“鬼神”。《漢志》蓋亦如普通之見，以萬物之原質氣。時而有形可見，時而無形可見，精氣變爲游魂，游魂復爲精氣，所謂“相首尾”也。故於形法家之説，加以詰難也。形法家之思想，而實如此，在諸學派中，實最與今所謂科學者相近；而顧與天文、曆譜、五行、蓍龜、雜占等迷信之術，同列一略，其故何哉？豈校讎者之無識與？非也。天文、曆譜、五行、蓍龜、雜占，亦非必迷信之術。非必迷信之術，而其後卒入於迷信者，蓋時勢爲之也。何也？夫“理事不違”，欲明一理者，不得不遍究萬事，其説然矣。然事物之紛紜，卒非人所能盡究。於是不得不即已經研究之事，姑定爲一理，而執之以推其餘。宇宙之廣大悠久，實非人之所能知。乃有欲即其已知，以推其未知者。《史記》述鄒衍之學，謂其“先驗小物，推而大之，至於無垠。先序今以上，至黄帝，學者所共述。大并世盛衰。因載其禨祥制度。推而遠之，至天地未生，窈寞不可考而原也。先列中國名山大川，通谷禽獸，水土所殖，物類所珍。因而推之，及海外人之所不能睹”。所用者即此術也。《太玄》爲揚雄最得意之作。其書起冬迄大雪之末，備詳一年之變遷。亦以宇宙久大，不可得而知，以爲宇宙一期之變遷，必與一年之變遷相類，乃欲據此以測彼耳。邵子之元會運世，亦此思想也。此蓋凡研究學術者所不能免，其法亦不得爲誤。其所以致誤者，則以其所據之事，有確有不確，其所推得之理，遂有正有不正耳。數術六家，蓋皆欲即天然之見象，以研究其理者。其所根據之見象，有全然不確者，如蓍龜及雜占是也。有所根據之現象雖確，而其研究所得，則不確者，如天文、曆譜、五行、形法諸家是也。接於人之見象，大概可分爲自然現象、社會現象二者。欲求宇宙之真理，二者固不可遺其一。中國學問，向來偏於社會見象，而缺於自然見象；其有據自然現象，以研究哲理者，則古代之數術家，其先河也。後世之數術家，其思想亦不外此。學問不能前無所承。中國研究自然見象者，惟有數術家。故少數喜研究自然見象之人，不期而入於此派。

以上論中國古代之哲學竟，以下請略論佛教之哲學。

哲學有其質，亦有其緣。以質言，則世界各國，無不從同。以緣言，則各民族因處境之不同，其所從言之者，遂不能無異。前已言之。中國哲學與印度哲學之異同，其理亦不外此。

哲學之演進，有其一定之步驟焉。其始也，必將宇宙全體，分析爲若干事物，渾淪之宇宙，爲人所不能認識。人能知二，不能知一也。故認識即是分别。而於其間立一因果關係；以此事爲彼事之原因，此物爲彼物之原因。如基督教謂天主造物，七日而成，中國古説謂天神申出萬物，地祇提出萬物是也。《説文》。佛教不言時間之長，空間之際。有問及者，斥爲戲論。見《金七十論》。佛經推原事物，但曰“無始以來”，“法爾而有”而已。稍進，乃知恒人所謂有無者，實爲隱顯而非有無。即人能認識與否，而非外物真有所謂有無。乃知一切事物，有則俱有，無則俱無；彼不因此，此亦不出於彼。萬有之原因，祇可即謂之萬有而已。所謂一切攝一切也。此則泛神之論所由興也。夫將宇宙分析，而以此事爲彼事之原因，此物爲彼物之原因，其説實屬不確。迷信此等説者，其所嚴恭寅畏，不過如世俗之所謂鬼神，如有物焉，臨之在上，質之在旁而已。惟尋常人然後信之，少有思慮者，即唾棄不屑道已。至於泛神之論，則其理確不可易，而宇宙自然之律，其力之大莫與京，亦於是乎見之。此則明於哲學之士，所以恒主隨順自然，利用自然，而不主與自然相抗也。中國之哲學，蓋循此途轍而演進。印度亦然。其在古代，所謂"優婆尼沙士"者，既以代表宇宙之梵，爲最尊之神。印度最古之經典曰《吠陁》，婆羅門專司之。是爲婆羅摩奴之學。其書曰《阿蘭若迦》。譯言《林中書》。以婆羅門之年老者，恒居林中也。即《林中書》而精撰之，曰《優婆尼沙士》。譯言《奥義書》。《奥義書》以梵爲宇宙之本體，亦即爲我，惟一而無差别。有差别者曰摩耶。摩耶爲幻。人能知我與梵一，即得智明。其所以流轉生死者，由爲無明所迷，不知差别之爲幻也。此已啓佛教惟識之先路矣。佛教初興，所尊崇者，雖爲釋迦牟尼其人；及其進爲大乘，則所尊崇者，實爲法而非佛。人能如法修行，即可成佛；釋尊即以法爲師而自悟者。見佛固無異見法，見法亦無異見佛；佛之所以威力無邊者，實以其法身而非以其報身；報身，謂佛其人。法身，即自然之寓言。佛説一念皈依，則諸佛菩薩，同時護念，使之去禍得福，猶言人能爲善，則自然律中，必有善報，絲毫不得差忒也。其一心信佛，有所觀見者，是爲佛之應身。謂應於人之念慮而有。以今之學理言之，可謂應於人之心理作用而有，亦即人之心理作用所顯現也。是爲佛之三身。其説與科學，絶不相背。然則佛者，法之寓言耳。所謂法者，即宇宙定律之謂也。然則大乘教之所謂佛，即宇宙定律也。故佛教雖似一神教、有神教，而實則泛神論、無神論也。隨順自然之理，佛教中發揮尤切至。佛教貴無爲而賤有爲，所謂無爲，即隨順自然，所謂有爲，即與自然相抗之謂也。世間萬事，一切無常，是即中國人所謂無一息不變之宇宙定律。知其無常而隨順之，是爲聖人。强欲使之有常，則凡夫矣。聖凡之分，即在於此。然則佛非異人；所謂佛土，亦非異地。能明乎宇宙定律而遵守之，則娑婆世界，即是净土；凡夫之身，亦即聖人耳。此地獄之所以頓超也。此其隨順自然之義，實與《易》、《老》無二致也。此印度哲學與中國同者也。

其與中國異者，則因其處境之不同。蓋人之知識，雖曰藉智而得；而智之所指，必有其方；所以定此向方者，則情感也。情之所向，實因其處境而異。中國地居温帶；爲文明所自起之黄河流域，在世界文明發原地中，又頗近於寒瘠；其民非力作則無以自存。故其所殫心者，在如何合群力作，以維其生；以求養生送死之無憾而已。印度則地處熱帶，民生較裕。其所殫心者，不在保其身之生存，而在免其心之煩惱。簡言之：中國人所蘄得者身之存，至多兼安樂言之。印度人所求免者心之苦也。職是故，中國人觀於宇宙而得其變，印度人觀於宇宙而得其空。

何謂中國人觀於宇宙而得其變，印度人觀於宇宙而得其空也？夫宇宙一渾淪之體耳。自其全體而言之，可以謂之至實。若如恒人之見，析宇宙爲若干事物；就人所能認識者，則謂之有；所不能認識者，則謂之無；則其所謂有者，亦可謂之至空。如實則實，分析則空。空者所謂真空，實者所謂妙有也。何則？苟爲實有，應不待因緣而成。然世間一切事物，無不待因緣成者；事物所待之因緣，亦無不待因緣成者。則萬事萬物，悉非實有可知。我者，事物之一也。一切事物，皆非實有，我安得獨有？我且無有，安得與我相對之物？我物俱無，更安有於苦樂？此蓋印度人欲求免心之煩惱，乃即世間所謂苦者，而一一窮究其所自來；窮究至極，遂發見此理也。此説也，以理言之，誠亦無以爲難。然理論祇是理論，終不能改變事實。吾儕所謂我與物者，就當下之感覺言之，固明明可謂之有，有我有物，斯有逆順；有逆順，斯有苦樂矣。此蓋人人之良知。佛雖有獅子吼之辯，其如此良知何？爲佛教者，乃從真空而得妙有，而斷之曰："萬法惟識。"蓋恒人以物爲實，以法爲空。自哲學家言之，則物爲空而法爲實。更進一步，則法物兩空，惟識是實。何也？夫恒人之所謂實者，豈非目可見、身可觸之物邪？其所謂空者，豈非目不可見、手不可捉之宇宙律邪？曰：然。曰：金石者，至堅之物也。至堅者，不渝之謂也。豈不然邪？曰：然。然自礦物學家地質學家言之，金石亦何嘗不變？彼金石者，固自有其所以成，亦終不能免於毁。其成也。蓋循宇宙之定律而成；及其既成，則循宇宙之定律而住；方其住時，已循宇宙之定律而壞；既壞之後，乃成恒人之所謂空；蓋一切與他物同。金石且然，豈況生物？然則恒人之所謂實者，實則無一是實；所可稱爲實者，則此一切事物，循之而成，循之而住，循之而壞，循之而空之宇宙律耳。實物無一息不變，定律則無時或息。此佛教中"我空法有"之説，亦即普通哲學家之見也。更進一步，則離宇宙論而入於認識論矣。夫世界萬事，一切皆空，惟法是實，是則然矣。然所謂法者，果實有之物邪？抑亦吾人之認識所造邪？今日見爲赤者，明日必不能變而爲黄；一人以爲甘者，衆人必不至皆以爲苦；似所謂法者，至可信也。然有目疾者，則視一切赤物皆若黄；有胃病者，則嘗一切甘物皆若苦；又何以説之？此則恒人所謂物之真相，實非物之真相，而爲認識所成，彰彰矣。人之論事，恒以同自證，以多自信。惡知其所謂同，所以多者，悉由人人所造業力相同；故其所見亦同邪？此唯識一宗，所以謂萬物悉非實有，悉由人類業力所成，亦由人類業力持使不壞也。世界真相，實非人之所知。人之所知，祇是感官所得之相。此理，今之哲學家，人人能言之。然則吾曹所知，必有吾曹主觀之成份，更無疑矣。設使人類感官，增其一，或闕其一，即其所知，當不復如是。動物有以臭辨别一切者，有以觸辨别一切者，人不能也。然則彼所知之世界，人不知也。人之腦筋，特異於他動物。叔本華曰："惟人能笑，亦惟人能哭。"然則人所知之世界，他動物亦不知也。此特以大概言之。若一一細别，則吾之所知者，人不能知；人之所知者，我亦不知。人人自謂所知與人相同，實則無一真同者也。然則一切皆心造無疑矣。佛説創造此等者爲第八識。八識能總持萬法而不變壞。法者，人所由以認識世界，康德所謂"先天範疇"也。七識以八識所造之境爲緣，恒審思量，執爲實有；而所謂我，所謂世界，於是乎成矣。此其説，實與今之認識論相通。其所異者，則今之認識論，但證明世界真相不可知，一切皆出人之認識而止；而佛教則於此義既明之後，又必有其蕲向之的，修持之法耳。此則以佛教究爲教而非徒學故也。

所謂世界，苦邪樂邪？自樂觀者言之，則曰樂，以世界本善也。今之所以不善者，乃其未至於善，而非其終不能善。抑且以進化之理言之，世界終當止於至善也。亞里士多德之説即如此。此西人進化之説所由來也。自悲觀者言之，則世界之爲世界，不過如此。今日固不可爲善，將來亦未必能善。以其質本惡也。然則欲求去苦得樂，惟有消滅世界耳。此佛教之終極，所以在於涅槃也。夫世界何自始邪？自恒人言之，則曰：盤古一身，化爲萬有；曰：上帝創造，七日而成耳。自不講認識論之哲學家言之，則曰不可知耳。自持唯識論者言，則人有識之始，即世界成立之時；世界者，識之所造也。世界既爲識所造，欲消滅世界，惟有滅識耳。故佛教假名識所由起曰"無明"。而曰："無明生行，行生識，識生名色，名色生六入，入生觸，觸生受，受生愛，愛生取，取生有，有生生，生生生老病死苦。"所謂"十二緣生"，亦即所謂"苦集二諦"也。斷此二諦，時曰"滅諦"。滅也者，滅此識也。滅識非自殺之謂，自殺祇能殺其身，不能斷其識也。斷其識者，所謂"轉識成智"也。識所以可轉爲智者，以佛教假名一切罪業之本爲無明，本來清净之體曰"真如"；"真如無明，同體不離"；佛家喻之以水與波。在今日，則有一更切而易明之譬，生理病理是也。病時生理，異乎平時，然非别有一身；去病還健，亦非别易一身也。"無明可熏真如而爲迷，真如亦可還熏無明而成智也"。佛之所謂寂滅者，雖曰轉識成智，非謂使識消滅。然所謂世界，既係依識而立；識轉爲智，即是識滅；識滅，即世界消滅矣。故佛教之究竟，終不離於涅槃也。

夫如是，則佛教與中國哲學之同異，可知已矣。佛家既謂一切迷誤，皆起於識，則藉智以探求真理，自然無有是處。佛家所謂智，不徒不能藉智以求，且必斷識而後能得，所謂"惟證相應"也。夫如是，則其修持之法，必致漠視事物，而徒致力於一心；而其所謂致力於一心者，又非求以此心，駕馭事物，而在斷滅此心之識。此爲佛教進步必至之符。一種學問，不能無所注重。有所注重，即有所偏矣。治理學者，曷嘗謂當屏棄事物，專談心性？然物莫能兩大，既以心性爲重，終必至於遺棄事物，此勢所必至，無可如何者也。佛家六度萬行，曷嘗偏於寂滅？然既以心識爲主，終亦必偏於治內。亦猶理學未嘗教人以空疏，而卒不免於空疏也。諸宗之所以皆衰，禪宗之所以獨盛，蓋由於此。又中國人之所求，爲處置事物。處置事物，至當不易之道，惟有一點，是爲儒家所謂中庸。仁義皆善，過即爲惡。理學家所謂“無善惡，祇有過不及；中即善，過不及即惡”也。佛教既以去苦爲的，較之中國，自不能不偏於仁。其所謂“菩薩行”者，即純然一有人無我之境界。讀《華嚴經》，最可見之。佛説四聖：曰“佛”，曰“菩薩”，曰“緣覺”，曰“聲聞”。緣覺、聲聞，因怖畏生死而修道，猶有我之見存，故大乘斥其不足成佛。菩薩則全與恒人相反。恒人念念不離乎我，菩薩念念有人無我。基督所行，方佛斯義。猶有人我之見存，與恒人處於對待之地位，未爲盡善也。佛則超乎對待之境之外矣。佛教以超出世界爲宗旨，故必至佛而後爲究竟。然佛無可學，恒人所能學者，止於菩薩。行菩薩行，所以蘄成佛也。故可委身以飼餓虎；又可任人節節支解，不生嗔怒。由中國之道言之，則過於仁而適成爲不仁矣。

佛教修持之宗旨，可攝以一語，曰：“悲智雙修。”所謂悲者，本於佛教之悲觀。其視世界，徹始徹終，皆爲罪惡，無可改良之理。欲求善美，惟有舉此世界而消滅之耳。故其視世界之内，無一人一物而非流轉苦海，無一人一物而不可悲可憫也。所謂智者，則爲救此世界之法所自出。必深觀此世界之究竟，乃能知其致苦之由，乃知所以救之之道。救之之道既得，則一切善巧方便，皆自此出焉。其修持之法，亦可攝以一語，曰：“止觀雙修。”止非寂然不動之謂，而常在正念之謂，若以寂然不動爲正念，則亦可。所謂“正念者無念”也。所謂“十二時中，常念於法，不相舍離”也。蓋天下之禍，成於著而實起於微。一千九百十四年歐洲之大戰，其禍可謂博矣。推厥由來，則曰：由各民族有互相疾惡之心也。由資本家皆思朘人以自肥也。各民族何以有互相疾惡之心？各資本家何故皆思朘人以自肥？其所由來者遠矣。不能拔其本、塞其原，而徒欲去其相疾惡之心，與其朘人自肥之念，無益也。然此等原因，極爲深遠；推得一層，又有一層在其後，則將奈何？曰：原因雖極繁複，而其性質則極簡單。一言蔽之，曰：不正之念而已。一人起不正之念，則必傳遞激動第二人，第二人又激動第三人，如水起微波，漸擴漸大。其極，遂至於壞山襄陵，浩浩滔天。然分析之，原不過一一微波之相激。苟能使千萬微波，同時静止，水患固可以立除。即能於千萬微波中，静止其一二，其静止之力，亦必足以殺洶涌之勢，猶其洶涌之勢，足以破静止之局也。要之止波其本矣，此止之義也。觀則所以求智。世界上事，恒人但觀其表面，故其論皆似是而非。佛則必須觀鑒到底。故世俗所謂大善，自佛觀之，悉成罪業。且如愛國、愛世界，豈非世俗以爲大善者哉？然愛其國，則必不愛異國，而兩國相争，伏尸流血之禍，伏於此矣。貪戀執著,禍之所由起也。愛世界而不知其方,使貪戀執著之情,波及於人人而不可拔,亦爲世界造禍也。故恒人之所謂善,佛譬之"以少水沃冰山,暫得融解,還增其厚"。然則人固當常念於法,而何者爲法,非觀鑒極深,亦何由知之哉?此止觀二者,所以如車兩輪,如鳥雙翼,不可偏廢也。

佛教立説之法,亦有與中國人異者。曰"徹底"。中國人重實務。先聖先賢之説,大抵就事論事之言。誠不敢謂先聖先賢,不知究極之理,然其所傳之説,則固以就事論事者爲多矣。佛家則不然。每立一説,必審其所"安立"之處。曰"某説在某種標準之下言之,若易一標準,則不如是矣"。曰"某法不過一種方便,若語其究竟,則不如此矣"。此等處,中國多不之及,佛家則極爲謹嚴。故其説路路可通,面面無病。稱佛説者,所由以圓字美之也。此實印度人言語之法,與中國不同也。

以上所述,中國古代之哲學,乃理學家之所取材也。佛教之哲學,則或爲其所反對,或爲其所攝取者也。明乎此,而理學可以進論矣。

篇三　理學源流派别

自宋以來，以理學名家者甚多。一一講之，勢將不可勝講。諸家有自有發明者，亦有僅守前人成説者。今先略述其源流派别。以下乃就其確有特見者，以次講之。

宋學先河，當推安定、胡瑗，字翼之，泰州如皋人。世居安定，學者稱安定先生。泰山、孫復，字明復，晉州陽平人。退居泰山，學者稱泰山先生。徂徠。石介，字守道，奉符人。居徂徠山下，魯人稱爲徂徠先生。黄東發謂"本朝理學，雖至伊洛而精，實自三先生始"是也。安定於教育最有功。其在湖學，分經義、治事爲兩齋，爲宋人之學純於儒之始；亦宋儒喜言經世之學之始。泰山作《春秋尊王發微》，爲宋學重綱紀、嚴名份之始。徂徠作《怪説》、《中國論》，以譏斥佛、老時文，則宋學排二氏黜華采之始也。三先生者，雖未及心性之精微，然其爲宋學之先河，則卓然不可誣矣。

三先生同時，名儒甚多。其兼爲名臣者，則有若范文正、范仲淹，字希文，蘇州吴縣人。文正之學，原出戚同文。同文，字同文，楚丘人。文正四子：長純祐，字天成。次純仁，字堯夫。次純禮，字彝叟。次純粹，字德孺。堯夫學最著。安定、泰山、徂徠，皆客文正門，堯夫皆從之游。又從南城李覯。覯字泰伯，學者稱盱江先生。横渠少時喜言兵，嘗欲結客取洮西。謁文正。文正曰："名教中自有樂地，何事於兵？"授以《中庸》。乃緬然志於道。故横渠之學，實文正啓之也。韓忠獻、韓琦，字稚圭，安陽人。歐陽文忠、歐陽修，字永叔，吉州廬陵人。富文忠、富弼，字彦國，河南人。司馬文正。司馬光，字君實，陝州夏縣人。而司馬氏最著。傳其學者，劉忠定、劉安世，字器之，大名人。忠定學最篤實。嘗問涑水："有一言而可終身行之者乎？"曰："其誠乎？"問其目。曰："自不妄語始。"學之七年而後成。范正獻、范祖禹，字淳夫，一字夢得，華陽人。文正子康，字公休，又從正獻學。晁景迂晁説之，字以道，澶州人。傳涑水之數學。也。其窮而在下，或雖仕宦而不以勛業著者：則有齊魯之士、劉，士建中，字希道，鄆州人。與泰山同時。泰山最推重之。徂徠亦服膺焉。劉顔，字子望，彭城人。閩中之四先生，陳襄，字述古，學者稱古靈先生。陳烈，字季慈，學者稱季甫先生。鄭穆，字閎中。周希孟，字公闢。四先生皆侯官人。少後於安定，而在周、程、張、邵之前。講學海上，有"四先生"之目。宋人溯道學淵源不之及。全謝山修《宋元學案》，爲立《古靈四先生學案》。明州之楊、杜，楊适，字安道，慈溪人。杜淳，居慈溪。永嘉之儒志、經行，王開祖，字景山，學者稱儒志先生。丁昌期，學者稱經行先生。皆永嘉人。杭之吴師仁，字坦求，錢塘人。皆與湖學桴鼓相應。而閩中之章、黄，章望之，字表民，浦城人。黄晞，字景微，建安人。亦古靈一輩人。關中之申、侯，侯可，字無可，其先太原人，徙華陰。主華學二十年。爲學極重禮樂。申顔，侯氏之友。開横渠之先路。蜀之宇文止，宇文之邵，字公南，綿竹人。則范正獻之前茅也。

宋學之確然自成爲一種學問，實由周、程、張、邵。邵雍，字堯夫，范陽人。曾祖家衡漳，先生幼從父遷河南。元祐賜謚康節。康節之學偏於數。理學家不認爲正宗。横渠之學純矣。然小程謂其"苦心極力之象多，寬裕温和之氣少"，後人尊之，亦遂不如濂溪之甚。張載，字子厚，鳳翔郿縣横渠鎮人。濂溪作《太極圖説》及《通書》，實爲宋儒言哲學之首出者。周敦頤，字茂叔，道州營道人。知南康軍，家廬山蓮花峰下，有溪合於湓江，取營道故居濂溪名之。二程少嘗受業於濂溪，長而所學實由自得。然周子以主静立人極，明道易之以主敬，伊川又益之以致知，其學實一脈相承；朱子又謂二程之學，出自濂溪；後人遂尊爲理學之正宗焉。程顥，字伯淳，洛陽人，學者稱明道先生。弟頤，字正叔，初稱廣平先生，後居伊陽，更稱伊川先生。

與五子同時者，有范蜀公、范鎮，字景仁，華陽人。祖禹其從孫也。蜀公從子百禄，及從曾孫沖，亦皆理學家。吕申公、吕公著，字晦叔，東萊人。謚正獻。韓持國，韓維，謚持國，潁昌人。又有吕汲公、吕大防，字微仲，其先汲郡人，祖葬藍田，因家焉。謚正愍。王彦霖，王岩炎，字彦霖，大名清平人。又有豐相之、豐稷，字相之，鄞縣人。李君行，李潛，字君行，虔州興國人。雖不足與於道統，亦五子之後先疏附也。

術數之學，在中國本不盛，故傳邵子之學者頗少。伯温伯温，字子文。南渡後，趙鼎從之學。鼎字元鎮，聞喜人。雖號傳家學，實淺薄不足觀也。張子爲豪傑之士，其學又尚實行，故門下多慷慨善言兵。种師道，字儀叔，洛陽人，爲北宋名將。范育，字巽之，邠州三水人。游師雄，字景叔，武功人。皆與於平洮河之役，争元祐棄熙河。李復，字履中，長安人，喜言兵。張舜民，字芸叟，邠州人，亦慷慨喜言事。而三吕吕大忠，字晉伯，大防兄；大鈞，字和叔；大臨，字與叔，皆大防弟。尤爲禮學大宗。三吕皆并游張、程之門，然於張較厚。和叔知則行之，無所疑畏，論者方之季路。嘗撰《鄉約》。又好講井田、兵制，撰成圖籍，皆可施行。喪祭一本古禮。推之冠、昏、飲酒、相見、慶吊，皆不混習俗。横渠謂"秦俗之變，和叔有力焉"。小程子嘗謂與叔守横渠説甚固。横渠無説處皆相從，有説處便不肯回。可見三吕皆篤於張氏矣。二程之門，最著稱者爲游、游酢，字定夫，建州建陽人。學者稱廌山先生。楊、楊時，字中立，南劍將樂人。尹、尹焞，字彦明，一字德充，洛陽人。學者稱和靖先生。謝。謝良佐，字顯道，壽春上蔡人。游氏書不傳，弟子亦不著。謝氏之門，最著者爲朱漢上，朱震，字子發，荆門軍人。然漢上《易》學，實由自得，不出師門也。尹氏最後起，守師説亦最醇，謝氏以覺言仁，實啓象山之學。游、楊二家,晚亦好佛。其傳亦不廣。惟龜山最老壽,遂爲洛學大宗。

龜山之學,傳之羅豫章。羅從彦,字仲素,南劍人。學者稱豫章先生。延平、李侗,字願中,南劍人。韋齋,朱松,字喬年,婺源人。朱子之父。爲尤溪縣尉,因家焉。學者稱韋齋先生。皆師豫章。而胡文定胡安國字康侯,崇安人。與游、楊、謝三先生,義兼師友。其子五峰、宏,字仁仲。其兄寧,字和仲,學者稱茅堂先生。茅堂治《春秋》。文定作《春秋傳》,修纂檢討,皆出其手。致堂,寅,字明仲。實文定兄子。其母不欲舉,文定夫人子之。皆學於豫章。籍溪、憲,字原仲,文定從父兄子,居籍溪,學者稱籍溪先生。邦衡,胡銓,字邦衡,廬陵人。從鄉先生蕭子荆學《春秋》,卒業於文定。則學於文定。朱子初師屏山、劉子翬,字彦冲,崇安人。韐子,子羽弟也。籍溪、白水,劉勉之,字致中,崇安人。以女妻朱子。白水師元城及龜山。而卒業於延平。朱熹,字元晦,一字仲晦,初居崇安五夫,築書院於武夷之五曲,榜曰紫陽,識鄉關也。後築室建陽蘆峰之巔,曰云谷。其草堂曰晦庵。自號云谷老人,亦曰晦庵,曰晦翁。晚更居考亭。築精舍曰滄洲。號滄洲病叟。趙汝愚竄永州,將諫。門人諫。筮之遇遯之同人。乃取稿焚之,自號曰遯翁。南軒張栻,字敬夫,一字樂齋,號南軒,廣漢人。遷於衡陽。浚子。之學,出於五峰。吕成公亦嘗師籍溪,又事汪玉山。吕祖謙,字伯恭,公著後也。祖好問,始居婺州。南宋理學,吕氏最盛,韓氏次之,詳見《宋元學案》。汪應辰,字聖錫,信州玉山人。玉山者,横浦張九成,字子韶,錢塘人。自號横浦居士。又號無垢居士。弟子;横浦亦龜山弟子,故南渡後三先生之學,實皆出於龜山者也。

乾淳三先生,吕、張皆早世,惟朱子年最高,講學亦最久,故其流傳最遠。南軒之學,盛於湖湘,流衍於蜀,閲數傳而漸微。吕氏同氣,子約、成公弟,名祖儉。學於成公。謚忠。泰然,成公從弟,名祖泰。居宜興。趙汝愚之罷,子約論救,安置韶州。後移筠州,卒。泰然詣登聞鼓院上書,請誅侂胄。配欽州,卒。皆以忠節著。浙學好言文獻,皆可謂吕氏之遺風。然如永嘉、永康,偏於功利,殊失吕氏之旨。永嘉之學,始於薛季宣。季宣,字士龍,永嘉人。師事袁道潔。道潔師事二程,季宣加以典章制度,欲見之事功。陳傅良、葉適繼之,而其學始大。傅良,字君舉,瑞安人。適,字正則,永嘉人。永康之眉目爲陳亮,字同甫,永康人。學者稱瑞安先生。王伯厚王應麟,字伯厚,慶元鄞縣人。學者稱厚齋先生。長於經制。全謝山以爲吕學大宗,實則其學問宗旨,亦與朱氏爲近也。

朱門之著者:有蔡西山父子,蔡元定,字季通,建之建陽人,居西山。子沈,字仲默。其律曆象數之學,足補師門之闕。勉齋黄幹,字直卿,閩縣人。以愛婿爲上座,實能總持朱子之學。勉齋殁而後異説興,猶孔門七十子喪而大義乖矣。勉齋之學,一傳而爲金華,何基,字子恭,金華人。居金華山,學者稱金華先生。再傳而爲魯齋、王柏,字會之,金華人。白雲、許謙,字益之,金華人。學者稱白雲先生。仁山、金履祥,字吉父,蘭溪人。居仁山下,學者稱仁山先生。雙峰,饒魯,字伯輿,一字仲元,餘干人,築石洞書院,前有兩峰,因號雙峰。

皆卓有聲光。輔漢卿輔廣，字漢卿，號潛庵，崇德人。學於朱子，兼受學於成公。其傳爲魏鶴山、魏了翁，字華父，邛州蒲江人。築室白鶴山下，學者稱鶴山先生。詹元善，詹體仁，字元善，浦城人。亦學於朱子，其傳爲真西山，真德秀，字景元，後更曰希元，建之浦城人。皆宋末名儒。詹氏再傳，輔氏四傳而得黄東發，黄震，字東發，慈溪人。學者稱于越先生。東發學於余端臣及王壄。壄學於詹元善。端臣學於韓性。性，字明善，私謚曰莊節先生。性之學，出自其父翼甫。翼甫，字灼齋，會稽人，輔漢卿之弟子也。則體大思精，又非其師所能逮矣。此朱學之在南者也。其衍於北者，始於趙江漢，趙復，字仁甫，德安人，學者稱江漢先生。元屠德安，姚樞在軍前，以歸，教授於燕。北方始知有程朱之學。姚樞、字公茂，柳城人，後徙洛陽。樞從子燧，字端甫，學於許衡。許衡、字仲平，河内人，學者稱魯齋先生。郝經、字伯常，澤州陵川人。劉因，字夢吉，雄州容城人，學者稱静修先生。皆出其門。朱學自宋理宗時，得朝廷表章；元延祐科舉，又用其法，遂如日中天矣。

洛學明道、伊川，性質本有區别。學於其門者，亦因性之所近，所得各有不同。故龜山之後爲朱，而上蔡、信伯，遂啓象山之緒。朱子謂上蔡“説仁説覺，分明是禪”。又謂“今人説道，愛從高妙處説，自上蔡已如此”。又云：“上蔡之説，一轉而爲張子韶。子韶一轉而爲陸子静。”案上蔡近乎剛，龜山近乎柔。朱子謂“上蔡之言，多踔厲風發；龜山之言，多優柔平緩”是也。王蘋，字信伯。世居福之福清，父徙吴。師伊川。龜山最稱許之。全謝山曰：“象山之學，本無所承。東發以爲遥出上蔡，予以爲兼出信伯。”案信伯嘗奏高宗：“堯、舜、禹、湯、文、武之道，若合符節。非傳聖人之道，傳其心也。非傳聖人之心，傳己之心也。己之心，無異聖人之心，萬善皆備。欲傳堯、舜以來之道，擴充此心焉耳。”可見其學之一斑。金溪之學，梭山啓之，復齋昌之，象山成之，與朱學雙峰并峙。象山兄弟六人：長九思，字子强。次九叙，字子儀。次九皋，字子昭，號庸齋。次九韶，字子美，講學梭山，號梭山居士。次九齡，字子壽，學者稱復齋先生。次九淵，字子静，號存齋，結廬象山，學者稱象山先生。傳陸學者，爲明州四先生。舒沈，字元質，一字元賓，奉化人。沈焕，字叔晦，定海人。袁燮，字和叔，鄞縣人。楊簡，字敬仲，慈溪人，築室德潤湖上，更其名曰慈湖。袁、楊仕宦高，其名較顯。袁言有矩矱，楊則頗入於禪。攻象山者，每以爲口實焉。朱子門下，闢陸氏最力者爲陳安卿，陳淳，字安卿，龍溪人。至草廬而和會朱、陸。吴澄，字幼清，學者稱草廬先生，撫州崇仁人。繼草廬而和會朱、陸者，又有鄭師山。名玉，字子美，徽州歙縣人。嘗構師山書院，以處學者，故稱師山先生。論者謂師山多右朱，草廬多右陸。陸氏門下，至安仁三湯，而息庵、存齋，皆入於朱，惟晦静仍守陸學。湯幹，字升伯。學者稱息庵先生，安仁人。弟巾，字仲能，學者稱晦静先生。中，字季庸，學者稱存齋先生。傳之從子東澗湯漢，字伯紀。及徑阪。徐霖，字景説，衢之西安人。謝叠山其門人也。叠山名枋得，字君直，弋陽人。徑阪之後，陸學寖衰。静明、陳苑，字立大，江西上饒人。學者稱静明先生。寶峰，趙偕，字子永，宋宗室與籌後。慈溪人。隱大寶山麓，學者稱寶峰先生。得其遺書而再振之。元代科舉用朱，朱學幾於一統。至明，王陽明出，乃表章陸氏焉。

元代理學，不過衍紫陽之緒餘，明人則多能自樹立者，而陽明其尤也。明初學者，篤守宋儒矩矱。方正學、方孝孺，字希直，臺之寧海人。自名其讀書之堂曰正學。正學大節凛然，論者謂其"持守之嚴，剛大之氣，與紫陽相伯仲"焉。曹月川、曹端，字正夫，號月川，河南澠池人，劉蕺山云：方正學後，斯道之絶而復續，實賴曹月川。即薛敬軒，亦聞其風而興起者。吴康齋、吴與弼，字子傅，號康齋，撫州崇仁人。刻苦奮厲，辭官躬耕。或譏其所學未見精微，然其尅己安貧，操持不懈，凛乎其不可犯，要不易及也。薛敬軒，薛瑄，字德温，號敬軒，山西河津人。其學兢兢於言行間檢點，悃愊無華，可謂恪守宋人矩矱。然有未見性之譏。皆其卓卓者。河東之學，傳諸涇野、吕柟，字仲木，號涇野，陝之高陽人。涇野講學，所至甚廣，講席幾與陽明中分。一時篤行之士，多出其門。三原，王恕，字宗貫，號介庵，晚又號石渠，陝之三原人。仍重禮樂，篤躬行，存關學之面目，與師門少異其趣。康齋之學，傳諸白沙，主張"静中養出端倪"，則於師門大變手眼矣。陳獻章，字公甫，號石齋，新會白沙里人。謚文恭。康齋弟子，又有胡居仁，字叔心，饒州餘干人，學者稱敬齋先生。婁諒，字元貞，號一齋，廣信上饒人。一齋以收放心爲居敬之門，以何思何慮、勿忘勿助爲居敬要指。敬齋闢之，謂其陷入異教。論者謂"有明之學，至白沙而後精，至陽明而後大"，白沙實陽明之前驅也。

有明之學，自當以陽明王守仁，字伯安，餘姚人。爲大宗。理學名家，非衍陽明之緒餘，即與陽明相出入者也。陽明之學，蓋承朱學之敝而起。其學實近法象山，遠承明道，特較象山、明道，尤精且大耳。傳陽明之學者，當分浙中、江右、泰州三大派：浙中之學，以龍溪、緒山爲眉目。浙中王門，實以徐曰仁爲稱首。曰仁名愛，號横山，餘姚人，陽明之内兄弟也。受業最早。及門有未信者，曰仁輒爲之騎郵，門人益親。陽明稱爲吾之顔淵。早卒。龍溪、緒山，講學最久，遂爲王門之翹楚。龍溪王氏，名畿，字汝中，山陰人。緒山錢氏，名德洪，字洪甫，餘姚人。江右則東廓、鄒守益，字謙之，江西安福人。念庵、羅洪先，字達夫，江西吉水人。兩峰、劉文敏，字宜充，安福人。雙江，聶敬，字文蔚，江西永豐人。及再傳塘南、王時槐，字子植，安福人。師兩峰。思默，萬廷言，字以忠，江西南昌人。師念庵。皆有發明。泰州多豪傑之士，其流弊亦最甚。末年得劉蕺山，劉宗周，字起東，號念臺，山陰人。提唱慎獨，又王學之一轉手也。與王學同時角立者，有止修、甘泉二家。李材，字孟誠，號見羅，江西豐誠人，以止修二字爲學鵠。湛若水，字元照，號甘泉，廣東增城人。師白沙。其繼起而矯正其末流之弊者，則東林中之高、顧也。高攀龍，字存之，别號景逸。顧憲成，字叔時，别號涇陽。皆常州無錫人。涇陽契陽明，而深闢無善無惡之論。

明末大儒：梨洲、黄宗羲，字太冲，餘姚人。夏峰、孫奇逢，字啓泰，號鍾元，北直容城人。二曲，李中孚，周至人。家在二曲間，學者稱二曲先生。皆承王學；而亭林、顧炎武，初名絳，字寧人，昆山人。船山、王夫之，字而農，號薑齋，衡陽人。蒿庵、張爾岐，字稷若，濟陽人。楊園、張履祥，字考夫，號念芝。居桐鄉之楊園，學者稱楊園先生。楊園嘗師蕺山，然學宗程、朱。桴亭，陸世儀，字道威，太倉人。則皆宗朱。其後清獻起於南，陸隴其，字稼書，平湖人，闢陸王最力。

清恪起於北，張伯行，字孝先，號敬庵，儀封人。而學風乃漸變。湯文正湯斌，字孔伯，號荆峴，晚號潛庵，睢州人。嘗師夏峰，後亦折入程、朱，但不闢陸、王耳。清代名臣，負理學重名者頗多，皆宗朱；然實多曲學阿世之流，心學承晚明之猖狂，彌以不振；蓋至是而宋明之哲學，垂垂盡矣。

篇四　濂溪之學

一種新哲學之創建，必有一種新宇宙觀、新人生觀，前已言之。宋代哲學，實至慶曆之世，而始入精微。其時創立一種新宇宙觀及人生觀者，則有若張子之《正蒙》，司馬氏之《潛虚》，邵康節之《觀物》。司馬氏之書，不過揚子《太玄》之倫。邵子之説頗有發前人所未發者。然術數之學，我國本不甚行，故其傳亦不盛。張子之説醇矣，然不如周子之渾融。故二程於周子，服膺較深。朱子集北宋諸家之成，亦最宗周、程焉。而周子遂稱宋學之開山矣。

周子之哲學，具於《太極圖説》及《通書》。《太極圖説》或議其出於道家，不如《通書》之純。此自昔人存一儒釋道之界限，有以致之。其實哲學雖有末流之異，語其根本，則古今中外，殆無不同；更無論儒道之同出中國者矣。《通書》與《太極圖説》相貫通。《通書》者，周子之人生觀；《太極圖説》，則其宇宙觀也。人生觀由宇宙觀而立。廢《太極圖説》，《通書》亦無根柢矣。朱子辨《太極圖説》，必爲濂溪所作，而非受諸人，潘興嗣作周子《墓志》，以《圖》爲周子自作，陸象山以爲不足據。其説誠不可信。然謂"傳者誤以此圖爲《通書》之卒章，而讀《通書》者，遂不知有所總攝"，則篤論也。

太極圖之出於道家，殆不可諱。然周子用之，自别一意，非道家之意也。見下。所謂太極圖者，如下頁圖所示：上一圈爲太極。太極不能追原其始，故曰"無極而太極"。次圈之黑白相間者爲陰静陽動。黑爲陰静，白爲陽動。陰居右，陽居左。陽變爲陰，陰變爲陽，故左白右黑之外，間以左黑右白一圈，其外則復爲左白右黑焉。次圖之中一白圈，即太極。其下爲水、火、木、金、土，五小圈。水、金居右，火、木居左者，水、金陽而火、木陰也。土居中，冲氣也。水、火、木、金、土，上屬於第二圈，明五行生於陰陽也。下屬於第四圈，明人物生於五行也。水、火、木、金、土各爲一小圈，所謂"五行各一其性"也。其序：自水之木，自木之火，自火之土，自土之金，沿《洪範》五行首水，及古人以五行配四時之説，所謂"五氣順布而四時行"也。下一圈爲"乾道成男，坤道成女"，明萬物所

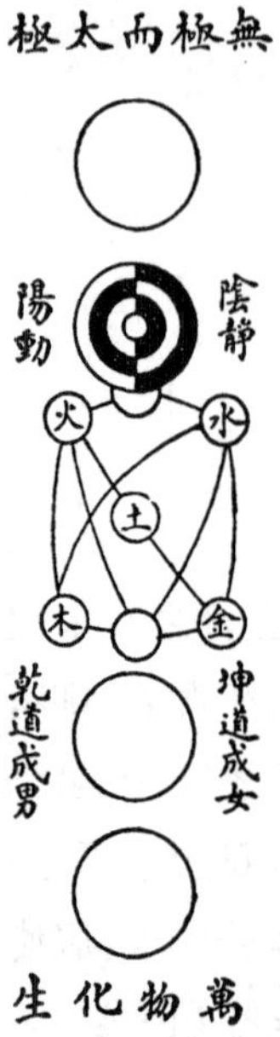

由生也。又下一圈曰"萬物化生",人亦萬物之一,實不可分作兩圈,周子蓋沿道家舊圖,未之改也。周子之意,或以"乾道成男,坤道成女"爲紬象之言,不指人。

周子之説此圖也,曰:"無極而太極。太極動而生陽;動極而静。静而生陰;静極復動。一動一静,互爲其根。分陰分陽,兩儀立焉。陽變陰合,而生水、火、木、金、土,五氣順布,四時行焉。五行一陰陽也,陰陽一太極也,太極本無極也。五行之生也,各一其性。無極之真,二五之精,妙合而凝。乾道成男,坤道成女。二氣交感,化生萬物。萬物生生,而變化無窮焉。"案此周子根據古説,以説明宇宙者也。古有陰陽五行之説,已見前。二説在後來,久合爲一,而推原其始,則似係兩説。以一爲二元論,一爲多元論也。其所以卒合爲一者,則以哲學所求,實爲惟一,多元二元之説,必進於一元而後安。五行之説,分物質五類,乃就認識所及言之。其後研究漸精,知人所能認識之物質,與其不能認識而指爲虚空者,實無二致。其所以或能認識,或不能認識者,則以物質有聚散疏密之不同,自人觀之,遂有隱顯微著之各異耳。至此,則認識所及之水、火、木、金、土,與認識所不及之至微之氣,可以并爲一談。而五行之多元論,進爲一元矣。陰陽之説,蓋因"男女構精,萬物化生"悟入。其始蓋誠以陰陽爲二體。研究漸精,乃知所謂陰陽者,特人所見現象之異,其本體,初不能謂爲不同。於是陰陽二者,可謂同體而異用。乃爲之假立一名曰太極。而陰陽二元之論,亦進爲一元矣。二説既同進爲一元,自可合并爲一説。乃以太極爲世界之本體;世界之現象,爲人所認識者,實爲變動。則以陰陽之變化説之;而二者仍爲同體而異用;此所以説世界流轉之原理。若以物質言:則一切物之原質,皆爲氣;水、火、木、金、土,皆此氣之所爲;萬物之錯綜,則又五行之所淆而播也。氣之所以分爲五行,五行之所以淆而爲萬物,則以不可知之太極。無始以來,即有此一静一動之變化也。此乃自古相傳之説;周子亦不過融會舊文,出以簡括之辭耳,非有所特創也。

中國無純粹之哲學,凡講哲學者,其意皆欲措之人事者也。周子亦然。故於説明宇宙之後,即繼之以人事。曰:"惟人也,得其秀而最靈。"此言人之所以爲人也。曰:"形既生矣,神發知矣。五性感動,而善惡分,萬事出矣。聖人定之以仁、義、中、正,而主静,立人極焉。"此爲周子之人生觀。凡一元論之哲學,必將精神物質,并爲一談。一物而兩面。此等思想,中國古代,亦已有之。其分人性爲仁、義、禮、智、信五端,以配木、金、火、水、土五行是也。周子亦沿其説。思想淺薄之時,恒以爲善惡二者,其質本異。迨其稍進,乃知所謂善惡者,其質實無不同,特其所施有當有不當耳。至此,則二元論進爲一元矣。周子之説亦如是。周子既沿舊説,以五性配五行,又總括之爲仁義兩端,以配陰陽。仁義二者,皆不可謂惡也。更進一步言之,陰陽同體而異用,仁義亦一物而二名。視其所施而名之。愆陰伏陽,特其用之有當有不當,而其本體太極。初無所謂惡;則人之行爲,所以或失之剛,或失之柔者,亦不過其用之或有不當,而其本體初無所謂惡;此世界之本體,所以至善,亦人性之所以本善也。然則所謂善惡者,即行爲當不當之謂而已。不論其所施,而但論其行爲,則無所謂善惡。世界之現象,自認識言之,無所謂静也,衹見其動耳。然自理論言之,固可假設一與動相對之境,名之曰静。本體既無所謂惡;所謂惡者,既皆出於用,則固可謂静爲善,動爲惡,然則人而求善,亦惟求静境而處之而已矣。恢復本體。然認識所及,惟是變動;所謂静境,不可得也。乃進一步而爲之説曰:世界本體不可見,可見者惟現象,本體即在現象之中。然則静境亦不可得,静即在乎動之中。人之所求,亦曰動而不失其静而已矣。雖墮落現象界,而仍不離乎本體。動而不失其静者,用而不離乎體之謂也。用而不離乎體者,不失其天然之則之謂也。以幾何學譬之;所謂真是,惟有一點。此一點,即人所當守之天則,即至當之動,而周子之所謂中正也。然此一點非有體可得,仍在紛紜蕃變之中。蓋人之所爲,非以爲人,即以爲我。爲人,仁也。爲我,義也。欲求於仁義之外,别有一既不爲人,又不爲我之行爲,卒不可得。然則欲求中正,惟有即仁義之施無不當者求之。而欲求仁義,亦必毋忘中正而後可。否則不當仁而仁,即爲不仁;不當義而義,即爲不義矣。故仁義同實而異名,猶之陰陽同體而異用。陰陽之體,所謂太極者,惟有假名,更無實體。仁義之體,所謂中正者亦然也。然則所謂善者,即仁義之施無不當者也。施無不當,則雖動而不離其宗。雖動而不離其宗,則動如未動。動如未動,固可以謂之静,此則周子之所謂静也。此爲道德之極致,故命之曰“人極”。能循此,則全與天然之則合,所謂“聖人與天地合其德,與日月合其明,與四時合其序,與鬼神合其吉凶”也。能循此者,必獲自然之福;而不然者,則必遇自然之禍,所謂“君子修之吉,小人悖之凶”也。此以行爲言也。若以知識言:則現象之紛紜蕃變,不外乎陰陽五行;陰陽五行,又不離乎太極。能明此理,則於一切現象,無不通貫矣。所謂“原始要終,故知死生之説”也。周子蓋由《易》悟入;亦自以爲祖述《易》説,故於篇末贊之曰“大哉《易》也，斯其至矣”也。

《太極圖説》，雖寥寥數百言，然於世界之由來，及人所以自處之道無不備，其説可謂簡而該。宜朱子以爲“根極領要；天理之微，人倫之著，事物之衆，鬼神之幽，莫不洞然，畢貫於一”也。

《太極圖説》，推本天道以言人事，《通書》則專言人事，然其理仍相通。故朱子以爲廢《太極圖説》，則《通書》無所總攝也。《太極圖説》所言自然界之理，《通書》名之曰“誠”。誠者，真實無妄之謂。自然界之事，未有不真實者也。故曰：“大哉乾元，萬物資始，誠之原也。乾道變化，各正性命，誠斯立焉。”自然界之現象，見其如此，即係如此，更無不如此者之可言，是爲誠。自然界之現象，人所認識者，爲變動不居；從古以來，未嘗見其不動；則動即自然界之本相也。然則誠與“動”一物也。故曰：“至誠則動，動則變，變則化。”聖人當與天地合其德，《通書》以誠稱自然界，故亦以誠爲聖人之德，曰：“聖，誠而已矣。”人之所知，止於現象。然自理論言之，固可假説一實體界，以與動相對。惡既皆屬現象，固可謂由動而生；則動最當慎。此由静至動之境，即自實體界入現象界。周子名之曰“幾”。所謂“動而未形，有無之間”也。本體無善惡可言，動則有善惡矣。故曰：“誠無爲，幾善惡。”又曰“吉凶悔吝生乎動，吉一而已，可不慎乎”也。

動之循乎當然之道者爲善，不循乎當然之道者爲惡。循乎當然之道者，動而不失其則者也，所謂誠也。不循乎當然之道者，動而背乎真實之理者也，所謂“妄”也。如人四體之動，順乎生理者爲誠，逆乎生理者爲妄。人之動作，貴合乎天然之理，故當袪其妄而復其誠。故曰：“誠，復其本善之動而已矣。不善之動，妄也。妄復則無妄矣，無妄則誠矣。”

本善之動爲道。道之名，自人所當循之路言之也。自其畜於身，見於事爲者言之，則曰德。德也，道也，二名一實，特所從言之者異耳。德之目，周子亦如古説，分爲仁、義、禮、智、信，而又以仁義二端總括之。禮者，所以行之而備其條理。智者，所以知之。信者，所以守之。而所行、所知、所守，則仍不外乎仁義。故曰：“聖人之道，仁義中正而已矣。”其説全與《太極圖説》合。

人性之有仁義，猶天道之有陰陽，地道之有剛柔，其本體皆不可謂之惡也。故世界本無所謂善，協乎兩者之中而已矣。亦無所謂惡，偏乎兩者中之一而已矣。故曰：“性者，剛、柔、善、惡，中而已矣。見諸事乃可云仁義。此但就性言，故曰剛柔。剛：善爲義，爲直，爲斷，爲嚴毅，爲幹固。惡爲猛，爲隘，爲强梁。柔：善爲慈，爲順，爲巽。惡爲懦弱，爲無斷，爲邪佞。”義也，直也，斷也，嚴毅也,幹固也,非實有其體也,剛之發而得其當焉者也。猛也,隘也,强梁也,亦非實有其體也,剛之發焉而不得其當者也。柔之善惡視此。然則天下信無所謂善惡,惟有中不中而已。故曰:"惟中也者,和也,中節也,天下之達道也,聖人之事也。故聖人立教,俾人自易其惡,自至其中而止矣。"

然則人何以自易其惡而止於中哉? 逐事檢點,固已不勝其勞。抑且未知何者謂之中,自亦無從知何者謂之偏。苟能知何者謂之中,則但謹守此中焉足矣。夫人之本體,本能止於中者也。所以失其中者,以其有不當之動也。不當之動,始萌於欲,而終著於事爲者也。人能無欲,則自無不當之動矣。無欲,所謂静也,亦所謂一也。無欲則動無不當矣。動無不當,則不離乎當然之境而謂之静,非謂寂然不動,若槁木死灰也。《通書》曰:"動而無静,静而無動,物也。動而無動,静而無静,神也。動而無動,静而無静,非不動不静也。"此之謂也。故曰:"聖可學乎? 曰:可。有要乎? 曰:有。請問焉。曰:一爲要。一者,無欲之謂也。無欲則静虚動直。静虚則明,明則通。動直則公,公則溥。明通公溥,庶矣乎?"夫人之所求,動直而已;而動直之本,在於静虚;此《太極圖説》,所以謂"聖人以主静立人極"也。故"主静"實周子之學脈也。

中者,當然之則而已矣。當然之則,非人人所能知之也。必先求知之,然後能守之。求而知之者,智識問題。既知之,又求行之,則行爲問題也。周子爲理學開山,但發明其理,於修爲之方,尚未及詳,故注重於思。《通書》曰"無思而無不通爲聖人。不思則不能通微,不睿則不能無不通。是則無不通生於通微,通微生於思。是故思者,聖功之本,而吉凶之幾"是也。程朱格物窮理之説,蓋本諸此。

以上所言,皆淑身之術也。然一種新哲學之人生觀,固不當止於淑身,而必兼能淑世。故曰:"志伊尹之所志,學顔子之所學。"噫! 周子之言,内外本末,亦可以謂之兼備矣哉!

周子之説,雖自成爲一種哲學,然其源之出於道家,則似無可諱。黄晦木《太極圖辯》曰:"周子《太極圖》,創自河上公,乃方士修煉之術也。"河上公本圖,名《無極圖》。魏伯陽得之,以著《參同契》。鍾離權得之,以授吕洞賓。洞賓後與陳圖南同隱華山,而以授陳。陳刻之華山石壁。陳又得《先天圖》於麻衣道者。宋時有所謂《正易心法》者,托之麻衣道者,謂爲希夷之學所自出,實則南宋時戴師愈之所僞也。見朱子書《麻衣心易後》,《再跋麻衣易説後》。皆以授种放。放以授穆修與僧壽涯。修以《先天圖》授李挺之。挺之以授邵天叟。天叟以授子堯夫。修以《無極圖》授周子。周子又得先天地之《偈》於壽涯。晁公武謂周子師事鶴林寺僧壽涯,得其"有物先天地,無形本寂寥,能爲萬象主,不逐四時雕"之偈。劉静修《記太極圖説後》曰:"或謂周子與胡宿、邵古，同事潤州一浮屠，而傳其《易書》。"所謂潤州浮屠，即壽涯也。其圖自下而上，以明逆則成丹之法。其重在水火。火性炎上，逆之使下，則火不熛烈，惟温養而和燠。水性潤下，逆之使上，則水不卑濕，惟滋養而光澤。滋養之至，接續而不已。温養之至，堅固而不敗。其最下圈名爲玄牝之門。玄牝即谷神。牝者，竅也。谷者，虚也。指人身命門，兩腎空隙之處，氣之所由生，是爲祖氣。凡人五官百骸之運用知覺，皆根於此。於是提其祖氣，上升爲稍上一圈，名爲煉精化氣，煉氣化神。煉有形之精，化爲微芒之氣；煉依希呼吸之氣，化爲出有入無之神；使貫徹於五藏六府，而爲中層之左木火、右金水、中土相聯絡之一圈，名爲五氣朝元。行之而得也，則水火交媾而爲孕。又其上中分黑白而相間雜之一圈，名爲取坎填離，乃成聖胎。又使復還於無始，而爲最上之一圈，名爲煉神還虚，復歸無極，而功用至矣。周子得此圖，而顛倒其序，更易其名，附於《大易》，以爲儒者之秘傳。蓋方士之訣，在逆而成丹，故從下而上。周子之意，以順而生人，故從上而下。太虚無有，有必本無，乃更最上圈煉神還虚，復歸無極之名曰無極而太極。太虚之中，脈絡分辨，指之爲理，乃更其次圈取坎填離之名曰陽動陰静。氣生於理，名爲氣質之性，乃更第三圈五氣朝元之名曰五行各一性。理氣既具，而形質呈，得其全者靈者爲人，人有男女，乃更第四圈煉精化氣，煉氣化神之名曰乾道成男，坤道成女。得其偏者蠢者爲萬物，乃更最下圈玄牝之名曰萬物化生。案《參同契》有《水火匡廓》及《三五至精》兩圖，即周子《太極圖》之第二第三圈也。胡朏明《易圖明辨》曰："唐《真玄妙經品》有《太極先天圖》，合三輪五行爲一，而以三輪中一〇，五行下一〇爲太極。又加以陰静陽動，男女萬物之象，凡四大〇。陰静在三輪之上，陽動在三輪之下。三輪左離右坎，水火既濟之象。二〇上陰下陽，天地交泰之象。《鼎器歌》云："陰在上，陽下奔，即此義也。"男女萬物，皆在五行之下。與宋紹興甲寅朱震在經筵所進周子

水火匡廓圖，又名水火二用圖。坎離二卦，運爲一軸。中一〇爲坎離之胎。

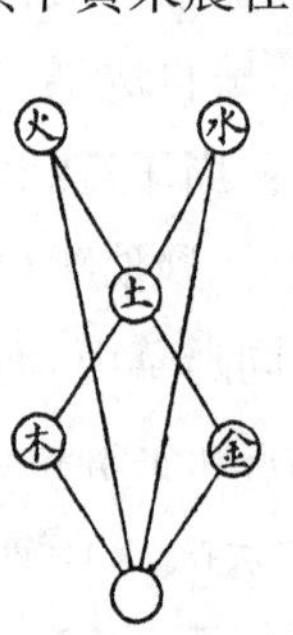

三五至精圖。土、火、木、水、金，合而歸於一元。一元，謂下一〇也。

《太極圖》正同。今《性理大全》所載，以三輪之左爲陽動，右爲陰静，而虚其上下二〇，以爲大極，乃後人所改，非其舊也。"

其説與晦木，又有異同。蓋在道家，此圖亦非一本也。然《太極圖》之原出道家，則無疑矣。然此不過借用其圖，其用意則固大異也。

朱、陸無極太極之辯，亦爲理學家一重公案。案此説似陸子誤也。《通書》與《太極圖説》，實相貫通，已如前説。而梭山謂："《太極圖説》與《通書》不類，疑非周子所爲；否則其學未成時作；又或傳他人之文，後人不辨。"似於周子之學，知之未審。象山謂"無極"二字，出《老子・知其雄章》。以引用二氏之言爲罪案，此實宋儒習氣。理之不同者，雖措語相同，而不害其爲異。理之不易者，凡古今中外，皆不能不從同。安得摭拾字面，以爲非難乎？象山又謂："二程言論文字至多，亦未嘗一及無極字。"案即就字面論，儒家用無極二字者，亦不但周子。黄百家曰："柳子厚曰：無極之極。邵康節曰：無極之前，陰含陽也。有極之後，陽分陰也。是周子之前，已有無極之説。"若謂《繫辭》言神無方矣，豈可言無神？言易無體矣，豈可言無易？"則《繫辭》乃就宇宙自然之力，無乎不在言之。"周子之言，則謂世界本體，無從追原其所自始。其所言者，固異物也。無極而太極，猶佛家言"無始以來"，言"法爾而有"耳。必責作《繫辭傳》者，推原神與易所自始，彼亦袛得云無從説起矣。安得拘泥字面，而疑周子所謂無極而太極者，乃謂有生於無，落"斷空"之見哉？朱子曰："無極而太極，猶曰莫之爲而爲，莫之致而至。乃語勢當然，非謂别有一物也。"又曰："無極"二字，乃周子令後之學者，曉然見太極之妙，不屬有無，不落方體。一可謂能得周子之意矣。故無極而太極之辯，實陸子誤會文義，以辭害意也。又陸子謂"一陰一陽，即是形而上者"；朱子則謂"一陰一陽，屬於形器。所以一陰一陽者，乃道理之所爲"；亦爲兩家一争端。案此説兩家所見本同，而立言未明，遂生辯難。蓋陸子之意：以爲人之所知，止於現象。現象之外，不得謂更有本體其物，爲之統馭。朱子之意：謂現象之然，雖不必有使之然者；然自理論言之，有其然，即可謂有其所以然。固不妨假立一名，名之曰道，而以現象爲形器。陸子疑朱子謂本體實有其物，立於現象之外，遂生辯難。若知朱子所謂道者，乃係就人之觀念，虚立一名，而非謂實有其物，則辯難可以無庸矣。陸子曰："直以陰陽爲形器，而不得爲道，尤不敢聞命。《易》之爲道，一陰一陽而已。先後，始終，動静，晦明，上下，進退，往來，闔闢，盈虚，消長，尊卑，貴賤，表裏，隱顯，向背，順逆，存亡，得喪，出入，行藏，何適而非一陰一陽哉？奇耦相尋，變化無窮，故曰其爲道也屢遷。"朱子曰："若以陰陽爲形而上者，則形而下者，復是何物？熹則曰：凡有形有象者皆器也，其所以爲是器之理則道也。如是，則來書所謂始終、晦明、奇耦之屬，皆陰陽所爲之形器。獨其所以爲是器之理，乃爲道耳。”此則謂現象之所以然，雖不可知；然自理論言之，不得不分爲兩層：名其然曰器，名其所以然曰道也。此特立言之異，其意固不甚懸殊也。朱、陸辯論之辭甚多，除此節所舉兩端外，皆無甚關係，故今不之及。朱子論道與形器之説，須與其論理氣之説參看。又案太極、兩儀等，皆抽象之名，由人之觀念而立。後人或誤謂實有其物，遂生轇轕。許白雲曰：“太極，陰陽，五行之生，非如母之生子，而母子各具其形也。太極生陰陽，而太極即具陰陽之中。陰陽生五行，而太極陰陽，又具五行之中。安能相離也？何不即五行一陰陽，陰陽一太極之言觀之乎？”其言最爲明析。昔之講哲學者，不知有認識論，此太極、陰陽、理氣等説，所以轇轕不清也。

篇五　康節之學

北宋理學家，周、程、張、邵，同時并生。其中惟邵子之學，偏於言數。我國所謂數術者，爲古代一種物質之學，前已言之。邵子之旨，亦不外此。其《觀物篇》謂："天使我如是謂之命，命之在我謂之性，性之在物謂之理。"又謂"數起於質"，"天下之數出於理"是也。人性即精神現象，物理即物質現象，邵子以爲二者是一。"數起於質"者，如謂筋肉發達至何種程度，即能舉何種重量；筋力衰弛，則舉重之力亦減是也。何以筋肉發達，即能舉重，衰弛即不能？此則所謂"數出於理"之理。此理不可知。所謂"天之象數，可得而推，其神用不可得而測"也。

邵子之學，亦以《易》爲根據。其所謂《易》者，亦出於陳摶。朱震《經筵表》謂陳摶以《先天圖》傳种放，放傳穆修，修傳李之才，之才傳邵雍。蓋亦道家之學也。其《先天次序卦位圖》如後。

《八卦次序圖》，最下一層爲太極。其上爲兩儀。又其上爲四象。又其上爲八卦。其序則乾一、兑二、離三、震四、巽五、坎六、艮七、坤八是也。以圖之白處，代《易》之一畫；黑處代《易》之一畫。是爲一分爲二，二分爲四，四分爲八。如是推之，八分爲十六，十六分爲三十二，三十二分爲六十四，即成《伏皇先天六十四卦横圖》。以六十四卦規而圓之，則成圓圖；割而叠之，則成方圖。圓圖以象天，方圖以象地也。

八卦方位，見《易》"帝出乎震"一節。與大乙行九宫之説合，見第二篇。據其説，則離南、坎北、震東、兑西、乾西北、坤西南、艮東北、巽東南。邵子以爲後天卦位，爲文王所改。而云：此圖爲先天方位，爲伏羲所定。其根據，爲《易》"天地定位"一節。爲之説者：謂此先天方位，"天位乎上，地位乎下，日生於東，月生於西，山鎮西北，澤注東南，風起西南，雷動東北，自然與天地造化合"也。

邵子之學，亦以陰陽二端，解釋世界；而名陰陽之原爲太極。其《經世衍

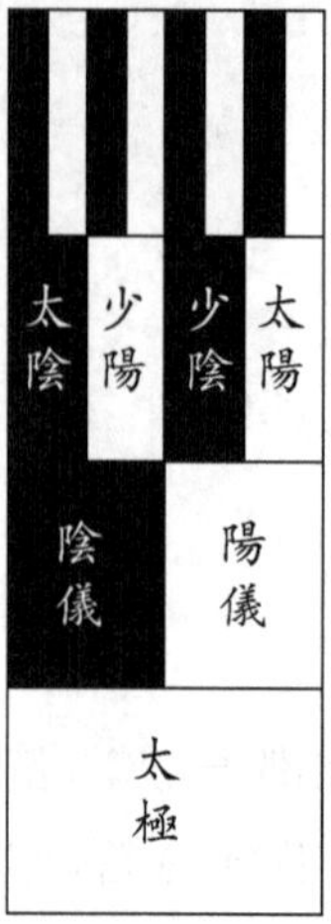

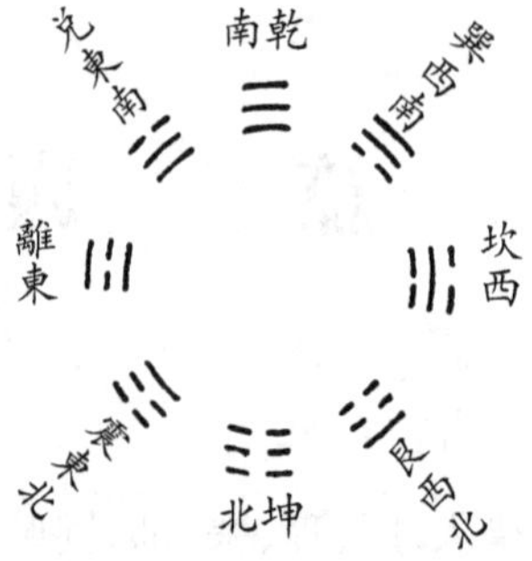

易圖》所謂"一動一静之間"者也。《觀物内篇》云：

太陽		陽		動一	一動一静之間
太陰					
少陽		陰			
少陰					
少剛		剛		静一	
少柔					
太剛		柔			
太柔					

"一動一静者，天地之至妙者歟？一動一静之間者，天地人之至妙者歟？"即指太極言之也。邵子謂："天生於動，地生於静。""動之始則陽生焉，動之極則陰生焉。静之始則柔生焉，静之極則剛生焉。"陰陽之中，復有陰陽；剛柔之中，復分剛柔，故各分爲太少。太陽爲日，太陰爲月；少陽爲星，少陰爲辰；此天之體也。太柔爲水，太剛爲火；少柔爲土，少剛爲石；此地之體也。日爲暑，月爲寒，星爲晝，辰爲夜，此天之變也。水爲雨，火爲風，土爲露，石爲雷，此地之化也，暑變物之性，寒變物之情，晝變物之形，夜變物之體，此動植之感天而變者也。雨化物之走，風化物之飛，露化物之草，雷化物之木，此動植之應地之化者也。推之一切，莫不皆然。其圖如下：

太陽	日	暑	性	目	元	皇
太陰	月	寒	情	耳	會	王
少陽	星	晝	形	鼻	運	帝
少陰	辰	夜	體	口	世	霸
少剛	石	雷	木	氣	歲	易
少柔	土	露	草	味	月	書
太剛	火	風	飛	色	日	詩
太柔	水	雨	走	聲	時	春秋

邵子之説，皆由博觀物理而得。試問天何以取日月星辰爲四象？地何以取水火土石爲四體？曰："陽燧取於日而得火，火與日一體也。""方諸取於月而得水，水與月一體也。""星隕而爲石，石與星一體也。""日月星之外，高而蒼蒼者皆辰，水火石之外，廣而厚者皆土，辰與土一體也。"何以不用五行，而別取水火土石？曰："木生於土，金出於石。水火木金土者後天，水火土石者先天。後天由先天出。一以體言，一以用言也。"邵伯温《觀物内篇》注。案此實以五行之説爲不安而改之耳。不欲直斥古人以駭俗，乃立先後天之名以調停之。其八卦之説，亦猶是也。故邵子之説，實可謂自有所得，非全憑藉古人者。日爲暑，月爲寒，星爲晝，辰爲夜，其理易明。水爲雨，火爲風，土爲露，石爲雷者？邵子曰："其氣之所化也。"暑變物之性，寒變物之情，晝變物之形，夜變物之體者？邵子以動者爲性，静者爲體。謂："陽以陰爲體，陰以陽爲唱。""陽能知而陰不能知，人死則無知者，性與體離也。陽能見而陰不能見。"能知能見者爲有，故陽性有而陰性無。"陽有所不偏，而

陰無所不偏。陽有去而陰常居”。邵子之意，凡知覺所及皆陽，出於知覺之外者皆陰。無不偏而常居者爲實，故陰體實而陽體虚。性公而明，情偏而暗。公而明者屬陽，陽動故公，能見故明。陰常居故偏，不能見故暗。故變於暑。偏而暗者屬陰，故變於寒。形可見，故變於晝。體屬陰，故變於夜也。以上皆據《觀物》内、外篇。邵子言哲理之作，爲《觀物》内、外篇及《漁樵問答》。《漁樵問答》，理甚膚淺，或云僞物，蓋信。其餘一切，皆可以是推之。此等見解，今日觀之，誠不足信。然在當日，則其觀察，可謂普遍於庶物，而不偏於社會現象者矣。中國數術之家，所就雖不足觀，然研究物質現象於舉世莫或措意之日，要不可謂非豪傑之士也。邵子之學，二程頗不以爲然。晁以道云：“伊川與邵子，居同里巷，三十餘年。世間事無所不問，惟未嘗一字及數。一日雷起。邵子謂伊川曰：子知雷起處乎？伊川曰：某知之，堯夫不知也。邵子愕然曰：何謂也？曰：既知之，安用數推之？以其不知，故待推而知。”是邵子之數學，伊川頗不然之矣。明道云：“堯夫欲傳數學於某兄弟。某兄弟那得工夫？要學，須是二十年工夫。”雖不如伊川謂不待數推而知，亦以數爲非所急矣。朱子曰：“伊川之學，於大體上瑩徹，於小小節目上，猶有疏處。康節能盡得事物之變，卻於大體有未瑩處。”夫使如心學者流，謂直證本體，即萬事皆了，則誠無事於小節目上推。若如程朱之説，“人心之靈，莫不有知。天下之物，莫不有理。惟於理有未窮，故其知有不盡”。則一物之格未周，即致知之功有歉。邵子所用之法，固不容輕議也。

邵子本陰陽剛柔變化之見，用數以推測萬物之數。其法：以陽剛之體數爲十，陰柔之體數爲十二。故太陽、少陽、太剛、少剛之數凡四十；太陰、少陰、太柔、少柔之數凡四十八。以四因之，則陽剛之數，凡一百六十；陰柔之數，凡一百九十二。於一百六十中，減陰柔之體數四十八，得一百十二，爲陽剛之用數。於一百九十二中，減陽剛之體數四十，得一百五十二，爲陰柔之用數。以一百五十二，因一百十二，是爲以陽用數，唱陰用數；爲日月星辰之變數；其數凡一萬七千有二十四，謂之動數。以一百十二，因一百五十二，是爲以陰用數，和陽用數，是爲水火土石之化數；其數亦一萬七千有二十四，謂之植數。再以動數植數相因，即以一萬七千二十四，因一萬七千二十四。謂之動植通數；是爲萬物之數。求萬物之數，不本之實驗，而虚立一數以推之，亦物質科學未明時不得已之法也。《易》用九六，《經世》用十十二。皆以四因之。《易》之數：陽用九，以四因之，得三十六，爲乾一爻之策數。陰用六，以四因之，得二十四，爲坤一爻之策數。以六因三十六，得二百一十六，爲乾一卦策數。以六因二十四，得一百四十四，爲坤一卦策數。相加得三百六十，故曰：“乾坤之策，凡三百六十也。”以三十二因二百一十六，得六千九百一十二，爲三十二陽卦之策數。以三十二因一百四十四，得四千六百有八，爲三十二陰卦之策數。二者相加，得萬有一千五百二十，所謂“二篇之策，萬有一千五百二十”也。

邵子之推萬物如此。至於人，則邵子以爲萬物之靈。蔡西山嘗推邵子之意曰：“萬物感於天之變，性者善目，情者善耳，形者善鼻，體者善口。萬物應於地之化，飛者善色，走者善聲，木者善氣，草者善味。人則得天地之全。暑寒晝夜無不變，雨風露雷無不化，性情形體無不感，走飛草木無不應。目善萬物之色，耳善萬物之聲，鼻善萬物之氣，口善萬物之味。蓋天地萬物，皆陰陽剛柔之分，人則兼備乎陰陽剛柔，故靈於萬物，而能與天地參也。”其言最爲簡約明瞭。《觀物内篇》曰：“人之所以靈於萬物者，謂其目能收萬物之色，耳能收萬物之聲，鼻能收萬物之氣，口能收萬物之味。人亦物也，一物當兆物。聖亦人也，一人當兆人。是知人也者，物之至者也。聖也者，人之至者也。”又曰：人之至者，謂其能以“一心觀萬心，一身觀萬身，一世觀萬世”。如是，則能“上識天時，下盡地理，中盡物情，通照人事”。則能以“心代天意，口代天言，手代天工，身代天事”。蓋明乎宇宙之理，則措施無不當。參看第一篇。宇宙之理，邵子之所謂物理也。此物字所該甚廣。能觀者我，我所觀者，一切皆物。邵子謂人爲萬物之靈，以其能通物理，謂聖人爲人之至，以其能盡通物理而無遺也。

元會運世，歲月日時，乃邵子藉數以推測宇宙之變化者。其見解與揚子《太玄》等同，特其所用之數異耳。其法：以日經天之元，月經天之會，星經天之運，辰經天之世。日之數一，象一日也。月之數十二，象十二月也。星之數三百六十，象一年之日數也。辰之數四千三百二十，一日十二時，則三百六十日，得四千三百二十時也。一世三十年，凡十二萬九千六百年，是爲皇極經世一元之數。注曰：“一元在大化之間，猶一年也。”更以日月星辰四者，經日月星辰四者，則其數如下：

以日經日	元之元	一
以日經月	元之會	一二
以日經星	元之運	三六〇
以日經辰	元之世	四三二〇
以月經日	會之元	一二
以月經月	會之會	一四四
以月經星	會之運	四三二〇
以月經辰	會之世	五一八四〇
以星經日	運之元	三六〇
以星經月	運之會	四三二〇
以星經星	運之運	一二九六〇〇
以星經辰	運之世	一五五五二〇〇
以辰經日	世之元	四三二〇
以辰經月	世之會	五一八四〇

以辰經星	世之運	一五五五二〇〇
以辰經辰	世之世	一八六六二四〇〇

至此而後數窮焉。注曰:“窮則變,變則生生而不窮也。”《皇極經世》,但著一元之數,使人引而伸之,可至於終而復始也。此等思想,蓋以爲宇宙現象,一切周而復始,特其數悠久而非人之所能知,乃欲藉其循環之近者,以推測其遠者耳。說詳第二篇。朱子曰:“小者大之影,祇晝夜便可見。”即此思想也。

此等數術,其可信與否,渺不可知。即著此等書者,亦未必以爲必可信,特以大化悠久,爲經驗所不及,不得不藉是以推測之耳。彼其信數可以推測宇宙者,以其深信“數起於質”一語也。此等數術家,視宇宙之間,無非物質;而物質運動,各有定律,是爲彼輩所謂“數”。物質運動,既必循乎定律而不能違,則洞明物理者,固可以豫燭將來之變,此其所以深信發明真理,在乎“觀物”也。然今之所謂科學者,乃將宇宙現象,分爲若干部而研究之。研究愈精,分析愈細。謂其能知一部現象之原因結果則可。謂其能明乎全宇宙之現象,因以推測其將來,微論有所不能,并亦無人敢作此妄想也。然昔之治學問者,所求知者,實爲全宇宙之將來。夫欲知全宇宙之將來,非盡明乎全宇宙之現在不可。全宇宙之現在,固非人所能知。夫全宇宙之現在,數術家所謂“質”也。全宇宙之將來,數術家所謂“數”也。明乎質,固可以知數。今也無從知全宇宙之質,而欲據一部分之質,以逆測其餘之質,以推得全宇宙之數焉,孰能保其必確?故彼輩雖據一種數以推測,彼輩亦未必自信也。此所以數術之家,各有其所據之數,而不相襲也。無從推測之事,姑立一法以推測之而已。

然則術數家之所謂術數,在彼亦并不自信,而世之迷信術數者,顧據昔人所造之數,謂真足以推測事變焉,則惑矣。邵子曰:“天下之數出於理。違乎理,則入於術。世人以數而入術,則失於理。”此所謂術,謂私智穿鑿,强謂爲可以逆測將來之術。所謂理,則事物因果必至之符。惟入於術,故失於理。邵子之說如此,此其所以究爲一哲學家,而非迷信者流也。

術數家所用之數,固係姑以此爲推,未必謂其果可用。假使其所用之數,果能推測宇宙之變化,遂能盡泄宇宙之秘奥乎?仍不能也。何也?所用之數,而真能推測宇宙之變化,亦不過盡知宇宙之質,而能盡知其未來之數耳。宇宙間何以有是質?質之數何以必如是?仍不可知也。故曰:“天之象數,可得而推。如其神用,則不可得而測。”此猶物理學家言:某物之理如何?可得而知也。何以有是物?何以有是理?不可得而知也。又曰:“道與一,神之强名也。以神爲神者,至言也。”此猶言宇宙之秘奥,終不可知;以不可知說宇宙，乃最的當之論也。此邵子之所以終爲一哲學家，而非迷信者流也。

皇王帝霸，《易》、《書》、《詩》、《春秋》，乃邵子應世運之變，而謂治法當如是變易者。《觀物内篇》曰："昊天之盡物，聖人之盡民，皆有四府焉。昊天之四府，春夏秋冬之謂也；陰陽升降於其間矣。聖人之四府，《易》、《書》、《詩》、《春秋》之謂也；禮樂隆污於其間矣。"是也。

邵子求知真理之法，由於觀物。其觀物之法，果何如乎？曰：邵子之觀物，在於求真；其求真之法，則貴乎無我。《觀物内篇》曰："所謂觀物者，非以目觀之也；非觀之以目，而觀之以心也；非觀之以心，而觀之以理也。聖人之所以能一萬物之情者，謂能反觀也。反觀者，不以我觀物，以物觀物之謂也。"《行篇》曰："物理之學，或有所不通，不可以强通。强通則有我，有我則失理而入於術矣。"以物觀物，謂純任物理之真，而不雜以好惡之情，穿鑿之見，即今所謂客觀；有我則流於主觀矣。

宇宙之原理，邵子名之曰道。雖以爲不可知，然極尊崇之。故曰："天由道而生，地由道而成，人物由道而行。天地人物則異，其由於道則一也。"道之所以然不可知，其然則無不可知。所以知之，觀物而得其理而已。故曰："道也者，道也。道無形，行之則見於事矣。"又曰："以天地觀萬物，則萬物爲物。以道觀天地，則天地亦爲物。道之道，盡於天矣。天之道，盡於地矣。天地之道，盡於物矣。天地萬物之道，盡於人矣。天地之道盡於物，即理具於事，事外無理之謂。天地萬物之道盡於人，謂一切生於人心；無人，則無天地萬物，更無論天地萬物之理矣。人能知天地萬物之道所以盡於人者，然後能盡民也。天之能盡物，則謂之昊天。人之能盡民，則謂之聖人。"此道之所以可貴也。邵子曰："道爲太極。"又曰："心爲太極。"即"天地萬物之道盡於人"之説。

世界之真原因惟一，而人之所知，則限於二。此非世界之本體有二，而人之認識，自如此也。此理邵子亦言之。其説曰："本一氣也，生則爲陽，消則爲陰，故二者一而已矣。是以言天而不言地，言君而不言臣，言父而不言子，言夫而不言婦。然天得地而萬物生，君得臣而萬化行，父得子、夫得婦而家道成。故有一則有二，有二則有四，有三則有六，有四則有八。""言天而不言地"云云，謂世之所謂二者，其實則一，特自人觀之，則見爲二耳。"有一則有二，有二則有四"，自此推之，則世界現象，極之億兆京垓，其實一也。朱子所謂一本萬殊，萬殊一本，即此理。

世界之本體惟一，而人恒見爲二者，以其動也。動則入現象界矣。入現象界，則有二之可言矣。故曰："自下而上謂之升，自上而下謂之降。升者，生也。降者，消也。故陽生於下，而陰生於上，是以萬物皆反。陰生陽，陽生陰，是以循環而不窮也。"人所知之現象，不外陰陽兩端。而陰陽之變化，實仍一氣之升降；降而升，則謂之陽，升而降，則謂之陰耳。然則世界之本體果惟一，而所謂陰陽者，亦人所强立之二名耳，其實則非有二也。此論與張横渠若合符節。

世界之現象，人既爲之分立陰陽剛柔等名目，至於本體，則非認識所及。非認識所及，則無可名。無可名而强爲之名，則曰"神"。邵子曰："氣一而已，主之者神也。神亦一而已，乘氣而變化。能出入於有無生死之間，無方而不測者也。"又曰："潛天潛地，不爲陰陽所攝者，神也。"又曰："氣者，神之宅也。體者，氣之宅也。氣則養性，性則乘氣。故氣存則性存，性動則氣動也。""出入於有無生死之間，不爲陰陽所攝"，言其通乎陰陽也。通乎陰陽，則惟一之謂也。"潛天潛地，不行而至"，言其無所不在也。無所不在，則惟一之謂也。然又云"神乘氣而變化"，"氣者神之宅，體者氣之宅"，則形體即氣，氣即神，非物質之外，别有所謂神者在也。故邵子之論，亦今哲學家所謂泛神論也。

邵子曰：人能盡物，則謂之聖人。所謂盡物者，謂其能盡通乎物理也。人所以能通乎物理者，以人與物本是一也。故曰："神無所在，無所不在。至人與他心通者，以其本一也。"

邵子之學，一言蔽之，曰：觀察物理而已。其《觀物外篇》中，推論物理之言頗多。雖多不足據，如云："動者體衡，植者體縱，人宜衡而反縱。"以是爲人所以異於動物。又云："指節可以觀天，掌文可以察地。"又曰："天之神栖於日，人之神栖於目。人之神，寢則栖心，寐則栖腎，所以象天也。"以是比擬天人，自今日觀之，俱覺可笑。然在當日，自不失爲一種推論也。夫推論物理，極其所至，亦不過明於事物之原理而已。何益？曰：不然，果能明於事物之理，則人之所以自處者，自可不煩言而解。其道惟何？亦曰"循理"而已。宇宙之原理，天則也。發見宇宙之原理而遵守之，則所謂循理者也。故程朱循理之説，亦與邵子之學相通也。《觀物》内、外篇中，論循理之言頗多。如曰："自然而然者，天也。惟聖人能索之。效法者人也。若時行時止，雖人也亦天。""劉絢問無爲。對曰：時然後言，人不厭其言；時然後笑，人不厭其笑；時然後取，人不厭其取；此所謂無爲也。"此與周子"非不動爲静，不妄動爲静"之意同。皆是。循理之要，在於無我。故曰："以物觀物，性也。以我觀物，情也。性公而明，情偏而暗。"又曰："任我則情，情則蔽，蔽則昏矣。因物則性，性則神，神則明矣。"又曰："以物喜物，以物悲物，此發而中節者也。"又曰："時然後言，乃應變而言，不在我也。"又曰："不我物，則能物物。"又曰："易地而處，則無我。”夫人我何以不可分？以其本不可分也。人我何以本不可分？以其本是一也。何以本一？曰：神爲之也。故曰：“形可分，神不可分。木結實而人種之，又成是木，而結是實。木非舊木也，此木之神不二也。此實生生之理也。”又曰：“人之神，則天地之神。人之自欺，所以欺天地，可不慎哉！”此邵子本其哲學，所建立之人生觀也。

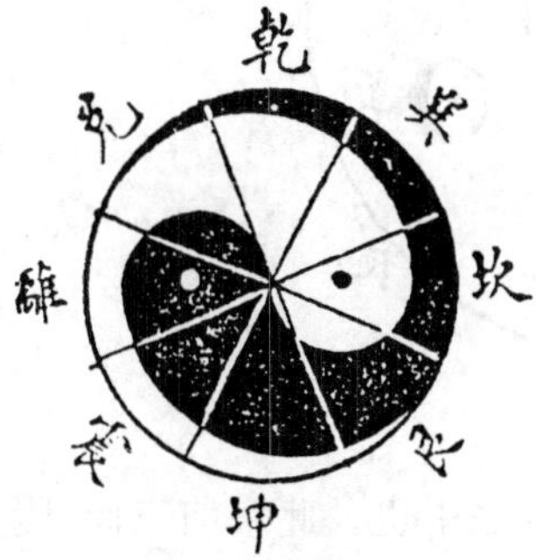

古太極圖

先天圖，亦曰太極圖。後人謂之天地自然之圖，又謂之太極真圖。

邵子之學，其原亦出於道家。宋時有所謂《先天圖》及《古太極圖》者。《先天圖》見趙撝謙撝謙，字古則，餘姚人。宋宗室。別號古老先生。《名山藏》作趙謙。云洪武初聘修正韵。《六書本義》云。此圖世傳蔡元定得之蜀隱者，秘而不傳，雖朱子亦莫之見。今得之陳伯敷氏。《古太極圖》，見趙仲全《道學正宗》。蓋以濂溪有《太極圖》，故加古字以别之。乃就《先天圖》界之爲八。宋濂曰：“新安羅端良願，作陰陽相含之象，就其中八分之，以爲八卦，謂之《河圖》。用井文界分九宫，謂之《洛書》，言出青城隱者。”正即此圖也。胡朏明曰：此二圖，蓋合二用，三五，見前篇。月體納甲，九宫，八卦而一之者。蓋就《古太極圖》所界分者而觀之：則上方之全白者即乾。下方之全黑者即坤。左方下白上黑，黑中復有一白點者當離。右方下黑上白，白中復有一黑點者當坎。乾之左，下二分白，上一分黑者爲兑。其右，下一分黑，上二分白者爲巽。坤之左，下一分白，上二分黑者爲震。其右，下二分黑，上一分白者爲艮。所謂與八卦相合也。八卦分列八方，而虚其中爲太極，所謂與九宫相合也。案全圖爲太極。左白右黑相向互爲兩儀。白中有黑，黑中有白，合爲四象。界而分之，則成八卦。月體納甲，出魏伯陽《參同契》。以月之明魄多少，取象於卦畫，而以所見之方，爲所納之甲。震一陽始生，於月爲生明，三日夕出於庚，故曰震納庚。謂一陽之氣，納於西方之庚也。兑二陽爲上弦，八月夕見於丁，故曰兑納丁。謂二陽之氣，納於南方之丁也。乾純陽，望，十五夕，

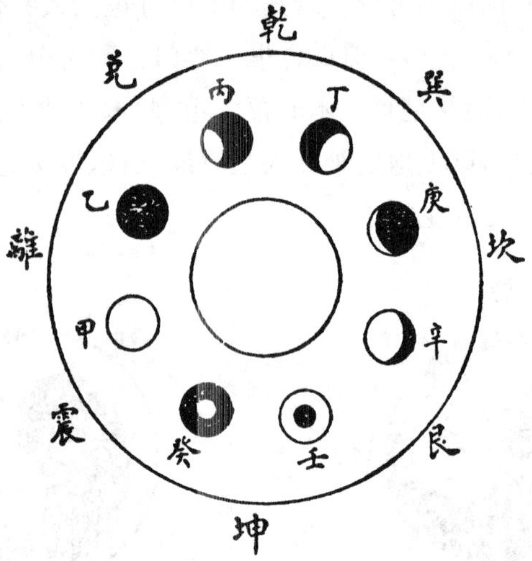

盈於甲，故曰乾納甲。謂三陽之氣，納於東方之甲也。此望前三候，陽息陰消之月象也。巽一陰始生，於月爲生魄。十六旦，明初退於辛，故曰巽納辛。謂以一陰之氣，納於西方之辛也。退二陰爲下弦。二十三旦，明半消於丙，故曰艮納丙。謂二陰之氣，納於南方之丙也。坤純陰爲晦。三十旦，明盡滅於乙，故曰坤滅乙。謂三陰之氣，納於東方之乙也。此望後三候，陽消陰息之象也。乾納甲而又納壬，坤納乙而又納癸者？謂乾之中畫，即太陰之精。望夕夜半，月當乾，納其氣於壬方，地中對月之日也。坤之中畫，即太陽之精。晦朔之間，日在坤，納其氣於癸方，地中合日之月也。徐敬可曰："望夕之陽，既盈於甲矣，其夜半，日行至壬，而與月爲衡。月中原有陰魄，所謂離中一陰者。平時含蘊不出，至是流爲生陰之本，故其象爲⊙，即望夕夜半壬方之日也。晦旦之陽，既盡於乙矣，其夜半，日行至癸，而與月同躔。月中原有陽精，所謂坎中一陽者。平時胚渾不分，至是發爲生陽之本，故其象爲◉，即晦朔間癸方之月也。離爲日，日生於東，故離位乎東。坎爲月，月生於西，故坎位乎西。至望夕，則日西月東，坎離易位。其離中一陰，即是月魄；坎中一陽，即是日光；東西正對，交位於中；此二用之氣，所以納戊己也。"此蓋仍方家修煉，注重坎離之故智，太極圖白中黑點，黑中白點，即其義也。胡氏謂："此圖蓋真出希夷。儒者受之，自种放後，皆有所變通恢廓，非復希夷之舊。惟蜀之隱者，爲得其本真。故朱子屬蔡季通入峽求之。"案朱子屬季通入峽購得《三圖》，見袁氏桷《謝仲直易三圖序》。而其圖仍不傳。胡氏謂此必其一，未知信否。然謂邵子之學，原出此圖，則説頗近之。以此圖與《先天次序》、《卦位圖》，若合符節也。

此可見邵子之學,原出道家矣。黄梨洲《易學象數論》曰:"乾南坤北,實養生家大旨。謂人身本具天地,因水潤火炎,會易交易,變其本體,故令乾之中畫,損而成離;坤之中畫,塞而成坎。是後天使然。今有取坎填離之法:挹坎水一畫之奇,歸離火一畫之耦。如煉精化氣,煉氣化神之類,益其所不足,離得固有也。鑿竅喪魄,五色五聲五味之類,損其所有餘,坎去本無也。離復返爲乾,坎復返爲坤,乃先天之南北也。養生所重,專在水火,比之天地。既以南北置乾坤,坎離不得不就東西。"尤可見道家之説所自來。然邵子之學,自與養生家異。用其圖作藍本,亦猶周子之借用《太極圖》耳。不得以此,遂誣邵子爲方士之流也。

篇六　横渠之學

周、程、張、邵五子中，惟邵子之學，偏於言數。周、張、二程，則學問途轍，大抵相同。然伊川謂横渠："以大概氣象言之，有苦心極力之象，而無寬裕温和之氣。非明睿所照，而考索至此，故意屢偏而言多窒。"朱子亦謂："若論道理，他卻未熟。"後人之尊張，遂不如周程。然理學家中，規模闊大，制行堅卓，實無如張子者。張子之學，合天地萬物爲一體，而歸結於仁。聞人有善，喜見顔色。見餓莩，輒咨嗟，對案不食者經日。嘗以爲欲致太平，必正經界。欲與學者買田一方試之。未果而卒。是真能以民胞物與爲懷者。其言曰："學必如聖人而後已。知人而不知天，求爲賢而不求爲聖，此秦漢以來學者之大蔽。"又曰："此道自孟子後，千有餘歲。若天不欲此道復明，則不使今日有知者。既使人有知者，則必有復明之理。"其自任之重爲何如？又曰："言有教，動有法。晝有爲，宵有得。息有養，瞬有存。"其自治之密爲何如？朱子謂："横渠説做工夫處，更精切似二程。"又謂："横渠之學，是苦心得之，乃是致曲，與伊川異。"則其克治之功，實不可誣也。朱子又曰："明道之學，從容涵泳之味洽。横渠之學，苦心力索之功深。"又謂："二程資禀，高明潔浄，不大段用工夫。横渠資禀，有偏駁夾雜處，大段用工夫來。"似終右程而左張。此自宋儒好以聖賢氣象論人，故有此語。其實以規模闊大，制行堅卓論，有宋諸家，皆不及張子也。張子之言曰："爲天地立心，爲生民立命，爲往聖繼絶學，爲萬世開太平。"此豈他人所能道哉？

横渠之學，所以能合天地萬物爲一者，以其謂天地萬物之原質唯一也。此原質惟何？曰：氣是已。横渠之言曰："凡可狀皆有也，凡有皆象也，凡象皆氣也。"又曰："太和所謂道，中涵浮沉、升降、動静相感之性；是生絪緼相蕩，勝負屈伸之始。其來也，幾微易簡，其究也，廣大堅固。散殊而可象爲氣，清通而不可象爲神。"神也，道也，氣也，一物而異名。宇宙之間，惟此而已。宇宙本體，亦此而已。

一非人所能識。宇宙本體，既惟是一氣，何以能入認識之域乎？以其恒動故也。宇宙之本體惟一，動則有絪緼相蕩，勝負屈伸之可見，而入於現象界矣。故曰："氣，坱然太虚。升降飛揚，未嘗止息。"又曰："氣聚則離明得施而有形，氣不聚則離明不得施而無形。"謂聚則可見，散則不可見也。不可見而已，非無。又曰："氣不能不聚而爲萬物，萬物不能不散而爲太虚。"太虚即氣之散而不可見者，非無。夫如是，則所謂有無者，特人能認識不能認識，而非真有所謂有無。故曰："氣之聚散於太虚，猶冰之凝釋於水。知太虚即氣則無無。聖人語性與天道之極，盡於參伍之神，變易而已。諸子淺妄，有有無之分，非窮理之學也。"案諸子亦未嘗分有無爲二，此張子之誤。朱子謂："濂溪之言有無，以有無爲一。老子之言有無，以有無爲二。"五千言中，曷嘗有以有無爲二者耶？又云："聖人仰觀俯察，但云知幽明之故，不云知有無之故。"所謂幽明，即能認識不能認識之謂也。

知天下無所謂無，則生死之説，可不煩言而解。故曰："氣之爲物，散入無形，適得吾體；聚爲有象，不失吾常。"此言質力無增減。"太虚不能無氣，氣不能不聚而爲萬物，萬物不能不散而爲太虚。循是出入，是皆不得已而然也。"此言質力之變化，一切皆機械作用。"彼語寂滅者，往而不反；此辟佛。然佛之所謂寂滅者，實非如張子所辟。要之宋儒喜辟二氏，然于二氏之言，實未嘗真解。徇生執有者，物而不化；此辟流俗。二者雖有間矣，以言乎失道則均焉。聚亦吾體，散亦吾體，知死之不亡者，可與言性矣。"張子之意，個體有生死，總體無所謂生死。個體之生死，則總體一部分之聚散而已。聚非有，散非無，故性不隨生死爲有無。故深辟告子"生之爲性"之説，以爲"不通晝夜之道"。然告子之意，亦非如張子所辟，亦張子誤也。如張子之説，則死生可一。故曰："盡性，然後知生無所得，則死無所喪。"

生死之疑既決，而鬼神之疑隨之。生死者，氣之聚散之名。鬼神者，氣之聚散之用也。張子之言曰："鬼神者，往來屈伸之義。"又曰："鬼神者，二氣之良能也。"蓋以往而屈者爲鬼，來而伸者爲神也。又詳言之曰："動物本諸天，以呼吸爲聚散之漸。植物本諸地，以陰陽升降爲聚散之漸。物之初生，氣日至而滋息。物生既盈，氣日反而游散。至之爲神，以其伸也。反之爲鬼，以其歸也。"然則鬼神者，非人既死後之名，乃其方生方死，方死方生之時，自然界一種看似兩相反對之作用之名耳。然則鬼神者，終日與人不相離者也。然則人即鬼神也。然則盈宇宙之間，皆鬼神也。此論至爲微妙。理學家之論鬼神，無能越斯旨者。

鬼神與人爲一體，則幽明似二而實一。幽明似二而實一，則隱微之間，不容不慎。故曰："鬼神嘗不死，故誠不可揜。人有是心，在隱微，必乘間而見。

故君子雖處幽獨,防亦不懈。"夫鬼神所以與人爲一體者,以天地萬物,本係一體也。故曰:"知性知天,則陰陽鬼神,皆吾分内耳。"此張子由其宇宙觀,以建立其人生觀者也。

宇宙之間,惟是一氣之運動。而自人觀之,則有兩端之相對。惟一者本體,兩端相對者,現象也。故曰:"一物而兩體,其太極之謂與?"又曰:"一物兩體,氣也。一故神,兩故化。"又曰:"兩不立,則一不可見。一不可見,則兩之用息。兩體者,虛實也,動静也,聚散也,清濁也,其究一而已。"

所謂現象者,總括之爲陰陽兩端,細究之,則億兆京垓而未有已也。故曰:"游氣紛擾,合而成質者,生人物之萬殊。其陰陽兩端,循環不已者,立天地之大義。"又曰:"氣坱然太虛,升降飛揚,未嘗止息。浮而上者陽之清,降而下者陰之濁。其感遇聚散,爲風雨,爲霜雪,萬品之流形,山川之融結,糟粕煨燼,無非教也。"張子之學,雖與邵子異,然格物之功,亦未嘗後人。張子曰:"地純陰,凝聚於中;天浮陽,運旋於外。"又曰:"陰性凝聚,陽性發散。陰聚之,陽必散之。陽爲陰累,則相持爲雨而降。陰爲陽得,則飄揚爲雲而升。雲物班布太極者,陰爲風驅,斂聚而未散者也。陰氣凝聚,陽在内者不得出,則奮擊而爲雷霆;在外者不得入,則周旋不舍而爲風。其聚有遠近虛實,故雷風有大小暴緩。和而散,則爲霜雪雨露。不和而散,則爲戾氣曀霾。"又曰:"聲者,形氣相軋而成。兩氣者,谷響雷聲之類。兩形者,桴鼓叩擊之類。形軋氣,羽扇敲矢之類。氣軋形,人聲笙簧之類。"皆其格物有得之言。自今日觀之,雖不足信,然亦可見其用心之深矣。○敲矢,《莊子》作"嚆矢",即鳴鏑,今響箭也。

既知宇宙之間,惟有一氣,則一切現象,本來平等,無善惡之可言。然清虛者易於變化,則謂之善。重濁者難於變化,則謂之惡。又以寂然不動者爲主,紛紜變化者爲客。此等思想,哲學家多有之。蓋以静爲本體,動爲現象,本體不能謂之惡,凡惡,皆止可歸諸現象界也。張子亦云:"太虛無形,氣之本體。其聚其散,變化之客形耳。至静無感,性之淵源。有識有知,物交之客感耳。客感客形,與無感無形,惟盡性者能一之。"又曰:"太虛爲清,清則無礙,無礙故神。反清爲濁,濁則礙,礙則形。"又曰:"凡氣清則通,昏則壅,清極則神。"又曰:"凡天地法象,皆神化之糟粕。"蓋凡有形可見者,皆不足當本體之名也。

認識所及,莫非紛紜之現象也,何以知其爲客,而别有淵然而静者爲之主?以其動必有反,而不差忒,如久客者之必歸其故鄉也。故曰:"天地之氣,雖聚散攻取百途,然其爲理也,順而不妄。"又曰:"天之不測謂之神,神之有常謂之天。"然則紛紜錯雜者現象,看似紛紜錯雜,而實有其不易之則者,本體也。現象之變化,不啻受制馭於本體矣。故曰:"氣有陰陽,推行有漸爲化,合一不測爲神。"

張子之論天然如此。其論人,則原與天然界爲一物。蓋宇宙之間,以物質言,則惟有所謂氣,人固此氣之所成也。以性情言,則氣之可得而言者,惟有所謂浮沉升降,動静相感之性,而此性即人之性也。故人也者,以物質言,以精神言,皆與自然是一非二也。張子之言曰:"氣於人:生而不離,死而游散者爲魂。聚成形質,雖死而不散者爲魄。"然則魂也者,即清而上浮之氣。魄也者,即濁而下降之氣也。又曰:"氣本之虚,則湛一無形。感而生,則聚而有象。有象斯有對,對必反其爲。有反斯有仇,仇必和而解。故愛惡之情,同出於太虚,而卒歸於物欲。倏而生,忽而成,不容有豪髮之間。"此言人之情感,亦即自然界之物理現象也。故斷言之曰:"由太虚,有天之名。由氣化,有道之名。合虚與氣,有性之名。合性與知覺,有心之名。"又曰:"惟屈伸動静終始之能,一也。故所以妙萬物而謂之神,通萬物而謂之道,體萬物而謂之性。"天也,道也,性也,其名雖異,其實則一物也。一元之論至此,可謂毫髮無遺憾矣。

人之性與物之性是一,可以其善感驗之。蓋宇宙之間,惟有一氣,而氣升降飛揚,未嘗止息。其所以不止息者,以其有動静相感之性也。而人亦然,故曰:"感者性之神,性者感之體。"又曰:"天所不能自已者爲命,不能無感者爲性。"夫人與物相感,猶物之自相感也。此即所謂天道也。故曰:"天性,乾坤陰陽也。二端故有感,本一故能合。""天地生萬物,所受雖不同,皆無須臾之不感。"所謂性即天道也。

張子以天地萬物爲一體,故深闢有無隱顯,歧而爲二之論,其言曰:"知虚空即氣,則有無隱顯,神化性命,通一無二。若謂虚能生氣,則虚無窮,氣有限,體用殊絶;入老氏有生於無,自然之論。若謂萬象爲太虚中所見之物,則物與虚不相資;形自形,性自性;形性天人不相待,陷於浮屠以山河大地爲見病之説。"以如是,則人與自然,不能合爲一體也。釋老之言,實非如此,又當别論。

張子以人與天地萬物爲一體。夫天地萬物,其本體至善者也。而人何以不能盡善?曰:張子固言之矣:"太虚爲清,清則無礙,無礙則神。反清爲濁,濁則礙,礙則形。"人亦有形之物,其所以不免於惡者,正以其不能無礙耳。張子曰:"性通乎氣之外,命行乎氣之内。"性通乎氣之外,謂人之性,與天地萬物之性是一,故可以爲至善。命行乎氣之内,命指耳之聰,目之明,知慧,强力等言,不能不爲形體所限,人之所以不能盡善者以此。夫"性者,萬物一原,非有我之所得而私也"。然既寓於我之形,則不能不藉我之形而見。我之形不能盡善,而性之因形而見者,遂亦有不能盡善者焉。此則張子所謂氣質之性也。

氣質之性，所以不能盡善者，乃因性爲氣質所累而然。而非性之本不善。猶水然，因方爲圭，遇圓成璧；苟去方圓之器，固無圭璧之形。然則人能盡除氣質之累，其性固可以復於至善。故曰："形而後有氣質之性。善反之，則天地之性存焉。故氣質之性，君子有弗性者焉。"又曰："性於人無不善，係其善反與不善反而已。"

人之性，善反之，固可以復於至善。然既云性爲氣質所限，則其能反與否，自亦不能無爲氣質所拘。故曰："凡物莫不有是性。由通蔽開塞，所以有人物之别。由蔽有厚薄，故有智愚之别。塞者牢不可開。厚者可以開，而開之也難。薄者開之也易。"又曰："上智下愚，習與性相遠既甚而不可變者也。"横渠論性之説，朱子實祖述之。其説與純粹性善之説，不能相容。爲理學中一重公案。

氣質何以爲性累？張子統括之曰："攻取之欲。""計度之私。"前者以情言，後者以智言也。人之性，即天地之性；天地之性固善感；使人之感物，亦如物性之自然相感，而無所容心於其間，固不得謂之不善。所以不善者，因人之氣質，不能無偏，遂有因氣質而生之欲，如"口腹於飲食，鼻舌於臭味"是。所謂"湛一氣之本，攻取氣之欲"也。既有此欲，必思所以遂之，於是有"計度之私"。抑且不必見可欲之物，而後計度以取之也；心溺於欲，則凡耳目所接，莫不惟可欲是聞，可欲是見；而非所欲者，則傾耳不聞，熟視無睹焉。所謂"見聞之知，乃物交而知，非德性所知"也。甚有無所見聞，亦憑空冥想者，則所謂"無所感而起者妄也"。凡若此者，總由於欲而來，故又可總括之曰"人欲"。對人欲而言，則曰"天理"。故曰："徇物喪心，人化物而滅天理者與？"又曰："德不勝氣，性命於氣。德勝其氣，性命於德。窮理盡性，則性天德，命天理；氣之不可變者，獨死生壽夭而已。"又曰"爲學大益，在自能變化氣質"也。分性爲氣質之性，義理之性；又以天理人欲對舉；皆理學中極重要公案。而其原，皆自張子發之。張子之於理學，實有開山之功者也。

反其性有道乎？曰：有。爲性之累者氣質，反其性者，去其氣質之累而已。去氣質之累如之何？曰：因氣質而生者欲，去氣質之累者，去其心之欲而已。故曰："不識不知，順帝之則。有思慮知識，則喪其天矣。"又曰："無所感而起，妄也。感而通，誠也。計度而知，昏也。不思而得，素也。"又曰："成心者，意之謂與？成心忘，然後可與進於道。"

此等功夫，貴不爲耳目等形體所累，而又不能不藉形體之用。故曰："世人之心，止於聞見之狹。聖人盡性，不以聞見梏其心。"又曰："耳目雖爲心累，然合内外之德,知其爲啓之之要也。"夫不蔽於耳目,而又不能不用耳目,果以何爲主乎？曰：主於心。主於心以復其性。張子曰:"心統性情者也。"與天地合一者謂之性,蔽於耳目者謂之情。心能主於性而不爲情之所蔽,則善矣。故曰:"人病以耳目見聞累其心,而不務盡其心。盡其心者,必知心所從來而後能。"夫心所從來,則性之謂也。

能若此,則其所爲,純乎因物付物,而無我之見存。所謂"不得已而後爲,至於不得爲而止"也。人之所以不善者,既全由乎欲,則欲之既除,其所爲自無不善。故曰:"不得已,當爲而爲之,雖殺人,皆義也。有心爲之,雖善,皆意也。"蓋所行之善惡,視其有無欲之成分,不以所行之事論也。故無欲即至善也。故曰:"無成心者,時中而已矣。"又曰:"天理也者,時義而已。君子教人,舉天理以示之而已。其行已,述天理而時措之者也。"

人之所爲,全與天理相合,是之謂誠。《中庸》曰:"誠者,天之道也。思誠者,人之道也。"張子曰:"天所以長久不已之道,乃所謂誠。"所謂誠者天之道也。又曰:"屈伸相感而利生,感以誠也。情僞相感而利害生,雜之僞也。至誠則順理而利,僞則不循理而害。"又曰:"誠有是物,則有終有始。僞實不有,何終始之有?"所謂思誠者人之道也。張子曰:"天人異用,不足以言誠。天人異知,不足以盡明。所謂誠明者,性與天道,不見乎大小之别也。"謂在我之性,與天道合也。夫是之謂能盡性。能盡性,則我之所以處我者,可謂不失其道矣。夫是之謂能盡命。故曰:"性其總,命其受。不極總之要,則不盡受之份。"故盡性至命,是一事也。夫我之性,即天地人物之性。性既非二,則盡此即盡彼。故曰:"盡其性者,能盡人物之性。至於命者,亦能至人物之命。"然則成已成物,以至於與天地參,又非二事也。此爲人道之極致,亦爲修爲之極功。

此種功力,當以精心毅力行之,而又當持之以漸。張子曰:"神不可致思,存焉可也。化不可助長,順焉可也。"又曰:"窮神知化,乃養盛自致,非思勉之能强。故崇德而外,君子未之或知也。"又曰:"心之要,只是欲平曠。熟後無心,如天簡易不已。今有心以求其虚,則是已起一心,無由得虚。切不得令心煩。求之太切,則反昏惑。孟子所謂助長也。孟子亦只言存養而已。此非可以聰明思慮,力所能致也。"張子之言如此,謂其學,由於苦思力索,非養盛自致,吾不信也。

張子之學,以天地萬物爲一體,故其道歸結於仁。故曰:"性者,萬物一原,非有我所得私也。惟大人爲能盡其性,故立必俱立,知必周知,愛必兼愛,成不獨成。”蓋不如是，不足以言成已也。故曰：“天體物而不遺，猶仁體事而無不在也。禮儀三百，威儀三千，無一物而非仁也。”張子又曰：“君子於天下，達善達不善，無物我之私。循理者共悦之，不循理者共攻之。攻之，其過雖在人，如在己不忘自訟。其悦之，善雖在己，蓋取諸人，必以與人焉。善以天下，不善以天下。”又曰：“正己而物正，大人也。正己以正物，猶不免有意之累也。有意爲善，利之也，假之也。無意爲善，性之也，由之也。”渾然不見人我之别，可謂大矣。

以上引張子之言，皆出《正蒙》及《理窟》。而張子之善言仁者，尤莫如《西銘》。今録其辭如下。《西銘》曰：“乾稱父，坤稱母。予兹藐焉，乃混然中處。故天地之塞吾其體，天地之帥吾其性。民吾同胞，物吾與也。大君者，吾父母宗子，其大臣，宗子之家相也。尊高年，所以長其長；慈孤弱，所以幼其幼。聖其合德，賢其秀也。凡天下疲癃殘疾，惸獨孤寡，皆吾兄弟之顛連而無告者也。於時保之，子之翼也。樂且不憂，純乎孝者也。違曰悖德，害仁曰賊。濟惡者不才，其踐形，維肖者也。知化則善述其事，窮神則善繼其志。不愧屋漏爲無忝，存心養性爲匪懈。惡旨酒，崇伯子之顧養。育英才，潁封人之錫類。不弛勞而底豫，舜其功也。無所逃而待烹，申生其恭也。體其受而全歸者參乎？勇於從而順令者，伯奇也。富貴福澤，將厚吾之生也。貧賤憂戚，庸玉汝於成也。存吾順事，没吾寧也。”寥寥二百餘言，而天地萬物，爲一體；不成物，不足以言成己，成己即所以成物之旨，昭然若揭焉。可謂善言仁矣。

楊龜山寓書伊川，疑《西銘》言體而不及用，恐其流於兼愛。伊川曰：“《西銘》理一而分殊，墨氏則二本而無分。子比而同之，過矣。”劉剛中問：“張子《西銘》與墨子兼愛何以異？”朱子曰：“異以理一分殊。一者一本，殊者萬殊。脈絡流通，真從乾父坤母源頭上聯貫出來。其後支分派别，井井有條。非如夷之愛無差等。且理一體也，分殊用也。墨子兼愛，只在用上施行。如後之釋氏，人我平等，親疏平等，一味慈悲。彼不知分之殊，又惡知理之一哉？”釋氏是否不知分殊，又當别論。而張子之學，本末咸備，體用兼該，則誠如程朱之言也。

惟其如是，故張子極重禮。張子曰：“生有先後，所以爲天序。小大高下，相并而相形焉，是爲天秩。天之生物也有序，物之既形也有秩。知序然後經正，知秩然後禮行。”蓋義所以行仁，禮所以行義也。張子又曰：“世學不講，男女從幼便驕惰壞了。到長，益兇狠。只爲未嘗爲子弟之事，則於其親，已有物我，不肯屈下。病根常在，又隨所居而長，至死只依舊。爲子弟，則不能安灑掃應對。在朋友,則不能下朋友,有官長,則不能下官長。爲宰相,則不能下天下之賢。甚則至於徇私意,義理都喪,也只爲病根不去,隨所居所接而長。人須一事事消了病,則義理常勝。”又曰:“某所以使學者先學禮者?只爲學禮,便除去了世俗一副當習熟纏繞。譬之延蔓之物,解纏繞即上去。上去,即是理明矣,又何求?苟能除去一副當世習,便自然灑脱也。”可見張子之重禮,皆所以成其學。非若俗儒拘拘,即以節文之末,爲道之所在矣。張子教童子以灑掃應對進退。女子未嫁者,使觀祭祀,納酒漿。其後學,益酌定禮文,行之教授感化所及之地。雖所行未必盡當,然其用意之善,則不可没也。張子曰:“天下事大患,只是畏人非笑。不養車馬,食粗衣惡,居貧賤,皆恐人非笑。不知當生則生,當死則死。今日萬鐘,明日棄之;今日富貴,明日饑餓;亦不恤,惟義所在。”今日讀之,猶想見其泰山岩岩,壁立萬仞之氣象焉。吾師乎!吾師乎!百世之下,聞者莫不興起也。

篇七　明道伊川之學

二程之性質，雖寬嚴不同，二程之異，朱子“明道弘大，伊川親切”一語，足以盡之。大抵明道說話較渾融，伊川則於躬行之法較切實。朱子喜切實，故宗伊川。象山天資高，故近明道也。然其學問宗旨，則無不同也。故合爲一篇講之。

欲知二程之學，首當知其所謂理氣者。二程以凡現象皆屬於氣。具體之現象固氣也，抽象之觀念亦氣。必所以使氣如此者，乃謂之理。大程曰：“有形總是氣，無形是道。”小程曰“陰陽氣也，所以陰陽者道”是也。非謂別有一無形之物，能使有形者如此。別有一所以陰陽者，能使陰陽爲陰陽。乃謂如此與使之如此者，其實雖不可知，然自吾曹言之，不妨判之爲二耳。小程曰：“冲穆無朕，萬象森然已具。未應不是先，已應不是後。如百尺之木，自根本至枝葉，皆是一貫。不可上面一段，是無形無兆，卻待人安排引出來。”此言殊有契於無始無終之妙。若謂理別是一物，而能生氣，則正陷於所謂安排引出來者矣。或謂程子所謂理能生氣，乃謂以此生彼，如横渠所譏，“虚能生氣，虚無窮，氣有限，體用殊絶”者，乃未知程子之意者也。〇程子所以歧理氣爲二者，蓋以言氣不能離陰陽，陰陽已是兩端相對，不足爲宇宙根原，故必離氣而言理。亦猶周子於兩儀之上，立一太極也。小程曰：“寂然不動，感而遂通，此已言人分上事。若論道，則萬理皆具，更不說感與未感。”其意可見。然以陰陽二端，不足爲世界根原，而别立一冲穆無朕之理以當之，殊不如横渠之說，以氣即世界之實體，而陰陽兩現象，乃是其用之爲得也。〇小程以所謂惡者，歸之於最初之動。其言曰：“天地之化，既是兩物，必動已不齊。譬如兩扇磨行，使其齒齊不得。齒齊既動，則物之出者，何可得齊？從此參差萬變，巧歷不能窮也。”蓋程子之意，終以惡生於所謂兩者也。夫如明道之言：“有形總是氣，無形是道。”天地亦有形之物也，亦氣也。天地有惡，誠不害於理之善。然理與氣既不容斷絶，則動者氣也，使之動者理也，理既至善，何故氣有不善之動？是終不能自圓其說也。故小程子又曰：“事有善有惡，皆天理也。天理中物須有善惡。蓋物之不齊，物之情也。”至此，則理爲純善之說，幾幾乎不能自持矣。然以理爲惡，於心究有不安。乃又委曲其詞曰：“天下善惡皆天理。謂之惡者本非惡，但或過或不及。”未免進退失據矣。〇又案二程之論，雖謂理氣是二，然後來主理氣是一者，其說亦多爲二程所已見及。如“惡本非惡，但或過或不及”一語，即主理氣是一者所常引用也。小程又曰：“天地之化，一息不留。疑其速也，然寒暑之變甚漸。”又曰：“天地之化，雖廓然無窮，然而陰陽之度，日月寒暑晝夜之變，莫不有常。此道之所以爲中庸。”此二說，後之持一元論者，亦常引用之。要之二程論理氣道器，用思未嘗不深，而所見不如後人之瑩澈。此自創始者難爲功，繼起者易爲力也。

職是故，伊川乃不認氣爲無增減，而以爲理之所生。《語録》曰："真元之氣，氣之所由生。不與外氣相雜，但以外氣涵養而已。若魚之在水，魚之性命，非是水爲之，但必以水涵養，魚乃得生耳。人居天地氣中，與魚在水無異。至於飲食之養，皆是外氣涵養之道。出入之息者，闔闢之機而已。所出之息，非所入之氣。但真元自能生氣。所入之氣，正當闢時，隨之而入，非假外氣以助真元也。若謂既反之氣，復將爲方伸之氣，則殊與天地之化不相似。天地之化，自然生生不窮，更何資於既斃之形，既返之氣。人氣之生，生於貞元。天地之氣，亦自然生生不窮。至如海水，陽盛而涸，及陰盛而生，亦不是將已涸之氣卻生水，自然能生往來屈伸，只是理也。盛則便有衰，晝則便有夜，往則便有來。天地中如洪爐，何物不銷鑠。"此説與質力不滅之理不合；且於張子所謂"無無"之旨，見之未瑩，宜後人之譏之也。

凡哲學家，只能認一事爲實。主理氣合一者，以氣之屈伸往來即是理。所謂理者，乃就氣之狀態而名之，故氣即是實也。若二程，就氣之表，别立一使氣如是者之名爲理，則氣不得爲實，惟此物爲實審矣。故小程謂"天下無實於理者"也。

二程認宇宙之間，惟有一物，即所謂理也。宇宙間既惟此一物，則人之所稟受以爲人者，自不容舍此而有他。故謂性即理。大程曰："在天爲命，在人爲性，主於身爲心。"小程亦有此語。小程曰："道與性一"是也。明道又曰："窮理盡性，以至於命，二事一時併了。"《伊川語録》："問人之形體有限量，心有限量否？曰：以有限之形，有限之氣，苟不通之以道，安得無限量？苟能通之以道，又豈有限量？天下更無性外之物。若曰有限量，除是性外有物始得。"其所謂理者，既爲脱離現狀，無可指名之物，故其所謂性者，亦異常超妙，無可把捉。大程謂"生之謂性，性即氣"。"人生而静以上不容説；才説性，便已不是性"是也。《伊川語録》："季明問喜怒哀樂未發謂之中曰：當中之時，耳無聞，目無見否？曰：雖耳無聞，目無見，然見聞之理在始得。賢且説静時如何？曰：謂之無物則不可。然自有知覺處。曰：既有知覺，即是動也，怎生言静？人説《復》以静見天地之心，非也。《復》之卦，下面一畫，便是動也，安得謂之静？"又："或問先生於喜怒哀樂未發之前，下動字，下静字？曰：謂之静則可。然静中須有物始得。這是最難處。"又："或曰：喜怒哀樂未發之前求中，可乎？曰：不可。既思於喜怒哀樂未發之前求中，卻又是思也。既思即是已發，便謂之和，不可謂之中。"既思即是已發，有知覺即是動，此即明道才説性便已不是性之説。蓋二程之意，必全離乎氣，乃可謂之理；全離乎生，乃可謂之性也。既無聞無見，而又須有見聞之理在；謂之静，而其中又須有物；則以理氣二者，不容隔絶爾。二者既不容隔絶，而又不容夾雜，則其説只理論可有，實際無從想像矣。二程亦知其然。故於夾雜形氣者，亦未嘗不認爲性。以舍此性更無可見也。大程謂"善固性，惡亦不可不謂之性"；小程謂"論性不論氣不備，論氣不論性不明"是也。夫如是，則二程所謂性者，空空洞洞，無可捉摸，自不得謂之惡。故二程以所謂惡者，悉歸諸氣質。

小程曰："性即是理。理自堯舜至於途人一也。才禀於氣。氣有清濁，禀其清者爲賢，禀其濁者爲愚。"又曰："氣有善有不善，性則無不善。人之所以不知善者，氣昏而塞之耳。"又曰："性即理也。天下之理，原其所自來，未有不善。故凡言善惡者，皆先善而後惡；言是非者，皆先是而後非；言吉凶者，皆先吉而後凶。"《明道語録》中論性一節，號爲難解，其意亦只如此。其言曰："生之謂性，性即氣，氣即性，生之謂也。人生氣禀，理有善惡。然不是性中元有此兩物，相對而生也。有自幼而善，有自幼而惡，是氣禀使然也。善固性也，惡亦不可不謂之性也。蓋生之謂性；人生而静以上不容説，才説性，便已不是性也。凡人説性，只是説繼之者善也。孟子言人性善是也。夫所謂繼之者善也，猶水流而就下也。皆水也，有流而至海，終無所污，此何煩人力之爲也。有流而未遠，固已漸濁；有出而甚遠，方有所濁。有濁之多者，有濁之少者。清濁雖不同，然不可以濁者不爲水也。如此，則人不可以不加澄治之功。故用力敏勇則疾清，用力緩怠則遲清。其清也，卻只是元來水也。亦不是將清來换卻濁，亦不是取出濁來，置在一偶也。水之清，則性善之謂也。故不是善與惡在性中爲兩物相對，各自出來。"大程此言，謂性字有兩種講法：一告子所謂"生之謂性"，此已落形氣之中，無純善者。孟子所謂性善，亦指此，不過謂可加澄治之功耳。一則所謂人生而静以上。此時全不雜氣質，故不可謂之惡。此境雖無可經驗，然人之中，固有生而至善，如水之流而至海，終無所污者；又有用力澄治，能復其元來之清者。如水然。江河百川，固無不與泥沙相雜。然世間既有清澄之水；人又可用力澄治，以還水之清。則知水與泥沙，確係兩物。就水而論，固不能謂之不清，而濁非水之本然矣。此人性所以可決爲善，而斷定其中非有所謂惡者，與善相對也。性本至善，然人之生，鮮有不受氣質之累者。不知此理，則將有性惡之疑。故小程謂"論性不論氣不備，論氣不論性不明"也。〇二程謂心性是一，故於心，亦恒不認其有不善。大程曰："心本善，發於思慮，則有善有不善。既發則可謂之情，不可謂之心。"小程謂："在天爲命，在人爲性，主於身爲心，運用處是意。""問上知下愚不移是性否？曰：此是才。才猶言材料，曲可以爲輪，直可以爲梁是也。"朱子則善横渠心統性情之説，謂："性是静，情是動,心則兼動静而言。"

天下惟有一理。所謂性者,亦即此理。此理之性質,果何如乎?二程斷言之曰仁。蓋宇宙現象,變化不窮,便是生生不已。凡宇宙現象,一切可該之以生,則生之外無餘事。生殺相對,然殺正所以爲生,如冬藏所以爲春生地也。故二者仍是一事。故生之大無對。生即仁也,故仁之大亦無對。人道之本,惟仁而已。大程《識仁篇》暢發斯旨。其言曰:"仁者渾然,與物同體。義理智信,皆仁也。識得此理,以誠敬存之而已。不須防檢,不須窮索。此道與物無對,大不足以明之。天地之用,皆我之用。孟子言萬物皆備於我。須反身而誠,乃爲大樂。若反身未誠,猶是二物有對,以己合彼;終未有之,又安得樂。《訂頑》意思,乃備言此體。横渠銘其書室之兩牖,東曰"砭愚",西曰"訂頑"。伊川更爲《東銘》、《西銘》。以此意存之,更有何事?必有事焉而勿正,心勿忘,勿助長,未嘗致纖豪之力,此其存之之道。若存得,便合有得。蓋良知良能,元不喪失。以昔日習心未除,卻須存習此心。久則可奪舊習。此理至約,惟患不能守。然既體之而樂,亦不患不能守也。"曰"與物同體"。曰"天地之用,皆我之用"。曰"萬物皆備於我,苟能有之,則非復二物相對,不待以己合彼"。皆極言其廓然大公而已。無人我之界,則所謂仁也。小程曰:"仁人道,只消道一公字。"亦此意。《伊川語録》:"問仁與心何異?曰:心是就所主言,仁是就事言。"伊川以心與性爲一,理與仁爲一。性即理,故心即仁也。○大程言仁,有極好者。如曰:"醫書言手足痿痹爲不仁,此言最善名狀。仁者以天地萬物爲一體,莫非己也。至仁則天地萬物爲一身;而天地之間,品物萬形,爲四支百體。夫人豈有視四支百體而不愛者哉?"又曰:"仁至難言。故曰:己欲立,而立人;己欲達,而達人。能近取譬,可謂仁之方也已。如是觀之,可以得仁之體。"又曰:"舍己從人最難。己者,我之所有。雖痛舍之,猶懼守己者固,而從人者輕也。"又曰:"大凡把捉不定,皆是不仁。"其言皆極勘察入微。○明道曰:"昔受業於周茂叔,每令尋顏子,仲尼樂處,所樂何事。"《朱子語録》:"問顏子所樂何事。周子、程子終不言。先生以爲所樂何事?曰:人之所以不樂者,有私意耳。克己之私,則樂矣。"盡去己私,則不分人我矣。○《伊川語録》:"問仁與聖何以異?曰:人只見孔子言何事於仁,必也聖乎?便爲仁小而聖大。殊不知仁可以通上下言之,聖則其極也。今人或一事是仁,可謂之仁。至於盡人道,亦可謂之仁。此通上下言之也。如曰:若聖與仁,則吾豈敢,則又仁與聖兩大。大抵盡仁道者即是聖人,非聖人則不能盡得仁道。"亦以仁爲人道之極也。○所謂"義禮智信皆仁"者,乃謂義禮智信,皆可該於仁之中耳。非謂有仁,遂可無義禮智信也。《明道語録》曰:"仁者體也,義者用也。知義之爲用而不外焉,可以語道矣。世之所論於義者皆外之。不然,則混而無别。"此數語爲義禮智信皆仁之絶好注脚。蓋所謂義理智信皆仁者,謂仁者目的,義禮智信,皆其手段;手段所以達目的,故目的而外,更無餘事也。外之,則義禮智信,與目的對立爲二物矣。如殺以止殺,殺,義也,以止殺故乃殺,則所以行仁也。毒蛇螫手,壯士斷腕,斷腕,義也,行此義,正所以全其身,則仍仁也。良藥苦口,忍痛而飲之,飲之,義也,亦所以全其身,則仁也。蓋義之目的在仁,而其手段則與仁相反。故以仁爲目的而行之,則義仍是仁。即以義爲目的而行之,則竟是不仁矣。此外之之謂也。故外義即不仁也。混而無别,則又有目的而無手段,所謂婦人之仁也。其心雖仁,其事亦終必至於不仁而後已。故混而無别,亦不仁也。

識得仁,以誠敬存之,固已,然人何緣而能識仁,亦一問題也。此理也,大程於《定性篇》發之。其言曰:“所謂定者,動亦定,静亦定;無將迎,無内外。苟以外物爲外,牽己而從之,是以己性爲有内外也。且以己性爲隨物於外,則當其在外時,何者爲在内?是有意於絶外誘,而不知性之無内外也。既以内外爲二本,則又烏可處語定哉?夫天地之常,以其心普萬物而無心。聖人之常,以其情順萬事而無情。故君子之學,莫若廓然而大公,物來而順應。《易》曰:‘貞吉悔亡,憧憧往來,朋從爾思。’苟規規於外誘之除,將見滅於東而生於西也。非惟日之不足,顧其端無窮,不可得而除之。人之情,各有所蔽,故不能適道。大率患在於自私而用智,自私則不能以有爲爲應跡,用智則不能以明覺爲自然。今以惡外物之心,而求昭無物之地,是反鑒而索照也。《易》曰:‘艮其背,不獲其身。行其庭,不見其人。’孟氏亦曰:‘所惡於智者,爲其鑿也。與其非外而是内,不若内外之兩忘也。’兩忘則澄然無事矣。無事則定,定則明,明則尚何應物之爲累哉?”此篇所言,一言蔽之,因物付物而已。因物付物,而我無欲焉,則合乎天然之理。合乎天然之理,則仁矣。故誠敬存之,是識仁後事。而因物付物,不自私,不用智。則由之以識仁之道也。此篇所言,亦爲針砭學佛者而發。伊川曰:“學佛者多要忘是非。是非安可忘得?自有許多道理,何事忘得?夫事外無心,心外無事。世人只爲被物所役,便覺苦事多。若物各付物,便役物也。”又曰:“如明鑒在此,萬物畢照,是鑒之常,難爲使之不照。人心能交感萬物,亦難爲使之不思慮。”皆與此篇意同。○二程所謂止者,即物各付物之謂也。明道曰:“知止則自定。”伊川曰:“釋氏多言定,聖人則言止。”○伊川論止之理,有極精者。其言曰:“人多不能止。蓋人萬物皆備,遇事時,各因其心之所重者,更互而出。才見得這裏重,便有這事出。若能物各付物,便是不出來也。”又曰:“養心莫善於寡欲。欲不必沉溺,只有所向便是欲。”又曰:“外物不接,内欲不萌,如是而止,乃得止之道。有疑病者,事未至,先有疑端在心。周羅事者,先有周羅事之端在心。皆病也。”其言皆深切著明,足以使人猛省。○伊川又曰:“聖人與理爲一,故無過不及,中而已矣。其他皆是以心處這個道理。故賢者常失之過,不肖者嘗失之不及。”此可見因物付物,即私欲浄盡之時也。

大程之所謂定,即周子之所謂静也。蓋世界紛紛,皆違乎天則之舉動。若名此等舉動爲動,則反乎此等舉動者,固可以謂之静,謂之定。故周子所謂静,大程所謂定,無二致也。雖然,周子僅言當静而已,如何而可以静,未之及也。程子則并言所以求定之方,曰:“涵養須用敬,進學在致知。”蓋當然之天則,在自悟而不容强求。若迫切求之,則即此迫切之心,已與天則爲二矣。《伊川語録》:“問吕學士言:當求於喜怒哀樂未發之前。信斯言也,恐無著摸。如之何而可?曰:看此語如何地下。若言存養於喜怒哀樂未發之時則可。若言求中於喜怒哀樂未發之時則不可。又問:學者於喜怒哀樂發時,固當勉强裁抑。於未發之前,當如何用功。曰:未發之前,更怎生求?只平日涵養便是。"又:"伊川曰:志道懇切,固是誠意。若迫切不中理,則反爲不誠。蓋實理中自有緩急,不容如是之迫。"○明道曰:"中者,天下之大本。天地之間,亭亭當當,直上直下之正理。出則不是。惟敬而無失最盡。"亦涵養須用敬之意也。故識得此理之後,在此以勿忘勿助之法存之也。忽忘者,不離乎此之謂。勿助者,不以人力强求,以致反離乎此之謂也。此即程子所謂敬也。然此爲識得天則後事,至於未識天則之前,欲求識此天則,則當即物而求其理。此則程子所謂致知也,故定者,即周子之静。目的。主敬致知,則所以達此目的也。故程氏之學脈,實上承周子;而其方法,則又較周子加詳也。

涵養須用敬,進學在致知二語,爲伊川之宗旨。朱子亟稱之。然其説實已備於明道,故二程之性質雖異,其學術則一也。明道論敬之語,已見前。伊川於此,發揮尤爲透切。其言曰:"有主則虚,虚則邪不能入。無主則實,實則物來奪之。今夫瓶罌,有水實内,則雖江海之侵,無所能入,安得不虚?無水於内,則渟注之水,不可勝注,安得不實?大凡人心不可二用。用於一事,他事便不能入,事爲之主也。事爲之主,尚無思慮紛擾之患。若主於敬,又焉有此患乎?所謂"閑邪則誠自存,主一則不消閑邪"也。所謂敬者,主一之謂敬。所謂一者,無適之謂一。且欲涵泳主一之義。一則無二三矣。但存此涵養,久之,自然天理明。"程子所謂主一,乃止於至當,而無邪思雜念之謂。故其所謂一者,初非空空洞洞,無所著落。《語録》:"或問思慮果出於正,亦無害否?曰:且如宗廟則主敬,朝廷則主莊,軍旅則主嚴,此是也。若發不以時,紛然無度,雖正亦邪。"如此説,則强繫其心於一物;或空空洞洞,一無著落者,皆不得爲思之正。何則?所謂一物者,初非隨時隨地所當念;而隨時隨地,各有其所當念之事,原亦不當落入空寂故也。《語録》又載伊川語曰:"張天祺嘗自約:上著床,便不得思量事。不思量事後。須强把這心來制縛;亦須寄寓在一個形像,皆非自然。君實只管念個中字,則又爲中繫縛。愚夫不思慮,冥然無知。此過與不及之分也。"周子所謂静,本係隨時隨地、止於至當之謂。非謂虚寂。然學者每易誤爲虚寂。易之以主敬,則無此弊矣。故主敬之説,謂即發明周子主静之説可。謂補周子之説末流之弊而救其偏,亦無不可也。故伊川又鄭重而言之曰:"敬則自虚静。不可把虚静唤做敬。"虚寂之静固有弊。然恒人所患,究以紛擾爲多。故學道之始,宜使之習静,以祛塵累而見本心。此非使之入於虚寂也。故伊川每見人静坐,輒嘆其善學。○初學敬時,雖須隨時檢點,留意於主一。及其後,則須自然而然,不待勉强。否則有作意矜持之時,必有遺漏不及檢點之處矣。故伊川又謂"忘敬而後無不敬"也。○"誠敬"二字,義相一貫。蓋誠即真實無妄之謂,敬即守此真實無妄者而不失之謂也。一有不敬,則私意起;私意起,即不誠矣。《伊川語録》:"季明曰:昞嘗患思慮不定;或思一事未了,他事如麻又生,如何?曰:不可。此不誠之本也。"令人悚然。

致知之説，欲即事物而求其理，頗爲陽明學者所訾。今之好言科學者，又頗取其説。其實二程所謂致知，不盡如陽明學者所譏，亦非今世所謂科學之致知也。致知之説，亦發自明道。《語録》“問不知如何持守？曰：且未説到持守。持守甚事？須先在致知”是也。明道訓“致知在格物”之格爲至。謂窮理而至於物，則物理盡。伊川則訓格爲窮，訓物爲理。謂格物猶言窮理。意亦相同。伊川云：“若只守一個敬，不知集義，卻是都無事也。且如欲爲孝，不成只守個‘孝’字。須知所以爲孝之道。所以奉侍當如何？温凊當如何，然後能盡孝道也。”與後來陽明之説正相反。又曰：“學者先要會疑。”又曰：“人思如泉湧，汲之愈新。”又曰：“不深思而得者，其得易失。”又：“問人有志於學，然知識蔽錮，力量不至，則如之何？曰：只是致知。若致知，則知識當漸明。不曾見人有一件事，終思不到也。知識明，則力量自進。”其視致知之重，而勸人以致思如此。明道謂：“知至則便意誠。不誠，皆知未至耳。”伊川曰：“勉强行者，安能持久？除非燭理明，自然樂循理。”又曰：“人謂要力行，亦只是淺近語。人既能知見，豈有不能行？”一若行全繫於知；既知，則行更無難者。不獨主陽明之學者訾之。即從常識立論者，亦多疑之。然二程之所謂知，實非常人之所謂知也。常人所謂知者，不過目擊耳聞，未嘗加以體驗，故其知也淺。二程所謂知，則皆既經身驗，而確知其然者也，故其知也深。伊川曰：“知有多少般，煞有淺深。向親見一人，曾爲虎所傷。因言及虎，神色便變。旁有數人，見他説虎，非不知虎之猛，可畏。然不如他有畏懼之色。蓋真知虎者也。學者深知亦如此。且如膾炙，貴公子與野人，皆知其美。然貴人聞著，便有欲嗜膾炙之色。野人則不然。學者須是真知。才知得，便泰然行將去也。”又曰：“如曾子易簀，須要如此乃安。人不能若此者，只爲不見實理。實理得之於心，自别。若耳聞口道，心實不見。若見得，必不肯安於所不安。”又曰：“古人有捐軀殞命者。若不實見得，烏能如此？須是實見得生不重於義，生不安於死也，故有殺生成仁者。只是成就一個是而已。”又曰：“執卷者莫不説禮義。王公大人，皆能言軒冕外物。及其臨利害，則不知就義理，卻就富貴。如此者，只是説得，不實見。”凡此所謂知者，皆身體力行後之真知灼見，非口耳剿襲者比。故伊川謂：“聞見之知，非德性之知。”而訾世之所謂博學多聞者，皆聞見之知也。蓋二程所謂致知者，原係且實行，且體驗，非懸空摸索之謂也。然則其所謂知者，實在行之後矣。安得以流俗知而不行之知譏之哉？故曰：二程之致知，不盡如陽明學者所譏也。知行二者，真切言之，固亦難分先後。然自理論言之，固可謂知在先，行在後，此則人之言語思想，不得不然者也。伊川謂“譬如行路，須是光照”，即此理。〇不知而行,往往有貌是而實非者。《伊川語録》"到底須是知了方能行。若不知,只是覷了堯,學他行事。無堯許多聰明睿知,怎生得如他動容周旋中禮"是也。〇用過此等工夫後,自然有真知灼見,與常人不同。故小程謂"爲人處世,聞見事無可疑,多少快活"也。至謂二程之致知,非今世科學所謂致知者,則以其所言,多主道德,不主知識。明道曰:"良知良能,皆出於天,不繫於人。人莫不有良知。惟蔽於人欲,乃亡天德。"伊川曰:"致知在格物,非由外鑠我也,我固有之也。因物而遷,迷而不悟,則天理滅矣。故聖人欲格之。"其所謂知者可知。故伊川又曰:"致知但知止於至善,如爲人子止於孝,爲人父止於慈之類,只務觀物理。正如游騎無歸。"又曰:"物我一理,才明彼,即曉此,合内外之道也。"此豈今科學所謂知哉?伊川曰:"人道莫如敬。未有致知而不在敬者。"又曰:"致知在格物。物來則知起,物各付物,不役其知,則意誠。意誠則心正。此始學之事也。"明道曰:"目畏尖物,此事不得放過,須是克下。室中率置尖物,以理勝他。"有患心疾者,見物皆獅子。伊川教以見即直前捕執之,無物也。久之,疑疾遂愈。此等致知工夫,皆兼力行言之。故伊川謂"有恐懼心,亦是燭理不明"。又謂"克己所以治怒,明理所以治懼"。若如尋常人所爲,則稍有知識者,誰不知鬼魅之不足畏,然敢獨宿於墟墓之間者幾人歟?故曰:二程之致知,非今科學家所謂致知也。

格物之説,欲即事物而窮其理。事物無窮,即理無窮,格之安可勝格?然於物有所未格,即於理有所未窮,而知亦有所不致矣。此世之致疑於格物之説之最大端也。雖然,此以疑今科學之所謂格物則可。若二程所言之格物,則其意本主於躬行,但須格到此心通曉爲止,豈有格盡天下之物之疑哉?如欲通文字者,但須將他人文字讀之,至自己通曉爲止。豈有憂天下文字多,不能盡讀之理?故如此之説,實不足以疑二程也。《伊川語録》:"或問格物須物物格之,還是格一物而萬物皆知?曰:怎生便會該通?若只格一物,便通衆理,雖顔子亦不能如此。須是今日格一件,明日格一件。積習既多,然後有脱然貫通處。"又曰:"自一身之中,至萬物之理,但理會得多,相次,自然豁然有覺處。"所謂脱然貫通,豁然有覺,雖不能謂其必當於真理。然自吾心言之,確有此快然自得之境。試問今之爲學者,孰敢以其所得爲必確?然用力既深,又孰無此確然自信之境乎?故如此之説,實不足以難二程也。故曰:"所謂窮理者,非道須盡窮天地萬物之理,又不道是窮得一理便到。只是要積累多後,自然見去。"窮理以我爲主,故無論何物皆可窮。小程謂"窮理亦多端:或讀書講明義理;或論古今人物,别其是非。或應事接物,而處其當然"是也。惟其然,故不通於此者,不妨舍而之彼。小程謂"若於一事思未得,且别换一事思之,不可專守著這一事。蓋人之知識,在這裏蔽著,雖强思亦不通"是也。然則王陽明格庭前之竹七日而至於病,乃陽明自誤,不關二程事矣。

格物窮理，皆所以求定性，而定性則所以求合乎天則，故宋儒於天理人欲之界最嚴。明道曰："吾學雖有所受，'天理'二字，卻是自家體帖出來。"其視之之重可知。所謂天理者，即合乎天則之謂也。所謂人欲者，即背乎天理之謂也。伊川曰："視聽言動，非禮不爲，即是禮。禮即是理也。不是天理，便是人欲。"又曰："無人欲即是天理。"可見其界限之嚴矣。理學家所謂天理者，往往實非天然之則，而持之過於嚴酷，故爲世人所訾。然謂理學家所謂天理者非盡天理則可，謂立身行事，無所謂當然之理者，固不可也。伊川曰："天下之害，無不由末之勝也。峻宇雕墻，本於宫室。酒池肉林，本於飲食。淫酷殘忍，本於刑罰。窮兵黷武，本於征伐。凡人欲之過者，皆本於奉養。其流之遠，則爲害矣。先王制其本者，天理也。後人流於末者，人欲也。損之義，損人欲以復天理而已。"歷舉各事，皆性質同而程度有差者，而其利害，遂至判然。殊足使人悚惕也。

統觀二程之學：《定性》之説，與周子之主静同。《識仁》一篇，與横渠之《正蒙》無異。所多者，則"涵養須用敬，進學在致知"二語。實行之法，較周、張爲詳耳。蓋一種哲學之興，其初必探討義理，以定其趨向；趨向既定，則當求行之之方。學問進趨之途轍，固如是也。然二程性質，實有不同，其後朱子表彰伊川，象山遠承明道，遂爲理學中之兩大派焉。

二程格物致知之説，既非如流俗所疑，則其與陽明之學之異，果何在乎？曰：二程謂天則在物，伊川曰："物各有則，須是止於物。"陽明謂天則在心，此其異點也。參看講《陽明之學》一篇自明。

篇八　晦庵之學

宋學家爲後人所尊者，莫如朱子。朱子於學，最宗濂溪及二程。然於其餘諸家，亦皆加以研究評論。至其哲學思想，則未有出於周、張、二程之外者。不過研究更爲入細，發揮更爲透闢耳。故朱子非宋學之創造家，而宋學之集成者也。陸子一派，僅修養之法，與朱子不同。哲學思想，亦不能出周、張、二程之外。

人類之思想，可分爲神學、玄學、科學三時期。神學時期，恒設想宇宙亦爲一人所創造，遂有天主造物、黄土摶人等説，此不足論。玄學時期，則舉認識之物分析之，或以爲一種原質所成，或以爲多種原質所成。所謂一元論、多元論是也。二者相較，又以一元論爲較圓滿。玄學之説明宇宙，至此而止，不能更有所進也。

宋學家以氣爲萬物之原質，與古人同。而又名氣之所以然者爲理。此爲當時之時代思想，朱子自亦不能外此。

有其然必有其所以然，乃人類思想如此，非事實也。就實際言，然與所以然，原係一事。故理氣爲二之説，實不如理氣爲一之説之的。然謂氣之外，真有一使氣如此之理則非，若明知理氣是一，特因人類思想，有其然，必推求其所以然，因爲假立一名，以資推論，則亦無所不可。朱子之論理氣，即係如此。其所見，誠有不如後人瑩澈之處。然世之譏之者，或竟疑朱子謂氣之外别有所謂理之一物焉，則亦失朱子之意已。

《語類》云："理氣本無先後之可言。必欲推其所從來，則須説先有是理。然理又非别爲一物，即存乎是氣之中。"又云："天地之間，只有動静兩端，循環不已，更無餘事。此之謂易。而其動其静，則必有所以動静之理。是則所謂太極者也。"伊川論《復》卦云："一陽復於下，乃天地生物之心也。先儒皆以静爲見天地之心，蓋不知動之端，乃天地之心也。"朱子又論之曰："天地以生物爲心者也。雖氣有闔闢，物有盈虚，而天地之心，則亘古亘今，未始有毫厘之間斷也。故陽極於外，而復生於内，聖人以爲於此可以見天地之心焉。蓋其復者氣也；其所以復者，則有自來矣。向非天地之心，生生不息，則陽之極也，一絶而不復續矣，尚何以復生於内,而爲闔闢之無窮乎? 此則動之端,乃一陽之所以動,非指夫一陽之已動者而言之也。”答劉叔文云:“所謂理與氣,决是二物。但在物上看,則二物渾淪,不可分開,各在一處。然不害二物之各爲一物也。若在理上看,則雖未有物,而已有物之理。”此皆謂理氣之别,出於人之擬議,而非真有此二物也。《語類》云“太極,理也。動静,氣也。氣行則理亦行。二者常相依,而未嘗相離也。當初元無一物,只有此理。有此理,便會動而生陽,静而生陰;静極復動,動極復静”云云。極似以理爲實有其物者。此等處,最易招後人之訾議。然統觀全體,則朱子未嘗以理爲實有一物,在氣之外,固彰彰也。《語類》又云:“太極非是别爲一物。即陰陽而在陰陽,即五行而在五行,即萬物而在萬物,只是一個理而已。”其説固甚明顯已。

《語類》:“問天地之氣,當其昏明駁雜時,理亦隨而昏明駁雜否? 曰:理卻只恁地,只是氣如此。又問:若氣如此,理不如此,則是理與氣相離矣。曰:氣雖是理之所生,然既生出,則理管他不得。如這理寓於氣了,日用運用間,都由這個氣。只是氣强理弱。”朱子之意,蓋亦如横渠,謂氣之清虚者無礙,無礙則神;重濁者有形,有形則不免有礙也。如人,禀天地之氣以生,元依據這個理。然形質既成,則其所受之理,即不免隨其形質之偏,而有昏明之異。至此,則理亦不能超乎形氣,而自全其善矣。所謂“管他不得”也。然此固非理之罪,所謂“理卻只恁地”也。

又:“可機問:大鈞播物,還是一去便休? 還有去而復來之理? 曰:一去便休耳,豈有散而復聚之氣。”此説與伊川“天地之化,自然生生不窮,更何資於既斃之形,已反之氣”同。殊與質力不滅之理相背,不免陷於斷絶之譏。

朱子之論陰陽,亦以爲同體而異用,與横渠同。《語録》曰:“陰陽只是一氣。陽之退,便是陰之生。不是陽退了,又别有個陰生。”《答楊元範》曰“陰陽只是一氣。陰氣流行即爲陽,陽氣凝聚即爲陰。非直有二物相對”是也。

陰陽亦人之觀念,而非實有其物,故逐細分析,可以至於無窮。人非分别不能認識。凡人所認識,皆有彼此之分,即可以陰陽名之。此理朱子亦見及。《語類》“統言陰陽只是兩端,而陰中自分陰陽,陽中亦有陰陽。乾道成男,坤道成女。男雖屬陽,而不可謂其無陰。女雖屬陰,而不可謂其無陽。人身氣屬陽,而氣有陰陽。血屬陰,而血有陰陽”云云。此説殊有裨於實用。知此,則知大小善惡等,一切皆比較之詞,而非有一定之性質。以臨事,不滯固矣。如人之相處,陵人爲惡,見陵於人爲善,此通常之論也。然世實無陵人之人,亦無見陵於人之人,視所值而異耳。甲强於乙,則陵乙,而乙不敢陵甲。則甲爲陵人之人,而乙爲見陵於人之人。然丙弱於乙,乙又將陵之;丁更强於甲,亦不免陵甲;則甲又爲見陵於人之人,乙又爲陵人之人矣。知此,則知世無真可信之人,亦無真可托之國。同理,亦無真不可信之人,真不可托之國。吾國當日俄戰前,群思倚日以排俄;德日戰後,又欲結美以攘日;近日高唱打倒帝國主義,則又不分先後緩急,欲舉外人一切排之,皆不知此等理誤之也。故哲學思想真普及,則群衆程度必增高。

凡言學問,必承認因果。因果者,現象界中,自然且必然之規律也。此規律,以時間言,則不差秒忽;以空間言,則不爽毫厘;此爲舊哲家所謂數。朱子之思想亦如此。《語類》云:"有是理,便有是氣,有是氣,便有是數。"又云"數者,氣之節候"是也。

理學家之所謂理,非普通人之所謂理也。普通人之所謂理,乃就彼所知之事,籀繹得之,約略言之而已。至理學家之所謂理,則必貫通萬事而無礙,乃足以當之。蓋就知識言。必於萬事萬物,無所不曉,而其所知乃真。以行爲言,必其所知既真,而所行始可蘄其不繆也。此等思想,在今日科學既明,固已知其徒存虚願。然在昔日,哲學家之願望,固多如是。職是故,理學家之於物理,亦多有格致之功。以此雖非急務,固亦在其學問之範圍内也。朱子之好學深思,實非尋常理學家所及。故於物理,探索尤勤,發明亦多。衡以科學,固多不足信。然自是當時哲學家一種見解;而於其學問宗旨,亦多有關係,固不可以不知也。今試略述其説如下:

朱子推想宇宙之生成,亦以陰陽五行之説爲本。其言曰:"天地始初混沌未分時,想只有水、火二者。水之滓脚便成地。今登高而望,群山皆爲波浪之狀,便是水泛如此。只不知因甚麽事凝了。初間極軟,後方凝得硬。問:想得如潮水涌起沙相似。曰:然。水之極濁便成地。火之極清,便成風雲雷電日星之屬。"又曰:"大抵天地生物,先其輕清,以及重濁。天一生水,地二生火,二物在五行中最輕清。金木重於水火,土又重於金木。"又論水火木金土之次曰:"竊謂氣之初,温而已。温則蒸溽,蒸溽則條達,條達則堅凝,堅凝則有形質。五者雖一有俱有,然推其先後之序,理或如此。"又曰:"天地初開,只是陰陽之氣。這一個氣運行,磨來磨去。磨得急了,便拶許多渣滓。裹面無處出,便結成個地在中央。氣之清者,便爲天,爲日月,爲星辰,只在外常周環運轉。地便在中央不動,不是在下。"又曰:"造化之運如磨。上面常轉而不止。萬物之生,似磨中撒出。有粗有細,自是不齊。"又曰:"晝夜運而無息,便是陰陽之兩端。其四邊散出紛擾者,便是游氣,生人物之萬殊。如磨面相似。其四邊只管層層散出。天地之氣,運轉無已,只管層層生出人物。其中有粗有細,如人物有偏有正。"朱子設想宇宙之生成如此。

又推想宇宙之毁壞。其見地,亦與舊説所謂渾沌者同。《語類》:"問天地會壞否?曰:不會壞。只是相將人無道極了,便一齊打合,混沌一番,人物都盡。此所謂不壞者,即是壞。但不斷絶了。""或問:天地壞也不壞?曰:既有形氣，如何不壞？但一個壞了，便有一個生得來。凡有形有氣，無不壞者。壞已復生，不知其極。天地亦不能不壞，壞已不能不生。氣之作用如此。"又曰："萬物渾淪未判，陰陽之氣，混合幽暗。及其既分，中間放得開闊光朗，而兩儀始立。邵康節以十二萬九千六百年爲一元，則是十二萬九千六百年之前，又是一個大開闢。更以上亦復如此。真是動静無端，陰陽無始，小者大之影，只晝夜便可見。五峰所謂一氣大息，震蕩無垠。海宇變動，山川勃湮。人物消盡，舊跡大滅。是謂鴻荒之世。嘗見高山有螺蚌殼，或生石中。此石即舊日之土，螺蚌即水中之物。下者卻變而爲高，柔者卻變而爲剛。"云："有形有氣，無不壞者。天地亦不能不壞，壞已不能不生。"可見其深信物理規則。又謂"雖壞而不斷絶"，"動静無端，陰陽無始"，則其説，雖置之認識論中，亦無病矣。

生物之始，朱子亦以意言之。《語類》："問初生第一個人時如何？曰：以氣化。二五之精，合而成形，釋家謂之化生。如今物之化生者甚多，如虱然。"又曰："生物之初，陰陽之精，自凝結成兩個，一牝一牡。後來卻從種子漸漸生去，便是以形化。"

張子以鬼神爲二氣之良能，程子以鬼神爲造化之跡，朱子則兼取其説。《語類》："問：《近思録》既載鬼神者造化之跡，又載鬼神者二氣之良能，似乎重了？曰：造化之跡，是日月星辰風雨之屬。二氣良能，是屈伸往來之理。"又曰："且就這一身看，自會笑語，有許多聰明知識，這是如何得恁地？虛空之中，忽然有風有雨，忽然有雷有電，這是如何得恁地？這都是陰陽相感，都是鬼神。看得到這裏，見得到一身只是個軀殼在這裏，内外無非天地陰陽之氣。如魚之在水，外面水，便是肚裏面水；鱖魚肚裏水，與鯉魚肚裏水一般。"又曰："以二氣言，則鬼者，陰之靈也；神者，陽之靈也。以一氣言，則至而伸者爲神，反而歸者爲鬼。日自午以前是神，午以後是鬼。月自初三以後是神，十六以後是鬼。草木方發生來是神，雕殘衰落是鬼。人自少至壯是神，衰老是鬼。鼻息呼是神，吸是鬼。"如此，則宇宙之間，一切現象，無非鬼神矣。故曰："以功用謂之鬼，以妙用謂之神。"

如此，則所謂鬼神，初不足怪，亦不必以爲無。何則？不足怪，自不待以爲無也。朱子論世俗所謂鬼神怪異者曰："雨露風雷，日月晝夜，此鬼神之跡也。此是白日公平正直之鬼神。若所謂有嘯於梁，觸於胸，此則所謂不正邪暗，或有或無，或去或來，或聚或散者。又有所謂禱之而應，祈之而獲，此亦所謂鬼神。同一理也。問：伊川言鬼神造化之跡，此豈亦造化之跡乎？曰：皆是也。若論正理，則似樹上忽生出花葉，此便是造化之跡。又如空中忽然有雷霆風雨，皆是也。但人所常見，故不之怪。忽聞鬼嘯鬼火之屬，則便以爲怪。不知此亦造化之跡，但不是正理，亦非理之所無也。”又曰：“如起風，做雨，打雷，閃電，花生，花結，非有神而何？自不察耳。才説見鬼神事，便以爲怪。世間自有個道理如此，不可謂無，特非造化之正耳。此爲得陰陽不正之氣，不須驚惑。所以夫子不語怪，以其明有此事，特不語耳。南軒説無便不是。”此等説，今日觀之，未爲得當。然在當日，無實驗科學可據；而自古相傳之説，其勢力盛，勢難遽斷爲無。故雖有哲學思想者，於神怪之説，亦多認其有，而以物理釋之。如王仲任即其人也。其説雖未得當，然其務以平易可據之理，解釋奇怪不可思議之事，則固學者所有事，而與恒人不同者也。

理學家之論鬼神如此。其説，與世俗“人死爲鬼，一切如人，特有形無質”之見，最不相容。自理學家之論推之，可決世俗所謂鬼神者爲無有。然古代書籍，固多以鬼爲有。宋儒最尊古者也，其敢毅然决此藩籬乎？曰：朱子固能之矣。此説也，見於朱子答廖仲晦之書。廖氏原書曰：“德明平日鄙見，未免以我爲主。蓋天地人物，統體只是一性。生有此性，死豈遽亡之？夫水，有所激與所礙，則成漚。正如二機，闔闢不已，妙合而成人物。夫水固水也，漚亦不得不謂之水，特其形則漚，滅則還復是本水也。人物之生，雖一形具一性，及氣散而滅，還復統體是一而已。豈復分别是人是物之性。所未者，正惟祭享一書，推之未行。若以爲果饗耶？神不歆非類，大有界限，與統體還一之説不相似。若曰饗與不饗，蓋不必問，但報本之道，不得不然，而詩書卻明言神嗜飲食，祖考來格之類，則又極似有饗之者。竊謂人雖死無知覺，知覺之原仍在。此以誠感，彼以類應。若謂盡無知覺之原，只是一片大虚寂，則斷滅無復實然之理，亦恐未安。君子曰終，小人曰死，則智愚於此，亦各不同。故人不同於鳥獸草木，愚不同於聖。雖以爲公共道理，然人須全而歸之，然後足以安吾之死。不然，則人何用求至聖賢？何用與天地相似？倒行逆施，均於一死，而不害其爲人，是真與鳥獸禽魚俱壞，懵不知其所存也。”廖氏之説，即以所謂鬼者，自理論推之，不能有；然古書明言其有，不敢决其爲無；因而曲生一解，以爲人死，仍有其知覺之原，凝然具在，不與大化爲一。雖與世俗之見異，實仍未脱乎世俗之見之臼窠也。朱子答之曰：“賢者之見，所以不能無失者，正坐以我爲主，以覺爲性爾。夫性者，理而已矣。乾坤變化，萬物受命，雖禀之在我，然其理，則非有我之所得私也。所以反身而誠，蓋謂盡其所得乎己之理，則知天下萬物之理，初不外此。非謂盡得我之知覺，則衆人之知覺，皆是此物也。性只是理，不可以聚散言。其聚而生，散而死者，氣而已矣。所謂精神魂魄，有知有覺者，皆氣之所爲也。故聚則有，散則無。若理則初不爲聚散而有無也。但有是理則有是氣；苟氣聚乎此，則其理亦命乎此耳。不得以水漚比也。鬼神便是精神魂魄；程子所謂天地之功用，造化之跡；張子所謂二氣之良能；皆非性之謂也。故祭祀之禮，以類而感，以類而應。若性則又豈有類之可言邪？然氣之已散者，既化而無有矣；其根於理而日生者，則固浩然而無窮也。上蔡謂我之精神，即祖考之精神，蓋謂此也。豈曰一受其成形，則此性遂爲吾有，雖死而猶不滅，截然自爲一物，藏乎寂然一體之中，以俟夫子孫之求，而時出以饗之邪？必如此説，則其界限之廣狹，安頓之處所，必有可指言者。且自開闢以來，積至於今，其重并積疊，計已無地之可容矣。是又安有此理邪？且乾坤造化，如大洪爐，人物生生，無少休息，是乃所謂實然之理，不憂其斷滅也。今乃以一片大虚寂目之，而反認人物已死之知覺，謂之實然之理，豈不誤哉？又聖賢所謂歸全安死者，亦曰：無失其所受乎天之理，則可以無愧而死耳。非以爲實有一物，可奉持而歸之，然後吾之不斷不滅者，得以晏然安處乎冥漠之中也。夭壽不貳，修身以俟之，是乃無所爲而然者。與異端爲生死事大，無常迅速，然後學者，正不可同日而語。今乃混而言之，以彼之見，爲此之説，所以爲説愈多而愈不合也。"此論將世俗所謂有鬼之見，摧破殆盡。其曰理無斷滅，氣之根於理而日生者，浩然而無窮，可見宇宙雖不斷滅，而人之自私其身，而不欲其亡，因之强執死後仍有一無體質而有精神之我，純是虚説。如此，則既無天堂可歆，亦無地獄可怖；而猶力求不愧不怍，全受全歸，可謂無所爲而爲之。其情感，或不如信教者之熱；其動機，則較之信教者高尚多矣。然宋學所以僅能爲哲學，而不能兼神教之用者亦以此。古書所謂有鬼者，自係世俗迷信之談。以理學家之理釋之，無論如何，無有是處。朱子《答吴伯豐書》曰："吾之此身，即祖考之遺體。祖考之所以爲祖考者，蓋具於我而未嘗亡也。是其魂升魄降，雖已化而無有；然理之根於彼者，既無止息；氣之具於我者，復無間斷。吾能致精竭誠以求之，此氣既純一而無所雜，則此理自昭著而不可掩。此其苗脈之較然可睹者也。上蔡云：三日齋，七日戒，求諸陰陽上下，只是要集自家之精神。蓋我之精神，即祖考之精神，在我者既集，即是祖考之來格也。"此説雖勉强調和，然幾於即以生人之精神，爲鬼神矣。

然朱子之説雖妙，而謂氣聚則有，散則無；又謂氣之已散者化而無有，根於理而日生者，浩然無窮；則殊與質力不滅之理相背；而與其大鈞播物，一去便休之説同病。實信伊川大過致之也。《語類》："横渠説'形潰反原'，以爲人生得此個物事。既死，此個物事，卻復歸大原去，又從裏面抽出來生人。如一塊黄泥，既把來做彈子了；卻仍前歸一塊裏面去，又做個彈子出來。伊川便説是不必以既屈之氣，爲方伸之氣。若以聖人精氣爲物，游魂爲變之語觀之，則伊川之説爲是。蓋人死則氣散。其生也,又從大原裏面發出來。”此二説者,比而觀之,不必科學,亦不必森嚴之論理,即以常識推斷,亦覺張子之説爲是,小程之説爲非。以張子能泯有無之見,而小程不然也。而朱子顧以程子之説爲是,何哉?蓋由先存一辟佛之見,故有此蔽。《語類》又曰:“釋氏謂人死爲鬼,鬼復爲人。如此,則天地間只是許多人來來去去,更不由造化。生生都廢。卻無此理也。”此朱子所以不信横渠之説也。殊不知所謂生生,只是變化,并非自無出有。輪迴之説,實較伊川之言,爲合於論理也。

朱子既有此蔽,故於有無聚散,分别不甚清楚。其論鬼神皆然。《語類》:“問人死時,這知覺便散否?曰:不是散,是盡了。氣盡則知覺亦盡。”又曰:“神祇之氣,常屈伸而不已。人鬼之氣,則消散而無餘矣。其消散,亦有久速之異。人有不伏其死者,所以既死而此氣不散,爲妖爲怪。如人之凶死,及僧道既死,多不散者。聖賢則安於死,豈有不散而爲神怪者乎?”又曰:“死而氣散,泯然無跡者,是其常道理恁地。有托生者,是偶然聚得氣不散,又怎生去湊著那生氣,便再生。然非其常也。”又曰:“氣久必散。人説神仙,一代説一項。漢世説甚安期生。至唐以來,則不見説了。又説鍾離權、吕洞賓。而今又不見説了。看得來,他也養得分外壽考,然終久亦散了。”又曰:“爲妖孽者,多是不得其死,其氣未散。若是尫羸病死的人,這氣消耗盡了方死,豈復更鬱結成妖孽?然不得其死者,久之亦散。如今打面做糊,中間自有成小塊核不散底,久之,漸漸也自會散。”面糊中小塊核,可云散而不可云無,朱子未之思也。朱子之意,蓋以尚有形跡者爲散,毫無形跡,即尋常人所謂空者爲無。然此説殊誤也。

朱子論人,則以爲魄屬鬼,氣屬神。其説曰:“人之語言動作是氣,屬神。精血是魄,屬鬼。發用處皆屬陽,是神。氣定處皆屬陰,是魄。知識處是神,記事處是魄。人初生時,氣多魄少。後來魄漸盛。到老魄又少。所以耳聾目昏,精力不强,記事不足。”此據陰陽立説也。又據五行,謂水是魄,火是魂。以《左氏》有“人生始化曰魄,既生魄,陽曰魂”之語也。因謂人有魄而後有魂,故“魄爲主爲幹”。案此與邵子“陽有去而陰常居”之説合。又謂人“精神知覺,皆有魄後方有”。引周子“形既生矣,神發知矣”之説爲證。周子之意,似不謂形神有先後。又有取於釋氏地水火風之説。謂:“火風是魂,地水是魄。人之暖氣是火,運動是風,皮肉屬地,涕唾屬水。魂能思量記度,運用作爲,魄則不能。故人之死也,風火先散,則不能爲祟。”皆據舊説推度而已矣。

朱子論性,亦宗程子“論性不論氣不備,論氣不論性不明”之説。其所以謂論性不論氣不備者?蓋以確見人及禽獸,其不善,確有由於形體而無可如何者也。《語類》曰:"論萬物之一原,則理同而氣異。睹萬物之異體,則氣猶相近,而理絶不同。謂萬物已稟之而爲性之理也。氣相近,如知寒暖,識饑飽,好生惡死,趨利避害,人與物都一般。理不同,如蜂蟻之君臣,只是他義上有一點子明;虎狼之父子,只是他仁上有一點子明;其他更推不去。大凡物事稟得一邊重,便占了其他的。如慈愛的人少斷制,斷制之人多殘忍。蓋仁多便遮了那義,義多便遮了那仁。"案此即無惡只有過不及之説。又曰:"惟其所受之氣,只有許多,故其理亦只有許多。如犬馬,他這形氣如此,故只會得如此事。"此猶今之主心理根於生理者,謂精神現象,皆形體之作用也。惟其然也,故朱子謂人確有生而不善者,欲改之極難。《語類》曰:"今有一樣人,雖無事在這裏坐,他心裏也只思量要做不好事。如蛇虺相似,只欲咬人。他有甚麽發得善?"又曰:"如日月之光,在露地則盡見之。若在蔀屋之下,有所蔽塞,則有見有不見。在人則蔽塞有可通之理。至於禽獸,則被形體所拘,生得蔽隔之甚,無可通處。"朱子之見解如此,故曰"人之爲學,卻是要變化氣質,然極難變化"也。此等處,朱子以爲皆從氣質上來。蓋朱子以全不著形跡者爲理,而謂性即理,則性自無可指爲不善。《語類》曰:"氣之精英者爲神。金木水火土非神,所以爲金木水火土者是神。在人則爲理,所以爲仁義禮智信者是也。"又曰:"人生而静以上,即是人物未生時。人物未生時,只可謂之理,説性未得,此所謂在天爲命也。才謂之性,便是人生以後,此理已墮在形氣之中,不全是性之本體矣。"夫如是,則所謂性者,全與實際相離,只是一可以爲善之物,又安得謂之不善:故朱子將一切不善,悉歸之於氣也。氣何以有不善?朱子則本其宇宙觀而爲言曰:"人所稟之氣,雖皆是天地之正氣,然滚來滚去,便有昏明厚薄之異。"又曰:"天地之運,萬端而無窮。日月清明,氣候和正之時,人稟此氣,則爲清明渾厚之氣,須做個好人。若是日月昏暗,寒暑反常,皆是天地之戾氣,人若稟此氣,則爲不好的人。"此朱子謂氣不盡善之由也。"性無氣質,卻無安頓處"。自朱子觀之,既落形氣之中,無純粹至善者。"或問:氣清的人,自無物欲。曰:也如此説不得。口之欲味,耳之欲聲,人人皆然。雖是稟得氣清,才不檢束,便流於欲去。"若不兼論形氣,則將誤以人所稟之性爲純善,而昧於其實在情形矣。此所謂論性不論氣不備也。

其謂論氣不論性不明者?則以天下雖極惡之人,不能謂其純惡而無善。抑且所謂惡者本非惡,特善之發而不得其當者耳。朱子論"惡亦不可不謂之性",曰:"他源頭處都是善,因氣偏,這性便偏了。然此處亦是性。如人渾身都是惻隱而無羞惡,都羞惡而無惻隱,這個便是惡德。這個唤做性邪不是?

如墨子之性，本是惻隱。孟子推其弊，到得無父處。這個便是惡亦不可不謂之性也。”然則論氣不論性，不但不知惡人之善處，并其惡性質，亦無由而明矣。夫猶是善性也，所以或發而得其當，或發而不得其當者，形質實爲之累，此所謂論性不論氣不備。然雖發不得當，而猶是可以發其當之物，則可見性無二性，理無二理。故《語類》譬諸隙中之日。謂“隙之大小長短不同，然其所受，卻只是此日”。又謂“蔽錮少者，發出來天理勝；蔽錮多者，發出來私欲勝；便見本原之理，無有不善”也。此而不知其同出一原，則於性之由來，有所誤會矣。此所謂論氣不論性不明也。

善惡既同是一性；所謂惡者，特因受形氣之累而然。夫形氣之累，乃後起之事；吾儕所見，雖皆既落形氣之性；然性即是理，不能謂理必附於形質。猶水然，置諸攲斜之器，則其形亦攲斜，不能因吾儕只見攲斜之器，遂謂水之形亦攲斜也。故世雖無純善之性，而論性則不得不謂之善也。

性既本善，而形氣之累，特後起之事，則善爲本質，而不善實非必然。故曰：“人生都是天理。人欲卻是後來没把鼻生底。”此說實與釋氏真如無明之說，消息相通，可參看第二篇。朱子所謂善者，不外本性全不受形氣之累。本性全不受形氣之累而發出，則所謂天理。而不然者則所謂人欲也。所謂天理者，乃凡事適得其當之謂，此即周子之所謂中。朱子曰：“有個天理，便有個人欲。蓋緣這天理須有個安頓處，才安頓得不恰好，便有人欲出來。”安頓得恰好，即周子所謂中；守此中而勿失，則周子所謂静也。故朱子之學，實與周子一脈相承者也。安頓得恰好者？朱子曰：“飲食，天理也。要求美味，人欲也。”設喻最妙。

朱子論性之說如此。蓋其所謂善者，標準極高，非全離乎形氣，不足以當之，故其說如此。因其所謂善者，標準極高，故於論性而涉及朱子之所謂氣者，無不加以駁斥；而於程張氣質之說，程子性即理之言，極稱其有功於聖門，有補於後學。蓋論性一涉於氣質，即不免雜以人欲之私，不尅與朱子之所謂善者相副；而朱子之所謂性者，實際初無其物，非兼以氣質立論，將不能自圓其說也。朱子評古來論性者之說：“孟子恐人謂性元來不相似，遂於氣質內挑出天之所命者，說性無有不善。不曾說下面氣質，故費分疏。荀子只見得不好底。揚子又見得半上半下底。韓子所言，卻是說得稍近，惜其少一氣字，性那裏有三品來？”“以氣質論，則凡言性不同者，皆冰釋矣。”“氣質之說，起於張、程，極有功於聖門，有補於後學。”又謂：“程先生論性，只云性即理也，豈不是見得明？真有功於聖門。”朱子之堅持性即理，而力辟混氣質於性，亦由其欲辟佛而然。故曰：“大抵諸儒說性，多說着氣。如佛氏，亦只是認知覺作用爲性。”知覺作用，固朱子所謂因形氣而有者也。

人之一生，兼備理、氣二者，其兼備之者實爲心。故朱子深有取於横渠“心統性情”之說，以爲顛撲不破。又詳言之曰：“性者，心之理。情者，性之動。心，性情之主。”又譬之曰：“心如水，性猶水之静，情則水之流，欲則水之波瀾。"又曰:"心如水,情是動處,愛即流向去處。"又以"心爲太極,心之動静爲陰陽"。孟子所善四端,朱子謂之情,曰:"性不可言,所以言性善者,只看惻隱辭遜四端,如見水流之清,則知源頭必清矣。"心兼動静言,則動静皆宜致養。故朱子曰:"動静皆主宰,非静時無所用,至動時方有主宰。"又謂:"惟動時能順理,則無事時能静。静時能存,則動時得力。"須是動時也做工夫,静時也做工夫也。

朱子論道德,亦以仁爲最大之德,静爲求仁之方。其《仁説》謂:"仁者仁之本體。禮者仁之節文。義者仁之斷制。知者仁之分别。信以見仁義禮智,實有此理。必先有仁,然後有義禮智信。故以先後言之,則仁爲先。以大小言之,則仁爲大。"又謂:"明道聖人以其情順萬物而無情,説得最好。"《語類》曰:"動時静便在這裏。順理而應,則雖動亦静,不順理而應,則雖塊然不交於物,亦不能得静。"順理而應,即所謂以其情順萬物而無情也。至於實行之方,則亦取伊川"涵養須用敬,進學在致知"二語。而於用敬,則提出"求放心"三字;於致知,則詳言格物之功;實較伊川言之,尤爲親切也。

《中庸》曰:"喜怒哀樂之未發,謂之中。發而皆中節,謂之和。中也者,天下之大本也。和也者,天下之達道也。"龜山門下,以"體認大本"爲相傳指訣。謂執而勿失,自有中節之和。朱子以爲少偏。謂:"才偏便做病。道理自有動時,自有静時。學者只是敬以直内,義以方外,見得世間無處不是道理。不可專要去静處求。所以伊川謂只用敬,不用静,便説平也。"又云:"周先生只説一者無欲也,這話頭高,卒急難湊泊。尋常人如何便得無欲?故伊川只説個'敬'字。教人只就這'敬'字上捱去,庶幾執捉得定,有個下手處。要之皆只要人於此心上見得分明,自然有得耳。然今之言敬者,乃皆裝點外事,不知直截於心上求功,遂覺累墜不快活。不若眼下於求放心處有功,則尤得力也。"此朱子主敬之旨也。又曰:"敬有死敬,有活敬,若只守著主一之敬,遇事不濟之以義,而不活。熟後敬便有義,義便有敬。静則察其敬與不敬,動則察其義與不義。敬義夾持,循環無端,則内外透澈。"

其論致知,則盡於《大學補傳》數語。其言曰:"人心之靈,莫不有知。而天下之物,莫不有理。惟於理有未窮,故其知有不盡也。是以大學始教,必使學者,即凡天下之物,莫不因其已知之理而益窮之,以求至乎其極。至於用力之久,而一旦豁然貫通焉。則衆物之表裏精粗無不到;而吾心之全體大用,無不明矣。"此數語,謂理不在心而在物,最爲言陽明之學者所詆訾。然平心論之,實未嘗非各明一義。至於致知力行,朱子初未嘗偏廢。謂朱子重知而輕行,尤誣詆之辭也。今摘録《語類》中論知行之語如下:

《語類》曰："動静無端，亦無截然爲動爲静之理。且如涵養致知，亦何所始？謂學莫先於致知，是知在先。又曰：未有致知而不在敬者，則敬亦在先。從此推去，只管恁地。"是朱子初未嘗謂知在先，行在後也。又曰："自家若得知是人欲蔽了，便是明處。只這上，便緊緊着力主定。一面格物。"是朱子實謂力行致知，當同時并進也。又曰："而今看道理不見，不是不知，只是爲物塞了。而今粗法，須是打叠了胸中許多惡雜，方可。"則并謂治心在致知之前矣。又曰："方其知之而未及行之，則知尚淺。既親歷其域，則知之益明，非前日之意味。"則知必有待於行，幾與陽明之言，如出一口矣。又朱子所謂格物致知，乃大學之功，其下尚有小學一段工夫。論朱子之説者，亦不可不知。朱子答吴晦叔曰："夫泛論知行之理，而就一事以觀之，則知之爲先，行之爲後，無可疑者。然合夫知之淺深，行之大小而言，則非有以先成乎其小，亦將何以馴致乎其大者哉？蓋古人之教：自其孩幼，而教之以孝悌誠敬之實；及其少長，而傳之以詩書禮樂之文；皆所以使之即夫一事一物之間，各有以知其義理之所在，而致涵養踐履之功也。及其十五成童，學於大學，則其灑掃應對之間，禮樂射御之際，所以涵養踐履之者，略已小成矣。於是不離乎此，而教之以格物以致其知焉。致知云者，因其所已知者，推而致之，以及其所未知者，而極其至也。今就其一事之中而論之，則先知後行，固各有其序矣。誠欲因夫小學之成，以進乎大學之始，則非涵養踐履之有素，亦豈能以其雜亂紛糾之心，而格物以致其知哉？故《大學》之書，雖以格物致知，爲用力之始，然非謂初不涵養踐履，而直從事於此也；又非謂物未格，知未至，則意可以不誠，心可以不正，身可以不修，家可以不齊也。若曰：必俟知至而後可行，則夫事親從兄，承上接下，乃人生所一日不能廢者，豈可謂吾知未至，而暫輟以俟其至而後行之哉？"讀此書，而朱子於知行二者，無所輕重先後，可以曉然矣。

偏重於知之説，朱子亦非無之。如曰："講得道理明時，自是事親不得不孝，事兄不得不弟，交朋友不得不信。"論前人以黑白豆澄治思慮起一善念，則投一白豆於器中。起一惡念，則投一黑豆於器中。曰："此則是個死法。若更加以讀書窮理底工夫，則去那般不正底思慮，何難之有？"皆以爲知即能行。惟此所謂知者，亦非全離於行。必且力行，且體驗，乃能知之。蓋講學者，大抵係對一時人説話。陽明之時，理學既已大行。不患此理之不明，惟患知之而不能有之於己，故陽明救以知行合一之説。若朱子之時，則理學尚未大行，知而不行之弊未著，惟以人之不知爲患，故朱子稍側重於此。此固時代之異，不足爲朱子諱，更不容爲朱子咎。朱子、王子，未必不易地皆然也。讀前所引朱子論知行之説，正可見大賢立言之四平八穩，不肯有所偏重耳。在今日觀之，或以爲不免偏重。然在當日，則已力求平穩矣。必先尚論其世，乃可尚論其人。凡讀先賢之書皆然，亦不獨朱子也。

以上爲朱子學説之大略。其與他家辯論之語，别於講他家之學時詳之。

朱子之不可及處，實在其立身之剛毅，進學之勇猛。今録其言之足資激發者如下。俾學者知所矜式焉。《語類》曰："事有不當耐者，豈可常學耐事。學耐事，其弊至於苟賤不廉。學者須有廉隅墻壁，便可擔負得大事去。如子路，世間病痛都没了。親於其身爲不善者不入，此大者立也。"又曰："耻有當忍者，有不當忍者。今有一樣人，不能安貧，其氣錯屈，以至立脚不住，亦何所不至？因舉吕舍人《詩》云：逢人即有求，所以百事非。"又曰："學者常常以志士不忘溝壑爲念，則道理重而計較死生之心輕矣。況衣食至微末事，不得亦未必死，亦何用犯義犯分，役心役志以求之邪？某觀今人，因不能咬菜根，而至於違其本心者，衆矣！可不戒哉？惟君子，然後知義理之必當爲，與義理之必可恃。利害得失，既無所入於其心；而其學，又足以應事物之變；是以氣勇謀明，無所懾憚。不幸蹉跌，死生以之。小人之心，一切反是。"答劉季章曰："天下只有一理，此是即彼非，此非即彼是，不容并立。故古之聖賢，心存目見，只有義理，都不見有利害可計較。日用之間，應事接物，直是判斷得直截分明。而推以及人，吐心吐膽，亦只如此，更無回互。若信得及，即相與俱入聖賢之域。若信不及，即在我亦無爲人謀而不盡的心。而此理是非，昭然明白；今日此人雖信不及，向後他人，須有信得及底，非但一人之計也。若如此所論，則在我者，未免視人顔色之可否，以爲語默，只此意思，何由能使彼信得及乎？"以上數條，皆足見朱子立身之剛毅。國有道，不變塞焉。國無道，之死不變。真足使貪夫廉，懦夫有立志也。其論進學之語云："書不記，熟讀可記。義不精，細思可精。惟有志不立，直是無著力處。只如而今，貪利禄而不貪道義，要作貴人而不要作好人，皆是志不立之病。直須反覆思量，究見病痛起處，勇猛奮躍，不復作此等人。一躍躍出，見得聖賢所説，千言萬語，都無一事不是實語，方始立得此志。就此積累工夫，迤邐向上去，大有事在。"又曰："直須抖擻精神，莫要昏鈍。如救火治病然，豈可悠悠歲月？"又曰："學者讀書，須是於無味處致思。至於群疑并興、寢食俱廢，乃能驟進。因嘆'驟進'二字，最下得好。須是如此。若進得些子，或進或退，若存若亡，不濟事。如用兵相殺，争得些兒，小可一二十里地，也不濟事。須大殺一番，方是善勝。"以上數條，皆足見朱子進學之勇猛。能使玩時愒日者，讀之悚然汗下。固知一代大儒，其立身行己，必有異於尋常人之處也。凡我後學，可不懷見賢思齊之念哉？

篇九　象山之學

一種學問，必有其興起之時，亦必有其成熟之時。興起之時，往往萬籟争鳴，衆源并發。至成熟之時，則漸匯爲一二派。北宋之世，蓋一種新哲學興起之時；南宋之世，則漸就成熟之時也。其時講學有名者，乾淳三先生而外，當推陸象山。乾淳三先生：吕之學較粗，其後遂流爲永嘉、永康兩派。雖可謂獨樹一幟，然在宋代學派中，不過成割據之局。南軒之學，與朱子大同，并不能獨樹一幟。南軒亦主居敬窮理，惟稍側重於居敬耳。其説謂："必先從事於敬，使人欲寖除，乃可以言格物。否則辨擇於發見之際，恐不免於紛擾。"案此等議論，朱子亦非無之。朱子謂："南軒、伯恭之學皆疏略。南軒疏略，從高處去。伯恭疏略，從卑處去。"蓋謂其操持之功稍欠。至其學問宗旨，則無甚異同也。其與朱學對峙，如晉楚之争霸中原者，則象山而已。

朱子謂："上蔡之説，一轉而爲張子韶，張子韶一轉而爲陸子静。"又謂："上蔡説仁説覺，分明是禪。"又云："如今人説道，愛從高妙處説，便入禪去。自上蔡以來已然。"又謂："明道説話渾淪。然太高，學者難看。"又云："程門高第，如謝上蔡、游定夫、楊龜山，稍皆入禪學去。必是程先生當初説得高了，他們只睫見上一截，少下面著實工夫，故流弊至此。"然則象山之學，實遠承明道。象山不甚稱伊川，而稱明道處極多。蓋道理自有此兩派，至南宋衆流漸匯時，朱、陸各主其一也。上蔡以有知覺痛癢爲仁。又曰："桃杏之核，爲種而生者謂之仁，言有生之意。"又曰："堯舜湯武事業，只是與天理合一。幾曾做作？蓋世的功業，如太空中一點雲相似，他把做甚麽？"説皆極似象山。然實自明道《識仁》、《定性》篇出。

朱陸之異，象山謂"心即理"，朱子謂"性即理"而已。惟其謂性即理，而心統性情也，故所謂性者，雖純粹至善；而所謂心者，則已不能離乎氣質之累，而不免雜有人欲之私。惟其謂心即理也，故萬事皆具於吾心；吾心之外，更無所謂理；理之外，更無所謂事。一切工夫，只在一心之上。二家同異，後來雖枝葉繁多，而溯厥根源，則惟此一語而已。

《象山年譜》云："象山三四歲時，思天地何所窮際，不得，至於不食。父呵之，乃姑置，而胸中之疑終在。後十餘歲，讀書，至‘宇宙’二字，解者曰：‘四方上下曰宇，往古來今曰宙。’忽大省，曰：‘元來無窮。人與天地萬物，皆在無窮之中者也。’乃援筆書曰：‘宇宙内事，乃己份内事。己份内事，乃宇宙内事。’又曰：‘宇宙便是吾心，吾心即是宇宙。’東海有聖人出焉，此心同，此理同也。西海有聖人出焉，此心同，此理同也。南海北海有聖人出焉，此心同，此理同也。千百世之上，有聖人出焉，此心同，此理同也。千百世之下，有聖人出焉，此心同，此理同也。”象山之攝萬有於一心，自小時已然矣。

惟其然也，故象山之學，極爲“簡易直截”。此陽明稱之之語。其言曰：“道遍滿天下，無些小空闕。四端萬善，皆天之所予，不勞人妝點。但是人自有病，與他相隔了。”此言人心之本善也。又曰：“此理充塞宇宙。所謂道外無事，事外無道。捨此而别有商量，别有趨向，别有規模，别有形跡，别有行業，别有事功，則與道不相干；則是異端，則是利欲；謂之陷溺，謂之臼窠；説只是邪説，見只是邪見。”此言欲做工夫，惟有從事於一心也。又曰：“涓涓之流，積成江河。泉源方動，雖只有涓涓之微，卻有成江河之理。若能不捨晝夜，如今雖未盈科，將來自盈科；如今雖未放乎四海，將來自放乎四海。然學者不能自信，見夫標末之盛者，便自荒忙，捨其涓涓而趨之。卻自壞了。曾不知我之涓涓，雖微，卻是真；彼之標末，雖多，卻是僞。恰似擔水來，其涸可立而待也。”此言從事於此一途者之大可恃也。象山嘗曰：“余於踐履，未能純一。然才自警策，便與天地相似。”又語學者：“念慮之不正者，頃刻而知之，即可以正。念慮之正者，頃刻而失之，即可不正。”又謂：“我治其大而不治其小，一正則百正。”誠不愧簡易直截矣。

象山之學，實陽明所自出，故其言有極相似者。如曰：“人精神在外，至死也勞攘。須收拾作主宰。收得精神在内。當惻隱，即惻隱；當羞惡，即羞惡。誰欺得你？誰瞞得你？”居象山，多告學者曰：“汝耳自聰，目自明；事父自能孝，事兄自能弟。本無欠闕，不必他求；在自立而已。”皆與陽明如出一口。

象山之學，以先立乎其大者爲主。故於傍人門户，無所自得者，深鄙視之。於包藏禍心，作僞於外者，尤所痛絶。其言曰：“志於聲色貨利者，固是小。剿摸人之言語者，與他一般是小。”又曰：“學者須是打叠田地净潔，然後令他奮發植立。若田地不净潔，則奮發植立不得；亦讀書不得。若讀書，則是藉寇兵，資盗糧。”象山非謂不當讀書，亦非謂不當在事上磨練。特如吾儕今日之居心，則自象山視之，皆不足讀書，亦不足磨練者耳。所謂先立乎其大者也。

象山與陽明,學皆以心爲主,故有心學之稱。凡從事於心學者,其於外務必較疏,自省之功則較切;其能發覺心之病痛,亦較常人爲深;故其言多足發人深省。象山策勵人之語曰:“要當軒昂奮發,莫恁地沉埋在卑陋凡下處。”又云:“彘鷄終日營營,無超然之意。須是一刀兩斷。何故營營如此? 營營底討個甚麽?”此等語,真是暮鼓晨鐘,令吾輩日在世情路上討生活者,悚然汗下矣。陸子之訪朱子於南昌也,朱子請登白鹿洞講席,講“君子喻於義”一章。後刻其文於石。其言曰:“此章以義利判君子小人,辭旨曉白。然讀之者苟不切己觀省,恐亦未能有益也。某平日讀此,不無所感。竊謂學者於此,當辨其志。人之所喻,由其所習;所習由其所志。志乎義,則所習者必在於義;所習在義,斯喻於義矣。志乎利,則所習者必在於利;所習在利,斯喻於利矣。故學者之志,不可不辨也。科舉取士久矣。名儒巨公,皆由此出。今爲士者,固不能免此。然場屋之得失,顧其技與有司好惡如何耳。非所以爲君子小人之辨也。而今世以此相尚。使汩没於此,而不能自拔,則終日從事者,雖曰聖賢之書,而要其志之所鄉,則有與聖賢背而馳者矣。推而上之,則又惟官資崇卑,禄廪厚薄是計。豈能悉心力於國事民隱,以無負於任使之者哉? 從事其間,更歷之多,講習之熟,安得不有所喻? 顧恐不在於義耳。誠能深思是身,不可使之爲小人之歸,其於利欲之習,怛焉爲之痛心疾首;專志乎義,而日勉焉。博學,審問,慎思,明辨而篤行之。由是而進於場屋,其文,必皆道其平日之學,胸中之藴,而不詭於聖人。由是而仕,必皆供其職,勤其事;心乎國,心乎民;而不爲身計。其得不謂之君子乎?”此文滑口讀過,亦只平平。細思之,真乃一棒一條痕,一摑一掌血。宜乎朱子謂其“切中學者隱微深痼之病”;而能令聽者悚然動心,至於泣下也。夫鈞是人也,或爲大人,或爲小人,何也? 流俗不察,或曰:是地位爲之,遭際爲之。斯固然也。然人即至貧至賤,必有可以自奮之途。何以并此而不能爲? 解之者或曰:人固有智愚賢不肖之不同,天限之也。斯固然也。然尚論古人,縱觀并世,或則立德,或則立功,或則立言,其天資高於我者固多,才智僅與我等者,亦自不乏,而何以彼有成而我無成? 解者將曰:彼學焉,我未嘗學。彼學,我何以不學? 流俗或又將曰:地位爲之,遭際爲之。然則我之地位,我之遭際,果所成就者,必止於我之今日;而我之所以自靖者,已毫髮無遺憾乎? 無論何人,不敢應曰然也。推論至此,則圖窮而匕首見矣。志爲之也。天下盡有在同一境地中,彼之所見,此則不見;彼之所聞,此則不聞者。否則同在一學校中,所讀之書同也,所師所友亦相同,因天資之高下,學業成就,有淺深大小可也;而何以或爲聖賢,或爲豪傑，或爲中庸，或且入於下流哉？無他。初則好惡不同，因好而趨之，因惡而去之。久之，則所趨者以習焉而愈覺其便安，雖明知其非，而不能去；甚或入鮑魚之肆，久而不知其臭。所惡者以不習焉而日益荆棘，雖明知其善，亦無由自奮以趨之；甚或并不知其善矣。此則陸子所謂所喻由其所習，所習由其所志者也。人徒見兩方向相反之綫，引而愈遠，而惡知其始之發自一點哉？吾儕今日所志，果何如乎？誠有如陸子所謂先立必爲聖賢之志者乎？抑亦如陸子所謂從事聖賢之書，而志之所向，則與聖賢背馳者乎？由前之説，則即陸子所謂才自警策，便與天地相似者，何善如之？由後之説，則豈徒不能上進爲聖賢，誠恐如陸子所云：更歷愈多，講習愈熟，所喻愈深，而去聖賢且益遠也。可不懼哉？

工夫既惟在一心，則從事於學者，首須將"田地打掃潔净"。然此事最難。陸子曰："人心只愛去泊著事。教他棄事時，如猢猻失了樹，更無住處。"又曰："内無所累，外無所累，自然自在。才有一些子意，便沉重了。"恒人所好，不越聲色貨利名位之私。終日泊著事，則將如彘鷄之終日營營，無超然之意矣。凡事根株盡絶最難。世非無自謂能超然於利欲之外者。然試一自檢勘，果能無一些子意，而免於陸子所謂沉重之患者乎？不可不深自省也。謂此義也。然此自謂不可牽累於物欲。至於心地澄澈，然後去理會事物，則非徒無害，抑且有益。所謂"大綱提掇來，細細理會去"也。所謂先立乎其大者也。又人之所知，固由其最初意之所向。然所知愈多，所志亦愈大，故知識亦不可以已。陸子曰："夫子曰：吾十有五，而志於學。今千百年，無一人有志，也是怪他不得。志個甚底？須是有智識，然後有志願。"又曰："人要有大志。常人汨没於聲色富貴間，良心善性，都蒙蔽了。今人如何便解有志，須先有智識始得。"詆陸王之學者，每謂其盡棄萬事，專主一心，其實殊不然也。《朱子語録》："子静只是拗。伊川云：惟其深喻，是以篤好。子静必要云好後方喻。看來人之於義利，喻而好也多。若全不曉，又安能好。然好之則喻矣。畢竟伊川説佔得多。"案喻而後好，好而後諭，自常識言之。兩説皆通，莫能相破。必深論之，則好之與喻，原係一事，不過分爲兩語耳。此亦見陽明知行合一之説之確也。

朱、陸異同，始於淳熙三年乙未鵝湖之會，而成於乙巳丙午之間。乙未之歲，朱子年四十六，象山年三十七。東萊以二家講學有異同，欲和會之，約會於信州之鵝湖寺。朱子及復齋、象山皆會。《象山語録》："先兄復齋謂某曰：伯恭約元晦爲此集，正爲學術異同。某兄弟先是不同，何以望鵝湖之同？先兄遂與某議論致辨。又令某自説。至晚罷。先兄云：子静之説是。次早，某請先兄説。先兄云：某無説。夜來思之，子静之説極是。方得一詩云：'孩提知愛長知欽，古聖相傳只此心。大抵有基方築室，未聞無址忽成岑。留情傳注方榛塞，著意精微轉陸沉。珍重友朋勤琢切，須知至樂在於今。’某云：詩甚佳。但第二句微有未安。先兄云：說得恁地，又道未安，更要如何？某云：不妨一面起行，某沿途卻和此詩。及至鵝湖。伯恭首問先兄别後新功。先兄舉《詩》。才四句，元晦顧伯恭曰：子壽早已上子静船了也。舉詩罷，遂致辨於先兄。某云：某途中和得家兄此詩：‘墟墓興哀宗廟欽，斯人千古不磨心。涓流積至滄溟水，卷石崇成泰華岑。易簡工夫終久大，支離事業竟浮沉。’舉詩至此，元晦失色。至末二句云：‘欲知自下升高處，真僞先須辨自今。’元晦大不懌。於是各休息。翌日，二公商量數十折。議論來莫不悉破其說。繼日，凡致辯，其說隨屈。伯恭甚有虚心相聽之意，竟爲元晦所尼。”所謂議論數十折者，悉已不可得聞。惟《象山年譜》，謂“鵝湖之會，論及教人；元晦之意，欲令人泛觀博覽，而後歸之約。二陸之意，欲先發明人之本心，而後使之博覽。朱以陸之教人爲太簡，陸以朱之教人爲支離”而已。《朱子年譜》曰：“其後子壽頗悔其非，而子静終身守其說不變。”案子壽以五年戊戌，訪朱子於鉛山。是歲，朱子與吕伯恭書曰：“近兩得子壽兄弟書，卻自訟前日偏見之說。不知果如何？”庚子，東萊與朱子書曰：“陸子壽前日經過，留此二十餘日。幡然以鵝湖所見爲非。甚欲著實看書講論。心平氣下，相識中甚難得也。”是歲，九月，子壽卒。朱子祭之以文。有曰“别未幾時，兄以書來。審前說之定，曰子言之可懷。逮予辭官而未獲，停驂道左之僧齋。兄乃枉車而來教，相與極論而無猜。自是以還，道合志同”云云。此所謂子壽頗悔其非者也。象山則庚子朱子答吕伯恭書曰：“其徒曹立之者來訪。持得子静答渠書與劉淳叟書。卻說人須是讀書講論。然則自覺其前說之誤矣。但不肯翻然說破今是昨非之意，依舊遮前掩後，巧爲詞說。”又一書云：“子静似猶有舊來意思。聞其門人說：子壽言其雖已轉步，而未曾移身。然其勢久之亦必自轉。回思鵝湖講論時，是甚氣勢？今何止十去七八邪？”案陸子但欲先發明人之本心，而後使之博覽，非謂不必讀書講論。則朱子謂其自覺前說之誤，實屬億度之辭。在陸子，初未嘗改。故辛丑朱子《答吕伯恭書》：“謂子静近日講論，比舊亦不同。但終有未盡合處。”又一書云：“子静舊日規模終在。”此則所謂子静終身守其說不變者也。朱子癸卯答項平父書曰：“大抵子思以來，教人之法，惟以尊德性，道問學兩事，爲用力之要。今子静所說，專是尊德性事。而熹平日所論，卻是道問學上多了。所以爲彼學者，多持守可觀；而看得義理，全不仔細。又别說一種杜撰道理遮蓋，不肯放下。而熹自覺，雖於義理不敢亂說：卻於緊要爲己爲人上，多不得力。今當反身用力，去短截長，集思廣益，庶幾不墮一邊耳。”又

《答陳膚仲書》:“陸學固有似禪處。然鄙意近覺婺州朋友,專事見聞,而於自己身心,全無功夫。所以每勸學者兼取其善。要得身心稍稍端静,方於義理知所抉擇。吾道之衰,正坐學者各守己偏,不能兼取衆善,所以終有不明不行之弊。”丙午《答陸子静書》:“道理雖極精微,然初不在耳目見聞之外。是非黑白,即在面前。此而不察,乃欲别求玄妙於意慮之表,亦已誤矣。邇來日用功夫,頗覺有力。無復向來支離之病。甚恨未得從容面論。未知異時相見,尚復有異同否耳?”雖仍各持一説,議論頗極持平。循是以往,未必不可折衷和會。然癸卯歲,朱子撰《曹立之墓表》,陸子之徒,謂攻其短,頗爲不平。丙午,朱子《答程正思書》又謂:“去年因其徒來此,狂妄凶狠,手足盡露,乃始顯然鳴鼓攻之。”而辟陸學之語又多矣。然及淳熙十五年戊申,無極太極之辯,詞氣雖少忿戾,究仍以辨析學術之意爲多。蓋朱陸兩家,學問途轍,雖或不同,其辯論亦止於是。至於入主出奴,叫囂狂悖,甚有非君子之詞者,則其門下士意氣用事者之失;及後世姝姝暖暖者,推波助瀾之爲之也。

朱子之學,所以與陸子異者?在陸子以心爲至善,而朱子則謂心雜形氣之私,必理乃可謂之至善。故《語録》謂“陸子静之學,千般萬般病,只在不知有氣稟之雜,把許多粗惡的氣,都把做心之妙理,合當恁地,自然做將去”也。其所以一認心爲至善,一以心爲非至善者?則以陸子謂理具於心,朱子謂理在心外。陸子曰:“天理人欲之言,亦不是至論。若天是理,人是欲,則天人不同矣。此其原蓋出於老氏。《樂記》曰:‘人生而静,天之性也。感於物而動,性之欲也。物至知知,然後好惡形焉。不能反躬,天理滅矣。’天理人欲之言,蓋出於此?《樂記》之言,亦根於老氏。”排天理人欲之説,即謂理出於心也。朱子曰:“古人之學,所貴於存心者,蓋將推此以窮天下之理。今之所謂識心者,乃欲恃此而外天下之理。”《答方賓王書》。則明謂理在心外矣。然二家謂理在心之内外雖異,而其謂理之當順則同。陸子《與朱濟道書》曰:“此理在宇宙間,未嘗有所隱遁。天地之所以爲天地者,順此理而無私焉耳。人與天地并立爲三極,安得自私而不順此理哉?”其説與朱子初無以異。此其所以途轍雖殊,究爲一種學問中之兩派也。

劉蕺山曰:“世言上等資質人,宜從陸子之學;下等資質人,宜從朱子之學。吾謂不然。惟上等資質,然後可學朱子。以其胸中已有個本領,去做零碎工夫,條分縷析,亦自無礙。若下等資質,必須識得道在吾心,不假外求,有了本領,方去爲學。不然,只是向外馳求,誤卻一生矣。”又曰:“大抵諸儒之見,或同或異,多係轉相偏矯,因病立方,盡是權教。至於反身力踐之間,未嘗不同歸一路。”黄梨州《明儒學案發凡》曰：“學問之道，以各人自用得著者爲真。凡倚門傍户，依樣葫蘆者，非流俗之士，則經生之業也。此編所刊，有一偏之見，有相反之論。學者於其不同處，正宜著眼理會。所謂一本而萬殊也。以水濟水，豈是學問？”此數條，皆足爲争朱陸異同者痛下針砭。

象山之學，當以慈湖爲嫡傳。而其流弊，亦自慈湖而起。象山常説顏子尅己之學。其所謂尅己者，非如常人，謂尅去利害忿欲之私也。乃謂於意念起時，將來尅去。意念尅去，則還吾心體之本然。此心本廣大無邊，純粹至善。功力至此，則得其一，萬事畢矣。慈湖嘗撰《己易》，謂天地萬物皆一道，道即易，易即吾心。大旨謂“天者吾性中之象，地者吾性中之形。在天成象，在地成形，皆吾之所爲也。坤者，乾之兩者也。其他六卦，乾之錯綜者也。故舉天下非有二物”。此即象山“宇宙内事，皆己份内事；己份内事，乃宇宙内事”之説也。又謂人當以天地爲己，不當以耳目鼻口爲己，此則尅去己私之本。蓋人與道本一，道與天地萬物爲一。所以隔之者乃私意，而私意由形體而起也。即由我而起。職是故，慈湖之學，以“不起意”爲宗。所謂意者？慈湖謂其狀不可勝窮。“窮日之力，窮年之力，縱説横説，廣説備説，不可得而盡”。要之由己而起者皆是。以形體爲己之己。然則心與意奚辨？曰：“一則爲心，二則爲意。直則爲心，支則爲意。通則爲心，阻則爲意。”即以天地萬物爲一體爲心，物我相對待爲意。人心本與道一，意則蔽之。故須將意尅盡，心體乃復見也。人之惡，何一非由意而起？苟能從此尅去，則一切惡一掃而空。此誠最根本之義，亦最簡易之法矣。然此語談何容易？吾人自旦至暮，自暮至旦，刻刻不斷，生息於意念之中者，既非一日；加以衆生業力，相熏相染；直是意即我，我即意。一朝覺悟，而欲尅去，所費功力，蓋十百千萬於建立事功，研求學問者而未有已也。能見及此，不過覺悟之始。自此以往，功力方將無窮。而慈湖以救當時學者沉溺於訓詁詞章之習，所説多在絶意明心，而不及於斬艾持守。及門弟子，遂以入門義爲究竟法。偶有所見，即以爲道在是，而不復加省察尅治之功。後來王門之弊，亦多如是。此則自謂得心體之本然，而不知其仍息於意念之中也。《己易》：“昏者不思而遂己，可乎？曰：正恐不能遂己。誠遂己，則不學之良能，不慮之良知，我所自有也；仁義禮知，我所自有也；萬善自備也；百非自絶也；意必固我，無自而生也；雖堯、舜、禹、湯、文、武、周公、孔子，何以異於是？”此中“正恐不能遂己”一句，最須注意。○袁絜齋稱慈湖：“平生踐履，無一瑕玷。處閨門如對大賓，在暗室如臨上帝。年登耄耋，兢兢敬謹，未嘗須臾放逸。”可見其持守之嚴。此固學者之誤，不能以咎慈湖。然慈湖立教之少偏，似亦不能辭其責矣。袁絜齋宗旨，與慈湖同。然其教人，謂“心明則本立”，又謂“當精思以得之，兢業以守之”，似較慈湖爲周備也。

篇十　浙　　學

理學何學也？談心説性，初不切於實際，而其徒自視甚高。世之言學問者，苟其所言，與理學家小有出入，則理學家必斥爲俗學，與之斤斤争辯。其所争者，不過毫厘之微。而其徒視之，不翅丘山之重。此果何義哉？果其別有所見歟？抑實無所有，而姑枵然以自大也？

隨事應付，常人本自能之。哲學家所以異於常人者，乃在每一問題，必追究到底，而不肯作就事論事之語。此義前已言之。理學亦一種哲學也。故理學之異於尋常學問者，在於徹底。以一種學問與尋常人較，則尋常人之所言，恒不徹底，而學問家之所言，恒較徹底。以尋常學問與哲學較，則尋常學問之所言，恒不徹底，而哲學家之所言，恒較徹底。故以尋常人與言學問者較，猶以尋常學問與哲學較也。徹底即追究到底之謂也。理學家就宇宙間事物，追究到底，而得其不易之則焉，即其所謂理也。此理也，自理學家言之：則亘古今而不變，通世界而無二。大之至於書契所不能紀，巧歷所不能窮，而莫之能外。小之至於耳目所不能聽睹，心思所不能想像，而亦不能不由。天下事由之則是，背之則非。一切學問議論，與此合者，看似迂曲，實甚逕捷；看似背繆，實極的當。而不然者，則皆似是而非；由之雖可得近功，而隱禍實已伏於其後者也。是則所謂俗學也已。理學家曰：言天理而不能用諸人事，是謂虚無，是爲異學。言人事而不本之於天理，是爲粗淺，是爲俗學。

職是故，理學家之行事，不求其有近功，而必求其根柢上無絲毫破綻。所以貴王賤霸者以此。以一身論，亦必反諸己而無絲毫之慊，而後可以即安。否則雖功蓋天下，澤被生民，猶爲襲取，猶爲僥幸也。理學家所以不肯輕出身任天下事者，有二義：一則己不正，必不能善事。朱子謂“多只要求濟事。不知自身不立，事決不能成。自心若有一毫私意未盡，皆足敗事”是也。一則論至精微處，天下至當不易之理，如幾何學之只有一點。此一點稍偏即不是，即必有後禍。而有心爲善，即已偏而與此點離矣。鄒聚所曰：“今人要做忠臣的，只倚著在忠上，便不中了。爲此驚世駭俗之事，便不庸了。自聖人看，還是索隱行怪。”理學家之精神，專注於内，事事求其至當不易，故覺得出身任事之時甚難。理學家之見解如此，其言，自不能不與尋常人大異。尋常人目爲迂曲、爲背繆，彼正忻然而笑，以世人爲未足與議也。

理學家之議論，自理論言之，固亦無以爲難。然天下事理，至無窮也。凡事必從根柢上做起，不容絲毫苟且，固是一理。然必先撐持目前，根柢上事，乃可徐圖，亦是一理。如謂産當公不當私，豈非正論。然專將目前社會破壞，共産之蘄望，豈遂得達？欲求共産，有時或轉不得不扶翼私産矣。世界大同，豈非美事？然欲躋世界於大同，必先自强其國。若效徐偃、宋襄之爲，轉足爲世界和平之累也。以一人言之，必自己所學，十分到家，乃可出而任事。又必事事照吾主張做去，不容有絲毫委曲，乃得免於枉尺直尋之誚，而其事亦無後灾。固是一理。然如此，則天下將永無可爲之日，而吾身亦永無出而任事之時。以天下爲己任者，正不容如此其拘。亦是一理。由前之説，則理學家之所以自處。由後之説，則非理學者之所以難理學家也。宋時所謂浙學者即如此。

浙學分永嘉、永康二派。永嘉一派，道原於薛艮齋，而大成於葉正則。與宋時所謂理學者，根本立異。永康一派，道原於吕東萊，變化於其弟子約及陳同甫。其所争者，則以理學家所謂天理，範圍太隘，而欲擴而充之也。今略述其説如下：

薛艮齋問學於袁道潔，袁道潔問學於二程，故永嘉之學，亦出伊洛。艮齋好言禮樂兵農，而學始稍變。陳君舉繼之，宗旨亦與艮齋同。然不過講求實務，期見諸施行而已。君舉頗主《周官》，謂不能以王安石故，因噎廢食。於伊洛宗旨，未嘗顯有異同也。至葉水心出，而其説大變。水心之意，以爲聖人之言，必務平實。凡幽深玄遠者，皆非聖人之言。理學鉅子，當推周、張、二程，其哲理皆出於《易》。故水心於《易》，力加排斥。謂惟《彖》、《象》係孔子作，《十翼》不足信。而後儒講誦，於此獨多。魏晉而後，既與老莊并行，號爲孔老。佛説入中國，亦附會《十翼》，於是儒釋又并稱。使儒與釋老相雜者，皆《十翼》爲之。世之好言《十翼》者，皆援儒以入釋老者也。有范巽之者，名育，邠州三水人。受業於横渠，而其序《正蒙》，謂其以“六經所未載，聖人所不言者，與浮屠老子辯，實爲寇盜設郛郭，助之捍御”。水心深然其説。謂浮屠之道非吾道，學者援《大傳》“天地絪緼”，“通晝夜之道而知”，“不疾而速，不行而至”；子思“誠之不可掩”；孟子“大而化，聖而不可知”；而曰：吾所有之道固若是，實陽儒而陰釋者也。案宋儒之論，究與《易》意合否，誠難斷言。然一種學問，必有其哲學上之根據。儒亦當時顯學，安得無之？如水心言，凡高深玄遠之説，悉出後人附會，則孔子乃一略通世故，止能隨事應付之人乎？必不然矣。

宋時有道統之説。其思想，蓋遠源於孟子，而近接韓退之。孟子曰：“五百年必有王者興,其間必有名世者。”又曰:“由堯舜至於湯,五百有餘歲。若禹、皋陶,則見而知之。若湯,則聞而知之。由湯至於文王,五百有餘歲。若伊尹、萊朱,則見而知之。若文王,則聞而知之。由文王至於孔子,五百有餘歲。若太公望、散宜生,則見而知之。若孔子,則聞而知之。由孔子而來,至於今,百有餘歲。去聖人之世,若此其未遠也!近聖人之居,若此其甚也!然而無有乎爾。則亦無有乎爾。”孟子屢言願學孔子。又曰:“予未得爲孔子徒也,予私淑諸人也。”又曰:“由周而來,七百有餘歲矣。以其數,則過矣!以其時考之,則可矣!夫天,未欲平治天下也;如欲平治天下,當今之世,舍我其誰也。”蓋隱然自附於見知孔子之列,而以名世之任自期。韓氏《原道》曰:“吾所謂道,堯以是傳之舜,舜以是傳之禹,禹以是傳之湯,湯以是傳之文、武、周公,文、武、周公傳之孔子,孔子傳之孟軻。軻之死,不得其傳焉。荀與楊也,擇焉而不精,語焉而不詳。”始以孟子繼孔子。宋人以孟子受業於子思,子思受業於曾子,遂謂曾子獨得孔子之傳。朱子又推濂溪、二程,遥接其緒。其《滄州精舍告先聖文》,所謂“恭惟道統;萬理一原,遠自羲軒,集厥大成,人屬玄聖。述古垂訓,萬世作程。三千其徒,化若時雨。維顔曾氏,傳得其宗。逮思及輿,益以光大,自時厥後,口耳失真。千有餘年,乃云有繼。周、程授受,萬理一原”者也。後人又以朱子承周、程之緒,而理學家所謂道統者以成。水心既不喜伊、洛,故亦不承其道統之説。别叙道統,自堯、舜、禹、湯、文王、周公以至孔子,而斥宋儒曾子傳孔子之學,以至子思、孟軻之説爲不足信。其言曰:“四科無曾子,而孔子曰參也魯,則曾子在孔門弟子中,不爲最賢。若謂孔子晚歲,獨進曾子;或孔子殁後,曾子德加尊,行加修;則無明據。又孔子謂中庸之德民鮮能,而子思作《中庸》。以爲遺言,則顔、閔猶無是告;以爲自作,則非傳也。”此等議論,看似考據精詳,實亦憑臆爲説。與主張曾子傳孔子之道,以及子思、孟子者,同一無據,不足深論。水心之意,亦初不在此。所以必别叙道統,駁斥舊説,不過以達其崇實黜虚之見而已。水心之言曰:“孔子教顔淵‘非禮勿視,非禮勿聽,非禮勿言,非禮勿動’,必欲此身嘗行於度數折旋之中。而曾子告孟敬子,乃以爲所貴者動容貌,正顔色,出辭氣三事而已。是則度數折旋,皆可忽略而不省;有司徒具其文,而禮因以廢。”又曰:“《周官》言道則兼藝。《易傳》,子思、孟子言道,後世於道,始有異説。益以莊、列西方之學,愈以支離。”其意可概見矣。

宋儒於《戴記》,獨尊《大學》、《中庸》,諸子中獨尊《孟子》,以配《論語》,而爲四書。固由於《大學》言爲學之方,最有系統;《朱子語録》:“問初學當讀何書?曰:六經、《語》、《孟》皆當讀。但須知緩急。《大學》、《語》、《孟》，最是聖賢爲人切要處。然《語》、《孟》隨事答問，難見要領。惟《大學》是説古人爲學之大凡，體統都具。玩味此書，知得古人所鄉，讀《語》、《孟》便易入。後面功夫雖多，而大體已立矣。”又曰：“今且須熟究《大學》作間架，卻以他書填補之。”又曰：“《大學》是修身治人的規模。如起屋相似，須先打個地盤。”《中庸》所言之精微；《孟子》於諸子中，獨爲純正；亦與其道統之説相關也。水心既不信道統之説，故於《學》、《庸》、《孟子》，咸有詰難。其難《大學》格致之説曰：“《大學》以致知格物，在誠意正心之先。‘格’字可有二解：物欲而害道，格而絶之；物備而助道，格而通之是也。程氏以格物爲窮理。夫窮盡物理，則天下國家之道，已無遺蘊，安得意未誠，心未正，知未至？以爲求窮理，則未正之心，未誠之意，未致之知，安能求之？故程氏之説不可通。然格物究作何解，殊未能定。蓋由爲《大學》之書者，自未能明，以致疑誤後學也。”其難《中庸》，謂：“《書》惟皇上帝，降衷於下民，即《中庸》天命之爲性。若有恒性，即率性之爲道。尅綏厥猷惟後，即修道之謂教。案所引三語，出《僞湯誥》。然言降衷可，言天命不可。何者？天命物所同，降衷人所獨也。惟降衷爲人所獨，故人能率性而物不能。否則物何以不能率性邪？性而曰恒，是以可率。但云受命，則不知當然之理，各以意之所謂當然者率之，則道離於性矣。民有恒性，而後綏之，無加損也。云修則有損益矣。是教者强民從己也。”其難《孟子》曰：“《洪範》：耳目之官不思，而爲聰明，自外入以成其内也。思曰睿，自内出以成其外也。古人未有不内外交相成，而至於聖賢者。古人之耳目，安得不官而蔽於物？思有是非邪正，心有人危道微，後人安能常官而得之？蓋以心爲官，出孔子後；以性爲善，自孟子始；然後學者盡廢古人之條目，而專以心爲宗主；虚意多，實力少；堯舜以來内外相成之道廢矣。”案此諸説，均屬牽强。格物之釋甚多，是非誠難遽定。然因其説之難定，遂謂古人自不能通，則未免失之武斷。水心謂“功力當自致知始”，則《大學》言致知在格物，不云欲致其知者，先格其物，明格物致知，即係一事，原自致知爲始也。古書言性，本皆指人性言之。言物性須别之曰物，言人性不須别之曰人，言語之法，自如此也。《孟子》曰：“耳目之官不思，而蔽於物，物交物，則引之而已矣。心之官則思。思則得之，不思則不得也。此天之所以與我者。先立乎其大者，則其小者不能奪也。”謂當以心之思，正耳目之蔽，非謂任心而遂廢耳目也。謂古人之耳目，安得不官而蔽於物，後人之心，安能常思而得之，試問耳目爲物所引，果有此事乎？無此事乎？耳目爲物所蔽，不借心之思以正之，將何以正之乎？心不能常思而得，將廢心而專任耳目乎？抑當致力於治心乎？水心曰：“唐虞三代，上之治爲皇極，下之教爲大學，行之天下爲中庸。漢以來無能明之者。今世之學始於心，而三者始明。然唐虞三代，内外無不合，故心不勞而道自存。今之爲道者，獨出内心以治外，故常不合。”夫心思耳目，非對立而爲二物也。用耳目者，非能不用心思；而心思亦非能離耳目而爲用也。物交物則引之，所引者仍係其心。謂心隨耳目之欲。而不思其邪正也。若竟廢耳目之用，則本無物欲之蔽矣。今乃曰：自外入以成其内，自内出以治其外，其說果可通乎？

水心於太極先後天之説，亦皆加以駁詰。謂孔子《彖辭》，無所謂太極。太始太素等茫昧荒遠之説，實惟莊、列有之。又謂《河圖》、《洛書》之説，已爲怪誕，況於先後天乎？孔子係《易》，辭不及數。惟《大傳》稱大衍之數五十，其下文有五行生成之數。五行之物，徧滿天下，觸之即應，求之即得，而謂其生成之數，必有次第，蓋歷家立其所起，以象天地之行，不得不然。《大傳》以《易》之分揲象之，蓋《易》亦有起法也。《大傳》本以《易》象曆，而一行反以爲曆本於《易》。夫論《易》及數，非孔氏本意，而謂“曆由《易》起，摳道以從數，執數以害道”云云。此説誠亦有理。然太始太素等名，見於《易緯》。見第二篇。緯書固多怪迂之論，中亦多存經説。謂其不足信則可，謂非古説則不可。專言數誠非孔氏之意。然古代哲學，與天文曆數，相關極密。謂孔子不專言數則可，必謂言數之説，盡出後人附會，亦非。水心謂“天地陰陽，最忌以密理窺測”。推其意，必專就事論事；高深玄遠之説，一語不及而後可。然哲學固不容如是也。

水心又論“黄叔度爲後世顔子”之説云：“孔子所以許顔子者，皆言其學，不專以質。漢人不知學，以質爲道。遂使老、莊之説，與孔、顔并行。”案宋儒好言“聖賢氣象”。在彼修養之餘，誠不能謂無所見。然亦有入魔道處。水心此論，頗中其失。

水心既以實角爲主，自不免功利之見。故謂：“正誼不謀利，明道不計功，初看極好，細看全疏闊。古人以利與人，而不自居其功，故道義光明。既無功利，則道義乃無用之虚語耳。”殊不知上下交征利，勢必至於不奪不厭。未有仁而遺其親，未有義而後其君，正古人之以義爲利；而正誼不謀利，明道不計功，亦正所以規遠利也。此等説，皆未免失之偏激。

凡主張功利之説者，世人每謂其心術不可問，此實不然。彼不過立説少偏耳，其意，固欲以利人也。若但圖自利，則鷄鳴而起，孳孳爲之可矣；而何必著書立説，以曉天下乎？故主張功利之説者，其制行，往往高潔過人，方正不苟。以其策書與主張道義之人異，其蘄向則同也。水心當韓侂胄用兵時，嘗一出任事,以是頗爲論者所譏。此實理學家好苛論人,而不察情實之弊。不可不有以正之。案水心當淳熙時,屢以大仇未復爲言。開禧欲用兵,除知建康府。顧力言此事未可易言。欲先經營淮、漢,使州有勝兵二萬,然後挑彼先動,因復河南。河南既復,乃於已得之地,更作一重,爲進取之計。實爲老謀勝算。而侂胄急於建功,急於建功,便是私意。不能用。水心又上劄子,請修實政,行實德。意主修邊而不急於開邊,整兵而不急於用兵。尤欲節用減賦,以寬民力。時亦以爲迂緩,不能用。但欲借其名以草詔。水心力辭。則其不同侂胄之輕舉,彰彰矣。兵既敗,乃出安集兩淮。力陳救敗之計。旋兼江淮制置,措置屯田。時傳言金兵至。民渡江者億萬,争舟至覆溺。吏持文書至官,皆手顫不能出語。水心嘆曰:"今竟何如?"乃用門下士滕宬計,以重賞募勇士,渡江劫其營。十數往返,俘馘踵至。士氣稍奮,人心稍安。金人乃解。水心相度形勢,欲修沿江堡塢,與江中舟師相掎。自此漸北,撫用山水寨豪傑。中朝急於求和。水心以爲不必。請先自固,徐爲進取之圖。蓋其審慎於啓釁之先,效命於僨軍之際,其忠忱才略,咸有足多者。而忍以一節輕議之哉?況所議者,皆捕風捉影,不察情實之談乎?侂胄既死,其黨許及之、曾孝友等,懼得罪,反劾水心附會用兵,以圖自免。遂奪職奉祠。前此封事具在,竟莫能明其本末。亡國之是非必不明,功罪必倒置,可爲浩嘆矣。水心弟子周南,字南仲,吴縣人。北伐時,嘗奉長樞密院機速房之命。辭曰:"吾方以先事造兵,爲發狂必死之藥,敢鄉邇乎?"卒不受命。侂胄之誅,水心弟子與者三人,趙汝談、汝鐺、王大受。汝鐺,一作汝讜,字蹈中,大梁人。大受,字宗可,一字拙齋,饒州人。亦可見水心之宗旨矣。水心既廢,杜門家居,絶不自辯,嘗嘆"女真復爲天祚,他人必出而有之"。又謂"自戰國以來,能教其民而用之,惟一諸葛亮,非驅市人之比。故其國不勞,其兵不困,雖敗而可戰"。其經綸又可見矣。其與丁少詹丁希亮,字少詹,黄岩人。水心弟子。書謂"世間只常理。所謂豪傑卓然興起者,不待教詔而自能,不待勉强而自盡耳。至於以機變爲經常,以不遜爲坦蕩,以窺測隱度爲義理,以見人隱伏爲新奇,以跌蕩不可羈束爲通透,以多所疑忌爲先覺,此道德之棄材也。讀書之博,只以長敖;見理之明,只以遂非"云云。則卓然儒者之言,雖程、朱無以逾其淳也。然則世之踔弛自喜,好爲大言,而實際並無工夫,隱微之地,且不可問;而顧謬託於功利之論,以嘩世而愚衆者,寧非言功利者之罪人哉?

永康之學,原於東萊。然東萊之論,實與永康絶異,不可不察也。東萊與葉正則書曰:"静多於動,踐履多於發用,涵養多於講説,讀經多於讀史,功夫如此，然後可久可大。”與朱侍講曰：“向來一出，始知時事益難平，爲學功夫益無窮，而聖賢之言益可信。”其與陳同甫，則曰：“井渫不食，正指汲汲於濟世者。所以未爲井之盛？蓋汲汲欲施，與知命者殊科。孔子請討見卻，但曰以吾從大夫之後，不敢不告；孟子雖有自任氣象，亦云吾何爲不豫哉？殆可深鏡也。”則實非急於功名之流。其論政事，亦恒以風俗爲重。所撰《禮記説》，訾“秦漢以來，外風俗而論政事”。《論語説》曰：“後世人所見不明，或反以輕捷便利爲可喜，淳厚篤實爲遲鈍，不知此是君子小人分處。”《與學者及諸弟書》曰：“嘗思時事所以艱難，風俗所以澆薄，推其病原，皆由講學不明之故。若使講學者多；其達也，自上而下，爲勢固易；雖不幸皆窮，然善類既多，熏蒸上騰，亦有轉移之理。雖然，此特憂世之論耳。中天下而立，定四海之民，所性不存焉，此又當深長思也。”皆卓然儒者之論。其論自治，謂：“析理當極精微，毫厘不可放過。”又謂：“步趨進退，左右周旋，若件件要理會，必有不到。惟常存此心，則自然不違乎理。”頗能兼朱、陸之長。史稱東萊少時，性極褊。後病中讀《論語》，至“躬自厚而薄責於人”有省。遂終身無暴怒。《困學紀聞》紀其言，謂“争校是非，不如斂藏收養”。則其氣象寬博，自有過人者。宜其不與於朱、陸之争，且能調和二家也。

東萊死後，其弟子約，議論漸變。朱子答劉子澄曰：“伯恭無恙時，愛説史學。身後爲後生輩糊涂説出一般惡口小家議論。賤王尊霸，謀利計功，更不可聽。子約立脚不住，亦曰：吾兄，蓋嘗言之云爾。”又一書曰：“婺州自伯恭死後，百怪都出。至如子約，别説出一般差異的話。全然不是孔、孟規模，卻做管、商見識。令人駭嘆。然亦是伯恭自有些拖泥帶水，致得如此，又令人追恨也。”答潘端叔曰：“子約所守，固無可疑。然其論甚怪。教得學者相率舍道義之塗，以趨功利之域。充塞仁義。率獸食人，不是小病。故不免極力陳之。以其所守言之，固有過當。若據其議論，則亦不得不説到此地也。”可見功利之説，皆起於子約時矣。然其主持，實以陳同甫爲最力。故朱子《答黄直卿書》謂：“婺州近日一種議論愈可惡。大抵名宗吕氏，而實主同甫。”《語類》又謂“伯恭門人，亦有爲同甫之説”者也。

同甫之爲人，不如水心之純；其才，亦不如水心之可用。水心行事具見前。龍川落魄，以疏狂爲俠。嘗三下大理獄。其言曰：“研窮義理之精微，辨析古今之同異；原心於秒忽，較理於分寸；以積累爲工，以涵養爲主，晬面盎背，則於諸儒誠有愧焉。至於堂堂之陳，正正之旗；風雨雲雷，交發而并至；龍蛇虎豹，變見而出没；推倒一世之智勇，開拓萬古之心胸；自謂差有一日之長。”乃大言耳。然其論王霸義利之説，則其攻駁當時之論，實較水心爲有理致，不可誣也。

龍川之言曰："自孟荀論義利王霸，漢唐諸儒，未能深明其説。本朝伊洛諸公，辨析天理人欲，而王霸義利之説，於是大明。然謂三代以道治天下，漢唐以智力把持天下，固已使人不能心服。而近世諸儒，遂謂三代專以天理，漢唐專以人欲行。其間有與天理暗合者，是以亦能久長。亮以爲漢唐之君，本領非不洪大開廓。惟其時有轉移，故其間不無滲漏。謂之雜霸者，其道固本於王也。諸儒自處者，曰義曰王。漢唐做得成者，皆曰利曰霸。一頭自如此，一頭自如彼。説得雖甚好，做得亦不惡。如此，卻是義利雙行，王霸并用。如亮之説，卻是直上直下，只有一個頭顱做得成耳。"又曰："心之用，有不盡而無常泯，三代，做之盡者也，漢唐，做不到盡者也。本末感應，只是一理。使其田地根本，無有是處，安得有小康?"龍川之説，蓋謂義之與利，王之與霸，天理之與人欲，惟份量多少之異，性質則初無不同也。蕺山之言曰："不要錯看了豪傑。古人一言一動，凡可信之當時，傳之後世者，莫不有一段真至精神在内。不誠則無物，何從生出事業來?"與龍川之言，若合符節。如龍川、蕺山之言，則天下惟有一理，可以成事。如朱子之説，轉似僞者有時亦可成事矣。其意欲使道尊，而不知適以小之也。且如朱子之説，則世之求成事者，將皆自屏於道之外，而道真爲無用之物矣。龍川又極論其弊曰："以爲得不傳之絶學者，皆耳目不洪，見聞不逮之辭也。人只是這個人，氣只是這個氣，才只是這個才。譬之金銀銅鐵，煉有多少，則器有精粗。豈其本質之外，挨出一般，以爲絶世之美器哉。故浩然之氣，百煉之血氣也。使世人争騖高遠以求之，東扶西倒，而卒不著實而適用，則諸儒所以引之者過矣。"又曰："眼盲者摸索得着，謂之暗合。不應二千年之間，有目皆盲也。亮以爲後世英雄豪傑，有時閉眼胡做，遂爲聖門之罪人。及其開眼運用，無往而非赫日之光明。今指其閉眼胡做時，便以爲盲無一分光。指其開眼運用時，只以爲偶合。天下之盲者能幾? 利欲汩之則閉。心平氣定，雖平平眼光，亦會開得。況夫光如黑漆者，開則其正也，閉則霎時浮翳耳。今因吾眼之偶開，便以爲得不傳之絶學。畫界而立，盡絶一世之人於門外。而謂二千年之君子，皆盲眼不可點洗；二千年之天地日月，皆若有若無；世界皆是利欲，斯道之不絶者，僅如縷耳。此英雄豪傑，所以自絶於門外；以爲建功立業，别是法門；這些好説話，且與留着妝景足矣。"案世謂儒術迂疏，正是如此。龍川之言，亦可深長思也。

凡講學家，往往設想一盡美盡善之境以爲鵠。説非不高，然去實際太遠，遂至成爲空話。中國人素崇古，宋儒又富於理想，乃舉其所謂盡美盡善之境，一一傳之古人；而所謂古人者，遂成爲理想中物；以此期諸實際，則其功渺不可期;以此責人,人亦無以自處矣。此亦設想太高,持論太嚴之弊也。龍川《與朱子書》曰:"秘書以爲三代以前,都無利欲,都無要富貴底人。今詩書載得如此潔浄,只此是正大本子。亮以爲才有人心,便有許多不潔浄。"破理想之空幻,而據實際以立論,亦理學家所當引爲他山之石也。

所謂義利,往往不可得兼。然此自係格於事實,以致如此。若論究竟,則二者之蘄向,固未嘗不一。所謂捨利而取義者,亦以格於事勢,二者不可得兼云然,非有惡於利也。主張之過,或遂以利爲本不當取,則又誤矣。龍川之言曰:"不失其馳,捨矢如破,君子不必於得禽也。而非惡於得禽也。範我馳驅,而能發必命中者,君子之射也。豈有持弓矢審固,而甘心於空反者乎?"亦足箴理學家偏激之失也。

龍川之論,朱子距之如洪水猛獸,又視其闢江西爲嚴。然其議論之可取如此,亦可見道理之弘,不容執一成之見以自封矣。然朱子之言,亦有足資警惕者。朱子答吕子約書曰:"孟子一生,忍窮受餓,費盡心力,只破得枉尺直尋四字。今日諸賢,苦心勞力,費盡言語,只成就得'枉尺直尋'四字。"其言足資猛省。蓋謂凡能成事者,皆有合於當然之道,不得謂惟吾理想中之一境有合,而餘皆不合,其言自有至理。然世事錯綜已極,成否實難豫料。就行事論,只能平心静氣,據我所見爲最是者,盡力以行之,而不容有一必其成功之念。苟欲必其成功,則此心已失其正。成功仍未可必,所行先已不當矣。故論事不宜過嚴,而所以自律者,則本原之地,不容有毫髮之間。龍川箴朱子立論之過隘,朱子譏龍川立心之未淳,其言亦各有一理也。

篇十一　宋儒術數之學

宋儒術數之學，其原有二：一則周子之《太極圖》，邵子之《先天圖》，與《参同契》爲一家言，蓋方士修煉之書也。一則天地生成之數。司馬氏之《潛虚》，及劉氏、蔡氏、《河圖洛書》之説本之。

所謂天地生成之數者？其説見於鄭氏之《易注》。《易繫辭傳》曰："天一，地二。天三，地四。天五，地六。天七，地八。天九，地十。"又曰："天數五，地數五，五位相得而各有合。天數二十有五，地數三十。凡天地之數，五十有五，此所以成變化而行鬼神也。"一、三、五、七、九爲天數，二、四、六、八、十爲地數，所謂天數五，地數五也。一、三、五、七、九相加，爲二十有五，二、四、六、八、十相加，爲三十，所謂天數二十有五，地數三十也。二十五與三十相加，爲五十有五，則《易》所言之凡數也。鄭氏注曰："天一生水於北，地二生火於南，天三生木於東，地四生金於西，天五生土於中。陽無耦，陰無妃，未得相成。於是地六成水於北，與天一并。天七成火於南，與地二并。地八成木於東，與天三并。天九成金於西，與地四并。地十成土於中，與天五并。"此所謂五行生成之數。《漢書・五行志》：《左氏》昭公九年："裨竈曰：火，水妃也，妃以五成。"疏引《陰陽之書》，言五行妃合；十八年，"梓慎曰：水，火之牡也"。疏引《陰陽之書》，言五行嫁娶，説皆略同。後人於鄭氏之説，或多駁難，然非此無以釋五位相得而各有合也。《月令》言五方，木、火、金、水皆成數，惟土爲生數。《太玄玄圖篇》云："一與六共宗，二與七爲朋，三與八成友，四與九同道，五與五相守。"説亦大同，惟中央不言五與十而已。司馬氏《潛虚》所用，即係此數。

温公《潛虚》，亦從萬物之所由來説起。由此推原人性。而得其當然之道。其説曰："萬物皆祖於虚，生於氣。氣以成體。體以受性。性以辨名。名以立行。行以俟命。故虚者，物之府也。氣者，生之户也。體者，質之具也。性者，神之賦也。名者，事之分也。行者，人之務也。命者，時之遇也。"蓋亦欲通天人之故者也。謂萬物皆祖於虚，不如張子泯有無爲一之當。

其《氣圖》：以五行分布五方，用其生數爲原、熒、本、卝、基，而以其成數爲委、焱、末、刃、冢。以此互相配合，其數五十有五，畫成級數，是爲《體圖》。《體圖》一等象王，二等象公，三等象岳，四等象牧，五等象率，六等象侯，七等象卿，八等象大夫，九等象士，十等象庶人。其説曰：“少以制衆，明綱紀也。位愈卑，詘愈多，所以爲順也。”又以五行生成之數遞相配，其數亦五十有五，謂之《性圖》。其中以水配水，以火配火者，謂之十純。其餘謂之配。又以一至十之數互相配，各爲之名，亦得五十五。其中以五配五曰齊，居中。餘則規而圓之，始於元而終於餘。是爲名圖。齊包幹萬物，無位。元，餘者，物之終始，無變。餘各有初、二、三、四、五、六，上七變。凡三百六十四變。變尸一日。授於餘而終之。其説曰：“人之生本於虚。虚然後形。形然後性。性然後動。動然後情。情然後事。事然後德。德然後家。家然後國。國然後政。政然後功。功然後業。業終則反於虚矣。故萬物始於元，著於裒，存於齊，消於散，訖於餘。五者，形之運也。柔、剛、雍、昧、昭，性之分也。容、言、慮、聆、覿，動之官也。繇、懠、得、罹、耽，情之訹也。前、卻、庸、妥、蠢，事之變也。訒、宜、忱、哲、戛，德之塗也。特、偶、昵、續、考，家之綱也。范、徒、醜、隸、林，國之紀也。禋、準、資、賓、戎，政之務也。斅、乂、績、育、聲，功之具也。興、痡、泯、造、隆，業之著也。”蓋欲以徧象萬事也。元餘齊無變，不占。初，上者，事之終始，亦不占。餘五十二名，各以其二、三、四、五、六爲占。五行相乘，得二十五；又以三才乘之，得七十五以爲策。虚其五而用七十占之。其占：分吉、臧、平、否、凶五者。

温公好《太玄》，留心三十年，集諸説而作注。其作《潛虚》，自云：“《玄》以準《易》，《虚》以擬《玄》。”《玄》起冬至，終大雪，蓋象物之始終。《虚》亦然。其係元之辭曰：“元，始也。夜半，日之始也。朔，月之始也。冬至，歲之始也。”繼之以裒，曰：“裒，聚也。氣聚而物，宗族聚而家，聖賢聚而國。”終之以散，繼之以餘，蓋亦象物之始終。其思想，實未能出於《太玄》之外。此等書，殊可不必重作也。

温公潛虚，雖不足貴，而其踐履，則有卓然不可誣者。温公之學，重在不欺。自謂“生平所爲，未嘗不可對人言”。弟子劉安世，問：“有一言而可以終身行之者乎？”曰：“其誠乎？”問其目。曰：“自不妄語始。”安世學之，七年而後成。故能屹然山立。論者稱涑水門下。忠定安世謚。得其剛健篤實，范正獻祖禹。得其純粹云。傳温公之數學者，則晁景迂也。

景迂從温公游，又從楊賢寶康節弟子。傳先天之學，姜至之講《洪範》。温公著《潛虚》，未成而病，命景迂補之。景迂謝不敏。所著書，涉於《易》者甚多。今惟《易玄星紀譜》，尚存《景迂集》中。其書：乃將温公之《太玄曆》，康節之《太玄準易圖》，據曆象合編爲譜。以見《易》與《玄》之皆本於天也。

五行生成之數，鄭氏以之注《繫辭傳》天地之數。其注大衍之數亦用之。其注“河出《圖》，洛出《書》”，則引《春秋緯》云：“河以通乾出天苞，洛以流坤吐地符。河龍《圖》發，洛龜《書》成。《河圖》有九篇，《洛書》有六篇。”初不言九篇六篇所載爲何事。《漢書・五行志》載劉歆之言曰：“虙犧氏繼天而王，受《河圖》，則而畫之，八卦是也。禹治洪水，賜《雒書》，法而陳之，《洪範》是也。”張衡《東京賦》：“《龍圖》授羲，《龜書》畀姒。”始以《河圖》爲八卦，《洛書》爲五行。《僞孔傳》及《論語集解》引孔氏，亦皆以《河圖》爲八卦。然亦僅言八卦五行，出於《圖》、《書》，而《圖》、《書》究作何狀，則莫能質言。邢昺《論語疏》：“鄭玄以爲《河圖》、《洛書》，龜龍銜負而出。如《中候》所説：龍馬銜甲，赤文緑字。甲似龜背，袤廣九尺。上有列宿斗正之度，帝王録紀興亡之

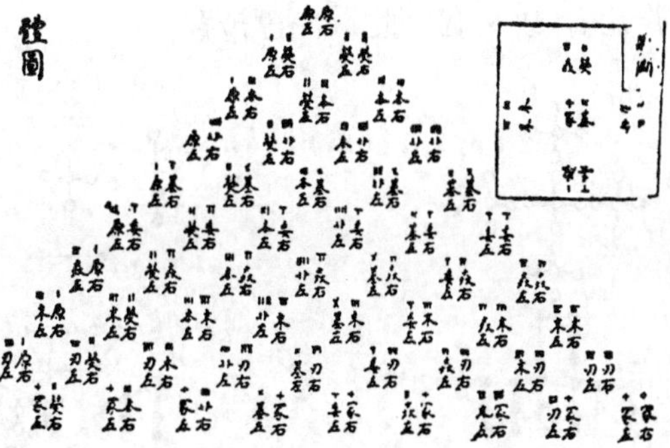

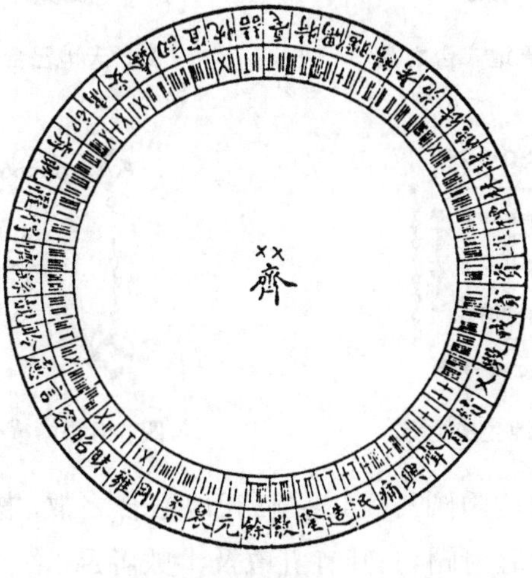

性　圖

數。”云“列宿斗正之度”似《圖》。云“帝王録紀興亡之數”，則亦似《書》矣。又云“赤文緑字，甲似龜背”，則龍馬所負，亦龜書也。《隋志》：“《河圖》二十卷。《河圖龍文》一卷。其書出於前漢。有《河圖》九篇。《洛書》六篇。自黄帝至周文王所受本文。又别有三十篇，云自初起至於孔子九聖之所增演，以廣其意。”其書既亡，無可究詰。《漢書·五行志》，以“初一曰”以下六十五字，皆爲《洛書》本文。孔以“初一曰”等二十七字，係禹加。劉彪、顧焯，以爲龜背有二十八字。劉炫謂止二十字。亦皆以意言之而已。要之《河圖》、《洛書》，本神怪之談，無從徵實。必欲鑿求，適成其爲痴人説夢而已。至宋時，始有所謂《易龍圖》者，託諸陳摶。見李淑《邯鄲書目》。朱子已明言其僞。清胡渭《易圖明辨》，謂其圖見於張仲純《易象圖説》者凡四：其第一圖，即天數二十有五，地數三十。第二圖上爲五行生數，下爲五行成數。第三圖合二者爲一。第四圖則所謂“戴九履一，左三右七，二四爲肩，六八爲足。五爲腹心，縱横數之皆十五”者也。其數與《大戴記》明堂九室，《大戴記·明堂》篇：“明堂者，古有之也。凡九室。二、九、四；七、五、三；六、一、八。”及《後漢書·張衡傳》注引《易乾鑿度》同。案《後漢書·劉瑜傳》：瑜上書：“《河圖》授嗣，正在九房。”則以此數爲《河圖》。然九宫之數，合於九疇，故又有以此爲《洛書》者。

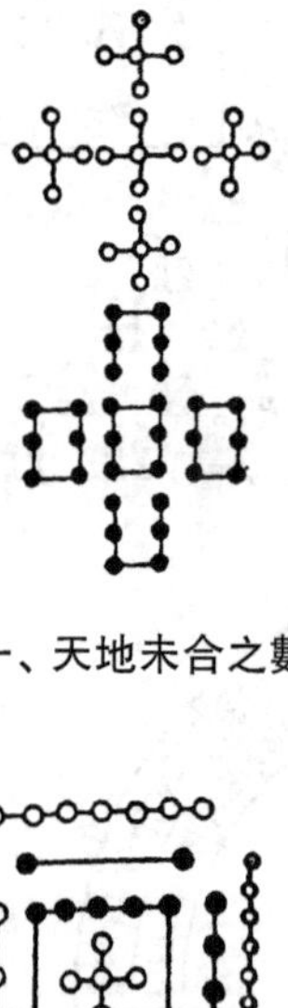

一、天地未合之數

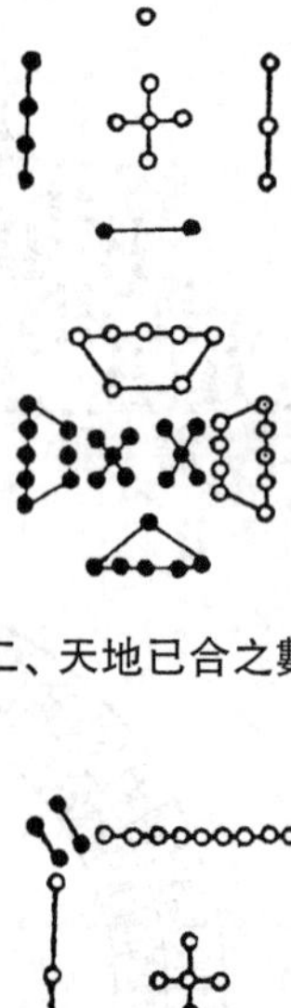

二、天地已合之數

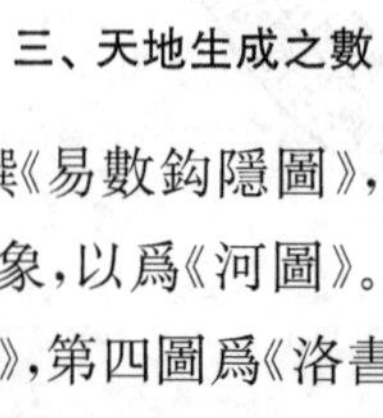

三、天地生成之數

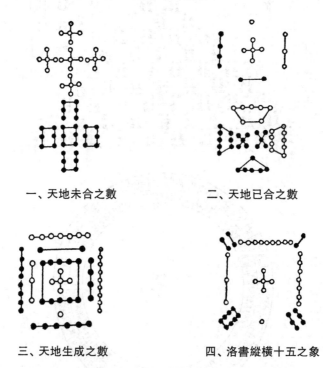

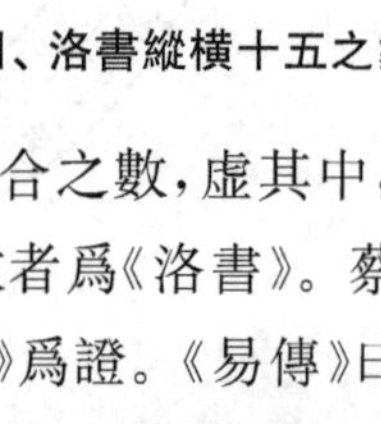

四、洛書縱横十五之象

宋劉牧撰《易數鈎隱圖》，就《龍圖》天地已合之數，虚其中，以上圖爲兩儀，下圖爲四象，以爲《河圖》。其有五數及十數者爲《洛書》。蔡元定則以第三圖爲《河圖》，第四圖爲《洛書》。引關朗《易傳》爲證。《易傳》曰：“《河圖》之文，七前六後，八左九右。聖人觀之以畫卦。是故全七之三以爲離，奇以爲巽。全八之三以爲震，奇以爲艮。全六之三以爲坎，奇以爲乾。全九之三以爲兑，奇以爲坤。正者全其位，隅者盡其量。《洛書》之文，九前一後，三左七右；四前左，二前右，八後左，六後右。後聖稽之爲三象；一、四、七爲天生之數，二、五、八爲地育之數，三、六、九爲人資之數。”所謂則圖畫卦者，與劉牧之《四象生八卦》圖合，宋時言《圖》、《書》者，所由以《圖》、《書》附合於《易》也。劉氏曰：“水居坎而生乾，金居兑而生坤，火居離而生巽，木居震而生艮。”謂水數六，除三畫爲坎，餘三畫爲乾；金數九，除三畫爲兑，餘六畫爲坤；火數七，除三畫爲離，餘四畫爲巽；木數八，除三畫爲震，餘五畫爲艮也。乾坤艮巽，畫數恰合，巧矣。然坎、離、震、兑皆止三畫，殊不可通。關朗《易傳》，乃北宋阮逸所造僞書，見陳無己《後山叢談》，實本諸劉牧，而又小變其説者，蔡氏爲所欺也。

《東都事略·儒學傳》謂：“陳摶讀《易》，以數學授穆修，修以授种放，放授許堅，堅授范諤昌。”朱漢上《經筵表》謂“陳摶以《先天圖》傳种放，放傳穆修，修傳李之才，之才傳邵雍。明道志康節墓，亦謂其學得之李挺之，挺之得之穆伯長。放以《河圖》、《洛書》傳李溉，溉傳許堅，堅傳范諤昌，諤昌傳劉牧。修以《太極圖》傳周敦頤，敦頤傳程顥、程頤。”晁公武《郡齋讀書志》：“《易證墜簡》一卷。天禧中，毘陵從事范諤昌撰。自謂其學出於溢浦李處約、廬陵許堅。”處約不知即溉否。然邵子之學，出於《先天圖》；劉牧之學，出於《河圖》、《洛書》；周子之學，出於《太極圖》，則不可誣也。

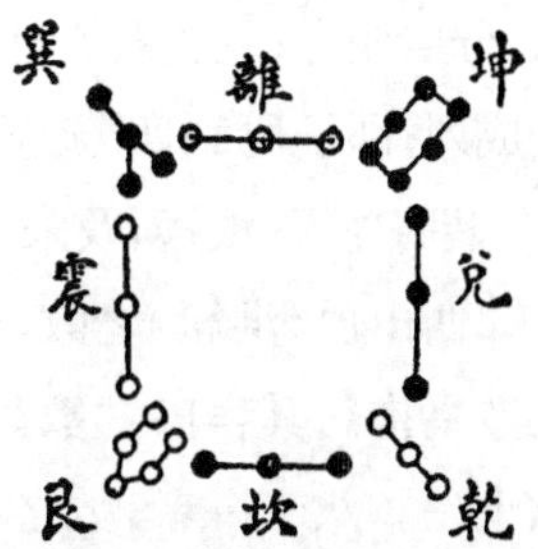

南渡以後，精於數學者，莫如蔡西山父子。西山以十爲《河圖》，五行生成數。九爲《洛書》。九宫。又謂：“《河圖》、《洛書》：虚其中爲太極。奇耦各居二十，謂一、三、七、九，與二、四、六、八，相加皆爲二十。則亦兩儀。一、六爲水，二、七爲火，三、八爲木，四、九爲金，五、十爲土，固《洪範》之五行，而五十有五，又九疇之子目也。五行五，五事五，八政八，五紀五，皇極一，三德三，稽疑七，庶徵十，福，極十一。《洛書》一、二、三、四，而合九、八、七、六；縱横十五，而互爲九、八、七、六，則亦四象也。四方之正，以爲乾、坤、離、坎，四隅之偏，以爲兑、震、巽、艮，此邵子先天方位。則亦八卦也。《洛書》固可以爲《易》，《河圖》固可以爲《範》；且又安知《圖》之不爲《書》，《書》之不爲《圖》邪？”又曰：“太極者，象數未形，而其理已具之稱；形器已具，而其理無朕之目。在《河圖》、《洛書》，皆虚中之象也。”周子曰：“無極而太極；邵子曰：道爲太極；又曰：心爲太極；此之謂也。太極之判，始生一奇一耦，而爲一畫者二，是爲兩儀。其數則陽一而陰二。在《河圖》、《洛書》，則奇耦是也。周子所謂太極動而生陽，動極而静；静而生陰，静極復動；一動一静，互爲其根；分陰分陽，兩儀立焉；邵子所謂一分爲二者，皆謂此也。兩儀之上，各生一奇一耦，而爲二畫者四，是爲四象。其位則太陽一，少陰二，少陽三，太陰四。其數則太陽九，少陰八，少陽七，太陰六。以《河圖》言之：則六者，一而得於五者也。七者，二而得於五者也。八者，三而得於五者也。九者，四而得於五者也。以《洛書》言之：則九者，十分一之餘也。八者，十分二之餘也。七者，十分三之餘也。六者，十分四之餘也。周子所謂水、火、木、金；邵子所謂二分爲四者，皆謂此也。四象之上，各生一奇一耦，而爲三畫者八，於是三才略具，而有八卦之名矣。其位則乾一、兑二、離三、震四、巽五、坎六、艮七、坤八。在《河圖》：則乾、坤、離、坎，分居四實；兑、震、巽、艮，分居四虚。在《洛書》：則乾、坤、離、坎，分居四方；兑、震、巽、艮，分居四隅。《周禮》所謂三易經卦各八；大傳所謂八卦成列；邵子所謂四分爲八者，皆指此而言也。"以上皆引《易學啓蒙》。此書實西山所撰也。蓋將先天、太極，及宋人所謂《河圖》、《洛書》者，通合爲一矣。

西山於《洪範》之數，未及論著，皆以授九峰。九峰著《洪範皇極》，以九九之數爲推。其言曰："數始於一，參於三，究於九，成於八十一，備於六千五百六十一。八十一者，數之小成也。六千五百六十一者，數之大成也。天地之變化，人事之始終，古今之因革，莫不於是著焉。"又曰："一變始之始，二變始之中，三變始之終。四變中之始，五變中之中，六變中之終。七變終之始，八變終之中，九變終之終。數以事立，亦以事終。"蓋欲以數究萬物之變者也。此等説，太覺空漠，無可徵驗，即無從評論其是非。然《洪範皇極》，頗多微妙之言。今略引數條於下：

《洪範皇極》曰："有理斯有氣，氣著而理隱。有氣斯有形，形著而氣隱。人知形之數，而不知氣之數；人知氣之數，而不知理之數。知理之數則幾矣。動静可求其端，陰陽可求其始。天地可求其初，萬物可求其紀。鬼神知其所幽，禮樂知其所著，生知所來，死知所去。《易》曰'窮神知化'，德之盛也。"形者，已成之局。氣者，形之原因。理又氣之原因。數者，事之必然。知理之數，則形氣自莫能外矣。故以爲窮神知化也。

又曰："欲知道，不可以不知仁。欲知仁，不可以不知義。欲知義，不可以不知禮。欲知禮，不可以不知數。數者，禮之序也。知序則幾矣。"仁義二者，仁爲空名，義則所以行仁。禮之於義亦然。數者，禮之所以然也。知數，則所行之禮，皆不差忒；於仁義無遺憾，於道亦無不合矣。此説將仁義禮一以貫之，即所以使道與數合而爲一也。

九九積數圖

一	九	八十一	七百二十九
二	十八	百六十二	一千四百五十八
三	二十七	二百四十三	二千一百八十七
四	三十六	三百二十四	二千九百一十六
五	四十五	四百有五	三千六百四十五
六	五十四	四百八十六	四千三百七十四
七	六十三	五百六十七	五千一百有三
八	七十二	六百四十八	五千八百三十二
九	八十一	七百二十九	六千五百六十一

又曰:"數運無形而著有形。智者一之,愚者二焉。數之方生,化育流行。數之已定,物正性命。圓行方止,爲物終始。隨之而無其端也,迎之而無其原也。渾之惟一,析之無極。惟其無極,是以惟一。"此言原因結果之間,所以無毫厘差忒者,以其本是一體。惟本是一體,而分析特人所强爲,故毫厘不得差忒。以其析之無窮,而仍毫厘不得差忒,可見其本是一體,而分析特人之所爲也。

又曰:"數者,動而之乎静者也。象者,静而之乎動者也。動者,用之所以行。静者,體之所以立。用既爲體,體復爲用。體用相仍,此天地萬物所以化生而無窮也。"此所謂静者,謂人所能認識之現象。動者,現象之所由成也。用既爲體,體復爲用,言現象皆有其所以然之原因;而此現象,復爲他現象之原因也。

又曰:"順數則知物之所始,逆數則知物之所終。數與物非二體也,始與終非二致也。大而天地,小而毫末;明而禮樂,幽而鬼神;知數即知物也,知始即知終也。"九峰所謂數,即宇宙定律之謂。明乎宇宙定律,則於一切事物,無不通貫矣。故曰"物有其則,數者盡天下之物則;事有其理,數者盡天下之物理"也。

以上所引,皆《洪範皇極》中精語。略舉數條,不能盡也。然亦可見宋代理學家:其學雖或偏於術數,而其意恒在明理;其途徑雖或借資異學,而多特有所見,不爲成説所囿。後人訾讆之辭,實不盡可信也。

篇十二　陽明之學

陽明之學,蓋遠承象山之緒。而其廣大精微,又非象山所及。

一種哲學,必有其特異之宇宙觀及人生觀。此理前已言之。陽明之學,雖不能離乎宋儒,而別爲一學,然以佛教譬之,固卓然立乎程朱之外,而自成一宗者矣。其宇宙觀及人生觀,果有以特異於程朱乎?曰:有。

宋學至朱子而集其大成。其異乎朱子者,如陸子,則當陽明時,其説不甚盛行。故朱子之學,在當時,實宋學之代表也。朱子以宇宙之間,有形跡可指目想像者,皆名爲氣。而別假設一所以然者,名之曰理。形跡之已然者,不能盡善。然追溯諸未然之時,固不能謂其必當如是。故以理爲善,凡惡悉委諸氣。本此以論人。則人人可以爲善,而未必人人皆能爲善。其可以爲善者理,使之不能爲善者氣也。於是分性爲義理、氣質兩端。義理之性,惟未生時有之。已墮形氣之中,則無不雜以氣質者。人欲爲善,必須尅去其氣質之偏,使不爲天理之累而後可,朱子論理氣及人性之説如此。

陽明之説則不然。陽明以理氣爲一。謂:“理者氣之條理,氣者理之運用。無條理固不能運用;無運用,亦無所謂條理矣。”然則所謂理與氣者,明明由人之觀念,析之爲二,在彼則實爲一物也。然則理不盡善,氣亦不盡善乎?曰:不然。理者,氣之流行而不失其則者也。春必繼以夏,秋必繼以冬,此即氣之流行之則,即是理,純粹至善者也。其流行之際,不能無偶然之失。則如冬而燠,夏而寒,是爲愆陽伏陰。愆陽伏陰,卒歸於太和。司見流行雖有偶差,主宰初未嘗失。主宰之不失,即至善也。陽明門下,論理氣合一最明白者,當推羅整庵。整庵之説曰:“通天地,亘古今,無非一氣而已。氣本一也,動静往來,闔闢升降,循環無已。積微而著,由著復微。爲四時之温凉寒暑,爲萬物之生長收藏,爲斯民之日用彝倫,爲人事之成敗得失。千條萬緒,紛紜轇轕,而卒不尅亂。莫知其所以然而然。是即所謂理也。”初非别有一物,依於氣而立,附於氣以行。或因易有太極之説,乃疑陰陽之變易,類有一物主宰乎其間,是不然矣。理者氣之條理之説,雖暢發於陽明,實亦道原於宋儒。張子謂“虚空即氣”。“天地之氣,雖聚散攻取百途,然其爲理也,順而不妄”。程子謂:“天地之化,一息不留。疑其速也,然寒暑之變甚漸。”朱子曰:“有個天理,便有個人欲。蓋緣這天理有個安頓處。才安頓得不恰好,便有個人欲出來。”皆陽明之説之先河也。

推此以論人。則氣即心,理即性。心與性之不可歧而爲二,猶理與氣之不可歧而爲二也。宇宙全體,無之非氣,即無之非理。人稟氣以生,即稟理以生也。人心千頭萬緒,感應紛紜而不昧。其感應,流行也。其不昧,主宰也。感應不能無失,猶氣之流行,不能無愆陽伏陰。其終能覺悟其非,則即其主宰之不昧也。故理善氣亦善,性善心亦善。上知下愚,所稟者同是一氣。然一知一愚者,上知所稟之氣清,下愚所稟之氣濁也。同一氣也,而有清濁之分,何也?曰:氣不能無運行,運行則有偏勝雜糅之處。有偏勝雜糅,斯有清濁矣。然論其本,則同是一氣。惡在偏勝雜糅,不在氣也。故氣不可謂之惡。故曰性善。○宋儒以人之不善,歸咎於氣質。陽明則歸咎於習。所謂習者,非有知識後始有,並非有生後始有,稟氣時即有之。氣之偏勝,即習之所從出也。如仁者易貪,知者易詐,勇者易暴。其仁即聖人之仁,其知即聖人之知,其勇即聖人之勇,以其所稟者,與聖人同是一氣也。其所以流於貪詐暴者,則以其氣有偏勝故。此當學以變化之。惟雖有偏勝,而其本質仍善,故可變化。若其質本惡,則不可變矣。陽明之説如此,實亦自宋儒之説一轉手耳。○失在流行,不在本體,故祇有過不及,無惡。

氣之流行而不失其則者,理也。心之感應而不昧其常者,性也。理與氣非二,則性與心非二。欲知氣之善,觀其流行而不失其則,則知之矣。欲求心之善,於其感應之間,常勿失其主宰,即得之矣。此主宰,即陽明之所謂知也。而致良知之説以立。

夫謂良知即人心之主宰者,何也?陽明以天地萬物爲一體。其言曰:“自其形體而言謂之天。自其主宰而言謂之帝。自其流行而言謂之命。自其賦於人而言謂之性。自其主於身而言謂之心。心之發謂之意。意之體謂之知。其所在謂之物。”蓋宇宙之間,本無二物。我之所稟以生者,即宇宙之一部分;其原質,與天地萬物無不同。故曰:人與天地萬物一體,非以天地萬物爲一體也。陽明之言曰:“人的良知,就是草木瓦石的良知。豈惟草木瓦石,天地無人的良知,亦不可爲天地矣。蓋天地萬物,與人原是一體。其發竅之最精處,是人心一點靈明。故五穀禽獸之類,皆可以養人;藥石之類,皆可以療疾。祇爲同此一氣,故能相通耳。”錢緒山曰:“天地間祇有此知。天祇此知之虚明;地祇此知之凝聚;鬼神祇此知之妙用;日月祇此知之流行;人與萬物,祇此知之合散;而人祇此知之精粹也。此知運行,萬古有定體,故曰太極。無聲臭可即,故曰無極。”歐陽南野曰“道塞乎天地之間,所謂陰陽不測之神也。神凝而成形,神發而爲知。知也者,神之所爲也。神無方無體。其在人,爲視聽,爲言動,爲喜怒哀樂。其在天地萬物,則發育峻極。故人之喜怒哀樂,與天地萬物,周流貫徹,而無彼此之間”云云。陽明之學,於一元之論,可謂發揮盡致矣。而此原質,自有其發竅最精之處。此處即我之心。心也,意也,知也,同物而異名。故用力於知,即用力於心。而用力於心,即用力於造成我之物質發竅最精之處也。此致良知之説所由來也。

不曰用力於心,而曰用力於知者,何也?曰:心意知同體不離;捨意則無以見心,捨知則無以見意也。故曰:“心無體,以知爲體。”然知亦非能離所知而獨存也。故曰:“知無體,以感應是非爲體。”“心之本體至善,然發於意則有善有不善。”此猶主宰雖是,而流行之際,不能無差也。意雖有善有不善,“然知是知非之知,未嘗不知”。則猶流行偶差,而主宰常存也。心之體,既必即意與知而後可見,則欲離意與知而用力於心者,自係邪説詖辭。故曰“欲正心者,本體上無可用功。必就其發動處著力。知其是而爲之,知其非而不爲,是爲致知。知至則意誠,意誠則心正,心正則身修。故曰:《大學》之要,在於誠意。誠意之功,在於格物。誠意之極,厥惟止至善”也。陽明之學之綱領如此。

所謂格物者,非謂物在外而以吾心格之也。意之所在謂之物。故曰:“意在於事親。事親便是一物。意在於事君,事君便是一物。意在於仁民愛物,仁民愛物,便是一物。意在於視聽言動,視聽言動,便是一物。”意之所在謂之物何也?曰“一念未萌,則萬境俱寂。念之所在,境則隨生。如念不注於目前,則泰山覿面而不睹;念苟注於世外,則蓬壺遥隔而成象”矣。塘南之言。蓋知者能知,物者所知。所之不能離能,猶能之不能離所也。故曰:“無心外之理,無心外之物。”故理一者,在我之主宰。分殊者,主宰之流行。故曰“物之無窮,祇是此心之生生”而已。故無所謂物之善不善,祇有此心之正不正也。塘南曰:“事之體,强名曰心。心之用,强名曰事。其實祇是一件,無内外彼此之分也。故未有有心而無事,有事而無心者。故充塞宇宙,皆心也,皆事也,皆物也。”又曰:“心常生者也。自其生生而言,即謂之事。心無一刻不生,即無一刻無事。事本心,故視聽言動,子臣弟友,辭受取予,皆心也。灑掃應對,便是形而上者。學者終日乾乾,祇默識此心之生理而已。時時默識,内不落空,外不逐物,一了百了,無有零碎本領之分也。”又曰:“盈天地間皆物也,何以格之?惟以意之所在爲物,則格物之功,非逐物,亦非離物也。至博而至約矣。”尤西川《格訓通解》曰:“陽明格物,其説有二,曰:知者意之體,物者意之用。如意在於事親,即事親爲一物。祇要去其心之不正,以全其本體之正。故曰:格者正也。又曰:致知在格物者,致吾心之良知於事事物物。致吾心之良知於事事物物,則事事物物,皆得其理矣。致吾心之良知者,致知也。事事物物,皆得其理者,物格也。前説似專舉一念,後説則並舉事物,若相戾者。然性無内外,而心外無物,二説祇一説也。”西川,名時熙,字季美,洛陽人。

流行主宰,即是一事。主宰即見於流行之中。非離乎流行,而别有其寂然不動之一時也。故心之動静,亦非二時。欲正心者,必動静皆有事焉。陽明曰:“太極生生之理,妙用無息,而常體不易。太極之生生,即陰陽之生生。就其生生之中,指其妙用無息者,而謂之動,謂之陽之生,非謂動而後生陽也。指其常體不易者,而謂之静,謂之陰之生,非謂静而後生陰也。若静而後生陰,動而後生陽,則是陰静陽動,截然各自爲一物矣。”此就宇宙言也。推諸吾心亦如此。故曰:“心無動静者也。其静也者,以言其體也。其動也者,以言其用也。故君子之學,無間於動静。其静也,常覺而未嘗無也,故常應。其動也,常定而未嘗有也,故常寂。常應常寂,動静皆有事焉,是之謂集義。所謂動亦定,静亦定者也。心一而已。静其體也,而復求静根焉,是撓其體也。動其用也,而懼其易動焉,是廢其用也。故求静之心即動也,惡動之心非静也。是之謂動亦動,静亦動。故循理之謂静,從欲之謂動。"陽明正心之説,皆自其宇宙觀來。故曰:必有新宇宙觀,而後有新人生觀。人生觀與宇宙觀,實不容分析爲二也。陽明曰:"告子衹在不動心上著功。孟子便真從此心原不動處分曉。心之本體,原是不動的。衹爲所行有不合義,便動了。孟子不論心之動不動,衹是集義。所行無不是義,此心自然無可動處。"《傳習録》:"無善無惡者理之静,有善有惡者氣之動。不動於氣,即無善無惡,是爲至善。"曰:佛氏亦無善無惡,何以異?曰:佛氏著在無上,便一切不管。聖人無善無惡,衹是無有作好,無有作惡。不作好惡,非是全無好惡。衹是好惡一循於理,不去著一分意思,即是不曾好惡一般。曰:然則好惡全不在物?曰:衹在汝心。循理便是善,動氣便是惡。世儒惟不知此,捨心逐物,將格物之學錯看了。

陽明之學,雖極博大精微,然溯其原,則自"心即理"一語來而已。故曰:陽明之學,遠承象山之緒也。然其廣大精微,則實非象山所及,此亦創始者難爲功,繼起者易爲力也。

人心不能無妄動。然真妄原非二心,故苟知其妄,則妄念立除,而真心此即立現。故曰:"照心非動者,以其發於本體明覺之自然,而未嘗有所動也。妄心亦照者,以其本體明覺之自然者,未嘗不存於其中,但有所動耳。無所動即照矣。"夫妄心之所以能覺者,以良知無時而不在也。故曰:"七情順其自然之流行,皆是良知之用。但不可有所著。七情有著,俱謂之欲。"有著即所謂動也。陽明又曰:"理無動者也,動即爲欲。"然"才有著時,良知亦自會覺。覺即蔽去,復其本體矣。此處能看得破,方是簡易透測工夫"。又曰:"雖妄念之發,而良知未嘗不在。但人不知存,則有時而或放耳。雖昏塞之極,而良知未嘗不明。但人不知察,則有時而或蔽耳。"又曰:"良知無過不及,知過不及的是良知。"夫如是,則爲善去惡之功,實惟良知是恃。故曰:"一點良知,是爾自家的準則。是便知是,非便知非,更瞞他一些不得。爾衹不要欺他;實實落落,依他做去;善便存,惡便去。何等穩當?此便是致知的實功。"

人心雖動於妄,而良知未嘗不知,故致知之功,實大可恃。良知雖無時不存,而不能不爲物欲所蔽,故致知之功,必不容緩。以良知爲足恃,而遂忘致之之功,則所謂良知,亦終爲物欲所蔽耳。故曰:"良知之發,更無私意障礙,即所謂充其惻隱之心,而仁不可勝用。常人不能無私意,所以須用致知格物之功。"又曰:"知得善,卻不依這個良知便做去。知得不善,卻不依這個良知,便不去做。這個良知,便遮蔽了。"又曰:"天理即是良知。良知愈思愈精明。

若不精思，漫然隨事應去，良知便粗了。”然“學以去其昏蔽，於良知之本體，初不能有加於毫末”。此義亦不可不知。

知是知非之良知，不能致即將昏蔽，於何驗之？曰：觀於人之知而不行，即知之矣。蓋良知之本體，原是即知即行。苟知之而不能行，則其知已非真知，即可知其爲物欲所蔽矣。“徐愛問：今人儘有知父當孝，兄當悌，卻不能孝，不能悌，知行分明是兩件。曰：此已被人欲間斷，不是知行本體。未有知而不行者。知而不行，祇是未知。聖賢教人知行，正是要復那本體。故《大學》指個真知行與人看：説如好好色，如惡惡臭。見好色屬知，好好色屬行。祇見好色時，已自好了；不是見後又立個心去好。聞惡臭屬知，惡惡臭屬行。祇聞惡臭時，已自惡了；不是聞後别立個心去惡”。龍溪曰：“孟子説孩提之童，無不知愛其親；及其長也，無不知敬其兄。止曰知而已；知便能了，更不消説能愛能敬。”知是行的主意，行是知的工夫。知是行之始，行是知之成。若會得時，祇説一個知，已自有行在。祇説一個行，已自有知在。故曰：“知之真切篤實處便是行，行之明覺精察處便是知。”龍溪曰：“知非見解之謂，行非履蹈之謂，祇從一念上取證。”古人所以既説知，又説行者？祇爲世間有一種人，懵懵懂懂，任意去做；全不解思維省察；祇是個冥行妄作；所以必説個知，方才行得是。又有一種人，茫茫蕩蕩，懸空去思索；全不肯著實躬行；祇是個揣摩影響；所以必説一個行，方才知得真。此是古人不得已補偏救弊的話。“此已被私欲間斷，不是知行本體”一語最精。好好色，惡惡臭之喻尤妙。“見好色時，已是好了，不是見後又立個心去好；聞惡臭時，已自惡了，不是聞後别立個心去惡”；人之所知，一切如此，豈有知而不行之理？見好色而强抑其好之之心，聞惡臭而故絶其惡之之念，非有他念不能然。此即所謂間斷也。良知之有待於致，即欲去此等間斷之念而已矣。

真知未有不行者；知而不行，祇是未知；故欲求真知，亦必須致力於行。此即所謂致也。故曰：“人若真切用功，則於此心天理之精微，日見一日；私欲之細微，亦日見一日。若不用尅己功夫，天理私欲，終不自見。如走路一般。走得一段，方認得一段。走到歧路，有疑便問；問了又走，方才能到。今於已知之天理不肯存，已知之人欲不肯去；祇管愁不能盡知；閑講何益？”

知行既係一事，則不知自無以善其行。陽明曰：“今人學問，祇因知行分作兩件，故有一念發動，雖是不善，卻未曾行，便不去禁止。我今説個知行合一，正要人曉得一念發動處，便即是行；就將這不善的念尅倒；不使那一念不善，潛伏在胸中。”人之爲如何人，見於著而實積於微。知者行之微，行者知之著者耳。若於念慮之微，不加禁止，則惡念日積，雖欲矯强於臨時，必不可得矣。《大學》曰:"小人閑居爲不善。見君子,而後厭然。掩其不善,而著其善。人之視己,如見其肺肝然,則何益矣?此謂誠於中,形於外,故君子必慎其獨也。"正是此理。凡事欲倉卒取辦,未有能成者。非其事之不可成,乃其敗壞之者已久也。然則凡能成事者,皆非取辦於臨時,乃其豫之者已久也。欲求豫,則必謹之於細微;欲謹之於細微,則行之微,即知。有不容不措意者矣。故非知無以善其行也。故曰:知行是一也。

知行合一之理,固確不可易。然常人習於二之之既久,驟聞是說,不能無疑。陽明則一一釋之。其説皆極精當。今録其要者如下:

"徐愛問:至善祇求諸心,恐於天下事理,有不能盡。曰:心即理也。此心無私欲之蔽,即是天理。不須外面添一分。以此純乎天理之心,發之事父便是孝;發之事君便是忠;發之交友治民,便是信與仁。愛曰:如事父一事,其間温凊定省之類,有許多節目,亦須講求否?曰:如何不講求?祇是有個頭腦,祇就此心去人欲存天理上講求。此心若無人欲,純是天理,是個誠於孝親之心:冬時自然思量父母寒,自去求温的道理;夏時自然思量父母熱,自去求凊的道理。譬之樹木,這誠孝的心便是根;許多條件,便是枝葉。須先有根,然後有枝葉。不是先尋了枝葉,然後去種根。"陽明此説,即陸子所謂先立乎其大者也。"温凊定省之類,有許多節目",最爲恒人所致疑。得此説而存之,而其疑可以豁然矣。陽明曰:"聖人無所不知,祇是知個天理。無所不能,祇是能個天理。天下事物,如名物度數,草木鳥獸之類,不勝其煩。雖是本體明了,亦何緣能盡知。但不必知的,聖人自不消求知。其所當知者,聖人自能問人。知得一個天理,便自有許多節文度數出來。"此説與朱子"生而知之者義理,禮樂名物,必待學而後知"之説,似亦無以異。然朱子謂人心之知,必待理無不窮而後盡。陽明則雖名物度數之類,有所不知,而仍不害其爲聖人。此其所以爲異也。

枝葉條件,不但不必豫行講求也,亦有無從豫行講求者。陽明曰:"良知之於節目事變,猶規矩尺度之於方圓長短也。節目事變之不可豫定,猶方圓長短之不可勝窮也。舜之不告而取,豈舜之前,已有不告而取者,爲之準則邪?抑亦求諸一念之良知,權輕重之宜,不得已而爲此邪?武之不葬而興師,豈武之前,已有不葬而興師者,爲之準則邪?抑亦求諸一念之良知,權輕重之宜,不得已而爲此邪?後之人不務致其良知,以精察義理於此心感應酬酢之間,顧欲懸空討論此等變常之事,執之以爲制事之本,其亦遠矣。"懸空討論變常之事愈詳,則致其良知之功愈荒。致其良知之功愈荒,則感應酬酢之間,愈不能精察義理。以此而求措施之悉當,是卻行而求及前人也。故曰:"在物爲理,處物爲義,在性爲善,因所指而異其名,其實皆吾之心也。吾心之處事物,純乎天理，而無人欲之雜，謂之善。非在事物上有定則可求也。”又曰：“良知自然的條理，便謂之義。順這個條理，便謂之禮。知這個條理，便謂之智。終始這個條理，便謂之信。”

學所以求是也。以良知爲準則，以其知是知非也。今有二人於此，各準其良知，以斷一事之是非，不能同也。而況於多人乎？抑且不必異人，即吾一人之身，昨非今是之事，亦不少也。良知之知是知非，果足恃乎？陽明曰：“凡處得有善有未善，及有困頓失次之患，皆是牽於毁譽得喪，不能實致其良知耳。實致其良知，然後知平日所謂善者，未必是善。”或謂心所安處是良知。陽明曰：“固然。但要省察，恐有非所安而安者。”又謂“人或意見不同，還是良知有纖翳潛伏。”此説與伊川“公則一，私則萬殊。人心不同如面，祇是私心”之説，若合符節。蓋良知雖能知是知非，然恒人之良知，爲私欲蒙蔽已久，非大加省察，固未易灼見是非之真也。

然則現在之良知，遂不足爲準則乎？是又不然。恒人之良知，固未能造於其極，然亦皆足爲隨時之用。如行路然。登峰造極之境，固必登峰造極而後知。然隨時所見，固亦足以定隨時之程途也。故曰：“我輩致知，祇是各隨份量所及。今日良知見在如此，便隨今日所知，擴充到底。明日良知又有開悟，便隨明日所知，擴充到底。”故曰：“昨以爲是，今以爲非；已以爲是，因人而覺其非，皆良知自然如此。”有言童子不能格物，祇教以灑掃應對。曰：“灑掃應對就是物。童子良知，祇到這裏，教去灑掃應對，便是致他這一點良知。我這裏格物，自童子以至聖人，皆是此等工夫。”真可謂簡易直截矣。

致知既以心爲主，則必使此心無纖毫障翳而後可。隨時知是知非，隨時爲善去惡，皆是零碎工夫，如何合得上本體？此則賢知者之所疑也。陽明亦有以釋之。《傳習録》：“問：先生格致之説，隨時格物以致其知，則知是一節之知，非全體之知也，何以到得溥博如天，淵泉如淵地位？曰：心之本體，無所不該，原是一個天。祇爲私欲障蔽，則天之本體失了。心之理無窮盡，原是一個淵。祇爲私欲窒塞，則淵之本體失了。如念念致良知，將此障蔽窒塞，一齊去盡，則本體已復，便是天淵了。因指天以示之曰：如面前所見，是昭昭之天。四外所見，亦祇是昭昭之天。祇爲許多墻壁遮蔽，不見天之全體。若撤去墻壁，總是一個天矣。於此便見一節之知，即全體之知；全體之知，祇一節之知；總是一個本體。”蓋零碎工夫，皆係用在本體上。零碎工夫，多用得一分，即本體之障蔽，多去得一分。及其去之净盡，即達到如天如淵地位矣。此致良知之工夫，所以可在事上磨練也。

以上皆陽明所以釋致良知之疑者。統觀其説，精微簡捷，可謂兼而有之矣。梨洲曰:"先生閔宋儒之後,學者以知識爲知。謂人心之所有者,不過明覺,而理爲天地萬物之所公共;必窮盡天地萬物之理,然後吾心之明覺,與之渾合而無間。説是無内外,其實全靠外來聞見,以填補其靈明。先生以聖人之學,心學也;心即理也。故於格物致知之訓,不得不言致吾心之良知於事事物物,則事事物物,皆得其理。以知識爲知,則輕浮而不實,故必以力行爲工夫。良知感應神速,無有等待;本心之明即知,不欺本心之明即行也,不得不言知行合一。"龍溪曰:"文公分致知格物爲先知,誠意正心爲後行,故有游騎無歸之慮;必須敬以成始,涵養本原,始於身心有所關涉。若知物生於意,格物正是誠意工夫,誠即是敬,一了百了,不待合之於敬,而後爲全經也。"蕺山曰:"朱子謂必於天下事物之理,件件格過,以幾一旦豁然貫通。故一面有存心,一面有致知之説。非存心無以致知,而存心又不可以不致知,兩事遞相君臣,迄無把柄,既已失之支離矣。至於存心之中,分爲兩條:曰静而存養,動而省察。致知之中,又復分爲兩途:曰生而知之者義理,禮樂名物,必待學而後有以驗其是非之實。安往而不支離也?"此朱學與王學之異也。

良知之説,以一念之靈明爲主。凡人種種皆可掩飾,惟此一念之靈明,決難自欺。故陽明之學,進德極其勇猛,勘察極其深切。陽明嘗謂"志立而學半"。又謂:"良知上留得些子别念卦帶,便非必爲聖人之志。"又曰:"凡一毫私欲之萌,衹責此志不立,則私欲即退聽。一毫客氣之動,衹責此志不立,則客氣便消除。責志之功,其於去人欲,有如烈火之燎毛,太陽一出,而罔兩潜消也。"此等勇猛精進之説,前此儒者,亦非無之。然無致良知之説,以會其歸,則其勘察,終不如陽明之真凑單微,鞭闢入裏;而其尅治,亦終不如陽明之單刀直入,凌厲無前也。陽明之自道曰:"賴天之靈,偶有悟於良知之學,然後悔其向之所爲者,固包藏禍機,作僞於外,而心勞日拙者也。十餘年來,雖痛自洗剔創艾,而病根深痼,萌蘖時生。所幸良知在我,操得其要,譬猶舟之得舵,雖驚風巨浪,顛沛不已,猶得免於傾覆者也。"《寄鄒謙之書》。包藏禍機,誰則能免?苟非以良知爲舵,亦何以自支於驚風巨浪之中乎?良知誠立身之大柄哉?

"心即理"一語,實爲王學驪珠。惟其謂心即理,故節文度數,皆出於心;不待外求,心體明即知無不盡。亦惟其謂心即理,故是非善惡,皆驗諸心;隱微之地有虧,雖有驚天動地之功,猶不免於不仁之歸也。陽明曰:"世人分心與理爲二,便有許多病痛。如攘夷狄,尊周室,都是一個私心,便不當理。人卻説他做得當理,衹心有未純。往往慕悅其所爲,要來外面做得好看,卻與心全不相干。分心與理爲二，其流至於霸道之僞而不自知。故我説個心即理。要使知心理是一個，便來心上做工夫，不去襲取於義，便是王道之真。”陽明此説，即董子“正其義不謀其利，明其道不計其功”之真詮。持功利之説者，往往謂無功無利，要道義何用？又安得謂之道義？殊不知功利當合多方面觀之，亦當歷長時間而後定。持功利之説者之所謂功利，皆一時之功利，適足詒將來以禍患。自持道義之説者觀之，將來之禍患，皆其所自招；若早以道義爲念，則此等禍害，皆消弭於無形矣。佛所以喻世俗之善，爲“如以少水，而沃冰山，暫得融解，還增其厚”也。功利之説，與良知之説，最不相容，故陽明闢之甚力。陽明之言曰：“聖人之學，日遠日晦；功利之習，愈趨愈下。其間雖嘗瞽惑於佛老，卒未有以勝其功利之心。又嘗折衷於群儒，亦未有以破其功利之見。”可謂深中世人隱微深痼之病矣。今之世界，孰不知其罪惡之深？亦孰不知其禍害之烈？試問此罪惡禍害，何自來邪？從天降邪？從地出邪？非也。果不離因，仍不得不謂爲人所自爲。人何以造此罪惡？成此禍害？則皆計一時之功，而不計久遠之功；圖小己之利，而不顧大我之利爲之也。此即所謂功利之見也。惟舉世滔滔，皆騖於功利之徒，故隨功利而來之禍害，日積月累而不可振救。陽明之言，可謂深得世病之症結矣。

“學不至於聖人，終是自棄”，爲學者誠皆當有此志。然人之才力，天實限之。謂人人可以爲聖人，驗諸事實，終是欺人之語。此所以雖有困知勉行，及其成功一也之説，仍不能使人自奮也。陽明謂聖人之所以爲聖，在其性質而不在其份量。此説出，而後聖人真可學而至，實前古未發之論也。陽明之言曰：“聖人之所以爲聖，祇是其心純乎天理，而無人欲之雜，猶精金之所以爲金，但以其成色足而無銅鉛之雜也。聖人之才力，亦有大小不同，猶金之份兩有輕重。所以爲精金者，在足色而不在份兩。故凡人而肯爲學，使此心純乎天理，則亦可以爲聖人。後世不知作聖之本，卻專在知識才能上求聖人。以爲聖人無所不知，無所不能，我須是將聖人許多知識才能，逐一理會始得。不務去天理上著工夫。徒弊精竭力，從册子上鑽研，名物上考索，形跡上比擬。知識愈廣，而人欲愈滋；才力愈多，而天理愈蔽。正如見人有萬鎰精金，不務鍛煉成色，無愧彼之精純；而乃妄希份兩，務同彼之萬鎰。錫鉛銅鐵，雜然而投。份量愈增，成色愈下。及其梢末，無復有金矣。”又曰：“後儒祇在份兩上較量，所以流入功利。若除去了比較份兩的心，各自盡著自己力量精神，祇在此心純乎天理上用功。即人人自有，個個圓成。便能大以成大，小以成小。不假外慕，無不具足。此便是實實落落，明善誠身的事了。”陽明此説，亦從心即理上來。蓋惟其謂心即理。故全乎其心，即更無欠缺。非如謂理在心外者，心僅有其靈明，必格盡天下之物，乃於理無不盡，而克當聖之目也。陽明又曰："良知人人皆有，聖人衹是保全，無些子障蔽。兢兢業業，亹亹翼翼，自然不息，便也是學。衹是生的分數多，所以謂之生知安行。衆人自孩提之童，莫不完具此知。衹是障蔽多。然本體之知，自難泯息。雖問學剋治，也衹憑他。衹是學的分數多，所以謂之學知，利行。"

陽明與程朱之異，乃時會爲之，不必存入主出奴之見也。蓋自周子發明"以主静立人極"，而人生之趨向始定。程子繼之，發明"涵養須用敬，進學在致知"，而求静之方始明。夫所謂静者，即今所謂合理而已。人如何而能合理？第一，當求理無不明。第二，當求既明理，又不至與之相違。由前之説，所謂進學在致知；由後之説，則所謂涵養須用敬也。求合理之初步，自衹説得到如此。逮其行之既久，然後知事物當然之理，雖若在於外物，實則具於吾心。理有不明，實由心之受蔽。欲求明理，亦當於心上用功。正不必將進學涵養，分爲兩事也。此非程朱之説，行之者衆，體驗益深，不能見到。故使陽明而生程朱之時，未必不持程朱之説，使程朱而生陽明之世，亦未必不持陽明之説。爲學如行修途，後人之所行，固皆繼前人而進也。此理非陽明所不知。顧乃自撰《朱子晚年定論》，以詒人口實。則以是時朱子之學方盛行，説與朱子相違，不易爲人所信，故借此以警覺世人。且陽明理學家，非考據家，歲月先後，考核未精，固亦不足爲陽明病也。《朱子晚年定論》者，陽明龍場悟後之作。輯朱子文三十四篇，皆與己説相合者。謂朱子晚年之論如此；《四書集注》、《或問》等，其中年未定之論也。當時羅整庵即詒書辯之。謂所取朱子《與何叔京書》四通，何實卒於淳熙乙未，後二年丁酉，而《論孟集注》始成。後陳建撰《學蔀通辨》，取朱子之説，一一考覈其歲月，而陽明之誤益見矣。然陽明答整庵書，亦已自承歲月先後，考之未精。謂意在委曲調停，不得已而爲此也。羅整庵，名欽順，字允升，泰和人。陳建，字廷肇，號清瀾，東莞人。

篇十三　王門諸子

黄梨洲曰："陽明之學：始泛濫於詞章。繼而遍讀考亭之書，循序格物。顧物理吾心，終判爲二，無所得入。於是出入於佛老者久之。及至居夷處困，動心忍性。因念聖人處此，更有何道。忽悟格物致知之旨，聖人之道，吾性自足，不假外求。其學凡三變而始得其門。自此以後，盡去枝葉，一意本原。以默坐澄心爲學的。有未發之中，始能有發而中節之和。視聽言動，大率以收斂爲主，發散是不得已。江右以後，專提'致良知'三字。默不假坐，心不待澄。不習不慮，出之自有天則。蓋良知即是未發之中，此知之前，更無未發。良知即是中節之和，此知之後，更無已發。此知自能收斂，不須更主於收斂。此知自能發散，不須更期於發散。收斂者，感之體，静而動也。發散者，寂之用，動而静也。知之真切篤實處即是行，行之明覺精察處即是知，無有二也。居越以後，所操益熟，所得益化。時時知是知非，時時無是無非。開口便得本心，更無假借湊泊。如赤日當空，而萬象畢照。是學成之後，又有此三變也。"陽明江右以後境界，乃佛家所謂中道，非學者所可驟幾。其自言教人之法則曰："吾昔居滁時，見諸生多務知解，無益於得，姑教之静坐。一時窺見光景，頗收近效。久之，漸有喜静厭動，流入枯槁之病。故邇來祇説致良知。良知明白，隨你去静處體悟也好，隨你去事上磨煉也好。良知本體，原是無動無静的。"良知本體，既無動無静，即不當更有動静之分。動静之分且無，更何有於偏主？然後來學者，似皆不能無所偏。則以中道非夫人所能；各因其性之所近，而其用力之方有不同，其所得遂有不同也。

陽明之學，首傳於浙中。浙中王門，以緒山、龍溪爲眉目。而二子之學，即有異同。具見於《傳習録》及龍溪之《天泉證道記》。此事爲王門一重公案。爲陽明之學者，議論頗多。今略述其事如下：

嘉靖六年，九月，陽明起征思田。將行，緒山與龍溪論學。緒山舉陽明教言曰："無善無惡心之體。有善有惡意之動。知善知惡是良知。爲善去惡是格物。”龍溪曰：“此恐未是究竟話頭。若説心體是無善無惡，意亦是無善無惡，知亦是無善無惡，物亦是無善無惡矣。若説意有善惡，畢竟心體還有個善惡在。”緒山曰：“心體是天命之性，原無善惡。但人有習心，意念上見有善惡在。格致誠正修，此是復性體工夫。若原無善惡，工夫亦不消説矣。”是夕，坐天泉橋，請正於陽明。陽明謂：“二君之見，正好相資，不可各執一邊。我這裏接人，原有二種：利根之人，直從本源上悟入。人心本體，原是明瑩無滯，原是個未發之中。利根之人，一悟本體，即是工夫。人己内外，一齊俱透。其次不免有習心在，本體受蔽。故且教在意念上實落爲善去惡。工夫熟後，渣滓去盡，本體亦明凈了。汝中之見，是我接利根人的。德洪之見，是我爲其次立法的。相取爲用，則中人上下，皆可引入於道。若執一邊，眼前便有失人，便於道有未盡。”既而曰：“利根之人，世亦難遇。人有習心，不教他在良知上實用爲善去惡工夫，衹去懸空想個本體，一切事爲，俱不著實，不是小小病痛。不可不早説破。”

以上略據《傳習録》。龍溪所記，無甚異同。而鄒東廓記其事，則云：“緒山曰：至善無惡者心。有善有惡者意。知善知惡是良知。爲善去惡是格物。龍溪云：心無善而無惡。意無善而無惡。知無善而無惡。物無善而無惡。”至善無惡，與無善無惡，頗相逕庭。劉蕺山謂：“陽明、天泉之言，與平時不同。平時常言至善是心之本體。又言至善衹是盡乎天理之極，而無一毫人欲之私。又言良知即天理。有時説無善無惡者理之静，亦未嘗逕説無善無惡是心體。”黄梨洲謂：“考之《傳習録》，因薛中離薛侃，字尚謙，號中離，廣東揭陽人。去花間草，陽明言無善無惡者理之静，有善有惡者氣之動。蓋言静爲無善無惡，不言理爲無善無惡，理即是善也。獨《天泉證道記》，有無善無惡者心之體，有善有惡者意之動之語。夫心之體即理也。心體無間於動静。若心體無善無惡，則理是無善無惡，陽明不當但指共静時言之矣。釋氏言無善無惡，正言無理也。善惡之名，從理而立，既已有理，安得言無善無惡？”“心體果是無善無惡，則有善有惡之意，從何處來？知善知惡之知，又從何處來？爲善去惡之功，從何處起？無乃語語斷流絶港乎？”因謂四句教法，陽明集中不經見，疑其出於龍溪。又謂緒山所舉四語，首句當依東廓作至善無惡。亦緒山之言，非陽明立以爲教法。何善山何廷仁，字性之，號善山，江西雩縣人。云：“無善無惡者，指心之感應無跡，過而不留，天然至善之體也。有善有惡者，心之感應謂之意；物而不化，著於有矣。故曰意之動。若以心爲無，以意爲有，是分心意爲二，非合内外之道也。”案此所争，皆失緒山之意。緒山釋無善無惡者心之體曰：“至善之體，惡固非其所有，善亦不得而有也。至善之體，虚靈也。虚靈之體，不可先有乎善，猶明之不可先有乎色，聰之不可先有乎聲也。目無一色，故能盡萬物之色。耳無一聲，故能盡萬物之聲。心無一善，故能盡天下萬事之善。今之論至善者，乃索之於事事物物之中，先求其所謂定理者，以爲應事宰物之則，是虚靈之内，先有乎善也。虚靈之内，先有乎善，是耳未聽而先有乎聲，目未視而先有乎色也。塞其聰明之用，而窒其虚靈之體，非至善之謂矣。今人乍見孺子入井，皆有怵惕惻隱之心。聖人不能加，而涂人未嘗減也。但涂人擬議於乍見之後，洊入納交要譽之私耳。然則涂人之學聖人，果憂怵惕惻隱之不足邪？抑去其蔽，以還其乍見之初心也？虚靈之蔽，不但邪思惡念，雖至美之念，先横於中，積而不化，已落將迎意必之私，而非時止時行之用矣。故先師曰：無善無惡者心之體。是對後世格物窮理之學，先有乎善者言之也。”然則緒山所謂無善無惡，即其所謂至善者也。龍溪、東廓所記，辭異意同。緒山又曰：“善惡之機，縱其生滅相尋於無窮，是藏其根而惡其萌蘖之生，濁其源而辨其末流之清也。是以知善知惡爲知之極，而不知良知之體，本無善惡也。知有爲有去之爲功，而不知究極本體，施功於無爲，乃真功也。正念無念。正念之念，本體常寂。”或問：“胸中擾擾，必猛加澄定，方得漸清。”曰：“此是見上轉。有事時，此知著在事上。事過，此知又著在虚上。動静二見，不得成片。若透得此心徹底無欲，雖終日應酬百務，本體上何曾加得一毫？事了即休，一過無跡，本體上何曾減得一毫？”可與前所引之言參看。周海門謂：“發明心性處，善不與惡對。如中心安仁之仁，不與忍對。主静立極之静，不與動對。《大學》善上加一‘至’字，實絶名言，無對待之辭。天地貞觀，不可以貞觀爲天地之善。日月貞明，不可以貞明爲日月之善。星辰有常度，不可以有常度爲星辰之善。岳不可以峙爲善。川不可以流爲善。有不孝而後有孝子之名。有不忠而後有忠臣之名。孝子無孝；若有孝，便非孝矣。忠臣無忠；若有忠，便非忠矣。”亦與緒山之説相發明。海門，名汝登，字繼元，嵊縣人。蕺山、梨洲所疑，可以釋矣。至善山所疑，亦在字句之間。彼所謂“感應無跡，過而不留”者，即陽明所謂“理之静”，亦即其所謂“盡乎天理之極，而無一毫人欲之私”。其所謂“物而不化著於有”者，即其所謂“氣之動”，亦即其所謂“人欲”。二者自然皆出於心。特龍溪、東廓所記，皆辭取對偶，徑以心與意爲相對之詞，未嘗詳言之曰：“無善無惡心之體，有善有惡，乃心之動而離乎體者，亦謂之意。”又未嘗於意字之下，加一注語曰：“即心之動而失其體者。”遂致有此誤會耳。梨洲曰：“如善山之言，則心體非無善無惡，而有善有惡者，意之病也。心既至善，意本澄然無動。意之靈即是知。意之明即是物。”案此亦立名之異。梨洲名澄然無動者爲意，動而不善者爲意之病。緒山則名澄然無動者爲心，其動而不善者，則但名之爲意耳。

羅念庵曰：“緒山之學數變：其始也，有見於爲善去惡者，以爲致良知也。已而曰：良知者，無善無惡者也。吾安得執以爲有而爲之？而又去之？已又曰：吾惡夫言之者淆也。無善無惡者，見也，非良知也。吾惟即吾所知以爲善者而行之，以爲惡者而去之，此吾所能爲者也。其不出於此者，非吾所得爲也。又曰：向吾之言，猶二也，非一也。夫子嘗有言矣，曰：至善者心之本體，動而後有不善也。吾不能必其無不善，吾無動焉而已。彼所謂意者動也，非是之謂動也。吾所謂動，動於動焉者也。吾惟無動，則在吾者常一矣。”所謂“動於動”者，即陽明所謂“氣之動”之至微者也。故知緒山之言，與陽明實不相背也。

至龍溪所謂“心體是無善無惡，則意亦是無善無惡，知亦是無善無惡，物亦是無善無惡；若説意有善惡，畢竟心體還有個善惡在”者？《證道記》自申其説曰：“顯微體用，衹是一機；心意知物，衹是一事。天命之性，粹然至善，神感神應，其機自不容已。惡固本無，善亦不可得而有也。若有善有惡，則意動於物，非自然之流行，著於有矣。自然流行者，動而無動；著於有者，動而動也。”此原即緒山“虚靈之體，不可先有乎善”；善山“至善之體，感應無跡，過而不留；物而不化則爲動”；陽明“理之静，氣之動”之説。其所争者，乃謂當在心體上用功，不當在意念上用功。故曰：“意是心之所發。若是有善有惡之意，則知與物一齊皆有，心亦不可謂之無矣。”龍溪之意，蓋謂意念之生，皆由心體流行之不得其當。吾人用功，當真徹根源，正其流行之體。不當沿流逐末，以致勞而少功也。職是故，其教人，乃以正心爲先天之學，誠意爲後天之學。其言曰：“吾人一切世情嗜欲，皆從意生。心本至善，動於意始有不善。能在先天心體上立根，則意所動自無不善；世情嗜欲，自無所容。致知工夫，自然易簡省力。若在後天動意上立根，不免有世情嗜欲之雜。致知工夫，轉覺煩難。”其言誠極超妙。然其所謂先天心體者，實使人無從捉摸。所謂致知工夫，遂使人無從下手。此則陽明所以有利根人難遇，苟非其人，懸空想像一個本體，一切事爲，俱不着實，病痛非小之戒也。龍溪曰：“良知即是獨知。”又曰：“獨知便是本體，慎獨便是工夫。”其説獨知曰：“非念動後知。乃先天靈竅，不因念生，不隨念遷，不與萬物作對。”其説慎獨之工則曰“慎非强制之謂。兢業保護此靈竅，還他本來清净”而已。又曰：“渾然一體，無分於已發未發，亦無先後内外。才認定些子，便有認定之病。隨物流轉，固是失卻主宰。即曰：我於此收斂握固，便有樞可執，以爲致知之實，未免猶落内外二見。才有執著，終成管帶。即此管帶，便是放失之因。”其言之超妙如此，誠令學者體悟不及，功力難施，故梨洲謂其“一著工夫，未免有礙虚無之體，則不得不近於禪。流行即是主宰；懸崖撒手，茫無把握，以心息相依爲權法，則不得不近于老”。蓋幾於静處體悟，事上磨煉，兩無依據矣。唐荆川名順之，字應德，武進人。最服膺龍溪。

自言於龍溪祇少一拜，然其言曰："近來談學，謂認得本體，一超直入，不假階級。竊恐雖中人以上，有所不能。竟成一番議論，一番意見而已。"又曰："近來學者病痛，本不刻苦搜剔，洗空欲障。以玄妙之語，文夾帶之心。直如空花，竟成自誤。"過高之流弊，亦可見矣。

錢緒山曰："昔者吾師之立教也，揭誠意爲大學之要旨，致知格物爲誠意之功。門弟子聞言，皆得入門用力之地。用力勤者，究極此知之體；使天則流行，纖翳無作；千感萬應，而真體常寂，此誠意之極也。故誠意之功，自初學用之，即得入手；自聖人用之，精詣無盡。吾師既殁，吾黨病學者善惡之機，生滅不已，乃於本體提揭過重。聞者遂謂誠意不足以盡道，必先有悟而意自不生；格物非所以言功，必先歸寂而物自化。遂相與虛億以求悟，而不切乎民彝物則之常；執體以求寂，而無有乎圓神活潑之機。師云：誠意之極，止至善而已矣。是止至善者，未嘗離誠意而得也。言止則不必言寂，而寂在其中；言至善則不必言悟，而悟在其中；然皆必本於誠意焉。何也？蓋心無體，心之上，不可以言功也。應感起物，而好惡形焉，於是乎有精察尅治之功。誠意之功極，則體自寂而應自順。初學以至成德，徹始徹終，無二功也。"案此所謂"誠意不足以盡道，必先有悟而意自不生"者，即龍溪之説也。緒山謂"心之上不可以言功"，必於應感起物之時，致其精察尅治，即爲善去惡是格物之説。二家宗旨之不同如此。至所評歸寂之説，則出於聶雙江。

陽明之致良知，原兼静處體悟，事上磨煉兩義。其後浙中之學，偏於事上磨煉，遂有義襲助長之病。其主於凝聚者，則江右諸家也。江右王門、東廓、雙江、念庵、兩峰，皆有特見。今略述其説。

東廓主戒懼。其言曰："敬也者，良知之精明而不雜以私欲者也。性體流行，合宜處謂之善；障蔽而壅塞處，謂之不善。忘戒懼，則障蔽而壅塞。無往非戒懼之流行，即無往非性體之流行矣。戒懼，禹之治水也。堤而遏之，與不決不排，其失維鈞。"東廓嘗曰："諸君試驗心體，是放縱的？不放縱的？若是放縱的，添個戒懼，卻是加了一物。若是不放縱的，則戒懼是復還本體。"此即所謂"一念不發，兢業中存"，蓋以此保其循理之静也。

雙江主歸寂。雙江嘗爲陝西按察副使，爲輔臣夏言所惡，罷歸，逮繫。閑久静極，忽見此心真體，光明瑩澈，萬物皆備。出獄後，遂與來學者立静坐法。使之歸寂以通感，執體以應用。謂獨知是良知萌芽處，與良知似隔一塵。此處著力，雖與半路修行不同，要亦是半路話頭。致虛守寂，方是不睹不聞之學，歸根復命之要。故夫子於《感卦》，特地提出"虛寂"二字，以立感應之本。

其言曰:“心無定體之説,謂心不在内也;百體皆心也,萬感皆心也。亦嘗以是求之,譬之追風逐電,瞬息萬變,茫然無所措手,徒以亂吾之衷也。”又曰:“無時不寂,無時不感者,心之體也。感惟其時,而主之以寂者,學問之功也。故謂寂感有二時者非也。謂功夫無分於寂感,而不知歸寂以主夫感者,又豈得爲是哉? 不識不知,順帝之則,惟養之豫者能之。臨事而擇,不勝憧憧,中亦襲也,況未必中乎?”雙江謂:“感物之際,加格物之功,是迷其體以索用。”雙江之學,同門多相駁難。惟念庵深相契。兩峰晚乃是之。梨洲謂:“陽明之學,本以静坐澄心爲的。慎獨便是致中,中立而和生焉。先生之學,實《傳習録》中之正法眼藏也。”雙江之學,主於致中而和應。其餘諸家,則大抵謂已發未發,非有二候,致和即所以致中。其説曰:“以流動爲感,則寂感異象,微波即蕩,感皆爲寂累,固不待牿之反覆,而後失其虚明之體。若以鑒物爲感,則終日鑒,固無傷於止也。若患體之不正,故鑒之不明,亦當即鑒時言之,不當離鑒以求止。何則? 其本體常鑒,不可得而離也。若欲涵養本原停當,而後待其發而中節,此延平以來相沿之學,非孔門宗旨矣。”雙江則謂“未發寂然之體,未嘗離家國天下而别有其物,即感而寂然者在焉耳。格致之功,通於寂感體用。”

念庵之學,主於收攝保聚。是時陽明門下之談學者,皆曰: 知善知惡,即是良知,依此行之,即是致知。其弊也,取足於知,而不原其所以良;且易致字爲依字。失養其端,而任其所發。遂至以見存之知,爲事物之則;以外交之物,爲知覺之體;而不知物我之倒置矣。念庵謂善惡交雜,豈即爲主於中者乎? 中無所主,而謂知本常明,不可也。知有未明,依此行之,而謂無乖戾於既發之後,能順應於事物之來,不可也。故知善知惡之知,隨出隨泯,特一時之發見焉耳。一時之發見,未可盡指爲本體;則自然之明覺,固當反求其根原。故必有收攝保聚之功,以爲充達長養之地;而後定静安慮,由此以出。故致知者,致其静無動有焉者也。非經枯槁寂寞之後,一切退聽,天理炯然,未易及此。其言曰:“不睹不聞,即吾心之常知處。自其常知不可以形求者,謂之不睹;不可以言顯者,謂之不聞;非杳冥之狀也。諸念皆泯,炯然中存,亦即吾之一事。此處不令他意攙雜,即是必有事焉。”又曰:“良知該動静,合内外,其統體也。吾之主静,所以致之,蓋言學也。蓋動而後有不善,有欲而後有動,動於欲而後有學。學者,學其未動焉者也。學其未動,而動斯善矣,動無動矣。”“故自良知言之,無分於已發未發也。自知之所以能良者言之,則固有未發者以主之於中。夫至動莫如心,聖人猶且危之。苟無所主,隨感而發,譬之馭馬,銜勒去手,求斯須馳驟之中度,豈可得哉?”念庵之説如此。實足救一時之流弊也。

然念庵後來,又有進於此者。其告龍溪曰:“一二年來,與前又别。當時之爲收攝保聚，偏矣。蓋識吾心之本然者，猶未盡也。以爲寂在感先，不免於指感有時。以爲感由寂發，不免於指寂有處。其流之弊，必至重於爲我，疏於應物。蓋久而後疑之。夫心一而已。自其不出位而言。謂之寂，非守内之謂也。自其常通微言之，謂之感，非逐外之謂也。寂非守内，故未可言處。以其能感故也。感非逐外，故未可言時。以其本寂故也。絶感之寂，非真寂矣。離寂之感，非真感矣。此乃同出而異名。吾心之本然：酬酢萬變，而於寂者未嘗有礙。非不礙也，吾有所主故也。苟無所主，則亦馳逐而不反矣。聲臭俱泯，而於感者未嘗有息。非不息也，吾無所倚故也。苟有所倚，則亦膠固而不通矣。此所謂收攝保聚之功，君子知幾之學也。學者自信，於此灼然不移，即謂之守寂可也，謂之妙感亦可也；謂之主静可也，謂之慎動亦可也。使於真寂端倪，果能察識，隨動隨静，無有出入；不與世界事物相對待；不倚自己知見作主宰；不著道理名目生證解；不借言語發揮添精神；則收攝保聚之功，自有準則矣。"案此論誠有契於心體之妙，宜龍溪之聞其説而無閑然也。

兩峰之學，以涵養本原爲主。梨洲曰："雙江主於歸寂，同門辨説，動盈卷軸。先生言：發與未發，本無二致。戒懼慎獨，本無二事。若云：未發不足以兼已發；致中之外，别有一段致和之功，是不知順其自然之體，而加損焉，以學而能，以慮而知者也。又言事上用功，雖愈於事上講求道理，均之無益於得也。涵養本原，愈精愈一，愈一愈精，始是心事合一。又言吾心之體，本止本寂。參之以意念，飾之以道理，侑之以聞見，遂以感通爲心之體。而不知吾心雖千酬萬應，紛紜變化之無已，而其體本常止常寂。彼以静病之者，似涉静景，非爲物不貳，生物不測之體之静也。凡此所言，與雙江相視莫逆，故人謂雙江得先生而不孤云。"

塘南、思默，皆王門再傳弟子。然其所言，實有視前輩爲進者。陽明殁後，致良知一語，學者不深究其旨，多以情識承當。雙江、念庵，舉未發以救其弊，終不免頭上安頭。塘南謂："生生之機，無有停息，不從念慮起滅。今人將發字看粗，以澄然無念爲未發。澄然無念，是謂一念，乃念之至微者，非無念也。生生之機。無一息之停，正所謂發。譬之澄潭之水，乃流之至平至細者，非不流也。未發水之性。離水而求性曰支。即水以爲性曰混。以水與性爲二物曰岐。惟時時冥念，研精入神，乃爲道之所存。"又曰："意非念慮起滅之謂，乃生幾之動而未形者。知者，意之體。物者，意之用。但舉一'意'字，則寂感體用悉具。有性則常發而爲意，有意則漸著而爲念。意不可以動静言，動静者念也。意本生生。造化之幾不充，則不能生。故學貴從收斂入。收斂即慎獨，此凝道之樞要也。欲悟未有天地之先，言語道斷，心行處滅，乃爲不學不慮之體，此正邪説淫辭。以念頭轉動爲生幾，則落第二義矣。"其分别生生之機與意念，實絶精之論也。塘南曰："性之一字，本不容言，無可致力。知覺意念，總是性之呈露，皆命也。性者，先天之理。知屬發竅，是先天之子，後天之母也。此知在體用之間。若知前求體則著空，知後求用則逐物。知前更無未發，知後更無已發；合下一齊俱了，更無二功，故曰獨。獨者，無對也。無對則一，故曰不貳。意者，知之默運，非與之對立而爲二也。是故性不假修，衹可云悟。命則性之呈露，不無習氣隱伏其中，此則有可修矣。修命者，盡性之功。"又曰："性廓然無際。生幾者，性之呈露處也。性無可致力，善學者惟研幾。研幾者，非於念頭萌動，辨别邪正之謂也。此幾生而無生，至微至密，非有非無。惟綿綿若存，退藏於密，庶其近之矣。"

思默亦主研幾。其説曰："所知因感而有，用之發也。能知不因感有，常知而常無知，體之微也。此體是古今天地人物之靈根，於穆中一點必不能自已之命脈。聖門學者，惟顏子在能知上用功，其餘多在所知上用力。"又曰："誠無爲，幾則有善惡。何者？凡動便涉於爲，爲便易逐於有。逐於有，則雖善亦粗，多流於惡。故學問全要研幾。研者，研磨之謂。研磨其逐有而粗者，務到極深極微處，常還他動而未形，有無之間的本色，則無動非神矣。"其説亦極入微也。

傳姚江之學者，當以泰州爲最雄偉。而其流弊亦最甚。泰州之學，始自心齋。其行本怪，其學又純是蒲輪轍環意見。王艮，字汝止，號心齋，泰州安豐場人。七歲，受書鄉塾。貧不能竟學。從父商於山東。常袖《孝經》、《論語》、《大學》，逢人質難。久而信口談解，如或啟之。雖不得專功於學，然默默參究，以經證悟，以悟釋經，歷有年所，人莫能窺其際也。一夕，夢天墮壓身，萬人奔號求救。先生舉臂起之。視其日月星辰失次，復手整之。覺而汗溢如雨，心體洞徹。自此行住語默，皆在覺中。乃按禮經，裂五常冠，深衣，大帶，笏板服之。曰："言堯之言，行堯之行，而不服堯之服，可乎？"時陽明巡撫江西，講良知之學。大江之南，學者翕然信從。顧先生僻處，未之聞也。有黄文剛者，吉安人也，而寓泰州。聞先生論，詫曰：此絶類王巡撫之談學也。先生喜曰：有是哉？王公論良知，艮談格物。如其同也，是天以王公與天下後世也。如其異也，是天以艮與王公也。即日啓行，以古服進見。至中門，舉笏而立。陽明出迎於門外，始入。先生據上坐辯難。久之，稍心折，移其坐於側。論畢，乃嘆曰："簡易直截，艮不及也。"下拜，稱弟子。退繹所聞，間有不合。悔曰："吾輕矣。"明日，入見，告之。陽明曰："善哉，子之不輕信從也。"先生復上坐辯難。久之，始大服。遂爲弟子如初。陽明謂門人曰："向者吾禽宸濠，一無所動，今卻爲斯人動矣。"陽明歸越，先生從之。來學者多從先生指授。已而嘆曰："千載絶學，天啓吾師，可使天下有不及聞者乎？"因問陽明以孔子轍環車制。陽明笑而不答。歸，自創蒲輪，招摇道路。將至都。有老叟，夢黄龍無首，行雨至崇文門，變爲人立。晨起往候，而先生適至。時陽明之學，謗議蜂起，而先生冠服言動，不與人同，都人以怪魁目之。同門在京者勸之歸。陽明亦移書責之。先生始還會稽。陽明以先生意氣太高，行事太怪，痛裁抑之。及門，三日不得見。陽明送客出門，先生長跪道旁，曰："艮知過矣。"陽明不顧而入。先生隨之，至庭下，厲聲曰："仲尼不爲已甚。"陽明乃揖之起。陽明卒於師，先生迎哭，至桐廬，經紀其家而後返。開門授徒,遠近皆至。同門會講者,必請先生主席。陽明而下,辯才推龍溪,然有信有不信。惟先生於眉睫之間,省覺人最多。先生以九二見龍爲正位。孔子修身講學,以見於世,未嘗一日隱也。有以伊、傅稱先生者。先生曰:"伊、傅之事我不能,伊、傅之學我不由。伊、傅得君,可謂奇遇。如其不遇,終身獨善而已。孔子則不然也。"黄梨洲曰:"此終是蒲輪轍環意見。於遁世不見知而不悔之學,終隔一塵也。"故其後多豪傑之士,而其決裂亦最甚焉。心齋格物之説:以身與天下國家爲物。身爲本,天下國家爲末。行有不得,皆反求諸己,是爲格物工夫。故齊治平在於安身。知安身者必愛身敬身。愛身敬身者,必不敢不愛人,不敬人。愛人者人恒愛之,敬人者人恒敬之,而身安矣。一家愛我、敬我則家齊。一國愛我、敬我則國治。天下愛我、敬我則天下平。亦仍是蒲輪轍環意見也。心齋弟子,著者爲王一庵、名棟,字隆吉,泰州人。徐波石。名樾,字子直,貴溪人。一庵謂誠意即慎獨,其説頗精。其説曰:"身之主宰謂之心,心之主宰謂之意。心者,虚靈善應,而其中自有寂然不動者,爲之主宰,是之爲意。人心所以應萬變而不失者,祇緣有此靈體,不慮而知,爲之主宰耳。聖狂之分,即在此主宰之誠不誠。故誠意工夫,即是慎獨。獨者,意之别名。慎者,誠之用力者耳。以此靈體,不慮而知,自作主張,自裁生化,故謂之獨。少間,攙以見聞才識之能,情感利害之便,則不可謂之獨矣。若謂意爲心之發動,而欲審機於動念之初,則情念一動,便屬流行,於此用功,恐倉卒之際,物化神馳,雖有敏者,莫措其手。非聖門誠意之功,先天易簡之學矣。"波石之學,則以不犯手爲妙。謂人心自然明覺。起居食息,無非天者。又從而知覺之,是二知覺也。所謂"見成良知"也。波石之學,傳諸顔山農名鈞,吉安人。及趙大洲。名貞吉,字孟静,内江人。山農好俠,學主率性而行。大洲亦謂禪不害人。山農之學,傳諸何心隱本姓梁,名汝元,字夫山,後自改姓名。吉州永豐人。及羅近溪。名汝芳,字維德,江西南城人。心隱亦豪傑之士。嘗授計乩者,以去嚴嵩。近溪之學,以赤子良心,不學不慮爲的;以天地萬物同體,徹形骸,忘物我爲大。謂:"此理生生不息。不須把持,不須接續,當下渾淪順適。工夫難得湊泊,即以不屑湊泊爲工夫。胸次茫無畔岸,便以不依畔岸爲胸次。解纜放船,順風張棹,無之非是。學人不省,妄以澄然湛然爲心之本體,沉滯胸鬲,留戀景光,是爲鬼窟活計。"實禪語之精者也。近溪之傳,爲焦澹園名竑,字弱侯,南京旗手衛人。及周海門。見前。澹園嘗駁明道闢佛之説。海門教人,亦以直下承當爲貴。嘗問門人劉塙曰:"信得當下否?"曰:"信得。""然則汝是聖人否?"曰:"也是聖人。"曰:"又多一'也'字。"洪舒民問:"認得心時,聖人與我一般。今人終身講學,到底祇做得鄉人,何也?"曰:"祇是信不及耳。汝且道,今日滿堂問答詠歌,一種平心實意,與杏壇時有二乎?"曰:"無二也。"曰:"如此何有鄉人之疑?"曰:"祇爲他時便不能如此。"曰:"違則便覺,依舊不違。"曰:"常常提起方可。"曰:"違則提起,不違提個甚麽?"皆禪機也。海門之學,傳諸陶石簣,名望齡,字周望,會稽人。亦泛濫方外，與澄然、澄密、雲悟諸僧交。大洲之學，傳諸鄧太湖。名豁渠，初名鶴，内江人。太湖嘗爲僧。其學衹主見性，不主戒律。身之與性，截然分爲兩事。又有方湛一者，名與時，黄陂人。曾入太和山，習攝心術。又得黄白術於方外。尚玄虚，侈談説。龍溪、念庵，皆目爲奇士。耿楚倥名定理，字子庸，黄安人。初出其門。後知其僞，去之。事鄧豁渠、何心隱，皆有得。不煩言説，當機指點，機鋒迅利。其兄天臺，名定向，字在倫。則排斥狂禪，力主實地。然其弟子管東溟名志道，字登之，婁江人。著書數十萬言，仍多鳩合儒釋。蓋其末流之勢，業已不可遏止也。

王學流傳，梨洲《明儒學案》，分爲七派。浙中、江右、南中、楚中、北方、粵閩、泰州。其嶄然見頭角者，實惟浙中、江右、泰州。江右最純謹。浙中之龍溪，泰州之心齋，天分皆極高。然其後流弊皆甚。論者謂陽明之學，得龍溪、心齋而風行天下，亦以龍溪、心齋故，決裂不可收拾焉。蓋浙中之弊：純在應跡上安排湊泊，則失之淺俗。玩弄本體，以爲别有一物，可以把持，則墮入魔障。而純任流行，尤易致解纜放船，絶無收束。更益以泰州之猖狂機變，遂無所不至矣。清張武承名烈，大興人。撰《王學質疑》，攻王學流弊曰："高者脱略職業，歇睡名庵。卑者日沉迷於酒色名利。案有《楞嚴》、《南華》者爲名士。挾妓呼盧，裸而夜飲者爲高致。抗官犯上，群噪而不遜者爲氣節。矯詐嗜殺，僥幸苟利者爲真經濟。謹綱常，重廉隅者爲宋頭巾。舉天下庠序之士，如沸如狂；入則詬于家，出則嘩於朝；闖、獻之形，日積於學士大夫之心術，而天下不可爲。"流弊如此，宜其爲一世所疾惡也。然如張氏所述之情形，何代無之？則亦不必盡歸咎於王學耳。

篇十四　有明諸儒

明代理學，當以陽明爲中心。前乎陽明者，如白沙，則陽明之先河。與陽明并時者，如甘泉，則與陽明相出入。後乎陽明者，如蕺山，如見羅，則與陽明小異其趣者也。故陽明之學，是非然否且弗論，其爲明代理學之中心，則好之者，惡之者，皆不能有異辭也。

白沙之學，主静中養出端倪。其初求之簡册，累年無所得。一朝以静坐得之。然後見此心之體，廣大高明，不離日用。一真萬事，本自圓成。不假人力，無内外，大小，精粗，一以貫之，其言曰："人争一個覺。才覺，便我大而物小，物有盡而我無盡。"又曰："終日乾乾，衹是收拾此理而已。此理干涉至大；無内外，無終始；無一處不到，無一息不運。會此，則天地我立，萬化我出，而宇宙在我矣。得此把柄入手，更有何事？往古來今，四方上下，一齊穿紐，一齊收拾。隨時隨處，無不是這個充塞。色色任他本來，何用脚勞手攘？"

白沙之學，吃緊工夫，全在涵養。以虚爲本，以静爲門户，以勿忘勿助之間，爲體認之則。或訾其近禪。或謂有明之學，至白沙而後精，至陽明而後大云。或問龍溪："白沙與陽明同異？"龍溪曰："白沙緣世人精神撒潑，向外馳求，欲返其性情而無從入，衹得假静中一段行持，窺見本來面目，以爲安身立命根基，所謂權法也。若致知宗旨，不論語默動静，從人情事變，徹底練習，以歸於元。譬之真金爲銅鉛所雜，不遇烈火烹熬，則不可得而精。師門有三種教法：從知解而得者，謂之解悟。未離言詮。從静中而得者，謂之證悟。猶有待於境。從人事練習而得者，忘言忘境，觸處逢源；愈摇動，愈凝寂；始爲徹悟。"龍溪教人，向偏於事上磨練。此説亦不離此旨。然白沙與姚江之大小，則於此可見矣。

與陽明同時併稱者，厥惟甘泉。湛若水，字元照，號甘泉，廣東增城人。甘泉爲白沙弟子。陽明嘗溺于二氏，與甘泉交，乃一意聖學。陽明主致良知，而甘泉標"隨處體認天理"爲宗旨。兩家各立門户。湛氏門人，不如王氏之盛。然當時學於湛者，或卒業於王；學於王者，或卒業於湛。其後名湛氏之學者亦多，湛氏亦有明一大師也。

甘泉之說，有與陽明極相似者。其說天理曰："'天理'二字，人人固有，非由外鑠。不爲堯存，不爲桀亡。故人皆可以爲堯舜，初學與聖人，同此心，同此一個天理。雖欲强無之不得。見孺子入井，見餓莩，過宗廟，到墟墓，見君子，不知不覺，萌動出來，遏他又遏不得。有時志不立，習心蔽障，忽不見了，蓋心不存故也。心若存時，自然見前。"此猶陽明之言良知也。又曰："心存得中正時，便見天理。"又曰："心中無事，天理自見。"亦以天理爲在心。又曰："後世儒者，認行字别了。皆以施爲班布者爲行。殊不知行在一念之間耳。自一念之存，以至於事爲之施布，皆行也。且事爲施布，豈非一念爲之乎？所謂存心，即行也。"此亦陽明知行合一之說也。所異者，陽明以爲心即理，甘泉則雖謂理在吾心，終不免體認於外以足之耳。

甘泉之說曰："格，至也。物，天理也，即道。格即造詣之義。格物，即造道也。知行並進，學、問、思、辨、行，所以造道也。故讀書，親師友，酬應，隨時隨處，皆求體認天理而涵養之；無非造道之功。"此純似程子"窮理亦多端"之說。然甘泉又不甘居於務外，乃曰："以隨處體認爲求之於外者，非也。心與事應，然後天理見焉。天理非在外也。特因事之來，隨感而應耳。"又曰："堯舜允執厥中，非獨以事言，乃心事合一。允執之者，吻合於心，與心爲一，非執之於外也。若能於事物上察見天理，平時涵養，由中正出，卻由仁義行之學。平時無存養工夫，事到面前，才尋討道理，即是行仁義；即是義外；即是義襲而取之者也。"既曰天理爲人人所固有，初學與聖人無異，又必待事物上察見，未免自相矛盾。若曰心與事應而後天理見，則心豈有不感時邪？甘泉蓋恐人墮入見成良知一路，故欲加之以學、問、思、辨、行之功。或問："先生嘗言是非之心，人皆有之，此便是良知，亦便是天理。依著自己是非之心，存養擴充將去，便是致良知；亦便是隨處體認天理也。然而外人多言先生不欲學者言良知，豈慮其體察未到，將誤認於理欲之間，遂以爲真知也邪？"曰："如此看得好。'良知'二字，自孟子發之，豈不欲學者言之？但學者往往徒以爲言。皆說心知是非皆良知；知得是便行到底，知得非便去到底；如是是致。恐師心自用。還須學、問、思、辨、行，乃爲善致。"而不知言精察於吾心之理，以爲規矩準繩，而施之於事爲，與體認於事物之上，以求吾心天理之著見，然後持之以爲應事之具，其簡直迂曲，則大有别矣。若謂離事物無從精吾心之理，則又有說。甘泉之言曰："陽明與吾，看心不同。吾所謂心，體萬物而不遺者也，故無内外。陽明所謂心，指腔子裏而爲言者也，故以吾之說爲外。"陽明謂："隨處體認天理，是求之於外。"梨洲評之曰："天地萬物之理,不外於腔子裏,故見心之廣大。若以天地萬物之理,即吾心之理,求之天地萬物,以爲廣大,則先生仍爲成説所拘也。天理無處而心其處。心無處而寂然未發者其處。體認者,亦惟體認之於寂而已。今曰隨處體認,毋乃體認於感?其言終有病也。"

或問聶雙江:"隨處體認天理何如?"曰:"此甘泉揭以教人之學,甘泉得之羅豫章。豫章曰:爲學不在多言。但默坐澄心,體認天理。若見天理,則人欲自退聽。由此持守,庶幾有功。"案雙江之説,殊能得其來歷。甘泉之説,實與豫章之説,息息相通。但豫章之説,少偏於静。甘泉不以爲然。乃改"默坐澄心"爲"隨處體認",欲合"静而存養,動而省察"爲一耳。然欲合此二語爲一,隨處體認天理,實遠不如致良知之簡捷而深入也。陽明《與毛古庵書》:"致良知之説,與體認天理之説,本亦無大相遠。但微有直截迂曲之差耳。譬之種植:致良知者,培其根本之生意,而達之枝葉者也。體認天理者,茂其枝葉之生意,而求復之根本者也。"

隨處體認天理之説,雖曰理在吾心,實仍即物求理之變相。其失易墮於支離。故其後學,咸欲以直截救之。湛門如吕巾石,名懷,字汝德,廣信永豐人。則以爲天理良知,本同宗旨。如洪覺山,名垣,字峻之,徽州婺源人。則謂體認天理,是不離根之體認,工夫全在幾上用。如唐一庵,名樞,字惟中,歸安人。則標"討真心"三字爲的。謂隨處體認,或失於反身尋討。致良知,或失於誤認靈明。如許敬庵,名孚遠,字孟仲,德清人。學於唐一庵。則謂學以克己爲要。謂人有血氣心知,便有種種交害。雖未至目前,而病根常在。必在根上看到方寸地不掛一塵,方是格物。皆鞭闢入裏,浸浸近於王學矣。其初學於許敬庵,後傾向王學,而又能救正王學之失者,厥惟劉蕺山。

蕺山標慎獨爲宗旨。其説曰:"知善知惡之知,即好善惡惡之意,亦即無善無惡之體。意者,心之所存,心之主宰。非所發也;心之體,非心之用也,流行爲用。與起念之好惡不同。念有起滅,意則常存常發。人心無思無不思,無思慮未起時。必物感相乘,思爲物化,乃憧憧往來耳。陽明以誠意爲主意,致良知爲工夫。謂誠意無工夫,工夫皆在致知。殊不知好善惡惡,即知善知惡;非知善後好,知惡後惡,故更無知善知惡之可言。然則知即意也。好必善,惡必惡,故心善。意者,心之所存。好善惡惡之心,即好善惡惡之意,故意有善而無惡。惡惡即惡不善,惡不善即好善。此所謂獨知也。良知不慮而知,誠者不思而得,故誠即知。致也者,誠之者也。離卻意根一步,即無致知可言。故誠意、慎獨非二事。宋儒不從慎獨認取,故不得不提敬於格物之前。陽明云:有善有惡者意之動。是以念爲意。善惡雜糅,何處得覓歸宿?專提'致良知'三字,遂致以流行心體承當。今知誠意即慎獨，離意根一步，即妄而不誠，則愈收斂，是愈推致；而動而省察可廢。何也？存養不專屬静，省察正存養之得力處也。”案蕺山之説，蓋宗江右，而尤於塘南爲近。

初爲陽明之學，而後變焉者，又有李見羅。名材，字孟城，豐城人。學於鄒東廓。見羅提“止修”二字，以止爲主意，修爲工夫。謂“人生而静以上是至善。發爲惻隱、羞惡、辭讓、是非四端，有善便有不善。知是流動之物，都已向發邊去。以此爲致，遠於人生而静以上之體”。故主“攝知歸止”。“刻刻能止，則視聽言動，各當其則，不言修而修在其中。稍有出入，不過點檢提撕修之工夫，使常歸於止而已”。見羅闢陽明之説曰：“釋氏以知覺運動爲性。吾儒本天，故於性上祇道得一個‘善’字。就於發用之際，見其善之條理。惻隱名仁，羞惡名義，辭讓名禮，是非名智。未嘗云有善無不善也。後儒曰：無善無惡者心之體。以其就知上看體，知固有良有不良故也。玉本無瑕，祇合道個白，不可云有白無黑。水本無汚，祇合道個清，不可云有清無濁。無善無惡既均，作善作惡亦等。何也？總之非吾性所有也。見性一差，弊至於此。則知知覺運動，不可言性；儒者之學，斷須本天。程朱之論，固自有其獨到之處也。”案見羅此辯，殊失陽明本意，參觀前兩篇自明。見羅又謂：“‘致知’二字，併列於八目之中。知本知止，特揭於八目之外。略知本而揭致知，五尺之童，知其不可。自古之欲明明德，至壹是皆以修身爲本，詳數事物，而歸本於修身。本在此，止在此。知本者，知修身爲本而本之。知止者，知修身爲本而止之。知修身爲本而止之，即止於至善也。”合“此謂知本”之本，與“壹是皆以修身爲本之本”爲一，亦未必其遂安耳。

東林之學，與陽明有異同者，爲顧涇陽名憲成，字叔時，無錫人。及高景逸。名攀龍，字存之，無錫人。涇陽提出性字。謂：“性是心之根柢。捨性言心，必墮情識。”“善即心之本色，説恁著不著？明目之本色，聰耳之本色，説得個不著否？何云無善乃不著於善耶？”景逸主格物。謂：“不窮其理，物是外物。窮其理，物即吾心。”“學者無窮工夫，心之一字，是大總括。心有無窮工夫，敬之一字，是大總括，心無一事爲敬。主一之謂敬。無適之謂敬。人心如何能無適？須先窮理，識其本體。”“聖人祇從矩，不從心所欲。徒知昭昭靈靈者爲心，而外天下之物，是爲無矩之心。以應天下之物，師心自用而已。”“陽明曰：致知在格物者，致吾心之良知於事事物物。致吾心之良知於事事物物，則事事物物，各得其理。是格物在致知。又曰：格，正也。格去心之不正，以歸於正。是格物在正心誠意。”“吾人日用，何嘗離格物。開眼便是，開口便是，動念便是。善格物者，時時知本。善知本者，時時格物。格透一分，則本地透一分，知地透一分。談良知者，致知不在格物，故虛靈之用，多爲情識，而非天則之自然，去知遠矣。”案高、顧所闢，皆王學末流之弊。若陽明本説，則實不如是也。景逸又曰：“陽明曰：有善有惡意之動。善謂善念，無善則無念。吾以善爲性，彼以善爲念也。”此説亦非。參看上篇錢緒山之説自明。

篇十五　總　　論

以上各篇，舉理學中之重要家數，一一加以論列。理學之爲理學，亦略可見矣。今再統其學而略論之。

理學之特色，在其精微徹底。一事之是非，必窮至無可復窮之處，而始可謂定。否則畫一境以自足，而曰：吾之所論者，姑止於是而已。則安知所研究者出此以外，而其是非不翻然大變乎？理學家則不然。或問伊川："人有言：盡人道謂之仁，盡天道謂之聖。此語何如?"曰："安有知人道而不知天道者?道一也，豈人道自是一道，天道自是一道？揚子曰：通天地人曰儒，通天地而不通人曰技。此亦不知道之言。豈有通天地而不通於人者哉？天地人祇一道也。才通其一，則餘皆通。如後人解《易》，言乾天道也，坤地道也，便是亂道。語其體，則天尊地卑，論其道，豈有異哉?"横渠《答范巽之》云："所訪物怪神奸，此非難語，顧語未必信耳。孟子所論，知性知天。學至於知天，則物所從出，當源源自見。知所從出，則物之當有當無，莫不心喻；亦不待語而後知。諸公所論，但守之不失，不爲異端所劫，則進進不已，物怪不須辨，異端不必攻，不逾期年，吾道勝矣。若欲委之無窮，付之不可知，則學爲疑撓，智爲物昏，交來無間，卒無以自存，而溺於怪妄必矣。"宋儒所謂理者，果能貫天地人幽明常變而無間否，自難斷言。然其所求，則固如此。其説自成一系統；其精粹處，確有不可磨滅者，則固不容誣也。

以其所求之徹底，故其所爲，必衷諸究極之是非；而尋常人就事論事之言，悉在所不取。或問伊川："前世隱者，或守一節，或惇一行，不知有知道者否?"曰："若知道，則不肯守一節一行也。此等人鮮明理。多取古人一節事專行之。古人有殺一不義，雖得天下不爲，則我亦殺一不義，雖得天下不爲。古人有高尚隱逸，不肯就仕，則我亦高尚隱逸不仕。如此，則放效前人所爲耳，於道鮮有得也。是以東漢尚名節，有雖殺身不悔者，祇是不知道也。"陽明亦曰："聖賢非無功業氣節，但其循著天理，則便是道，不可以事功氣節名矣。"蓋天下有真知其故而爲之者。亦有並不真知，但慕悅他人之所爲，而從而效之者。不真知而爲之，必有毫厘千里之差；浸至冬葛夏裘之謬。此宋儒之所以重明理也。理學家之所謂理，果至當不易與否，自難斷言。然其心，則固求明乎究極之理，而後據之以行事也。

以此推之政治，則不肯作一苟且之事。宋儒有一習道之語，曰："治非私智之所出。"所惡於私智者，以其欲强自然之事實，以從我之欲，不合乎天然之理，不足致治，而轉益糾紛也。伊川曰："孔明有王佐之才，道則未盡。王者如天地之無私心焉，行一不義，而得天下不爲。孔明必求有成，而取劉璋，聖人寧無成耳。"一時一事之成功，就一時一事言之固有利，統全局言之實有害，故有所不爲也。吕與叔《明道哀辭》謂其"寧學聖人而未至，不欲以一善成名，寧以一物不被澤爲己病，不欲以一時之利爲己功"。真理學家，都有此意。

其行諸己者，尤爲卓絶。橫渠曰："學必如聖人而後已。知人而不知天，求爲賢而不求爲聖，此秦漢以來學者之大蔽。"伊川曰："且莫說將第一等讓與別人，且做第二等。才如此說，便是自棄。雖與不能居仁由義者，差等不同，其自小則一也。言學便以道爲志，言人便以聖人爲志。自謂不能者，自賊者也。謂其君不能者，賊其君者也。"所以必希聖，必以第一等人自期者，以天下惟有一真是，捨此皆不免毫厘千里之差也。

如此徹底之道，並不恃天賦之資。其功皆在於學。伊川曰："別事都强得，惟識量不可强。今人有斗筲之量，有釜斛之量，有鐘鼎之量，有江河之量。江河之量亦大矣，然有涯，有涯亦有時而滿。惟天地之量則無滿。聖人，天地之量也。聖人之量，道也。常人之有量者，天資也。天資之量須有限。大抵六尺之軀，力量衹如此，雖欲不滿，不可得也。"讀"六尺之軀力量衹如此"九字，真足使困知勉行者，氣爲之一壯矣。

理學家之學，於理求其至明，於行求其無歉。然二者又非二事，明理者，所以定立身之趨向；立身者，所以完明理之功用也。抑此非徒淑身，施之當世，亦無虧慊。以天下惟有一理，治身之理，即治世之理也。理學家最服膺之語曰："體用一源，顯微無間。"語出伊川《易傳序》。其斥理學以外之學，則曰："言天理而不用諸人事，是爲虚無，是爲異學。言人事而不本諸天理，是爲粗淺，是爲俗學。"二者之爲失雖異，而其失惟鈞。皆以不明乎獨一無二之理，故其所行遂至差謬也。

理學家視修己治人，非有二道。故曰："志伊尹之所志，學顔子之所學。"雖然，物莫能兩大。有所重於此，勢必有所輕於彼。理學家論治，每謂己不立則無以正物，其説固然。横渠曰："德未成而先以功業爲事，是代大匠斲，希不傷手也。"明道曰："不立己後，雖向好事，猶爲化物。己立後，自能了當得天下萬物。"朱子曰："古人祇是日夜皇皇汲汲，去理會這個身心。到得做事業時，祇隨自家份量以應之。"又曰："多祇要求濟事，而不知自身不立，事決不能成。人自心若一毫私意未盡，皆足敗事。"或問："學者講明義理之外，亦須理會時政，庶他日臨事，不至墻面。"曰："學者若得義理明，從此去量度事物，自然泛應曲當。今世文人才士，開口便説國家利害，把筆便述時政得失，濟得甚事？祇是講明義理，以淑人心。使世間識義理之人多，何患政治不舉？"然因此，全副精神，皆貫注於内，而於外事遂有所不暇及，亦其勢也。後來顔習齋所攻擊，專在於此。

凡事皆欲從源頭上做起，皆欲做到極徹底，而所言遂不免於迂闊，此亦理學之一弊也。爲治如行修途，眼光須看得極遠，脚步須走得極穩。千里之行，始於跬步，意不可不存於千里，足不可不謹於跬步也。徒顧目前之險夷，而遂忘其所欲至，此爲理學家所譏之俗學。目前雖幸免蹉跌，而所欲至之地，卒無可至之時，則其行爲無謂矣。反於此者，又或眼光看得極遠，而於目前之情形，有所不悉，遂不免於蹉跌，此則理學之弊。理學家言治本，則致謹於王霸之辨；言治法，則欲復封建井田。姑勿論所言之是非，然見在之世界，去封建井田亦遠矣。必如何而後封建井田可復，理學家不能言也。非不言之，然其言多迂闊，實與未嘗言等。則其欲復封建井田，亦徒存其願而已。況夫封建井田之未必可復邪？

泥古之足以致弊，宋儒亦非不知之，然其所以自解者，則曰："必有《關雎》、《麟趾》之意，而後可以行《周官》之法度。"明道之言。然則周官法度之不能行，皆由《關雎》、《麟趾》之意之不足。《關雎》、《麟趾》之意苟足，《周官》之法度，遂無不可行矣。宋儒論治，偏重德化，略於事爲，弊亦由此。然宋儒於古人之法度，實考之未精。故其所主張，自謂參酌古今，實不免墨守古法。由其誤謂古代成法，皆合於至當不易之天理也。使其真能詳考，自無此弊。論治則欲復井田封建，善俗則欲行古冠昏喪祭之禮，皆坐此弊。宋儒於禮，實行者甚多。關學無論矣。朱子所修《儀禮經傳通解》，自一家以至一國之禮悉具焉。陸象山之父，名賀，字道鄉，亦酌先儒冠昏喪祭之禮，行之于家。此等事不勝枚舉。宋儒於禮，考古之作亦甚多。《儀禮經傳通解》外，如陳祥道之《禮書》，敖繼公之《儀禮集説》等皆是。宋儒所謂禮，實不可行於世，讀吕氏之《藍田鄉約》，便可見之。古代社會，階級較後世爲嚴。宋儒率古禮而行之，實於後世情形有所不合，人心遂覺其不安；人人皆覺其所行爲不近情。後來戴東原所攻擊，專在於此。陽明言心學，故其所言，較宋儒稍爲活動。陽明之言曰："天下古今之人，其情一而已矣。先王制禮，皆因人情而爲之節文，是以行之萬世而皆準。其或反之吾心而有所未安者，非傳記之訛缺，則必風氣習俗之異宜。此雖先王未之有，亦可以義起。三王之所以不相襲禮也。若徒拘泥於古，不得於心，而冥行焉，是乃非禮之禮，行不著而習不察者矣。”其《與鄭守益書》曰：“今之爲人上而欲道民以禮者，非詳且備之爲難，惟簡切明白，使人易行之爲貴耳。”其言皆較宋儒爲弘通。然必謂先王之法，可行之萬世而準，則仍未免蓬之心。率此行之，必致仍以先王之法爲本，以吾之意見，略加參酌，自謂可行之當世，而仍未必有當於世人之情耳。

宋儒之尊君權，與其嚴階級同蔽。固由晚唐五代，裂冠毀冕，有以激之；亦其拘守古人成法太過，謂欲求治，必如古人所爲；古代君權本尊，宋人持論，遂不覺其太過也。宋學開山孫明復，作《春秋尊王發微》，即大昌尊君之義。且謂《春秋》有貶無褒。其持論之酷如此。温公疑孟子，詆其貴戚易位之言。李覯作《常語辨》，以孟子爲五霸之罪人。謂“五霸率諸侯事天子，孟子勸諸侯爲天子，苟有人性，必知其逆順矣”。然則孔子稱“湯武革命，應天順人”，孔子亦五霸之罪人乎？此弊理學家入之頗深。至清代曾國藩等，猶有此見。社會之所以能立，其原因自極深遠。此輩則謂非有封建之世，階級森嚴，下之視上，懔乎其不可犯之風氣，不足維持。謂此等名份一壞，即不免於大亂。實由其於社會現象，研之未深，而徒以古爲郅治之世，致有此繆見也。

宋儒自謂于二氏之學頗深，故能入其室而操其戈。後之議理學家者，則又謂周、程、張、朱等，其初皆與二氏有交涉，故其説實不免於儒其貌而釋老其心。葉水心之論即如此。水心《習學記言》云：“程氏答張氏論定性，動亦定，静亦定；無將迎，無内外：當在外時，何者在内？天地普萬物而無心，聖人順萬事而無情；擴然而大公，物來而順應；有爲爲應跡，明覺爲自然；内外兩忘；無事則定，定則明；喜怒不係於心而係於物；皆老佛語也。程、張攻擊老佛，然盡用其學而不自知。”又謂周、張、二程，無極、太極、動静、形氣、聚散等，爲以佛説與佛辯。晁以道謂濂溪師事鶴林寺僧壽涯，得“有物先天地，無形本寂寥。能爲萬象主，不逐四時雕”之偈。《性學指要》謂濂溪初與東林總游。久之，無所入。總教之静坐。月餘，忽有得。以詩呈曰：“書堂兀坐萬機休。日暖風和草自幽。誰道二千年遠事，而今祇在眼睛頭。”總肯，即與結青松社游。則濂溪早年，確與二氏有交涉，無怪其《太極圖》之取資於彼也。至張子、朱子等之出入二氏，則更事實確鑿，無待考證矣。至於邵子之被斥以道家，陸王之見疑於佛學，則更不俟深論矣。然宋明儒者，于二氏之學，入之實不深。故其所詰難，多不中理。焦澹園謂：“伯淳未究佛乘，故其掊擊之言，率揣摩而不得其當。大似聽訟者，兩造未具，而億決其是非；臧證未形，而懸擬其罪案。”斯言得之。“改頭换面”，實非理學家所能也。宗杲教張子韶，謂：“既得把柄，開道之際，當改頭换面，隨宜説法。”即使爲陽儒陰釋之論也。子韶，名九成，錢塘人。自號横浦居士，又稱無垢居士。龜山弟子。朱子辟之，以爲洪水猛獸。

老釋相較，釋氏之説，遠較老氏爲高。理學家雖以二氏并稱，實則其所辟者，十九在釋氏也。儒家辟佛之説，爲宋儒所稱者，爲韓退之之《原道》。其説實極粗淺。宋初辟佛者，有石介之《中國論》，歐陽修之《本論》，亦《原道》之類耳。稍進而其説乃精。

宋儒辟佛第一要語，爲程子之“吾儒本天，異端本心”。其所謂天者，即天地萬物之定理。謂宇宙間一切皆有定則，爲人所當遵守而不逾。釋氏惟任其心之所見，則一切無定。故以知識言，則不能明理；以制行論，遂至猖狂妄行也。張子謂釋氏“不能窮理，故不能盡理”，意亦同此。其實天下無不明事理，可成學問者。釋氏之注重一心，乃將人類一切罪惡，加以窮究，謂其根原皆出於心耳。能所二者，不能相離。承認有我，即不啻承認有物；承認有物，亦不啻承認有我矣。理學家謂“吾儒知有理，故其言心也，從至變之中而得其不變者。釋氏但見流行之體”，未免以禪宗之流失，概佛教之本來也。

又謂“釋氏有敬以直外，無義以方外”。亦明道之言。案佛氏有三千威儀，八萬細行。更進而言之，則有六波羅蜜。凡可以饒益有情者，善巧方便，無所不爲。戒律之嚴，尤爲他教所莫比。安得謂無制行之義邪？

延平云：“吾儒異於異端者，理一而分殊也。理不患不一，所難者分殊耳。”朱子曰：“理一，體也。分殊，用也。”蓋謂釋氏有仁而無義也。然冤親平等，乃以究極之義言之。至於應事，則釋氏亦有種種方便，曲盡其妙。試讀《華嚴》之五十三參可知。正不得謂有仁而無義也。況理不患不一，所難者分殊，語亦有病。此則陽明之心學，足以正之矣。

有以善爲吾心所本有，疑釋氏一切空之，遂并善而欲空之者。明道謂其“直欲和這些秉彝，都消鑠得盡”是也。然善者心之本體，正空無一物之謂。如鑒之明。若先有世間之所謂善者，未乎其中，如鑒中美景。則眼中金屑矣。心學家謂心體本空，惻隱、羞惡、辭讓、是非，皆自此空體流出，頗得佛意。空者，空其欲障。四端即心之本體。非本體爲一物，而四端别爲一物，藏於其中也。然則秉彝安可消鑠盡邪？秉彝而消鑠盡，則并明道所謂佛所欲見之心性而無之矣。明道曰：“彼所謂識心見性也。若存心養性一段事則無矣。”何也？秉彝即心性也。

有謂二氏專從生死起念，不離乎貪生畏死之情者。案後世所謂道教，實古之神仙家。神仙家專求長生，冀享世間之快樂，宋儒辟之是也。然此實不直一辟。至於真道家及佛氏，則了無貪生畏死之念。世未有淺至貪生畏死，猶能成爲學，成爲教者。此亦不足辯也。宋儒之説，乃睹世俗信奉二氏者，皆不離乎貪生畏死之念，遂以此咎二氏耳。亦可見其于二氏之學，入之實不深矣。

或謂佛氏專從事於一心，久之，見其昭昭靈靈，如有一物，遂以此爲心之本體，得此則天地萬物雖壞，而此不壞；幻身雖亡，而此不亡。又或静久，精神光采，其中了無一物，遂以爲真空。此皆禪宗之末失。宋時佛教，諸宗皆衰，惟禪宗獨盛。故宋儒闢佛,多指禪宗言之。後之理學家,不加深察,遂謂佛教僅如此耳。其實禪宗不足概佛教之全;禪宗之流失,即彼亦以爲魔道也。

張子曰:"若謂虛能生氣,則虛無窮,氣有限,體用殊絶,入老氏有生於無自然之論。"老氏説果如此,張子闢之,誠爲得當。然老子所謂"天地萬物生於有,有生於無"者,即莊子"有不能以無爲有"之説。謂天下萬物,彼不能爲此之原因,此亦不能爲彼之原因,故不得不歸之於無。無猶言不可知,正認識論之精義也。又有謂我之所謂無爲,乃無私意造作,彼則真入於無爲者。此則《道德五千言》俱在,其餘道家之言亦俱在,稍一披覽,即可知其所謂無爲者,果係一事不爲,抑係無私意造作。亦不俟辯也。

理學家之闢二氏,多屬誤會之談。然其説仍有極精者。不能以其于二氏之説,有所誤會,遂概斥爲不足道也。今試引數事如下:

或謂明道:"釋氏地獄之類,皆是爲下根人設,怖會爲善。"曰:"至誠貫天地,人尚有不化,豈有立僞教而人可化乎?"或問陽明:"佛以出離生死,誘人入道,仙以長生久視,誘人入道,究其極致,亦見得聖人上一截,然非入道正路。"陽明曰:"若論聖人大中至正之道,徹上徹下,衹是一貫。更有甚上一截,下一截?"明道論神教不能普行之理甚精。蓋凡神教,雖亦見得究極之理,終不免有許多誘人之説。究極之理真,誘人之説則僞。一時雖借此誘人,久之,其遭人掊擊者,即在於此。此亦可見説非真理,終不能立也。陽明之説,尤覺簡易直截,獨標真諦。

陽明曰:"仙釋説到虛,聖人豈能虛上加得一毫實?佛氏説道無,聖人豈能無上加得一毫有?但仙家説虛,從善生上來;佛氏説無,從出離生死苦海上來,卻於本體加這一些子意思;便不是虛無的本色,便於本體有障礙。聖人衹是還他良知的本色,更不著些子意思,良知之虛,便是天之太虛;良知之無,便是太虛無形。日月,風雷,山川,民物,凡有貌象形色,皆在太虛無形中,發用流行,未嘗作得天的障礙。聖人衹是順其良知之發用。天地萬物,俱在我良知發用流行中,又何嘗有一物超於良知之外,能作障礙?"案神仙家不足論。陽明謂佛氏亦有所著,亦非真知佛説之談。然所説之理則甚精。真空妙有,原係一事。必知此義,乃不致以空爲障也。

梨洲曰:"佛氏從生死起念,衹是一個自爲。其發願度衆生,亦即一個爲人。何曾離得楊墨科臼?豈惟佛氏?自科舉之學興,儒門那一件不是自爲爲人?自古至今,衹有楊墨之害,更無他害。"案謂佛氏從生死起念,前已辨之。其發願度人,則正所謂秉彝之不容已。儒家力争性爲善而非空,正是此意。

不得轉以此病釋氏也。然梨洲闢佛雖非是,而其將一切惡,悉歸到爲人爲己上,見得至善惟有一點,更移動分寸不得,則其說甚精。

凡教總不能無迷信之談,此乃借以牖世,本非教中精義。得其義,棄作筌蹄可矣。佛說來自天竺,彼土之人,好騖遐想,說尤恢詭。此亦非佛說精義所在也。而此土之人,或竟信以爲真,則墮入迷信矣。温公不信佛,曰:“其微言不能出吾書,其誕者吾不信也。”佛說之誕,乃其興於天竺使然,不足爲佛病。然論佛說而能及此,卻可掃除許多障礙也。

朱子《釋氏論》曰:“佛之所生,去中國絶遠。其書來者,文字音讀,皆累數譯而後通。而其所謂禪者,則又出於口耳之傳,而無文字之可據。以故人人得竄其說以附益之,而不復有所考驗。今其所以或可見者,獨賴其割裂裝綴之跡,猶有隱然於文字之間,而不可掩者耳。蓋凡佛之書,其始來者,如《四十二章》、《遺教》、《法華》、《金剛光明》之類。其所言者,不過清虚緣業之論,神通變見之術而已。及其中間爲其學者,如惠遠、僧肇之流,乃始稍竊《列》《莊》之言,以相之。然尚未敢以爲出於佛之口也。及其久而耻於假借,則遂顯然竊取其意,而文以浮屠之言。如《楞嚴》所謂自聞,即《莊子》之意;而《圓覺》所謂四大各離,今者妄身當在何處,即《列子》所謂精神入其門,骨骸及其根,我尚何存者也。凡若此類,不勝枚舉。然其說皆萃於書首,其玄妙無以繼之,然後佛之本真乃見。如結壇、誦咒、二十五輪之類;以至於大力金剛,吉盤荼鬼之屬,則其粗鄙俗惡之狀,較之首章重玄極妙之旨,蓋水火之不相入矣。至於禪者之言,則其始也,蓋亦出於晉宋清談論議之余習,而稍務反求静養以默證之。或能頗出神怪,以炫流俗而已,如一葉五花之讖,袛履西歸之說,雖未必實有其事,然亦可見當時所尚者,止於如此也。其後傳之既久,聰明才智之士,或頗出於其間,而自覺其陋。於是更出己意,益求前人之所不及者,以陰佐之;而盡諱其怪幻鄙俚之談。於是其說一旦超然,真若出乎道德性命之上,而惑之者,遂以爲果非堯、舜、周、孔之所能及矣。然其虚夸詭誕之情,淫巧儇浮之態,展轉相高,日以益盛,則又反不若其初時清閑静默之說,猶爲彼善於此也。”《語類》:“宋景文《唐書贊》,說佛多是華人之譎誕者,攘莊周《列御寇》之說佐其高,此說甚好。如歐陽公袛說個禮法,程子又袛說自家義理,皆不見他正贓。佛家先偷《列子》。《列子》說耳目口鼻心體處有六件,佛家便有六根。又三之爲十八戒。初間袛有《四十二章經》,無恁地多。到東晉,便有談議,如今之講師。做一篇議總說之。到後來,談議厭了,達磨便入來,袛静坐。於中稍有受用處。人又都向此。今則文字極多,大概皆是後來中國人以《列》、《莊》說自文。夾插其間,都没理會了。”案佛說有大小乘,其來有早晚。其經有真僞,譯有善否。又有意譯直譯之殊。直譯者或能傳其説之真,意譯者則不免攙以此方之語。若以爲學術而研究之,其中應考校處甚多。朱子所論,雖未盡當。如不知《列子》係僞書,竊佛説。反以爲佛竊《列子》之類。然能見及此中罅隙,要不可謂非善讀書者。自漢學之興,群詆宋儒爲空疏武斷。其實宋儒如朱子,即讀書極博之人。此外博洽者尚多。其勇於懷疑,善於得閑,尤非漢唐及清儒所及。清代考證之學,實亦自宋儒開其源,如朱子疑《古文尚書》,吴棫發明古韵等皆是。特未竟其業耳。此説甚長,當别專論,乃能盡之。此篇不能詳也。

理學自創始迄今,幾千年。信從者固多,攻擊者亦不少。綜所攻擊,不外兩端:一病其空虚無用,一以爲不近人情而已。前説可以清之顔習齋爲代表,後説可以戴東原爲代表。然二家所攻,實皆理學末流之弊。至於理學之真,則自有其卓然不可没者。予舊有《訂戴》一篇,今附録於後,以見戴氏之説之所由來,及其當否。今更略評顔氏之説如下。

顔氏之攻理學,一言蔽之曰:不切實用而已。故其釋"致知在格物",必以《周官》之鄉三物爲物;而曰:"知無體,以物爲體。"其説窮理,則謂理在事中,必就事分析極精,乃爲窮理。此説與戴氏同。習齋之言曰:"以讀經史,訂群書爲窮理處事以求道之功,則相隔千里;以讀經史,訂群書爲即窮理處事,而曰:道在是焉,則相隔萬里矣。譬之學琴:書猶琴譜也。爛熟琴譜,講解分明,可謂學琴乎?故曰:以講讀爲求道,相隔千里也。更有妄人,指琴譜曰:是即琴也。辨音律,協風韵,理性情,通神明,比物此志也。譜果琴乎?故曰:以書爲道,相隔萬里也。歌得其調,撫嫻其指,弦求中音,徽求中節,是之謂學琴矣,未爲習琴也。手隨心,音隨手;清濁疾徐有常功;鼓有常規;奏有常樂;是之謂習琴矣,未爲能琴也。弦器可手製也,音律可耳審也,詩歌惟其所欲也;心與手忘,手與弦忘,於是乎命之曰能琴。"《存學編性理書評》。顔氏之言如此,此其所以以習自號也。顔氏之訾宋儒曰:"宋儒如得一路程本,觀一處,又觀一處,自以爲通天下路程,人亦以曉路程稱之,其實一步未行,一處未到。"見《年譜》。顔氏謂宋儒之病在習静,在多讀書,故提倡習動。謂:"誦説中度一日,則習行上少一日;紙墨上多一分,則身世上少一分。"又謂:"讀書愈多愈惑,審事機愈無識,辦事愈無力。"又謂:"書生必自知,其愚益深。"案理學末流之弊,誠有如習齋所云者。然流弊何學蔑有?要不得以此並没其學之真。偏於静,偏於讀書,誠理學必至之弊。然始創理學者,及理學大家,初未謂當如此。讀前此諸篇可見也。大抵思想當大變動之時,其人必好騖心於玄遠。以其視前此之是非,然否,悉不足憑,而當别求標準也。宋代正是其時。今日時勢危急,群趨實際,救焚拯溺之不暇,而講哲學之風反大盛,亦以此故。偏於讀書之弊,不獨宋學爲然。率天下之人,而至於疏於處事,亦誠在所不免。然此亦分工之道,不得不然。今之科學家,固有終身在試驗室中,而未嘗一用其所學,以作實事者矣。亦得詆爲但讀琴譜,但觀路程本邪?

附訂戴

戴東原作《原善》、《孟子字義疏證》，以攻宋儒。近人亟稱之，謂其足救宋儒之失，而創一新哲學也。予謂戴氏之説，足正宋學末流之弊耳。至其攻宋學之言則多誤。宋學末流之弊，亦有創始之人，有以召之者，戴氏又不足以知之也。宋學之弊，在於拘守古人之制度。制度不虚存，必有其所依之時與地。而各時各地，人心不同。行諸此時此地，而犁然有當於人心者，未必其行諸彼時彼地，而仍有當於人心也。欲求其有當於人心，則其制不可不改。是以五帝不襲禮，三王不沿樂。此猶夏葛而冬裘，其所行異，其所以求其當同也。宋之世，去古亦遠矣。民情風俗，既大異於古矣。古代之制，安能行之而當於人心乎？宋儒不察，執古之制，以爲天經地義，以爲無論何時何地，此制皆當於理。略加改變，實與未改者等，而欲以施之當時。夫古之社會，其不平等固甚。宋時社會之等級，既不若古之嚴矣。在下者之尊其上，而自視以爲不足與之併，亦不若古之甚矣。宋儒執古之制而行之，遂使等級之焰復熾，與人心格不相入。戴氏之言曰："今之治人者，視古聖賢體民之情，遂民之欲，多出於鄙細隱曲，不屑措諸意。而及其責以理也，不難舉曠世之高節，著於義而罪之。尊者以理責卑，長者以理責幼，貴者以理責賤，雖失謂之順。卑者，幼者，賤者，以理争之，雖得謂之逆。於是下之人，不能以天下之同情，天下所同欲，達之於上。上以理責其下，而在下之罪，人人不勝指數。人死於法，猶有憐之者。死於理，其誰憐之？"夫使尊者、長者、貴者，威權益增；而卑者、幼者、賤者，無以自處，是誠宋學之弊，勢有所必至。由其尊古制，重等級，有以使之然也。東原又謂："今處斷一事，責詰一人，莫不曰理者。於是負其氣，挾其勢位，加以口給者理伸。力弱，氣慴，口不能辭者理屈。"此則由人類本有强弱之殊，理特其所借口耳。不能以此爲提倡理者之罪也。至於以理責天下之人，則非創宋學者之所爲，而爲宋學末流之失。戴氏又謂"理欲之説行，則讒説誣辭，得刻議君子而罪之，使君子無完行。"夫以宋儒克己之嚴，毫厘不容有歉，因推此以繩君子而失之嚴，事誠有之。至於小人，則宋儒曷嘗謂其欲可不遂，而不爲之謀養生送死之道哉。横渠見餓莩，輒咨嗟，對案不食者經日。嘗以爲欲致太平，必正經界。欲與學者買田一方試之，未果而卒。程子提倡社會，朱子推行社會。凡宋儒，講求農田、水利、賦役之法，勒有成書，欲行之當世者，蓋數十百家。其志未嘗行，其書亦不盡傳，然其事不可誣也。鄉曲陋儒，抱《性理大全》，侈然自謂已足；不復知世間有相生相養之道；徒欲以曠世之高節，責之人民，此乃宋學末流之失，安可以咎宋學乎？宋儒所謂理者，即天然至善之名，戴氏所謂必然之則也。戴氏稱人之所能爲者爲“自然”，出於血氣。其所當止者爲“必然”，出於心知。與宋儒稱人之所能爲而不必當者爲氣質，爲欲，所當善者爲義理，爲性，有以異乎？無以異乎？夫特異其名而已。戴氏則曰：“吾所謂欲者，出於血氣。所謂理義者，出於心知。血氣心知，皆天之所以與我，是一本也。宋儒謂理出於天，附著湊泊於形體。形體者氣質，適足爲性之累。是二之也。”夫宋儒曷嘗謂氣質非出於天哉？謂“義理氣質，同出於天，則氣質不應爲義理之累。宋儒謂氣質爲義理之累，是二之也”。然則戴氏所謂血氣者，任其自然，遂不足爲心知之累歟？謂任血氣之自然，不足爲心知之累，則戴氏所謂“耳目鼻口之欲，必以限制之命節之”之説，爲不可通矣。謂性必限之以命；而聲色臭味當然之則，必以心爲之君；則宋儒之説，戴氏實未有以易之也。若曰：“民之秉彝，好是懿德。心知之自然能好懿德，猶耳目鼻口之自然能好聲色臭味。以是見義理之具於吾心，與宋儒謂義理之性原於理，而理出於天者不同。”則宋儒固亦未嘗不謂理具於吾心也，特本之於天耳。即戴氏謂義理之悦，天然具於吾之心知，而推厥由來，亦不能謂其不本之於天也。戴氏謂“飲食能爲身之養者，以其所資以養之氣，與所受之氣同。問學之於德性亦然”是也。安得謂宋儒“更增一本”乎？

戴氏曰：“宋儒所謂理，即老氏所謂真宰，釋氏所謂真空也。老釋自私其身，欲使其身離形體而長存。乃就一身分爲二，而以神識爲本。推而上之，遂以神爲有天地之本。以無形無跡者爲有，而視有形有跡者爲幻。宋儒以理當其無形無跡者，而以氣當其形體。故曰心性之郛廓。”老氏、釋氏是否自私其身？是否歧神與形而二之？今不暇及。宋儒之辟釋氏也，曰：“釋氏本心，吾儒本天。”其所謂理，與老釋之所謂神識非同物，則彰彰明矣。宋儒蓋病老釋以萬物爲虚，獨吾心所知見者爲實，則一切皆無定理，猖狂妄行，無所不可，故欲以理正之。宋儒所謂理者，乃事物天然之則，即戴氏所謂“有物必有則”；而其所謂義理之性，則吾心之明，能得此天然之則者，即戴氏所謂“能知不易之則之神明”也。安得視爲虚而無薄之物乎？

戴氏謂：“老釋内其神而外形體。舉凡血氣之欲，悉起於有形體以後，而神至虚静，無欲無爲。宋儒沿其説。故於民之饑寒愁怨，飲食男女，常情隱曲之感，咸視爲人欲之甚輕。古之言理也，就人之情欲求之，使之無疵。今之言理也，離人之情欲求之，使之忍而不顧。故用之治人，則禍其人。夫人之生也，莫病於無以遂其生。欲遂其生，亦遂人之生，仁也。欲遂其生，至於戕人之生而不顧，不仁也。不仁實始於欲遂其生之心。無此欲，必無不仁矣。然使無此欲，則於天下之人，生道窮促，亦將漠然視之。己不必遂其生，而遂人之生，無是情也。故欲不可無，節之而已。謂欲有邪正則可，以理爲正，以欲爲邪，則不可也。”此爲戴氏主意所在，自比於孟子不得已而言者。吾聞朱子之言曰：“飲食，天理也。要求美味，人欲也。”則朱子所謂天理，亦即欲之出於正者。與戴氏謂“欲其物，理其則”同。未嘗謂凡欲皆不當於理也。人之好生，乃其天然不自已之情。自有人類以來，未有能外之者也。世固有殺生以成仁，亦有殺以止殺者。彼以爲不殺其身，不殺殺之可以止殺之人，則於生道爲有害。其事雖出於殺，其心仍以求夫生也。自有人類以來，未有以死爲可歆，生爲可厭者。戴氏以爲宋學者不欲遂其生爲慮，可謂杞人憂天之隊矣。若謂欲遂人之生者，先不能無自遂其生之心，則又有説。世無不肯捨其生而可以救人者。蓋小我之與大我，其利害時有不同。於斯時也，而無捨己救人之心；亦如恒人，徒存一欲遂其生之念，則終必至於戕人之生而不顧。此成仁之所以必出於殺身；而行菩薩行者，所以必委身以飼餓虎也。彼行菩薩行者，寧不知論各當其份之義，固不當食肉以自養，亦不必委身以飼虎哉？不有純於仁之心，固無以行止於義之事。彼行止於義者，其心固純於仁。所以止於義者，以所能行之仁，止於如此；不如此，則轉將成爲不仁；故不得已而止於此，而非其心之遂盡於此也。心之量，苟適如其份而已，及其行之，未有能盡乎其份者。而戴氏所謂戕人之生以遂其生之禍作矣。故以純乎理責恒人，宋儒未嘗有此；其有之，則宋學之未失也。至於以純乎理自繩其身，則凡學問，未有不當如此者。抑强天下之人，使皆進於高節則不能。誘掖天下之人，使同進於高節，則固講學問者，所當同具之志願。而非至天下之人，真能同進於高節，天下亦決無真太平之望也。

戴氏謂“老釋以其所謂真宰真空者爲已足，故主去情欲勿害之，而不必問學以擴充之。宋儒之説，猶夫老釋之説，故亦主静。以水之清喻性，以其受污濁喻氣質。宋儒所謂氣質，即老釋所謂情欲也。水澄之則清，故主静，而易其説爲主敬存理”云云。主静之説，發自周子。其説曰：“立天之道，曰陰與陽。立地之道，曰柔與剛。立人之道，曰仁與義。”又曰：“聖人定之以中正仁義而主静，立人極焉。”蓋以人之所行，不越仁義。而二者名異而實同。義所以行仁，而仁則所以爲義立之體。無義固無以行仁，無仁亦無所謂義。當仁而仁，正其所以爲義；當義而義，亦所以全夫仁；所謂中也。止於中而不過，則所謂静也。何以能静，必有持守之方焉，則程子所謂主敬也。主敬而事物至當不易之則宋儒所謂理。存焉矣。宋儒所謂静,非寂然不動之謂也。戴氏之説,實屬誤會。

戴氏謂:"宋儒詳於論敬,而略於論學。"此亦宋學末流之失。若程朱,則"涵養須用敬,進學在致知",兩端固並重也。抑進學亦必心明而後能之,故反身自勘之學,終不能不稍重於内。戴氏曰:"聖人之言,無非使人求其至當,以見之行。求其至當,即先務於知也。凡去私不求去蔽,重行不先重知,非聖學也。"此説與程朱初無以異。又曰:"聞見不可不廣,而務在能明於心。一事豁然,使無餘藴。更一事而亦如是。久之,心知之明,進於聖知,則雖未學之事,豈足以窮其知哉?"此説亦與朱子一旦豁然貫通之説同。蓋天下事物,窮之不可勝窮,論明與蔽者,終不得不反之於心也。然與戴氏力主事物在吾心之外;謂心知之資於事物以益其明,猶血氣之資於飲食以益其養者,則未免自相矛盾矣。

戴氏謂:"心之能悦懿德,猶耳目鼻口之能悦聲色臭味。接於我之血氣,辨之而悦之者,必其尤美者也。接於我之心知,辨之而悦之者,必其至是者也。"夫口之同嗜易牙,目之皆姣子都,耳之皆期師曠,亦以大致言之耳。鴟梟嗜鼠,即且甘帶,人心之異,有不翅其若是者矣。謂義理之尤美者,必能爲人所悦,其然,豈其然乎?乃戴氏又曰:"理也者,情之不爽失者也。凡有所施於人,反躬而静思之,人以此施於我,能受之乎?凡有所責於人,反躬而静思之,人以此責於我,能盡之乎?以我絜之人則理明。"故曰"去私莫如强恕"。夫人心之不同,如其面焉。固有此視爲不能受,彼視爲無難受;此視爲不能盡,彼視爲無難盡者矣。若曰:"公則一,私則萬殊;人心不同如其面,衹是私心。"則非待諸私欲盡去之後不可,因非凡人所能持以爲是非之準也。凡人而度其所能受以施諸人,度其所能盡以責諸人,適見其一人一義,十人十義,樊然淆亂而已矣。戴氏曰:"心之所同然,始謂之理,謂之義。未至於同然者,存乎其人之意見,非理也,非義也。凡一人以爲然,天下萬世皆曰:是不可易也。此之謂同然。"此説安能見之於實。如戴氏之所云,亦適見其自謂義理,而終成其爲意見而已矣。

中國政治思想史十講

前　言

《中國政治思想史十講》原是一九三五年吕先生在上海光華大學的演講，由吕翼仁先生記録，初刊於《光華大學半月刊》第四卷第五期至第五卷第四期（一九三五年十二月至一九三六年十二月出版），刊出時的署名爲"吕思勉講，吕翼仁記"。二十世紀八十年代，吕翼仁先生曾對講稿做過一次校對和整理工作。

《中國政治思想史十講》曾收入華東師範大學出版社的《吕思勉遺文集》（一九九七年九月出版，有删節），二〇〇七年一月以《吕思勉　中國文化史六講　中國政治思想史十講》爲書名，收入天津古籍出版社的"名師講義"叢書。又收入《吕思勉講思想史》[①]（葛劍雄主編，南京鳳凰出版社"近代學術名家大講堂"二〇〇八年十一月出版，删節處未補）、上海古籍出版社"吕思勉文集"《中國文化思想史九種》（二〇〇九年四月出版）。還有改題爲《中國政治思想史》，收入中華書局"跟大師學國學"叢書（二〇一二年八月出版）等。[②]

此次將《中國政治思想史十講》收入《吕思勉全集》重印出版，我們按《光華大學半月刊》的刊印稿重新整理，除了改正勘誤外，個别文字則按吕翼仁先生的修訂改正。爲了便於閲讀，《中國政治思想史十講》由編者按每一講的内容添加了章節標題。

李永圻　張耕華

二〇一四年七月

---

① 即吕先生的《中國政治思想史十講》、《中國文化史六講》和《史籍與史學》三種著述的合刊。

② 有關《中國政治思想史十講》的再版、重印情況，詳見《吕思勉全集》之《吕思勉先生編年事輯》附録二《吕思勉先生著述繫年》的記録。

目　　録

第一講　中國政治思想史之分期 …… 392
第二講　中國政治思想史上之兩派 …… 394
第三講　上古到戰國的社會變遷 …… 397
第四講　先秦的政治思想 …… 403
第五講　秦漢時代的社會 …… 420
第六講　漢代的政治思想 …… 425
第七講　魏晉至宋代以前的政治思想 …… 433
第八講　宋明的政治思想 …… 439
第九講　清中葉前的政治思想 …… 451
第十講　近代的政治思想 …… 454

《中國政治思想史》，民國二十四年在上海光華大學所講，予女翼仁筆記之，而予爲之訂補。以閲時甚暫，故所講甚略，特粗引其端而已。雖然，古之所貴乎朋友講習者，曰講明。學者於義有所不澈，教者罕譬而喻焉，曰講貫。既習其數矣，而未能觀其會通，故教者爲引而信之，觸類而長之也；故曰：予非多學而識之，予一以貫之者也。專門之士，窮幽鑿險，或非聖人所能爲。然覆杯水於堂坳，則芥爲之舟，置杯焉則膠，致遠恐泥，是以君子弗爲也。況於翻檢鈔録，又不足以語於致曲者邪。抑聞之，古之爲政者，必立諫鼓，置謗木，豈不知忠言之逆耳，讒諂面諛之快於心，雖睿智，思慮有所弗能用；雖聰明，耳目有所弗能及。是以用衆以自輔，求賢以自鑑，而不蔽於其所親昵也。若乃將直言極諫，與誹謗同科。舉國計民生，惟黨徒之殉，弗思耳矣，亦已焉哉。雲南起義前夕自記。

第一講　中國政治思想史之分期

中國的政治思想史，是頗爲難講的，因爲：

（一）政治思想和政治制度不同。政治制度，是有事實可考的，歷代都有記載。記載自然有缺漏，但是一件事實，缺落其一部分，或者中間脱去一節，是很容易看得出來的，自然有人去研究，用考據手段去補足他。政治思想則不然，他是存於人的心裏的。有許多政治思想，怕始終没有發表過；即或發表過的，亦不免於佚亡；凡是高深的學説，往往與其時的社會不相宜，此等學説不容易發表，即使發表了，亦因其不受大衆的注意，或且爲其所摧殘而易至於滅亡。此等便都無可稽考。

（二）中國是一個政治發達的國家；而且幾千年來，研究學術的人，特别重視政治；關於政治的議論，自然有許多，但都不是什麽根本上的問題。爲什麽呢？因爲一件事情，我們倘然看作問題而加以研究，必先對於這件事情發生了疑問；而疑問是生於比較的。我們都知道：希臘的政治思想，發達得很早。在亞里斯多德時，已經有很明晰的學説了。這就是由於希臘的地小而分裂，以區區之地，分成許多國，各國所行的政體，既然不同，而又時有變遷。留心政治問題的人，自然覺得政治制度的良否，和政治的良否大有關係，而要加以研究了。中國則不然。中國是個大陸之國，地勢是平坦而利於統一的。所以其支離破碎，不如希臘之甚。古代的原民族——即今日所謂漢族——分封之國雖多，所行的政體，大概是一樣。其餘諸民族自然有兩樣的，但因其文明程度的低下，中原人不大看得起他，因而不屑加以比較研究。孔子説夷狄之有君，不如諸夏之無也，見《論語·八佾》。最可以代表這種思想、這種趨勢。直到後世，還是如此。没有比較，哪裏會發生疑問？對於政治，如何會有根本上的研究呢？因此，中國關於政治的史料雖多，大都係對於實際政務的意見——如法律當如何改訂、貨幣當如何釐定之類——此等學説，若一一列舉，則將不勝其煩，而其人對於政治思想依舊没有明瞭。研究中國的政治思想，非將一個思想家的學説，加以綜合，因其實際的議論而看出其政治上的根本主張來不可。這是談何容易的事情？

凡思想總是離不開環境的，所以要講政治思想，必先明白其時的政治制度和政治事實，而政治制度和事實的變遷，就自然可以影響到政治思想而劃分其時期。我們根據於這種眼光，把中國的政治思想分爲四個時期：

第一期　自上古至戰國　這是中國的社會組織發生一個很大的變遷的時期，自政治上言之，則爲由部落至封建，由封建至統一。

第二期　自秦至唐　秦漢是中國初由封建而入於統一的時期。封建之世不適宜的制度，在此時期中，逐漸凋謝；統一之世所需要的制度，在此時期中，逐漸發生；逐漸發生的制度，自然又有不適宜的，不免釀成病態，政治家所研究的，就集中於此等問題。

第三期　自宋至清中葉　第二期中所發生的病象，到此漸覺深刻了，大家的注意，自然更切，而其研究也漸深，往往能觸及根本問題。而這時期之中，民族問題也特別嚴重。實際上，民族問題在秦漢時代已經發生，當“五胡亂華”之時，已經很嚴重了。但是人們的思想，往往較事實要落後些，當彼其時還不曾感覺他十分嚴重，到宋朝以後，卻不容我們不感覺了。要禦侮先要自己整飭，因此，因爲對外問題的嚴重，也引起了内部改革的問題。

第四期　自清中葉至現代　這是中國和歐洲人接觸而一切思想都大起變化的時期。政治思想當然不是例外。

第二講　中國政治思想史上之兩派

要講很複雜的政治思想，我們必須先有一個把握。這個把握是什麽？就是把幾千年來的政治思想先綜括之而作一鳥瞰，得一個大概的觀念。然後，持之以研究煩雜的材料——這是爲入手之初方便起見，自然不是研究之後不許修正的。本此眼光而立論，我敢説中國的政治思想可以

（一）進取

（二）保守

兩派概括之。爲什麽會有這兩派呢？爲什麽不會有第三派？又爲什麽不會只剩了一派？

這是因爲社會的本身同時有兩種需要，而這兩派各代表其一種。所以，這兩派是都有其確實的根據，都有其正當而充足的理由的。

這話怎樣説呢？説到這句話，我們先要問一問：國家和社會到底是合一的還是分離的，就是國家和社會到底是一件東西，還是兩件東西？

這個問題是很容易回答的：

（一）有許多人民還没有能够組織國家，然而我們不能説他没有社會。

（二）有許多國家已經滅亡了，然而其社會依然存在。

（三）所謂社會，其界限是和國家不合的，一個國家之中可以包含許多社會，而一個社會也可以跨據許多國家。

據此社會和國家確係兩物。未有國家之前先有社會，社會是不能一天没有的。人永遠離不開社會的，出乎社會之外而能生存的人，我們簡直不能想像，而國家則是社會發展到某程度應於需要而生的。我們現在固然很需要國家，我們非極力保存我們的國家、擴張我們的國家不可。然而，國家並不是我們終極的目的。照我們現在的希求而逐漸向上，國家終究是要消滅的。這不是我一人的私言，古今中外的哲人懷抱此等思想的，不知凡幾。不過這件事情是很艱難，其路途是很遥遠，我們現在不但没有能達到目的，甚且連達到目

的最好的途徑都還没有發見罷了。然而，事在人爲。民之所慾，天必從之，並非真有甚麽天神鑑觀下民哀矜之而從其所慾，不過全人類真正的慾望，其實是相同的。雖然因環境的不良而暫時隱蔽著，及其環境一變，真正的慾望馬上就要發露出來。而且環境的改易，也並非天然的變遷，實際上就是人因其爲真正慾望的障礙，而在無形中大家各不相知地把其改造之。故環境改造得一分，人的真正慾望實現的可能程度便高一分，而去其實現之境也就接近一分。如此努力向前，我敢相信路途雖然遥遠，終有達到目的的一日。然則國家在現在雖然很需要，到將來終有消滅的一天的。所謂政治，就是國家所做的事情，國家既是社會發展到某程度應運而生的東西，政治自然也是社會發展到某程度應運而生的現象。

然則在社會發展的歷程中，爲什麽要生出國家這一種東西，産生出政治這一種現象來呢？須知人類所組織的社會，有兩心交戰，正和我們一個人的心有善惡兩念交戰一樣。這兩條心是什麽？便是

（一）公心

（二）私心

公心，是己欲立而立人，己欲達而達人。一個人好，就希望大家好，甚而至於爲著人家不恤犧牲自己。因此，就發生出許多好的制度和好的事實——代表公意的制度和事實來。私心，是只顧自己不顧别人的，不但不肯損己以利人，還要損人以利己。因此，便生出許多壞的制度和壞的事實來。社會進化到某程度，私心發生了，就有抱著公心的人出來和他抵抗。這所謂抱著私心和抱著公心，並不是指具體的人。同是一個人，對於這件事懷抱著公心，對於那件事可以懷抱著私心。在這時期這地方懷抱著私心，换一個時期一個地方又可以懷抱著公心。所以，與其説是兩個人，不如説是兩個階級。壞的階級把好的階級完全消滅，這件事是不能想像的，因爲如此人類就要滅絶了，而且這不是人類的本性，當然也不會有這一回事。好的階級完全把壞的階級消滅，還非現在所能。在現在，事實上是如此的一個政府，一方面代表全社會的公意，一方面也代表其階級的私意，這是古今中外凡有政府都是如此的，不過兩者的成分或多或少罷了。

因爲社會上先有了所謂惡意，然後有政治出來矯正他。所以矛盾不消滅，政治也不消滅。而政治實際上没有單代表公心的，總兼代表著私心，他所以躍居治者之地位，就有一部分爲是要達其私意之故。既已居於治者的地位，自然更可將這種私心實現。所以政治的本身也是能造成矛盾的，政治不

消滅，矛盾也不消滅。

人類的公心是無時而或絶的，總想把這社會弄得很好。因此，在任何時代任何地方，總要想上進。但是，因爲私心未能絶滅之故，任何事情都不容易辦好，而且不辦事則已，一辦事往往因此而又造出一種壞來。人的性質是各有所偏的，有人富於熱烈的感情，對於現狀深惡痛絶，這種人自然容易發見現狀之壞，研究改革之方，而於改革之難達目的，及其因此而反生弊端，卻較少顧慮。如此便成爲進取派，而其性質和他相反的，就自然成爲保守派。人的性質是有此兩種，所以古往今來的政治思想都可以這兩派括之。至於哪一派的勢力較强，自然和其時代也有關係。在這一種觀念之下，去瞭解中國的政治思想，我以爲是較容易的。

以上所説的話是很抽象的，以下用具體的話來證明他。

第三講　上古到戰國的社會變遷

上古到戰國，劃分爲政治思想史上的一個時期，前文已經説過了。這一個時期之内，政治思想的背景，是怎樣呢？

這一個時代，在政治上，可以説是從部落進於封建，從封建進於統一的時代。

人類最初的組織，大概是依據血統的。但是到後來，就漸漸地從血統的聯結而進於地域的聯結了，這就成爲部落。

部落的生活，大概是漁獵、游牧、農耕三種。從前的人，都説人類進化的程序，是從漁獵到游牧，游牧到農耕的，其實也不盡然。依現在社會學家所考究：大抵山林川澤之地，多從漁獵逕進於農耕；平原曠莽之區，則從漁獵進化到畜牧。至於進化而成爲國家，則游牧、農耕兩種人民，關係最大。古代各部落間，彼此無甚關係，因之不能互相瞭解，相遇之時，就不免於争鬥。漁獵民族，需要廣大的土地，才能養活少數的人口，所以其人數不能甚多；而文明程度也較低；與游牧民族戰争時，多不免於敗北。

農耕民族，文明程度是最高的；其人口也較多。和游牧民族戰争，本來可得勝利。但因其性質愛好和平，而又安土重遷，不能興師遠征；所以游牧民族來侵犯時，雖可把他擊退，總不能掃穴犂庭。而游牧民族，敗則易於遁逃；及其强盛之時，又可以集合起來去侵略他人，農耕民族，總不免有時爲其所乘。所以以鬥争論，游牧民族，對於漁獵民族和農耕民族，都是很有利的。但是漁獵民族，文明程度本低，加以敗北之後，可以遁跡山林，游牧民族，倒也無如之何。農耕民族，卻和土地的關係密切了，寧受壓迫而不願遁逃。游牧民族戰勝時，便可以强制他服從，勒令他納貢。進一步，還可以侵入其部落之内，而與之同居；强制其爲自己服役。如此，一個部落之内，有征服者和被征服者兩個階級對立；征服者治人而食於人，被征服者治於人而食人；就成爲現代國家的起源了。

以上所述，是現代社會學家的成説，從我國古史上研究，似乎也是相合的。古代相傳的帝王，事蹟較有可考的，是巢、燧、羲、農。有巢氏教民構木爲巢，燧人氏教民取火熟食，其爲漁獵時代的酋長，顯而易見。伏羲氏，因爲相傳有"馴伏犧牲"之説，大家就都認他爲游牧時代的酋長。其實這全是望文生義的。"伏羲"二字，乃"下伏而化之"之意，見於《尚書大傳》。其事蹟，則《易經》的《繫辭傳》，稱其作網罟以佃以漁。《尸子》亦説：燧人氏之世，天下多水，故教民以漁；伏羲氏之世，天下多獸，故教民以獵。其爲漁獵時代的酋長，也顯而易見。伏羲氏之後是神農氏，則名義上，事蹟上，都昭然無疑，是農耕時代的酋長了。其根據之地：有巢氏治石樓山，在琅琊南；燧人氏出暘谷，分九河；伏羲氏都陳；神農氏都魯；都在今河南山東黄河以南。黄帝邑於涿鹿之阿，則在今河北涿縣。大約古代山東半島之地，有一個從漁獵進化到農耕的民族，便是巢、燧、羲、農；而黄帝則爲河北游牧之族。阪泉涿鹿之戰，便是這個農耕民族爲游牧民族所征服的事蹟。

社會的内部，其初是蕩蕩平平，毫無階級的。但是經過相當的時間，便要生出男婦和老幼的區别。前者是基於兩性的分工；後者則由於知識技藝的傳授，以及遇事的謀略，臨事的指揮；自然經驗豐富的人，總處於重要的地位。所以在淺演的社會裏，雖然還行著女系，而掌握實權的，也以男子爲多。至於年老的人，則其地位尤爲優越。社會愈進步，分工的作用愈顯著，處於特别地位的人，自然愈形重要。如此，專門指揮統率的人，權力逐漸增大，就成爲君的起源。其偏於保存智識的人，則成爲僧侣階級。凡此等，都是一個團體之内，特殊階級之所以形成。然而總不如用兵力征服的關係來得大。

這一個部落，征服那一個部落，其初是用勒令進貢的方法，去剥削他的。至於被征服部落内部的情形，則絲毫不管。中國從黄族征服了炎族以後，直到夏禹之世，對於被征服者，還有這種情形。所以夏后氏對於農民所收的租税稱爲貢，和這一國獻給那一國的禮物，名稱相同。其方法，則係按幾年收穫的平均額，向他征取。至於豐年可以多取而不取，以致穀物不免浪費；凶年不能足額而强要足額，以致人民受累；他是絲毫不管的。可見這時候，征服之族和被征服之族，還没有融合。到殷周時代，情形就不同了。殷代收税之法名爲助，是强制人民代耕公田的。周代收税的法子名爲徹，是田畝不分公私，而國家按其所入，取其十分之一。可見這時候，征服者和被征服者，已合併成一個社會了。

古代農耕的社會，其内部，本來是有很良好的規則的。凡榨取，必須要保存被榨取的對象。征服之族，只要榨取就够了，何苦而去干涉被榨取的社會内部的事情？所以農耕社會，雖然被游牧民族征服，而其内部良好的規則，還得保存。進一步，征服民族對於被征服的民族，關係漸漸的深了；管理干涉，也漸漸的嚴密了，然而也還是本於這種規則以行事；甚且還能代他修整，助其保持。這時代的君主，就是後世所稱爲聖主賢君的；而這時代，就是孔子所説的小康時代。至於那已經過去的毫無階級的時代，那自然就是所謂大同時代了。當此時代，征服者和被征服者階級的對立是：（一）貴族，（二）自由民，（三）奴隸三者。貴族是征服階級裏握有政權的人，如契丹之有耶律蕭氏。自由民是征服階級裏的平民，如契丹之有部族，被征服的民族，那就是奴隸了。

其初，征服階級和被征服階級的對立，是很爲尖鋭的。所以貴族和自由民之間，其相去近；自由民和奴隸之間，其相去遠。但是到後來，壓迫的關係，漸成爲過去；平和的關係，日漸增長；而掌握政權的人，其權力卻日漸發達。於是貴族和自由民，相去漸遠；自由民和奴隸，相去轉日近，馴至因彼此通婚，而混合爲一。我國古書上百姓和民、民和氓，有時是有區别的，有時卻又没有，就是這個關係。

以上所説，是從部落時代，進化到封建時代的大略。但是進化到封建時代，還是不得安穩的。因爲此等封建之國，其上層階級，本來是一個喜歡侵略的民族；在侵略的民族中，戰争就是生利的手段。當其初征服别一個民族時，生活上自然暫時得到滿足。但是經過相當的年代，寄生之族的人口，漸漸的增加了；而其生活程度，也漸漸增高；就又要感覺到不足。感覺到不足，那除向外侵略，奪他人的土地、人民爲己有，是没有别法的。在戰國以前，列國所以要互相吞併；一國中的大夫，也要互相吞併；這就是其中很重要的原因。如此，一步步的向前進行，晉國的六卿，併成三家；春秋時的百四十國，變爲戰國時的七國；世運就漸進於統一了。

政治一方面，情形如此；社會一方面，也有很重要的變遷。征服之族，初征服被征服之族時，是把他們的人，擄來作爲奴隸使用。此時的奴隸，是以多數的人，替少數的貴族耕作廣大的土地的。生命尚非己有，何況耕作之所得？在此等情形之下，奴隸的耕作未必出力；而此時耕作的方法，也還幼稚；自然可以多數的人，耕作廣大的土地。到後來，耕作的方法漸漸進步了；壓迫的關係，也漸漸變化；即發見用武力强迫人家勞動，不如在自利的條件下，獎勵人家勞動之爲得計。並發見以多數人粗耕廣大的土地，不如任一家一户精耕較小的土地之爲有利。於是廣大的田莊，變成分立的小農户。這是説征服之族,把被征服之族擄掠得來,强制他爲自己勞動的社會的變化。其從納貢的關係,進化到代爲管理,始終没有破壞被征服之族内部的規則的,自更不必説了。但是無論其爲征服之族將被征服之族擄掠來而强制其爲自己勞動;或者由納貢的關係而進化到收税;伴隨着生産方法的進步,廣大的田莊,總有變爲小農户的趨勢。我國古代,土地雖非人民所有,然而必要有一個五十畝、七十畝、百畝的分配辦法,而不容籠籠統統的,把若干公有的土地,責令若干人去共同耕種,即由於此。於此,已伏著一個土地私有的根源。又因人口的增加,土地分配,漸感不足;而分配又未必能平均;於是漸有無田可耕的人;又或因所耕的田太劣,而願意换種好田;於是地代就漸漸發生。有權支配的人,就將好田與壞田收穫的差額,悉數取爲己有。於是土地的私有,漸漸的成立了。

又因生産方法的進步,工業漸漸的脱離農家的副業而獨立。於是交换愈益頻繁,而專司交换的關鍵的商人也出現了。商人對於農工,在交换上,是處於有利的地位的。因爲要以其所有,易其所無的人,都有非易不可之勢;而在交易的兩方,都無從直接,交换都要通過商人之手才行。於是商人乘賣主找不到買主時,可以用很廉的價格買進;到買主找不到賣主時,又可以用很貴的價格賣出。一轉手之間,生産者和消費者,都大受其剥削。所以在近代工業資本發展以前,商業資本在社會上,始終是很活躍的。這是中國幾千年來一貫的趨勢,更無論古代經濟初進步的時候了。因商業資本發達,則農人受其操縱而愈益窮困。於是高利貸出現。在這兩種剥削之下,再加之暴政的榨取,農民乃無可控訴,而至於流亡。其投靠到富豪的,或則售其田産,而變爲佃農;或竟自鬻其身,而成爲奴隸。除非在社會上有所需求,都可以靠暴力脅奪,如其不然,有所求於人,就非得其允許不可,或者守著社會上公認的交换規則,進行交换,則相需甚殷的一方面,總是吃虧,而其勢較緩的一方面,總是處於有利的地位的。所以在春秋戰國時,商人的勢力大盛。便國家也不能不謹守和他們訂立的契約;指鄭子産不肯强市商人貨物之事。見《左氏》昭公十六年。甚而至於與他們分庭抗禮。子貢之事,見《史記·貨殖列傳》。一方面,都市的工商業家,鄉下的大地主,新階級興起了;一方面,則因戰争的劇烈,亡國敗家者相隨屬,而封建時代的貴族,日益淪落;於是貴賤的階級漸平,貧富的階級以起。然而當這時代,國家的政治權力,不是縮小了,而反是擴大了。因爲政治是所以調和矛盾,也可説是優勝的一個階級用來壓迫劣敗的階級的。社會的矛盾,日益加甚,自然政治的權力,日益加大。但是這時候,代表政治上的權力的,不是從來擁有采地的封建主,而是國王所信任的官僚。

官僚階級是怎樣興起的呢？那便是：（一）新興的工商家，和地主階級中較有知識的分子；（二）没落的舊貴族尤多，他們的地位身份雖然喪失，其政治上的才能和知識，是不會隨而喪失的。現代的縣名，還有一部分沿自秦漢時代，秦漢的縣名很容易看得出，有一部分就是古代的國名；可見其本爲一獨立國。獨立國夷而爲縣，並不是從秦漢時代開始的；春秋戰國時，早已有許多小國，變成大國中的一縣了。國變而爲縣，便是固有君主的撤廢，中央政府派遣地方官吏的成功。質而言之，就是後代的改土歸流。因封建制度崩潰，而官僚階級增多；亦因官僚階級增多，而大國的君主，權力愈擴大；封建政體，因之愈趨於崩潰。還有加重大國的權力的，便是軍隊的加多與加精。在古代，大約是征服之族服兵役，被征服之族則不然的。這並不是被征服之族，都不會當兵，不過不用他做正式的軍隊罷了。我國古代，天子畿方千里，公侯皆方百里，幅員的大小，爲百與一之比，而兵額卻不過兩三倍，就是爲此。《禮記・文王世子》是古代的庶子官管理王族之法，而其中説戰則守於公禰；鄢陵之戰，晉國人説"楚之良，在其中軍王族而已"；可見古代的戰鬥，不但全用征服之族，組織軍隊，並且還是以王族爲中心的。至於被征服之族，則不過叫他保守本地方，並不用他做正式的軍隊，所以説寓兵於農。寓兵於農，謂以農器爲兵器，非謂以農夫爲軍人，見《六韜・農器》篇。到春秋時，這種情形就大變了。變遷的途徑有二：一是蓄養勇士，求其戰鬥力之加强；一是訓練民衆，求其兵數之加多。前者如齊莊公是其代表；後者如管仲作内政寄軍令，是其代表。到戰國時代，則這兩種趨勢，同時并進。如魏國的兵制，挑選人民强壯的，復其身，利其田宅；見《荀子・議兵》篇。又如秦國商鞅之法，把全國的人民都訓練成戰士。此等多而且精的軍隊，自然非小國所能抵敵了。

政治上的互相爭鬥，可以説是使人群趨於分爭角立的，而自經濟上言之，則總以互相聯合爲有利。亦且人類的本性，原是互相親愛的；政治上的分爭，只可説是社會的病態。所以在封建時代，政治上的情形，雖然四分五裂，而社會的同化作用，還是不斷進行的。《中庸》説："今天下，車同軌，書同文，行同倫。"可見當春秋戰國時，社會的物質和精神，都已大略一致；因爲只從古相傳下來，憑恃武力的階級所把持，以致統一不能實現罷了。此等政治上爭鬥的性質，固因有國有家者，各欲保守其固有的地位，而至於分爭；亦因其貪求無已，不奪不饜，而漸趨於統一。并兼之勢日烈，則統一之力加强。政治的社會的兩力并行，而統一遂終於實現。

統一，自然是有利的事。人類不論從哪一方面講，總是以統一爲有利的。

但是前此的分争,固然不好,後來雖勉强統一,而其聯結的辦法,還不是最好的。因而處於這一個大國家社會之中的人,不能個個都得到利益;而且有一部分是被犧牲的。而國家社會的自身,亦因此而不得進化。這種趨勢,是從皇古時代,因社會内部的分化和其相互間的争鬥而就開始進行的;到戰國的末年,已經過很長的時間了。在這長時期中,從民族和國家的全體上看,是由分趨合,走上了進化的大路的。從社會組織上看,則因前此良好的制度逐漸廢墜;人和人相互之間的善意逐漸消失;而至於釀成病態。於是有所謂政治者,起而對治之。政治是藥,他是因病而起的,亦是想治好病的。人誰不想好?誰肯安於壞?於是有政治上種種的主張而形成政治思想。

第四講　先秦的政治思想

從上古到戰國，這一期中的政治背景，業經明白了，就可進而講述其政治思想。

這一期中的政治思想，最重要的，自然就是所謂先秦諸子。這都是東周時代的思想。自此以前，自然不是没有政治思想的，然無甚重要關係，所以略而不述。實際上，先秦諸子的思想，都是很受前此思想的影響而發展起來的；研究先秦諸子，西周以前的思想，也可以見其大概了。

怎樣説先秦諸子的思想，都是很受前此思想的影響呢？中國人嚮來是崇古的。對於古人的學説，崇拜總超過批評。這種風氣，近來是逐漸改變了，然其對於古人的批評，亦未必都得其當。先秦諸子，離現在時代較遠，不大容易瞭解，因而也不大容易批評。所以不論從前和現在的批評，都很少搔著癢處。對於先秦諸子，大家是比較的抱著好感的。不論從前和現在，對於他們的批評，都是稱頌的居多；即有批評其短的，也都是隔靴搔癢，並没有能發見其短處，自然更説不到發見其致誤之由。然則先秦諸子，有没有錯誤之處呢？自然是有的，其錯誤而且還頗大。假使先秦諸子而真見用於世，見用社會，而真本其所學以行事，其結果，怕會弄得很糟的。我們現在，且先説一句總批評，那便是：先秦諸子的思想，都是落伍的。

這話怎樣説呢？要説明這句話，先得知道先秦諸子所代表的，是哪一個時代的思想。我以爲：

農家　代表神農時代的思想。

道家　代表黄帝時代的思想。

墨家　代表夏禹時代的思想。

儒家、陰陽家(?)　代表西周時代的思想。

法家、兵家　代表東周時代的思想。

這所謂代表某一時代的思想，只是説其思想是以那一個時代爲根據而有所發展，並不是説他完全是某一個時代的思想，不可誤會。

人的思想，是多少總有些落伍的。今天過去了，只會有明天，今年過去了，只會有明年。明天明年的事情，是無論如何不會和今天今年相同的，何況昨天和去年？然而人是只知道昨天和去年的。對付明天明年的事情，總是本於昨天和去年以前的法子。各人所用的法子，其遲早亦許相去很遠，然而總只是程度問題。所以其爲落伍，亦只是程度問題。

人的思想，總是在一種文化中涵養出來的。今試找一個鄉氣十足的村館先生，再找一個洋氣十足的留學生，把一個問題，請他們解決；他們解決的方法，一定大相懸殊；這並不是這兩個人的本性相去如此之遠，乃由其所接受的文化不同；所謂性相近，習相遠。知此，然後以論先秦諸子。

（一）農　家

先秦諸子，所代表的，不是一時的思想，這是很容易見得的。因爲最難作僞的是文學。先秦諸子中，都包容著兩種時代不同的文學——未有散文前的韵文，和時代較後的散文。我們現在不講考據，這個問題，且置諸不論。我們現在，只從思想上批判其所代表的文化時代的遠近。如此，農家之學，我以爲其所代表的文化的時代，是最早的。

農家之學，現在僅有許行一人尚有遺説，從《孟子》中可以窺豹一斑。許行有兩種主張，是：

（一）政府毫無威權。所謂賢者與民並耕而食，饔飧而治，就是説人君也要自己種田、自己做飯，像現在鄉下的村長一樣。

（二）物價論量不論質。不論什麽東西，只要他的量是一樣，其價格就是一樣。

這種思想，顯然是以古代的農業共産社會做根據的。我們如詰問他：既然可以並耕而食，饔飧而治，何必還要有君？既然交换的價格，和成本全不相干，則已變爲一種贈與，何必還要交换？他可以説：我所謂政府，是只有辦事的性質，而没有威壓的性質的。至於交换，我本來要消滅他，强迫交换的價格，論量不論質，只是一種過渡的方法。況且這也是禁奢的一種手段。所以剛才的話，是不能駁許行的。我們要問許行的，是用何種手段，達到他這一個辦法？無政府主義，是没有一個人不可承認其爲最高的理想的；亦没有什麽人敢斷定其終不能達到。不過在現在，決没有人主張，即以無政府的辦法爲辦法的。因爲這是决不能行的事。從我們的現在,達到無政府的地位,不知要經過多少次平和或激烈的革命呢。許行的説法,至少得認爲無政府主義的初期,許行卻把那一種辦法做橋梁,渡到這一個彼岸呢。假使許行是有辦法的,該教滕文公從橋上走,或者造起橋來,不該教他一跳就跳到彼岸。如其以爲一跳就可以跳過去的,那其思想,比之烏托邦更爲烏托了。許行究竟是有辦法没有辦法的呢? 許行如其有辦法,其信徒陳相,應該以其辦法反對孟子的辦法,不該以其理想的境界反對孟子的辦法,所以許行的學説,雖然傳下來的很不完全,我們可以推定其是無辦法的。然則許行的思想是一種最落伍的思想。

(二) 道　家

道家當以老子爲代表。古人每將黄老並稱。古書中引黄帝的話,也很和老子相像。《列子·天瑞》篇引《黄帝書》兩條,黄帝之言一條,《力命》篇亦引《黄帝書》一條。《天瑞》篇所引,有一條與《老子》同,餘亦極相類。這自然不是黄帝親口説的話,然而總可以認爲黄帝這個社會裏、民族裏相傳的訓條。

老子的思想,導源於遠古的黄帝這一個社會,是可能的。因爲老子的道理是:

(一) 主張柔弱。柔弱是一種鬥争的手段。所謂欲取姑與。淺演的社會,是只知道以争鬥爲争鬥,不知道以退讓爲争鬥的。所以因剛强躁進而失敗的人很多。如紂,如齊頃公、莊公、晉厲公、楚靈王、吴夫差、宋王偃等都是。其實秦皇、漢武,也還是這一流人。這種人到後世就絶跡了。這可見人的性質,都是社會養成的。黄帝的社會,是一個遊牧的社會,君民上下,都喜歡争鬥,自然可以發生這一類守柔的學説。儒家所以要教民以禮讓,禮之不足,還要以樂和其内心,也是爲此。

(二) 主張無爲。"爲"字近人都當"作爲"解,這是大錯了的。爲,化也。無爲就是無化。無爲而無不爲,就是無化而無不化。就是主張任人民自化,而不要想去變化他。"化而欲作,吾將鎮之以無名之樸",就是説人民要變化,我們還要制止他,使他不要變化。怎樣叫變化呢?《老子》一書,給後來的人講得太深了,怕反而失其真意。《老子》只是一部古代的書,試看:(A)其書的大部分,都是三四言韵語,確是未有散文以前的韵文;(B)其所用的名詞,也很特别,如書中没有男女字,只有牝牡字——這尤可表見其爲遊牧民族。所以我說《老子》的大部分，該是黄帝這一個民族裏相傳的古訓，而老子把他寫出來的；並不是老子自著的書。我們若承認此説，“無爲”兩個字，就容易解釋了。當《老子》這一部書著作的時候——不是周朝的老聃把他寫出來的時候——作者所處的社會，不過和由余所居的西戎、中行説所居的匈奴差不多。這種社會裏的政治家的所謂爲：壞的，是自己要奢侈，而引進許多和其社會的生活程度不相稱的事來；刻剥人民去事奉他，並且引起人民的貪欲。好的，是自以其社會爲野蠻，而仰慕文明社會的文明，領導著百姓去追隨他。《史記·商君列傳》：商君對趙良自誇説：“始秦戎翟之教，父子無别，同室而居，今我更制其教，而爲其男女之别，大築冀闕，營如魯、衛矣。”就有這種意思。文明的輸入，自然是有利的。然而文明社會的文明，是伴隨着社會組織的病態而進步的；我們跟著他跑，文明固然進步了，社會的病態，也隨而深刻了，這也可以説是得不償失的事。《老子》一書中所主張的“無爲”，不過是由余誇張戎人，中行説勸匈奴單于勿變俗、好漢物的思想。見《史記·秦本紀》、《匈奴列傳》。《老子》的所以爲人附會，（一）以其文義之古，難於瞭解，而易於曲解；（二）因其和一部分的宗教思想相雜。《老子》的宗教思想，也是遊牧民族的宗教思想。因爲（a）其守柔的思想，是源於自然力的循環；而自然力的循環，是從觀察晝夜四時等的更迭得來的；（b）無爲的思想，是本於自然現象的莫之爲而爲；所謂“天何言哉？四時行焉，百物生焉”。兩者都是從天文上得來的；而天文知識的發達，正在遊牧時代。

老子這種思想，可以説是有相當的價值的。但是守柔在不論什麽時代，都可以算競争上的一種好手段。至於無爲，則社會的變化，不易遏止。即使治者階級，尚都能實行老子之説，亦不過自己不去領導人民變化。而社會要變化，還是遏止不住的。我雖然輔萬物的自然而不敢爲，而萬物化而欲作，恐終不是無名之樸，可以鎮壓得住。在後世，盡有清心寡欲的君主，然而對於社會，還是絲毫無補，就是這個理由。這一點，講到將來，還可更形明白，現在姑止於是。只要知道就無爲這一點上説，老子的思想，也是落伍的就够了。

或問在古代，民族的競争，極爲劇烈，老子如何專教人守雌？固然守雌是有利於競争的，然而守如處女，正是爲出如脱兔之計，而觀老子的意思，似乎始終是反對用兵的，既終没有一試之時，蓄力又將作何用？在古代競争劇烈的世界，如何會有這一種學説呢？我説，中國古代民族的競争，並不十分劇烈。民族問題的嚴重，倒是從秦漢以後才開始的。大約古代民族的鬥争，只有姬、姜二姓曾有過一次劇烈的戰事——河南農耕民族，與河北遊牧民族之戰——其結果，黄帝之族是勝利了。經過頗短的時間，就和炎帝之族同化。

其餘諸民族，文化程度，大抵比炎黄二族爲低，即戰鬥力亦非其敵。所以當時，在神州大陸上，我們這一個民族——炎黄混合的民族——是侵略者。其餘的民族——當時所謂夷蠻戎狄——是被侵略者。我們這時候所怕的，是貪求無厭，黷武不已，以致盛極而衰，對於異族的鬥争，處於不利的地位；而同族間也要因此而引起分裂。至於怕異族侵略，在古代怕是没有這事的。如其有之，道家和儒家等，就不會一味主張慈儉德化；而法家和兵家等，也要以異族爲鬥争的對象，而不肯專以同族的國家爲目標了。我國民族問題的嚴重，是周秦之際，和蒙古高原的遊牧民族接觸，然後發生的。在古代騎寇很少，居於山林的異族，所有的只是步兵，而我族則用車兵爲主力。毁車崇卒和胡服騎射，都是我族侵略的進步，不是防禦行爲。中山並非射騎之國，趙武靈王是學了騎寇的長技，再借用騎寇的兵，去侵略中山。

道家中還有一派是莊子。莊子的思想，是和楊朱很爲接近的。現在《列子》中的《楊朱》篇，固然是僞物，然而不能説他的内容全無根據。因爲其思想，和《莊子》的《盜跖》篇是很接近的。《盜跖》篇不能認爲僞作。這一派思想，對於個人自處的問題，可以“委心任運”四個字包括之。這全是社會病態已深，生於其間的人，覺得他没法可以控制時的表現。至其對於政治上的見解，則楊子拔一毛利天下而不爲之説，足以盡之。拔一毛利天下而不爲，是怎樣一個説法呢？此其理頗爲微妙。我們現在且不憚繁複，略述如下：

《吕氏春秋·不二》篇：

> 楚王問爲國於詹子。詹子對曰：何聞爲身，不聞爲國。詹子豈以國可無爲哉？以爲爲國之本，在於爲身。身爲而家爲，家爲而國爲，國爲而天下爲，故曰：以身爲家，以家爲國，以國爲天下。

身當如何爲法呢？

《淮南子·精神訓》：

> 知其無所用，貪者能辭之，不知其無所用，廉者不能讓也。夫人主之所以殘亡其國家，捐棄其社稷，身死於人手，爲天下笑，未嘗非爲欲也。夫仇由貪大鐘之賂而亡其國，虞君利垂棘之璧而禽其身，獻公艷驪姬之美而亂四世，桓公甘易牙之和而不以時葬，胡王淫女樂之娱而亡土地。使此五君者，適情辭餘，以己爲度，不隨物而動，豈有此大患哉？

又《詮言訓》：

原天命,治心術,理好憎,識情性;則治道通矣。原天命則不惑禍福。治心術則不妄喜怒。理好憎則不貪無用。適情性則欲不過節。不惑禍福,則動静循理。不妄喜怒,則賞罰不阿。不貪無用,則不以欲用害性。欲不過節,則養性知足。凡此四者,弗求於外,弗假於人,反己而得矣。

野蠻時代之所慮,就是在上者的侈欲無度,動作不循理。其過於要好的,則又不免爲無益的干涉。所以楊朱一派,要使人君自治其心,絶去感情,洞明事理,然後不做一件無益而有損的事。所以説:"以若之治外,其法可暫行於一國,而未合於人心;以我之治内,可推之於天下。"話固然説得很精了。然而又説:"善治外者,物未必治。善治内者,物未必亂。"未必亂是物自己不亂,並不是我把他治好的,設使物而要亂,我即善治内,恐亦將無如之何。固然,人人不損一毫,人人不利天下,天下治矣。然今天下紛紛,大多數都是利天下的人,因而又激起少數人,要想摩頂放踵,以利天下。譬如集會之時,秩序大亂,人人烏合搶攘,我但閉目静坐,何法使之各返其位,各安其位呢?如其提出這一個問題來,楊朱就將無以爲答。然則楊朱的治天下,等於無術。他的毛病,和老子的無爲主義是一樣的。他們還是對於較早的時代的目光。此時的社會,人民程度很低,還没有"爲"的資格。所慮的,是在上的人,領導著他去"爲"。老子、莊周的話,到這種社會裏去説,是比較有意思的。到春秋戰國時,則其社會的"爲",已經很久了;不是化而欲作,而是已化而作了;還對他説無爲,何益?

(三) 墨　　家

墨家之道原於禹,這句話是不錯的。一者《墨子》書中屢次提起夏禹。二者墨子所定的法度,都是原出於夏的。詳見孫星衍《墨子後序》。

儒家説夏尚忠,又説夏之政忠。忠便是以忠實之心對人;不肯損人以利己,還要損己以利人。夏朝時代較早,大約風氣還很誠樸。而且其時遭遇水患,自然可以激起上下一體,不分人我的精神;和後來此疆彼界的情形,大不相同。由此道而推之,則爲兼愛。兼愛是墨學的根本。至其具體的辦法,對内則爲貴儉,對外則爲非攻。

要明白貴儉的意思,首須知道古代的社會和後世不同。後世習慣於私有財産久了,人家没有而我有,公家窮困而私人奢侈,是絲毫不以爲奇的。春秋戰國時代則不然。其時的社會,去公産之世未遠。困窮之日,須謀節省;要節省，須合上下而通籌；這種道理，還是人人懂得的。即其制度，也還有存在的。譬如《禮記·曲禮》説："歲凶，年穀不登，君膳不祭肺，馬不食穀，馳道不除，祭祀不縣，大夫不食粱，士飲酒不樂。"《玉藻》説"至於八月不雨，君不舉"等都是。衛爲狄滅，而文公大布之衣，大帛之冠；齊頃公敗於鞌，而七年不飲酒，不食肉；都是實行此等制度的。就越勾踐的卧薪嘗膽，怕也是實行此等制度，而後人言之過甚。然則墨子所主張的，只是古代凶荒札喪的變禮，並不是以此爲常行之政，説平世亦當如此。莊子駁他説"其道大觳，反天下之心，使人不堪"，只是説的夢話。不論人家的立場，妄行攻駁，先秦諸子，往往有此病。貴儉的具體辦法是節用，古人的葬事，靡費得最利害，所以又要説節葬。既然貴儉，一切圖快樂求舒適的事，自然是不該做的，所以又要非樂。

隆古之世，自給自足的農業共産社會，彼此之間，是無甚衝突的，所以也没有争戰之事，這便是孔子所謂講信修睦。後來利害漸漸的衝突了，戰争之事就漸起。然而其社會，去正常的狀態還未遠，也不會有什麽殘殺擄掠之事，這便是儒家所謂義兵。義兵之説，見於《吕氏春秋》的《孟秋紀》、《淮南子》的《兵略訓》，這決不是古代没有的事。譬如西南的土司，互相攻伐，或者暴虐其民，王朝的中央政府，出兵征討，或易置其酋長，或逕代流官，如果止於如此而已，更無他種目的，豈非吊民伐罪？固然，此等用兵，很難保軍士没有殘殺虜掠的事。然而這是後世的社會，去正常的狀態已久，已經有了要殘殺虜掠的人；而又用他來編成軍隊之故。假使社會是正常的，本來没有這一回事，没有這一種人，那末，當征伐之際，如何會有殘殺虜掠的行爲呢？就是在後世，當兵的人，已經喜歡殘殺虜掠了，然而苟得良將以御之，仍可以秋毫無犯。不正常的軍隊，而偶得良將，還可以秋毫無犯，何況正常的社會中産生出來的正常的軍隊呢？所以義兵決不是没有的事。再降一步，就要變成侵略的兵了。此等兵，其主要的目的只是争利，大之則争城争地，小之則争金玉重器；次之則是鬥氣，如争做霸主或報怨之類。此等用兵，没有絲毫正當的理由。然而春秋戰國時代的用兵，實以此類的動機爲最多。所以墨子從大體上判定，説攻是不義的。既以攻爲不義，自然要承認救守是義的了。墨子的話，不過救時之論，和我們現在反對侵略、主張弱小民族自決等一般。人類到底能不能不用兵呢？用兵到底本身是件壞事情，還是要看怎樣用法的呢？這些根本問題，都不是墨子計慮所及。拿這些根本問題去駁墨子，也只算是夢話。

在春秋戰國時代，有一個共同的要求，是定於一。當時所怕的，不但是君大夫對人民肆行暴虐，尤其怕的是國與國、家與家之間争鬥不絶。前者如今日政治的不良,後者如今日軍人的互相争鬥。兩者比較起來,自然後者詒禍更大了。欲除此弊,希望人民出來革命,是没有這回事的。所可希望的,只是下級的人,能服從上級,回復到封建制度完整時代的秩序。此義是儒、墨、名、法諸家共同贊成的。墨家所表現出來的,便是尚同。

當東周之世,又是貴族階級崩潰,官僚階級開始抬頭的時代。任用官僚,廢除貴族,怕除貴族本身外,没有不贊成的。儒家所表現出來的是譏世卿,法家所表現的是貴法術之士,墨家所主張的則爲尚賢。

墨子主張行夏道,自然要想社會的風氣,回復到夏代的誠樸。其所以致此的手段,則爲宗教。所以要講天志、明鬼。天和鬼都要有意識,能賞罰的,和哲學上的定命論,恰恰相反,定命論而行,天志、明鬼之説,就被取消了。所以又要非命。

墨子的時代,《史記》説:"或曰并孔子時,或曰在其後。"這話大約不錯的。墨子只該是春秋末期的人。再後,他的思想,就不該如此陳舊了。農家道學的説法,固然更較墨家爲陳舊,然只是稱頌陳説,墨子則似乎根據夏道,自己有所創立的。然而墨子的思想,也是够陳舊了的。

以墨子之道來救時,是無可非議的,所難的,是他這道理,如何得以實行?希望治者階級實行麽?天下只有天良發現的個人,没有天良發現的階級;只有自行覺悟的個人,没有自行覺悟的階級;所以這種希望只是絶路,這固然是諸家的通病。然而從墨子之道,治者階級,所要實行的條件,比行别一家的道,還要難些。所以墨子的希望,似乎也更難實現些。墨子有一端可佩服的,便是他實行的精神。孟子説他能摩頂放踵,以利天下。《淮南子》説:墨子之徒百八十人皆可使之赴湯蹈火,死不旋踵。這些話,我們是相信的。我嘗説:儒俠是當時固有的兩個集團。他們是貴族階級失其地位後所形成的——自然也有一部分新興的地主,或者工商階級中人附和進去,然而總是以墮落的貴族爲中堅——他們的地位雖然喪失了,一種急公好義、抑强扶弱、和矜重人格的風氣還在。因其天性或環境,而分成尚文與尚武兩派。孔子和墨子,只是就這兩個集團,施以教育。天下惟有團體,才能够有所作爲。羅素説:"中國要有熱心的青年十萬人,團結起來,先公益而後私利,中國就得救了。"就是這種意思,孔子和墨子,都能把一部分人團結起來了。這確是古人的熱心和毅力,可以佩服之處。然而如此,就足以有爲了麽?須知所謂化,是兩方面都可以做主動,也都可以成被動的。這些道術之士,都想以其道移易天下。他的徒黨,自然就是爲其所化的人;他和他的信徒,自然總能將社會感化幾分;

然而其本身,也總是受社會風氣感化的。佛陀不是想感化社會的麽?爲什麽現在的和尚,只成爲吃飯的一條路?基督不是想感化社會的麽?爲什麽中國稱信教爲吃教?固然,這是中國信道不篤的人,然使教會裏面而絲毫没有財産,現在熱心傳教之士,是否還不遠千里而來呢?也是一個疑問。我們不敢輕視宗教徒。其中熱心信仰傳布的人,我相信他是真的;也相信他是無所爲而爲之的;然而總只是少數。大多數人,總是平凡的,這是我所敢斷言的。所以憑你本領大、手段高,結合的人多,而且堅固,一再傳後,總平凡化了;總和普通的人一致了。儒者到後來,變做貪於飲食,惰於作務之徒;墨者到後來,也不看見了,而只有漢時的所謂遊俠,即由於此。當孔子周遊列國之時,豈不説:"如有用我者,三千弟子,同時登庸,徧布於天下,天下豈不大治?"然而人在得志後的變化,是很難料的。在宰予微時,安知其要晝寢呢?從漢武帝以後,儒者的被登庸,可説是很多了。孔子周遊列國時所希望的,或亦不過如此。然而當時的儒者是怎樣呢?假使墨子而得勢,赴湯蹈火之士,安知不變作暴徒?就使不然,百八十人,總是不够用的;到要擴充時,就難保投機分子不混進來了。所以墨子救世的精神,是很可佩服的,其手段則不足取。

(四)儒家、陰陽家

儒家的書,傳於後世的多了,其政治思想,可考見的也就多,幾於講之不可勝講。好在儒家之道,在後世最盛行。其思想,幾於成爲普通思想,人人可以懂得。所以也不必細講,只要提綱挈領的講一講就够了。

儒家的思想,大體是怎樣呢?

他有他所想望的最高的境界。這便是所謂大順。《禮記·樂記》:"夫古者,天地順而四時當,民有德而五穀昌,疾疢不作而無妖祥,此之謂大當。"《禮運》:"故事大積焉而不苑,並行而不繆,細行而不失,深而通,茂而有間,連而不相及也,動而不相害也,此順之至也。"

簡而言之,是天下的事情,無一件不妥當;兩間之物,無一件不得其所,如此理想的境界,用什麽法子去達到他呢?儒者主張根據最高的原理,而推之於人事,所以説:《易》本隱以之顯,《春秋》推見至隱。

《易》是儒家所認爲宇宙的最高原理的。推此理以達諸人事,所謂本隱以之顯。《春秋》是處置人事的法子。人事不是模模糊糊,遇著了隨便對付的。合理的處置方法,是要以最高原理爲根據的。所以説推見至隱。

宇宙最高的原理，儒家稱之爲元，所以《易經・乾卦彖辭》説：大哉乾元，萬物資始，乃統天。

聖人所以能先天而天弗違，就因其所作爲，係根據這一種最高原理。何邵公《公羊解詁》，解釋元年春王正月的意義道："春秋以元之氣，正天之端；以天之端，正王之政；以王之政，正諸侯之即位；以諸侯之即位，正竟内之治。"

王，根據著宇宙最高的原理，以行政事，而天下的人，都服從他，這便是合理之治實現的方法。

合理之治，是可以一蹴而就的呢，還是要積漸而致的呢？提起這一個問題，就要想到《春秋》三世之義，和《禮運》大同、小康之説。春秋二百四十年，分爲三世：第一期爲亂世，第二期爲升平世，第三期爲太平世，是各有其治法的。孔子的意思，是希望把亂世逐漸治好，使之進於升平，再進於太平。據《禮運》之説，孔子似乎承認邃古時代，曾經有一個黄金世界。這個世界，就是孔子所謂大同。其後漸降而入小康。小康以後，孔子雖没有説，然而所謂大同者，當與《春秋》的太平世相當，所謂小康者，當與《春秋》的升平世相當，這是無疑義的，然則小康以後，就是《春秋》所謂亂世，也無可疑的了。所以孔子是承認世界從大同降到小康，再降到亂世，而希望把他從亂世逆挽到升平，再逆挽到太平的。

凡思想，總不能没有事實作根據。中國的文化，是以農業共産社會的文化作中心的，前一講中，已經述及。此等農業共産的小社會，因其階級的分化，還未曾顯著，所以其内部極爲平和；而且因社會小，凡事都可以看得見，把握得住，所以無一事不措置得妥帖。孔子所謂大同，大約就是指此等社會言之。其所希望的太平，亦不過將此等治法，推行之於天下；把各處地方，都造成這個樣子。這自然不是一蹴而就的。所以從亂世進到太平，中間要設一個升平的階段，所謂升平，就是小康。小康是封建制度的初期。雖因各部落互相争鬥，而有征服者、被征服者之分，因而判爲治人和治於人，食人和食於人的兩個階級，然而大同時代，内部良好的規制，還未盡破壞，總還算得個準健康體，這些話，前一講中，亦已述及。孔子所認爲眼前可取的途徑，大約就是想回復到這一個時代。所以孔子所取的辦法，是先回復封建完整時代的秩序。

孔子論治，既不以小康爲止境，從小康再進於大同的辦法，自然也總曾籌議及之。惜乎所傳者甚少了。

從亂世進入小康的辦法，是怎樣呢？

從來讀儒家的書的，總覺得他有一個矛盾，便是他忽而主張君權，忽又主張民權。主張君權的，如《論語・季氏》篇所載，禮樂征伐，一定要自天子出；自諸侯出，已經不行；自大夫出，陪臣執國命，就更不必說了。主張民權的，如孟子説民爲貴，社稷次之，君爲輕；又説聞誅一夫紂矣，未聞弑君也；也説得極爲激烈。近四十年來，不論是革命巨子，或者宗社黨、遺老，都可以孔子之道自居，這真極天下之奇觀了。然則儒家的思想，到底怎樣呢？關於這個問題，我以爲並不是儒家的思想有矛盾，而是後世讀書的人，不得其解。須知所謂"王"與"君"，是有區别的。

怎樣説"王"與"君"有區别呢？案荀子説："君者，善群也。群道當，則萬物皆得其宜，六畜皆得其長，群生皆得其命。"君怎能使萬物如此呢？那就得如班固《貨殖傳序》所説：這一類材料，古書中不勝枚舉，現在只是隨意引其一。昔先王之制：自天子公侯卿大夫士，至於皂隸抱關擊柝者，其爵禄奉養，宫室車服棺槨祭祀死生之制，各有差品，小不得僭大，賤不得踰貴。夫然，故上下序而民志定。於是辨其土地川澤丘陵衍沃原隰之宜，教民種樹畜養五穀六畜，及至魚鱉鳥獸，萑蒲材幹器械之資，所以養生送終之具，靡不皆育。育之以時，而用之有節。草木未落，斧斤不入於山林。豺獺未祭，罝網不布於野澤。鷹隼未擊，矰弋不施於徯隧。既順時而取物，然猶山不槎蘖，澤不伐夭，蝝魚麛卵，咸有常禁。所以順時宣氣，蕃阜庶物，蓄足功用，如此之備也。然後四民因其土宜，各任智力，夙興夜寐，以治其業，相與通功易事，交利而俱贍，非有征發期會，而遠近咸足。故《易》曰：後以財成輔相天地之宜，以左右民。

這便是《荀子》所謂"天有其時，地有其利，人有其治，夫是之謂能參"；亦即《中庸》所謂"能盡其性，則能盡人之性；能盡人之性，則能盡物之性；能盡物之性，則可以贊天地之化育；可以贊天地之化育，則可以與天地參"。言治至此，可謂毫髮無遺憾了。然而所謂原始的"君"者，語其實，不過是一個社會中的總賬房——總管理處的首領——賬房自然應該對於主人盡責的。不盡責自然該撤换；撤换而要抗拒，自可加以實力的制裁。這便是政治上所謂革命，絲毫不足爲怪。徧翻儒家的書，也找不到一句人君可以虐民、百姓不該反抗的話。所以民貴君輕，征誅和禪讓，一樣合理，自是儒家一貫的理論，毫無可以懷疑之處。至於原始的"王"，則天下歸往謂之王，只是諸侯間公認的首領。他的責任在於：（一）諸侯之國，内部有失政，則加以矯正；（二）其相互之間，若有糾紛，則加以制止或處理。這種人，自然希望他的權力伸張，才能使列國之間，免入於無政府的狀態，專恃腕力鬥争，其内部則肆無忌憚，無所不爲，以爲民害。没有王，就是有霸主，也是好的；總勝於并此而無有；所以五霸次於三王。君是會虐民的，所以要主張民權，諸侯則較難暴虐諸侯，如其間有强凌弱、衆暴寡的事，則正要希望霸王出來糾正，所以用不著對於天子而主張諸侯之權，對於諸侯而主張大夫之權。這是很明顯的理論，用不著懷疑的。王與君的有區别，並不是儒家獨特的議論，乃是當時社會上普通的見解。戰國之世，衛嗣君曾貶號爲君。五國相王，趙武靈王獨不肯，曰：無其實，敢處其名乎？令國人謂己曰君，見《史記·趙世家》。就因爲只管得一國的事，没有人去歸往他之故。春秋之世，北方諸國，莫敢稱王，吴楚則否，就因有人去歸往他之故。《史記·越勾踐世家》説：越亡之後，"諸族子争立，或爲王，或爲君，濱於江南海上，服朝於楚"。服朝於人的人，也可以稱王，便見吴楚的稱王，不足爲怪了。天無二日，民無二王，是儒家的理想，不是古代的事實。在事實上，只要在一定的區域中，没有兩個王就行了。

臣與民是有區别的。臣是被征服的人，受征服階級的青睞，引爲親信，使之任某種職務，因而養活他的。其生活，自然較之一般被征服者爲優裕；甚至也加以相當的敬禮。如國君不名卿老世婦之類。爲之臣者，感恩知己，自然要圖相當的報稱。即使没有這種意氣相與的關係，而君爲什麽要任用臣？臣在何種條件之下，承認君的任用自己？其間也有契約的關係，契約本來是要守信義的，所以説事君"先資其言，拜自獻其身，以成其信"；"是故君有責於其臣，臣有死於其言"。見《禮記·表記》。君臣的關係，不過如此。"謀人之軍師，敗則死之，謀人之邦邑，危則亡之"，見《禮記·檀弓》。就不過是守信的一種。至於"生共其樂，死共其哀"，秦穆公和三良結約的話，見《韓詩外傳》。則已從君臣的關係，進於朋友，非凡君臣之間所有了。這是封建時代的君臣之義，大約是社會上所固有的。儒家進一步，而承認臣對於君自衛的權利。所謂"君之視臣如草芥，則臣視君如寇仇；寇仇，何服之有"？《孟子·離婁下》。這是承認遇見了暴君，人臣没有效忠的義務的。再進一步，則主張臣本非君的私人，不徒以效忠於君爲義務。所謂"有安社稷臣者，以安社稷爲悦"；《孟子·盡心上》。"若爲己死而爲己亡，非其私昵，誰敢任之"？齊莊公死後晏子説的話，見《左傳》。這是儒家對於君臣之義的改善。君臣尚且如此，君民更不必説了。古代的人，只知道親族的關係，所以親族以外的關係，也以親族之道推之，所以以君臣和父子等視；所以説臣弑其君，子弑其父，是人倫的大變。然而既已承認視君如寇仇，則弑君之可不可，實在已成疑問；臣且如此，民更不必説了。——在古代，本亦没有民弑其君這句話。儒家君臣民之義，明白如此。後世顧有以王朝傾覆，樵夫牧子，捐軀殉節爲美談的，那真不知是從何而來的道理了。

儒家是出於司徒之官的，司徒是主教之官，所以儒家也最重教化。這是人人能明白的道理，用不著多講。所當注意的，則(一)儒家之言教化，養必先於教。“救死而恐不贍，奚暇治禮義哉”？生活問題如没有解決，在儒家看起來，教化兩字，簡直是無從談起的。(二)儒家養民之政，生產、消費、分配，三者並重，而其視消費和分配，尤重於生產。因爲民之趨利，如水就下，只要你不去妨害他，他對於生產，自然會盡力的，用不著督促，倒是分配而不合理，使人欲生產而無從；消費而不合理，雖有一部分盡力於生產的人，亦終不能給足；而且奢與惰相連，逾分的享用，會使人流於懶惰。所以制民之產，和食之以時，用之以禮，同爲理財的要義，不可或缺。(三)所謂教化，全是就實際的生活，爲之軌範。譬如鄉飲酒禮，是所以教悌的；鄉射禮，是所以教讓的；都是因人民本有合食會射的習慣，因而爲之節文，並非和生活無關的事，硬定出禮節來，叫人民照做；更非君與臣若干人，在廟堂之上，像做戲般表演，而人民不聞不見。可參看《唐書·禮樂志序》。這三點，是後世的人，頗欠注意的；至少，對於此等關係，看得不如古人的清澈。

儒家又有通三統之説。所謂通三統，是封前代的二王之後以大國，使之保存其治法，以便自己的治法不適宜時，取來應用。因爲儒者認爲“三王之道若循環，終而復始”。所謂三王之道若循環，便是：“夏之政忠。忠之敝，小人以野，故殷人承之以敬。敬之敝，小人以鬼，故周人承之以文。文之敝，小人以薄，故救薄莫若以忠。”《史記·高祖本紀贊》。薄，今本作“僿”，徐廣曰：“一作薄。”今從之。

儒家一方面兼採四代之法，以爲創立制度的標準，而於施政的根本精神，則又斟酌於質文二者之間，其思慮可謂很周密了。所謂四代，就是虞、夏、殷、周。虞、夏的治法，大概是很相近的，所以有時也説三代。孔子兼採四代之法，讀《論語·衛靈公篇》顔淵問爲邦一節，最可見之。孔子答顔淵之問，是“行夏之時，乘殷之輅，服周之冕，樂則韶舞”。並不是爲邦之事盡於此四者，這四句，乃是兼採四代，各取所長之意。孔子論治國之法，總是如此的，散見經傳中的，不勝枚舉。這是他精究政治制度，而又以政治理論統一之的結果。以政治思想論，是頗爲偉大的。這不但儒家如此，就陰陽家也是如此。

陰陽家之始，行夏之時一句話，就足以盡其精義。陰陽家是出於羲和之官的，是古代管天文曆法的官。古代生計，以農爲本，而農業和季節，關係最大，一切政事，不論是積極的，消極的，都要按著農業的情形，以定其施行或不施行。其具體的規則，略見於《禮記》的《月令》、《呂氏春秋》的《十二紀》、《管子》的《幼官》、《淮南子》的《時則訓》。這四者是同源異流，大同小異的。顔淵問爲邦,孔子所以要主張行夏之時,因爲行夏時,則(一)該辦的事,都能按時興辦;(二)不該辦的事,不致非時舉行。好比在學校裏,定了一張很好的校曆,一切事只要照著他辦,自然没有問題了。孔子所以主張行夏之時是爲此,並非争以建寅之月爲歲首。空争一個以某月爲歲首,有什麽意義呢?陰陽家本來的思想,亦不過如此。這本是無甚深意的,説不上什麽政治思想。至於政令爲什麽不可不照著這個順序行,則他們的答案是天要降之以罰。所謂罰,就是災異,如《月令》等書有載,春行夏令,則如何如何之類,這並不離乎迷信,更足見其思想的幼稚了。但是後來的陰陽家,卻不是如此。

陰陽家當以鄒衍爲大師。鄒衍之術《史記》説他:"深觀陰陽消息,而作怪迂之變,《終始大聖》之篇,十餘萬言。其語閎大不經。必先驗小物,推而大之,至於無垠。先序今以上至黄帝,學者所共術。大并世盛衰。因載其禨祥度制,推而遠之,至天地未生,窈冥不可考而原也。……稱引天地剖判以來,五德轉移,治各有宜,而符應若兹。"

鄒衍的五德終始,其意同於儒家的通三統。他以爲治法共有五種,要更迭行用的。所以《漢書·嚴安傳》引他的話,説:"政教文質者,所以云救也。當時則用,過則捨之,有易則易之。"其意躍然可見了。《史記》説衍之術迂大而閎辨,奭也文具難施,則鄒奭并曾定有實行的方案,惜乎其不可見了。陰陽家的學説,缺佚太甚,因其終始五德一端,和儒家的通三統相像,所以附論之於此。核其思想發生的順序,亦必在晚周時代,多見歷代的治法,折衷比較,然後能有之。然其見解,較之法家,則又覺其陳舊。所以我以爲他是和儒家同代表西周時代的思想的。

儒家的政治思想,是頗爲偉大周密的,其缺點在什麽地方呢?那就在無法可以實現。儒家的希望,是有一個"王",根據著最高的原理,以行政事,而天下的人,都服從他。假如能够辦到,這原是最好的事。但是能不能呢?其在大同之世,社會甚小,事務既極單簡,利害亦相共同;要把他措置得十分妥帖,原不是件難事。但是這種社會,倒用不著政治了——也可以説本來没有政治的。至於擴而大之,事務複雜了,徧知且有所不能,何從想出最好的法子來?各方面的利害,實在衝突得太甚了,調和且來不及,就有好法子,何法使之實行?何況治者也是一個人,也總要顧著私利的。超越私人利害的人,原不能説是没有,但治天下決不是一個人去治,總是一個階級去治,超越利害的私人,則聞之矣,超越利害之階級,則未之聞。所以儒家所想望的境界,只是鏡花水月,決無實現的可能。儒家之誤,在於謂無君之世的良好狀態,至有君之世，還能保存；而且這個“君道”，只要擴而充之，就可以做天下的“王”。殊不知儒家所想望的黄金世界，只是無君之世才有，到有君之世，就不是這麽一回事了。即使退一步，説有君之世，也可以有一個準健康體，我們的希望，就姑止於是，然而君所能致之治，若把“君”的地位抬高擴大而至於“王”，也就無法可致了。因爲治大的東西，畢竟和小的不同；對付複雜的問題，到底和簡單的不同。所以儒家的希望，只是個鏡花水月。

（五）法　　家

法家之學，在先秦諸子中，是最爲新穎的。先秦諸子之學，只有這一家見用於時；而見用之後，居然能以之取天下；確非偶然之事。

法家之學，詳言之，當分爲法術兩端，其説見於《韓非子》的《定法》篇。法術之學的所以興起，依我看來，其理由如下：

（一）當春秋之世，列國之間，互相侵奪；内之則暴政亟行。當此之時，確有希望一個霸或王出來救世的必要。——後來竟做到統一天下，這是法家興起之世所不能豫料的。法家初興之時，所希望的，亦不過是霸或王。而要做成一個霸或王，則確有先富國强兵的必要。要富國强兵，就非先訓練其民，使之能爲國效力不可。這是法家之學之所以興起的原因。

（二）一個社會中，和一人之身一樣的。不可有一部分特别發達。一部分特别發達，就要害及全體了。然社會往往有此病。一社會中特别發達的一部分，自然是所謂特權階級。國與民的不利，都是這一階級所爲。法家看清了這一點，所以特别要想法子對付他。

法家主要的辦法，在“法”一方面，是“一民於農戰”。要一民於農戰，當然要抑商賈，退遊士。因爲商賈是剥削農民的，商賈被抑，農民的利益，才得保全。國家的爵賞有限，施之於遊士，戰士便不能見尊異。“術”一方面的議論，最重要的，是“臣主異利”四個字。這所謂臣，並不是指個人，而是指一個階級。階級，在古人用語中，謂之朋黨。朋黨並不是有意結合的，只是“在某種社會中，有某種人，在某一方面，其利害處於共同的地位；因此有意的，無意的，自然會做一致的行動”。不論什麽時代、什麽社會裏，總有一個階級，其利害是和公益一致的。公共的利益，普通人口不能言，而這一階級的人，知其所在；普通人没有法子去達到，而這一階級的人，知其途徑，能領導著普通人去趨赴；他們且爲了大衆，而不恤自己犧牲。這一個階級，在這個時代，就是革命的階級。社會的能否向上,就看這一個階級能够握權周否。這一個階級,在法家看起來,就是所謂法術之士。

法家本此宗旨,實行起來,則其結果爲:

(一)官僚的任用。這是所以打倒舊貴族的。李斯《諫逐客書》庸或言之過甚,然而秦國多用客卿,這確是事實。《荀子·强國》篇説:"入秦……及都邑官府,其百吏肅然,莫不恭儉敦敬忠信而不楛,古之吏也。入其國,觀其士大夫。出於其門,入於公門,出於公門,歸於其家,無有私事也;不比周,不朋黨,倜然莫不明通而公也;古之士大夫也。觀其朝廷,其間聽決百事,不留,恬然如無治者,古之朝也。"這就是多用草茅新進之士的效驗,腐敗的舊貴族,萬辦不到的。秦國政治的所以整飭,就得力於此。

(二)國民軍的編成。古代造兵之法有兩種:其一如《管子》所述軌里連鄉之制。有士鄉,有工商之鄉。作内政寄軍令之法,專施之於士鄉,工商之鄉的人,並不當兵。此法兵數太少,不足以應付戰國時的事勢。其二是如《荀子·議兵》篇所述魏國之法。立了一種標準,去挑選全國强壯的人當兵。合格的,就復其户,利其田宅。這種兵是精强了。然而人的勇力,是數年而衰的,而復其户,利其田宅的利益,不能遽行剥奪。如此,要編成多數的兵,則財力有所不給;若要顧慮到財政,則只好眼看著兵力的就衰。所以這種兵是强而不多,甚至於並不能强。只有秦國的法,刑賞並用,使其民非戰無以要利於上,才能造成多而且精的兵。秦國吞併六國時,其兵鋒東北到遼東,東南到江南。其時並不借用别地方的兵,都是發關中的軍隊出去打的。這是何等强大的兵力?秦人這種兵力,都是商君變法所造成。

以上兩端,是法術之學應用到實際的效果。法家的長處,在於最能觀察現實,不是聽了前人的議論,就終身誦之的。所以他在經濟上的見解,也較别一家爲高超。儒家主張恢復井田,他則主張開阡陌。儒家當商業興起之世,還説市廛而不税,關譏而不征。他則有輕重之説:主張將(一)農田以外的土地——山澤,和(二)獨占的大企業——鹽鐵,收歸國營;而(三)輕重斂散和(四)借貸,亦由國家操其權;免得特殊階級,借此剥削一般人。輕重之説,不知當時曾否有個國家實行?開阡陌一事,雖然把古來的土地公有制度破壞了,然而照我們的眼光看,土地公有之制,在實際是久經破壞了的,商君不過加以公開的承認;而且在當時,一定曾借此施行過一次不回復舊法的整理。這事於所謂盡地力,是很有效的,該是秦國致富的一個大原因。

法家的政策如此,至其所以行之之道,則盡於"法自然"三字。法自然含有兩種意義。其一自然是冷酷的，没有絲毫感情攙雜進去，所以法家最戒釋法而任情。其二自然是必然的，没有差忒的，所以要信賞必罰。

法家之學，在先秦諸子中，是最新穎的，最適合於時勢的，看上文所説，大略可以知道了。法家亦是先秦諸子之一，怎麽在前面，又説先秦諸子的思想，都是落伍的呢？法家之學，亦自有其落伍之處。落伍之處在哪裏呢？便是不知道國家和社會的區别。國家和社會，不是一物，在第二講中，早已説過了。因此，國家和社會的利益，只是在一定的限度内是一致的，過此以往，便相衝突。國家是手段，不是目的。所以國家的權力，只該擴張到一定的程度，過此以往，便無功而有罪。法家不知此義，誤以爲國家的利益，始終和社會是一致的。社會的利益，徹頭徹尾，都可用國家做工具去達到，就有將國權擴張得過大之弊。秦始皇既併天下之後，還不改變政策，這是秦朝所以滅亡的大原因。這種錯誤，不是秦始皇個人的過失，也不是偶然的事實；而是法家之學必至的結果。所以説法家的思想，也是落伍的。這一層道理，説起來話很長，現在僅粗引其端，其詳細，講到將來，自然更可明白。

“名法”二字，在古代總是連稱的。名家之學，如惠施、公孫龍等，所説很近乎詭辯，至少是純粹研究哲理的，如何會和法家這種注重實用的學問，發生密切的關係呢？關於這個問題，我的意見如此：禮是講究差别的。爲什麽要差别，該有一個理論上的根據，從此研求，便成名家之學，而法家之學，是要講綜核名實的。所謂綜核名實，含有兩種意義：（一）察其實，命之以名。如白的稱他爲白，黑的稱他爲黑；牛呼之爲牛，馬呼之爲馬。此理推之應用，則爲因才任使，如智者使之謀，勇者使之戰。（二）循其名，責其實。有謀的責任的，不該無所用心；有戰的責任的，不該臨陣奔北。如此當加之以罰，能盡職則加之以賞。名家玄妙的理論，雖和法家無關，而其辨别名實的精細，則於法家的理論，深有裨益，所以法家亦有取於名家。名家關涉政治的一方面，已爲法家所包含。其玄妙的一部分，則確與政治無關，所以現在不再講述。還有兵家，亦不是單講戰守的，其根本問題，亦往往涉及治國。這一部分，亦已包含於法家之中，所以今亦不述。

第五講　秦漢時代的社會

秦以前的政治,和周以前不同,是誰都會説的。然則其不同之處究竟安在呢?

秦始皇併天下後,令丞相御史説:天下大定,而名號不更,無以稱成功,傳後世。命他們議自己的稱號,丞相御史等議上尊號的奏,亦説他"平定天下,海内爲郡縣,法令由一統,自上古以來未嘗有,五帝所不及"。後來趙高弒二世,召集諸大臣公子説:"秦故王國,始皇君天下,故稱帝。今六國復自立,秦地益小,乃以空名爲帝,不可;宜爲王如故。"於是立公子嬰爲秦王。據此看來,當時的人,對於皇和帝的觀念,確是不同的。其異點,就在一"君天下",一不君天下。當春秋時代和戰國的前半期,希望盡滅諸國,而自己做一個一統之君,這種思想,大概還無人敢有。併吞六國、統一天下的思想,大概是發生於戰國的末期的。前此大家所希望的,總不過是霸或王罷了。然而列國紛爭,到底不是蘇秦的合從所能加以團結;亦不是張儀的連衡,所能息其兵戈;懸崖轉石之機,愈接愈厲,到底併做一國而後已。這可以説是出於前此政治家的慮外的。

帝政成功,則(一)内戰可息;(二)前此列國間經濟上的隔閡,亦可消除;如撤去列國時代所設的關,出入無需通行證。而且統一之後,對外的力量,自然加强;中國未統一時,蒙古高原不曾有像漢以後匈奴等强大的遊牧民族,是中國的天幸。這確較諸霸或王更爲有利。但是帝政成功了,君政卻全廢墜了。

怎樣説帝政成功,而君政廢墜呢?原來"君者善群也"。他的責任,就是把一群中的事情,措置得件件妥帖。這話,在第四講論儒家時,業經説過了。原始的君,固未必人人能如此,然以其時的制度論,則確是可以如此的。所以只要有仁君,的確可以希望他行仁政。原來封建政體,即實行分封制的貴族政體中,保留有原始"君"的制度的殘餘,自從封建政體逐漸破壞,此種制度,亦就逐漸變更了。這話又是怎樣説呢?要明白這個道理,先要知道從封建到郡縣,在政治制度上,是怎樣的一個變遷。我們都知道:秦漢時的縣名,有許多就是古代的國名。這許多縣,並不是起於秦的。前此地兼數圻的大國中,早已包含著不少了。這就是(一)從遠古相傳的國,被夷滅而成爲大國中的一縣。這是縣的起源的一種。還有(二)卿大夫的采地,發達而成爲縣;如《左氏》説晉國韓賦七邑,皆成縣之類。(三)以及國家有意設立的。如商君併小鄉聚邑爲縣。此三者,雖其起源不同,而其實際等於古代的一個國則一。所以縣等於國,縣令等於國君。以次推之,則郡守等於方伯。然則大夫是什麽呢?那就是秦漢時的三老、嗇夫、游徼之屬了。士是什麽呢?那就是里魁和什伍之屬了。後世都説縣令是親民之官,其實這不過和郡以上的官比較而云然,在實際,縣令還不是親民的。若鄉老以下諸職,通統没有,做縣令的,也就無所施其技,雖欲盡其"君者善群"的責任而不得了。從秦漢以後,這種職守,漸漸的没落而寖至於無。所以做縣令的人,也一事不能辦;而只得以坐嘯卧治,花落訟庭閑,爲爲治的極則。縣令如此,郡以上的官,更不必説了。所以説"帝政成功,而君政廢墜"。

君政爲什麽會廢墜呢?於此,我們又得知道政治上階級變遷的情形。古代的治者階級是貴族。他的地位,是因用兵力征服被治者而得的。後世的治者階級是官僚,官僚是君主所任用的。封建政體的破壞,不但在列國的互相併吞,亦繫於一國之中世襲的卿大夫的撤廢。卿大夫撤廢,皆代之以官僚。滅國而不復封建,而代之以任免由己的守令,亦是如此。所以封建政體滅亡,而官僚階級,就達於全盛。凡階級,總是要以其階級的利益爲第一位的;而且總有一種理由,替維持階級利益做辯護。不一定是私意。官僚階級裏並不是没有好人;盡有顧全公衆的利益,而肯犧牲自己的,但是總不免爲其所處的地位所局限;以爲欲維持公益,非維持其時的社會組織不可,不肖的更不必説了。所以官僚階級的性質,從理論上説,往往是如此的:

(一)所盡的責任,減至最小限度。

(二)所得的利益,擴充至最大限度。

所謂利益,是包含(甲)權勢,(乙)物質上的收入;(乙)中又包含(A)俸禄,(B)一切因做官而得的收入。此種趨勢,其限制:是(a)在上者的督責,(b)在下者的反抗。除此之外,便要盡量的擴充了。所以怠惰和貪污,乃是官僚階級的本性,不足爲怪。天下盡有不怠惰不貪污的官,此乃其人不但具有官僚性質,而無害於官僚階級的性質,實係如此,猶之天下盡有不剥削生産者和消費者的商人,然以商業性質論,總是要以最低的價格買進,最高的價格賣出的。

官僚不但指現任官吏，凡（一）志願做官，即準備以官爲職業的人；與（二）無官之名，而與官相結托以牟利的人；都該算入官僚階級之内。至於（三）爲官的輔佐的人，那更不必説了。此三項中，尤以第二項爲重要。鄉職本來是人民自治的機關，其利益，該與人民一致的。官僚如欲剥削人民，鄉職是應該加以反抗的。然到後來，鄉職反多與官僚相結合，以剥削人民，即由於官僚階級擴大，而將第二項人包含進去之故。如此，剥削人民的人，就日益增多，政治上顧全全體利益的方面，就不得不加以制止。要設立許多監察官，去監察鄉老以下的自治職，是辦不到的。就只得干脆把他廢掉。這是漢世很有權威的三老嗇夫等職，到後來所以有名無實，甚至并其名而無之的原因。隋世禁鄉老聽訟，爲其間之一大轉關。此等自治職既廢，與官相結托以剥削人民者，遂變爲現在的土豪劣紳；而自治職之僅存其名者，則淪爲厮養，其本身變爲被剥削者。以上是説第二項人。至於第一項，即所謂讀書人。他們現在雖不做官，然而官僚階級的得以持續，所靠的實在是這一項人。而且官僚階級維護其階級的理論，亦從這一項人而出。所以其關係也是很重要的。這一項人，未必都得到官做，然而前述的第二項中，包含這一項人實甚多；而且很容易轉入第三項中的甲項。第三項，依其性質，再分爲三類：即（甲）幕友，凡以學識輔助官者屬之。（乙）胥吏，爲官辦例行公事。（丙）厮役，供奔走使令。（乙）之自利方法爲舞文。（丙）之自利方法爲敲詐。（甲）無與人民直接的機會，如欲剥削人民，必須與（乙）、（丙）或前述的第二項人聯合。然官吏的固位、邀寵、卸責的謀劃，大多出於甲類的人；而如干謁、行賄等事，甲類中人，亦可代爲奔走。

凡一階級，當其初興之時，其利害，總是和大多數被壓迫的人一致的。及其成功，即其取敵對階級的地位而代之之時，其利害，便和大多數人相反了。官僚階級取貴族而代之，即係如此。當這時代，大多數的人民，是怎樣呢？因爲凡稍有才力的人，都升入官僚階級裹去了。官僚階級的數量，略有定限，自然有希望走進去而始終走不進的人。然而達得到目的與否是一事，抱這目的與否，又是一事。他們雖始終走不進去，總還希望走進去，而決不肯退到平民這一方面來，和官僚鬥争。於是人民方面所剩的，就只是愚與弱。除掉以暴動爲反抗外，就只有束手待斃。蘇東坡《志林》論戰國任俠最能道破此中消息。

在第二講中不是説過麽？凡社會總有兩條心的：即（一）公心，（二）私心。私心雖是要自利，公心總是要利人的。貴族虐民，而官僚階級出來和他反抗,就是公心的表現。即所謂法術之士。然則到官僚階級轉而虐民的時候,這種公心,到什麽地方去了呢?不錯,公心是無時而絶的,但是公心要有一條表顯的路。在從前貴族階級跋扈時,法術之士——即官僚階級的前身,是作爲君主爲代表公心的機關,教他行督責之術,去打倒貴族階級的。這時候,官僚階級既代居貴族的地位,君主應即以其人之道,還治其人之身。但是理想是理想,事實是事實。理想的本性,總想做到十分,一落入事實界,就只能做到兩分三分了。君主所行的是政治,政治是實際的事務。凡實際的事務,總是帶有調和的性質的,即是求各種勢力的均衡。官僚和民衆的利益,是處於相反的地位的。而這兩個階級,都有相當的勢力,做君主的,不但不能消滅那一方面,並不能過於犧牲那一方面,亦只得求其勢力的均衡。所以做君主的,也只能保障官僚的剥削平民,限於某一限度以内。過此以往,便不能爲人民幫忙。從前官場中總流行著一種見解:“人民固應保護,做官的人,也該叫他有飯吃。”——譬如你爲保護人民故,而裁撤官吏所得的陋規,官場中人,就會把這話批評你——就是這種意識的表現。

所以這時候的平民,自己是既愚且弱,不會辦什麽事了。官吏在責任減至最小限度、權利擴至最大限度的原則下,不會來替你辦什麽事的;而且你要自己辦事,還會爲其所破壞。爲什麽呢?因爲你會辦事,你的能力就强了;就會反抗官吏的誅求。而且你有餘款,照理,官吏是要榨取去的,怎會讓你留著,謀你們的公益事務呢?如此,凡人民相生相養之事,在古代,由其團體自謀,而其後由人君代管其樞者,至此,乃悉廢墜而無人過問,而人民遂現出極蕭索可憐的狀態。中國後世的人,都要謳思古代,這並不是無因的。因爲表顯在古書中那種“百廢俱舉,即人和人相生相養之事,積極的有計劃、有規模,而人不是在最小限度之下,勉强維持其生存的現象”,在後世確乎是不可見了。在物質文明方面,總是隨著時代而逐漸進步的,在社會組織方面,則確乎是退步了。人,究竟在物質文明進步、社會組織退步的環境中所得的幸福多呢,還是在物質文明較低、社會組織合理的環境中所得的幸福多呢?這本是很難説的話。何況想像的人,總只注意到古代社會組織合理的一方面,而不甚注意到其物質不發達的一方面呢?謳歌古代,崇拜古代,又何足爲怪呢?所以説:帝政成功,君政廢墜,實在是政治上的一個大變遷。

人,雖然和盲目的一般,不大會知道他自己所該走的路。然而經長時期的暗中摸索,也總會走上了該走的路。帝政的成功,君政的廢墜,既然是政治退化的大原因,人爲什麽不回到老路上去,把一個大帝國,再斫而小之呢?此則由於人類本來是要聯合的。無論從物質方面，精神方面講，都是如此。而且全世界未至於風同道一，則不能不分爲許多民族和國家。異民族和異國家之間，是常有衝突的。有衝突，我們亦利於大。這是已成的大帝國，不能斫而小之的原因。國既不能斫而小之，而國之内又不能無利害衝突，則只有仰戴一個能調和各階級利害的君主，以希冀保持各階級間勢力的均衡了。帝政從秦滅六國之歲，至於亡清遜位之年，凡綿歷二千餘載，其原理即由於此。

然則當其時，在政治上，爲人民的大害的，就是官僚——用舊話説，可以説是士大夫階級。——要治天下，就是要把這一個階級划除，但是要把這一個階級划除，除非人民自行覺悟奮起不可——君主只能調和於兩者之間，前面已經説過了——這是談何容易的事。所以這時代，所謂政治思想，亦都是官僚階級的政治思想。官僚階級的政治思想，又是怎樣呢？凡是人的思想，總不免於落伍，這個道理，在第四講中，已可明白。所以周秦的思想，在周秦之世，已經落伍了，而漢以後人還是沿襲着它，他們受時勢的影響而有所發展，可以分做三派：

其一，是看到人民的貧苦愚弱，而想要救濟他們的，卻没有想到救濟人民，没有這一個操刀代斫的階級。你叫他操刀，他就不代人家斫，而爲着自己的目的斫了。

其二，是看到官僚階級的罪惡，想要對付他的。但是此時的官僚階級，和前此的貴族階級不同，前此的貴族階級，已經走到末路了，所以有新興的官僚階級出來打倒他。此時的官僚階級則尚未至於末路，没有新興的階級，所以他始終没有被打倒。

其三，亦知道下級人民，貧苦愚弱得可憐。但是社會的本身，複雜萬分。什麽事都不是直情逕行，所能達其目的的，不但不能達其目的，還怕像斯賓塞所説的那樣：修理一塊失平的金屬板，就在凸處打一錐，凸處没有平，别的地方，倒又凹凸不平起來了。所以照這派人的意見，還是一事不辦的好。

這三派的思想，我們把他排列起來，則

（一）左派：儒家。

（二）中間派：法家。

（三）右派：道家。

我們現在，卻先從道家講起。

第六講　漢代的政治思想

道家是漢定天下以後最早得勢的學派。他的思想我們可以蓋公和汲黯兩個人來做代表。蓋公之事，見於《史記·曹相國世家》。《曹相國世家》説，曹參以孝惠帝元年做齊國的丞相，此時天下初定，參盡召長老諸生，問所以安集百姓，諸儒以百數，言人人殊，參未知所定。聞膠西有蓋公善治黄老言，使人厚幣請之。蓋公爲言治道貴清静而民自定。曹參聽了他的話，相齊九年，齊國安集，人稱賢相。後來做了漢朝的宰相，也還是用這老法子。《史記》上記載這兩件事，最可見得當時道家的態度："參去，屬其後相曰：以齊岳市爲寄，慎勿擾也。後相曰：治無大於此者乎？參曰不然，夫岳市者，所以并容也，今君擾之，奸人安所容也？吾是以先之。"

爲漢相國，舉事無所變更，一遵蕭何約束。擇郡國吏，木詘於文辭重厚長者，即召除爲丞相史。吏之言文刻深欲務聲名者，輒斥去之。

於此，我們可以知道道家的得失。他的所謂并容裏面，實包含着無限的丑惡。不務絶奸人，而反求所以并容之，天下哪有這治法？然而卻能得到好聲名，這是何故？原來天下事最怕的，是上下相蒙。大抵善爲聲名的人，總是塗澤表面，而内容則不堪問。你叫他去治岳市，他在表面上替你把岳市治得很好了，便是你自己去查察，也看不出什麽毛病來，然而實際可以更壞。爲什麽呢？(一)他會囑咐手下的人，説丞相要來查察什麽什麽事情——表面上的——你們要得當心些，暗中就可風示他，實際的事情拆爛污些不妨，甚至於公然囑咐，只要塗澤表面就够了。如此，手下的人本來膽小不敢作弊的，就敢作弊了。本來老實不會作弊的，就會作弊了。(二)他可以威脅岳市中的人不敢舉發他的弊病，甚而還要稱頌他。(三)而他還可以得些物質上不正當的利益。所謂巧宦，其弊如此。所以用這一種人去治國，是舊弊未除，又生新弊。簡而言之，就是弊上加弊，弊＋弊＝2弊。倒不如用老實的人，他雖無能力改良事情的内容，倒也想不出法子來，或者雖想得出法子而也不敢去塗澤表面，這卻是弊+0,所以從來用質樸無能的人,可以維持現狀,使其不致更壞,即由於此。這就是曹參的所以成功,豈但曹參,漢文帝所以被稱爲三代後的賢君,也不外乎這個道理。所以後來漢武帝所做的事情,有許多並不能說是没有理由,至少他對朝臣所説的吾欲云云,其所云云者,決不是壞話,然而汲黯看了,他就覺得很不入眼,要説他内多欲而外施仁義,奈何欲效唐虞之治了。

然則在中國歷史上,放任政策總得到相當的成功,確有其很大的理由。這種放任政策確也不能不承認他是有相當的長處。然而其長處,亦只是維持現狀而已,要説到改進治化就未免南轅北轍。試即以漢文帝之事爲證。《史記·平準書》説:"至今上即位數歲,漢興七十餘年之間,國家無事,非遇水旱之災,民則人給家足,都鄙廩庾皆滿,而府庫餘貨財。京師之錢累巨萬,貫朽而不可校。太倉之粟,陳陳相因,充溢露積於外,至腐敗不可食。衆庶街巷有馬,阡陌之間成群,而乘字牝者擯而不得聚會。守閭閻者食粱肉,爲吏者長子孫,居官者以爲姓號,故人人自愛而重犯法,先行誼而後絀耻辱焉。當是之時,網疏而民富,役財驕溢,或至兼併,豪黨之徒,以武斷於鄉曲。"

兼併總是行於民窮財盡之時的,果真人給家足,誰願受人的兼併?又誰能兼併人?然則《史記》所述富庶的情形,到底是真的呢,假的呢?從前有人説所謂清朝盛時的富庶,全是騙人的。不然爲什麽當時的學者如汪中、張惠言等,據其自述未達之時,會窮苦到這步田地,難道這些學者都是騙人的麽?我説兩方面的話,都是真的。大抵什麽時代都有個不受人注意的階級,他就再困苦煞,大家還是不聞不見的。所謂政簡刑清,所謂人給家足,都只是會開口的、受人注意的階級,得些好處罷了。所以董仲舒説:"富者田連阡陌,貧者亡立錐之地,又顓川澤之利,筦山林之饒,荒淫越制逾侈以相高,邑有人君之尊,里有公侯之富。……貧民常衣牛馬之衣,而食犬彘之食。"

晁錯也説:"今農夫五口之家,其服役者不過二人,其能耕者不過百畝,百畝之收,不過百石。春耕夏耘,秋獲冬藏,伐薪樵,治官府,給繇役,春不得避風塵,夏不得避暑熱,秋不得避陰雨,冬不得避寒凍,四時之間,亡日休息。又私自送往迎來,吊死問疾,養孤長幼在其中。勤苦如此,尚復被水旱之災,急政暴虐,賦斂不時,朝令而暮改。當其有者半價而賣,亡者取倍稱之息,於是有賣田宅鬻子孫以償責者矣。而商賈大者積貯倍息,小者坐列販賣,操其奇赢,日遊都市,乘上之急,所賣必倍。故其男不耕耘,女不蠶織,衣必文采,食必粱肉,亡農夫之苦,有阡陌之得,因其富厚,交通王侯,力過吏勢,以利相傾,千里遊敖,冠蓋相望,乘堅策肥,履絲曳縞,此商人所以兼併農人,農人所以流亡者也。”

觀此則《史記》所謂人給家足，是什麼人，什麼家，就很可以明白了，何怪其有兼併和被兼併的人呢？然則《漢書·刑法志》說：“及孝文即位，躬修玄默，勸趣農桑，減省租賦。而將相皆舊臣，少文多質，懲惡亡秦之政，論議務在寬厚，恥言人之過失。化行天下，告訐之俗易，吏安其官，民樂其業，畜積歲增，户口寖息，風流篤厚，禁網疏闊。選張釋之爲廷尉，罪疑者予民，是以刑罰大省，至於斷獄四百，有刑錯之風。”

這所謂禁網疏闊，就是《史記·平準書》所謂網疏；斷獄四百，並非天下真没有犯罪的人，不過縱釋弗誅罷了。所縱釋的是何等樣人，也就可想而知了。所以歷代的放任政策，其内容，是包含著無限的丑惡的。難怪儒家要主張革命了。

漢代儒家的思想，可以分爲兩大端：一爲均貧富，一爲興教化。他們的均貧富，還是注意於平均地權，激烈的要逕行井田，緩和的則主張限民名田。他們對於經濟的發展，認識是不足的，所以都主張重農抑商，主張返於自給自足時代經濟孤立的狀況。這個讀《鹽鐵論》的《散不足》篇最易見得。關於經濟問題，近來研究的人多了，書籍報章雜志時有論述，大家都有些知道，現因時間短促，不再多講。現在且略述漢儒興教化的問題。

漢儒對於興教化，有一點，其見解是遠出於後世人之上的。我們試看《史記·叔孫通傳》，當他要定朝儀的時候：“使征魯諸生三十餘人。魯有兩生不肯行，曰：……今天下初定，死者未葬，傷者未起，又欲起禮樂。禮樂所由起，積德百年而後可興也。吾不忍爲公所爲，公所爲不合古。”

這正和古人所謂先富後教，樂事勸功，尊君親上，然後興學同。所以漢人所謂興教化，其根本乃在於改制度。我們試看《漢書·賈誼傳》載他的話說：“秦人家富子壯則出分，家貧子壯則出贅。借父耰鉏，慮有德色，母取箕帚，立而誶語；抱哺其子，與公併倨，婦姑不相説，則反脣而相稽。其慈子耆利，不同禽獸者亡幾耳。……天下大敗，衆掩寡，知欺愚，勇威怯，壯陵衰，其亂至矣。……其遺風餘俗，猶尚未改，今世以侈靡相競，而上亡制度，棄禮義，捐廉恥，日甚，可謂月異而歲不同矣。逐利不耳，慮非顧行也，今其甚者，殺父兄矣。盜者剟寢户之簾，搴兩廟之器，白晝大都之中，剽吏而奪之金，矯僞者出幾十萬石粟，賦六百餘萬錢，乘傳而行郡國，此其亡行義之尤至者也。”可謂痛切極了。而他又説：“而大臣特以簿書不報，期會之間，以爲大故。至於俗流失，世敗壞因恬而不知怪，慮不動於耳目，以爲是適然耳。夫移風易俗，使天下回心而鄉道，類非俗吏之所能爲也。……夫立君臣，等上下，使父子有禮，六親有紀，此非天之所爲，人之所設也。夫人之所設，不爲不立，不植則僵，不修則壞。"

他之所謂設則是："以爲漢興二十餘年，天下和洽，宜今"義"字。當改正朔，易服色制度，定官名，興禮樂，乃草具其儀法，色上黄，數用五，爲官名悉更，奏之。"

色上黄，數用五，由今看來，固然是毫無關係之事，如此改革，似乎滑稽而且不離乎迷信，然而古人所謂改正朔、易服色等事，並不是像後世止於如此而已，而是相連有一套辦法的。這個讀第四講中論儒家的話已可見得。然則當時賈誼所主張改變的，決不止此兩事，不過《史記》、《漢書》都語焉不詳罷了。但看他"爲官名"三個字——這是改變一切機關——便可知其改革規模之大。

再一個顯著的例，便是董仲舒。他説："自古以來，未嘗有以亂濟亂，大敗天下如秦者也。其遺毒餘烈，至今未滅。使習俗薄惡、人民嚚頑，抵冒殊扞，孰爛如此之甚者也。孔子曰：'腐朽之木不可雕也，糞土之墻不可圬也。'今漢繼秦之後，如朽木糞墻矣。雖欲善治之，亡可奈何。法出而奸生，令下而詐起，如以湯止沸，抱薪救火，愈甚亡益也。竊譬之，琴瑟不調，甚者必解而更張之，乃可鼓也。爲政而不行，甚者必變而更化之，乃可理也。"

董仲舒對於漢代制度的改革，是大有功勞的人。"推明孔氏，抑黜百家，立學校之官，州郡舉茂材孝廉，皆自仲舒發之"。

其尤激烈的則爲翼奉。他以爲："祭天地於雲陽汾陰，及諸寢廟，不以親疏迭毁，皆煩費，違古制。又宫室苑囿，奢泰難供，以故民困國虚，亡累年之蓄。所繇來久，不改其本，難以末正。乃上疏曰：臣聞古者盤庚改邑，以興殷道，聖人美之。竊聞漢德隆盛，在於孝文……如令處於當今，因此制度，必不能成功名。……臣願陛下徙都於成周……遷都正本，衆制皆定。"

生活是最大的教育，要人民革新，必須替他造出新環境來，置之新環境中，雖日撻而求其舊，不可得矣。間嘗論之，儒家之興，並非偶然之事，秦始皇雖然焚書坑儒，然當他坑儒的時候曾説："吾前收天下書不中用者盡去之，悉召文學方術士甚衆，欲以興太平，方士欲練以求奇藥。"

"欲以興太平"上，當奪"文學"兩字。文學便是當時的儒家。可知始皇並非不用儒者，所以要用儒者，就是因爲當時的天下非更化不可，要更化非改制度不可，而改制度之事，惟有儒家最爲擅長。所以假使秦始皇享國長久，海内更無其他問題，他一定能有一番改革——建設——改革。秦皇漢武正是一流人。

儒家所謂教化,其先決問題是民生,至於直接手段則是興庠序,看《漢書・禮樂志》便可知道。他們對於現狀,是認爲極度的不安,而想要徹底改革的,所以我説他們是最革命的。

然而儒家不能不爲法家所竊笑。爲什麼呢?我們試讀《漢書》的《元帝本紀》:"立爲太子……柔仁好儒,見宣帝所用多文法吏,以刑名繩下,大臣楊惲、蓋寬饒等坐刺譏辭語爲罪而誅,嘗侍燕從容言:陛下持刑太深,宜用儒生。宣帝作色曰:漢家自有制度,本以霸王道雜之,奈何純任德教、用周政乎?且俗儒不達時宜,好是古非今,使人眩於名實,不知所守,何足委任?乃嘆曰:亂我家者,太子也。"

宣帝所謂霸,便是法家;所謂王,是儒家;以霸王道雜之,謂以督責之術對付官僚階級,以儒家寬仁之政對待人民。質而言之,便是"嚴以察吏,寬以馭民",這實在是合理的治法。倘使純用霸道,則待人民太暴虐,全社會都將騷然不寧,喪其樂生之心,這便是秦朝的所以滅亡。至於純用王道,則元帝便是一個榜樣。我們試將《元帝紀》讀一過。儒家所謂寬仁之政,幾於史不絶書,然而漢治反於此時大壞,這是什麼緣故呢?因爲官僚階級的利益是和人民相反的,要保護人民,其要義就在於約束官僚,使不能爲民害,若並官僚階級而亦放縱之,那就是縱百萬虎狼於民間了。漢朝政治之放縱——督責之術之廢弛,是起於元帝之世的,所以漢朝的政治,也壞於元帝時。爲什麼元帝會放縱治者階級使爲民害呢?其弊便在於不察名實。名就是理論,實就是情形,理論雖好,要和現狀相合方才有用。比如合作運動自然是好的,然而能否推行於中國社會,换一方面説,便是現在的中國社會能否推行合作運動?更具體些説,叫農民組織合作社,向農民銀行借款,到底來借款的是真正農民呢,還是營高利貸業者的化身?這是大須考慮的。假如説現在來貸款的都是真正農民了,然而現在的農民銀行設立尚未普徧,假使要普徧設立,是否能保持現在的樣子——即來貸款者真正都是農民——如曰能之,還是目前就能够呢,還是要一面養成人才,一面整頓吏治徐徐進行的呢?如此便又發生推廣的遲速問題。這些都是應該考慮的、應該考察的實際。合作事業的能否辦好,就看這種事先的考慮是否周密,隨時的考慮是否認真,單是精於理論,即對於書本上的合作有研究,是無用的。現今模仿外國所以不能成功,甚至反有弊病,即由於此。漢儒的崇拜古人,就和現在的崇拜外國一樣,不論什麼事,只要儒家的書上説古代是如此的,就以爲是好的,而不管所謂古代者其情形與現代合不合，這正和現代有些人，只要是外國的總是好的，而不管其和中國社會的情形合不合一樣——此等人不論其所崇拜的是什麽東西，總之皆成爲偶像了。要打倒偶像，這種偶像，就是該首先打倒的。泥塑木雕的倒還在其次。不察名實，自然不達時宜——就是不知道現在該怎樣，不知道現在該怎樣，自然可以信口開河——是古非今了。

法家也有法家的毛病，便是董仲舒所謂誅名而不責實，——誅名而不責實，其實也還是不察名實。——然而真正的法家，的確不是如此。漢朝雖號稱崇儒，其實在政治上，有許多卓絶的法家。而我所要力勸大家讀的，尤其是《漢書》的《黄霸傳》。現在且不避文繁，節録其辭如下："黄霸字次公，淮陽陽夏人也。以豪傑役使，徙雲陵。少學律令，喜爲吏。……霸爲人明察内敏，又習文法，然温良有讓，足知，善御衆。……自武帝末，用法深。昭帝立，幼，大將軍霍光秉政，大臣争權，上官桀等與燕王謀作亂，光既誅之，遂遵武帝法度，以刑罰痛繩群下，繇是俗吏尚嚴酷以爲能，而霸獨用寬和爲名。會宣帝即位，在民間時知百姓苦吏急也，聞霸持法平，召以爲廷尉正，數決疑獄，庭中稱平。守丞相長史，坐公卿大議庭中，知長信少府夏侯勝非議詔書大不敬，霸阿從不舉劾，皆下廷尉，繫獄當死。霸因從勝受《尚書》獄中。……上擢霸爲揚州刺史。……爲潁川太守。……時上垂意於治，數下恩澤詔書，吏不奉宣。……霸爲選擇良吏，分部宣布詔令。……使郵亭鄉官皆畜鷄豚，以贍鰥寡貧窮者。然後爲條教，置父老師帥伍長，班行之於民間，勸以爲善防奸之意，及務耕桑，節用殖財，種樹畜養，去食穀馬。米鹽靡密，初若煩碎，然霸精力能推行之。吏民見者，語次尋繹，問它陰伏，以相參考。嘗欲有所司察，擇長年廉吏遣行，屬令周密。吏出，不敢舍郵亭，食於道旁，烏攫其肉。民有欲詣府口言事者適見之，霸與語道此。後日吏還謁霸，霸見迎勞之，曰：甚苦，食於道旁，乃爲烏所盜肉。吏大驚，以霸具知其起居，所問毫厘不敢有所隱。鰥寡孤獨有死無以葬者，鄉部書言，霸具爲區處，某所大木可以爲棺，某亭猪子可以祭，吏往皆如言。其識事聰明如此，吏民不知所出，咸稱神明。奸人去入它郡，盜賊日少。霸力行教化而後誅罰，務在成就全安。……霸以外寬内明得吏民心，户口歲增，治爲天下第一。征守京兆尹。……歸潁川太守官。……治如其前。前後八年，郡中愈治。是時鳳皇神爵數集郡國，潁川尤多。天子……下詔稱揚曰：潁川太守霸，宣布詔令，百姓鄉化，孝子弟弟貞婦順孫，日以衆多，田者讓畔，道不拾遺，養視鰥寡，贍助貧窮，獄或八年亡重罪囚，吏民鄉於教化，興於行誼……代邴吉爲丞相……京兆尹張敞舍鶡雀飛集丞相府，霸以爲神雀，議欲以聞。敞奏霸曰：竊見丞相請與中二千石博士雜問郡國上計長吏守丞，爲民興利除害，成大化，條其對，有耕者讓畔，男女異路，道不拾遺，及舉孝子弟弟貞婦者爲一輩，先上殿，舉而不知其人數者次之，不爲條教者在後叩頭謝。丞相雖口不言，而心欲其爲之也。長吏守丞對時，臣敞舍有鶡雀飛止丞相府屋上，丞相以下見者數百人。邊吏多知鶡雀者，問之，皆陽不知。丞相圖議上奏曰：臣聞上計長吏守丞以興化條，皇天報下神雀。後知從臣敞舍來，乃止。郡國吏竊笑丞相仁厚有知略，微信神怪也。昔汲黯爲淮陽守，辭去之官，謂大行李息曰：御史大夫張湯懷詐阿意，以傾朝廷，公不早白，與俱受戮矣。息畏湯，終不敢言。後湯誅敗，上聞黯與息語，乃抵息罪而秩黯諸侯相，取其思諫忠也。臣敞非敢毁丞相也，誠恐群臣莫白，而長吏守丞畏丞相指，歸捨法令，各爲私教，務相增加，澆淳散樸，並行僞貌，有名亡實，傾摇解怠，甚者爲妖。假令京師先行讓畔異路，道不拾遺，其實亡益廉貪貞淫之行，而以僞先天下，固未可也，即諸侯先行之，僞聲軼於京師，非細事也。漢家承敝通變，造起律令，即以勸善禁奸，條貫詳備，不可復加。宜令貴臣明飭長吏守丞，歸告二千石，舉三老、孝弟、力田、孝廉，廉吏，務得其人，郡事皆以義法令檢式，毋得擅爲條教，敢挾詐僞以奸名譽者，必先受戮，以正明好惡。……"

豪傑役使，顔師古曰：身爲豪傑而役使鄉里人也。可見黄霸本是所謂土豪劣紳之流。大抵善於邀名的人，必求立異於衆。——因爲不立異，則不過衆人中的一人，天下人如此者多，就不足以得名了。……黄霸本是個務小知任小數的人，論他的才具很可以做一個漢朝的文吏，只因當時的官吏竟趨於嚴酷，爲輿論所反對，乃遂反之以立名，而適又有夏侯勝的《尚書》以供其緣飾，又適會宣帝要求寬仁之吏，就給他投機投個正著，一帆風順，扶摇直上了。生活是最大的教育，人是不能以空言感化的，人是個社會動物，處在何等社會中，就形成何等樣人，絲毫不能勉强，斷非空言之力所能挽回。所以古來言教民者，必在既富之後，質而言之，就是替他先造新環境，新環境既已造成，就不待教而自正了。如其不然，就萬語千言悉成廢話，這種道理，當發爲空論之際，也是人人懂得的。及其見諸實施，卻又以爲人民可以空言感化，至少以爲要先把人心改變過來，然後制度乃可隨之而改了。人類缺乏一貫的思想，處處現出自相矛盾的景象，真可嘆息。人民可以空言化，在廟堂之上的人，或者和社會隔絶了，信以爲實。然在奉行其事的人，是不會不知道實際的情形的，然而竟没有一個人把無益實際的話入告，只見詔書朝下於京城宣布，夕徧於海澨，人類的自欺欺人，實在更可嘆息。有手段的人，他要人家説的話，自然會有人替他説的,他要人家不説話,自然没有人敢説。他希望有什麽事,自然會有人造作出來,他希望没有什麽事,自然會有人替他隱諱掉。我們只要看邊吏多知鶡雀,問之皆陽不知,便可知道黄霸治郡時,所謂盜賊日少,户口歲增,是虚是實了。然則他怎會獲得如此的好名譽呢? 大抵人有兩種: 一種是遠聽的,一種是近看的。聲名洋溢的人,往往經不起實際的考察,在千里萬里之外聽了,真是大聖大賢,到他近處去一看,就不成話了。但是社會是採取虚聲的,一個人而苟有手段造成了他的虚名,你就再知道他是個壞人,也是開不得口。不但開不得口,而且還只能人云亦云的稱頌他,不然人家不説他所得的是虚名,反説你所説的是假話。俗説若要人不知,除非己莫爲。作僞的人,豈真有什麽本領,使他的真相不露出來? 不過社會是這樣的社會,所以這種人的真相,雖然給一部分人知道了,卻永遠只有這一部分人知道,決不會散布擴大出去的。然而張敞居然敢彈劾盛名之下的黄霸,我們就不得不佩服法家綜核名實的精神了。他奏黄霸的話,真乃句句是金玉。讓畔異路,道不拾遺,其實亡益廉貪貞淫之行,造起律令,即以勸善禁奸,尤其是至理名言。因爲你要講革命是另一件事,在革命未成以前勸人爲善,只是能爲現狀下之所謂善,禁奸也只能禁現狀下之所謂奸。明明是現狀下所不能爲的事,你卻要叫人去做,人家也居然會照著你的話去做,這不是作僞還是什麽? 其實何益呢? 不過澆淳散樸罷了。

法家這種綜核名實的精神,自元帝以後莫之能行,以至亡國。後漢得天下,光武帝雖然厚貌深文,其實行督責之術,是很嚴緊的。他當時對於一班開國的功臣,以及有盛名可以做三公的人,明知其不可施以督責,所以捨而弗用,而寧任用一班官僚,這就是後漢所以能開二百餘年之治的原因。從中葉以後,督責之術又廢了,於是官僚階級又横行起來,益之以處士横議,而後漢遂至於滅亡。起而收拾殘局的魏武帝、諸葛孔明,都是勵行綜核名實的人,所以事勢又有轉機。然而一兩個人的苦力支撑,終不能回狂瀾於既倒,於是紀綱日廢,而魏晉清談之俗興,神州大陸遂終於不可保守而爲五胡所占據了。

魏晉以後的政治思想,無甚特别之處——大抵承漢人的緒餘——今因限於時間亦不再加講述。還有一篇最值得注意的文字,便是《論衡》的《治期》篇。此篇力言國家之治亂,與君主的賢否無涉。换一句現在的話説,便是政治控制不住社會,社會而要向上,政治是無法阻止的。若要向下,政治亦無力挽回,而只好聽其遷流之所届。這是我們論後世的政治所要十分注意的。

第七講　魏晉至宋代以前的政治思想

魏晉南北朝是中國政治思想消沉的時代，這一個時代之中，並不是没有有政治思想的人，然其思想大都不脱漢人的科臼，直到兩宋之世，而中國的政治思想才又發出萬丈的光焰，這是什麽原故呢？

原來政治的目的，不外乎安内與攘外。當對外太平無事時，大家的眼光都注重在内治一方面。對外問題急迫了，整個國家的生存要緊，其餘的問題，就只得姑置爲緩圖了。中國對外的問題是到什麽時候才嚴重起來的呢？這個問題的答案，我們不能不説是宋代，這又是爲什麽呢？

在周以前，我們對於異族實在是一個侵略者，而不是一個被侵略者，這一層在第二講中業經説過了。兩漢時代，情形還是如此。五胡亂華，是中原受異族的侵略之始。但是這時候侵略的異族，民族意識都不甚晶瑩，這個只要看當時的異族没一個不自附於漢族古帝皇之後可知。這（一）因他們的文化程度較低，（二）因歸附中原、雜居塞内已久，當其亂華之時，業已有幾分同化。到遼、金時代便不然了。遼人的民族意識業已較五胡爲强，至金人則其和漢族的對立更爲尖鋭。只要看金世宗的所爲，便可知道。而且五胡是以附塞或塞内的部落作亂的，也有一半可以説是叛民的性質，至於遼、金則是在塞外建立了强大的國家然後侵入的，所以其性質更爲嚴重。

異族侵入的原因是甚麽呢？其中第一件，便是中原王朝兵備的廢弛，以兩漢時代的兵力，異族本没有侵入的可能，三國時代中原雖然分裂，兵力並没有衰弱，爲什麽前此歸附的異族一到兩晉時代居然能在中原大肆咆哮，而漢族竟無如之何呢？原來兵權的落入異族之手並非一朝一夕之故。中國在古代本不是全國皆兵的，各國正式的軍隊，只是當初的征服者，至於被征服者雖非不能當兵，然事實上只令他們守衛本地，和後世的鄉兵一樣。直到戰國之世，戰爭的規模大了，舊有的兵不給於用，才把嚮來僅令其守衛本地的兵，悉數用作正式軍隊。這話在第三講中亦已説過。從此以後我們就造成一個全國皆兵的制度了。但是這種制度,到秦漢之世卻又逐漸破壞,這又是爲什麽呢?因爲古代國小,人民從事於征戍,離家不甚遠,所以因此而曠廢時日以及川資運糧等等的耗費,亦比較不大,到統一以後,就不是這麽一回事了。所以當用兵較少的時候,還可以調發民兵,較多的時候便要代之以謫發或謫戍。漢朝自文景以前,用兵大都調自郡國,而前乎此的秦朝以及後乎此的武宣都要用謫發和謫戍,就是這個道理。漢朝的兵制,是沿襲秦朝的。民年二十三則服兵役,至五十六乃免,郡國各有都尉,以司其講肄和都試。戍邊之責,也是均攤之於全國人的,人人有戍邊三日的義務——雖然不能夠人人自行,然而制度則是如此——自武宣多用謫發之後,實際上人民從征之事已較少,至後漢光武欲圖減官省事,把郡國都尉廢掉,從此以後,民兵制度就簡直不存在了。當兵本來是人情容易怕的,統一之後,腹地的人民距邊寇較遠,就有民兵制度,也易流於有名無實,何況竟把他廢掉呢?從此以後,普通的人民,就和當兵絶緣。當兵的總是特種的人民,——用得多的時候,固然也調發普通人民,然而只是特殊的事。——而尤其多被利用的,則是歸附的異族。這種趨勢,當東漢時代業已開始了,至西晉而尤甚。五胡亂華之後,自然多用其本族之人爲主力的軍隊,所以這時候,武力是始終在異族手裏的。這是漢人難於恢復的一個大原因。隋唐之世,漢族業已恢復了,局面似乎該一變,但是用異族當兵,業已用慣了,既有異族可以當兵,樂得使本國人及於寬典,況且用兵於塞外,天時地利,都以即用該方面的人爲適宜,而且勞費也較少。所以論起武功來,讀史者總是以漢唐並稱,其實漢唐不是一樣的。漢代的征服四夷,十次中有七八次是發自己的兵,實實在在的去打——尤其對於最强的匈奴是如此。漢朝打西域,是用本國兵最少的,而西域卻是最勢分力弱的小敵——唐朝卻多用蕃兵,到後來,並且守禦邊境亦用蕃兵爲主力,因此釀成安史之亂。安史亂後,軍隊之數是大增加了,然而不是没有戰鬥力,就是不聽命令,遇事總不肯嚮前,以致龐勛、黄巢之亂,都非靠沙陀兵不能打平。從此以後,沙陀就横行中原,而契丹也繼之侵入了。分裂是最可痛心的事。當分裂之世,無論你兵力如何强大,是只會招致異族以共攻本國人,斷不會聯合本國人以共禦外侮的——這是由於人情莫不欲争利,而利惟近者爲可争,人情莫不欲避害,而害惟近者爲尤切,所以非到本國統一之後,不能對外,什麽借對外以圖團結本國等等,都只是夢話——然而到中原既已統一之後,又因反側之心未全消弭,非圖集中兵權或更消滅或削弱某一部分的兵力不可,北宋便是這個時代。所以經前後漢之末兩次大亂之後，中原王朝的兵力實在是始終不振的，而在塞外的異族卻因歲月的推移逐漸强大，遂有遼、金、元等部落，在塞外先立了一個大國，而後以整個的勢力侵入中原，使中原王朝始而被割掉一部分領土，繼而喪失全國之半，終乃整個的被人征服了。所以當這時代，中原王朝的武力該怎樣恢復，實在是一個大問題。

是把國内治好了，然後禦外呢？還是專講對外，其餘都姑置爲緩圖呢？這自然是民族當危急存亡時，首先引起的重要問題。假如中國是一個小國，自然當危急存亡時，一切都將置諸不問，而姑以卻敵爲先務，然而事實不是如此。中國土地之大，人口之多，物資之豐富，以及文化程度之高，一切都遠出異族之上，異族的凌侮無論如何劇烈，在中國政治家的眼光中，是不會成爲惟一的問題的。況且中國人素來以平天下爲懷，認爲異族的凌侮，只是暫時的變態，到常態回復了，他們總要給我們同化的，這原是中國人應盡的責任。這種自負的心理，是不會因時局的嚴重而喪失的。而且物必自腐而後蟲生，國必自伐而後人伐，外患的嚴重，其根源斷不能説不由於内憂。所以外患的嚴重，本不能掩蔽内憂，而減少其重要性，而且因外患的嚴重，更促起政治家對於國内問題的反省，所以自宋到明這一個民族問題嚴重的時代，卻引起政治思想的光焰。

這時候的政治思想集中在哪幾點上面呢？國家的根本是人民，人民第一個重要的問題便是生活，生活都不能保持，自然一切無從説起了。假使生活而能保持了，那就要解決"飽食暖衣逸居而無教，則近於禽獸"的問題了，這也是傳統的思想上看得極爲嚴重的問題。這是中國自古以來就是如此的。從三國到南北朝，因爲時局的紛擾，談政治的人忙於眼前的問題，對於這種根本問題比較兩漢時代要淡得多了。到隋唐之世因爲時局較爲安定，對於根本問題用心探索的人又較多，至宋代而大放其光焰。

當這一個時代，關於"教養"問題的現狀卻是怎樣的呢？請略説其大概如下：

關於"養"的問題，平均地權和節制資本實在是一樣的重要。但是自漢以後，儒家之學盛行，儒家是偏重於平均地權的，所以大多數人的思想也側重在這一方面。儒家所懷抱的思想又分爲兩派，激烈的是恢復井田，緩和的是限民名田。激烈派的思想經新莽實行而失敗了，没有人敢再提起，東漢以後多數認爲切實易行的，是限民名田。晉朝的户調式、北魏的均田令、唐朝的租庸調法，都是實行此項理想的。後漢末的大亂，人民死亡的很多，自此經兩晉南北朝，北方經過與蠻族的鬥争，死亡也很劇烈。此時的土地是比較有餘的，又得授田的制度以調劑其間，所以地權不平均的問題，比較不覺得嚴重。唐朝自貞觀至於開元，時局是比較安静的。安静之時，資本易於蓄積，併兼之禍即隨之而烈。天寶以後，藩鎮割據，戰禍除（一）安史之亂時；（二）黄巢亂時；（三）梁唐戰争；（四）唐晉與契丹的戰争，直接受禍的區域外，其實並不甚烈。人民死亡不能甚多。而（A）苛政亟行，（B）奢侈無度，封建勢力和商業資本乘機大肆剥削，人民被逼得幾於無路可走，我們試一翻《宋史》，便知道（一）當時的田無税的很多，（二）當時的丁不役的很多。這都是有特殊勢力的人所得的好處，而其負擔則皆併於貧弱之家。（三）民間借貸自春及秋便本利相侔，設或不能歸償，則什麽東西債權人都可以取去抵債。見《宋史·陳舜俞傳》。所以當時司馬光上疏説：農民的情景是"穀未離場，帛未下機，已非己有，所食者糠籺而不足，所衣者綈褐而不完，直以世服田畝，不知捨此更有何可生之路耳"。烏呼痛哉！在政治上，（甲）自兩税法行後，連名存實亡的平均地權的法令都没有了，（乙）而役法又極酷，（丙）而唐中葉後新增的苛税如鹽、茶、酒及商業上的過税、住税等，宋朝又多未能删除，這些直接間接也都是人民的負擔。租税的大體，自宋迄明未之有改，而元朝以異族入主中原又加重了封建勢力的剥削。明朝自中葉以後，朝政的紊亂，又爲歷代所未有，藩王、勛戚、宦官等的剥削平民以及所謂鄉紳的跋扈，亦是歷代所罕有，所以民生問題，可以説自宋至明，大致都在嚴重的情形中。

至於教的問題，則除漢朝賈生、董生等所説一種貧而弱而愚的可憐情形外，另有一個嚴重的問題。中國古代宗教上崇拜的對象，最大的是地，次之則是吃田豕的虎，吃田鼠的猫，或防水的堤防等，再次之則是在家的門神、竈神，出門時的行神，及管個人壽算的司命等。見《禮記·郊特牲》及《祭法》。古時的人們對於祭天，是没有關係的。至於地，則本没有一個統一的地神——以方澤對圜丘，是晚出的概念，所以只有《周官》上有——在古代只是各祭其所利用的一片土地，所以最隆重的是社，而社也是隨着一個個農村而分立的。其最切近的爲祖先，祖先不必説了，就是其餘的神，也是限於一個很小的範圍内的。這些神在氏族時代，則爲一氏族内的人所崇拜，在部落時代，則爲一部落的人所崇拜，彼此各不相干。在其部落以内，宗教師亦是一種分職，他所做的事情，雖無實益，卻是人民對他有信仰心，並不嫌惡他。其實他自己亦不全是騙人的，多少總有些信以爲真。他也無從分外榨取，至於氏族或部落以外，根本没有人信他，他更無從施展威權了。漢初的宗教還是如此，所以越巫、齊方士等各各獨立。天子所祭的天神，雖然在諸神中取得最高的地位，然而諸侯尚且不許祭天，平民更不必説了。中國古代似乎貴族平民各有其所崇拜的對象，彼此各不相干，因此在上者要想借宗教之力以感化人民甚難，卻也没有干涉人民的信仰，以致激變之事。列國間因本來懷抱著宗教是有地方性的觀念，宗教信仰多包含在風俗習慣之中，君子行禮不求變俗，就是不干涉信仰的自由。所以彼此互不相干涉，亦没有争教的事。這實在是中國最合理的一件事，因爲宗教總不過是生活的反映，各地方有各地方不同的生活，自然會産生不同的宗教，而亦正需要不同的宗教，硬要統一他做什麽呢？老實説，就是勉强統一了，也只是一個名目，其内容還可以大不相同的。隨著時代的變遷，從前各各分立的氏族或部落漸次統一而成一個大社會，社會既然擴大了，自然要有爲全社會所共同信仰的大宗教，也自然會有爲全社會所信仰的大宗教。這時代的大宗教，並不是單獨發生，把從前的小宗教都消滅掉了的，乃是從前的舊宗教所變化發達而成。（一）把從前性質僅限於一部落一氏族的神擴大之而爲全社會之神，（二）各地方所崇拜的神，有本來相同的，那自然不成問題，（三）否則亦可以牽强附會，硬把他算做一個，（四）其無須合併的，則建立一個系統，把他編制一下。如此許多分立的小宗教，就可以合併而成一大宗教了。這就是中國所謂道教。這種變化，大約在很早的時代，隨著社會的變動，就逐漸進行的，至後漢末年，在社會上大顯勢力，至北魏太武帝時，寇謙之乃正式得到政府的承認。當兩漢之間，佛教從印度輸入中國，至後漢末年，也在社會上漸露頭角。佛教的哲理，較之道教更爲精深。——中國的學問，並不是不及印度，但專就哲理而論，卻應該自愧弗如的，而宗教所需要的，卻特别在這一方面。爲什麽呢？因爲宗教倘使在政治社會方面多作正面的主張，就不免和政治發生衝突，和政治發生衝突，就要受到壓迫了。佛教卻在這一方面，有其特别優勝之點。他對於社會問題和政治問題，幾於毫無主張，只是在現社會的秩序之下，努力於個人的解脱。如此，於政治問題，就覺其毫無關係，而多少還可以掩蔽現實，麻醉人民，而使之馳心於净土。如此在消極方面説，就可以不受政府的干涉，而多少還可受些保護。在積極方面，則因他主張輪回，替人把希望擴張到無限大，而又自有其高深的哲理，足以自圓其説，所以還能够得到王公貴人的提倡；在平民眼裏，佛教、道教本來是無甚區别的，誰宣傳得起勁些，誰被信仰的機會就多些。如此佛教因其（一）給與人的希望之大，（二）哲理的精深，能得士大夫的信仰，其宣傳之力，就超出於道教以上，所以其流行也較道教爲盛。從兩漢到南北朝，在精神界既然發生了全國共信的大宗教，就形成下列諸問題。

其一,在佛教尚未大行,道教也未十分組織成功之時,政治和社會,都有很大的不安,而宗教在這時代,業已從地域的進而爲全國的了,自然會有人想利用他造成一種政治上反抗的力量,所以前後的變亂,含有宗教成份的很多。道教的大師如張角、張魯、孫恩等不必說了,就和尚也有躬爲禍首的,因此引起政治上的焚燒讖緯,禁止傳習天文。

其二,第一問題在中國的關係不能算大,而爲政府所承認的宗教,亦發生下列二大問題,即:(A)在物質方面,教徒既不耕而食,不織而衣,成爲純粹的分利分子,卻還要消耗多大的布施,而且積蓄多了,便從事於兼併土地,役使奴僕,於經濟的平均,很有妨害。(B)在精神方面,宗教麻醉的力量能使人離開現實,馳騖空虛,多少可以減少些反抗之力,緩和些怨恨之聲,而且他多少要教人民以正直平和慈善,使社會增加幾分安穩,這是政治上所希望的。所以歷來也很有些儒者的議論,在這一方面承認二氏的功勞。但是宗教所教導的,斷不能和政治上所要求的全然一致,而且和儒家傳統的道德和倫理,不免有些不相容,而儒家卻是在政治上積有權威的。因此之故,宗教問題在政治思想史上,也就有相當的關係了。

綜括這一個時代,養的問題不能解決,教的問題亦覺得愚弱可憐,而嚴重的外患又相逼而來。稍加仔細觀察,便覺得外患的成爲問題,全是由於本國的社會病態太深之故,於是這一個時代的思想家,不期然而然的都觸著了許多根本的問題。

第八講　宋明的政治思想

第七講中說：從宋到明的政治思想，觸著了許多根本問題，這句話是怎麽講呢？關於這一點，我們可以自宋到明的井田封建論做代表。

井田封建，如何可行於後世？井田固然是一種平均分配的好方法，然（一）既成爲後世的社會，是否但行井田，即能平均分配；（二）不將社會的他方面同時解決，井田是否能行。這都是很顯明的疑問。至於封建，其爲開倒車，自然更不必説了。宋元明的儒者，如何會想到這一著呢？關於這一點，我請諸位讀一讀顧亭林先生的《封建論》。原文頗長，今舉其要點如下：

封建之廢，非一日之故也，雖聖人起，亦將變而爲郡縣。方今郡縣之敝已極，而無聖人出焉，尚一一仍其故事，此民生之所以日貧，中國之所以日弱，而益趨於亂也。何則？封建之失，其專在下；郡縣之失，其專在上。改知縣爲五品官，正其名曰縣令。必用千里以内，習其風土之人，任之終身。其老疾乞休者，舉子若弟代。不舉子若弟，舉他人者聽。既代去，處其縣爲祭酒，禄之終身。每三四縣若五六縣爲郡，郡設一太守，三年一代，詔遣御史巡方，一年一代。其督撫司道悉罷，令以下設一丞。丞以下曰簿，曰尉，曰博士，曰驛丞，曰司倉，曰游徼，曰嗇夫之屬，備設之。令有得罪於民者，小則流，大則殺。其稱職者，既家於縣，則除其本籍。居則爲縣宰，去則爲流人；賞則爲世官，罰則爲斬絞。何謂稱職？曰土地闢，田野治，樹木蕃，溝洫修，城郭固，倉廩實，學校興，盜賊屏，戎器完，而其大者，則人民樂業而已。夫使縣令得私其百里之地，則縣之人民，皆其子姓；縣之土地，皆其田疇；縣之城郭，皆其藩垣；縣之倉廩，皆其囷窌。爲子姓，則必愛之而勿傷；爲田疇，則必治之而勿棄；爲藩垣、囷窌，則必繕之而勿損。自令言之，私也；自天子言之，所求乎治天下者，如是焉止矣。一旦有不虞之變，必不如劉淵、石勒、王仙芝、黄巢之輩，横行千里，如入無人之境也；於是有效死勿去之守，於是有合從締交之拒。非爲天子也，爲其私也；爲其私，所以爲天子也；故天下之私，天子之公也。

他的意思，只是痛於中國的日貧日弱，而思所以救之。而推求貧弱的根源，則以爲由於庶事的廢弛；庶事廢弛的根源，他以爲由於其專在上。所以説郡縣之制已敝，而將復返於封建。

自宋至明——實在清朝講宋學的人，也還有這一種意見——主張井田、封建的人很多。他們的議論雖不盡同，他們的辦法亦不一致；然略其枝葉，而求其根本，以觀其異中之同，則上文所述的話，可以算是他們意見的根本，爲各家所同具。

他們的意見，可以説是有對有不對。怎説有對有不對呢？他們以爲中國貧弱的根源，在於庶事的廢弛，這是對的。以爲庶事廢弛的根源，是由於爲政者之不能舉其職，而爲政者之不能舉其職，是由於君主私心太重，要把天下的權都收歸一己，因而在下的人，被其束縛而不能有爲，這是錯的。須知君主所以要把政治上的權柄，盡量收歸自己，固不能説其没有私心，然亦自有其不得已的苦衷。在封建時代，和人民利害相反的是貴族，到郡縣時代，和人民利害相反的是官僚，這話，在第五講中，業經説過了。君主所處的地位，一方面固然代表其一人一家之私，如黄梨洲所云視天下爲其私産；又一方面，則亦代表人民的公益，而代他們監督治者階級。這一種監督，是於人民有利的。倘使没有，那就文官武將，競起虐民，成爲歷代朝政不綱時的情形了。渴望而力求之，至於郡縣之世而後實現的，正是這個。至於庶事的廢弛，則其根源，由於征服階級的得勢，一躍而居於治者的地位。他們的階級私利是寄生。爲人民做事，力求其少，而剥削人民，則務求其多。此種性質，從貴族遞嬗到官僚，而未之有改。所以大同時代社會内部相生相養良好合理的規則：（一）在積極方面，因治者階級的懶惰而莫之能舉。（二）在消極方面，因治者階級的剥削而益見破壞。（三）而人民方面，則因其才且智者，皆羡治者階級生活的優越，或則升入其中，或則與相結托，所剩的只有貧與弱。因而廢弛的不能自舉，被破壞的不能自保，僅靠君主代他們監督，使治者階級，不能爲更進一步的剥削，而保存此貧且弱的狀況。除非被治者起而革命，若靠君主代爲監督，其現狀是只得如此的，不會再有進步的。因爲君主是立於治者和被治者兩階級之間，而調和其矛盾的；他只能從事調和，而不能根本上偏袒那一階級，所以只做得到這個樣子。這話在第五講中，業已説過了。所以説：他們以爲貧弱的根源，在於庶事的廢弛，這是對的。以爲廢弛的根源，在於君主，是不對的。天下眼光淺近的人多，治者階級而脱離了君主的監督，那只有所做的事，更求其少，所得的利，更求其多，如何會勤勤懇懇，把所有的一塊土地人民治好呢？

若能有這一回事，封建政體，倒不會敝，而無庸改爲郡縣了。所以封建之論，的確是開倒車，雖然他們自以爲並非開倒車，以爲所主張的封建，和古代的封建有别。然而幸而没有實行，倘使實行起來，非釀成大亂不可。他們有這一種思想，也無怪其然，因爲人是憑空想不出法子的，要想出一種法子來，總得有所依傍。我們今日，爲什麽除掉專制、君憲、共和、黨治之外，想不出什麽新法子來呢？只因其無所依傍。然他們當日，陳列於眼前的政體，只有封建、郡縣兩種。郡縣之制，他們既認爲已敝而不可用，要他們想個法子，他們安得不走上封建的一條路呢？他們這種主張，如其要徹底實行，則竟是一種革命，自然是時勢所不許，然就部分而論，則不能説他們没有實行。所謂部分的實行，並不是説他們曾有機會試行封建，亦不是説他們曾經大規模試辦過井田。然而闢土地，治田野，蕃樹木，修溝洫，固城郭，實倉廪，興學校，屏盜賊，完戎器，總而言之，是反廢弛而爲修舉，則不能説他們没有部分的實行過，他們做封疆大吏、地方長官及紳士的，對於這許多事情，都曾盡力實行。他們並知道治化的良否，不盡繫於政治，而亦由於社會，所以凡有關風俗之事，如冠、婚、喪、祭之禮等，都曾研究、討論，定有規制，盡力提倡，示範實行。在這方面有功勞的，尤其是關學一派。他們這種舉動，並不能説没有功勞，在今日宋明理學衰落之世，我們若留心觀察，則見社會上還有許多地方自治的遺跡，或者自相約束扶助的規則，還都是這一個時代的儒者研究、制定、提倡、示範的功勞。改進社會，原有急進和漸進兩種手段：前者是革命行爲，把舊的都破壞了，然後徐圖建設。後者是進化派的學者所主張的，在舊秩序之下，將新的事業，逐漸建設起來，達到相當的時機，然後把舊的障礙物一舉除去。淺人每以二者爲相反，其實是相成的。該取何種手段，只看特定社會的形勢。而取了革命手段，進化派的事業，還是要補做的。我們所以要革命，只因舊的勢力，障礙得太厲害了，不將他推翻，一切新的事業，都不容我們做，所以不得不把他先行打倒；然而打倒他，只是消極的舉動，既把舊勢力打倒之後，新事業自然要逐漸舉辦的。如其不行，則從前的革命，就變做無意識的舉動了。至於進化派，並不是不要打倒舊勢力，只是手段上以先建設新的，後打倒舊的爲適宜。所以革命正所以助進化，進化的目的，正在於革命，二者是相需而成的。每革命一次，舊勢力總要被破壞一些；每建設一事，新勢力總要增長一些。淺人徒見革命之後，舊勢力依然回復，便以爲這一次的革命是徒勞；建設一事，不久旋即廢墜，便以爲此舉是毫無效果，這真是淺人之見。中國的社會，將來總是要大改革的，要改革，總是要反廢弛而爲修舉的。從有宋以來，理學家研究、制定、提倡、示範的舉動，實在替社會播下一個改革的種子，所以說，不能算他們無功。

在宋朝，既有這種大改革的見解，自然有人要想憑藉政治之力來實行；而在舊時政治機構之下，要想借政治的力量來實行改革，自然免不了弊竇。這話，在第六講中，亦業已說過。當這時代，自然有如第二講所說，偏於痛惡現狀之壞，而不措意於因改革而致弊的人；也有專注重於改革之難，而不肯輕言改革的人；其結果，就形成熙寧時的新舊黨。從來論黨的人，每將漢朝的甘陵，唐朝的牛李，和宋朝的新舊黨，併爲一談，這是大錯。漢朝的甘陵，只是一班輕俠自喜、依草附木之徒，再加以奔走運動，營求出身，以及有財有勢，標榜聲華之士，以致鬧成黨錮之禍；唐朝的牛、李，只是官僚相排擠，哪裏說得上政見？宋朝的新舊黨，卻是堂堂正正，各有其政見的。固然新舊黨中，各有壞人；新舊黨互相排擠報復，也各有不正當的手段；然而不害其爲有政見。他們對於多種政治問題，都有不同的見解；而其見解，都是新黨代表我所謂進化派，舊黨代表我所謂保守派的。舊時的議論，都左袒舊黨；現在的議論，則又左袒新黨；其實二者是各有長短的。新黨的所長，在於看透社會之有病而當改革，而且有改革的方案；而其所短，則在於徒見改革之利，而不措意於因改革所生之弊。舊黨攻擊因改革所生之弊，是矣，然而只是對人攻擊，而自己絕無正面的主張。然則當時的政治是好了，不需改革了麼？明知其不好，亦只得聽其自然了麼？我們倘使提出這個問題來，舊黨亦將無以爲對。所以我說他們是各有長短的。我對於他們的批評則如次：

國家和社會的利害，不是全然一致的，又不是截然分離的。因爲國家的內部，有階級的對立：凡國家的舉動，總是代表治者階級，壓迫被治階級的；所以國家和包含於國家中的人，利害總不能一致。然而在或種情形之下，則國家和全體社會的利害，是一致的；尤其是在對外的時候。因爲別一個國家，侵入或加壓迫於這一個國家，則最大多數的國民，必同蒙其不利。所以當這時候，國民應當和國家協力以對外。國家所要求於國民，不都是正當的——如爲治者階級的利益的時候——但因對外之故，而對於國民有所要求，則爲合理。因爲這是爲着國民全體——至少是最大多數的利益。然而在實際，則其所要求，仍宜有一個限度。這不是道理上應該不應該的問題，而是手段上適宜不適宜的問題。因爲國家有所求於國民，其事必須辦得好；如其辦不好，則是國民白受犧牲，國家亦無益處了。國家所恃以辦事的是官僚。官僚在監督不及之處，是要求自利的。官僚的自利，而達到目的，則上無益於國，而下有損於民的。固然,官僚階級中也有好人;而一國中監督官僚的人,其利害也總是和國與民相一致的;然而這總只是少數。所以國家所辦的事,宜定一最大限度,不得超過;而這最大限度的設定,則以(一)必要,(二)監督所能及,不至非徒無益,反生他害爲限。熙寧時新黨之弊,在於所定的限度太大,而舊黨之弊,則又在於所定的限度太小;二者皆不得其中,即皆不適當。

試舉一實事爲例:在北宋時,北有遼,西有夏,民族競争,形勢極爲嚴重,自然不能無兵。宋朝是養兵百萬而不可以一戰的。募兵的制度,達於極弊。王安石主張用民兵,自然也有其極大的理由。但是實際如何呢?我們試看《宋史·兵志》所載反對方面的話。司馬光説:

兵出民間,雖云古法,然古者……自兩司馬以上,皆選賢士大夫爲之,無侵漁之患,故卒乘輯睦,動則有功。今……保長以泥棚除草爲名,聚之教場,得賂則縱,否則留之。……又巡檢指使,按行鄉村,往來如織。保正保長,依倚弄權,坐索供給,多責賂遺,小不副意,妄加鞭撻,蠶食行伍,不知紀極。中下之民,罄家所有,侵肌削骨,無以供億。愁苦困弊,靡所投訴。流移四方,襁屬盈路。又朝廷時遣使者,徧行按閱,所至犒設賞賚,糜費金帛,以巨萬計。此皆鞭撻下民,銖兩丈尺而斂之,一旦用之如糞土。

王岩叟説:

保甲之害。三路之民,如在湯火。未必皆法之弊。蓋由提舉一司,上下官吏,逼之使然。……朝廷知教民以爲兵,而不知教之太苛而民不能堪;知别爲一司以總之,而不知擾之太煩而民以生怨。教之欲以爲用也,而使之至於怨,則恐一日用之,有不能如吾意者,不可不思也。民之言曰:教法之難,不足以爲苦,而羈縻之虐有甚焉;羈縻不足以爲苦,而鞭笞之酷有甚焉;鞭笞不足以爲苦,而誅求之無已有甚焉。方耕方耘而罷,方幹方營而去,此羈縻之所以爲苦也;其教也,保長得笞之,保正又笞之,巡檢之指使,與巡檢者又交撻之,提舉司之指使,與提舉使之幹當公事者,又互鞭之,提舉之官又鞭之。一有逃避,縣令又鞭之。人無聊生,恨不得死,此鞭笞之所以爲苦也。創袍市中……之類,其名百出。故父老之諺曰:"兒曹空手,不可以入教場。"非虚語也。都副兩保正,大小兩保長,平居於家,婚姻喪葬之問遺,秋成夏熟,絲麻穀麥之要求,遇於城市飲食之責望,此迫於勢而不敢不致者也。一不如意,即以藝不如法爲名,而捶辱之無所不至。又所謂巡檢指使者,多由此徒以出,貪而冒法,不顧後禍,有逾於保正保長者。此誅求之所以爲甚苦也。又有逐養子,出贅婿,再嫁其母,兄弟析居,以求免者;有毒其目,斷其指,炙其肌膚,以自殘廢而求免者;有盡室以逃而不歸者;有委老弱於家,而保丁自逃者。保丁者逃,則法當督其家出賞錢十千以募之。使其家有所出,當未至於逃,至於逃,則其窮困可知,而督取十千,何可以得?故每縣常有數十百家老弱,嗟咨於道路,哀訴於公庭。……又保丁之外,平民凡有一馬,皆令借供逐場教騎,終日馳驟。往往饑羸,以至於斃。誰復敢言?其或主家,倘因他出,一誤借供,遂有追呼笞責之害。或因官逋督迫,不得已而易之,則有抑令還取之苦。故人人以有馬爲禍。此皆提舉官吏,倚法以生事,重爲百姓之擾者也。……臣觀保甲一司,上下官吏,無毫髮愛百姓意。故百姓視其官司,不啻虎狼,積憤銜怨,人人所同。比者保丁執指使,逐巡檢,攻提舉司幹當官,大獄相繼,今猶未已……安知其發不有甚於此者?

這許多話,我們決不能因同情新黨而指爲子虛。王安石所行之法,無一不意在福國利民,而當時舊黨,皆出死力反對,其原因就在於此。舉此一事,其餘可以類推。然則新法都行不得?都只好不行麽?司馬光《疏》中又說:"彼遠方之民,以騎射爲業,以攻戰爲俗,自幼及長,更無他務。中國之民,大半服田力穡,雖復授以兵械,教之擊刺;在教場之中,坐作進退,有以嚴整;必若使之與敵人相遇,填然鼓之,鳴鏑始交,其奔北潰敗,可以前料,決無疑也。"梁任公作《王荆公傳》,說:如此,則"只好以臣妾於北虜爲天職。此言也,雖對於國民而科以大不敬之罪可也"。這話以理言之,固然不錯,然感情終不能變更事實,我們就不該因感情而抹殺事實。司馬光的話,說不是當時的事實,也是斷乎不能的。然則如之何而可呢?我說:中國不能如北狄之舉國皆兵,這是事實;不能爲諱,而亦不必爲諱。因爲我們的社會,進化了,複雜了,當然不能像他們這樣舉國一律,所以不足爲辱。而且以中國之大,要抵禦北狄,也用不到舉國皆兵——兩民族的争鬥,並不限於兵争。文化經濟等各方面,都是一種競争。我們的社會複雜了,可以從各方面壓伏北狄,就是我們從多方面動員攻擊。——所以不足爲憂。固然兵争是兩國競争時一種必要的手段,不可或缺。中國人固然不能如北狄之舉國皆兵,然而以兵力抵抗北狄,亦自有其必要的限度。以中國之大,說在這一個限度以内的兵,而亦練不出,亦是決無此理的。須知社會進化了,則各階級的氣質不同。其中固然有不適宜於當兵的人,而亦必有一部分極適宜於當兵之人。然則以中國之大,並不是造不出强兵來,不過造之要得其法罷了。造之之法如何呢?我們看司馬光說:

臣愚以爲悉罷保甲使歸農;召提舉官還朝。量逐縣户口,每五十户,置弓手一人。……募本縣鄉村户有勇力武藝者投充。……若一人缺額,有二人以上争投者,即委本縣令尉,選武藝高强者充。或武藝衰退者,許他人指名與之比較。若武藝勝於舊者,即令充替。……如此,則不必教閲,武藝自然精熟。

王岩叟又説:

一月之間,並教三日,不若一歲之中,並教一月……起教則與正長論階級,罷教則與正長不相誰何。

再看《舊唐書·李抱真傳》:

爲懷、澤、潞觀察使留後。……抱真密揣山東當有變,上黨且當兵衝。是時乘戰餘之地,土瘠賦重,人益困,無以養軍士。籍户丁男,三選其一。有材力者,免其租徭,給弓矢,令之曰:"農之隙,則分曹角射;歲終,吾當會試。"及期,按簿而征之。都試以示賞罰,復命之如初。比三年,則皆善射。抱真曰:軍可用矣。於是舉部内鄉,得成卒二萬。前既不廩費,府庫益實,乃繕甲兵爲戰具,遂雄視山東。是時天下稱昭義步兵冠諸軍。

抱真的得力,就在乎僅令其分曹角射,而並不派什麼提舉巡檢等等去檢閲;亦不立正長等等名目,使其本來同等者,忽而生出等級來,所以没有宋朝保甲之弊,而坐收其利。然則王岩叟要人民和正長不相誰何,實在是保甲的要義;而司馬光説不必教閲,武藝自然精熟,亦非欺人之談了。有一位律師先生,曾對我説:"我們當律師的人,是依據法律而綁票。"——實在就是借法律做護符而綁票。當階級對立之世,誰不想綁票?只是苦於没有護符罷了,如何好多立名目,大發護符呢?王安石作《度支副使廳壁題名記》時曾説:

夫合天下之衆者財,理天下之財者法,守天下之法者吏也。吏不良,則有法而莫守,法不善,則有財而莫理,有財而莫理,則阡陌閭巷之賤人,皆能私取予之勢,擅萬物之利,以與人主争黔首,而放其無窮之欲,非必貴强桀大,而後能如是,而天子猶爲不失其民者,蓋特號而已耳;雖欲食蔬衣敝,憔悴其身,愁思其心,以幸天下之給足而安吾政,吾知其猶不得也。然則善吾法而擇吏以守之,以理天下之財,雖上古堯舜,猶不能毋以此爲先急,而况於後世之紛紛乎?

他所謂阡陌閭巷的賤人,就是土豪和有商業資本的人。他深知他們是與平民處於對立的地位的,彼此利害不相容,非有以打倒之不可。然所恃以打倒他們的卻是吏,吏也是和人民處於對立的地位的,其利害,也是彼此不相容。固然,現在政治上不能不用吏,然而吏是離不開監督的,一離開監督,就出毛病。所以政治家最要的任務是:自量其監督之力所能及。在此範圍之内,則積極進行,出此範圍以外,則束手不辦。王安石之徒所以失敗,就由於不知此義。我曾說：王安石的失敗，是由於規模太大，倘使他專以富國强兵爲目的，而將一切關涉社會的政策，擱置不辦；或雖辦而縮至相當的限度，則（一）所辦之事，實效易見；（二）流弊難生；（三）不致引起他人的反對，而阻力可以減少；必可有相當的成功。如此，對於遼夏，或可以一振國威，而靖康之禍，且可以不作，所以我們目光不可不遠，志願不可不大，而脚步不可不着實，手段不可不謹慎，凡政治家，都該知此義。

中國之貧且弱，並非由於物質的不足，而全是一個社會組織不善，和人民未經訓練的問題。這種思想，是宋人所通有的，不過有人魄力大，要想實行；有人魄力小，就止於發議論；而其言之又有徹底和不徹底罷了。譬如蘇軾，是王安石的反對黨，然而他對制科策說，要取靈武："則莫若捐秦以委之。使秦人斷然，如戰國之世，不待中國之援，而中國亦若未始有秦者……則夏人舉矣。"

當時宋以全國之力，不能克西夏，而蘇軾反欲以一秦當之，豈不可怪？然而一地方的實力，並非不足用，不過不善用之，所以發揮不出來罷了。當南宋之世，賀州的林勛，曾獻一種《本政書》。他又有《比較書》二篇。《比較書》說：

桂州地東西六百里，南北五百里，以古尺計之，爲方百里之國四十。當墾田二百二十五萬二千八百頃；有田夫二百四萬八千；出米二十四萬八千斛；禄卿大夫以下四千人；禄兵三十萬人。今桂州墾田約萬四十二頃；丁二十一萬六千六百一十五；税錢萬五千餘緡；苗米五萬二百斛有奇；州縣官不滿百員；官兵五千一百人。

他所說古代田畝人口收入支出之數，固然不免誇大——因爲古書本是計算之辭，並不是事實。所説當時墾田丁口之數，亦非實際的情形——因爲必有隱匿。然而今古的相懸，要不能不認事實。如此，則後世的人民，富厚快樂，必且數十百倍於古了，然亦未見其然。然則上所不取之財，到哪裏去了呢？這自然另有剥削的人，取得去了。——官和兵的數目雖減，要人民養活的人，其實並没有減。然則社會的貧窮，實在是組織不善之故。以此推之，其弱，自然也是訓練之不得其法了。照他的《本政書》說：苟能實行他的計劃，則民凡三十五年而役使一徧；而租税的收入，則十年之後，民之口算，官之酒酤，與凡茶、鹽、香、礬之榷，皆可弛以予民。如欲以一秦之力，獨取西夏，自非有類乎這一種的組織不可，不過蘇軾不曾詳立計劃罷了。所以一時代中的人物，其思想，總是相像的；有時候看似不同，而實際上仍有其共通之點。

講到教化問題，宋朝人也有其觸著根本的見解。我們於此，請以歐陽修的《本論》爲代表。《本論》說：

佛法爲中國患千餘歲,世之卓然不惑而有力者,莫不欲去之;已嘗去矣,而復大集;攻之暫破而愈堅,撲之未滅而愈熾,遂至於無可奈何。是果不可去邪?蓋亦未知其方也。夫醫者之於疾也,必推其病之所自來,而治其受病之處。病之中人,乘乎氣虛而入焉。則善醫者不攻其疾,而務養其氣,氣實則病去,此自然之效也。……佛爲夷狄,去中國最遠,而有佛固已久矣。堯舜三代之際,王政修明;禮義之教,充於天下;於此之明,雖有佛無由而入。及三代衰,王政闕,禮義廢,後二百餘年,而佛至乎中國。由是言之,佛所以爲吾患者,乘其闕廢之時而來,此其受患之本也。……昔堯舜三代之爲政,設爲井田之法,藉天下之人,計其口而皆授之田。……使天下之人,力皆盡於南畝,而不暇乎其他。然又懼其勞且怠而入於邪僻也……於其不耕休力之時,而教之以禮。……飾之物采而文焉,所以悦之,使其易趣也;順其情性而節焉,所以防之,使其不過也。然猶懼其未也,又爲立學以講明之。……其慮民之意甚精,治民之具甚備,防民之術甚周,誘民之道甚篤。……耳聞目見,無非仁義;樂而趣之,不知其倦;終身不見異物,又奚暇夫外慕哉?……及周之衰,秦併天下,盡去三代之法,而王道中絶,後之有天下者,不能勉强,其爲治之具不備,防民之漸不周;佛於此時,垂乘而出,千有餘歲之間,佛之來者日益衆,吾之所爲者日益壞。井田最先廢,而兼併游惰之奸起。其後……教民之具,相次而盡廢,然後民之奸者,有暇而爲他,其良者,泯然不見禮義之及已。……佛於此時,乘其隙,方鼓其雄誕之説而牽之,則民不得不從而歸矣。

此篇對於史事的觀察,未必正確,然宗教的根源,乃是社會的缺陷,則其説確有至理。現在請引我所作的《大同釋義》一段:

宗教果足以維持民心,扶翼民德,使之風淳俗美,漸臻上理邪?宗教者,社會既缺陷後之物,聊以安慰人心,如酒之可以忘憂云爾。宋儒論佛教,謂其能行於中國,乃由中國禮義之教已衰,故佛得乘虛而入;亦由制民之産之法已敝,民無以爲生,不得不托於二氏以自養。斯言也世之人久目爲迂闊之論矣,然以論宗教之所由行,實深有理致,不徒可以論佛教也。世莫不知宗教爲安慰人心之物,夫必其心先有不安,乃須有物焉以安慰之,此無可疑者也。人心之不安,果何自來哉?野蠻之民,知識淺陋,日月之運行,寒暑之迭代,風雨之調順與失常,河川之安流與氾濫,皆足以爲利爲害,而又莫知其所以然,則以爲皆有神焉以司之,乃從而祈之,而報之,故斯時之迷信,可謂由對物而起。人智既進,力亦增大,於自然之力,知所以禦之矣;知祈之之無益,而亦無所事於報矣;此等迷信,應即消除,然宗教仍不能廢者,何也?則社會之缺陷爲之也。“出師未捷身先死，長使英雄淚滿襟”，但恨在世時，飲酒不得足；無論其爲大爲小，爲公爲私，而皆有一缺陷隨乎其後，人孰能無所求？憾享用之不足，則有托生富貴之家等思想焉；含冤憤而莫伸，則有爲厲鬼以報怨等思想焉。凡若此者，悉數難終，而要皆社會缺陷之所致，則無疑也。人之所欲，莫甚於生，所惡莫甚於死，缺憾不能以人力彌補者，亦莫如生死；故佛家謂生死事大，無常迅速，借此以畏怖人。天國净土諸説，亦無非延長人之生命，使有所畏，有所歆耳。然死果人之所畏邪？求生爲人欲之一，而人之有欲，根於生理。少之時，血氣未定，戒之在色，及其壯也，血氣方剛，戒之在鬥；及其老也，血氣既衰，則皆無是戒焉。然則血氣澌滅而至於死，亦如倦者之得息，勞者之知歸耳，又何留戀之有？《唐書・党項傳》謂其俗，老而死，子孫不哭，少死以爲夭枉，乃悲。此等風俗，在自命爲文明之人，必且誚其薄，而不知正由彼之社會，未甚失常，生時無甚遺憾，故死亦不覺其可悲也。龜長蛇短，人壽之修短，固不係其歲月之久暫，而視其心事之了與未了；心事苟百未了一，雖逮大齊，猶爲夭折也，曷怪其眷戀不捨？又曷怪旁觀者之悲慟哉？夫人之所欲，莫甚於生，所惡莫甚於死，不能以人力彌補者，亦莫如生死，然其爲社會之所爲，而非天然之缺憾猶如此，然則宗教之根柢，得不謂爲社會之缺陷邪？儒者論郅治之極，止於養生送死無憾，而不云死後有天堂可升，净土可入，論者或譏其教義不備，不足以普接利鈍，而惡知夫生而有欲，死則無之，天堂净土，本非人之所願欲邪？故曰宋儒論佛教之言，移以論一切宗教，深有理致也。

又一段説：

孔子果聖人乎？較諸佛、回、耶諸教主，亞里斯多德、柏拉圖、康德諸大哲如何？此至難言也。吾以爲但論一人，殆無從比較。若以全社會之文化論，則中國確有較歐洲、印度爲高者。歐、印先哲之論，非不精深微妙，然或太玄遠而不切於人生；又其所根據者，多爲人之心理，而人之心理，則多在一定境界中造成，境界非一成不變者，苟舉社會組織而丕變之，則前此哲學家所據以研求，宗教家所力求改革者，其物已消滅無餘矣，復何事研求？孰與變革邪？人之所不可變革者何事乎？曰：人之生，不能無以爲養；又生者不能無死，死者長已矣，而生者不可無以送之；故“養生送死”四字，爲人所必不能免，餘皆可有可無，視時與地而異有用與否焉者也。然則惟“養生送死無憾”六字，爲真實不欺有益之語，其他皆聊以治一時之病者耳。今人率言：人制馭天然之力太弱，則無以養其生，而人與人之關係，亦不能善。故自然科學之猛晉，實爲人類之福音。斯言固然，然自然科學，非孤立於社會之外，或進或退，與社會無干係者也。社會固隨科學之發明而變,科學亦隨社會之情形,以爲進退。究之爲人之利與害者,人最切而物實次之。人與人之關係,果能改善,固不慮其對物之關係不進步也。中國之文化,視人對人之關係爲首要,而視人對物之關係次之,實實落落,以"養生送死無憾"六字爲言治最高之境;而不以天國、净土等無可徵驗之説誑惑人。以解決社會問題,爲解決人生問題之方法,而不偏重於個人之修養。此即其真實不欺,切實可行,勝於他國文化之處;蓋文化必有其根源,中國文化,以古大同之世爲其根源,故能美善如此也。

看這兩段,就可知宋儒的論宗教,確能觸及根本問題了。

宋儒的政治思想,還有一點,很可注意的,就是徹底。其徹底,一見之於王霸之辨,一見之於君子小人之辨。

王霸之辨,就是一係根本之計,一止求目前見功。根本之計,是有利無弊的。只求目前見功,則在這一方面見爲利,在别一方面即見爲害。或者雖可解決一時的問題,而他日的遺患,即已隱伏。譬如訓練人民,使能和别國競争,這是好的,然亦可隱伏他日之患。從前明朝倭寇滋擾時,福建沿海人民,有一部分,頗能自相團結,以禦外侮。這自然是好的。但是到後來,外侮没有了,而(一)習於戰鬥之民,其性質業已桀驁不馴;(二)社會上有種種不妥洽的問題;(三)人民的生計,又不能解決;於是械鬥之風大盛,且有專以幫人械鬥爲業的。因這一班人的挑唆鼓動,而械鬥之風更甚。我説這話,並非説外侮之來,無庸訓練人民,以從事於鬥争。外國人打得來,我們豈能不和他打?要和他打,如何能不訓練人民呢?但是人民固須訓練之,以求其武勇,而(一)因此而發生的别種弊害,亦須在可能範圍内,設法減免。(二)且其提倡,只可以必要之度爲限,否則徒爲將來"轉手"時之累。——須知什麽事,都不能但論性質,而要兼論份量。且性質和份量,原是一事。譬如服藥,若超過適宜的份量,其所刺激起的生理作用,就和用適宜的份量時,大不相同了。這本是很明白的道理。但(甲)天下人,輕躁的居多,精神專注在一方面,就把别一方面,都抛開了。(乙)又有一種功名心盛的人,明知如此,而亦願犧牲了别一方面,以求眼前之速成。(丙)再有一種諂佞之徒,明知其然,而爲保持飯碗,或貪求富貴起見,不恤依附急功近名之士。於是不顧其後的舉動就多,而隱患就潛伏著了。天下事件件要從根本上着手,原是事勢所不許,"急則治標","兩利相較取其重,兩害相較取其輕",原是任何人所不能免。但在知道標本之别,又無急功近名之心的人做起來,則當其致力一事之時,即存不肯超過限度之念;或者豫爲他日轉手之計。如是,則各方面都不虞偏重,禍根好少植許多了。所以立心不同的人，其所做的事，雖看似相同，而實有其大不同者在，所謂“共行只是人間路，得失誰知霄壤分”也，宋儒所以注重於王霸之辨，其原因就在於此。

有一種人，用他去辦事，是弊上加弊，另一種人，用他去辦事，則是維持現狀，不致更壞，前面已經説過了。最好的自然是去弊加利。但才德兼全的人，很是少見，如其不然，則與其用弊上加弊的小人，毋寧用維持現狀的君子。這種得失，是顯而易見的。但是世人往往喜用小人，這是爲什麼呢？明知其惡，專爲其便辟側媚而用之的，就不必説了；誤以其爲好人而用之的人，其心原是大公無私的；誤以爲用了小人，能够弊少利多；殊不知小人全是行虚作假。假，本身就是弊。所以用了小人，能够使主持政治的人，全不知道政局的真相，大禍已在目前，還以爲絶無問題，甚或以爲大福將至。小人之所以能够蒙蔽，全在一個“忍”字。明知其事之有害，而爲一己之功名富貴起見，則能够忍而爲之。而作僞以欺其上，則於心能安。種種作僞的情形，固不能欺在下的人，而彼亦恬然不以爲耻。人是監督不盡的。隨事而監督之，勢將勞而不可徧，所以用人必當慎辨其心術。

這兩端，是世所目爲迂闊的，然而在行政上，實有很大的參考價值。

凡事從根本上做起，既爲事實所不許，則應付一時一事之術，大勢亦不能不講，這是所謂政治手腕。天下的體段太大了，一定要從根本上做起，深恐能發而不能收，倒還不如因任自然，小小補苴的好。這兩種思想，前一種近於術家，後一種卻近於道家了。宋朝的蜀學，就是這種性質。老蘇和早年的大蘇，是前一種思想，大蘇到晚年，就漸近於後一種思想了。此種思想，歷代都有，蜀學在宋朝，也不算時代的特色；所以今不深論。

宋、元、明三朝的思想，都是發源於宋朝的，其規模，也都是成立於宋朝的；元、明只是襲其餘緒罷了。政治思想到明末，卻有一種特色，那就是君主和國家的區别，漸漸明白。這是時勢之所迫。一，因爲明代的君主，實在太昏愚了，朝政實在太紊亂了。看够了這種情況，自然使人覺悟君主之爲物，是無可希望的；要澄清政治之源，自非將君主制度打倒不可；二，又宋、元兩朝，中國備受異民族的壓迫，明朝雖得恢復，然及末年，眼看建州女真又要打進來了。被異民族征服，和自己國内王朝的起仆，不是一件事，也是顯而易見的。因此，也能使人知道王朝和國家的區别，且能使人覺悟幾分民族主義。這兩者，前者是黄梨洲《原君》、《原臣》之論，後者是顧亭林有亡國——今之王朝——有亡天下——今之國家——之説。現在人人知之，今亦不及。

第九講　清中葉前的政治思想

清朝入關以後，政治思想，可以説是消沉的時期。這(一) 因異族壓制，不敢開口。(二) 則宋明的學風，流行數百年，方向有些改變了。學者對於(A) 國家、(B) 社會、(C) 個人修養的問題，都有些厭倦，而盡力於事實的考據。考據是比較缺乏思想的——固然，考據家亦自有其思想，但容易限於局部，而不能通觀全體。而且清朝人所講的考據，其材料是偏於古代的，所以對於當時的問題，比較不感興趣——如此，政治思想，自然要消沉了。

静止的物體，不加之以外力，固然不會動，但是苟加之以外力，外力而苟然達到相當的程度，也没有終於不動的。西力東侵，是中國未曾有的大變局。受了這種刺激，自然是不會不動的。所以近代政治思想的發皇，實在我們感覺著外力壓迫之後。

感覺到外力壓迫之後，我們的政治思想，應該怎樣呢？照現在的人想起來，自然很爲簡單，只要捨己之短，效人之長就是了。但是天下事没有如此簡單。須知西力東侵，是從古未有的變局，既然是從古未有的變局，我們感覺他，瞭解他，自然要相當的時間。須知凡事内因更重於外緣。同一外力，加於兩個不同的物體，其所起的反應就不同，這就顯得内在的力量，更較外來的爲重要。所以我們在近代，遭遇了一個從古未有的變局，而使我們發生種種反應。當這種情形之下，爲什麼發生如此樣子的反應呢？這一個問題，我們是要將内在的情形，詳加探討，然後才能作答。我們内在的情形，卻是怎樣呢？

第一，中國因(A) 地大，(B) 人多，(C) 交通不便，(D) 各地方風氣不同，(E) 社會的情形也很複雜，中央政府控制的力量有限；而行政是依賴官僚，官僚是無人監督就要作弊的；與其率作興事，多給他以舞弊的機會，還不如將所辦的事，減至最小限度的好。這是事實如此，不能不承認的。所以當中國的政治，在理論上，是只能行放任主義的；而在事實上，卻亦以放任主義爲常，干涉主義爲變。——變態就是病態，人害了病，總是覺得蹙然不安，要想回復到健康狀態的，雖然其所謂健康狀態的，或者實在是病態。但是彼既認爲健康狀態，覺得居之而安，就雖有治病之方，轉將以爲厲己了。從來行干涉主義的，每爲社會所厭苦，務求破壞之，回復到舊狀以爲快，就是這個道理。事實上，中國是只能行放任主義的，但在人們的思想上，則大不其然。中國思想的中心，是儒家的經典，所稱頌的，是封建制度完整時代。此時代的特色，是（甲）大同時代社會良好的規制，尚未盡破壞，（乙）而君主的權力也較大。人民受儒家經典的暗示，總覺得社會應該有一個相生相養、各得其宜、使民養生送死無憾的黄金時代，而此種時代，又可借政治之力以達之，所以無形之中，所責望於政府者甚深。以上所述，是老死牖下，和實際政治無甚接觸，而觀察力也不甚鋭敏的讀書人。若其不然，則其人又容易受法家的暗示。法家所取的途徑，雖和儒家不同，但其所責望於君主者也大，所以有實際經驗，或觀察力極鋭敏的政治家，對於政府的責望，也總超過其實際所能的限度。

第二，在實際上，君主專制，是行之數千年了，但在理論上，則從來没有承認君主可以專制。其在古代，本來是臣有效忠於君的義務，而民没有的。反之，如儒家所提倡“民爲貴，社稷次之，君爲輕”等理論，則君反有效忠於民的義務。此等思想，雖然因被治階級之無能力，而無法使之實現，但在理論上，是從來没有被破壞過的。試看從來的治者階級，實際雖行着虐民的事，然在口頭，從來不敢承認虐民，不但不敢承認虐民，還要裝出一個愛民的幌子，便可知道。立君所以爲民，這種思想，既極普徧，然則爲民而苟以不立君爲宜，君主制度，自然可以廢除。這只是理論上當然的結論。從前所以不敢説廢除君主，只是狃於舊習，以爲國不可一日無君，無君便要大亂；因爲國不可一日無治，既要有政治，即非建立君主不可。——現在既然看見人家没有君主，也可以致治，而且其政治還較我們爲良好，那麽，廢除君主的思想，自然要勃然而興了。兩間之物，越是被人看得無關緊要的，越没有危險。越是被人看得重要的，其危險性越大。中國的君主，在事實上是負不了什麽責任的，然在理論上，則被視爲最能負責任，最該負責任的人，一切事情不妥，都要歸咎於他。這樣的一個東西，當内憂外患紛至沓來之時，其危險性自然很大。

第三，中國人是嚮來没有國家觀念的。中國人對所謂國家和天下，並無明確的分别。中國人最大的目的是平天下，這固然從來没有能做到，然而從來也没有能將國家和天下，定出一個明確的界限來，説我先把國家治好了，然後進而平天下。質而言之，則中國人看治國和平天下，並不是一件極大極難的事，要在長期間逐步努力進行，先達到一件，然後徐圖其他的——若以爲難,則治國之難,亦和平天下相去無幾。總而言之,没有認爲平天下比治國更難的觀念。因爲國就是天下,所以治國的責任,幾於要到天下平而後可以算終了。這種觀念,也是很普徧的。世界上有哪一種人,哪一塊地方,可以排斥於我們的國家以外,(A)我們對於他,可以不負責任,(B)我們要消滅他們以爲快,這種思想,中國人是嚮來没有的。中國人總願意與天下之人,同進於大道,同臻於樂利。有什麽辦法,可以使天下的人,同進於大道,同臻於樂利,中國人總欣然接受。

第四,確實,在從前也没有一個真正可稱爲國家的團體,和中國對立。但是和中國對立的團體,就真個没有了麽?這個自然也不是的。這個對立的團體,卻是什麽呢?那與其説是國家,無寧説是民族。本來國家是一個自衛的團體。我們爲什麽不和他們合一,而要分張角立,各結一團體,以謀自衛呢?這個自然也有其原因。原因最大的是什麽?自然要説是文化,文化就是民族的成因了。中國所謂平天下,就是要把各個不同的民族同化之,使之俱進於大道。——因爲中國人認自己的文化是最優的——所以和别個民族,分争角立,是中國人所没有的思想。但在事實上,(A)他們肯和我們同化,自然是最好的。(B)如其不能,而彼此各率其性,各過各的安穩日子,那也不必説他。(C)他要來侵犯我們,那就有些不可恕了。(D)他竟要征服我們,那就更其不可恕了。理論上,中國人雖願與天下各民族,共進於大道,但在事實上則未能。不但未能,而且還屢受異民族的迫害,甚而至於被其所征服。這自然也有激起我們反抗思想的可能,雖然如此,中國人卻也没有因異民族的迫害,而放棄其世界大同的思想。中國人和人家分争角立,只是以人家欲加迫害於我時爲限。如其不然,中國人仍願與世界上人,共進於大道,共臻於樂利;壓服他人,朘削他人,甚而至於消滅他人的思想,中國人是迄今没有的。

由第一,所以有開明專制的思想,這是變法維新的根源。由第二,所以民主的思想,易於灌輸。由第三,所以中國人容易接受社會主義。由第四,所以民族主義,漸次發生。

這是近代政治思想的背景。

第十講　近代的政治思想

近來講中國思想的人，往往把明、清間一班大儒，如顧亭林、黄梨洲、王船山等，算入清儒之列。其實這一班人，以學術思想論，決然該算入宋、明時代的一個段落中。雖然他們也懂得考據，然而考據畢竟和人的思想無關；况且他們的考據，也多帶主觀的色彩，算不得純正的考據。宋、明的學風衰息，而另開出一種清代的學風，一定要到乾、嘉時代的考據，然後可以入數。而這時代的人，卻是比較的缺乏思想的。不但説不到政治上的根本問題，對於政治，也比較的不感興趣，所以我説，清代是政治思想消沉的時期。

但是乾隆中葉以後，朝政不肅，吏治敗壞，表面看似富强，實則民窮財盡，岌岌不可終日的情形，已經完全暴露。深識遠見之士，每多引爲深憂。到嘉慶之世，教匪起於西北，艇盜擾於東南，五口通商之役，霹靂一聲，《南京條約》，竟是城下之盟，更其不必説了。所以到此時代，而政治思想，遂逐漸發皇。

這時代的政治思想，我們可以舉一個最大的思想家做代表，那便是龔自珍。他的思想，最重要之點有二：（一）他知道經濟上的不平等，即人們的互相剥削——經濟上的剥削，是致亂的根源。他卓絶的思想，見之於其大著《平均篇》。本來以民窮財盡爲致亂的根源，歷代的政治家多有此思想。但是龔氏有與他人截然不同的一點。他人所謂貧，只是物質上的不足，而龔氏卻看穿其爲心理上的不平。歷代承平數世之後，經濟上總要蹙然感覺其不足。在他人，總以爲這是政治不良，或者風俗日趨於奢侈所致，在龔氏，則看穿了這是社會安定日久、兼併進行日亟所致。所以在他人看了，這只是一個政治上、道德上的問題，在龔氏看了，則成爲社會問題。此種卓識，真是無人能及。至於社會問題，應該用政治之力來解決，至少政治應該加以干涉，這是中國人通有的思想，龔氏自然也在所不免的。（二）他總覺得當時的政治，太無生氣；就是嫌政府的力量，不足以應付時局。這種思想，也是當時政治家所通有的，但龔氏言之，特别深切著明，其所作的《著議》，幾乎全是表見此等思想。將經濟上的不平等，看作政治上的根本問題，這種思想，從前的人是少有的。至於嫌政府的軟弱無力，不足以應付時局，則是從前的人極普通的思想。康有爲屢次上書，請求清德宗變法；他所以鍥而不捨，是因爲他認爲"專制君主，有雷霆萬鈞之力"。但是專制君主，究竟有没有這個力量呢？這就是開明專制能否成功的根本原因了。關於這一個問題，我的意見是如此的：

中國的政治，是一個能静而不能動的政治。——就是只能維持現狀，而不能够更求進步。其所以然，是由於：(A) 治者階級的利益，在於多發財，少做事；(B) 才智之士，多升入治者階級中，或則與之相依附；其少數則伏匿不出，退出於政治之外，所以没有做事的人。君主所處的地位，是迫使他的利益和國家一致的，但亦只能做到監督治者階級，使其虐民不能超過一定的限度。這些話，從前已經屢次説過了。因此之故，中國政治，乃成爲治官之官日多，治民之官日少；作官的人，並不求其有什麽本領；試看學校科舉，所養所取之士，都是學非所用可知。因此，中國的官吏，都只能奉行故事；要他積極辦事，興利除弊，是辦不到的。要救此項弊竇，非將政治機構大加改革不可。用舊話説起來，就是將官制和選舉兩件事，加以根本改革。若其不然，則無論有怎樣英明的君主，勵精圖治，其所得的效果，總是很小的。因爲你在朝廷上，無論議論得如何精詳；對於奉行的官吏，無論催促得如何緊密；一出國門，就没有這回事了——或者有名無實，或者竟不奉行。所以中國君主的力量，在實際上是很小的。即他所能整頓的範圍，極其有限。所以希望專制君主，以雷霆萬鈞之力來改革，根本上是錯誤的。因爲他並無此力，開明專制的路，所以始終走不通，其大原因——也可説是其真原因，實在於此。

此等道理，在今日説起來，極易明白，但在當日，是無人能明白的——這是時代使然，並怪不得他們——所以所希望的，盡是些鏡花水月。我們試舉兩事爲證：當清末，主張改革的人，大多數贊成(一) 廢科舉，或改革科舉；(二) 裁胥吏，代之以士人。只此兩端，便見到他們對於政治敗壞的根源，並没有正確的認識。從前的科舉，只是士人進身的一條路。大多數應科舉的人，都是希望做官的。你取之以言，他便以此爲專業，而從事學習。所以不論你用什麽東西——詩賦、經義、策論——取士，總有人會做的。而且總有做得很好的人。大多數人，也總還做得能够合格。至於説到實際應用，無論會做哪一種文字的人，都是一樣的無用——詩賦八股，固然無用，就策論也是一樣——所以從前的人，如蘇軾，對於王安石的改革學校貢舉，他簡直以爲是不相干的事。至於胥吏，從來論治的人，幾於無不加以攻擊。我卻要替胥吏呼冤。攻擊胥吏的人,無非以爲(一)他們的辦事,只會照例,只求無過;所以件件事在法律上無可指摘,而皆不切於實際;而萬事遂墮壞於冥漠之中。(二)而且他們還要作弊。殊不知切於事實與否,乃法律本身的問題,非奉行法律的人的問題,天下事至於人不能以善意自動爲善,而要靠法律去督責,自然是只求形式。既然只求形式,自不能切合於實際,就使定法時力顧實際,而實際的情形,是到處不同的,法律勢不能爲一事立一條,其勢只能總括的説一個大概,於是更欲求其切於實際而不可得。然而既有法律,是不能不奉行的。倘使對於件件事情,都要求其泛應曲當,勢非釋法而不用不可。釋法而不用,天下就要大亂了。爲什麽呢?我們對於某事,所以知其可爲,對於某事,所以知其不可爲,既已知之,就可以放膽去做,而不至陷於刑辟,就是因爲法律全國統一,而且比較的有永久性,不朝更夕改之故。倘使在這地方合法的,换一處地方,就變爲不合法;在這一個官手裏,許爲合法的,换了一個官,就可指爲不合法;那就真無所措手足了。然則法律怎好不保持統一呢?保持法律統一者誰乎?那胥吏確有大力。從前有個老官僚,曾對我説:"官不是人做的,是衙門做的。"他這話的意思,是説:一個官,該按照法律辦的事情多著呢,哪裏懂得這許多?——姑無論從前的官,並没有專門的智識技能,就算做官的人都受過相當的教育,然而一個官所管的事情,總是很多的,件件事都該有縝密的手續,一個人哪裏能懂得許多?所以做官的人,總只懂得一個大概;至於件件事情,都按照法律手續,縝密的去辦,總是另有人負其責的。這是中外之所同。在中國從前,負其責者誰呢?那就是幕友和胥吏。幕友,大概是師徒相傳的。師徒之間,自成一系統。胥吏則大致是世襲的。他們對於所辦的事情,都經過一定期間的學習和長時間的練習。所以辦起事來,循規蹈矩,絲毫不得差錯。一切例行公事,有他們,就都辦理得妥妥帖帖了。——無他們,卻是決不妥帖的。須知天下事,非例行的,固然要緊,例行的實在更要緊。凡例行的事,大概是日常生活所不可或缺的,萬不能一日停頓。然則中國從前的胥吏幕友,實在是良好的公務員。他們固然只會辦例行公事,然而非例行公事,本非公務員之職。他們有時誠然也要作弊,然而没有良好的監督制度,世界上有哪一種人,能保其不作弊的呢?所以中國從前政治上的弊病,在於官之無能,除例行公事之外,並不會辦;而且還不能監督辦例行公事的人,使之不作弊;和辦例行公事的公務員——幕友胥吏,是毫不相干的。至於幕友胥吏的制度,也不能説他毫無弊病。那便是學習的秘密而不公開,以致他們結成徒黨,官吏無法撤换他。然而這是没有良好的公務員制度所致,和當公務員的人，也是毫不相干的。

閑話休提，言歸正傳。内憂外患，既已不可收拾了，到底誰出來支持危局呢？在咸同之間，出來削平大亂，而且主持了外交幾十年的，就是所謂湘淮軍一系的人物。湘淮軍一系的人物，領袖是曾國藩，那是無疑的。曾國藩確是有相當政治思想的人。他的思想，表見在他所作的一篇《原才》裏；這是他未任事時的著作。到出而任事之後，他的所以自誓者，爲"躬履諸艱，而不責人以同患"。確實，他亦頗能實踐其所言。所以能有相當的成功。他這種精神，可以説，還是從理學裏來的。這也可説是業經衰落的理學，神龍掉尾，最後一次的表演。居然能有此成績，那也算是理學的光榮了。然而理學家立心雖純，操守雖正，對於事實的認識，總嫌不足。其中才力大的，如曾國藩等，不過對於時事，略有認識；無才力而拘謹的人，就再不能擔當事務了。實際上，湘淮軍中人物，主持内政外交最久的，是李鴻章。他只是能應付實際事務的人，説不上什麼思想。

五洲萬國，光怪陸離的現象，日呈於目，自然總有能感受之而組織成一種政治思想的。此等思想家是誰呢？第一個就要數到康有爲。康有爲的思想，在中國，可以説是兼承漢、宋二學之流的。因爲他對宋學，深造有得，所以有一種徹底改革的精神。因爲他對於漢學，也有相當的修養，又適承道、咸以後，今文家喜歡講什麼微言大義，這是頗足以打破社會上傳統的思想，而與以革命的勇氣的；所以他能把傳自中國和觀察外國所得，再加以理想化，而組成一個系統。他最高的思想，表見在他所著的《大同書》裏。這是要想把種界、國界、家族制度等，一齊打破的。他所以信此境之必可致，是由於進化的觀念。他進化的觀念，則表見於其春秋三世之説。大同是他究極的目的，和眼前的政治無關。説到眼前的政治，則他在戊戌變法以前，是主張用雷厲風行的手段，一新天下的耳目，而改變人民的思想的。政變以後，亡命海外，對於政俗二者，都觀察得深了，乃一變而爲漸進主義。只看他戊戌變法時，上疏請剪髮易服，後來卻自悔其誤，就可知道；他所以堅決主張立憲，反對革命，其原因也在於此。康有爲到晚年，對於時局，認識有些不清楚了。他堅決反對對德宣戰，甚而至於參與復辟，就是其證據。但他的議論，有一點可以注意的，便是他對於政俗二者，分別得很清楚。他對於政，固然主張改變，然其牽涉到俗的一部分，即主張審慎。至於社會上的事，則主張取放任主義，不加干涉。社會亦如自然物然，有其一定的法則，不是我們要他怎樣，就可以怎樣的。這在現今，已經是很明白的道理。然在現今，仍有許多人的舉動議論，似乎是昧於此理的。那末,他們自以爲新,其實思想不免陳舊。像康有爲這般被目爲陳舊的人,其思想,反有合於新科學了。康有爲是頗頑固的,他的世界知識,得之於經驗的或者很多,得之於學問的,實在很少,他的見解,怎會有合於新科學呢?那只好説是"真理是具存於天壤的,不論你從哪一方面去觀察,總可以有所得"的了。

説戊戌維新的,總以康、梁并稱。梁啓超,論其魄力的偉大,識力的深沉,都比不上康有爲;可是他也有一種長處,那便是疏通知遠。他於學問,其實是無所心得的。卻是他感覺很鋭敏,接觸著一種學問,就能去研究;研究了,總能有相當的瞭解;而且還能引用來批評現實;説得來無不明白易解,娓娓動聽。他的情感,亦是很熱烈的,還能刺激人,使之興奮,所以他對於中國的政治,可以説其影響實比康有爲爲大。尤其是《時務報》和《新民叢報》,在當時,真是風靡全國的。後來嚴復寫信給熊純如説"任公筆下,真有魔力"。把從甲午以後到民國,約二十年間,風氣轉變的功罪,都歸之於他。在啓超,真可以當之而無愧。但是你要問我:"梁啓超的政治思想是如何?"那我是回答不出來的。因爲他自己並無獨到的、固定的政治思想——甚而至於可以説是一切思想,而只是善於瞭解他人,介紹他人——惟其無獨到,所以不固定;也惟其不固定,所以無獨到了。然而他對於實際的影響,其勢力之雄,功績之大,自是不可埋没。

我們若將先秦的事比況,則康有爲的性質,是近於儒家、陰陽家的;梁啓超的性質,是近於雜家、縱横家的;嚴復、章炳麟的性質,卻近於道家和法家。嚴復譯赫胥黎的《天演論》,譯斯密雅丹的《原富》,譯斯賓塞的《群學肄言》,他對於自然的演變,看得最明白;而也最尊重這種力量,凡事都不主張强爲。最注意的,是非銅匠而修理銅盤,在凸出處打一下,凸出處没有平,别的地方,倒又凹凸不平起來了。這是近乎道家的。他又深知政治和社會不同。"政治不是最好的事",所以主張現在該有魏武帝、諸葛孔明一流人,才可以致治,他的意見,都表見在民國初年寫給熊純如的若干封信裏,語重心長,我們現在,每一披覽,還深嘆他切於事實。大抵法家的長處,就在對於事實觀察的深刻清晰。所以不會濫引一種和現狀不合的學説來,强欲施行。譬如治病,别的醫生往往懸想某種治法,可以收某種功效,而對於病人,卻没有診察精細。法家是無此弊的,所以這一種人,實爲決定政策時所不可少。章炳麟,在近代人物中,也是富於此等性質的。只看當立憲之論風起雲涌之時,他獨對於代議政體,深致疑慮,就可以見得了。

於此,以我淺薄的見解,頗致慨於現代的論政者,更無梁啓超、嚴復、章炳麟其人。現代的政治學家,對於書本上的知識,是比前人進步了。單是譯譯書,介紹介紹新學説,那原無所不可,然而他們偏要議論實際的政治,朝聞一説,夕即欲見諸施行。真有“子路有問,未之能行,惟恐有聞”的氣概。然而天下事,有如此容易的麽? 聽見一種辦法,書本上説得如何如何好,施行起來,可以有如何如何的效驗,我們照樣施行,就一定可以得這效驗的麽? 人不是鐵,學到了打鐵的方法來打鐵,只要你真正學過,是没有不見效的。因爲鐵是無生命的,根本上無甚變化;駕馭那一塊鐵的手段,決不至於不能駕馭這一塊鐵。種樹就難説些了,養馬更難説了,何况治人呢? 且如民治主義,豈不是很好的,然而在中國,要推行民治主義,到底目前的急務,在於限制政府的權力,還在於摧抑豪强。用民政策,從前難道没人説過,没人試行過? 爲什麽不能見效? 我們現在要行,我們所行的,和昔人同異如何? 聯邦的組織,怎麽不想施之於蒙藏,反想施之於内地? 要形成政黨,宋朝是最好不過的時代。因爲新舊兩黨,一個是代表國家所要求於人民的,一個是代表人民所要求於國家的。倘使當時的新舊黨,能互認敵黨的主張,使有發表政見的餘地,加以相當的採納,以節制自己舉動的過度,憲政的規模,早已確立起來了。現在人議論宋朝史事的很多,連這都没有見到,還算能引用學理,以批評史實麽?